WiSo-K

Reih

Heubes,

Makroökonomie

Vollbeschäftigung
Preisniveaustabilität
Außenwirtschaftliches Gleichgewicht
Stetiges Wirtschaftswachstum

von

Dr. Jürgen Heubes
Professor für Volkswirtschaftslehre
an der Universität Regensburg

3., neubearbeitete Auflage

Verlag Franz Vahlen München

Die Deutsche Bibliothek – CIP-Einheitsaufnahme

Heubes, Jürgen:
Makroökonomie : Vollbeschäftigung, Preisniveaustabilität, außenwirtschaftliches Gleichgewicht, stetiges Wirtschaftswachstum / von Jürgen Heubes. – 3., neubearb. Aufl. – München : Vahlen, 1999
(WiSo-Kurzlehrbücher : Reihe Volkswirtschaft)
ISBN 3-8006-2446-X

ISBN 3 8006 2446 X

Satz: DTP-Vorlagen des Autors
Druck und Bindung: Schätzl-Druck, Donauwörth

Gedruckt auf säurefreiem, alterungsbeständigen Papier
(hergestellt aus chlorfrei gebleichtem Zellstoff)

Vorwort zur dritten Auflage

Das vorliegende Lehrbuch soll dem Leser einen umfassenden Überblick über die Teile der Makroökonomie bieten, die üblicherweise im Grundstudium behandelt werden. Es stellt eine Kurzfassung meines Lehrbuches „Grundlagen der modernen Makroökonomie" dar, das dieser Einschränkung nicht unterliegt. Gegenüber der zweiten Auflage wurden somit einerseits einige Themen, die üblicherweise nicht Gegenstand des Grundstudiums sind, nicht mehr aufgenommen. Andererseits werden die behandelten Themen unter Berücksichtigung der neueren theoretischen Entwicklungen dargestellt. Dem Charakter eines Textbuches für das Studium der Makroökonomie im Grundstudium wird in weiterer Abweichung von der zweiten Auflage auch dadurch Rechnung getragen, daß der behandelte Stoff in zahlreichen Aufgaben (mit ausführlichen Musterlösungen) abgefragt wird. Dem eiligen Leser steht mit meiner „Makroökonomie im Vordiplom" weiterhin eine Kurzfassung des vorliegenden Lehrbuches zur Verfügung.

Dieses Lehrbuch kam unter Mitwirkung meiner Mitarbeiter Dr. Chr. Knoppik und Dr. B. Rauch, die zahlreiche Verbesserungsvorschläge gemacht haben, sowie Frau R. Geiger, die die Schreibarbeiten ausgeführt und das Layout erstellt hat, zustande. Ihnen sei an dieser Stelle für ihre Mitarbeit gedankt.

Regensburg, im Frühjahr 1999 *Jürgen Heubes*

Vorwort zur zweiten Auflage

Das vorliegende Lehrbuch bietet einen umfassenden Überblick über den Gegenstand der makroökonomischen Grundausbildung, der sich mit Hilfe der vier makroökonomischen Ziele, der Vollbeschäftigung, der Preisniveaustabilität, des außenwirtschaftlichen Gleichgewichts sowie des stetigen Wirtschaftswachstums, abgrenzen läßt.

Die Darstellung dieser vier makroökonomischen Gebiete erfolgt hier möglichst einfach, wobei jedoch so fundierte Grundkenntnisse vermittelt werden, daß ein unmittelbarer Anschluß vertiefender Veranstaltungen im Hauptstudium möglich ist. Die Diskussion konzentriert sich weiterhin auf die wesentlichen Zusammenhänge; aber auch angrenzende Fragen werden vielfach kurz angesprochen. Die entsprechend weitgehende Untergliederung des Stoffes läßt es sinnvoll erscheinen, dem ausführlichen Inhaltsverzeichnis zunächst einen kurzen Inhaltsüberblick voranzustellen.

Die Darstellung des Stoffes erfolgt grundsätzlich verbal, jedoch durch Graphiken und algebraische Ansätze ergänzt. Für das Verständnis des dargebotenen Stoffes sind Grundkenntnisse in volkswirtschaftlicher Gesamtrechnung, in Mikroökonomie sowie Mathematik zweckmäßig, jedoch nicht Voraussetzung. Hinweise auf andere Lehrbücher finden sich jeweils im Anschluß an die einzelnen Kapitel.

Die vier angesprochenen makroökonomischen Gebiete werden jeweils in drei Schritten dargestellt. Zunächst findet sich unter der Überschrift „Messung ..." eine kurze Einführung in den Problembereich, wobei insbesondere die Frage nach der Erfassung des betreffenden wirtschaftspolitischen Ziels bzw. von Zielabweichungen behandelt wird. Daran schließt sich unter der Überschrift „Erklärung ..." der Schwerpunkt der Darstellung an, nämlich die Diskussion der theoretischen Grundlagen. Abgeschlossen wird der Überblick mit einem Abschnitt „Beeinflussung ...", in dem noch kurz auf einige wirtschaftspolitische Aspekte hingewiesen wird.

Im theoretischen Teil geht es um die Frage, inwieweit die Marktkräfte die Realisierung des jeweiligen Ziels sicherstellen. Die Diskussion dieser Frage erfolgt unter Berücksichtigung sowohl der unterschiedlichen Lehrmeinungen als auch der neuesten theoretischen Ansätze. Im wirtschaftspolitischen Teil steht die Frage im Vordergrund, welche Eingriffsmöglichkeiten dem Staat zur Verfügung stehen, um das angestrebte Ziel zu realisieren, wenn die Marktkräfte dies verfehlen. Weiterhin findet sich hier einleitend eine kurze Diskussion des betrachteten Ziels bzw. der wirtschaftlichen Konsequenzen einer Zielverfehlung.

Das vorliegende Lehrbuch ist zugleich eine zweite Auflage meiner Makroökonomie von 1982, wobei jedoch der Schwerpunkt verändert wurde. Während in der ersten Auflage lediglich das Problem der Vollbeschäftigung unter dem Aspekt der Mikrofundierung behandelt wurde, steht in der zweiten Auflage die Ausdehnung des behandelten Stoffes auf die dargestellten vier Problembereiche im Vordergrund.

Diese Lehrbuch entstand aus meinen Aufzeichnungen zu Lehrveranstaltungen in Makroökonomie an der Universität Regensburg. Mein Dank für zahlreiche Verbesserungsvorschläge gilt den hiesigen Kollegen und Mitarbeitern. Verbleibende Mängel gehen ausschließlich zu meinen Lasten.

Regensburg, Herbst 1991 *Jürgen Heubes*

Inhaltsüberblick

Inhaltsverzeichnis

III. Kapitel: Preisniveaustabilität

IV. Kapitel: Außenwirtschaftliches Gleichgewicht

V. Kapitel: Stetiges Wirtschaftswachstum

Anhang: Musterlösungen

Verzeichnis häufig benutzter Symbole

A	Arbeit
AB	Außenbeitrag, nominell
C	Konsumnachfrage, real
D	gesamtwirtschaftliche Güternachfrage
G	Staatsnachfrage, real
H	Hamilton-Funktion
HA	heimische Absorption, real
I	Investitionsnachfrage, real
J	Importe, real
K	Kapitalstock, real
KR	heimische Kredite
L	Geldnachfrage, nominell
M	Geldmenge
P	Preisniveau
$\hat{P}$	Inflationsrate
P_a	Preisniveau des Auslandes
R	Devisenbestand, Rohstoff
S	gesamtwirtschaftliches Güterangebot; Sparen, real
T	Pauschalsteuer real
W	Nominallohn; soziale Wohlfahrtsfunktion
X	Exporte, real
Y	Volkseinkommen, real
Y_a	Volkseinkommen des Auslandes
Z	Umweltbelastung
a(b)	Effizienzniveau der Arbeit (des Kapitals)
c	Konsumneigung; Konsum pro Kopf
e	Wechselkurs; hochgestellt: erwartete Größe
k	Kapitalkoeffizient; Kassenhaltungskoeffizient
l	Geldnachfrage, real
m	Geldschöpfungsmultiplikator
n	Wachstumsrate der Arbeit
r	Zinssatz
r_a	Zinssatz des Auslandes
s	Sparneigung
t	Zeit
u	Arbeitslosenquote
v	Kapitalintensität der Arbeit; Umlaufsgeschwindigkeit der Geldmenge
w	Reallohn
y	Arbeitsproduktivität
α	partielle Produktionselastizität der Arbeit
ϑ	Zeitpräferenzrate
θ	realer Wechselkurs
^	Wachstumsrate
*	Gleichgewicht; Effizienzeinheiten

I. Kapitel

Ein makroökonomisches Modell

In diesem Kapitel wird ein einfaches makroökonomisches Modell entwickelt, das dann in den nachfolgenden Kapiteln zur Analyse der makroökonomischen Phänomene Unterbeschäftigung, Inflation und Zahlungsbilanzungleichgewicht herangezogen wird. Lernziel dieses Kapitels ist es, einen Überblick über die gesamtwirtschaftlichen Interdependenzen zu gewinnen.

1. Vorbemerkungen[1]

Ein ökonomisches Modell (Theorie[2]) ist ein Instrument, das es der Wirtschaftswissenschaft ermöglichen soll,

- wirtschaftliche Ereignisse zu erklären (wirtschaftstheoretischer Aspekt), d. h. Wirkungen auf ihre Ursachen zurückzuführen;
- wirtschaftliche Ereignisse zu beeinflussen (wirtschaftspolitischer Aspekt), d. h. durch Wahl der Mittel (Ursachen) gewisse Ziele (Wirkungen) zu erreichen.

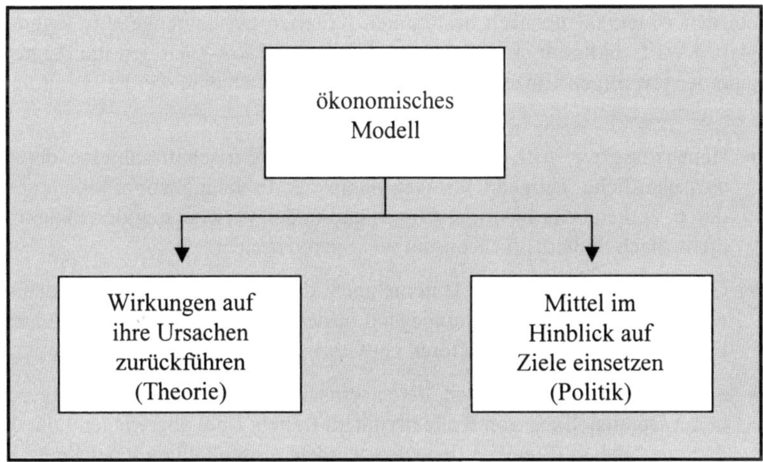

Übersicht I.1: Methode der Wirtschaftswissenschaft

Erst wenn der Ursache-Wirkungs-Zusammenhang bekannt ist, lassen sich hieraus Mittel im Hinblick auf bestimmte Ziele ableiten. Die Wirtschaftstheorie stellt somit die Basis der Wirtschaftspolitik dar.

Die Wirkungen (bspw. die Höhe der Arbeitslosenquote) sind sog. endogene Größen; die Ursachen sind andere endogene oder exogene Größen (bspw. die Höhe der Staatsausgaben).[3] Kern eines ökonomischen Modells sind

---

[1] Klatt, S., Einführung in die Makroökonomie, 3. Aufl., München/Wien 1995, S. 1 ff; Wohltmann, H.-W., Grundzüge der makroökonomischen Theorie, 2. Aufl., München/Wien 1996, S. 1 ff.

[2] Die Begriffe Modell und Theorie werden hier synonym gebraucht.

[3] Endogene Größen werden mit Hilfe des betreffenden Modells bestimmt; exogene Größen werden außerhalb dieses Modells festgelegt.

(Hypothesen oder Annahmen über) Gesetzmäßigkeiten im Verhalten der Wirtschaftssubjekte, die eine Verbindung zwischen endogenen sowie zwischen exogenen und endogenen Größen herstellen. Die endogenen Größen sind somit letztlich das Resultat der Reaktionen der Wirtschaftssubjekte auf exogene Größen.

Angesichts der Komplexität der ökonomischen Realität lassen sich nun nicht alle Gesetzmäßigkeiten vollständig erfassen, es ist vielmehr eine gewisse Beschränkung erforderlich. Ein Modell ist somit ein auf die für die jeweilige Fragestellung wesentlichen Gesetzmäßigkeiten reduziertes Abbild der Realität.

Ein makroökonomisches Modell umfaßt somit die wesentlichen gesamtwirtschaftlichen Zusammenhänge, nämlich die ökonomischen Aktivitäten verschiedener Akteure auf unterschiedlichen Märkten. Hierbei handelt es sich bei den Akteuren um nach bestimmten Kriterien zusammengefaßte (aggregierte) Wirtschaftssubjekte (Sektoren), bei den (Makro-)Märkten um Aggregate der jeweiligen Einzelmärkte. Die Wirtschaftssubjekte werden wie folgt zusammengefaßt:

- Haushaltssektor: Alle privaten Haushalte, d. h. Wirtschaftssubjekte, deren wirtschaftliche Tätigkeit vorwiegend in der Erzielung von Einkommen durch Verkauf von Faktorleistungen und in der Verwendung des Einkommens (nach Steuern) für Konsum und Sparen besteht.
- Unternehmenssektor: Alle Unternehmen, d. h. Wirtschaftssubjekte, deren wirtschaftliche Tätigkeit vorwiegend in der Produktion von Gütern unter Einsatz von Produktionsfaktoren zur Gewinnerzielung besteht.
- Staat: Gebietskörperschaften, deren wirtschaftliche Tätigkeit vorwiegend in der Bereitstellung von Kollektivgütern besteht,[1] die überwiegend durch Zwangsabgaben (Steuern) finanziert werden; einschließlich einer Zentralbank als Währungsbehörde.[2]
- Ausland: Alle Wirtschaftssubjekte, die nicht der inländischen Wirtschaft zugeordnet werden.

Die ökonomischen Aktivitäten der verschiedenen Sektoren lassen sich – abgesehen von den Steuerzahlungen u. ä. – als Angebot und Nachfrage auf verschiedenen Märkten darstellen. Zur Erfassung aller Aktivitäten sind folgende gesamtwirtschaftliche Märkte zu berücksichtigen:

- Arbeitsmarkt: Der Arbeitsmarkt umfaßt das gesamtwirtschaftliche Angebot an sowie die gesamtwirtschaftliche Nachfrage nach Arbeit, wobei die

---

1 Diese Kollektivgüter werden im Rahmen des vorliegenden Modells vom Unternehmenssektor erworben.

2 Seit Beginn der Europäischen Währungsunion existiert mit der Europäischen Zentralbank eine supranationale Währungsbehörde für die teilnehmenden Länder.

unterschiedlichen Arbeitsleistungen zu einem homogenen Faktor Arbeit zusammengefaßt werden. Das Arbeitsangebot stammt vom Haushaltssektor, die Arbeitsnachfrage vom Unternehmenssektor.

- Gütermarkt: Auf dem Gütermarkt werden das gesamtwirtschaftliche Güterangebot sowie die gesamtwirtschaftliche Güternachfrage erfaßt (Sachgüter und Dienstleistungen). Auch hier werden die unterschiedlichen (inländischen) Güter zu einem homogenen Gut zusammengefaßt (sog. Ein-Gut-Wirtschaft). Das Güterangebot erfolgt durch den Unternehmenssektor, ergänzt durch Importe. Die Güternachfrage umfaßt die Konsumnachfrage des Haushaltssektors, die Investitionsnachfrage des Unternehmenssektors, die Staatsnachfrage sowie die Exporte.
- Wertpapiermarkt (Kreditmarkt): Der Wertpapiermarkt erfaßt das gesamtwirtschaftliche Wertpapierangebot (Kreditnachfrage) sowie die gesamtwirtschaftliche Wertpapiernachfrage (Kreditangebot). Die Wertpapiernachfrage kommt von den Sektoren, die einen Finanzierungsüberschuß aufweisen, das Wertpapierangebot entsprechend von den Sektoren mit einem Finanzierungsdefizit.
- Geldmarkt: Dieser Markt stellt eine Fiktion i. d. S. dar, daß es weder einzel- noch gesamtwirtschaftlich einen Markt gibt, auf dem Geld gehandelt wird.[1] Da Geld jedoch ein eigenständiges Gut ist, das zwar auf anderen Märkten angeboten und nachgefragt wird, ist es dennoch zweckmäßig, hierfür einen eigenen Markt einzuführen, der das gesamtwirtschaftliche Geldangebot sowie die gesamtwirtschaftliche Geldnachfrage erfaßt. Das Geldangebot kommt teils vom Staatssektor (Zentralbank), teils vom Unternehmenssektor, nämlich von den Geschäftsbanken. Die Geldnachfrage umfaßt die Nachfrage des gesamten Nichtbankensektors.
- Devisenmarkt: Auf diesem Markt stehen sich Angebot an und Nachfrage nach ausländischer Währung (= Devisen) gegenüber. Das Devisenangebot resultiert aus Güterexporten und Kapitalimport; die Devisennachfrage entsprechend aus Güterimporten und Kapitalexport.

Die wirtschaftlichen Ereignisse sind das Resultat des Angebots- und Nachfrageverhaltens der verschiedenen Sektoren auf den einzelnen Märkten. Zur Erklärung (und Beeinflussung) dieser Ereignisse, der gesamtwirtschaftlichen Situation, bleiben somit die Gesetzmäßigkeiten von Angebot und Nachfrage zu bestimmen.

Diese Darstellung wird zunächst dadurch vereinfacht, daß eine sog. geschlossene Volkswirtschaft betrachtet wird, d. h. eine Volkswirtschaft ohne ökonomische Beziehungen zum Ausland.[2] In diesem Fall entfallen der Auslandssektor sowie der Devisenmarkt. Die Darstellung vereinfacht sich

---

[1] Es ist hier nicht der Handel zwischen Banken mit Zentralbankgeld bzw. zwischen Banken und der Zentralbank mit Geldmarktpapieren gemeint.

[2] Diese Vereinfachung wird in Kapitel IV aufgegeben.

darüber hinaus dadurch, daß von den verbleibenden vier Märkten nur drei berücksichtigt werden müssen, da hieraus die Situation auf dem vierten Markt abgeleitet werden kann.[1] Wie üblich, wird nachfolgend der Wertpapiermarkt vernachlässigt.

Die in diesem Kapitel gewählte Vorgehensweise zur Erklärung der wirtschaftlichen Ereignisse ist in Übersicht I.2 skizziert. Auf dem Gütermarkt stehen sich die gesamtwirtschaftliche Güternachfrage und das gesamtwirtschaftliche Güterangebot gegenüber. Die gesamtwirtschaftliche Güternachfrage ist auf das Nachfrageverhalten der Sektoren zurückzuführen, wobei dessen Realisierung wesentlich von der Situation auf dem Geldmarkt abhängt. Das gesamtwirtschaftliche Güterangebot ergibt sich – unter Beachtung der Produktionsmöglichkeiten der Volkswirtschaft – aus der Höhe der Beschäftigung, die auf dem Arbeitsmarkt bestimmt wird.[2] Die gesamtwirtschaftlichen Interdependenzen (in Übersicht I.2 nicht aufgeführt) äußern sich

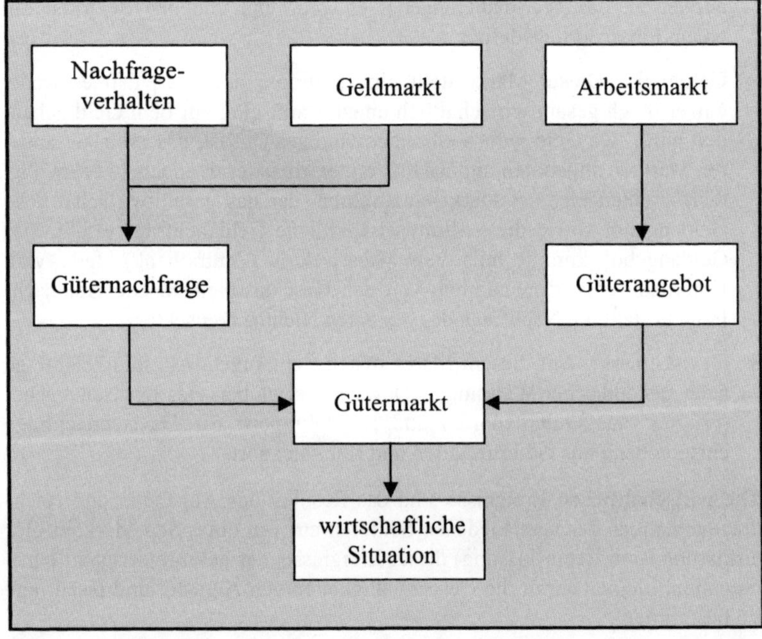

Übersicht I.2: Erklärung der wirtschaftlichen Situation

---

1 Dies folgt aus dem sog. Walras-Gesetz: Besteht eine Volkswirtschaft aus n Märkten, von denen (n – 1) Märkte im Gleichgewicht sind, so herrscht auch auf dem n-ten Markt ein Gleichgewicht.

2 Die übrigen Produktionsfaktoren (Kapital, Boden) werden in der hier vorliegenden mittelfristigen Betrachtung als konstant unterstellt.

darin, daß die Situation auf dem Gütermarkt wiederum sowohl das Nachfrageverhalten der Sektoren als auch die Lage auf dem Geld- und Arbeitsmarkt beeinflußt.[1] Aus dem Zusammenwirken all dieser Kräfte resultiert dann schließlich die wirtschaftliche Situation (die endogenen Größen).

Dieses Erklärungsschema, das makroökonomische Modell, wird nachfolgend in drei Versionen zunehmender Komplexität konkretisiert. Die erste Version konzentriert sich auf das Nachfrageverhalten der verschiedenen Sektoren. Hierzu werden der Geldmarkt sowie das Güterangebot nur rudimentär erfaßt. In der zweiten Version wird die Güternachfrage unter Ausformulierung des Geldmarktes abgeleitet, während das Güterangebot weiterhin vereinfacht abgebildet wird. Die dritte Version schließlich stellt die endgültige Fassung dar, in der neben der Güternachfrage auch das Güterangebot ausführlich modelliert wird.

---

1 Zu geringe Güternachfrage führt bspw. zu Arbeitslosigkeit.

2. Erste Version des Makro-Modells[1]

In dieser ersten Version des Makro-Modells (sog. Einkommen-Ausgaben-Modell) wird die wirtschaftliche Situation – repräsentiert durch die Höhe des Volkseinkommens – unter folgenden Annahmen bestimmt:

- das Geldangebot ist vollkommen elastisch. Dies bedeutet, daß stets genügend Geld im Umlauf ist, so daß die gesamtwirtschaftlichen Umsätze bei konstantem Zinssatz abgewickelt (finanziert) werden können.[2]
- das Güterangebot ist vollkommen elastisch. In diesem Fall paßt sich das Güterangebot bei konstantem Preisniveau stets an die Güternachfrage an, so daß letztere die gesamtwirtschaftliche Situation bestimmt.

Das Erklärungsschema ist in Übersicht I.3 veranschaulicht.

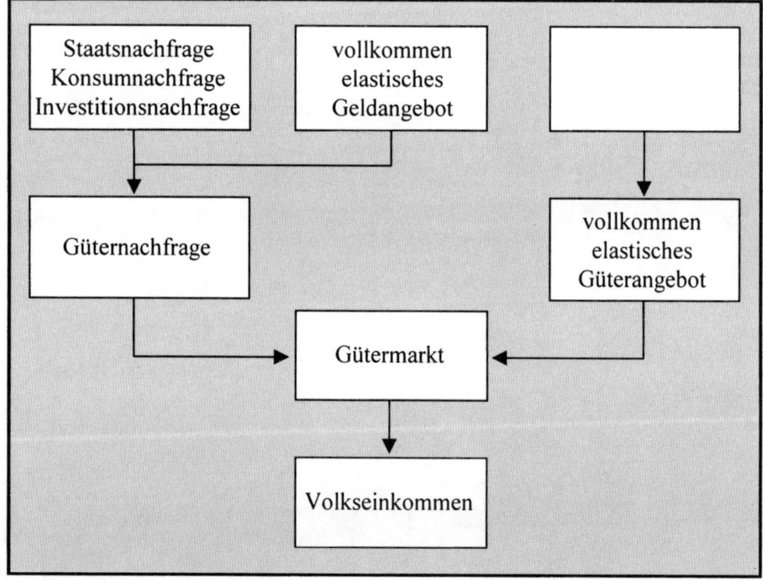

Übersicht I.3: Erste Version des Makro-Modells

Die nachfolgenden Ausführungen konzentrieren sich somit auf die Gesetzmäßigkeiten der gesamtwirtschaftlichen Güternachfrage.

---

1 Dornbusch, R. und St. Fischer, Makroökonomik, 6. Aufl., München/Wien 1995, S. 65 ff; Heubes, J., Grundlagen der modernen Makroökonomie, München 1995, S. 33 ff; Wachtel, P., Makroökonomik, München/Wien 1994, S. 79 ff.

2 Die gesamtwirtschaftlichen Umsätze umfassen bspw. den Kauf der produzierten Güter, die Entlohnung der Produktionsfaktoren, Steuerzahlungen u. a. m.

2.1 Die gesamtwirtschaftliche Güternachfrage

Die gesamtwirtschaftliche Güternachfrage umfaßt die Konsumnachfrage des Haushaltssektors, die Investitionsnachfrage des Unternehmenssektors sowie die Staatsnachfrage. Letztere ist politisch determiniert und stellt somit im Rahmen dieser ökonomischen Betrachtung eine exogene Größe dar.

Es bleiben also zunächst die Konsum- und Investitionsnachfrage und daran anschließend mit ihrer Hilfe die Höhe des Volkseinkommens als Indikator für die wirtschaftliche Situation zu bestimmen (Gleichgewicht auf dem Gütermarkt bei konstantem Zinssatz und Preisniveau).

2.1.1 Die Konsumnachfrage[1]

Das Volkseinkommen entsteht im Rahmen der Güterproduktion (des Güterangebots). Bei der hier betrachteten Ein-Gut-Wirtschaft stellt die produzierte Menge dieses Gutes das sog. reale Volkseinkommen (Y) dar.[2] Dieses reale Volkseinkommen fließt an den Haushaltssektor.[3] Der Haushaltssektor kann dieses Einkommen für drei Zwecke verwenden, nämlich für (reale) Steuerzahlungen (T), (reale) Konsumausgaben (C) und (reale) Ersparnisbildung (S):

$$(1) \quad Y = T + C + S.$$

Das Volkseinkommen abzüglich der Steuerzahlungen stellt das verfügbare Einkommen (Y^v) des Haushaltssektors dar:

$$(2) \quad Y^v = Y - T = C + S.$$

Es wird nun die Annahme gemacht, daß die realen Konsumausgaben (die Konsumnachfrage) eine positive Funktion des realen, verfügbaren Einkommens (Y^v) sind:[4,5]

$$(3) \quad C = C(Y^v); \qquad 0 < dC/dY^v < 1.$$

---

1 Branson, W. H., Makroökonomie, 3. Aufl., München/Wien 1992, S. 231 ff; Westphal, U., Makroökonomik, 2. Aufl., Berlin u. a. 1994, S. 127 ff.

2 Hiervon zu unterscheiden ist das nominelle Volkseinkommen (Y^{nom}); dies ist gleich dem Produkt aus dem realen Volkseinkommen und dem Preis (P) des Einheitsgutes ($Y^{nom} = PY$).

3 Von Steuerzahlungen des Unternehmenssektors sowie von einbehaltenen Gewinnen wird abgesehen.

4 Die Konsumnachfrage hängt auch noch von weiteren Determinanten ab, so bspw. vom Zinssatz. Gleichung (3) liegt die Annahme zugrunde, daß diesen weiteren Determinanten nur eine geringe Bedeutung zukommt, so daß sie zur Vereinfachung vernachlässigt werden.

5 Die erwähnten gesamtwirtschaftlichen Interdependenzen kommen hier bspw. darin zum Ausdruck, daß die Konsumnachfrage einerseits die Höhe des Volkseinkommens bestimmt und andererseits selbst vom Volkseinkommen abhängt.

Die Veränderung der Konsumnachfrage bei einer kleinen Veränderung des verfügbaren Einkommens (= erste Ableitung der Konsumfunktion dC/dY^v) wird als marginale Konsumneigung (Grenzneigung zum Konsum) bezeichnet. Ein Beispiel für obigen Zusammenhang ist folgende lineare Konsumfunktion:[1]

$$(4) \quad C = \overline{C} + cY^v; \quad \overline{C} > 0, \quad 0 < c < 1.$$

Gleichung (4) wird in Abbildung I.1 durch die Gerade $C(Y^v)$ wiedergegeben. Der Ordinatenabschnitt ist gleich dem sog. Basiskonsum $\overline{C}$, die Steigung entspricht der marginalen Konsumneigung. Da $0 < c < 1$ gilt, verläuft die Konsumgerade flacher als die 45°-Linie (deren Steigung eins beträgt).

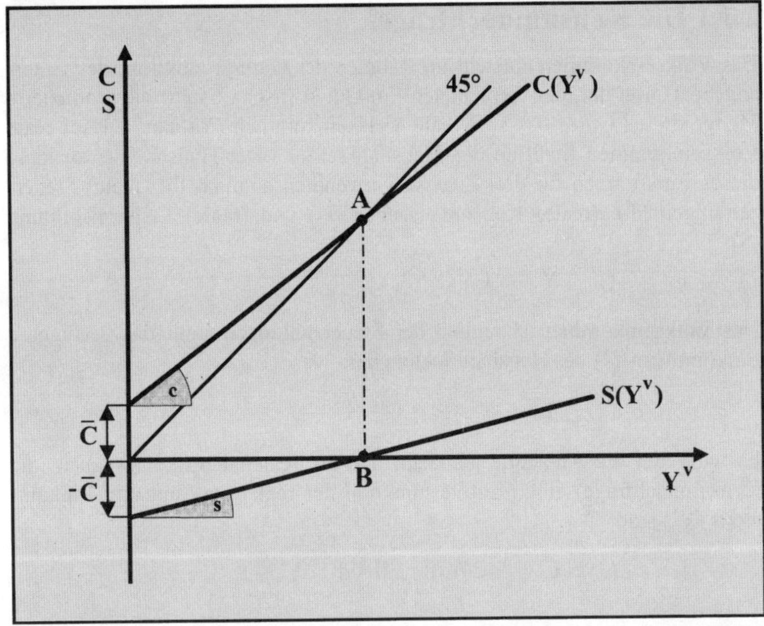

Abbildung I.1: Konsum und Sparen I

Unter Berücksichtigung von Gleichung (2) liegt mit der Konsumnachfrage auch die (reale) Ersparnisbildung fest. Aus den Gleichungen (2) und (3) folgt:

$$(5) \quad S = Y^v - C(Y^v) = S(Y^v); \quad 0 < dS/dY^v < 1.$$

---

[1] In diesem Fall steigt die Konsumnachfrage unterproportional mit dem verfügbaren Einkommen an (die durchschnittliche Konsumneigung C/Y^v geht mit steigendem verfügbaren Einkommen zurück). Dies ist Inhalt der sog. absoluten Einkommenshypothese oder keynesianischen Konsumfunktion.

Die Veränderung der Ersparnisbildung bei einer kleinen Änderung des verfügbaren Einkommens (= erste Ableitung der Sparfunktion dS/dY^v) wird als marginale Sparneigung (Grenzneigung zum Sparen) bezeichnet. Nach Gleichung (2) gilt:

$$(6) \quad dC/dY^v + dS/dY^v = 1,$$

d. h. die marginale Konsum- und Sparneigung ergänzen sich zu eins. Im obigen Beispiel – Gleichung (4) – ergibt sich für die Ersparnisbildung:

$$(7) \quad S = -\overline{C} + sY^v; \qquad s = 1 - c.$$

Die Ersparnisbildung, Gleichung (7), wird durch die Gerade $S(Y^v)$ in Abbildung I.1 angegeben, deren Ordinatenabschnitt $-\overline{C}$ und deren Steigung s beträgt. Da alle Punkte auf der 45°-Linie von beiden Achsen gleich weit entfernt sind, gilt offensichtlich im Schnittpunkt zwischen der C-Gerade und der 45°-Linie $Y^v = C$ (Punkt A) und somit $S = 0$ (sog. Sparschwelle, Punkt B). Rechts von diesem Schnittpunkt ist die Ersparnisbildung positiv, links davon negativ, d. h. die Haushalte entsparen (lösen ihr Vermögen auf) oder verschulden sich.

Bei gegebener Steuer läßt sich die Konsumnachfrage auch in Abhängigkeit vom Volkseinkommen darstellen, was für die nachfolgenden Ausführungen zweckmäßiger ist. Wird angenommen, daß der Staat eine Pauschalsteuer $T = T_0$ erhebt, so ergibt sich für die lineare Konsumfunktion (4):

$$(8) \quad C = \overline{C} + c(Y - T_0) = \overline{C} - cT_0 + cY$$

oder allgemein:

$$(9) \quad C = C(Y); \qquad 0 < dC/dY < 1.$$

Die Sparfunktion lautet in diesem Fall:

$$(10) \quad S = -\overline{C} + s(Y - T_0) = -(\overline{C} + sT_0) + sY$$

oder:

$$(11) \quad S = S(Y); \qquad 0 < dS/dY < 1.$$

Die Konsumfunktion (8) ist in Abbildung I.2 als C(Y) dargestellt; gegenüber der Abbildung I.1 ist der Ordinatenabschnitt jetzt – bei gleicher Steigung – um den Betrag cT_0 kleiner.[1]

---

[1] Eine Erhöhung der Pauschalsteuer verschiebt die Kurve C(Y) nach unten (bzw. nach rechts) und umgekehrt.

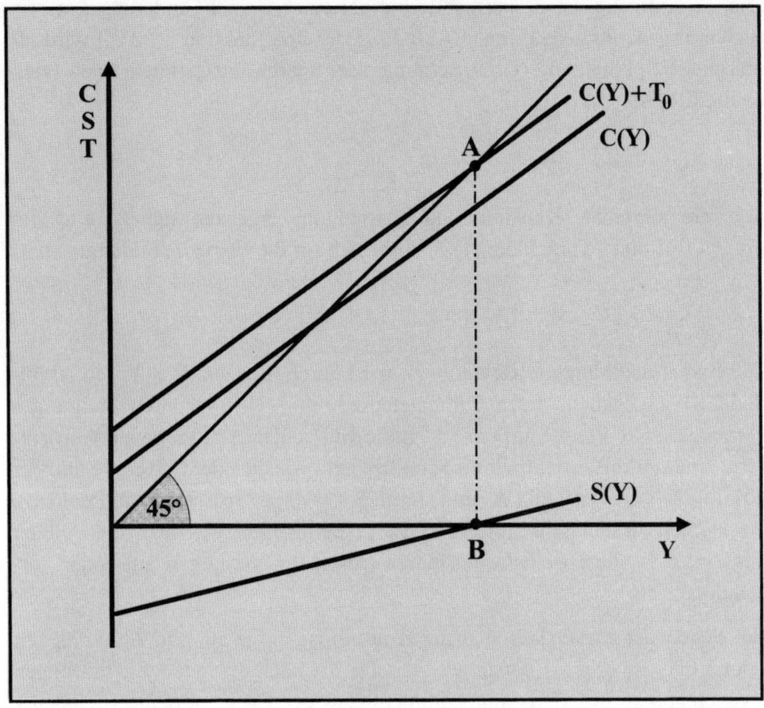

Abbildung I.2: Konsum und Sparen II

Der Ordinatenabschnitt der Sparfunktion S(Y) beträgt $-(\overline{C} + sT_0)$;[1] ihre Steigung ist weiterhin s. Die Sparschwelle ergibt sich, indem zu der Konsumgeraden die Steuern addiert werden und die Gerade $C(Y) + T_0$ mit der 45°-Geraden zum Schnitt gebracht wird.

2.1.2 Die Investitionsnachfrage[2]

Investitionen lassen sich in Lager- und in Anlageinvestitionen unterteilen. Die nachfolgenden Ausführungen beschränken sich auf Anlageinvestitionen (Ausrüstungen und Bauten).

Die gesamten Anlageinvestitionen (der gesamte Zugang an Anlagen) sind die sog. Brutto-Investitionen. Da die Anlagen im Produktionsprozeß abgenutzt

---

1 Die Konsumnachfrage sinkt infolge der Besteuerung um cT_0, die Ersparnisbildung um sT_0. Die Steuer wird also durch einen Rückgang sowohl des Konsums als auch des Sparens aufgebracht.

2 Branson, W. H., Makroökonomie, a. a. O., S. 277 ff; Westphal, U., Makroökonomik, a. a. O., S. 155 ff.

werden, dient ein gewisser Teil der Brutto-Investitionen dem Ersatz dieser Abnutzungen, die sog. Ersatz- oder Re-Investitionen. Diese Ersatzinvestitionen werden üblicherweise als proportional zum Bestand der Anlagen (dem bestehenden Kapitalstock) angenommen. Die Differenz zwischen Brutto-Investitionen und Abschreibungen (als Äquivalent für die Abnutzungen) sind die sog. Netto-Investitionen; sie verändern den Bestand der Anlagen (den realen Kapitalstock), positive Nettoinvestitionen erhöhen den Kapitalstock, negative Nettoinvestitionen verringern ihn.

Nachfolgend wird zur Vereinfachung von Abnutzungen abgesehen, d. h. es werden lediglich Netto-Investitionen betrachtet. Die Ableitung der Investitionsnachfrage geschieht in zwei Schritten. Zunächst wird der optimale Kapitalstock und daran anschließend dessen Veränderung und damit die Investitionsnachfrage bestimmt.

Der optimale Kapitalstock

Stellvertretend für den Unternehmenssektor wird ein repräsentatives Unternehmen betrachtet. Dieses Unternehmen verfolge das Ziel, seinen Gewinn zu maximieren. Der Gewinn ist gleich der Differenz zwischen Erlös und Kosten. Der Erlös wird durch das Produkt aus Preis (P) und Menge (Y) des Einheitsgutes erfaßt.[1] Die Kosten umfassen gesamtwirtschaftlich die Arbeits- und die Kapitalkosten.

Arbeits- und Kapitalkosten hängen von dem Arbeits- und Kapitaleinsatz ab. Diese prinzipiell simultane Entscheidung wird hier in zwei Schritte zerlegt: In diesem Abschnitt wird die Nachfrage nach Kapital abgeleitet, während der Arbeitseinsatz als exogen vorgegeben betrachtet wird. Damit sind die Arbeits- oder Lohnkosten konstant (Λ).

Die Kapitalkosten sind (unter Vernachlässigung von Abschreibungen) gleich dem Produkt aus Zinssatz (r) und dem nominellen Kapitalstock (dem Einsatz an Geldkapital zum Erwerb des realen Kapitalstocks K, nämlich PK).[2] Damit ergibt sich für den Gewinn (Q):

$$(1) \quad Q = PY - rPK - \Lambda.$$

Bei der Maximierung der Zielfunktion (1) hat das Unternehmen als Nebenbedingung die Produktionsmöglichkeiten zu beachten. Diese Produktionsmöglichkeiten werden mit Hilfe einer Produktionsfunktion erfaßt.

Eine Produktionsfunktion gibt die maximale Gütermenge an, die bei gegebenem Stand des technischen Wissens mit Hilfe des Faktoreinsatzes erzeugt

---

[1] Es wird angenommen, daß Güter- und Faktorpreise vorgegeben sind. Dies impliziert, daß die produzierte Menge auch abgesetzt werden kann.

[2] Es wird ein vollkommener Kapitalmarkt unterstellt, d. h. die Sollzinsen bei Fremdfinanzierung sind gleich den entgangenen Habenzinsen (Opportunitätskosten) bei Eigenfinanzierung.

werden kann (sog. effiziente Produktion). Diese Produktionsfunktion läßt sich unter Beachtung des konstanten Arbeitseinsatzes ($\overline{A}$) wie folgt schreiben:

$$(2) \quad Y = Y(\overline{A},K).$$

Es wird angenommen, daß die beiden Produktionsfaktoren – wenigstens in Grenzen – gegeneinander austauschbar sind, es handelt sich dann um eine substitutionale Produktionsfunktion.[1] Weiter wird angenommen, daß die Produktionsfunktion stetig und differenzierbar ist. Schließlich gelte bei einer Veränderung des Kapitalstocks (partielle Faktorvariation):

$$(3) \quad \partial Y/\partial K \;>0$$

$$(4) \quad \partial^2 Y/\partial K^2 \;<0.$$

Die erste Ableitung der Produktionsfunktion nach dem Kapitalstock ist der Grenzertrag des Kapitals.[2] Gleichung (3) besagt, daß der Grenzertrag des Kapitals positiv ist; er nimmt nach Gleichung (4) jedoch mit zunehmendem Kapitaleinsatz ab. Diese Eigenschaft wird als Gesetz des abnehmenden Grenzertrags bezeichnet.

Der optimale Kapitalstock folgt nun aus der Maximierung der Gleichung (1) unter Berücksichtigung von Gleichung (2). Diese beiden Gleichungen lassen sich zusammenfassen zu:

$$(5) \quad Q = PY(\overline{A},K) - rPK - \Lambda.$$

Die notwendige Bedingung für einen optimalen Kapitalstock ergibt sich, indem Gleichung (5) nach K differenziert und diese Ableitung gleich Null gesetzt wird:

$$(6) \quad dQ/dK \;= P\frac{\partial Y}{\partial K} - rP \;=\; 0.$$

Aus Gleichung (6) folgt:

$$(7) \quad P\frac{\partial Y}{\partial K} \;= rP$$

bzw.:

$$(8) \quad \partial Y/\partial K \;= r.$$

---

1 Die vorgegebene Arbeitsmenge kann also mit mehr oder weniger Kapital kombiniert werden.

2 Der Grenzertrag des Kapitals wird auch als Grenzleistungsfähigkeit oder Grenzproduktivität des Kapitals bezeichnet.

Gleichung (7) stellt die bekannte Gewinnmaximierungs-Regel dar, nämlich daß Grenzerlös und Grenzkosten des Kapitaleinsatzes übereinstimmen müssen: Der Grenzerlös ist der mit dem Preisniveau bewertete zusätzliche Output (Grenzertrag des Kapitals); die Grenzkosten sind die Zinskosten, die bei der Anschaffung einer weiteren Einheit Kapital zu berücksichtigen sind. Gleichung (8) stellt den gleichen Sachverhalt in realen Größen dar: Der Grenzertrag des Kapitals muß gleich dem (Markt-)Zinssatz sein.

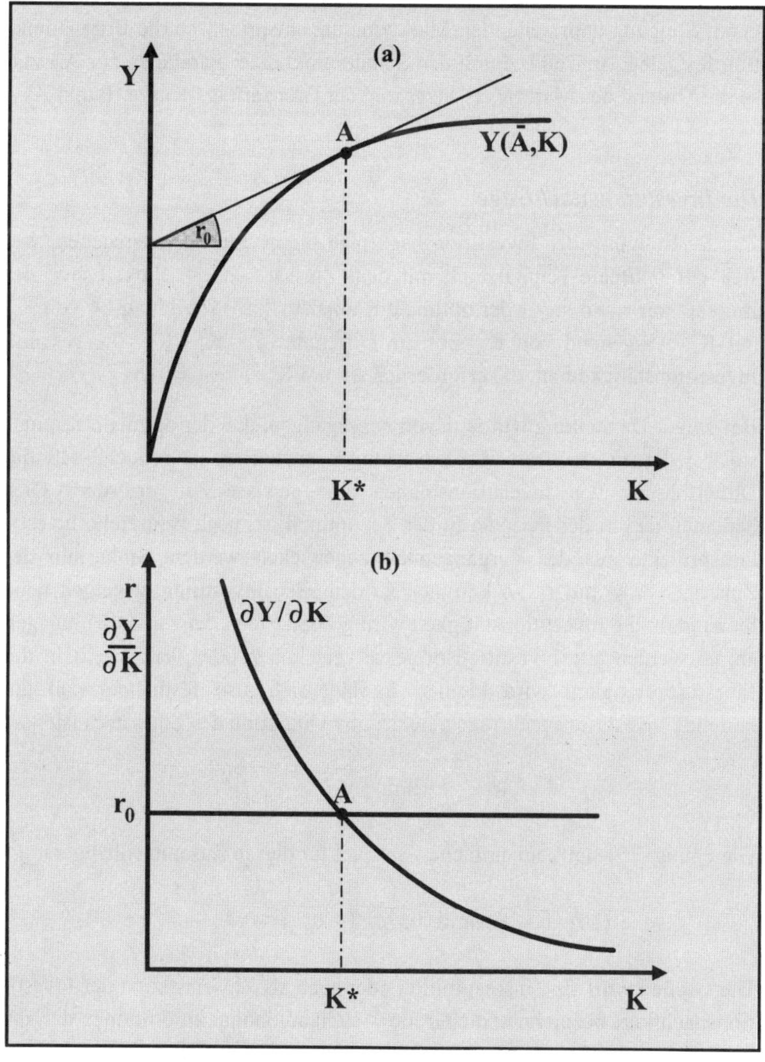

Abbildung I.3: Der optimale Kapitalstock

Zur Bestimmung des optimalen Kapitalstocks ist neben einer der beiden Optimalitätsbedingungen noch eine Spezifizierung der Produktionsfunktion (2) erforderlich. Dies geschieht in Abbildung I.3 graphisch; Teil a gibt den Output in Abhängigkeit vom Kapitaleinsatz bei gegebenem Arbeitseinsatz wieder (sog. Ertragsfunktion des Kapitals); Teil b enthält den Grenzertrag des Kapitals, der gleich der Steigung der Kurve $Y(\overline{A}, K)$ in Teil a ist.

Der optimale Kapitalstock (K^*) wird nun mit Hilfe der Optimalitätsbedingung (8) ermittelt: In Teil a wird er durch den Berührpunkt einer Tangente, deren Steigung dem geltenden Marktzinssatz entspricht, an die Ertragsfunktion festgelegt, in Teil b durch den Schnittpunkt einer Parallelen zur Abszisse im Abstand des Markt-Zinssatzes und der Grenzertrags-Kurve (Punkt A).

Die Investitionsnachfrage

Zur Bestimmung der Investitionsnachfrage bleibt nun zu untersuchen, wie sich der optimale Kapitalstock mit dem Zinssatz ändert. Sinkt bspw. der Zinssatz auf r_1, so steigt der optimale Kapitalstock in Abbildung I.4 von K_0^* auf K_1^*. Ausgehend von K_0^* gibt die Differenz $I^* = K_1^* - K_0^*$ die gesamte Investitionstätigkeit an, die erforderlich ist, um K_1^* zu realisieren.

Bei obiger Darstellung wurde davon ausgegangen, daß der optimale Kapitalstock jederzeit realisiert werden kann. Realistischer ist jedoch, daß die Durchführung von Investitionsplänen eine gewisse Zeit erfordert. Dies bedeutet, daß in der Periode, in der K_0^* optimal ist, noch zahlreiche Investitionsprojekte aus der Vergangenheit abgewickelt werden. Sinkt nun der Zinssatz von r_0 auf r_1, so kommen zu den alten Investitionsprojekten neue hinzu, d. h. die Investitionstätigkeit wird größer. Steigt der Zinssatz hingegen an, so werden alte Investitionsprojekte verschoben oder verkürzt, d. h. die Investitionstätigkeit wird kleiner. Es läßt sich also festhalten, daß die laufende Investitionsnachfrage eine negative Funktion des Zinssatzes ist:

$$(9) \quad I = I(r); \qquad dI/dr < 0,$$

Gleichung (10) stellt ein einfaches Beispiel für diesen Zusammenhang dar:

$$(10) \quad I = \overline{I} + ir \geq 0; \qquad \overline{I} > 0, \quad i < 0.$$

Die Größe i wird als Zinsreagibilität oder auch als Zinselastizität der Investitionsnachfrage bezeichnet; die Größe $\overline{I}$ stellt autonome Investitionen dar, die im vorliegenden Zusammenhang nicht weiter erklärt werden.

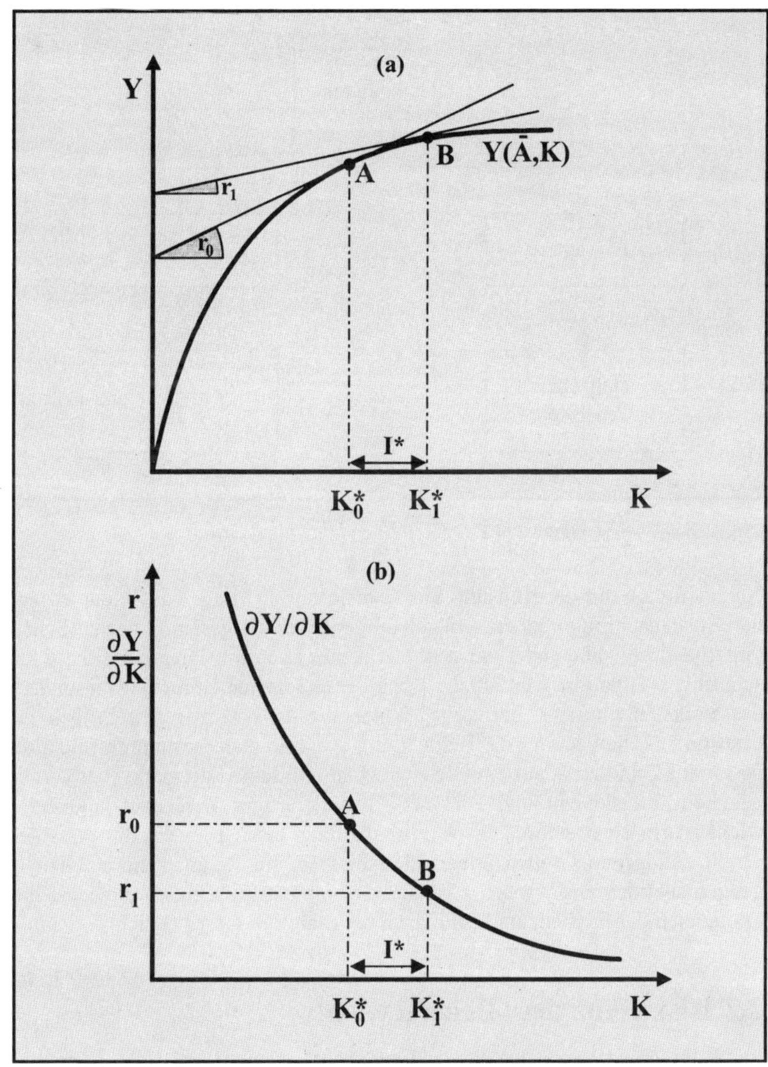

Abbildung I.4: Die Investitionsnachfrage

2.2 Gleichgewicht auf dem Gütermarkt

Wie eingangs bereits dargestellt wurde, wird die gesamtwirtschaftliche Situation im Rahmen dieser ersten Version des Makro-Modells (vollkommen elastisches Güterangebot) durch die gesamtwirtschaftliche Güternachfrage festgelegt.

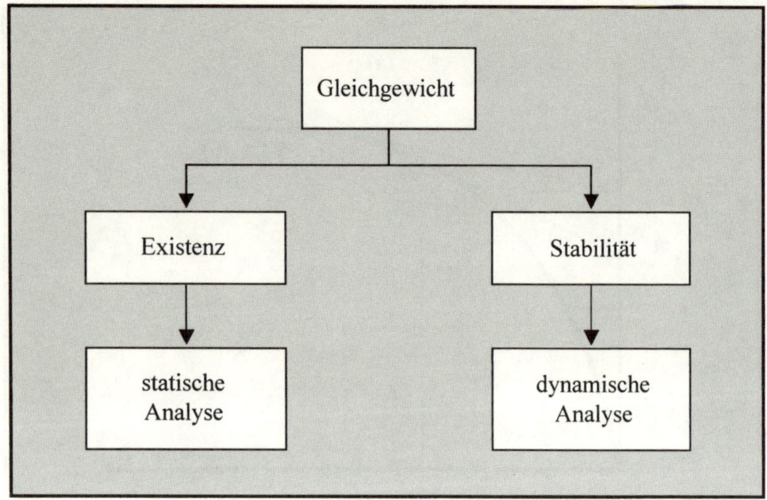

Übersicht I.4: Gleichgewichtsbetrachtung

Nachdem nun mit der Konsum- und Investitionsnachfrage (sowie der exogenen Staatsnachfrage) die einzelnen Komponenten der gesamtwirtschaftlichen Güternachfrage abgeleitet wurden, bleibt nun noch mit ihrer Hilfe die wirtschaftliche Situation, nämlich die Höhe der endogenen Größen, insbesondere des Volkseinkommens, bei vorgegebenen Werten der exogenen Größen, zu bestimmen. Hierbei wird die Betrachtung auf eine ganz bestimmte Situation beschränkt, und zwar auf ein Gleichgewicht auf dem Gütermarkt (bei vorgegebenem Preisniveau und Zinssatz). Ein derartiges (Kreislauf-)Gleichgewicht ist (in einer stationären Wirtschaft) dann erreicht, wenn die verschiedenen endogenen Größen unverändert bleiben. Im Rahmen dieser Gleichgewichtsbetrachtung werden zwei Fragen untersucht, nämlich zunächst die Frage nach der Existenz und dann nach der Stabilität dieses Gleichgewichts.

2.2.1 Existenz des Gleichgewichts

Im Rahmen der Existenzbetrachtung geht es um die Frage, ob das verwendete ökonomische Modell eine Lösung hat i. d. S., daß die endogenen Variablen ökonomisch sinnvolle Werte annehmen (bspw. $Y > 0$). Die Gleichgewichtsbestimmung wird als statische Analyse bezeichnet.

Statische Analyse

Das reale Volkseinkommen (Y) ist gleich der produzierten Gütermenge, dem Güterangebot (Y^a):

$$(1) \quad Y = Y^a.$$

Per Annahme gilt:

$$(2) \quad Y^a = Y^n,$$

damit auch:

$$(3) \quad Y = Y^n.$$

Nach Gleichung (3) ist das Einkommen gleich der Güternachfrage. Ein Gleichgewicht auf dem Gütermarkt (bei vollkommen elastischem Güterangebot) ist dann erreicht, wenn die Güternachfrage zu dem gleichen Einkommen führt, das auch der Konsumnachfrage zugrunde liegt.[1] Diese Güternachfrage soll als gleichgewichtige Güternachfrage bezeichnet werden. Damit läßt sich die Gleichgewichtssituation im Rahmen der ersten Version des Makro-Modells durch folgende Gleichung ausdrücken, wobei G_0 die (reale) Staatsnachfrage darstellt:[2]

$$(4) \quad Y^* = C(Y^*) + I(r) + G_0$$

Übersicht I.5: Gleichgewicht auf dem Gütermarkt[3]

Zur Bestimmung des gesuchten Gleichgewichtswertes der endogenen Größe Volkseinkommen (Y^*) sind die (Verhaltens-)Funktionen C(Y) sowie I(r) zu konkretisieren. Nachfolgend wird wieder auf obige lineare Funktionen zurückgegriffen. Wird beachtet, daß die Staatsnachfrage exogen vorgegeben ist sowie, daß bei konstantem Zinssatz (r_0) eine ganz bestimmte Investitionsnachfrage folgt ($I_0 = \bar{I} + ir_0$), so läßt sich schreiben:

$$(5) \quad Y^* = \overline{C} - cT_0 + cY^* + I_0 + G_0.$$

---

[1] Formal äußert sich dies darin, daß das gleiche Symbol Y^* sowohl auf der linken Seite von Gleichung (4) als auch als Determinante der Konsumnachfrage erscheint.

[2] Die Konsumnachfrage lautet $C = C(Y - T_0)$. Da die Pauschalsteuer in diesem Kapitel konstant bleibt, wird sie hier nicht mehr explizit aufgeführt, d. h. es wird geschrieben $C = C(Y)$.

[3] Eine ausführlichere Form der Gleichgewichtssituation im Rahmen der ersten Version des Makro-Modells lautet:

$$(a) \quad Y^* = Y^a$$
$$(b) \quad Y^a = Y^n$$
$$(c) \quad Y^n = C + I_0 + G_0$$
$$(d) \quad C = C(Y^* - T_0).$$

Dieses Modell umfaßt 4 endogene Variable (Y^*, Y^a, Y^n, C) und die exogenen Variablen (T_0, I_0, G_0, r_0) sowie die Parameter der Konsumfunktion (bspw. bei $C = \overline{C} + c(Y - T_0)$ die Größen $\overline{C}$ und c).

Wird Gleichung (5) nach Y^* aufgelöst, so folgt für das gleichgewichtige Volkseinkommen:

$$(6) \quad Y^* = \frac{1}{1-c}(\overline{C} - cT_0 + I_0 + G_0).$$

Da die marginale Konsumneigung kleiner als eins ist $(0 < c < 1)$, gilt $[1/(1-c)] > 1$. Damit ist das Gleichgewichtseinkommen in diesem Beispiel ein konstantes Vielfaches der exogenen Größen $\overline{C} - cT_0 + I_0 + G_0$ (> 0). Der Ausdruck $1/(1-c)$ wird als Multiplikator bezeichnet; sein Wert ist um so größer, je größer die marginale Konsumneigung ist.

Diese multiplikative Wirkung exogener Größen auf das Einkommen resultiert aus dem Konsumverhalten: Wie Gleichung (5) zeigt, ergibt sich aufgrund der exogenen Größen $\overline{C} - cT_0 + I_0 + G_0$ eine bestimmte Güternachfrage, die zu Einkommen in gleicher Höhe führt. Aufgrund dieses Einkommens wird zusätzliche Konsumnachfrage induziert (cY), wodurch das Einkommen den Wert der exogenen Nachfragekomponenten übersteigt.

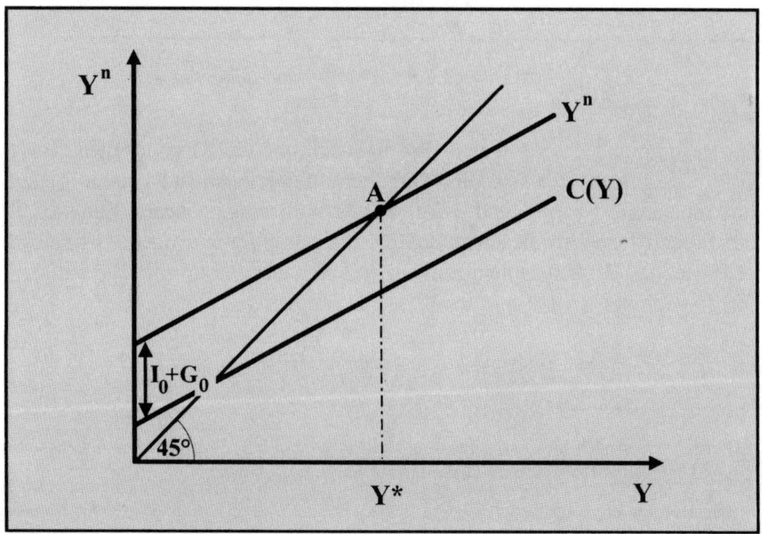

Abbildung I.5: Gleichgewicht auf dem Gütermarkt I

Die Gleichgewichtslösung wird in Abbildung I.5 graphisch abgeleitet.[1] Hierzu wird zunächst die Konsumnachfrage C(Y) eingezeichnet. Zu dieser Konsumnachfrage wird noch die konstante Investitions- und Staatsnachfrage addiert (Parallelverschiebung der Geraden C(Y) um $I_0 + G_0$ nach oben), so daß sich die gesamte Güternachfrage Y^n ergibt (Gleichung (4) bei $r = r_0$). Das gleichgewichtige Volkseinkommen entspricht dem Schnittpunkt

[1] Diese Darstellung wird als keynesianisches Kreuz (keynesian cross) bezeichnet.

zwischen der Y^n- und der 45°-Geraden (Punkt A):[1] Nur bei diesem Einkommen ergibt sich eine Güternachfrage in Höhe dieses Einkommens, so daß dieses Einkommen erhalten bleibt.

Die Gleichgewichtsbedingung für den Gütermarkt läßt sich auch noch wie folgt formulieren. Unter Beachtung der Einkommensentstehungsgleichung:

$$(7) \quad Y = C(Y) + I_0 + G_0$$

sowie der Einkommensverwendungsgleichung:

$$(8) \quad Y = T_0 + C(Y) + S(Y)$$

gilt im Gleichgewicht (bei $r = r_0$):

$$(9) \quad I_0 + G_0 = T_0 + S(Y^*).$$

In Abbildung I.6 wird das gleichgewichtige Volkseinkommen unter Verwendung der Gleichgewichtsbedingung (9) abgeleitet. Zu der einkommensabhängigen Ersparnisbildung[2] wird die konstante Pauschalsteuer addiert. Diese Summe muß gleich sein der Summe aus konstanter Investitions- und Staatsnachfrage. Letztere wird durch eine Parallele zur Y-Achse erfaßt.

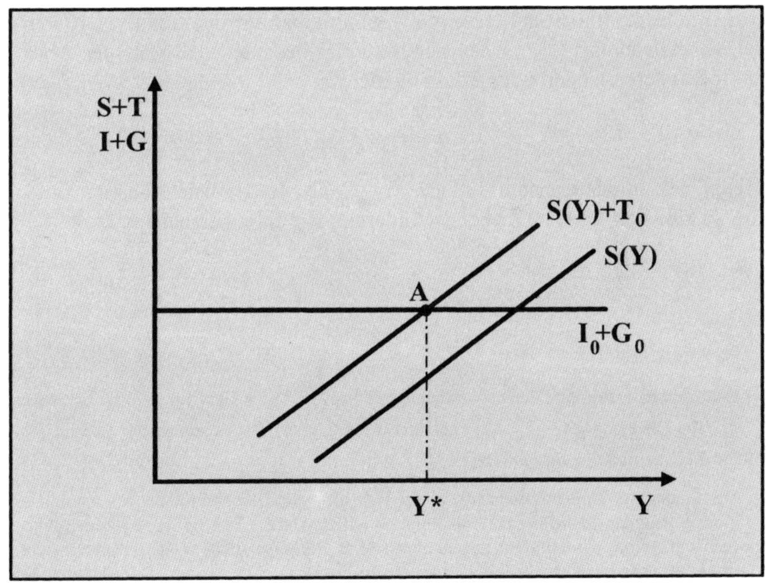

Abbildung I.6: Gleichgewicht auf dem Gütermarkt II

---

[1] Es gibt nur einen Schnittpunkt zwischen der Y^n- und der 45°-Geraden, d. h. das Gleichgewicht ist eindeutig.

[2] Es wird auf die obige lineare Sparfunktion zurückgegriffen.

Gleichung (9) bzw. Abbildung I.6 lassen sich wie folgt kreislauftheoretisch interpretieren: Beim Unternehmenssektor sammelt sich die Güternachfrage. In Höhe dieser Güternachfrage entsteht Einkommen, das an den Haushaltssektor fließt, woraus erneut die Güternachfrage des Haushaltssektors (Konsumnachfrage) folgt. Damit das Einkommen konstant bleibt (Gleichgewicht), muß der Nachfrageausfall seitens des Haushaltssektors (nämlich S und T) durch zusätzliche Nachfrage der übrigen Sektoren (nämlich I + G) ausgeglichen werden.

Komparativ-statische Analyse

Die obige statische Analyse wird nachfolgend um eine komparativ-statische Analyse ergänzt. Hierbei geht es um die Frage, wie sich der Gleichgewichtswert des Volkseinkommens ändert, wenn eine exogene Größe verändert wird.

Bei gegebenen exogenen Größen gilt im Ausgangsgleichgewicht:

$$(1) \quad Y_0^* = C(Y_0^*) + I_0 + G_0.$$

Wird nun bspw. die Staatsnachfrage erhöht ($dG > 0$), so ergibt sich die gesuchte Einkommensänderung (dY^*) unmittelbar aus dem totalen Differential von Gleichung (1).[1] Totales Differential bedeutet, daß statt der Absolutgrößen deren Änderungen erfaßt werden:

$$(2) \quad dY^* = dC + dI + dG.$$

Treten, wie in der Konsumfunktion $C = C(Y)$, funktionale Abhängigkeiten auf, so läßt sich die entsprechende Änderung wie folgt berechnen:

$$(3) \quad dC = \frac{dC}{dY} dY^*.$$ [2,3]

---

[1] Statt dessen kann auch der neue Gleichgewichtswert $Y_1^* = C(Y_1^*) + I_0 + G_1$ berechnet und die Differenz $dY = Y_1^* - Y_0^*$ gebildet werden. Hierzu ist es jedoch erforderlich, daß die Konsumfunktion bekannt ist.

[2] Die Änderung der Konsumnachfrage (dC) ist also gleich dem Produkt aus marginaler Konsumneigung (dC/dY) und Einkommensänderung (dY^*). Hierbei wird die marginale Konsumneigung als konstant angenommen, d. h. die unbekannte Konsumfunktion wird im Ausgangsgleichgewicht durch eine lineare Funktion approximiert. Da hierdurch bei nichtlinearer Konsumfunktion ein Fehler entsteht, ist diese Approximation nur für kleine Werte von dY^* zulässig.

[3] In ausführlicherer Form lautet die Ableitung: $\frac{dC}{dY} = \frac{dC}{dY^v}\frac{dY^v}{dY}$.

Mit $dC/dY^v = c$ sowie $Y^v = Y - T_0$ und damit $dY^v/dY = 1$ ergibt sich (bei einer Pauschalsteuer) $dC/dY = dC/dY^v = c$.

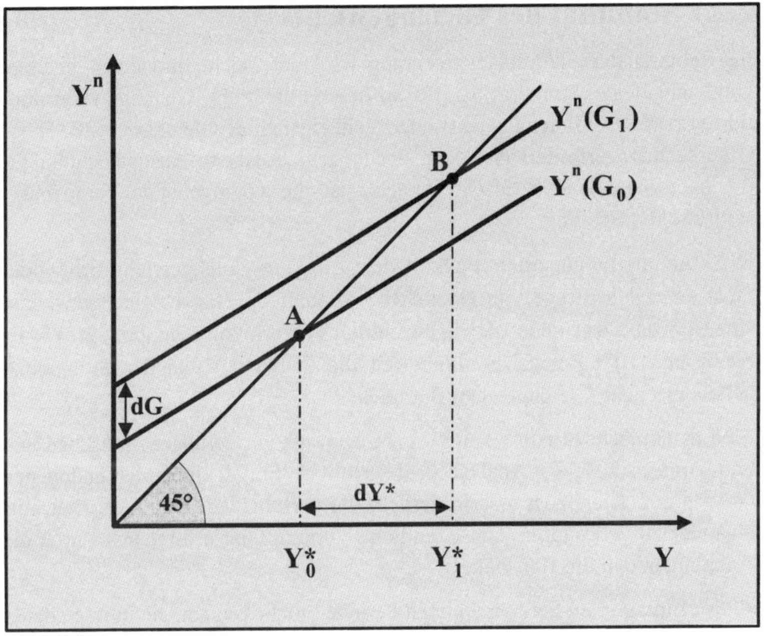

Abbildung I.7: Komparativ-statische Analyse

Unter Beachtung, daß die Investitionsnachfrage unverändert bleibt (dI = 0), ergibt sich somit:

$$(4) \quad dY^* = cdY^* + dG, \qquad c = dC/dY$$

bzw.:

$$(5) \quad dY^* = \frac{1}{1-c} dG.$$

Nach Gleichung (5) ist auch die Änderung des gleichgewichtigen Einkommens ein Vielfaches der sie verursachenden Änderung der exogenen Größen, hier der Staatsnachfrage.[1]

Bei obiger linearer Konsumfunktion ergibt sich die Änderung des gleichgewichtigen Volkseinkommens unmittelbar aus der Gleichgewichtslösung:

$$(6) \quad Y^* = \frac{1}{1-c}(\overline{C} - cT_0 + I_0 + G).$$

Das totale Differential liefert wieder Gleichung (5). Die Gleichgewichtswerte Y_0^* und Y_1^* sind für dieses Beispiel in Abbildung I.7 dargestellt.

---

1 Der Multiplikator wird in diesem Zusammenhang als Staatsausgabenmultiplikator bezeichnet.

2.2.2 Stabilität des Gleichgewichts

Im Rahmen der Stabilitätsbetrachtung wird untersucht, inwieweit in einer Ungleichgewichtssituation Kräfte auftreten, die zum Gleichgewicht hinführen (stabiles Gleichgewicht) oder nicht (instabiles Gleichgewicht). Diese Untersuchung erfordert eine sog. dynamische Analyse. Ausgangspunkt für die nachfolgende dynamische Analyse ist die vorangehende komparativ-statische Betrachtung.

In Abbildung I.8 entspricht Punkt A dem Ausgangsgleichgewicht. Erhöht der Staat seine Nachfrage von G_0 auf G_1, so stellt Y_0^* eine Ungleichgewichtssituation dar; das neue gleichgewichtige Volkseinkommen beträgt Y_1^*. Es bleibt nun zu untersuchen, inwieweit die Wirtschaft aus der Situation A heraus das neue Gleichgewicht B erreicht.

Eine dynamische Analyse zeigt – im Gegensatz zur zeitlosen statischen und komparativ-statischen Analyse – die zeitliche Entwicklung der endogenen Größen auf. Hierzu ist es erforderlich, die verschiedenen Zeitperioden miteinander zu verknüpfen. Diese zeitliche Verknüpfung erfolgt hier durch die Annahmen, daß die Haushalte[1]

- das Einkommen der betrachteten Periode t nicht kennen; sie müssen daher bei ihrer Konsumplanung von einem für t erwarteten Einkommen (Y_t^e) ausgehen: $C_t = C(Y_t^e)$.
- für die laufende Periode stets das Einkommen der Vorperiode erwarten (statische Erwartungen): $Y_t^e = Y_{t-1}$.

Unter Beachtung der linearen Konsumfunktion ergibt sich die Einkommensbestimmungsgleichung ($Y_t = Y_t^a = Y_t^n$):[2]

$$(1) \quad Y_t = \overline{C} - cT_0 + cY_{t-1} + I_0 + G_1.$$

Nach Gleichung (1) hängt das Einkommen der Periode t von der Nachfrage dieser Periode ab, die Nachfrage selbst (die Konsumnachfrage) wiederum vom Einkommen der Vorperiode. Gleichung (1) enthält somit die gesuchte zeitliche Verknüpfung; sie stellt eine Differenzengleichung 1. Ordnung in Y dar. Die Lösung dieser Gleichung ergibt den gesuchten Zeitpfad von Y. Die Lösung erfolgt zunächst graphisch, dann algebraisch.

---

[1] Während also den Haushalten das Einkommen der laufenden Periode unbekannt ist, erkennen die Unternehmer die Güternachfrage dieser Periode korrekt. Eine andere Annahme wäre, daß den Haushalten das laufende Einkommen bekannt ist, während die Unternehmer die Güternachfrage dieser Periode nicht kennen; sie müssen dann hierüber Erwartungen bilden.

[2] Die Verknüpfung verschiedener Zeitperioden erfordert eine Zeitindexierung der verschiedenen Größen.

Graphische Lösung

In Abbildung I.8 sind die beiden Werte Y_0^* und Y_1^* wiederholt. Y_0^* ist das bisherige Gleichgewichtseinkommen. In der Periode 1 erhöhe der Staat seine Güternachfrage auf G_1. Da die Haushalte in dieser Periode ein Einkommen von Y_0^* erwarten, ergibt sich insgesamt die Güternachfrage: $Y_1^n = C(Y_0^*) + I_0 + G_1$; diese Nachfrage übersteigt die bisherige Nachfrage $Y_0^n = C(Y_0^*) + I_0 + G_0$ um den Wert dG (= $G_1 - G_0$).

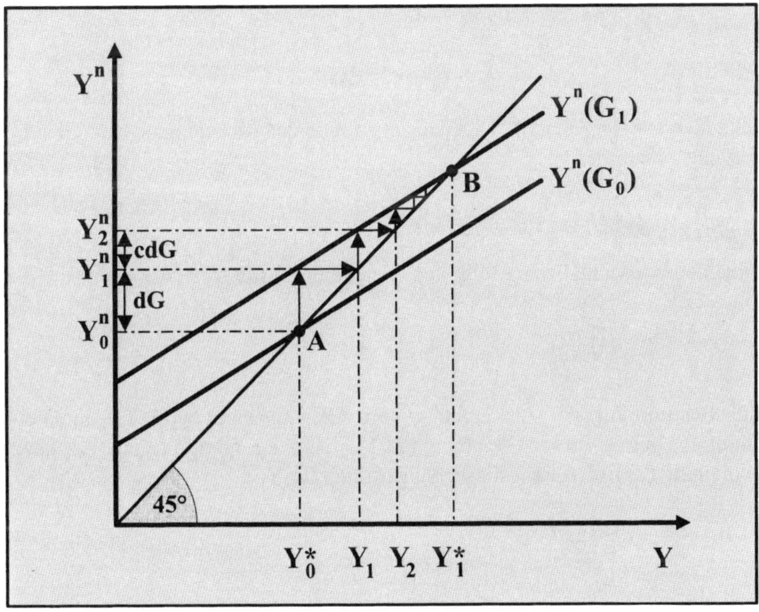

Abbildung I.8: Stabilität des Gleichgewichts auf dem Gütermarkt

Mit der Zunahme der Güternachfrage steigt auch das Volkseinkommen auf diesen Wert ($Y_1 = Y_1^n$). Graphisch läßt sich dieser Wert mit Hilfe der 45°-Geraden ermitteln, wie durch die beiden linken Pfeile angedeutet ist.[1]

Für die Periode zwei erwarten die Haushalte nun das Einkommen Y_1. Sie erhöhen deshalb ihre Konsumnachfrage auf $C(Y_1)$, d. h. die Konsumnachfrage und damit die gesamte Güternachfrage steigen gegenüber der Periode eins um $cdY = c(Y_1 - Y_0^*) = cdG$ von Y_1^n auf $Y_2^n = C(Y_1) + I_0 + G_1$, was zu einem Volkseinkommen von Y_2 führt.

---

[1] Jeder Punkt auf der 45°-Geraden ist von beiden Achsen gleich weit entfernt; also gilt $Y_1^n = Y_1$.

Während das Einkommen in der Periode eins um dG ansteigt, erhöht es sich in der zweiten Periode nur noch um cdG. Die weitere Analyse zeigt, daß das Einkommen in den folgenden Perioden um abnehmende Beträge steigt und schließlich den Gleichgewichtswert Y_1^* erreicht; das Gleichgewicht ist also stabil.[1,2]

Algebraische Lösung

Die allgemeine Lösung der Differenzengleichung:

$$(2) \quad Y_t = cY_{t-1} + A$$

mit:

$$A = \overline{C} - cT_0 + I_0 + G_1$$

setzt sich aus der Gleichgewichtslösung sowie der Abweichung vom Gleichgewicht zusammen:

$$(3) \quad Y_t = Y_1^* + \left[Y_t - Y_1^*\right].$$

Die Gleichgewichtslösung folgt aus Gleichung (2) für $Y_t = Y_{t-1} = Y_1^*$:

$$(4) \quad Y_1^* = \frac{1}{1-c}A.$$

Zur Bestimmung der Abweichung vom Gleichgewicht wird Y_{t-1} in Gleichung (2) gemäß dieser Gleichung auf Y_{t-2} zurückgeführt, Y_{t-2} auf Y_{t-3} usw. Gleichung (2) liefert nach dieser Substitution für Y_t:

$$(5) \quad Y_t = c^tY_0 + c^{t-1}A + \ldots + A$$

bzw.:

$$(6) \quad Y_t = c^tY_0 + \frac{1-c^t}{1-c}A.$$

Die Gleichungen (4) und (6) ergeben nun für die Abweichung vom Gleichgewicht:

$$(7) \quad Y - Y_1^* = \left[c^tY_0 + \frac{1-c^t}{1-c}A - \frac{1}{1-c}A\right]$$

bzw.:

$$(8) \quad Y - Y_1^* = c^t\left(Y_0 - \frac{1}{1-c}A\right).$$

---

1 Im (neuen) Gleichgewicht gilt $Y_t = Y_{t-1} = Y_1^*$, d. h. das Einkommen bleibt unverändert.

2 Das neue Gleichgewicht ist dadurch gekennzeichnet, daß die Haushalte korrekte Einkommenserwartungen haben.

Aus den Gleichungen (4) und (8) folgt nun die allgemeine Lösung der Gleichung (2):

$$(9)\quad Y_t = Y_1^* + c^t\left(Y_0 - \frac{1}{1-c}A\right)$$

oder:

$$(10)\quad Y_t = Y_1^* + c^t(Y_0 - Y_1^*).$$ [1]

Da $c < 1$ gilt, werden die Abweichungen vom Gleichgewicht im Laufe der Zeit immer kleiner, d. h. das Volkseinkommen nähert sich seinem Gleichgewichtswert.

2.2.3 Die IS-Kurve

Für die nachfolgenden Ausführungen ist es zweckmäßig, das Gleichgewicht auf dem Gütermarkt bei vollkommen elastischem Güterangebot in einem Y/r-Diagramm, d. h. bei alternativen Zinssätzen, darzustellen. Hierzu wird auf die Gleichgewichtsbedingung zurückgegriffen:[2]

$$(1)\quad Y = C(Y) + I(r) + G.$$

Die Änderung des gleichgewichtigen Volkseinkommens infolge einer Änderung des Zinssatzes und der Staatsausgaben läßt sich wieder mit Hilfe des totalen Differentials der Gleichung (1) bestimmen:

$$(2)\quad dY = cdY + idr + dG; \qquad c = dC/dY, \qquad i = dI/dr.$$

Für $dG = 0$ ergibt sich:

$$(3)\quad dY = \frac{1}{1-c}idr,$$

für $dr = 0$ folgt aus Gleichung (2) das bereits bekannte Ergebnis:

$$(4)\quad dY = \frac{1}{1-c}dG.$$

---

[1] Die Abweichungen vom Gleichgewicht entsprechen der allgemeinen Lösung der homogenen Form von Gleichung (2):

$$Y_t - cY_{t-1} = 0.$$

Diese Teillösung lautet:

$$Y_t = Bc^t$$

mit:

$$B = Y_0 - Y_1^*.$$

[2] Soweit keine Verwechslungen möglich sind, wird nachfolgend auf die Kennzeichnung des gleichgewichtigen Volkseinkommens mittels eines Sterns verzichtet.

Zunächst wird der Fall $dG = 0$ weiter verfolgt. Es gelte der Zinssatz r_0 und die Staatsnachfrage G_0. Die gesamte Güternachfrage wird dann durch $Y^n(r_0,G_0)$ in Abbildung I.9 a wiedergegeben, das Gleichgewichtseinkommen beträgt Y_0. Die Werte r_0 und Y_0 werden in Teil b übertragen (Punkt A).

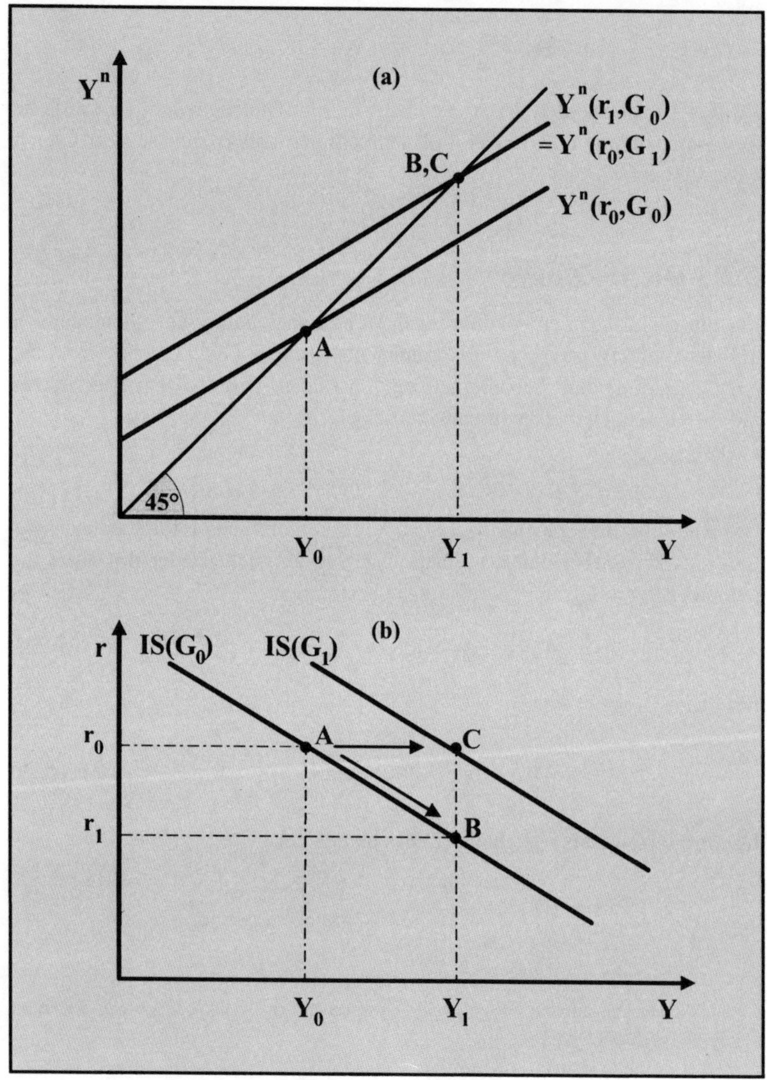

Abbildung I.9: Die IS-Kurve

Bei niedrigerem Zinssatz r_1 ($dr < 0$) steigt nun die Investitionsnachfrage an (um idr), d. h. die Y^n-Kurve verschiebt sich um diesen Betrag nach oben in die Lage $Y^n(r_1,G_0)$. Das gleichgewichtige Einkommen steigt um ein

Vielfaches dieses Betrages auf Y_1 an. Auch die Werte r_1 und Y_1 werden in Teil b übertragen (Punkt B).

Werden weitere Zinssätze berücksichtigt, so läßt sich das Gleichgewicht auf dem Gütermarkt bei vollkommen elastischem Güterangebot in Teil b durch eine fallende Kurve, die als IS-Kurve bezeichnet wird ($IS(G_0)$), darstellen.[1] Diese Bezeichnung resultiert aus der Gleichgewichtsbedingung $I + G = S + T$, die sich ohne Berücksichtigung des Staates bzw. bei ausgeglichenem Budget ($G = T$) auf $I = S$ verkürzt.

Im Fall $dr = 0$ steigt die Güternachfrage aufgrund einer Staatsausgabenerhöhung ($dG > 0$) an. Wird zur Vereinfachung $Y^n(r_1,G_0) = Y^n(r_0,G_1)$ gesetzt, so steigt das gleichgewichtige Volkseinkommen bei unverändertem Zinssatz r_0 auf Y_1 an (Punkt C). Entsprechendes gilt, wenn von anderen Werten des Zinssatzes ausgegangen wird. Das heißt, die IS-Kurve verschiebt sich infolge der Staatsausgabenerhöhung nach rechts ($IS(G_1)$), bei einer Reduzierung der Staatsausgaben nach links.[2]

Die IS-Kurve ist in Abbildung I.10 wiederholt. Gleichzeitig sind hier die Finanzierungsmöglichkeiten eingezeichnet, die sich bei vollkommen elastischem Geldangebot durch eine Parallele zur Y-Achse im Abstand des vorgegebenen Zinssatzes darstellen lassen (jedes beliebige Einkommen ist bei diesem Zinssatz finanzierbar).

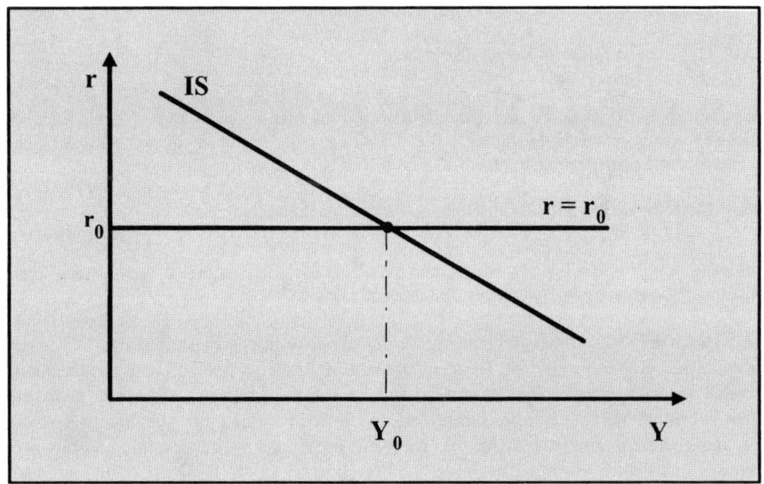

Abbildung I.10: Gleichgewicht auf dem Gütermarkt III

---

1 Die Steigung der IS-Kurve ergibt sich aus Gleichung (3):
$$dr/dY = (1 - c)/i < 0.$$
Bei linearer Konsum- und Investitionsfunktion ergibt sich die dargestellte Gerade.

2 Entsprechendes gilt bei einer Veränderung der übrigen exogenen Größen.

Das Gleichgewicht auf dem Gütermarkt ist bei dem vorgegebenen Zinssatz r_0 im Schnittpunkt der beiden Geraden erreicht: Bei dem Zinssatz r_0 (sowie der gegebenen Staatsnachfrage) ergibt sich entsprechend der IS-Kurve eine gleichgewichtige Güternachfrage in Höhe von Y_0. Diese Güternachfrage ist entsprechend der $(r = r_0)$-Geraden auch finanzierbar (gleichgewichtige und finanzierbare Güternachfrage). Da das Güterangebot vollkommen elastisch ist, stellt diese gleichgewichtige und finanzierbare Güternachfrage zugleich das gleichgewichtige Volkseinkommen dar.

Aufgaben

I.1 Die Konsumnachfrage sei eine lineare Funktion des verfügbaren Einkommens. Der Staat erhebe

(a) eine konstante Pauschalsteuer $T = T_0$

(b) eine proportionale Einkommensteuer $T = tY$ (t = Steuersatz).

Stellen Sie die Konsumnachfrage in den Fällen (a) und (b) jeweils in Abhängigkeit sowohl vom verfügbaren Einkommen als auch vom Volkseinkommen graphisch dar. (Tragen Sie hierzu auf der Abszisse sowohl das verfügbare Einkommen Y^v als auch das Volkseinkommen Y ab.) Erläutern Sie das Ergebnis. Wie ändern sich die jeweiligen Kurven, wenn der Staat die Pauschalsteuer bzw. den Steuersatz erhöht?

I.2 Die Konsumnachfrage sei eine lineare Funktion des verfügbaren Einkommens. Der Staat erhebe eine proportionale Einkommensteuer ($T = tY$). Wie groß ist die marginale Konsumneigung? Leiten Sie algebraisch und graphisch aus den Gleichungen bzw. Kurven $C(Y^v)$ und $C(Y)$ jeweils die zugehörige Sparfunktion ab.

I.3 Gegeben ist folgende Konsumfunktion:

$$(1) \qquad C = \overline{C} + cY^v.$$

Bestimmen Sie algebraisch und graphisch sowohl die marginale als auch die durchschnittliche Konsum- und Sparneigung. Welche Grenzwerte nehmen die durchschnittliche Konsum- und Sparneigung an, wenn Y^v gegen Null bzw. gegen unendlich geht?

I.4 Gegeben sei folgende Cobb-Douglas-Produktionsfunktion:

$$(1) \qquad Y = A^{0,8} K^{0,2}.$$

Es gelte $A = 1$ und $r = 0{,}05$. Bestimmen Sie algebraisch den optimalen Kapitalstock sowie die Investitionsnachfrage, wenn der Zinssatz auf 4% sinkt.

I.5 Nach der sog. Kapitalwertmethode werden alle Investitionsobjekte durchgeführt, deren Kapitalwert größer als Null ist. Der Kapitalwert KW ist gleich der Differenz zwischen dem Preis P eines Investitionsobjektes und der Summe der mit dem (Markt-)Zinssatz r abdiskontierten Nettoerlöse während der Einsatzdauer n dieser Investition zuzüglich ihrem Restwert $\tilde{I}$, der ebenfalls abzudiskontieren ist. Die Nettoerlöse sind gleich dem Produkt aus dem Preis P und dem Grenzertrag der Investition (= Grenzertrag des Kapitals $\partial Y/\partial K$). Vergleichen Sie die Kapitalwertmethode mit der hier vorgestellten Investitionstheorie.

I.6 Bestimmen Sie algebraisch und graphisch die Höhe des gleichgewichtigen Volkseinkommens unter Verwendung der Gleichgewichtsbedingungen:

$$(a) \qquad Y = C + I + G$$

$$(b) \qquad I + G = S + T,$$

wenn der Staat eine proportionale Einkommensteuer ($T = tY$) erhebt. Gehen Sie von einer linearen Konsumfunktion aus.

I.7 Gegeben sei ein Gleichgewicht auf dem Gütermarkt; es gelte eine lineare Konsumfunktion mit $c = 0{,}8$. Nun erhöhe der Staat seine Ausgaben um 100. Berechnen Sie die hierdurch bewirkte Änderung des gleichgewichtigen Volkseinkommens, wenn der Staat

(a) eine Pauschalsteuer $T = T_0$

(b) eine proportionale Einkommensteuer $T = tY$ mit $t = 0{,}1$

erhebt. Interpretieren Sie das Ergebnis.

I.8 Gegeben sei ein Gleichgewicht auf dem Gütermarkt; es gelte die Konsumfunktion $C = \sqrt{Y}$. Nun erhöhe der Staat seine Ausgaben um dG. Zeigen Sie graphisch, welcher Fehler entsteht, wenn die Änderung des gleichgewichtigen Volkseinkommens mittels totalen Differentials der Gleichgewichtsbedingung $Y = C + I + G$ berechnet wird.

I.9 Gegeben sei ein Gleichgewicht auf dem Gütermarkt. Nun verringere der Staat seine Güternachfrage von G_0 auf G_1. Untersuchen Sie algebraisch und graphisch die Auswirkungen auf die Höhe des gleichgewichtigen Volkseinkommens mit Hilfe der Gleichgewichtsbedingung $I + G = S + T$. Gehen Sie von einer linearen Konsumfunktion und einer Pauschalsteuer $T = T_0$ aus. Zeigen Sie graphisch die multiplikative Wirkung der Staatsausgabensenkung auf das gleichgewichtige Volkseinkommen.

I.10 Gegeben sei ein Gleichgewicht auf dem Gütermarkt. Nun verringere der Staat eine erhobene Pauschalsteuer. Bestimmen Sie die Auswirkungen auf die Höhe des gleichgewichtigen Volkseinkommens mittels totaler Differentiation der Gleichgewichtsbedingungen $Y = C + I + G$ und $I + G = S + T$.

I.11 Gegeben sei ein Gleichgewicht auf dem Gütermarkt. Nun verringere der Staat seine Güternachfrage von G_0 auf G_1. Untersuchen Sie graphisch die Stabilität des Gleichgewichts. Gehen Sie von einer linearen Konsumfunktion und einer Pauschalbesteuerung aus. Weiterhin gelte, daß die Haushalte bei ihrer Konsumplanung von dem Einkommen der Vorperiode ausgehen.

I.12 Gegeben sei ein Gleichgewicht auf dem Gütermarkt; es gelten eine lineare Konsumfunktion sowie eine proportionale Einkommensteuer $T = tY$.

(a) Der Staat erhöhe seine Güternachfrage von G_0 auf G_1.

(b) Der Staat senke den Steuersatz von t_0 auf t_1.

Stellen Sie das Ausgangsgleichgewicht sowie das neue Gleichgewicht für die Fälle (a) und (b) graphisch dar; verfolgen Sie den Anpassungsprozeß, wenn die Haushalte bei ihrer Konsumplanung von dem Volkseinkommen der Vorperiode ausgehen.

I.13 Die Einkommensbestimmungsgleichung laute:

$$(1) \qquad Y_t = 0{,}8Y_{t-1} + G_t$$

mit:

$$(2) \qquad G_t = \begin{cases} 100 & \text{für} \quad t \leq 0 \\ 200 & \text{für} \quad t > 0. \end{cases}$$

Berechnen Sie den alten und den neuen Gleichgewichtswert für Y, weiterhin den Wert von Y in den Perioden 1 – 3 sowie die jeweilige Differenz zur Vorperiode.

I.14 Untersuchen Sie die Stabilität des Gütermarktgleichgewichts unter der Annahme, daß die Haushalte ihre Konsumnachfrage nach dem laufenden Einkommen richten, während die Unternehmer Güter in Höhe der erwarteten Nachfrage produzieren. Bis einschließlich der Periode Null gelte das gleichgewichtige Einkommen Y_0^*. In der Periode eins reduziere der Staat seine Güternachfrage von G_0 auf G_1. Die Unternehmer mögen statische Nachfrageerwartungen haben.

I.15 Gegeben ist ein Gütermarktgleichgewicht bei dem Zinssatz r_0 und der Staatsnachfrage G_0. Untersuchen Sie unter Verwendung der Gleichgewichtsbedingung $Y = C + I + G$ algebraisch und graphisch, wie sich das gleichgewichtige Volkseinkommen ändert, wenn

(a) der Zinssatz auf r_1 ansteigt;

(b) die Staatsnachfrage auf G_1 sinkt.

Übertragen Sie die Gleichgewichtswerte in ein Y/r-Diagramm; zeichnen Sie die entsprechenden IS-Kurven.

I.16 Leiten Sie die IS-Kurve mit Hilfe der Gleichgewichtsbedingung $I + G = S + T$ graphisch ab. Welchen Einfluß hat eine Senkung der Pauschalsteuer von T_0 auf T_1 auf die IS-Kurve? Gehen Sie von einer linearen Sparfunktion aus.

I.17 Bestimmen sie die Steigung der IS-Kurve für die Fälle $T = T_0$ und $T = tY$. Wie ändert sich die Lage der IS-Kurve in diesen beiden Fällen, wenn der Staat seine Ausgaben um dG erhöht? Erläutern Sie das Ergebnis.

I.18 Gegeben ist ein Gleichgewicht auf dem Gütermarkt. Nun erhöhe der Staat seine Ausgaben von G_0 auf G_1. Stellen Sie das Ausgangs- und das Endgleichgewicht sowie den Anpassungsprozeß in einem 45°-Diagramm und mit Hilfe der IS-Kurve dar.

3. Zweite Version des Makro-Modells[1]

Die zweite Version des Makro-Modells (sog. IS/LM-Modell) unterscheidet sich von der ersten Version darin, daß nun der Geldmarkt ausführlicher modelliert wird, während das Güterangebot weiterhin nur rudimentär berücksichtigt wird. Im Rahmen dieser zweiten Version des Makro-Modells wird also die wirtschaftliche Situation – repräsentiert durch die Höhe des Volkseinkommens und des Zinssatzes – unter der Annahme, daß

- das Güterangebot vollkommen elastisch ist,

bestimmt. Das Erklärungsschema ist in Übersicht I.6 veranschaulicht.

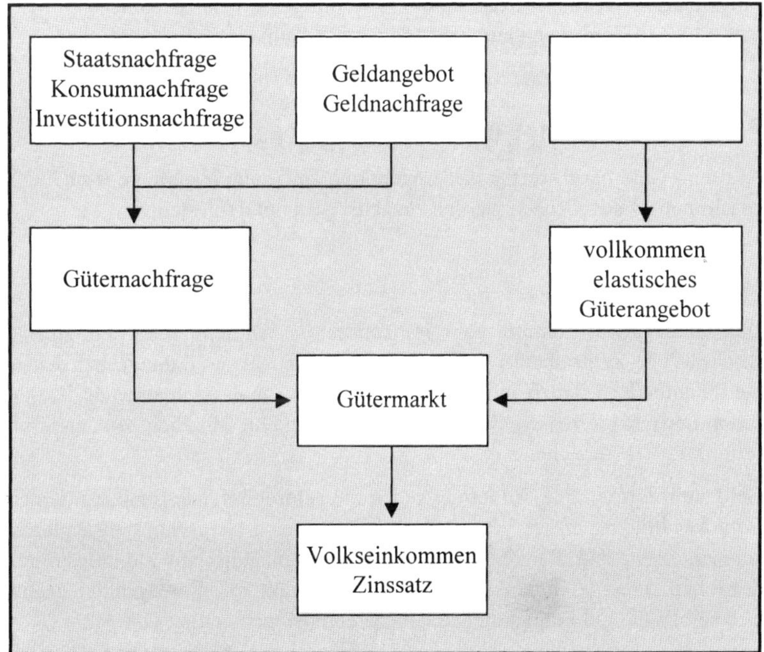

Übersicht I.6: Zweite Version des Makro-Modells

Es bleibt also zunächst der Geldmarkt zu analysieren; daran anschließend wird dann mit Hilfe des Nachfrageverhaltens sowie der Situation auf dem

---

[1] Dieckheuer, G., Makroökonomik, 2. Aufl., Berlin u. a. 1995, S. 69 ff; Heubes, J., Grundlagen der modernen Makroökonomie, a. a. O., S. 75 ff; Spahn, H.-P., Makroökonomie, Berlin u. a. 1996, S. 39 ff.

Geldmarkt die Höhe des Volkseinkommens und des Zinssatzes bestimmt (Gleichgewicht auf Güter- und Geldmarkt – bei vorgegebenem Preisniveau).

3.1 Der Geldmarkt

Als Geld fungieren Bargeld (Banknoten und Münzen) sowie Giralgeld, nämlich Guthaben auf Girokonten (Sichteinlagen bei Banken). Diese Aktiva stellen Geld dar, weil sie die verschiedenen Geldfunktionen erfüllen.

Die Geldfunktionen sind die Recheneinheits-, die Zahlungsmittel- und die Wertaufbewahrungsfunktion. Die Recheneinheitsfunktion besagt, daß alle inländischen Preise in der inländischen Geldeinheit ausgedrückt werden. Die Zahlungsmittelfunktion bedeutet, daß Geld als allgemeines Tauschmittel sowie zur Rückzahlung von Schulden akzeptiert wird. Die Wertaufbewahrungsfunktion beinhaltet, daß Geld ein Vermögensobjekt darstellt, d. h., daß Vermögen in Form von Geld gehalten werden kann.

3.1.1 Geldangebot und Geldnachfrage

Auf dem Geldmarkt treffen das Angebot an sowie die Nachfrage nach Geld zusammen. Beide Größen werden zunächst getrennt dargestellt.

Geldangebot[1]

Das Geldangebot stammt vom Bankensektor, nämlich einer Zentralbank (Europäische Zentralbank) sowie den Geschäftsbanken (Banken, bei denen die Nichtbanken Girokonten führen können). Unter Geldangebot (Geldschöpfung) ist hierbei die Bereitstellung von Geld an den Nichtbankensektor (Publikum) zu verstehen.

Geld stellt formal eine Forderung gegen die geldschöpfende Bank dar. Unter Berücksichtigung dieses Wesensmerkmals läßt sich Geldschöpfung dadurch kennzeichnen, daß Banken Aktiva, die keine inländischen Zahlungsmittel darstellen, vom Nichtbankensektor erwerben und mit Forderungen gegen sich selbst, die Zahlungsmittel sind, bezahlen (Monetisierung von Aktiva).

Die von dem Bankensektor erworbenen Aktiva sind – wie der Aktivseite der vereinfachten Bilanz des Bankensektors entnommen werden kann – Forderungen aus Kreditgeschäften mit dem Staat, den privaten Nichtbanken sowie – in einer offenen Volkswirtschaft – mit dem Ausland. Der Bankensektor erwirbt diese Aktiva durch Hingabe von Forderungen gegen sich selbst in Form von Bar- und Giralgeld.

---

[1] Borchert, M., Geld und Kredit, 4. Aufl., München/Wien 1997, S. 40 ff; Branson, W. H., Makroökonomie, a. a. O., S. 341 ff.

Der Nichtbankensektor verwendet das erhaltene Bar- und Giralgeld – wie die Passivseite der Bilanz des Bankensektors zeigt – teils als Bar- und Giralgeld, teils wandelt er es in Termin- und Spareinlagen (sog. Quasigeld) um.[1] Es bleibt die Frage, welcher Teil dieser Guthaben gesamtwirtschaftlich für Güterkäufe u. ä. verwendet wird (potentielle Kaufkraft). Dieser Teil wird als Geldmenge (= Bestände an Geld bzw. Quasigeld im Nichtbankensektor) bezeichnet.

Aktiva	Passiva
Kredite an das Ausland	Bargeldumlauf bei den Nichtbanken
Kredite an den Staat	Sichteinlagen der Nichtbanken
Kredite an private Nichtbanken	Termineinlagen der Nichtbanken
	Spareinlagen der Nichtbanken

Übersicht I.7: Bilanz des Bankensektors

Offensichtlich werden Bargeld und Sichteinlagen zu Zahlungszwecken gehalten; diese beiden Größen ergeben die sog. Geldmenge M1. Nicht so eindeutig ist die Verwendung der Spar- und Termineinlagen. Werden auch die Termineinlagen als potentielle Kaufkraft angesehen, so ergibt sich die Geldmenge M2 (= M1 + Termineinlagen); werden schließlich noch die Spareinlagen der potentiellen Kaufkraft zugerechnet, so folgt die Geldmenge M3 (= M2 + Spareinlagen). Im weiteren Verlauf wird von dieser Unterscheidung abgesehen, so daß Geldangebot und Geldmenge übereinstimmen.

Es bleibt noch zu klären, in welchem Umfang der Bankensektor Geld schöpfen kann. Hier lassen sich zwei Grenzen unterscheiden, nämlich gesetzliche Bestimmungen einerseits sowie die Erfordernis der stetigen Zahlungsfähigkeit (Liquidität) andererseits. Stetige Zahlungsfähigkeit bedeutet, daß eine Bank jederzeit in der Lage sein muß, Auszahlungen aufgrund ihrer Geschäftstätigkeit leisten zu können. Vereinfacht gilt, daß die erste Grenze für die Zentralbank, die zweite für die Geschäftsbanken maßgeblich ist.

Für die Europäische Zentralbank (EZB) liegt die gesetzliche Begrenzung in Artikel 105 des Maastrichtvertrages. Hiernach ist die EZB verpflichtet, Preisstabilität zu gewährleisten. Da eine zu starke Ausweitung der Geldmenge zu Preissteigerungen führt (siehe Kapitel III), verbietet diese Vorschrift der EZB eine Geldschöpfung in beliebiger Höhe. Da Auszahlungen in

---

[1] Die verschiedenen Einlagearten unterscheiden sich in ihrer Fristigkeit; über Sichteinlagen kann jederzeit, über Termin- und Spareinlagen erst nach einer gewissen Anlage- oder Kündigungsfrist verfügt werden.

heimischem Bargeld erfolgen, das die EZB selbst schöpfen kann, existiert für die EZB jedoch kein Liquiditätsproblem.[1]

Anders hingegen für die Geschäftsbanken. Diese sind nicht in der Lage, Bargeld zu schöpfen; ihre Geldschöpfungsmöglichkeiten beschränken sich auf die Bereitstellung von Giralgeld: Im Rahmen eines Kreditgeschäftes schreiben sie einem Kunden den kreditierten Betrag auf dessen Girokonto gut, womit (aktiv) Giralgeld entstanden ist. Da die Geschäftsbanken damit rechnen müssen, daß die Kunden die Sichtguthaben in voller Höhe in Bargeld abheben, wird das Geldschöpfungspotential jeder einzelnen Geschäftsbank durch ihre Verfügungsmöglichkeit über Bargeld (sog. freie Liquiditätsreserve[2]) begrenzt.

Alle Geschäftsbanken zusammen sind jedoch in der Lage, ein Vielfaches der ursprünglich im Bankensystem existierenden freien Liquiditätsreserven an Giralgeld zu schöpfen (sog. multiple Giralgeldschöpfung). Hierzu sei nachfolgendes Beispiel betrachtet, wobei zur Vereinfachung von Termin- und Spareinlagen abgesehen wird.

Eine Geschäftsbank 1 komme durch den Verkauf von Devisen an die Zentralbank in den Besitz von zusätzlichem Zentralbankgeld (Bargeld oder Sichteinlagen bei der Zentralbank) in Höhe von ΔB. Die Bank gewährt nun einen Kredit in Höhe dieser sog. Überschußreserve (ÜR) an einen Kunden A und schreibt ihm den Kreditbetrag auf dessen Girokonto gut, womit sie (aktiv) Giralgeld in dieser Höhe schöpft. Der Kunde A hebt den gutgeschriebenen Betrag in Bargeld ab und zahlt diesen an seinen Gläubiger a. Diese Geschäftsvorgänge schlagen sich auf der Bilanz dieser Bank wie folgt nieder:

Aktiva	Geschäftsbank 1		Passiva
Devisen	– ΔB		
ÜR	ΔB		
Kredit an A	ΔB	Sichtguthaben des A	ΔB
ÜR	– ΔB	Sichtguthaben des A	– ΔB

Der Gläubiger a hält einen Teil n des erworbenen Betrages als Bargeld, den Rest $(1 - n)\Delta B$ zahlt er auf sein Girokonto bei der Geschäftsbank 2 ein. Für diese Einlagen muß die Bank 2 sog. Mindestreserven bei der Zentralbank

[1] Dies gilt streng genommen nicht in einer offenen Volkswirtschaft bei festen Wechselkursen.

[2] Die freien Liquiditätsreserven umfassen u. a. die sog. Überschußreserven. Siehe hierzu Borchert, M., Geld und Kredit, a. a. O., S. 64 ff.

halten. Bei einem Mindestreservesatz von m_r betragen die Mindestreserven $m_r(1-n)\Delta B$, das übrige zugeflossene Zentralbankgeld $(1-m_r)(1-n)\Delta B$ stellt wieder Überschußreserven dar. Diese Überschußreserven erlauben es der Bank 2, dem Kunden B einen Kredit in gleicher Höhe zu gewähren; mit der entsprechenden Gutschrift auf dem Girokonto des B schöpft auch die Bank 2 Giralgeld in Höhe dieser Gutschrift. Der Kunde B hebt wiederum den auf seinem Girokonto gutgeschriebenen Betrag in Bargeld ab und zahlt ihn an seinen Gläubiger b. Damit verbleibt der Geschäftsbank 2 von dem zugeflossenen Zentralbankgeld ein Betrag in Höhe der Mindestreserven. Auf der Bilanz der Bank 2 ergeben sich somit folgende Buchungen:

Aktiva		Geschäftsbank 2	Passiva
MR	$m_r(1-n)\Delta B$	Sichtguthaben des a	$(1-n)\Delta B$
ÜR	$(1-m_r)(1-n)\Delta B$		
Kredit an B	$(1-m_r)(1-n)\Delta B$	Sichtguthaben des B	$(1-m_r)(1-n)\Delta B$
ÜR	$-(1-m_r)(1-n)\Delta B$	Sichtguthaben des B	$-(1-m_r)(1-n)\Delta B$

Wird dieser Prozeß weiter verfolgt, so zeigt sich, daß die Geschäftsbanken insgesamt so lange Kredite gewähren können, bis schließlich die ursprüngliche Überschußreserve (ΔB) entweder an den Nichtbankensektor abgeflossen oder als Mindestreserve gebunden ist. Die gesamte (aktive) Giralgeldschöpfung (ΔM) ergibt sich als Summe einer unendlichen geometrischen Reihe:[1]

$$(1) \quad \Delta M = \Delta B + (1-m_r)(1-n)\Delta B + \ldots =$$

$$= \frac{1}{1-(1-m_r)(1-n)}\Delta B = \frac{1}{n+m_r(1-n)}\Delta B.$$

---

[1] Das an den Nichtbankensektor abgeflossene Bargeld (ΔBG) ist:

$$\Delta BG = n\Delta B + n(1-m_r)(1-n)\Delta B + \ldots = \frac{n}{n+m_r(1-n)}\Delta B.$$

Für die zusätzlichen Mindestreserveverpflichtungen (ΔMR) folgt:

$$\Delta MR = m_r(1-n)\Delta B + m_r(1-m_r)(1-n)^2\Delta B + \ldots = \frac{m_r(1-n)}{n+m_r(1-n)}\Delta B.$$

Wie sofort ersichtlich, gilt:

$$\Delta BG + \Delta MR = \Delta B.$$

Aufgrund dieser multiplen Giralgeldschöpfung ist also auch die gesamte Geldmenge M in einer Volkswirtschaft größer als die von der Zentralbank bereitgestellte Zentralbankgeldmenge B:

$$(2) \quad M = mB$$

mit (im vorliegenden Beispiel):

$$m = \frac{1}{n + m_r(1-n)}.$$

Nach Gleichung (2) ist die gesamte Geldmenge ein Vielfaches (m) der Zentralbankgeldmenge oder der sog. Geldbasis (monetäre Basis, high-powered money). Der sog. Geldschöpfungsmultiplikator (m) ist hierbei abhängig von dem Verhalten der Nichtbanken (erfaßt durch n), von dem Verhalten der Geschäftsbanken (inwieweit diese ihre Geldschöpfungsmöglichkeiten ausnutzen) sowie insbesondere von den geldpolitischen Maßnahmen der Zentralbank (erfaßt durch m_r).[1]

Über eine Variation von B sowie durch Beeinflussung von m kann also die Zentralbank (in Grenzen) das Geldangebot und damit die Geldmenge steuern. Im Rahmen der ersten Version des Makro-Modells wurde unterstellt, daß die Zentralbank die Geldmenge so beeinflußt, daß der Zinssatz konstant bleibt. Im Rahmen der weiteren Ausführungen wird nun von der Annahme ausgegangen, daß die Zentralbank die Geldmenge konstant hält (M_0).[2]

Mit einer vorgegebenen Geldmenge lassen sich gesamtwirtschaftliche Umsätze nur in ganz bestimmter Höhe tätigen. Welche Umsätze finanzierbar sind, hängt von der Verwendung der Geldmenge, der Geldnachfrage, ab.

Geldnachfrage[3]

Die Geldnachfrage ist der Wunsch des Nichtbankensektors, eine bestimmte Geldmenge als Kasse zu halten. Dieser Wunsch folgt aus den Geldfunktionen, nämlich der Zahlungsmittelfunktion und der Wertaufbewahrungsfunktion. Aus der Zahlungsmittelfunktion ergibt sich die Geldnachfrage zur Finanzierung der laufenden Transaktionen (Nachfrage nach Transaktionskasse); aus der Wertaufbewahrungsfunktion folgt die Geldnachfrage als Vermögensanlage (Nachfrage nach Spekulationskasse).

---

1 Neben der Mindestreservenpolitik stehen einer Zentralbank grundsätzlich die Diskont- und Lombardpolitik sowie die Offen-Markt-Politik zur Verfügung. Borchert, M., Geld und Kredit, a. a. O., S. 266 ff.

2 Die Geldmenge ist also jetzt eine exogene Größe.

3 Borchert, M., Geld und Kredit, a. a. O., S. 93 ff; Branson, W. H., Makroökonomie, a. a. O., S. 312 ff.

Die Höhe der in einer Volkswirtschaft benötigten Transaktionskasse hängt von der Höhe der gesamtwirtschaftlichen Zahlungen ab. Als Indikator für diese Zahlungen dient das nominelle Volkseinkommen. Üblicherweise wird angenommen, daß die Nachfrage nach Transaktionskasse (L_T; „L" für Liquiditätspräferenz) proportional zum nominellen Volkseinkommen (PY; P = Preisniveau, Preis des Einheitsgutes) ist:

$$(1) \quad L_T = kPY.$$

Der Proportionalitätsfaktor k wird als Kassenhaltungskoeffizient bezeichnet. Sein Reziprokwert ist die sog. Einkommenskreislaufgeschwindigkeit (Umlaufsgeschwindigkeit) der Geldmenge v (= 1/k); sie gibt an, wie oft eine Geldeinheit in einer Periode den Besitzer wechselt und somit jeweils erneut für Transaktionszwecke zur Verfügung steht.

Der Geldhaltung als Vermögensanlage (Spekulationskasse) steht als Alternative die Anlage in anderen Vermögensobjekten, hier zur Vereinfachung in einem fest verzinslichen Wertpapier, gegenüber. Es geht also um das Problem, wie das gesamte Vermögen optimal auf Geld und auf dieses Wertpapier aufgeteilt werden soll (optimales Portefeuille).

Die Zielsetzung eines Wirtschaftssubjektes ist es, einen möglichst großen Ertrag aus seiner Vermögensanlage zu erzielen. Dies legt die Annahme nahe, daß ein Wirtschaftssubjekt sein gesamtes Vermögen in Wertpapieren anlegt, da nur diese Vermögensform einen Zinsertrag abwirft. Die Vermögensanlage in Wertpapieren ist jedoch mit einem Kursrisiko verbunden, d. h., daß der gegenwärtige und der zukünftige Kurs auseinanderfallen können.

Ein Wirtschaftssubjekt wird dann sein Vermögen in Wertpapieren anlegen, wenn die erwartete Rendite positiv ist. Diese erwartete Rendite (ϕ) umfaßt die Verzinsung sowie die erwartete relative Kursänderung:

$$(2) \quad \phi = r + \frac{PV^e - PV}{PV},$$

wobei PV (PV^e) den gegenwärtigen (zukünftigen) Kurs darstellt.

Beträgt der fest vereinbarte Zinsertrag pro Periode x € und handelt es sich bei dem betrachteten Wertpapier um eine sog. ewige Rente, so ergibt sich für die gegenwärtig erzielbare Verzinsung, den Marktzinssatz:[1]

$$(3) \quad r = x/PV.$$

---

[1] Eine ewige Rente ist ein verbriefter Kredit, der nie zurückgezahlt wird. Der Kurs dieses Wertpapiers ist gleich der Summe der abdiskontierten zukünftigen Zinserträge:

$$PV = x/(1 + r) + x/(1 + r)^2 + \ldots,$$

wobei r einen konstanten Zinssatz darstellt, der diese Gleichung erfüllt. Die Summe dieser unendlichen geometrischen Reihe beträgt:

$$PV = x/r.$$

Entsprechend führt der erwartete Kurs zu einer erwarteten Verzinsung (r^e):

$$(4) \quad r^e = x/PV^e.$$

Werden PV und PV^e in Gleichung (2) mit Hilfe der Gleichungen (3) und (4) ersetzt, so folgt für die erwartete Rendite:

$$(5) \quad \phi = r + \frac{x/r^e - x/r}{x/r} = r + \frac{r}{r^e} - 1.$$

Eine Wertpapieranlage lohnt sich, wenn gilt $\phi \geq 0$ bzw.:

$$(6) \quad r \geq \frac{r^e}{1 + r^e} = \underline{r}.$$

Liegt der gegenwärtige Zinssatz über $\underline{r}$, so legt das betrachtete Wirtschaftssubjekt sein gesamtes Vermögen in Wertpapieren an; bei einem niedrigeren Zinssatz dagegen hält es sein Vermögen in Form von Geld (Alles-oder-Nichts-Wahl).

Die Wirtschaftssubjekte haben nun unterschiedliche Vorstellungen bezüglich des erwarteten Zinssatzes und damit bezüglich $\underline{r}$. Bei gegebenem gegenwärtigen Zinssatz erwarten die einen einen steigenden, die anderen einen sinkenden Zinssatz. Je höher jedoch der gegenwärtige Zinssatz ist, um so mehr Wirtschaftssubjekte erwarten, daß der zukünftige Zinssatz niedriger sein wird und umgekehrt. Aufgrund dieser unterschiedlichen Zinserwartungen werden gesamtwirtschaftlich sowohl Wertpapiere als auch Geld zur Vermögensanlage nachgefragt, wobei die Wertpapiernachfrage mit sinkendem Zinssatz ab- und die Geldnachfrage zunimmt.

Die Geldhaltung als Vermögensanlage, die Nachfrage nach Spekulationskasse (L_S), ist somit eine abnehmende Funktion des Zinssatzes:

$$(7) \quad L_S = L_S(r) \geq 0; \quad dL_S/dr < 0.$$

Die gesamte Geldnachfrage (L) ist gleich der Summe aus Transaktionskasse und Spekulationskasse:

$$(8) \quad L = kPY + L_S(r) = L(PY,r).$$

Üblicherweise wird angenommen, daß eine bestimmte prozentuale Veränderung des Preisniveaus zu einer gleich großen prozentualen Veränderung der Geldnachfrage führt (die Geldnachfragefunktion ist linear-homogen in P). In diesem Fall läßt sich Gleichung (8) wie folgt schreiben:

$$(9) \quad L = Pl(Y,r); \quad \partial l/\partial Y > 0, \quad \partial l/\partial r < 0,$$

wobei l(Y,r) die sog. reale Geldnachfrage (Nachfrage nach realer Kasse) darstellt. Gleichung (10):

$$(10) \quad l(Y,r) = kY + \bar{l} + hr; \qquad k, \bar{l} > 0, \quad h < 0$$

ist ein einfaches Beispiel für die reale Geldnachfrage.[1]

3.1.2 Gleichgewicht auf dem Geldmarkt: Die LM-Kurve

Zunächst wird die sog. LM-Kurve als geometrischer Ort aller Gleichgewichtssituationen auf dem Geldmarkt abgeleitet. Daran anschließend werden die Eigenschaften dieser Kurve noch näher analysiert.

Existenz und Stabilität eines Gleichgewichts auf dem Geldmarkt

Es bleibt noch zu klären, welches reale Volkseinkommen bei vorgegebener Geldmenge und gegebenem Preisniveau finanzierbar ist. Hierzu wird die Situation betrachtet, daß die gewünschte Geldnachfrage dem gegebenen Geldangebot entspricht, daß also ein Gleichgewicht auf dem Geldmarkt existiert.

Im Gleichgewicht auf dem Geldmarkt bestimmt das exogene Geldangebot die Höhe der Geldmenge M (= M_0). Damit muß gelten:

$$(1) \quad M_0 = P_0 l(Y,r)$$

bzw.:

$$(2) \quad M_0/P_0 = l(Y,r).$$

Dieses Gleichgewicht wird in Abbildung I.11 a graphisch bestimmt. Die reale Geldmenge M_0/P_0 ist zinsunabhängig und wird somit durch eine Parallele zur r-Achse wiedergegeben.[2]

Die Nachfrage nach realer Kasse umfaßt die Nachfrage nach Transaktionskasse und nach Spekulationskasse. Die Nachfrage nach Transaktionskasse ist ebenfalls unabhängig vom Zinssatz und verläuft auch parallel zur r-Achse, wobei ihr Abstand von der Höhe des Einkommens abhängt (je höher das Einkommen, um so weiter rechts verläuft die Nachfrage nach Transaktionskasse).

---

[1] Der Term kY gibt die Nachfrage nach Transaktionskasse, der Ausdruck $\bar{l} + hr$ die Nachfrage nach Spekulationskasse wieder ($\bar{l} + hr \geq 0$).

[2] Die reale Geldmenge gibt die Kaufkraft der Geldmenge an; in der vorliegenden Ein-Gut-Wirtschaft die Gütermenge, die bei dem Güterpreis P mit der nominellen Geldmenge M gekauft werden kann.

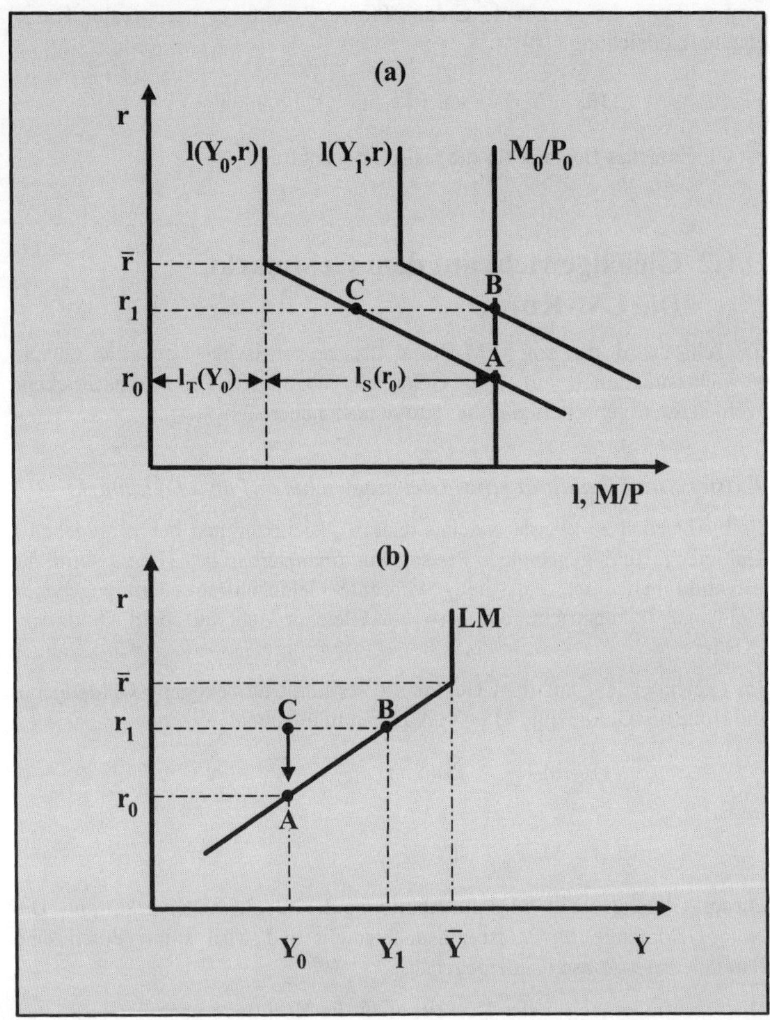

Abbildung I.11: Gleichgewicht auf dem Geldmarkt

Die Nachfrage nach Spekulationskasse geht mit steigendem Zinssatz zurück; bei dem Zinssatz $\bar{r}$ beträgt sie Null. Die gesamte Geldnachfrage besteht somit für $r \geq \bar{r}$ ausschließlich aus Nachfrage nach Transaktionskasse. Für $r < \bar{r}$ wird hingegen auch Spekulationskasse nachgefragt, so daß die gesamte Geldnachfrage bei dem Einkommen Y_0 der durchgezogenen Kurve $l(Y_0,r)$ in Abbildung I.11 a entspricht.[1]

---

[1] Der graphischen Darstellung liegt eine lineare Geldnachfragefunktion zugrunde.

Ein Gleichgewicht auf dem Geldmarkt ist im Schnittpunkt zwischen der Geldangebots- und der Geldnachfragekurve erreicht (Punkt A). Bei dem Einkommen Y_0 wird ein Teil der realen Geldmenge M_0/P_0 als reale Transaktionskasse ($l_T(Y_0)$) benötigt; der Rest muß dann im Gleichgewicht als reale Spekulationskasse nachgefragt werden, was einen Zinssatz von r_0 erfordert ($l_S(r_0)$). Bei einem höheren Einkommen (Y_1) – es gilt die Nachfragekurve $l(Y_1,r)$ – fließt ein größerer Teil der Geldmenge in die Transaktionskasse, so daß die Spekulationskasse nun kleiner ist, was bei einem höheren Zinssatz (r_1) der Fall ist.

Die beiden Y/r-Kombinationen, bei denen ein Gleichgewicht auf dem Geldmarkt erreicht ist, werden in Abbildung I.11 b übertragen. Werden weitere gleichgewichtige Y/r-Kombinationen abgeleitet, so ergibt sich insgesamt die dargestellte LM-Kurve („LM" für Geldnachfrage L = Geldangebot M).[1] Die LM-Kurve gibt somit eine Antwort auf die Frage, welches Einkommen bei vorgegebener Geldmenge im Gleichgewicht auf dem Geldmarkt finanzierbar ist: Dies hängt vom Zinssatz ab; je höher der Zinssatz, um so höher ist das finanzierbare Einkommen.

Die Zunahme der finanzierbaren Umsätze bei steigenden Zinsen ist auf eine Umschichtung der vorhandenen Geldmenge zurückzuführen: Spekulationskasse wird in Transaktionskasse überführt. Diese Umschichtung und damit die Zunahme der finanzierbaren Umsätze endet, wenn der Zinssatz eine Höhe erreicht hat, so daß keine Spekulationskasse mehr gehalten wird und damit die gesamte Geldmenge als Transaktionskasse zur Verfügung steht. Ab diesem Zinssatz verläuft die LM-Kurve senkrecht ($\bar{r}$ in Abbildung I.11).

Zur Untersuchung der Stabilität des Gleichgewichts auf dem Geldmarkt wird die Ungleichgewichtssituation Y_0/r_1 (Punkt C in Abbildung I.11) betrachtet. In diesem Fall ist das Geldangebot größer als die Geldnachfrage. Es wird nun angenommen, daß der Geldmarkt normal reagiert i. d. S., daß der Zinssatz bei einem Angebotsüberschuß sinkt und umgekehrt. Unter dieser Annahme ist das Gleichgewicht (bei nicht zu starken Reaktionen) stabil, wie durch den Pfeil in Abbildung I.11 b angedeutet wird.

Steigung und Lage der LM-Kurve

Zur genaueren Analyse der Steigung und der Lage der LM-Kurve wird noch einmal auf die Gleichgewichtsbedingung (2) zurückgegriffen. Totale Differentiation dieser Gleichung liefert bei $P_0 = 1$:

$$(3) \quad dM - dPM = kdY + hdr$$

mit: $k = \partial l/\partial Y > 0, \qquad h = \partial l/\partial r < 0.$

---

[1] Bei linearer Geldnachfragefunl:tion folgt ein linearer Verlauf der LM-Kurve.

Für dM = dP = 0 folgt für die Steigung der LM-Kurve:

$$(4) \quad \frac{dr}{dY} = -\frac{k}{h} > 0$$

bzw.:

$$(5) \quad dr = -\frac{k}{h} dY > 0.$$

Gleichung (5) wiederholt, daß zur Finanzierung eines zusätzlichen Einkommens (dY > 0) der Zinssatz ansteigen muß (dr > 0). Hierbei ist der Zinsanstieg um so größer (steiler Verlauf der LM-Kurve), je größer der Kassenhaltungskoeffizient (k) und je kleiner die Zinsreagibilität der Spekulationskasse (h) ist. In Abbildung I.12 entspricht dies einer Bewegung auf der Kurve $LM(M_0/P_0)$ von Punkt A nach Punkt B.[1]

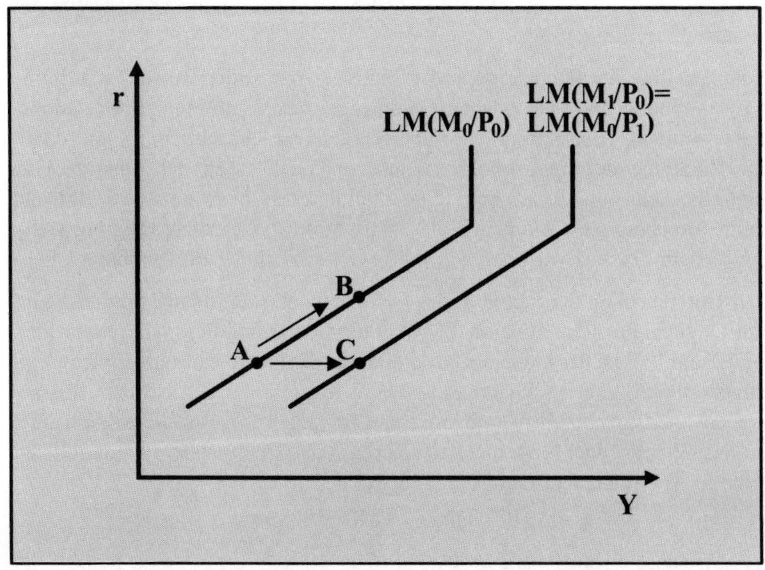

Abbildung I.12: Steigung und Lage der LM-Kurve

Für dr = dP = 0 ergibt sich aus Gleichung (3) für die Lage der LM-Kurve:

$$(6) \quad dY = dM/k = vdM; \qquad v = 1/k.$$

Bei konstantem Zinssatz steht die Erhöhung der Geldmenge auf M_1 (dM > 0) ausschließlich als Transaktionskasse zur Verfügung. In diesem Fall läßt sich

[1] Siehe auch Abbildung I.11.

ein zusätzliches Einkommen in Höhe des Quotienten (Produktes) aus Geldmengenerhöhung und Kassenhaltungskoeffizient (Umlaufsgeschwindigkeit) finanzieren. In Abbildung I.12 entspricht dies einer Bewegung von Punkt A auf $LM(M_0/P_0)$ nach Punkt C auf der neuen Kurve $LM(M_1/P_0)$.

Gilt schließlich $dr = dM = 0$, so folgt aus Gleichung (3):

$$(7) \quad dY = -dPM/k.$$

Infolge bspw. einer Preissenkung auf P_1 ($dP < 0$) erhöht sich die reale Geldmenge ($-dPM > 0$), so daß bei konstantem Zinssatz ein höheres Einkommen finanzierbar ist. Auch dies entspricht in Abbildung I.12 einer Bewegung von A nach C, d. h. bei einer Preissenkung verschiebt sich die LM-Kurve nach rechts.[1,2]

3.2 Gleichgewicht auf Güter- und Geldmarkt

Es bleibt noch die wirtschaftliche Situation, nämlich die Höhe der endogenen Größen, insbesondere des Volkseinkommens und des Zinssatzes, mit Hilfe der zweiten Version des Makro-Modells zu bestimmen. Wiederum wird die Betrachtung auf die Gleichgewichtssituation beschränkt, die hier ein Gleichgewicht auf dem Gütermarkt (bei vollkommen elastischem Güterangebot, $P = P_0$) sowie auf dem Geldmarkt (bei exogen fixierter Geldmenge) umfaßt. Zunächst wird die Existenz, daran anschließend die Stabilität des Gleichgewichts untersucht.

Existenz eines Gleichgewichts

Statische Analyse

Die Gleichgewichtssituation läßt sich wie folgt charakterisieren:

$$(1) \quad Y = C(Y) + I(r) + G_0$$

$$(2) \quad M_0/P_0 = l(Y,r)$$

Übersicht I.8: Gleichgewicht auf Güter- und Geldmarkt

Die gesuchten Gleichgewichtswerte des Volkseinkommens und des Zinssatzes lassen sich mit Hilfe der Gleichungen (1) und (2) bestimmen. Hierzu

---

1 Zur Vereinfachung der Abbildung wird $LM(M_1/P_0) = LM(M_0/P_1)$ angenommen.

2 In Abbildung I.11 verschiebt sich die M/P-Gerade nach rechts.

sind jedoch die verschiedenen Funktionen zu konkretisieren, was nachfolgend graphisch geschieht.

Die Gütermarkt-Gleichgewichtsbedingung (1) wird graphisch durch die IS-Kurve, die Geldmarkt-Gleichgewichtsbedingung (2) durch die LM-Kurve wiedergegeben. Die gesuchten Gleichgewichtswerte für Y und r ergeben sich aus dem Schnittpunkt zwischen der IS- und der LM-Kurve; diese Lösung ist in Abbildung I.13 dargestellt (Punkt A).

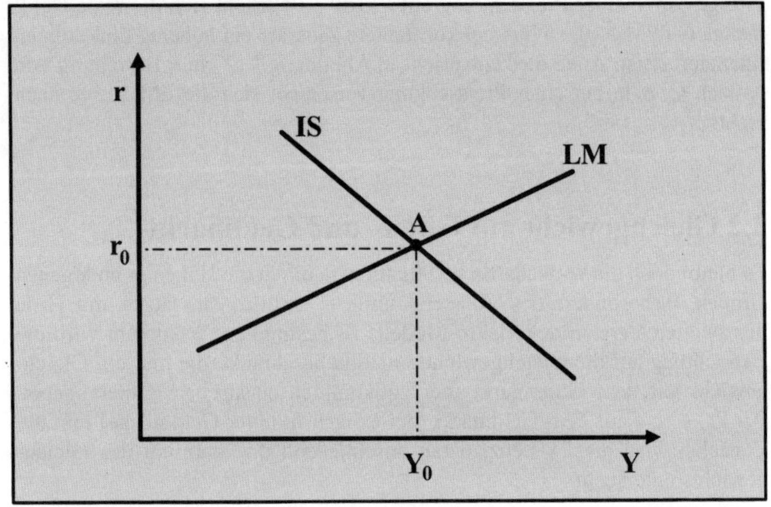

Abbildung I.13: Gleichgewicht auf Güter- und Geldmarkt I

In Punkt A ist ein simultanes Gleichgewicht auf Güter- und Geldmarkt erreicht. Bei dem Zinssatz r_0 ergibt sich gemäß der IS-Kurve eine gleichgewichtige Güternachfrage in Höhe von Y_0. Gemäß der LM-Kurve ist diese Güternachfrage auch finanzierbar. Unter der Annahme, daß das Preisniveau konstant ist, gibt diese gleichgewichtige und finanzierbare Güternachfrage zugleich auch die Höhe des gleichgewichtigen Volkseinkommens an.

Komparativ-statische Analyse

Der Stabilitätsbetrachtung wird zunächst wiederum eine komparativ-statische Analyse vorangestellt. Es wird untersucht, wie sich das simultane Gleichgewicht bei einer Erhöhung der Staatsausgaben ändert. Zur Beantwortung dieser Frage ist das totale Differential der Gleichungen (1) und (2) zu bilden. Unter Beachtung, daß Geldmenge und Preisniveau unverändert bleiben (dM = dP = 0), ergibt sich:

$$(3) \quad dY = cdY + idr + dG; \qquad c = dC/dY > 0, \quad i = dI/dr < 0$$

$$(4) \quad 0 = kdY + hdr; \qquad k = \partial l/\partial Y > 0, \quad h = l/\partial r < 0.$$

Wird dr aus Gleichung (4) in Gleichung (3) eingesetzt, so folgt:[1]

$$(5) \quad dY = \frac{1}{1 - c + i\frac{k}{h}} dG.$$

Gleichung (5) wiederholt das bereits bekannte Ergebnis, nämlich daß die Änderung des gleichgewichtigen Volkseinkommens ein Vielfaches der sie verursachenden Änderung einer exogenen Größe ist. Hierbei ist jedoch zu beachten, daß der Multiplikator nun kleiner ist als in der ersten Version des Makro-Modells, was auf die nun begrenzten Finanzierungsmöglichkeiten zurückzuführen ist:[2] Infolge der höheren Staatsnachfrage steigt das Einkommen und damit die Nachfrage nach Transaktionskasse. Die höhere Transaktionskasse ist bei konstanter Geldmenge nur auf Kosten einer verringerten Spekulationskasse erreichbar. Eine Verringerung der Spekulationskasse erfordert einen höheren Zinssatz, wodurch jedoch die Investitionsnachfrage sinkt. Die höhere Staatsnachfrage verdrängt also teilweise die private Investitionsnachfrage (sog. Crowding-out).

Stabilität des Gleichgewichts

Abbildung I.14 gibt mit Y_0/r_0 (Punkt A) das Ausgangsgleichgewicht und mit Y_1/r_1 (Punkt C) das neue Gleichgewicht nach Erhöhung der Staatsnachfrage wieder.

Das Ausgangsgleichgewicht A stellt nach Erhöhung der Staatsnachfrage eine Ungleichgewichtssituation dar. Es bleibt also noch die Frage zu untersuchen, inwieweit in dieser Situation Marktkräfte wirksam werden, die zu dem neuen Gleichgewicht hinführen.[3]

Wird angenommen, daß der Zinssatz zunächst unverändert bleibt, so führt die Staatsausgabenerhöhung bei vollkommen elastischem Güterangebot zu einem Anstieg des Einkommens um $dY = dG/(1 - c)$ von Y_0 auf $\overline{Y}$ (Punkt B). In dieser Situation übersteigt die Geldnachfrage das Geldangebot, was zu Zinssteigerungen führt. Diese Zinssteigerungen bewirken einerseits eine Umschichtung der Geldmenge zugunsten der Transaktionskasse, so daß ein höheres Einkommen finanzierbar ist (Pfeil von A nach C),[4] andererseits

---

[1] Auf die Berechnung der Änderung des Zinssatzes wird verzichtet.

[2] In der ersten Version lautete die Multiplikatorformel $1/(1 - c)$. Die begrenzten Finanzierungsmöglichkeiten äußern sich in dem Term $ik/h > 0$.

[3] Es wurde gezeigt, daß Güter- und Geldmarkt für sich stabil sind. Hier geht es um die Frage, inwieweit das simultane Gleichgewicht stabil ist.

[4] Bei disaggregierter Betrachtung läßt sich dieser Prozeß wie folgt erklären: Bei zunächst ausgeglichenem Kreditmarkt erhöht der Staat seine Kreditnachfrage. Zur Durchsetzung dieser zusätzlichen Nachfrage bietet er höhere Zinsen. Hierdurch wird der private Sektor veranlaßt, einen Teil des Vermögens, das in Form von Geld gehalten wird, in Wertpapieren anzulegen. Damit erhält der Staat Geld, das er für Transaktionszwecke benötigt.

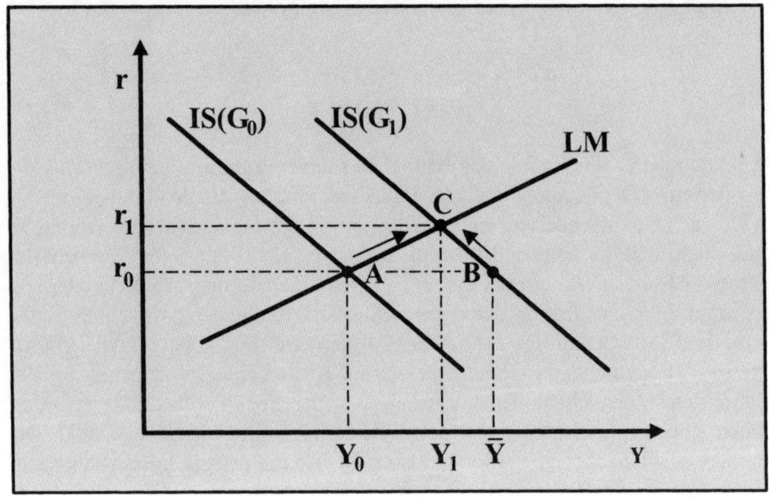

Abbildung I.14: Stabilität des Gleichgewichts auf Güter- und Geldmarkt

eine Zurückdrängung der privaten Investitionsnachfrage, so daß der Einkommensanstieg geringer ausfällt (Pfeil von B nach C). Bei nicht zu starken Reaktionen wird schließlich Punkt C erreicht, d. h. das simultane Gleichgewicht auf Güter- und Geldmarkt ist stabil.

3.3 Die D-Kurve

Für die weiteren Ausführungen ist es zweckmäßig, das simultane Gleichgewicht auf Güter- und Geldmarkt für alternative Werte des Preisniveaus in einem Y/P-Diagramm darzustellen.

Wie Gleichung (1) zeigt, ist die Lage der IS-Kurve unabhängig vom Preisniveau, während sich die Lage der LM-Kurve mit dem Preisniveau verändert.

In Abbildung I.15 ist das Ausgangsgleichgewicht für P_0 (sowie G_0 und M_0) wiederholt (Punkt A). Sinkt das Preisniveau auf P_1, so verlagert sich die $LM(M_0/P_0)$-Kurve nach $LM(M_0/P_1)$; das gleichgewichtige Volkseinkommen steigt bei vollkommen elastischem Güterangebot auf Y_1 (Punkt B). Die Punkte A und B werden in Teil b der Abbildung I.15 übertragen. Weitere Preisniveauänderungen führen insgesamt zu einer fallenden Kurve, die als D-Kurve bezeichnet wird ($D(G_0,M_0)$; „D“ für demand).[1]

[1] Bei linearem Verlauf von IS- und LM-Kurve verläuft auch die D-Kurve linear.

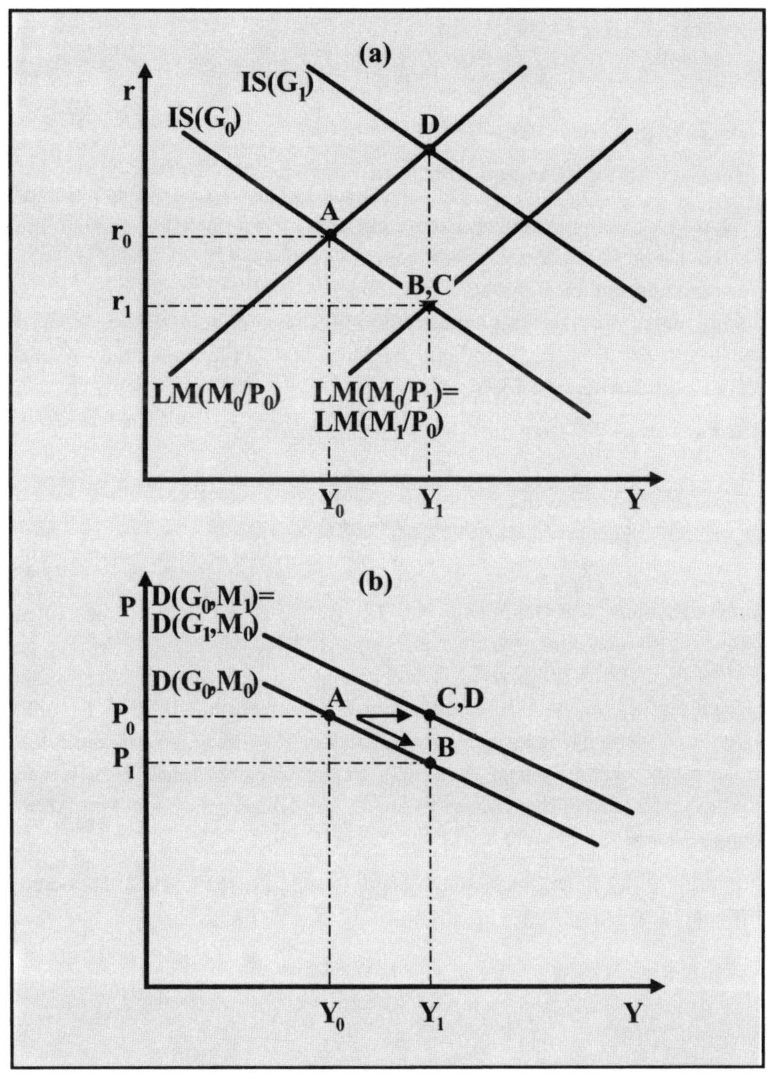

Abbildung I.15: D-Kurve

Zur genaueren Analyse der Steigung und der Lage der D-Kurve wird noch einmal auf die obigen Gleichgewichtsbedingungen (die Gleichungen (1) und (2)) zurückgegriffen. Das totale Differential dieser Gleichungen lautet (mit $P_0 = 1$):

$$(6) \quad dY = cdY + idr + dG$$

$$(7) \quad dM - MdP = kdY + hdr.$$

Für $dM = dG = 0$ folgt aus den Gleichungen (6) und (7):

$$(8) \quad dY = \frac{1}{1-c+i\frac{k}{h}}\left[-i\frac{MdP}{h}\right].$$

Sinkt in obigem Beispiel das Preisniveau auf P_1 ($dP < 0$), so erhöhen sich die Finanzierungsmöglichkeiten. Hierdurch sinkt – bei noch konstantem Einkommen ($dY = 0$) – der Zinssatz gemäß Gleichung (7) um $-MdP/h$. Diese Zinssenkung induziert private Investitionen ($-iMdP/h$), wodurch die Nachfrage – unter Berücksichtigung des Multiplikators – ansteigt. Dieser Vorgang entspricht der Bewegung entlang der $D(G_0,M_0)$-Kurve, von Punkt A nach Punkt B in Abbildung I.15.

Für $dP = dG = 0$ liefern die Gleichungen (6) und (7):

$$(9) \quad dY = \frac{1}{1-c+i\frac{k}{h}}\, i\frac{dM}{h}.$$

Eine Erhöhung der Geldmenge auf M_1 ($dM > 0$) erhöht (bei konstantem Preisniveau) den Finanzierungsspielraum ($LM(M_0/P_0)$ nach $LM(M_1/P_0)$ mit $LM(M_1/P_0) = LM(M_0/P_1)$ zur Vereinfachung), so daß der Zinssatz gemäß Gleichung (7) bei noch unverändertem Einkommen um dM/h (< 0) sinkt. Hierdurch werden wieder Investitionen induziert (idM/h), so daß die Nachfrage entsprechend ansteigt (Punkt C). Dieser Vorgang drückt sich in einer Rechtsverschiebung der D-Kurve von $D(G_0,M_0)$ nach $D(G_0,M_1)$ in Abbildung I.15 aus.

Für $dP = dM = 0$ ergibt sich aus den Gleichungen (6) und (7) das bereits bekannte Ergebnis:

$$(10) \quad dY = \frac{1}{1-c+i\frac{k}{h}}\, dG.$$

Bei einer Erhöhung der Staatsnachfrage auf G_1 ($dG > 0$) erhöht sich die Nachfrage bei konstantem Preisniveau, d. h. die IS-Kurve verschiebt sich von $IS(G_0)$ nach $IS(G_1)$, die D-Kurve in Abbildung I.15 von $D(G_0,M_0)$ nach $D(G_1,M_0)$ (Punkt D, der zur Vereinfachung der Abbildung in Teil a senkrecht über Punkt C liegt, in Teil b mit Punkt C zusammenfällt).

Die D-Kurve ist in Abbildung I.16 wiederholt. Weiterhin enthält diese Abbildung das Güterangebot. Da das Güterangebot vollkommen elastisch ist, entspricht die Angebotskurve S („S" für supply) einer Parallele zur Y-Achse im Abstand des vorgegebenen Preisniveaus P_0.

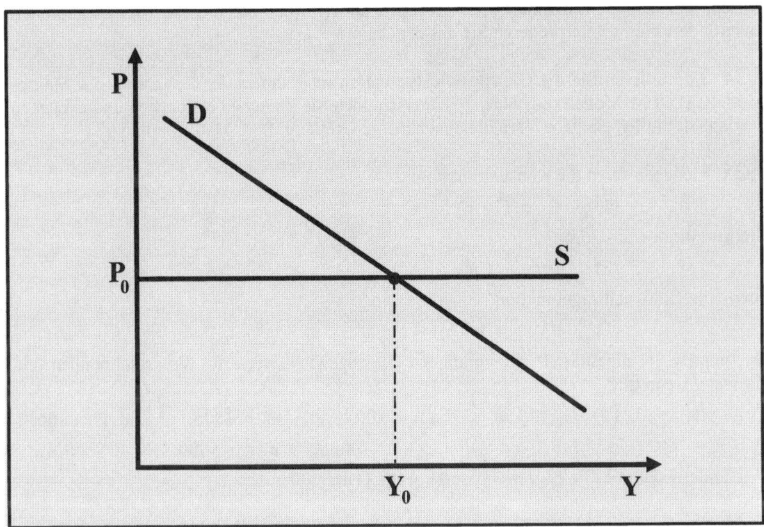

Abbildung I.16: Gleichgewicht auf Güter- und Geldmarkt II

Das Gleichgewicht auf Güter- und Geldmarkt ist im Schnittpunkt der beiden Kurven erreicht: Bei dem Preisniveau P_0 ergibt sich entsprechend der D-Kurve eine gleichgewichtige und finanzierbare Güternachfrage in Höhe von Y_0. Da sich das Güterangebot nach dieser Nachfrage richtet, stellt dieser Wert zugleich das gleichgewichtige Volkseinkommen dar.

Aufgaben

I.19 Stellen Sie den Prozeß der multiplen Giralgeldschöpfung dar, wenn neben Sicht- auch Termineinlagen berücksichtigt werden. Die Nichtbanken teilen ihre Einlagen im Verhältnis d zu (1 – d) auf Sicht- bzw. Termineinlagen auf; der Mindestreservesatz auf Sichteinlagen sei m_S, der auf Termineinlagen m_T.

I.20 Was beinhaltet die LM-Kurve? Erläutern Sie ihren ansteigenden Verlauf. Geben Sie an, um wieviel das finanzierbare Einkommen bei einer vorgegebenen Zinserhöhung ansteigt (P = 1).

I.21 Gegeben sei ein Punkt auf der LM-Kurve. Nun steige das Einkommen von Y_0 auf Y_1 an. Untersuchen Sie die Situation auf dem Geldmarkt; welche Reaktion tritt ein?

I.22 Gegeben sei ein Punkt auf dem ansteigenden Ast einer LM-Kurve. Nun werde die Geldmenge erhöht. Untersuchen Sie die Situation auf dem Geldmarkt. Welche Reaktion tritt ceteris paribus ein? Berechnen Sie die Änderung des gleichgewichtigen Zinssatzes bei unverändertem Einkommen (es gelte P = 1).

I.23 Gegeben sei ein Gleichgewicht auf dem Geldmarkt (ein Punkt auf dem ansteigenden Ast einer LM-Kurve). Nun steige das Preisniveau an. Untersuchen Sie algebraisch und graphisch, wie sich das Einkommen (der Zinssatz) ändert, wenn der Zinssatz (das Einkommen) unverändert bleibt. Interpretieren Sie das Ergebnis.

I.24 Formulieren Sie die Gleichgewichtssituation im Rahmen der 2. Version des Makro-Modells (IS/LM-Modell) ausführlich. Unterscheiden Sie zwischen endogenen und exogenen Variablen. Stellen exogene Variable unabhängige Größen i. S. d. Mathematik dar?

I.25 Gegeben seien die Konsumfunktion:

$$(1) \quad C = \overline{C} + cY^v,$$

die Investitionsfunktion:

$$(2) \quad I = \overline{I} + ir$$

sowie die Geldnachfragefunktion:

$$(3) \quad l(Y,r) = kY + \overline{l} + hr.$$

Bestimmen Sie algebraisch die simultanen Gleichgewichtswerte für Volkseinkommen und Zinssatz, wenn gilt:

$\overline{C} = 245,\quad \overline{I} = G_0 = 150,\quad \overline{l} = 100,\quad M = 1275,\quad T = 100,$

$P = k = 1,\quad c = 0{,}6,\quad i = -1000,\quad h = -5000.$

Wie ändern sich die Gleichgewichtswerte, wenn G auf 200 ansteigt?

I.26 Gegeben sei ein simultanes Gleichgewicht auf Güter- und Geldmarkt; das Ausgangspreisniveau sei $P = 1$. Berechnen Sie die Änderung des gleichgewichtigen Volkseinkommens bei einer Erhöhung des Preisniveaus. Stellen Sie das Ausgangsgleichgewicht sowie das neue Gleichgewicht graphisch dar.

I.27 Gegeben sei ein Ungleichgewicht derart, daß ein Punkt auf der IS-Kurve unterhalb der LM-Kurve realisiert ist. Es wird nun angenommen, daß sich zunächst der Zinssatz so ändert, daß der Geldmarkt im Gleichgewicht ist; daran anschließend wird bei diesem Zinssatz ein Gleichgewicht auf dem Gütermarkt realisiert usw. Untersuchen Sie die Stabilität des simultanen Gleichgewichts auf Güter- und Geldmarkt.

I.28 Was beinhaltet die D-Kurve? Erläutern Sie ihren fallenden Verlauf.

I.29 Stellen Sie das simultane Gleichgewicht auf Güter- und Geldmarkt bei gegebener Staatsnachfrage (G_0) und gegebenem Preisniveau (P_0) in einem Y/r-Diagramm dar. Übertragen Sie die Gleichgewichtssituation in ein Y/P-Diagramm. Leiten Sie erneut das Güter- und Geldmarktgleichgewicht ab für

(a) ein niedrigeres Preisniveau ($P_1 < P_0$) und

(b) eine höhere Staatsnachfrage ($G_1 > G_0$).

Übertragen Sie wiederum die Gleichgewichtswerte in das Y/P-Diagramm; zeichnen Sie die entsprechenden D-Kurven.

I.30 Stellen Sie das Gleichgewicht auf dem Gütermarkt nach der ersten Version des Makro-Modells in einem Y/r- und in einem Y/P-Diagramm dar.

I.31 Wie verläuft die D-Kurve, wenn

(a) die Investitionsnachfrage und

(b) die Geldnachfrage

zinsunabhängig ist?

4. Dritte Version des Makro-Modells[1]

Die dritte Version des Makro-Modells unterscheidet sich von der zweiten Version dadurch, daß nun auch das Güterangebot eigenständig modelliert wird. Nachfolgend werden somit zunächst mittels Angebot und Nachfrage auf dem Arbeitsmarkt die Höhe der Beschäftigung und damit das Güterangebot abgeleitet. Daran anschließend wird unter Berücksichtigung der Güternachfrage die wirtschaftliche Situation – repräsentiert durch die Höhe des Volkseinkommens, des Preisniveaus und der Beschäftigung – bestimmt (Gleichgewicht auf Güter-, Geld- und Arbeitsmarkt). Das Erklärungsschema der dritten Version des Makro-Modells ist in Übersicht I.9 dargestellt.

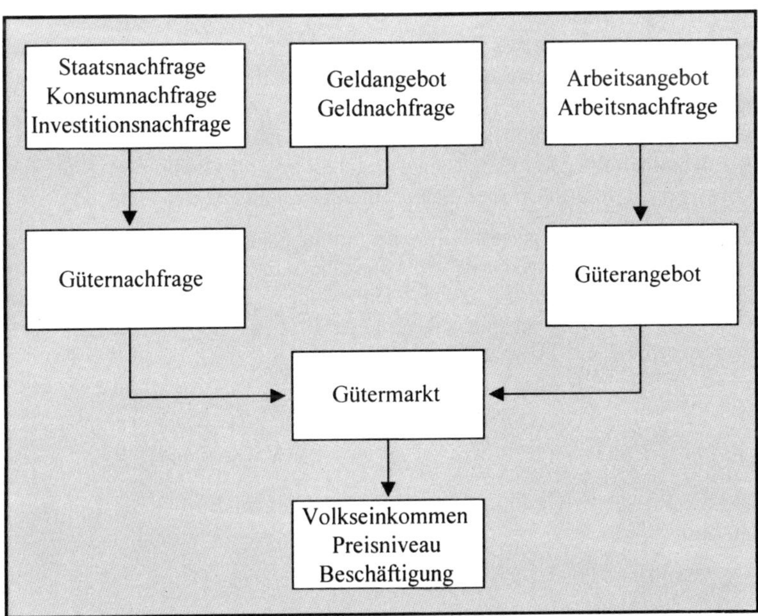

Übersicht I.9: Dritte Version des Makro-Modells

4.1 Der Arbeitsmarkt

Zunächst werden Arbeitsangebot und Arbeitsnachfrage abgeleitet, daran anschließend wird die Höhe der Beschäftigung bestimmt.

---

[1] Heubes, J., Grundlagen der modernen Makroökonomie, a. a. O., S. 131 ff; Klatt, S., Einführung in die Makroökonomie, a. a. O., S. 86 ff; Wohltmann, H.-W., Grundzüge der makroökonomischen Theorie, a. a. O., S. 301 ff.

4.1.1 Arbeitsangebot und Arbeitsnachfrage

Das Arbeitsangebot stammt vom Haushaltssektor, die Arbeitsnachfrage vom Unternehmenssektor. Nachfolgend werden mit Hilfe eines repräsentativen Wirtschaftssubjekts das typische Angebots- und Nachfrageverhalten auf dem Arbeitsmarkt dargestellt.

Arbeitsangebot[1]

Der repräsentative Haushalt verfolge das Ziel, seinen Nutzen zu maximieren. Der Nutzen folgt aus dem Konsum C sowie aus der Freizeit F; die Nutzenfunktion lautet:

$$(1) \quad U = U(C,F); \quad \partial U/\partial C > 0, \quad \partial U/\partial F > 0;$$

es gelte das Gesetz der abnehmenden Grenzrate der Substitution.

Bei der Verfolgung dieses Ziels muß der Haushalt eine bestimmte Nebenbedingung, nämlich seine Budgetrestriktion, einhalten, d. h. die Konsumausgaben (PC) dürfen seine Einnahmen nicht übersteigen. Es wird angenommen, daß der Haushalt lediglich ein Arbeitseinkommen bezieht (WA; W = Nominallohn, A = Arbeitsangebot), das er vollständig zum Kauf der Konsumgüter verausgabt (von Steuerzahlungen wird abgesehen).

Dem Haushalt steht insgesamt eine bestimmte Zeit Z zur Verfügung. Diese Zeit kann er auf Arbeitszeit (= Arbeitsangebot) und Freizeit aufteilen, es gilt also $Z = A + F$ bzw. $A = Z - F$. Diese Überlegungen zusammenfassend ergibt sich somit folgende Nebenbedingung:

$$(2) \quad PC = W(Z - F)$$

bzw.:

$$(3) \quad C = w(Z - F); \quad w = W/P \text{ (Reallohn).}$$

Die Lösung dieses Optimierungsproblems erfolgt mit Hilfe einer Lagrange-Funktion:[2,3]

$$(4) \quad L = U(C,F) - \mu[C - w(Z - F)].$$

Die notwendigen Bedingungen für ein Nutzenmaximum umfassen die ersten Ableitungen der Lagrange-Funktion nach C und F, die gleich Null gesetzt werden, sowie die Nebenbedingung (3).[4] Die Ableitungen lauten:

---

1 Böventer, E. von und G. Illing, Einführung in die Mikroökonomie, 8. Aufl., München/Wien 1995, S. 124 ff; Branson, W. H., Makroökonomie, a. a. O., S. 107 ff.

2 P und W sind dem Haushalt vorgegeben.

3 Rauch, B., Mathematische Lösungsmethoden, in: J. Heubes, Grundlagen der modernen Makroökonomie, a. a. O., S. 707 ff, hier S. 726 f.

4 Die Nebenbedingung folgt aus $\partial L/\partial \mu = 0$.

$$(5) \quad \frac{\partial L}{\partial C} = \frac{\partial U}{\partial C} - \mu \quad = 0$$

$$(6) \quad \frac{\partial L}{\partial F} = \frac{\partial U}{\partial F} - \mu w = 0.$$

Die Bedingungen (5) und (6) lassen sich zusammenfassen zu:

$$(7) \quad \frac{\partial U / \partial F}{\partial U / \partial C} = w.$$

Im Nutzenmaximum müssen die Bedingungen (3) und (7) erfüllt sein. Ihre Interpretation erfolgt graphisch. Hierzu ist in Abbildung I.17 die Nutzenfunktion mit Hilfe von Indifferenzkurven (U_0, U_1) dargestellt; aufgrund des Gesetzes der abnehmenden Grenzrate der Substitution verlaufen die Indifferenzkurven konvex. Weiterhin ist die Budgetrestriktion (3) von Z aus nach links eingezeichnet, die Budgetgerade B_0. Das Nutzenmaximum bei gegebenem Reallohn w_0 ist im Berührpunkt der Budgetgeraden B_0 mit der Indifferenzkurve U_0 erreicht (Punkt A).

Im Berührpunkt zweier Kurven sind deren Steigungen größengleich. Die Steigung der Budgetgeraden beträgt:

$$(8) \quad \left.\frac{dC}{dF}\right|_{B_0} = -w.$$

Die Steigung der Indifferenzkurve ergibt sich aus dem totalen Differential der Nutzenfunktion unter Beachtung von $dU = 0$:

$$(9) \quad 0 = \frac{\partial U}{\partial C} dC + \frac{\partial U}{\partial F} dF$$

$$(10) \quad \left.\frac{dC}{dF}\right|_{U_0} = -\frac{\partial U / \partial F}{\partial U / \partial C}.$$

Die Gleichungen (8) und (10) entsprechen der Gleichung (7). Unter Beachtung, daß die Steigung der Indifferenzkurve die Grenzrate der Substitution darstellt, besagt die Bedingung (7), daß im Optimum die Grenzrate der Substitution gleich dem Reallohn sein muß.[1]

---

[1] Die Grenzrate der Substitution dC/dF gibt an, um wie viele Einheiten der Konsum gesenkt werden könnte, wenn die Freizeit um eine Einheit erhöht würde, wobei der Haushalt stets auf dem gleichen Nutzenniveau bleibt. Erhöht der Haushalt seine Freizeit um eine Einheit, so entgeht ihm Einkommen in Höhe von W, so daß er w (= W/P) Einheiten weniger Konsumgüter kaufen kann. Solange der Haushalt bei Erhöhung der Freizeit auf mehr Konsumgüter verzichten könnte (Bewegung entlang einer Indifferenzkurve) als er tatsächlich muß (Bewegung entlang der Budgetgeraden), kann er offensichtlich durch Erhöhung der Freizeit seinen Nutzen steigern.

Bei dem vorgegebenen Reallohn w_0 beträgt das Arbeitsangebot A_0. Es bleibt zu untersuchen, wie sich das Arbeitsangebot mit dem Reallohn ändert. Hierzu wird ein höherer Reallohn betrachtet, der in der steileren Budgetgeraden B_1 zum Ausdruck kommt. Nach Abbildung I.17 steigt in diesem Fall das Arbeitsangebot an (A_1), es gilt:

$$(11)\quad A^a = A^a(w), \qquad dA^a/dw > 0.$$

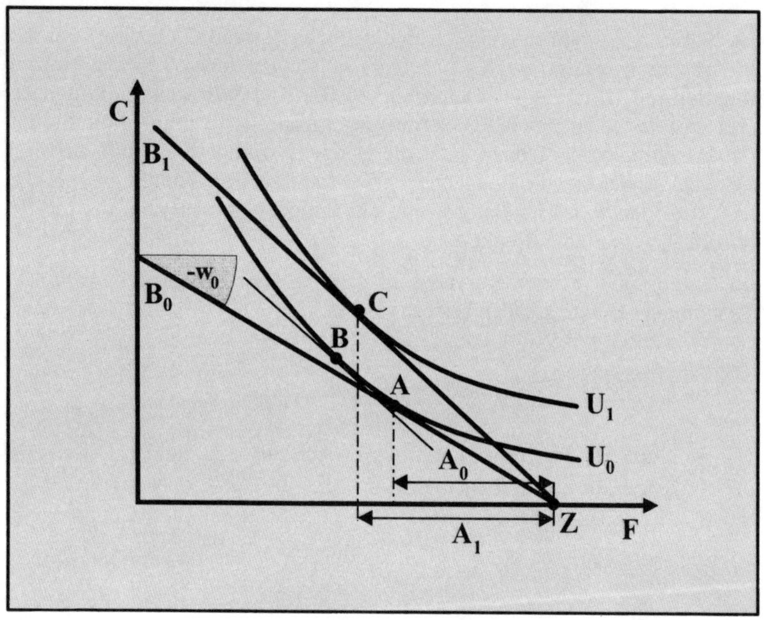

Abbildung I.17: Das Arbeitsangebot

Der Gesamteffekt einer Lohnänderung auf das Arbeitsangebot (A nach C) läßt sich (nach Hicks) in einen Substitutionseffekt (A nach B) und einen Einkommenseffekt (B nach C) zerlegen. Infolge der Lohnerhöhung verteuert sich die Freizeit, so daß diese reduziert wird (Substitutionseffekt). Andererseits steigt der Wert der Ausstattung mit Zeit, so daß C und F als normale Güter erhöht werden. Überwiegt der Substitutions- den Einkommenseffekt, so wird die Freizeit insgesamt eingeschränkt und das Arbeitsangebot ausgedehnt.

Arbeitsnachfrage[1]

Das repräsentative Unternehmen verfolge das Ziel der Gewinnmaximierung. Bei gegebenem Kapitalstock ($\overline{K}$) ist der optimale Arbeitseinsatz (= Arbeitsnachfrage) gesucht. Die zu maximierende Zielfunktion ist dann:

$$(12)\quad Q = PY - WA - \Lambda,$$

wobei Λ nun die fixen Kapitalkosten erfaßt.

Bei der Gewinnmaximierung hat der Unternehmer als Nebenbedingung seine Produktionsmöglichkeiten zu beachten.[2] Für die Produktionsmöglichkeiten gilt wieder die obige Produktionsfunktion, wobei der Kapitalstock jetzt konstant ist (Ertragsfunktion der Arbeit):

$$(13)\quad Y = Y(A, \overline{K}); \quad \partial Y/\partial A > 0, \quad \partial^2 Y/\partial A^2 < 0;$$

es gilt also auch bzgl. des Arbeitseinsatzes das Gesetz des abnehmenden Grenzertrages.

Die Gleichungen (12) und (13) liefern:

$$(14)\quad Q = PY(A, \overline{K}) - WA - \Lambda.$$

Der optimale Arbeitseinsatz ist erreicht bei:

$$(15)\quad \frac{dQ}{dA} = P\frac{\partial Y}{\partial A} - W = 0$$

bzw.:

$$(16)\quad P\frac{\partial Y}{\partial A} = W$$

oder:

$$(17)\quad \partial Y/\partial A = w; \quad w = W/P;$$

d. h. wenn nach Gleichung (16) Grenzerlös und Grenzkosten der Arbeit bzw. nach Gleichung (17) Grenzertrag der Arbeit und Reallohn übereinstimmen.

Der optimale Arbeitseinsatz wird in Abbildung I.18 unter Verwendung von Gleichung (17) graphisch ermittelt. In Teil a ist die Ertragsfunktion der Arbeit $Y(A, \overline{K})$, in Teil b der Grenzertrag der Arbeit $\partial Y/\partial A$ eingezeichnet. Gleichung (17) ist für einen vorgegebenen Reallohn w_0 in Teil a dort erfüllt,

---

1 Branson, W. H., Makroökonomie, a. a. O., S. 102 ff; Burda, M. C. und Ch. Wyplosz, Makroökonomik, München 1994, S. 156 ff.

2 P und W sind auch für das Unternehmen vorgegeben, d. h. sowohl auf dem Produkt- als auch auf dem Arbeitsmarkt herrscht vollständige Konkurrenz.

wo eine Gerade mit der Steigung w_0 die Ertragsfunktion der Arbeit berührt (Punkt A), in Teil b, wo eine Parallele zur A-Achse im Abstand w_0 die Grenzertragskurve schneidet (in beiden Fällen gilt $\partial Y/\partial A = w_0$).

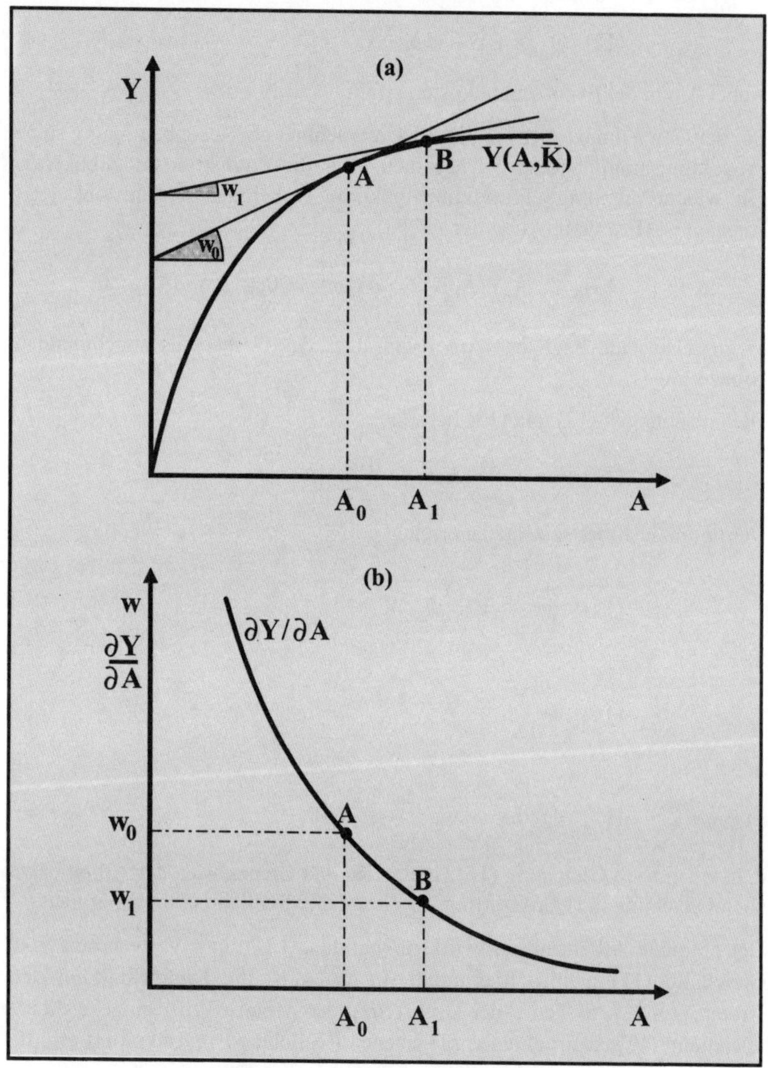

Abbildung I.18: Optimaler Arbeitseinsatz

Es bleibt nun noch die Frage, wie die Arbeitsnachfrage auf eine Änderung des Reallohns reagiert. Wird bspw. ein niedrigerer Reallohn (w_1) vorgegeben, so steigt, wie aus Abbildung I.18 unmittelbar ersichtlich ist, der optimale Arbeitseinsatz (aufgrund des Gesetzes des abnehmenden Grenzertrages der Arbeit) an. Für die Arbeitsnachfrage gilt somit:

$$(18)\quad A^n = A^n(w), \qquad dA^n/dw < 0.$$

Die Arbeitsnachfragefunktion (18) entspricht also graphisch der Grenzertragskurve der Arbeit ($\partial Y/\partial A$).

4.1.2 Gleichgewicht auf dem Arbeitsmarkt

Arbeitsangebot und Arbeitsnachfrage sind in Abbildung I.19 zusammengefaßt (zur Vereinfachung der Darstellung als Geraden). In dieser Abbildung ist auf der Ordinatenachse der Nominallohnsatz (W) abgetragen. Da Arbeitsangebot und Arbeitsnachfrage vom Reallohn (w) abhängen, ist der Reallohn mittels des Preisniveaus in den Nominallohn umzurechnen (W = wP). Je höher das Preisniveau, um so höher ist der Nominallohn, bei dem eine einem bestimmten Reallohn entsprechende Arbeitsmenge angeboten bzw. nachgefragt wird. Das Preisniveau ist also ein Lageparameter der Arbeitsangebots- und der Arbeitsnachfragekurve; je höher das Preisniveau, um so höher verlaufen diese beiden Kurven.

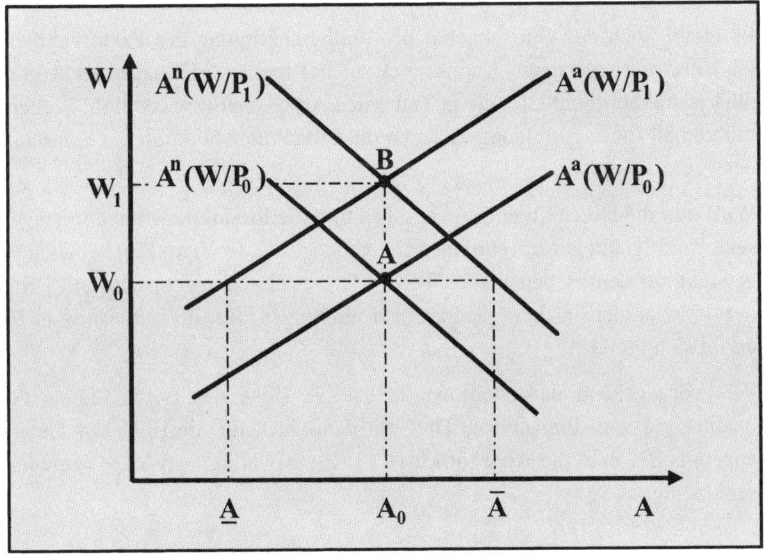

Abbildung I.19: Der Arbeitsmarkt

Im Schnittpunkt der Arbeitsangebots- und der Arbeitsnachfragekurve ist ein Gleichgewicht auf dem Arbeitsmarkt erreicht; diese gleichgewichtige Beschäftigung wird als Vollbeschäftigung bezeichnet. Gilt das Preisniveau P_0, so ist das Gleichgewicht in Punkt A realisiert. Bei dem höheren Preisniveau P_1 verschieben sich die Arbeitsangebots- und die Arbeitsnachfragekurve von $A^a(W/P_0)$ nach $A^a(W/P_1)$ bzw. von $A^n(W/P_0)$ nach $A^n(W/P_1)$, wobei jedoch der Schnittpunkt zwischen diesen Kurven bei A_0 erhalten bleibt; das entsprechende Gleichgewicht ist in Punkt B realisiert.[1]

Es bleibt die Frage nach der Stabilität des Gleichgewichts auf dem Arbeitsmarkt. Steigt das Preisniveau von P_0 auf P_1, so sinkt bei dem noch gültigen Nominallohn W_0 der Reallohn von W_0/P_0 auf W_0/P_1. Hierdurch erhöht sich die Arbeitsnachfrage gemäß der neuen Kurve $A^a(W/P_1)$ von A_0 auf $\overline{A}$, während das Arbeitsangebot entsprechend der Kurve $A^n(W/P_1)$ von A_0 auf $\underline{A}$ zurückgeht. Damit entsteht ein Nachfrageüberschuß auf dem Arbeitsmarkt. Die Unternehmer konkurrieren nun mit höheren Lohnangeboten um die knappen Arbeitskräfte. Infolge höherer Nominallöhne (W_1) steigt der Reallohn (auf $W_1/P_1 = W_0/P_0$), so daß die Arbeitsnachfrage zurückgeht (von $\overline{A}$ auf A_0) und das Arbeitsangebot ansteigt (von $\underline{A}$ auf A_0), bis in Punkt B das neue Gleichgewicht erreicht ist.

4.1.3 Die Angebotskurve

Es bleibt noch das Güterangebot bei Vollbeschäftigung des Faktors Arbeit (A_0) und vorgegebenem Kapitalstock zu bestimmen.[2] Dies geschieht graphisch in Abbildung I.20, die in Teil b den Arbeitsmarkt wiederholt. Weiterhin enthält diese Abbildung in Teil a die Produktionsfunktion bei Konstanz des Faktors Kapital.

Wird nun die Beschäftigung A_0 aus Teil b in die Produktionsfunktion eingesetzt, so folgt ein ganz bestimmtes Güterangebot Y_0 (= $Y(A_0, \overline{K})$) bei Gleichgewicht auf dem Arbeitsmarkt (Teil a). Dieses Güterangebot wird mit Hilfe der 45°-Geraden in den Quadranten d übertragen. Bei dem Preisniveau P_0 ergibt sich Punkt A.

Wie vorangehend dargestellt wurde, ist die Höhe der Beschäftigung A_0 unabhängig vom Preisniveau. Dies gilt dann auch für die Höhe des Güterangebots Y_0, d. h. die Angebotskurve (S-Kurve) verläuft im Y/P-Diagramm senkrecht.

---

[1] Zur Vereinfachung der Abbildung wird auf eine maßstabsgetreue Darstellung verzichtet.

[2] Der Kapazitätseffekt der Investitionen wird in der hier vorliegenden kurzfristigen Betrachtung vernachlässigt.

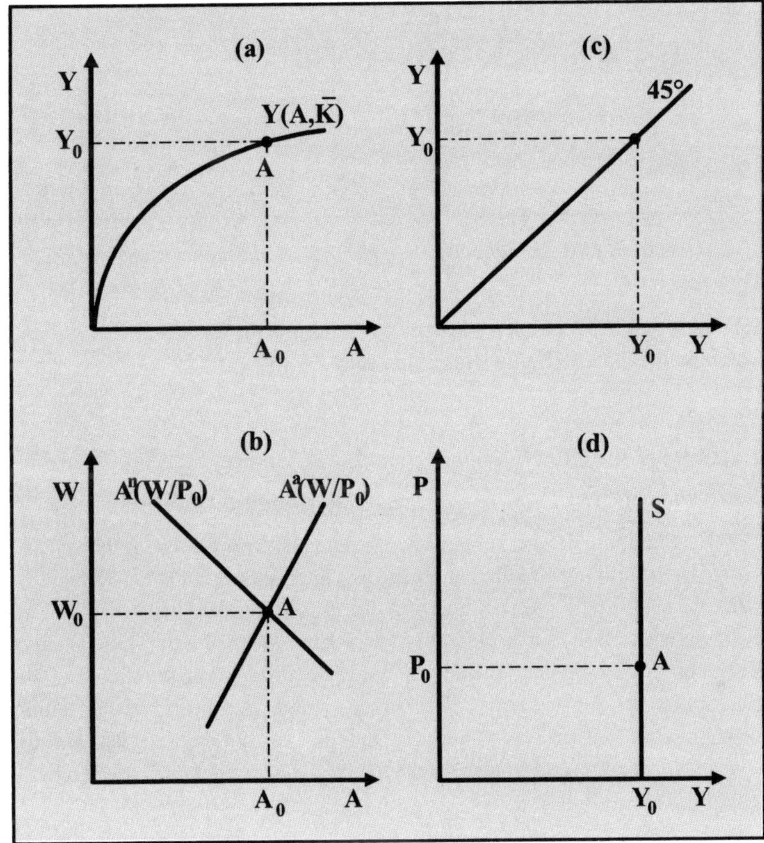

Abbildung I.20: Güterangebot bei Vollbeschäftigung

4.2 Gleichgewicht auf Güter-, Geld- und Arbeitsmarkt

Es bleibt noch die wirtschaftliche Situation, nämlich die Höhe der endogenen Größen, insbesondere des Volkseinkommens, des Preisniveaus und der Beschäftigung, mit Hilfe der dritten Version des Makro-Modells zu bestimmen. Wiederum wird die Betrachtung auf die Gleichgewichtssituation beschränkt, die hier ein Gleichgewicht auf dem Gütermarkt, auf dem Geldmarkt sowie auf dem Arbeitsmarkt umfaßt. Wird das Güterangebot, das mit Hilfe von Arbeitsangebot und -nachfrage unter Berücksichtigung der Produktionsfunktion endogen bestimmt wird, durch Y_0 wiedergegeben, so läßt sich die Gleichgewichtssituation wie folgt charakterisieren:[1]

[1] Gleichung (1) wird graphisch durch die IS-Kurve wiedergegeben, Gleichung (2) durch die LM-Kurve; Gleichung (3) entspricht der S-Kurve.

$$
\begin{aligned}
&(1)\quad Y &&= C(Y) + I(r) + G_0 \\
&(2)\quad M_0/P &&= l(Y,r) \\
&(3)\quad Y &&= Y_0
\end{aligned}
$$

Übersicht I.10: Gleichgewicht auf Güter-, Geld- und Arbeitsmarkt

Zunächst wird die Existenz, daran anschließend die Stabilität des gesamtwirtschaftlichen Gleichgewichts untersucht.

Existenz eines Gleichgewichts

Statische Analyse

Die Bestimmung der gesuchten Gleichgewichtswerte erfolgt graphisch mit Hilfe der Abbildung I.21. In Teil b ist der Gütermarkt mittels der D- und der S-Kurve dargestellt. Zur Erläuterung der D-Kurve ist in Teil a das IS/LM-Schema wiederholt, zur Erläuterung der S-Kurve in Teil c der Arbeitsmarkt. Zur Vereinfachung der Abbildung wird die Produktionsfunktion bei der Skalierung der A-Achse in Teil c berücksichtigt. Das heißt, die Einteilung der A-Achse wird so gewählt, daß sie die zur Produktion der auf der Y-Achse in Teil a (und b) abgetragenen Gütermenge erforderliche Beschäftigung angibt.

Im gesamtwirtschaftlichen Gleichgewicht müssen Güterangebot und Güternachfrage übereinstimmen, d. h. die S- und die D-Kurve müssen sich bei $P > 0$ schneiden (Punkt A).

Das konstante Güterangebot Y_0 entspricht der Vollbeschäftigung A_0 auf dem Arbeitsmarkt, die bei einem bestimmten Reallohn w_0 erreicht wird. Eine gleichgewichtige Güternachfrage in Höhe von Y_0 erfordert gemäß der IS-Kurve einen Zinssatz von r_0. Diese Güternachfrage ist unter Beachtung der vorgegebenen Geldmenge bei einem Preisniveau von P_0 auch finanzierbar (die LM(P_0)-Kurve schneidet die IS-Kurve bei r_0 bzw. die D-Kurve schneidet die S-Kurve bei P_0). Mit dem Preisniveau P_0 liegt schließlich auch der Nominallohn W_0 fest, der dem gleichgewichtigen Reallohn ($w_0 = W_0/P_0$) entspricht.

Wie ersichtlich ist, läßt sich das Modell im Gleichgewicht in einen realen Teil (A_0, Y_0, w_0, r_0) und einen nominellen Teil (P_0, W_0) aufspalten, wobei die realen Größen unabhängig von der Höhe der Geldmenge sind (sog. Neutralität des Geldes).

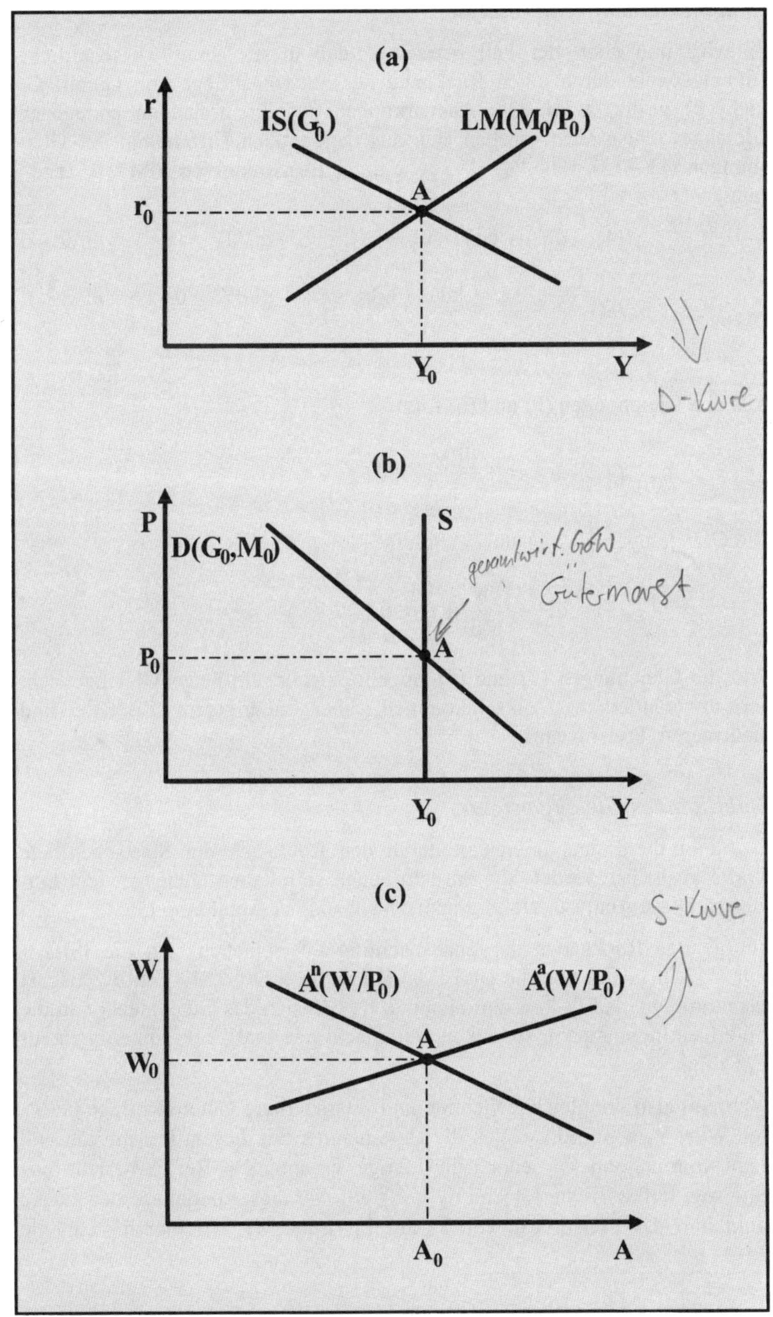

Abbildung I.21: Gleichgewicht auf Güter-, Geld- und Arbeitsmarkt

Komparativ-statische Analyse

Es wird nun noch der Fall betrachtet, daß dieses gesamtwirtschaftliche Gleichgewicht durch einen Rückgang der Staatsnachfrage von G_0 auf G_1 ($dG < 0$) gestört wird. Die Auswirkungen auf die gesuchten endogenen Gleichgewichtsgrößen ergeben sich aus dem totalen Differential der Gleichungen (1) – (3). Bei $P_0 = 1$ sowie unter Beachtung von $dM = 0$ ergibt sich:

$$(4) \quad dY = cdY + idr + dG; \quad c = dC/dY > 0, \quad i = dI/dr < 0$$

$$(5) \quad -dPM = kdY + hdr; \quad k = \partial l/\partial Y > 0, \quad h = \partial l/\partial r < 0$$

$$(6) \quad dY = 0.$$

Aus den Gleichungen (5) und (6) folgt:

$$(7) \quad dr = -\frac{dPM}{h} < 0.$$

Die Gleichungen (4), (6) und (7) liefern:

$$(8) \quad dP = \frac{h}{iM} dG < 0.$$

Wie die Gleichungen (7) und (8) zeigen, existiert ein neues Gleichgewicht bei unverändertem Volkseinkommen, aber niedrigerem Zinssatz und niedrigerem Preisniveau.

Stabilität des Gleichgewichts

Es bleibt die Frage, inwieweit durch den Rückgang der Staatsnachfrage Kräfte ausgelöst werden, die zu dem neuen simultanen Gleichgewicht hinführen. Diese Analyse erfolgt graphisch anhand der Abbildung I.22.

Infolge des Rückgangs der Staatsnachfrage verschieben sich die IS(G_0)-Kurve nach IS(G_1) und die D(G_0,M_0)-Kurve nach D(G_1,M_0). Wird zunächst angenommen, daß P_0 konstant bleibt, d. h., daß sich das Güterangebot an die Güternachfrage anpaßt, so sinken Güternachfrage und Volkseinkommen auf Y_1 (Punkt B).

Während also die gleichgewichtige und finanzierbare Güternachfrage bei P_0 den Wert Y_1 annimmt, wollen die Unternehmer bei diesem Preisniveau und dem Nominallohn W_0 jedoch die Menge Y_0 anbieten. Bei P_0 besteht also eine sog. deflatorische Lücke ($Y_0 - Y_1$). Infolge dieser deflatorischen Lücke sinkt nun das Preisniveau von P_0 auf P_1 (Punkt C).[1] Hierdurch steigt die

[1] Bei der Y_1 entsprechenden Beschäftigung übersteigt der Grenzerlös der Arbeit $P \cdot \partial Y/\partial A$ deren Grenzkosten W_0. Damit besteht ein Spielraum für Preissenkungen, bis $P \cdot \partial Y/\partial A = W_0$ gilt.

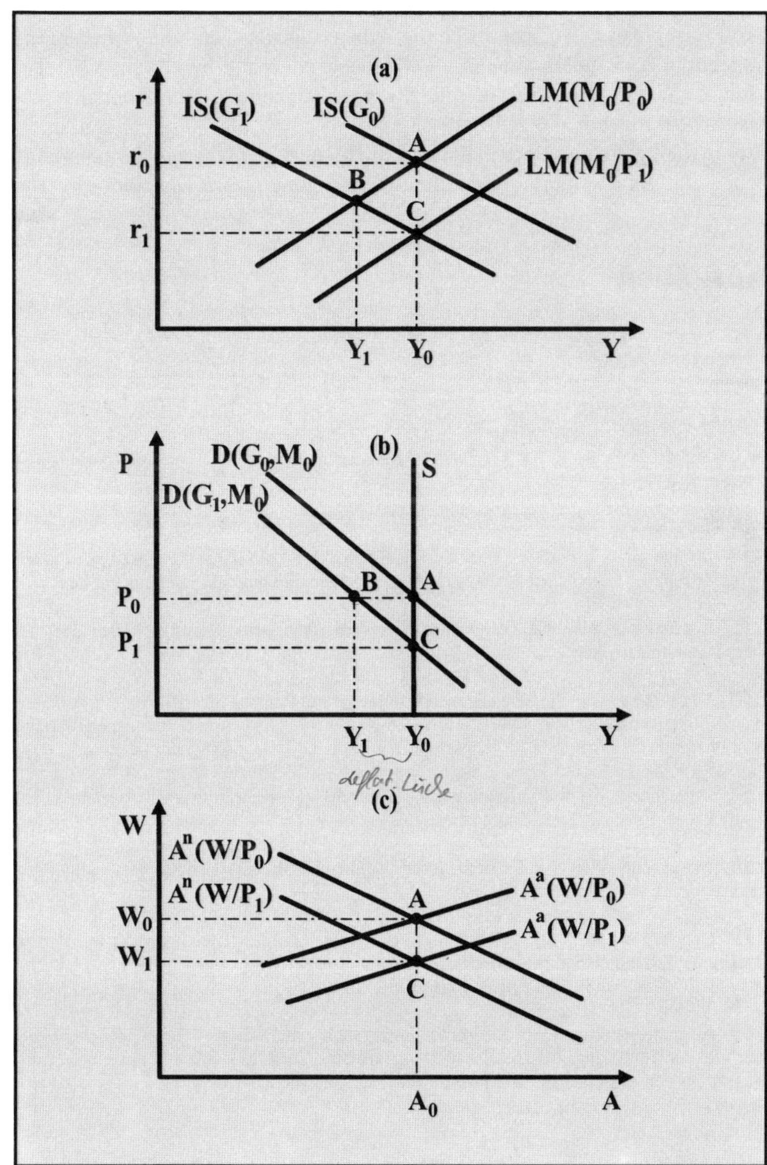

Abbildung I.22: Störung des Vollbeschäftigungsgleichgewichts

Güternachfrage wieder an: Niedrigeres Preisniveau bedeutet eine höhere reale Geldmenge ($LM(M_0/P_0)$ nach $LM(M_0/P_1)$), wodurch der Zinssatz sinkt (von r_0 auf r_1) und die Investitionsnachfrage angeregt wird, so daß – unter Beachtung des Multiplikatorprozesses – die Güternachfrage von Y_1 entlang

D_1 auf Y_0 ansteigt. Das Güterangebot jedoch bleibt konstant: Bei niedrigerem Preisniveau verschieben sich die Arbeitsangebots- und die Arbeitsnachfragekurve nach unten (von $A^a(W/P_0)$ nach $A^a(W/P_1)$ bzw. von $A^n(W/P_0)$ nach $A^n(W/P_1)$). Bei dem ursprünglichen Nominallohn W_0 übersteigt nun das Arbeitsangebot die Arbeitsnachfrage, wodurch der Nominallohn sinkt. Dieser Rückgang des Nominallohns hält so lange an (W_1), bis der ursprüngliche Reallohn und damit wieder die Beschäftigung A_0 erreicht sind.

Aufgaben

I.32 Stellen Sie das Gleichgewicht auf dem Arbeitsmarkt in einem A/W- sowie in einem A/w-Diagramm dar (w = W/P). Untersuchen Sie jeweils die Auswirkungen einer Preissenkung.

I.33 Bestimmen Sie den Verlauf der S-Kurve,

(a) wenn das Arbeitsangebot bei einem vorgegebenen Nominallohn W_0 vollkommen elastisch ist und

(b) wenn das Arbeitsangebot vollkommen unelastisch ist.

I.34 Infolge eines Erdbebens verschlechtern sich die Produktionsmöglichkeiten in einer Volkswirtschaft. Untersuchen Sie, welche Auswirkungen dies auf das Güterangebot hat.

I.35 Untersuchen Sie, wie sich höhere Lohnforderungen der Gewerkschaften auf das Güterangebot auswirken.

I.36 Formulieren Sie die Gleichgewichtssituation im Rahmen der dritten Version des Makro-Modells ausführlich; unterscheiden Sie zwischen exogenen und endogenen Variablen. Stellen Sie das Vollbeschäftigungsgleichgewicht in einem Y/r-Diagramm dar.

I.37 Untersuchen Sie die Existenz eines Vollbeschäftigungsgleichgewichts, wenn die Investitionsnachfrage zinsunabhängig ist.

I.38 Untersuchen Sie die Existenz eines Vollbeschäftigungsgleichgewichts, wenn die Geldnachfrage völlig zinselastisch ist.

I.39 Gegeben sei ein Vollbeschäftigungsgleichgewicht. Dieses Gleichgewicht werde nun durch eine Erhöhung der Staatsnachfrage gestört. Leiten Sie graphisch das neue Gleichgewicht ab; erläutern Sie den Anpassungsprozeß.

I.40 Ausgangspunkt ist ein Vollbeschäftigungsgleichgewicht. Dieses Gleichgewicht werde durch einen Rückgang der Staatsnachfrage gestört. Verfolgen Sie mittels eines Y/P-Diagramms den Anpassungsprozeß an das neue Gleichgewicht, wenn gilt:

$$(1) \quad Y_t = C_t + I_t + G_t$$

$$(2) \quad C_t = C(Y_t)$$

$$(3) \quad I_t = I(r_t)$$

$$(4) \quad r_t = r(P_t, G_t), \qquad \frac{\partial r}{\partial P} > 0; \qquad \frac{\partial r}{\partial G} > 0$$

$$(5) \quad P_t = P_{t-1} - \alpha(Y_0 - Y_{t-1}); \qquad \alpha > 0$$

$$(6) \quad G_t = \begin{cases} G_0 & \text{für} \quad t \leq 0 \\ G_1 & \text{für} \quad t > 0. \end{cases}$$

II. Kapitel

Vollbeschäftigung

Dieses Kapitel befaßt sich mit dem Beschäftigungsproblem. Das Lernziel besteht darin, einerseits die Ursachen konjunktureller Arbeitslosigkeit kennenzulernen und andererseits auf dieser theoretischen Basis Möglichkeiten einer Beschäftigungspolitik abzuleiten. Als Analyse-Instrument dient das im I. Kapitel vorgestellte Makro-Modell, das jedoch noch an die vorliegende Problemstellung angepaßt werden muß.

1. Vorbemerkungen[1]

Zur Verdeutlichung des Problems der Vollbeschäftigung werden die Übersicht II.1 sowie die Abbildung II.1 herangezogen. Die gesamte Wohnbevölkerung eines Landes gliedert sich in das Arbeitskräftepotential sowie in den nicht erwerbsfähigen Teil der Bevölkerung (Kinder, Alte, Kranke). Das Arbeitskräftepotential wird in Abbildung II.1 durch $\overline{A}$ angezeigt.

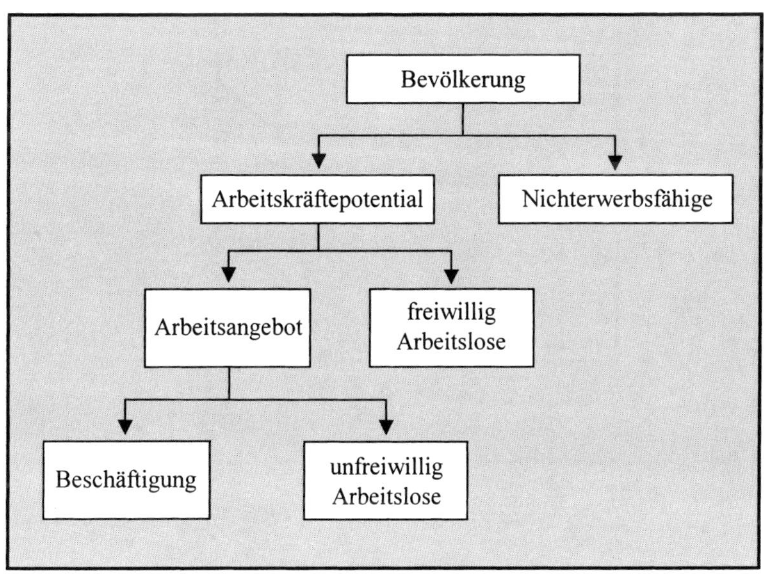

Übersicht II.1: Untergliederung der Bevölkerung

Weiterhin enthält Abbildung II.1 die Arbeitsnachfragekurve ($A^n(W/P_0)$) sowie die Arbeitsangebotskurve ($A^a(W/P_0)$). Letztere gibt den Teil des Arbeitskräftepotentials an, der bei dem jeweiligen Reallohn bereit ist zu arbeiten. Der Schnittpunkt der beiden Kurven (Punkt A) gibt eine Vollbeschäftigungssituation wieder i. d. S., daß keine unfreiwillige Arbeitslosigkeit herrscht: Alle Arbeitskräfte, die zu dem Reallohn W_0/P_0 arbeiten wollen, finden auch Beschäftigung. Die Arbeitskräfte $\overline{A} - A_0$ hingegen suchen bei diesem Reallohn keine Beschäftigung, sie sind freiwillig arbeitslos.

Weichen Arbeitsangebot und Arbeitsnachfrage voneinander ab, so bestimmt die jeweils „kürzere" Marktseite die Beschäftigung: Ist das Arbeitsangebot

---

[1] Frisch, H., Die neue Inflationstheorie, Göttingen 1980, S. 34 ff; Otruba, H. u. a., Makroökonomik, 2. Aufl., Wien/New York 1996, S. 201 ff.

kleiner als die Arbeitsnachfrage, so richtet sich die Beschäftigung nach dem Angebot; übersteigt das Angebot die Nachfrage, so determiniert die Nachfrage die Höhe der Beschäftigung. Im ersten Fall existieren offene Stellen ($A^n - A^a$), im zweiten Fall liegt unfreiwillige Arbeitslosigkeit in Form sog. konjunktureller Arbeitslosigkeit vor ($A^a - A^n$).

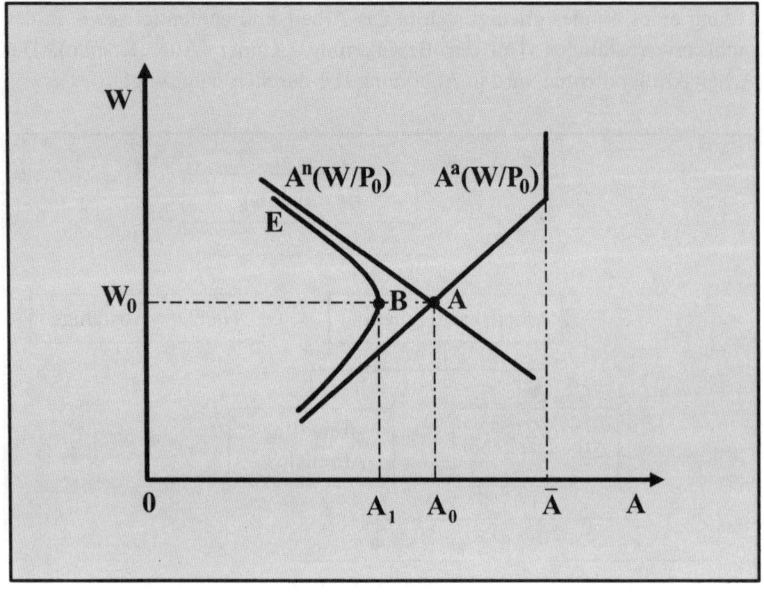

Abbildung II.1: Freiwillige und unfreiwillige Arbeitslosigkeit

Die obigen Ausführungen gelten für einen vollkommenen Arbeitsmarkt. Der Arbeitsmarkt ist jedoch typischerweise durch Unvollkommenheiten gekennzeichnet (bspw. Fehlqualifikation, Mobilitätshindernisse, fehlende Information bzgl. vorhandener offener Stellen). Die Folge dieser Unvollkommenheiten ist die Existenz offener Stellen selbst bei einem Angebotsüberschuß bzw. von Arbeitslosigkeit selbst bei einem Nachfrageüberschuß. Die effektive Beschäftigung wird somit durch die Kurve E in Abbildung II.1 angegeben. Diese Kurve nähert sich im oberen Bereich der Nachfragekurve (mit steigender Arbeitslosigkeit geht die Zahl der offenen Stellen zurück), im unteren Bereich der Angebotskurve (mit steigendem Nachfrageüberschuß sinkt die Arbeitslosigkeit).

Vollbeschäftigung liegt auf dem unvollkommenen Arbeitsmarkt dann vor, wenn die Zahl der Arbeitslosen gleich der Zahl der offenen Stellen ist (Punkt B in Abbildung II.1). Die in dieser Situation existierende (überwiegend ebenfalls als freiwillig bezeichnete) Arbeitslosigkeit ($A_0 - A_1$) ist auf die Unvollkommenheiten am Arbeitsmarkt zurückzuführen; es handelt sich um sog.

friktionelle und strukturelle Arbeitslosigkeit.[1] Die Ausführungen in den nachfolgenden Abschnitten konzentrieren sich auf konjunkturelle Arbeitslosigkeit, wobei zur Vereinfachung von friktioneller und struktureller Arbeitslosigkeit abgesehen wird.

Die Beschäftigungssituation wird entweder mit Hilfe des Verhältnisses von Arbeitslosen zu offenen Stellen oder mit Hilfe der sog. Arbeitslosenquote gemessen. Letztere ist (angenähert) definiert als der Quotient aus unfreiwilliger Arbeitslosigkeit und Arbeitsangebot. Im Gleichgewicht auf dem unvollkommenen Arbeitsmarkt wird sie durch das Verhältnis der beiden Strecken A_1A_0 zu $0A_0$ gemessen; diese Arbeitslosenquote wird als gleichgewichtige oder natürliche Arbeitslosenquote bezeichnet.

---

1 Vollbeschäftigung bedeutet also, daß keine konjunkturelle Arbeitslosigkeit existiert.

2. Ursachen für Arbeitslosigkeit

Die Höhe der Beschäftigung läßt sich mit Hilfe der in Kapitel I dargestellten dritten Version des Makro-Modells bestimmen – jedoch nur mittelfristig. Während die Marktkräfte hiernach mittelfristig zu Vollbeschäftigung führen, tritt kürzerfristig konjunkturelle Arbeitslosigkeit auf. Um diese zu erklären, muß das obige Makro-Modell folglich um kurzfristige Aspekte ergänzt werden.

Konjunkturelle Arbeitslosigkeit folgt aus einem Rückgang der Güternachfrage, weil die Wirtschaft kürzerfristig hierauf nicht, wie in dieser dritten Version des Makro-Modells dargestellt wurde, reagiert.[1] Bezüglich der adäquaten Modellierung dieser kürzerfristigen Reaktionen existieren bei allen Verästelungen zum einen und Annäherungen in Detailfragen zum anderen zwei grundsätzlich unterschiedliche Vorstellungen, nämlich die der Keynesianer und die der Neoklassiker.[2,3]

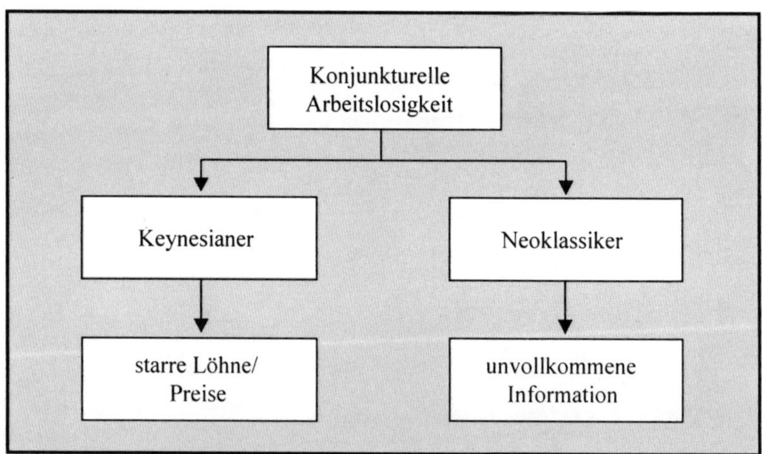

Übersicht II.2: Ursachen der Arbeitslosigkeit

---

[1] Weitere Ursachen können auf der Güterangebotsseite liegen. Heubes, J., Grundlagen der modernen Makroökonomie, a. a. O., S. 190 ff.

[2] Der Keynesianismus geht auf John Maynard Keynes zurück, die Neoklassik auf Milton Friedman. Der Keynesianismus entstand als Antwort auf das Versagen der Klassik bei der Erklärung der anhaltenden Arbeitslosigkeit während der großen Depression in den 30er Jahren; die Neoklassik als Antwort auf das Versagen der keynesianischen Orthodoxie bei der Erklärung der weltweiten Inflation in den 60er und 70er Jahren. Die Vorstellungen der Klassiker entsprechen dem in Kapitel I dargestellten umfassenden Makro-Modell.

[3] Der Begriff „Neoklassik“ wird nicht einheitlich verwendet. Hier wird darunter sowohl der „Monetarismus“ als auch die „Neue Klassische Makroökonomie“ sowie die „Reale Konjunkturtheorie“ zusammengefaßt.

Nach der dritten Version des Makro-Modells erreicht die Güternachfrage nach einem exogen bedingten Rückgang über flexible Löhne und Preise bei vollkommener Information wieder ihr ursprüngliches Niveau, so daß Vollbeschäftigung erhalten bleibt. Die Keynesianer erkennen diese Zusammenhänge zwar mittelfristig an, weisen jedoch darauf hin, daß der Wiederanstieg der Güternachfrage auf das ursprüngliche Niveau kürzerfristig aufgrund von starren Löhnen und Preisen verhindert wird, so daß unfreiwillige Arbeitslosigkeit entsteht.[1]

Die Neoklassiker hingegen gehen davon aus, daß Arbeitslosigkeit auf unvollkommene Information zurückzuführen ist. Zwar gleichen flexible Löhne den Arbeitsmarkt aus, aufgrund unvollkommener Information ist das Arbeitsangebot jedoch verzerrt. Dies führt dazu, daß die Beschäftigung unter ihren Wert bei vollkommener Information sinkt.

2.1 Keynesianische Vorstellungen

Nach keynesianischer Vorstellung sind Lohn- und Preisrigiditäten ursächlich für Arbeitslosigkeit. Hierbei werden zwei Fälle unterschieden, zum einen (nach unten) starre Löhne und Preise (sog. Hicks'sche Version) und zum anderen lediglich starre Löhne (sog. neoklassische Synthese).[2]

2.1.1 Starre Löhne und Preise[3]

Wird ein Vollbeschäftigungsgleichgewicht durch einen Rückgang der Güternachfrage gestört, so bleiben sowohl der Nominallohn als auch das Preisniveau trotz deflatorischer Lücke unverändert ($W = W_0$ für $A < A_0$, $P = P_0$ für $Y < Y_0$). Bei konstantem Preisniveau unterbleibt ein Wiederanstieg der Güternachfrage. Die Unternehmer passen somit ihre Produktion und ihre Arbeitsnachfrage an die gesunkene Güternachfrage an. Das Makro-Modell lautet in diesem Fall:[4]

---

[1] Im Rahmen der keynesianischen Theorie wird Arbeitslosigkeit bei einem Nachfragerückgang darüber hinaus auch mit der Existenz einer Liquiditäts- oder einer Investitionsfalle begründet (Heubes, J., Grundlagen der modernen Makroökonomie, a. a. O., S. 178 ff). Im Rahmen der Realen Konjunkturtheorie handelt es sich bei einem Rückgang der Beschäftigung um eine optimale Anpassung an negative Angebots- oder Nachfrageschocks (Mankiw, N. G., Makroökonomik, Wiesbaden 1993, S. 493 ff).

[2] Mit den Ursachen für Lohn- und Preisstarrheiten befaßt sich der sog. Neue Keynesianismus. Hiernach sind derartige Rigiditäten Folge unvollkommener Märkte. Siehe hierzu bspw. Otruba, H. u. a., Makroökonomie, a. a. O., S. 263 ff; Sachs, J. D. und F. Larrain B., Makroökonomik, München/Wien 1995, S. 698 ff.

[3] Dieckheuer, G., Makroökonomik, a. a. O., S. 241 f; Heubes, J., Grundlagen der modernen Makroökonomie, a. a. O., S. 184 ff.

[4] Dieses Modell entspricht der zweiten Version des Makro-Modells (IS/LM-Schema; Gleichung (1) entspricht der IS-Kurve, Gleichung (2) der LM-Kurve). Während im Rahmen des IS/LM-Modells nicht weiter auf die Beschäftigung eingegangen wurde, steht diese hier gerade im Vordergrund.

$$(1) \quad Y = C(Y) + I(r) + G$$

$$(2) \quad M_0/P_0 = l(Y,r)$$

$$(3) \quad A = A(Y), \qquad dA/dY > 0$$

Übersicht II.3: Starre Löhne und Preise

Abbildung II.2 gibt dieses Modell zunächst für ein Vollbeschäftigungsgleichgewicht als Ausgangssituation wieder (Punkt A).[1] Die beiden Restriktionen äußern sich darin, daß weder der Teil der S-Kurve noch der Teil der A^a-Kurve unterhalb von Punkt A erreicht werden. M. a. W., effektives Güter- und Arbeitsangebot sind bei P_0 bzw. W_0 bis A vollkommen elastisch.

Geht nun bspw. die Staatsnachfrage bei konstantem Preisniveau P_0 zurück, so verschiebt sich die IS-Kurve nach links (IS_1). Güternachfrage und Volkseinkommen stellen sich bei Y_1 ein. Damit verschiebt sich auch die D-Kurve nach links und verläuft durch den Punkt Y_1/P_0 (Punkt B).

Obwohl die Unternehmer bei P_0 und W_0 die Menge Y_0 anbieten wollen, unterbleibt hier annahmegemäß dennoch eine Preissenkung. Damit bleibt die Produktionsmenge auf Y_1 und die Arbeitsnachfrage auf A_1 beschränkt. Dies drückt sich graphisch darin aus, daß die A^n-Kurve bei A_1 einen Knick aufweist und parallel zur W-Achse verläuft.[2]

Infolge des Nachfragerückgangs kommt es also auch zu einem Rückgang der Beschäftigung von A_0 auf A_1. Unter Beachtung, daß weiterhin A_0 Arbeitskräfte Arbeit suchen, liegt hier unfreiwillige Arbeitslosigkeit vor. Da in dieser Unterbeschäftigungssituation kurzfristig keinerlei Kräfte auftreten, die zu Vollbeschäftigung führen, wird diese wirtschaftliche Lage auch als Gleichgewicht bei Unterbeschäftigung bezeichnet.

---

[1] Zur Vereinfachung der Darstellung werden die Lageparameter der verschiedenen Kurven nicht aufgeführt.

[2] In Punkt B auf dem Arbeitsmarkt ist der Reallohn (W_0/P_0) kleiner als der Grenzertrag der Arbeit.

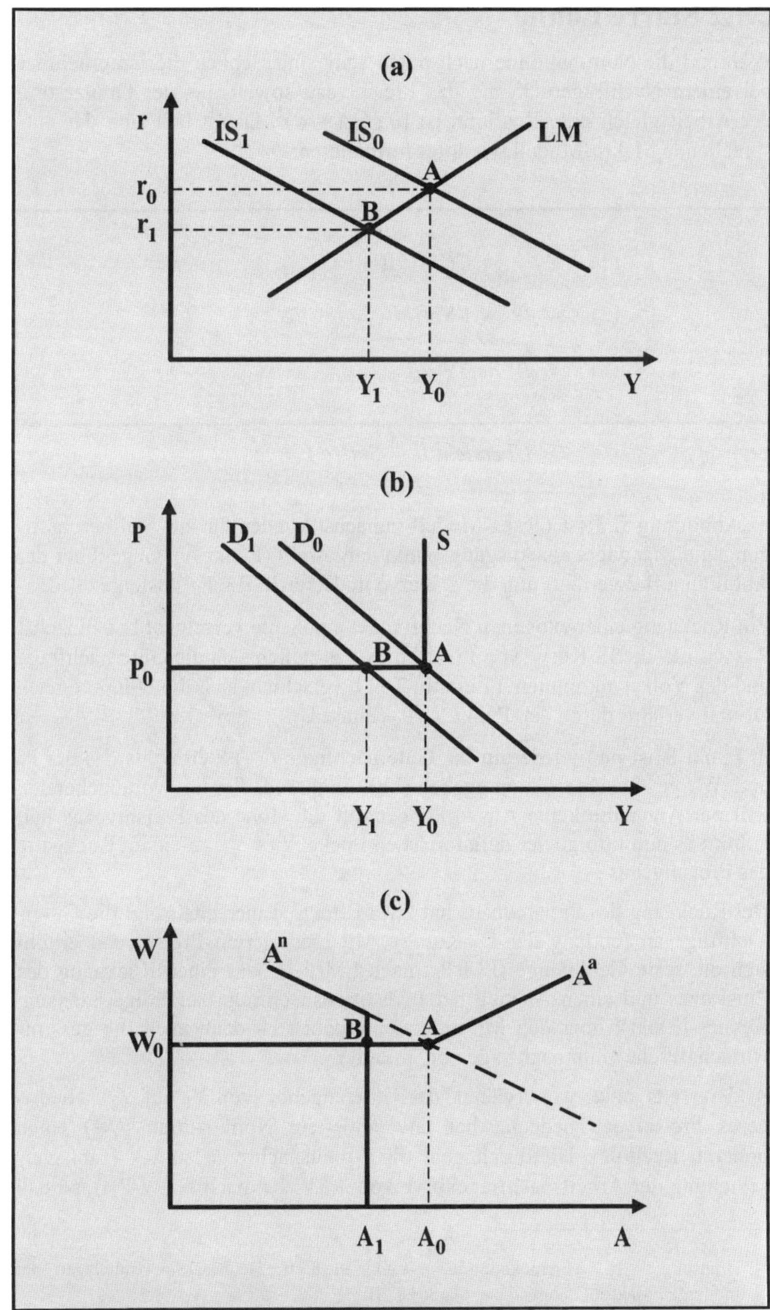

Abbildung II.2: Unterbeschäftigung infolge starrer Löhne und Preise

2.1.2 Starre Löhne[1]

Während die Nominallöhne nach unten starr sind, senken die Unternehmer bei einem Nachfragerückgang das Preisniveau soweit, bis der Grenzertrag der Arbeit gleich dem Reallohn ist ($\partial Y/\partial A = w$)[2]. Damit läßt sich das entsprechende Makro-Modell wie folgt formulieren:

$$(1) \quad Y = C(Y) + I(r) + G_0$$

$$(2) \quad M_0/P = l(Y,r)$$

$$(3) \quad W_0/P = \partial Y/\partial A$$

Übersicht II.4: Starre Löhne

In Abbildung II.3 ist dieses Modell zunächst wieder für ein Vollbeschäftigungsgleichgewicht als Ausgangspunkt dargestellt (Punkt A). Gegenüber der Abbildung II.2 verläuft nun die S-Kurve im Bereich $P < P_0$ ansteigend.

Ein Rückgang einer exogenen Nachfragekomponente verschiebt bei zunächst $P_0 = \text{const.}$ die IS-Kurve von IS_0 nach IS_1; es stellen sich die Güternachfrage und das Volkseinkommen Y_1 ein. In Teil b verschiebt sich die D-Kurve nach D_1 und verläuft durch den Punkt Y_1/P_0 (Punkt B).

In Punkt B ist nun wiederum die Güternachfrage (Y_1) kleiner als das bei P_0 und W_0 gewünschte Güterangebot (Y_0). Während dies im vorangehenden Fall per Annahme keine Auswirkungen auf die Höhe des Preisniveaus hat, kommt es nun infolge der deflatorischen Lücke $Y_0 - Y_1$ zu einem Rückgang des Preisniveaus.

Der Rückgang des Preisniveaus hat zwei Effekte. Einerseits steigt die Güternachfrage an (entlang der D_1-Kurve): Mit niedrigerem Preisniveau erhöht sich die reale Geldmenge ($LM(P_0)$ nach $LM(P_2)$), was einen Rückgang des Zinssatzes und einen Anstieg der Investitionsnachfrage zur Folge hat (sog. Keynes-Effekt); über den Multiplikator erhöht sich dann auch die gesamtwirtschaftliche Güternachfrage von Y_1 auf Y_2.

Andererseits sinkt, wie erwähnt, das Güterangebot (von Y_0 auf Y_2): Niedrigeres Preisniveau bedeutet bei unverändertem Nominallohn (W_0) einen höheren Reallohn. Hierdurch geht die Arbeitsnachfrage zurück (Linksverschiebung der Arbeitsnachfragekurve von $A^n(W/P_0)$ nach $A^n(W/P_2)$), so daß

---

1 Branson, W. H., Makroökonomie, a. a. O., S. 185 ff; Heubes, J., Grundlagen der modernen Makroökonomie, a. a. O., S. 187 ff.

2 Bei einem Nachfrage- und damit Produktionsrückgang gilt $P \cdot \partial Y/\partial A > W$. Die Unternehmer haben also von der Kostenseite her einen Preissenkungsspielraum.

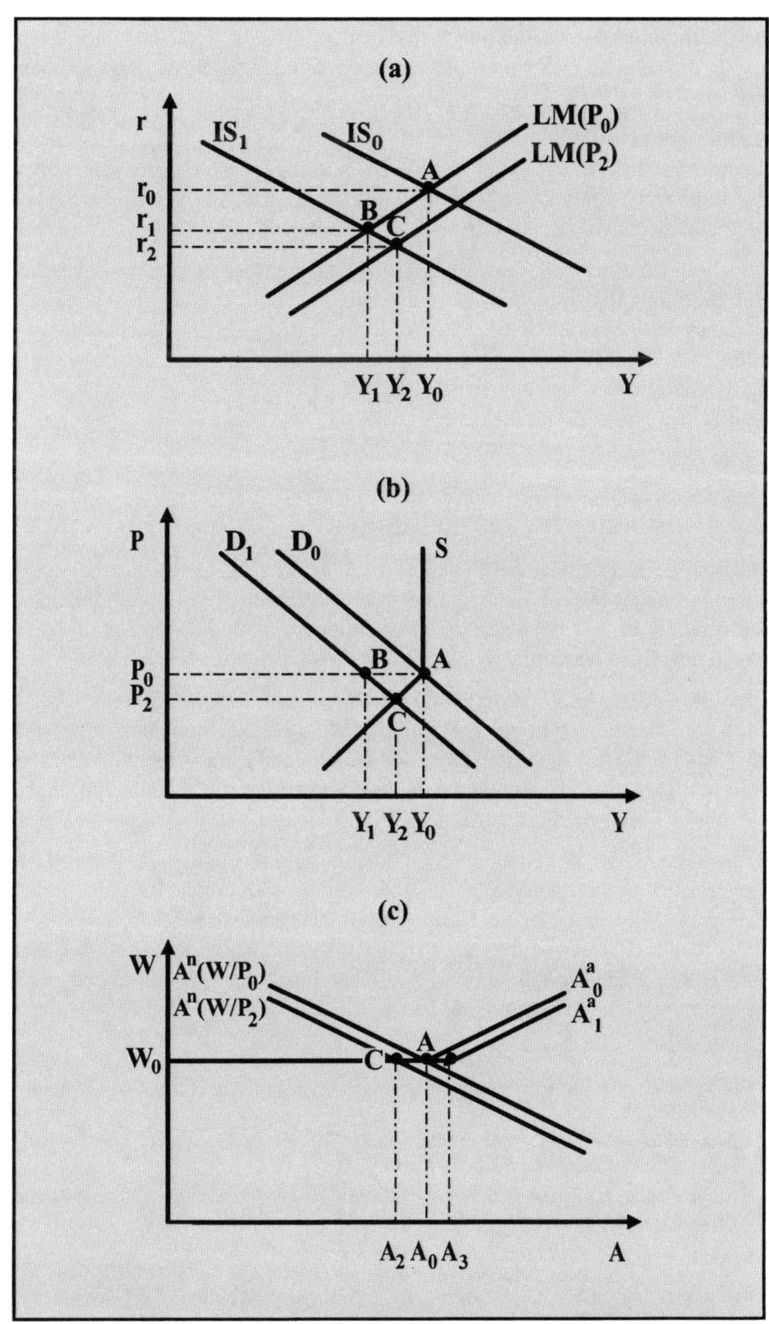

Abbildung II.3: Unterbeschäftigung infolge starrer Löhne

die Beschäftigung sinkt (von A_0 auf A_2).[1] Da mit sinkendem Preisniveau Beschäftigung und Produktion zurückgehen, hat die Güterangebotskurve kurzfristig den in Abbildung II.3 b dargestellten, teilweise ansteigenden Verlauf.[2]

Damit wird hier bei Y_2 bzw. A_2 wieder ein Gleichgewicht bei Unterbeschäftigung erreicht (Punkt C). Da sich die Arbeitsangebotskurve bei sinkendem Preisniveau und damit steigendem Reallohn nach rechts verschiebt (A_1^a), stellt sich unfreiwillige Arbeitslosigkeit in Höhe von $A_3 - A_2$ ein.[3]

Im Vergleich zum Vollbeschäftigungsgleichgewicht ist zu beachten, daß die Beschäftigung in den beiden vorangehenden Fällen nicht mehr ausschließlich auf dem Arbeitsmarkt bestimmt wird. Entscheidend für die Beschäftigungshöhe ist vielmehr die sog. effektive (Güter-)Nachfrage (Lage der D-Kurve), die wiederum von der Höhe der Geldmenge abhängt; Geld ist hier also nicht neutral.

2.2 Neoklassische Vorstellungen[4]

Die Neoklassiker gehen davon aus, daß Löhne und Preise voll flexibel sind. Unterbeschäftigung ist dann darauf zurückzuführen, daß unvollkommene Information der Wirtschaftssubjekte verhindert, daß die Wirtschaft nach einem negativen Nachfrageschock zur Vollbeschäftigung zurückkehrt.

Unvollkommene Information beinhaltet bspw., daß Unternehmen und Haushalte über den sie betreffenden Teilmarkt voll informiert sind, nicht hingegen über andere Märkte. Dies bedeutet, daß Unternehmer und Arbeitnehmer den Nominallohn sowie den Preis des Gutes kennen, das sie produzieren, nicht jedoch die Preise der übrigen Güter.[5]

Somit kennen die Unternehmer auch den sie interessierenden Reallohn. Der die Haushalte interessierende Reallohn ergibt sich unter Beachtung der Preise aller Güter, die sie als Konsumenten nachfragen. Diese Preise kennen sie jedoch nicht alle; sie müssen hierüber Erwartungen bilden. Damit ist den Haushalten auch der tatsächliche Reallohn unbekannt, sie haben lediglich bestimmte Reallohnerwartungen.

---

1 In Punkt C auf dem Arbeitsmarkt stimmen nun Reallohn (W_0/P_2) und Grenzertrag der Arbeit überein.

2 In Abbildung II.3, Teil b wird lediglich Punkt C abgeleitet. Für weitere Werte $P < P_0$ ergibt sich der ansteigende Ast der S-Kurve.

3 Aufgrund der gegenüber dem vorangehenden Fall gestiegenen Produktion sinkt die Arbeitslosigkeit; aufgrund des höheren Reallohns steigen Arbeitsangebot und Arbeitslosigkeit.

4 Heubes, J., Grundlagen der modernen Makroökonomie, a. a. O., S. 216 ff; Otruba, H. u. a., Makroökonomik, a. a. O., S. 204 ff.

5 Zur Erläuterung der unvollkommenen Information wird die Ein-Gut-Wirtschaft gedanklich disaggregiert.

Aus diesen Überlegungen folgt, daß die Arbeitsnachfrage weiterhin vom geltenden Reallohn abhängt, während sich das Arbeitsangebot nach dem erwarteten Reallohn richtet.

2.2.1 Das Güterangebot bei unvollkommener Information

Die Berücksichtigung unvollkommener Information hat Auswirkungen auf das Güterangebot. Diese Auswirkungen werden in Abbildung II.4 abgeleitet. Hierzu wird noch einmal auf die frühere Darstellung der S-Kurve zurückgegriffen. Bei der Herleitung dieser Kurve wurde implizit unterstellt, daß die Haushalte vollkommene Information und damit korrekte Preiserwartungen haben: Gilt das Preisniveau P_0, so erwarten sie auch dieses Preisniveau ($P^e = P_0$, P^e = erwartetes Preisniveau); es folgt die Arbeitsangebotskurve $A^a(W/P_0)$, die nun – zur Verdeutlichung der Preiserwartungen der Haushalte – als $A^a(P^e = P_0)$ bezeichnet wird. Zusammen mit der Arbeitsnachfrage $A^n(W/P_0)$ ergeben sich dann die Beschäftigung A_0 und somit das Güterangebot Y_0 (Punkt A in Abbildung II.4).

Bei dem niedrigeren Preisniveau P_1 steigt bei jedem W der Reallohn an, so daß die Unternehmer weniger Arbeitskräfte nachfragen (die Arbeitsnachfragekurve verlagert sich nach $A^n(W/P_1)$), während die Haushalte mehr Arbeit anbieten (die Arbeitsangebotskurve verlagert sich nach $A^a(P^e = P_1)$). Im neuen Gleichgewicht sinkt der Nominallohn auf W_1, wobei $W_0/P_0 = W_1/P_1$ gilt, so daß der Gleichgewichtswert A_0 sowie das Güterangebot Y_0 erhalten bleiben (Punkt B). Weitere Preisniveauvariationen ergeben bei stets korrekten Preiserwartungen insgesamt die senkrechte Güterangebotskurve, die jetzt als langfristige Angebotskurve (S_l) bezeichnet wird, da die Haushalte nur längerfristig korrekte Preiserwartungen haben.

Es wird nun der Fall unvollkommener Information betrachtet. Hierzu wird angenommen, daß zunächst das Preisniveau P_0 gilt und die Haushalte dies korrekt erwarten; es folgen also die Beschäftigung A_0 sowie das Güterangebot Y_0. Nun sinke das Preisniveau auf P_1. Diese Preissenkung wird von den Unternehmern sofort erkannt; die Haushalte hingegen erkennen dies nicht sofort, sie erwarten vielmehr, daß weiterhin das Preisniveau P_0 gilt. Damit verschiebt sich in Abbildung II.4 b die Arbeitsnachfragekurve nach $A^n(W/P_1)$, während die Arbeitsangebotskurve zunächst unverändert bleibt. Bei W_0 entsteht nun ein Angebotsüberschuß auf dem Arbeitsmarkt ($A_0 - \underline{A}$) mit der Folge, daß der Nominallohn sinkt, bis bei W_2 ein neues Gleichgewicht erreicht ist (Punkt C). Die Beschäftigung geht auf A_1 zurück: Da im Vergleich zur Ausgangssituation der tatsächliche Reallohn gestiegen ist ($W_2/P_1 > W_0/P_0 = W_1/P_1$), fragen die Unternehmer weniger Arbeit nach; gleichzeitig bieten die Haushalte weniger Arbeit an, da der von ihnen erwartete Reallohn gesunken ist ($W_0/P_0 > W_2/P_0$).

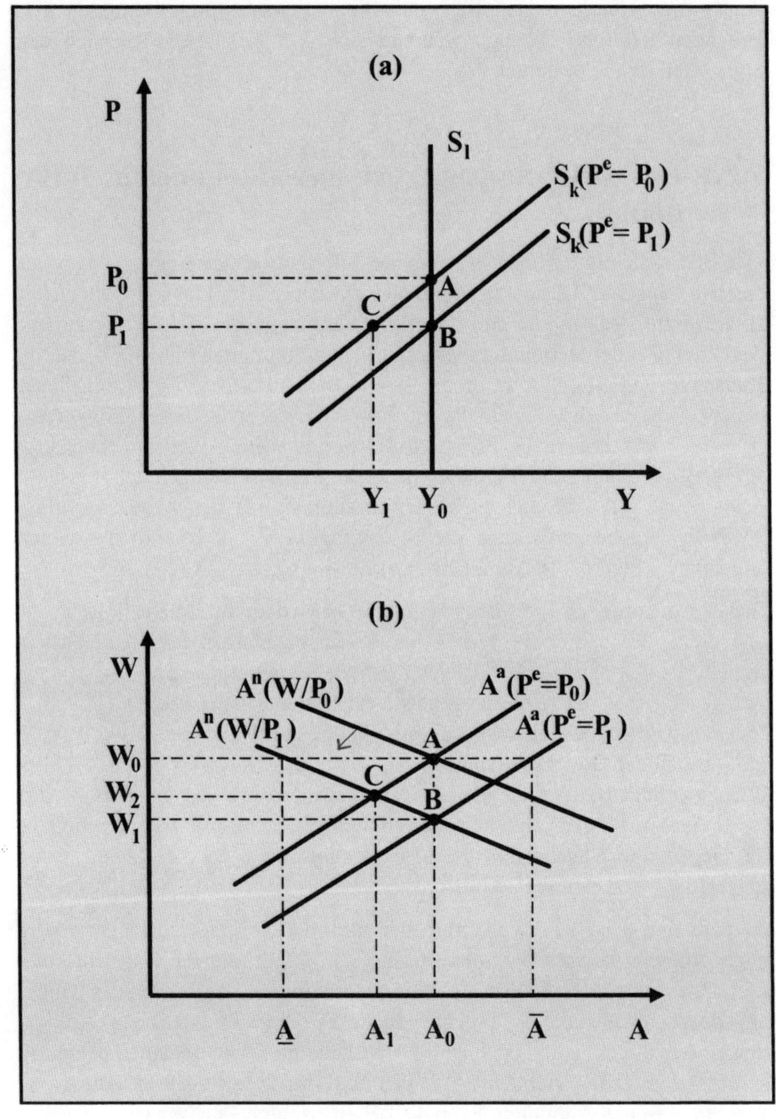

Abbildung II.4: Kurz- und langfristiges Güterangebot

Bei der niedrigeren Beschäftigung A_1 geht das Güterangebot auf Y_1 zurück (Punkt C in Teil a). Werden alternative Werte für P vorgegeben, so ergibt sich bei weiterhin $P^e = P_0$ insgesamt die ansteigende Güterangebotskurve, die als kurzfristige Angebotskurve ($S_k(P^e = P_0)$) bezeichnet wird, da die Haushalte nur kurzfristig (möglicherweise) falsche Erwartungen haben.

Korrigieren die Haushalte in der nächsten Periode ihre Erwartungen auf $P^e = P_1$ (sog. statische Erwartungen)[1], so verlagert sich auch die Arbeitsangebotskurve wie dargestellt nach unten ($A^a(P^e = P_1)$), so daß Punkt B realisiert wird. Für alternative Werte des Preisniveaus ergibt sich nun (bei $P^e = P_1$) eine neue kurzfristige Angebotskurve ($S_k(P^e = P_1)$), die durch Punkt B verläuft. Die Lage einer kurzfristigen Angebotskurve hängt also von den Preiserwartungen der Haushalte ab; die kurzfristige Angebotskurve schneidet die langfristige, wenn die Haushalte korrekte Erwartungen haben ($P^e = P$).

Die obigen Zusammenhänge lassen sich mit Hilfe einer sog. Lucas-Angebotsfunktion erfassen:

$$(1) \quad Y = Y_0 + \alpha(P - P^e)$$

mit: α = Anpassungskoeffizient (> 0).

Nach Gleichung (1) beträgt das Güterangebot Y_0, wenn die Haushalte korrekte Preiserwartungen haben ($P = P^e$), bei falschen Erwartungen hingegen weicht das Angebot von Y_0 ab (bei $P^e < P$ gilt $Y > Y_0$, bei $P^e > P$ entsprechend $Y < Y_0$).

2.2.2 Die Beschäftigungssituation

Zur Darstellung der Beschäftigungssituation nach Vorstellung der Neoklassiker ist somit die Güterangebotsfunktion ($Y = Y_0$) im Rahmen der dritten Version des Makro-Modells durch obige Lucas-Angebotsfunktion zu ersetzen. Bei statischen Erwartungen ergibt sich somit folgendes Beschäftigungsmodell:

$$(1) \quad Y = C(Y) + I(r) + G_0$$

$$(2) \quad M_0/P = l(Y,r)$$

$$(3) \quad Y = Y_0 + \alpha(P - P^e)$$

$$(4) \quad P_t^e = P_{t-1}$$

Übersicht II.5: Unvollkommene Information

[1] Bei statischen Erwartungen erwarten die Haushalte in der laufenden Periode (t) stets das Preisniveau der Vorperiode (t – 1). Statische Erwartungen sind ein Grenzfall adaptiver:

$$P_t^e = P_{t-1}^e + \lambda(P_{t-1} - P_{t-1}^e), \qquad 0 < \lambda \leq 1$$

oder extrapolativer Erwartungen:

$$P_t^e = P_{t-1} + \mu(P_{t-1} - P_{t-2}), \qquad 0 < \mu \leq 1.$$

Für $\lambda = \mu = 1$ ergibt sich:

$$P_t^e = P_{t-1}.$$

Die Lösung dieses Modells erfolgt zunächst graphisch, dann algebraisch.

Graphische Lösung

Die Gleichungen (1) – (4) sind in Abbildung II.5 veranschaulicht. Hierbei werden die Gleichungen (1) und (2) wieder zur D-Kurve zusammengefaßt. Der Arbeitsmarkt dient der Erläuterung der Angebotssituation, nämlich der Gleichung (3). Ausgangspunkt sei das Vollbeschäftigungsgleichgewicht A.

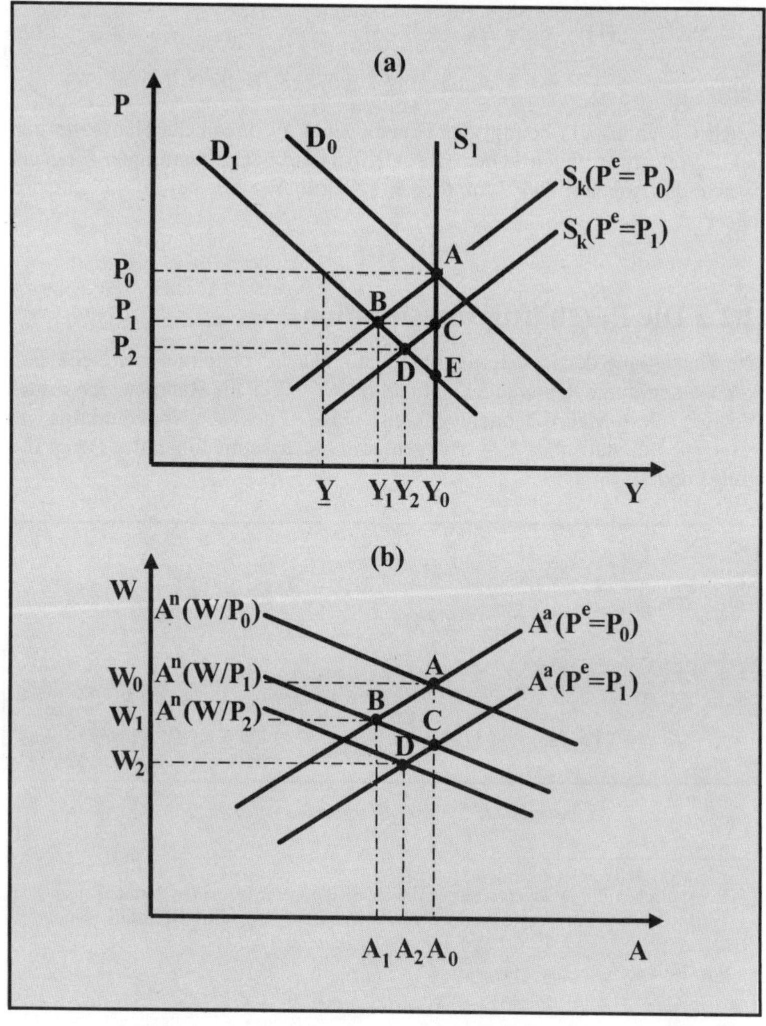

Abbildung II.5: Arbeitslosigkeit infolge falscher Preiserwartungen

Dieses Ausgangsgleichgewicht werde wieder durch einen Rückgang der Staatsnachfrage gestört. Bei zunächst unverändertem Preisniveau P_0 sinken Güternachfrage und Volkseinkommen auf $\underline{Y}$, wie durch die Verschiebung der D_0-Kurve nach D_1 angezeigt wird.

Während somit die Güternachfrage bei P_0 den Wert $\underline{Y}$ annimmt, wollen die Unternehmer bei dem Reallohn W_0/P_0 die Gütermenge Y_0 anbieten. Es besteht also wieder eine deflatorische Lücke $(Y_0 - \underline{Y})$, die zu Preissenkungen (auf P_1) führt.

Hierdurch steigt einerseits die Güternachfrage wieder an (von $\underline{Y}$ auf Y_1 entlang D_1), während andererseits das Güterangebot zurückgeht (von Y_0 auf Y_1 entlang $S_k(P^e = P_0)$. Es wird somit ein neues (kurzfristiges oder temporäres) Gleichgewicht bei Y_1/P_1 bzw. A_1/W_1 (Punkt B) erreicht. Dieses Gleichgewicht ist dadurch gekennzeichnet, daß Angebot und Nachfrage auf den einzelnen Märkten übereinstimmen (sog. Markträumung). Im Vergleich zur Ausgangssituation, d. h. bei korrekten Erwartungen, ist die Beschäftigung von A_0 auf A_1 gesunken. Da die Haushalte jedoch ihr gewünschtes Arbeitsangebot realisieren können, ist diese Arbeitslosigkeit freiwilliger Natur.[1]

Erkennen die Haushalte – in der nächsten Periode – ihren Irrtum, so werden sie ihre Preiserwartungen korrigieren. Bei statischen Erwartungen verschiebt sich die Arbeitsangebotskurve nach $A^a(P^e = P_1)$ und damit die kurzfristige Angebotskurve nach $S_k(P^e = P_1)$. Damit entsteht bei P_1 erneut eine deflatorische Lücke $(Y_0 - Y_1)$, die zu weiteren Preissenkungen führt (auf P_2), so daß sich die Situation D ergibt. Weitere Erwartungskorrekturen führen dann nach einiger Zeit wieder zu Vollbeschäftigung (Punkt E) i. S. einer Beschäftigungssituation bei korrekten Erwartungen.[2]

Algebraische Lösung

Zur Vereinfachung der algebraischen Lösung wird obiges Modell in zwei Punkten abgewandelt. Zum einen wird die Zinsabhängigkeit der Geldnachfrage vernachlässigt. In diesem Fall verläuft die LM-Kurve senkrecht und bestimmt die Höhe der Güternachfrage:

$$(5) \quad M_t/P_t = kY_t.$$

1 Da die Haushalte glauben, daß ihr Reallohn gesunken ist, bieten sie weniger Arbeit an.

2 Die Vertreter der Neuen Klassischen Makroökonomie unterstellen statt statischer (oder allgemeiner: adaptiver) sog. rationale Erwartungen: Die Wirtschaftssubjekte berücksichtigen bei ihrer Erwartungsbildung alle verfügbaren Informationen, so bspw. auch über die exogenen Größen sowie über die ökonomische Theorie. Sobald sie eine Störung erkennen, bestimmen sie mit Hilfe der ökonomischen Theorie das neue langfristige Gleichgewicht und stellen sich mit ihrem Verhalten darauf ein. Im obigen Fall bedeutet dies, daß die Haushalte, sobald sie den Nachfragerückgang erkennen, das dem neuen Gleichgewichtspunkt E zugehörige Preisniveau erwarten und entsprechend niedrigere Nominallohnforderungen stellen. Das zu beobachtende Andauern der Arbeitslosigkeit wird mit Anpassungskosten u. ä. begründet. Heubes, J., Grundlagen der modernen Makroökonomie, a. a. O., S. 231 ff.

Zum anderen wird die Lucas-Angebotsfunktion in äquivalenter Form wie folgt geschrieben:

$$(6)\quad Y_t = Y_0\left(\frac{P_t}{P_t^e}\right)^{\alpha}; \qquad \alpha > 0.$$

Logarithmierung (die Logarithmen werden durch die entsprechenden Kleinbuchstaben erfaßt) liefert unter Beachtung von $P_t^e = P_{t-1}$:

$$(7)\quad y_t = \beta + m_t - p_t; \qquad \beta = \ln 1/k$$

$$(8)\quad y_t = y_0 + \alpha(p_t - p_{t-1}).$$

Da ein Nachfragerückgang bei senkrechter LM-Kurve nur durch eine Verringerung der Geldmenge verursacht werden kann, wird angenommen, daß die Geldmenge in der Periode $t = 1$ von M_0 auf M_1 verringert wird. Damit ergibt sich aus den Gleichungen (7) und (8) für $t \geq 1$:

$$(9)\quad \beta + m_1 - p_t = y_0 + \alpha(p_t - p_{t-1}).$$

Umstellung liefert:

$$(10)\quad p_t - \frac{\alpha}{1+\alpha}p_{t-1} = \frac{1}{1+\alpha}(\beta + m_1 - y_0).$$

Die Lösung dieser Differenzengleichung lautet:[1]

$$(11)\quad p_t = p^* + A\left(\frac{\alpha}{1+\alpha}\right)^t$$

mit:

$$p^* = \beta + m_1 - y_0$$

$$A = p^* - p_0 \ (< 0).$$

Aus den Gleichungen (7) und (11) folgt:

$$(12)\quad y_t = y_0 - A\left(\frac{\alpha}{1+\alpha}\right)^t.$$

Wie die Gleichungen (11) und (12) zeigen, nähern sich Preisniveau und Volkseinkommen im Laufe der Zeit ihren Gleichgewichtswerten. Während der Anpassungsphase liegt das Preisniveau über, das Volkseinkommen unter seinem Gleichgewichtswert.

---

[1] Rauch, B., Mathematische Lösungsmethoden, in: Heubes, J., Grundlagen der modernen Makroökonomie, a. a. O., S. 707 ff.

Aufgaben

II.1 Gegeben sei ein Vollbeschäftigungsgleichgewicht. Infolge eines Nachfragerückgangs sowie starrer Löhne und Preise entstehe ein Unterbeschäftigungsgleichgewicht. Die Gewerkschaften fordern nun höhere Nominallöhne mit der Begründung, daß hierdurch die Güternachfrage ansteigt und somit die Beschäftigung zunimmt. Die Arbeitgeber lehnen dies mit dem Hinweis ab, daß sich hierdurch die Kosten erhöhen, so daß die Beschäftigung weiter zurückgeht; sie fordern statt dessen eine Senkung der Nominallöhne. Nehmen Sie zu diesen Vorschlägen im Rahmen des zugrunde liegenden Modells Stellung.

II.2 Gegeben sei ein Gleichgewicht bei Vollbeschäftigung. Diese Ausgangssituation werde durch einen Rückgang der Güternachfrage gestört. Untersuchen Sie mit Hilfe eines Y/P-, eines A/W- sowie eines A/w-Diagramms (w = Reallohn), welches neue kurzfristige Gleichgewicht sich einstellt, wenn die Nominallöhne nach unten starr sind.

II.3 Gegeben sei ein Vollbeschäftigungsgleichgewicht. Dieses Gleichgewicht werde durch einen Rückgang der Staatsnachfrage gestört. Untersuchen Sie die Auswirkungen auf den Arbeitsmarkt bei starren Preisen aber flexiblen Löhnen.

II.4 Bestimmen Sie die Güterangebotskurve, wenn der Nominallohn nach unten und nach oben starr ist. In der Ausgangslage herrsche Gleichgewicht auf dem Arbeitsmarkt.

II.5 Gegeben sei ein Vollbeschäftigungsgleichgewicht. Nun erhöhe der Staat seine Güternachfrage. Bestimmen Sie das neue Gleichgewicht unter der Annahme, daß der Nominallohn fix ist. Wählen sie hierzu ein Y/P-, ein A/W- und ein A/w-Diagramm (w = Reallohn).

II.6 Es gelten nach unten starre Nominallöhne. Leiten Sie die zugehörige Güterangebotskurve ab. Nun trete ein sog. negativer Angebotsschock auf (bspw. Erdbeben), der zu einer Verschlechterung der Produktionsmöglichkeiten führt. Bestimmen sie die neue Güterangebotskurve. Wie verläuft die Güterangebotskurve, wenn ein positiver Angebotsschock auftritt, der die Produktionsmöglichkeiten verbessert?

II.7 Gegeben sei ein Vollbeschäftigungsgleichgewicht. Dieses Gleichgewicht werde durch ein Erdbeben gestört. Untersuchen Sie die Auswirkungen auf die Beschäftigungshöhe bei nach unten starren Nominallöhnen; greifen Sie hierbei auf die Ergebnisse der vorangehenden Aufgabe zurück.

II.8 Diskutieren Sie folgende These: Eine Erhöhung der Arbeitsproduktivität verringert bei nach unten starrem Nominallohn die Beschäftigung. Greifen sie auf die Ergebnisse der Aufgabe II.6 zurück.

II.9 Leiten Sie das langfristige Güterangebot sowie das kurzfristige Güterangebot bei unvollkommener Information ab. Untersuchen Sie hierbei den Fall, daß ein höheres Preisniveau vorgegeben wird.

II.10 Vergleichen Sie die langfristige Angebotssituation sowie das kurzfristige Güterangebot bei unvollkommener Information mit dem Angebot im Rahmen der neoklassischen Synthese.

II.11 Untersuchen Sie die Auswirkungen einer Preiserhöhung auf Arbeitsangebot und Arbeitsnachfrage im Rahmen der neoklassischen Angebotstheorie. Gehen Sie hierbei von einem A/W- sowie von einem A/w-Diagramm aus (w = Reallohn).

II.12 Gegeben sei eine lineare Arbeitsangebots- und Arbeitsnachfragekurve in einem A/W-Diagramm; das Preisniveau betrage P_0. Zeichnen Sie maßstabsgerecht, wie sich die beiden Kurven verschieben, wenn das Preisniveau auf $P_1 = 2P_0$ ansteigt; Unterstellen Sie korrekte Preiserwartungen.

II.13 Gegeben sei ein Vollbeschäftigungsgleichgewicht. Dieses Gleichgewicht werde in der Periode $t = 1$ durch einen Rückgang der Güternachfrage gestört. Untersuchen Sie die zeitliche Entwicklung des Volkseinkommens und der Beschäftigung, wenn die Haushalte statische Erwartungen haben. Verwenden Sie hierzu ein Y/P- und ein A/W-Diagramm. Ergänzen Sie diese Darstellung um ein Diagramm, dessen Abszisse die Zeitperioden und dessen Ordinate die Höhe des Volkseinkommens angibt.

II.14 Gegeben sei ein Vollbeschäftigungsgleichgewicht. Nun verringere sich die gesamtwirtschaftliche Güternachfrage. Stellen Sie graphisch das erste temporäre Gleichgewicht mit Hilfe des Güter- und Arbeitsmarktes dar. Tragen Sie hierzu auf der Ordinate des Arbeitsmarkt-Diagramms den Reallohn ab. Welche Auswirkungen hat eine Erwartungsrevision auf dem Arbeitsmarkt?

II.15 Gegeben sei ein Vollbeschäftigungsgleichgewicht. Dieses Gleichgewicht werde durch einen Rückgang der Güternachfrage gestört. Untersuchen Sie im Rahmen eines Y/P- sowie A/W-Diagramms die hierdurch ausgelösten kurz- und langfristigen Preis- und Mengenreaktionen, wenn gilt $P_t^e = (P_{t-1} + P_{t-2})/2$.

II.16 Gegeben sei folgendes Angebots-Nachfrage-Schema:

(1) $y_t = \beta + m_t - p_t$

(2) $y_t = y_0 + \alpha(p_t - p_{t-1})$.

Bis einschließlich der Periode Null herrsche ein Vollbeschäftigungsgleichgewicht. In der Periode eins wird dieses Gleichgewicht durch eine Verringerung der Geldmenge gestört (m_0 sinke auf m_1). Berechnen Sie die Auswirkungen dieser Störung auf Y und P. Beachten Sie hierbei, daß sich die gesuchten Größen in einer beliebigen Periode aus dem Gleichgewichtswert und der Abweichung vom Gleichgewicht zusammensetzen.

II.17 Wie in Teil I dargestellt wurde, impliziert die D-Kurve korrekte Erwartungen der Haushalte bezüglich ihres Realeinkommens. In Teil II wurde gezeigt, daß die Haushalte auf der S_k-Kurve falsche Erwartungen bezüglich des Preisniveaus und damit auch bezüglich ihres realen Lohneinkommens haben. Erhält somit der Schnittpunkt zwischen der D- und einer S_k-Kurve einen Widerspruch?

3. Beschäftigungspolitik

Wie gezeigt wurde, führen die Marktkräfte nicht stets zu Vollbeschäftigung. Vollbeschäftigung ist andererseits ein Ziel der Wirtschaftspolitik. Im Falle von Unterbeschäftigung ist somit der Staat gefordert, durch beschäftigungspolitische Maßnahmen für Vollbeschäftigung zu sorgen. Er muß also durch Erhöhung der Güternachfrage (Nachfragesteuerung, demand-management) das für die Unterbeschäftigung ursächliche Nachfragedefizit beseitigen.[1] Zur Vermeidung von unerwünschten Allokationswirkungen ist diese Nachfragesteuerung auf globaler Ebene (Globalsteuerung) mittels Fiskalpolitik (Variation der staatlichen Einnahmen und Ausgaben) oder Geldpolitik (Variation der Geldmenge) durchzuführen.

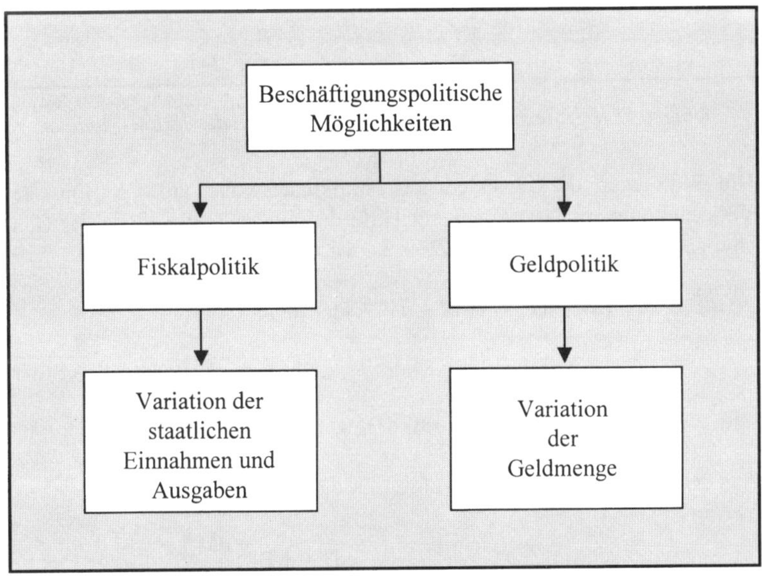

Übersicht II.6: Mittel der Globalsteuerung

Nachfolgend werden zunächst die verschiedenen Möglichkeiten der Globalsteuerung dargestellt. Daran anschließend wird anhand zweier beschäfti-

---

1 Konjunkturelle Arbeitslosigkeit wird durch einen Rückgang der Güternachfrage ausgelöst. Starre Löhne und Preise bzw. unvollkommene Information verhindern eine Rückkehr zu Vollbeschäftigung. Die Beschäftigungspolitik könnte also grundsätzlich an einer Erhöhung der Güternachfrage, an einer Flexibilisierung von Löhnen und Preisen sowie an einer Verbesserung der Information ansetzen. Mangels geeigneter Instrumente verbleibt praktisch jedoch nur die Möglichkeit der Nachfragesteuerung.

gungspolitischer Konzeptionen diskutiert, auf welche dieser Möglichkeiten der Staat zurückgreifen sollte.

3.1 Beschäftigungspolitische Alternativen[1]

In diesem Abschnitt stehen die Nachfragewirkungen der Geld- und Fiskalpolitik im Vordergrund. Zur Vereinfachung wird deshalb auf die zweite Version des Makro-Modells (das IS/LM-Modell) zurückgegriffen. In dieser Version wird unterstellt, daß das Güterangebot vollkommen elastisch bzw. das Preisniveau konstant ist. Dieses konstante Preisniveau wird zur Vereinfachung gleich eins gesetzt, damit ergibt sich:[2]

$$(1) \quad Y = C(Y - T) + I(r) + G$$

$$(2) \quad M = l(Y,r)$$

Übersicht II.7: Beschäftigungspolitik im Rahmen des IS/LM-Modells

Die Wirkungen der verschiedenen Politikmaßnahmen auf die Höhe des Volkseinkommens lassen sich mit Hilfe des totalen Differentials der Gleichungen (1) und (2) bestimmen:

$$(3) \quad dY = c(dY - dT) + idr + dG$$

$$(4) \quad dM = kdY + hdr$$

mit: $c = dC/d(Y - T) > 0$, $i = dI/dr < 0$, $k = \partial l/\partial Y > 0$, $h = \partial l/\partial r < 0$.

Aus den Gleichungen (3) und (4) folgt für dY:

$$(5) \quad dY = \frac{1}{1 - c + \frac{ik}{h}} \left(-cdT + dG + i\frac{dM}{h} \right).$$

Die nachfolgenden Ausführungen befassen sich zunächst ausführlicher mit der Fiskalpolitik, daran anschließend mit der Geldpolitik sowie mit einer Kombination dieser beiden Möglichkeiten.

---

1 Dornbusch, R. und St. Fischer, Makroökonomik, a. a. O., S. 147 ff; Heubes J., Grundlagen der modernen Makroökonomie, a. a. O., S. 241 ff; Wachtel, P., Makroökonomik, a. a. O., S. 265 ff.

2 Da nachfolgend auch die Steuern variiert werden, sind sie hier explizit in der Konsumfunktion zu berücksichtigen.

3.1.1 Fiskalpolitik

Zur Erhöhung der Güternachfrage ist die Fiskalpolitik expansiv einzusetzen, d. h. die Ausgaben sind zu erhöhen und/oder die Einnahmen zu senken.

Erhöhung der Staatsausgaben

Die Wirkungen einer Staatsausgabenerhöhung ($dG > 0$, $dT = dM = 0$) auf die Höhe der Güternachfrage und damit auf das Volkseinkommen folgen unmittelbar aus Gleichung (5):

$$(6) \quad dY = \frac{1}{1 - c + \frac{ik}{h}} dG.$$

Diese Wirkungen sind in Abbildung II.6 veranschaulicht; die Ausgangssituation wird durch Punkt A angezeigt. Eine Erhöhung der staatlichen Güternachfrage wirkt multiplikativ auf die Güternachfrage: Die gestiegenen Staatsausgaben erhöhen die Güternachfrage und damit das Volkseinkommen direkt um dG. Darüber hinaus induzieren sie zusätzliche Konsumnachfrage, so daß die Güternachfrage – bei noch unverändertem r_0 – insgesamt um $\frac{1}{1-c} dG$ zunimmt. Dies führt in Abbildung II.6 zu einer Rechtsverschiebung der IS_0-Kurve um diesen Betrag nach IS_1, so daß das Volkseinkommen von Y_0 nach Y_1 ansteigt (Punkt B).

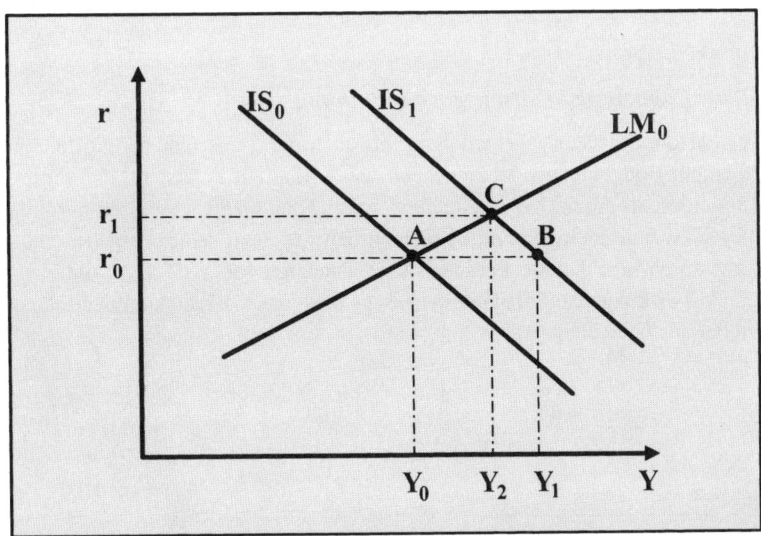

Abbildung II.6: Expansive Fiskalpolitik

Das Einkommen Y_1 ist bei konstanter Geldmenge jedoch nicht finanzierbar. Geld ist also knapp, wodurch der Zinssatz ansteigt (auf r_1), so daß die private Investitionsnachfrage teilweise zurückgedrängt wird (crowding-out), was in dem Term ik/h des Multiplikators in Gleichung (6) zum Ausdruck kommt.[1] Letztlich steigt die Güternachfrage somit auf den Wert Y_2 an (Punkt C), wie durch Gleichung (6) angezeigt wird $(dY = Y_2 - Y_0)$.

Senkung der Steuern

Im Falle einer Senkung der Pauschalsteuer $(dT < 0, \quad dG = dM = 0)$ ergibt sich aus Gleichung (5) für die daraus resultierende Einkommensänderung:

$$(7) \quad dY = -\frac{1}{1 - c + \frac{ik}{h}} cdT.$$

Infolge der Steuersenkung erhöht sich das verfügbare Einkommen der Haushalte um dT. Ein Teil dieses zusätzlichen Einkommens wird für Konsumzwecke verwandt (cdT), der Rest wird gespart. Diese zusätzliche Konsumnachfrage erhöht das Einkommen und damit wiederum den einkommensabhängigen Konsum, was eine multiplikative Wirkung zur Folge hat.

Graphisch ergibt sich wieder Abbildung II.6, wobei die Verschiebung der IS-Kurve hier durch die Steuersenkung ausgelöst wird $\left(Y_1 - Y_0 = \frac{-1}{1-c} cdT\right)$.

Steuerfinanzierte Staatsausgabenerhöhung

Sowohl die Staatsausgabenerhöhung als auch die Steuerreduzierung führen zu einem Budgetdefizit. Vorangehend wurde implizit unterstellt, daß dieses Budgetdefizit durch Kreditaufnahme am Kapitalmarkt geschlossen wird. Hier wird nun noch der Fall betrachtet, daß der Staat seine Ausgabenerhöhung durch eine höhere Pauschalsteuer finanziert $(dG = dT > 0, \quad dM = 0)$. Die Auswirkungen auf die Güternachfrage bzw. das Volkseinkommen folgen wieder aus Gleichung (5):

$$(8) \quad dY = \frac{1}{1 - c + \frac{k}{h} i} (1 - c) dG.$$

---

[1] Die Zinssteigerung führt gleichzeitig zu einer Umschichtung der Geldmenge zugunsten der Transaktionskasse, so daß ein höheres Einkommen $(Y_2 > Y_0)$ finanziert werden kann.

Wird ein konstanter Zinssatz unterstellt, so vereinfacht sich Gleichung (8) zu:[1]

$$(9)\quad dY = \frac{1}{1-c}(1-c)dG = dG.$$

Gleichung (9) ist die übliche Formulierung des sog. Haavelmo-Theorems. Sie besagt, daß der Multiplikator eines ausgeglichenen Budgets gleich eins ist, d. h., daß die Nachfrageänderung genauso groß ist wie die Änderung der Staatsausgaben.

Konstanter Zinssatz bedeutet, daß die Geldmenge entsprechend der Nachfragesteigerung erhöht wird.[2] Bleibt hingegen die Geldmenge konstant, so kommt es zu einem Zinsanstieg und damit zu einem gewissen crowding-out. Die Nachfragesteigerung fällt entsprechend geringer aus (Gleichung (8)).[3]

Das zunächst vielleicht überraschende Ergebnis einer Nachfragesteigerung bei einer steuerfinanzierten Staatsausgabenerhöhung läßt sich wie folgt erklären. Die Staatsausgabenerhöhung bewirkt einen expansiven Nachfrageeffekt in gleicher Höhe, nämlich dG. Die Steuererhöhung hat jedoch nur einen Nachfrageausfall in Höhe von $cdT = cdG$ zur Folge, da sie teilweise durch Konsumverzicht und teilweise durch verringertes Sparen aufgebracht wird. Die exogene Nachfrageänderung beträgt somit $dG - cdG = (1-c)dG$ und wirkt wieder über den Multiplikator auf die gleichgewichtige Gesamtnachfrage.[4]

3.1.2 Geldpolitik[5]

Aus Gleichung (5) folgt für die Geldpolitik ($dM > 0,\ dG = dT = 0$):

$$(10)\quad dY = \frac{1}{1-c+\frac{ik}{h}}\, i\,\frac{dM}{h}.$$

---

[1] Gleichung (9) folgt unmittelbar aus Gleichung (3) bei $idr = 0$.

[2] Aus Gleichung (4) folgt $dM = kdY$.

[3] Es gilt $1/(1-c+ki/h) < 1/(1-c)$.

[4] Es bleibt zu beachten, daß im Rahmen dieses Lehrbuches lediglich grundlegende Zusammenhänge angesprochen werden. In der Praxis sind derartige mechanistische Abläufe nicht zu erwarten. So ist bspw. der Konsum einer Periode möglicherweise nicht nur vom Einkommen dieser Periode abhängig, sondern auch von dem erwarteten Einkommen späterer Perioden. Bei einer kreditfinanzierten Staatsausgabenerhöhung rechnen die Haushalte weiterhin eventuell mit einer zukünftigen Steuererhöhung. Unter diesen Annahmen werden die Haushalte bereits in der gegenwärtigen Periode ihren Konsum einschränken. Eine gegenwärtige Kreditaufnahme bei späterer Steuererhöhung hat somit den gleichen Effekt auf die Konsumnachfrage wie eine gegenwärtige Steuererhöhung (sog. Ricardianisches Äquivalenztheorem).

[5] Zu den Instrumenten der Geldpolitik, siehe Jarchow, H.-J., Theorie und Politik des Geldes, II. Geldpolitik, 7. Aufl., Göttingen/Zürich 1995, S. 100 ff; ders., Theorie und Politik des Geldes 1, 10. Aufl., Göttingen/Zürich 1998, S. 340 ff.

Die Wirkungen der Geldpolitik sind in Abbildung II.7 veranschaulicht; die Ausgangslage entspricht Punkt A. Eine Erhöhung der Geldmenge (Verschiebung der Kurve LM_0 nach LM_1) bedeutet, daß Geld nun reichlich vorhanden ist, so daß der Zinssatz c. p. von r_0 um dM/h auf r_1 sinkt (Punkt B).[1] Hierdurch steigt die private Investitionsnachfrage um i·dM/h an. Unter Beachtung der multiplikativen Wirkung [1/(1 – c)] erhöht sich die gesamte Güternachfrage entlang der IS_0-Kurve auf Y_1 (Punkt C).

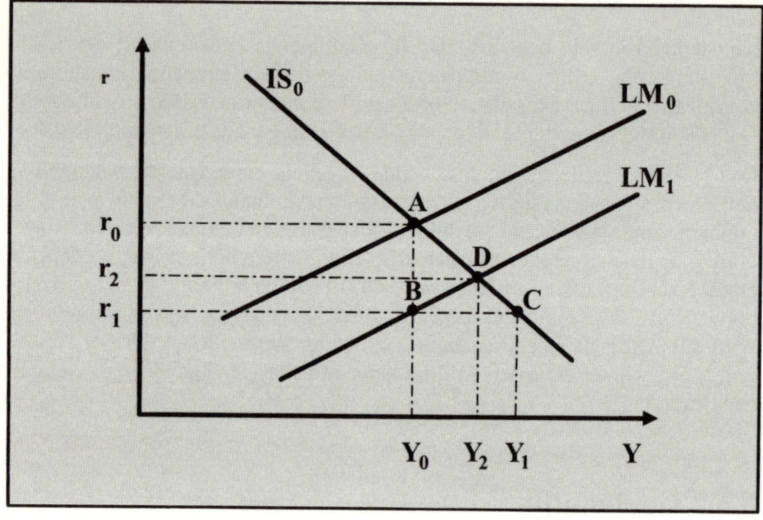

Abbildung II.7: Expansive Geldpolitik

Die Güternachfrage Y_1 ist jedoch wiederum nicht finanzierbar, so daß der Zinssatz von r_1 auf r_2 ansteigt. Daraufhin geht die Güternachfrage von Y_1 auf Y_2 zurück, während die Transaktionsmöglichkeiten von Y_0 auf Y_2 zunehmen (erfaßt durch den Term ik/h des Multiplikators in Gleichung (10)). Die Güternachfrage steigt also letztlich auf Y_2 an, was Gleichung (10) entspricht $(dY = Y_2 - Y_0)$.

3.1.3 Geld- und Fiskalpolitik

Finanziert der Staat seine Ausgabenerhöhung durch Kreditaufnahme bei der Zentralbank[2] $(dG = dM > 0,\; dT = 0,\; P = 1)$, so folgt aus Gleichung (5):

---

1 Aus Gleichung (4) folgt bei $dr = 0$:

$$dY = dM/k = vdM \quad \text{(Horizontalverschiebung der LM-Kurve)}$$

bzw. bei $dY = 0$:

$$dr = dM/h \quad \text{(Vertikalverschiebung der LM-Kurve).}$$

2 Oder betreibt eine unabhängige Zentralbank bei expansiver Fiskalpolitik zugleich auch expansive Geldpolitik.

$$(11)\quad dY = \frac{1}{1-c+\frac{ik}{h}}\left(i\frac{dM}{h}+dG\right) = \frac{i+h}{(1-c)h+ik}dG.$$

Wie nicht anders zu erwarten, führen in diesem Fall beide exogenen Nachfrageänderungen zu einer Erhöhung der Güternachfrage gemäß dem bekannten Multiplikator.

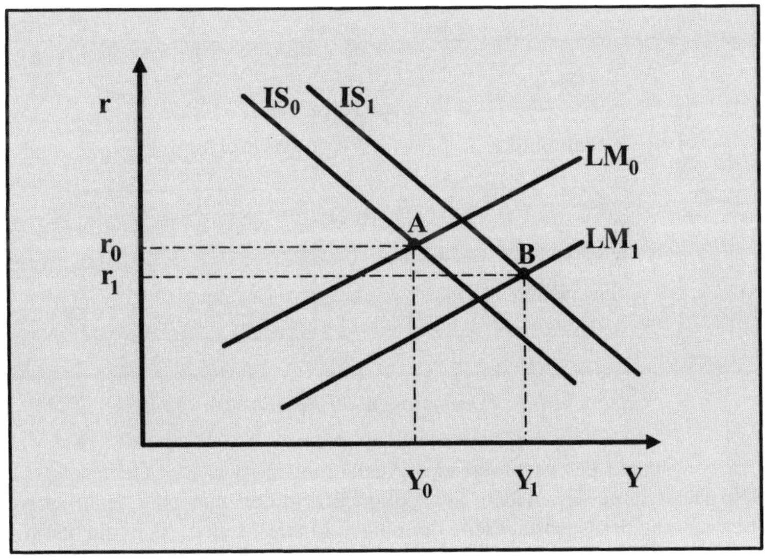

Abbildung II.8: Expansive Geld- und Fiskalpolitik

In Abbildung II.8 verschieben sich in diesem Fall sowohl die IS- als auch die LM-Kurve nach rechts, so daß sich die neue Güternachfrage bei Y_1 einstellt (Punkt A nach Punkt B).

3.2 Die Fiskalismus-Monetarismus-Kontroverse[1]

Es bleibt nun noch zu untersuchen, auf welche der dargestellten Möglichkeiten der Staat zurückgreifen sollte. Hier lassen sich zwei beschäftigungspolitische Konzeptionen unterscheiden: Während die Keynesianer der Fiskalpolitik den Vorzug geben (Fiskalisten), präferieren die Neoklassiker die Geldpolitik (Monetaristen).

---

1 Branson, W. H., Makroökonomie, a. a. O., S. 376 ff; Heubes, J., Grundlagen der modernen Makroökonomie, a. a. O., S. 262 ff.

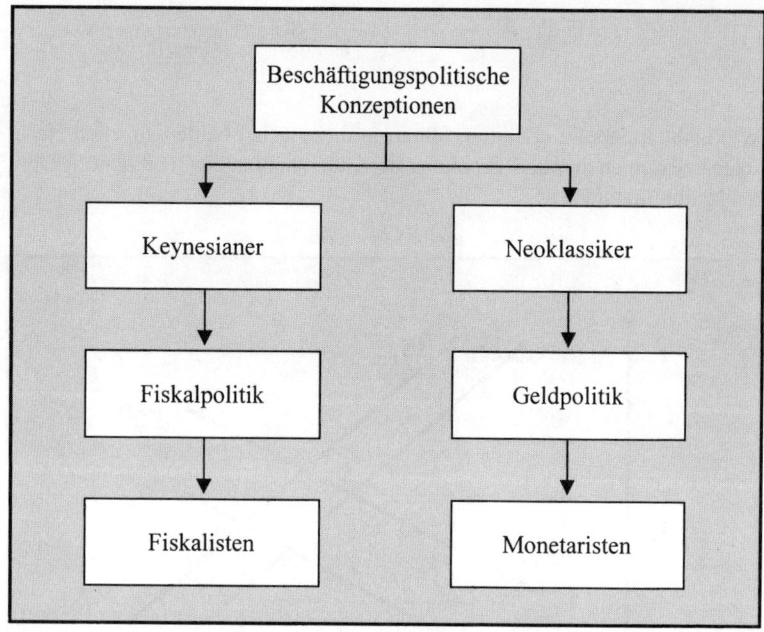

Übersicht II.8: Konzeptionen der Beschäftigungspolitik

Ausgangspunkt der nachfolgenden Ausführungen ist wieder Gleichung (5). Die Darstellung der beiden Konzeptionen erfordert nun eine detailliertere Betrachtung der Nachfrageseite des obigen Makro-Modells, d. h. die bisherigen Annahmen sind entsprechend zu modifizieren.

Fiskalisten

Die erste Änderung betrifft die Investitionsnachfrage. Die Keynesianer nehmen an, daß die Zinsen in einer Rezession, d. h. bei sehr pessimistischen Absatzerwartungen, keinen Einfluß auf die Investitionsnachfrage haben: Sind die Unternehmer der Meinung, daß die durch die Investitionen geschaffenen Kapazitäten in Zukunft nicht ausgelastet sind (Ertragsseite), so werden sie auch bei sinkenden Zinsen (Kostenseite) ihre Investitionsnachfrage nicht ausdehnen. Die Investitionsnachfrage ist dann zinsunabhängig (Investitionsfalle).

Die zweite Änderung betrifft die Nachfrage nach Spekulationskasse. Die Keynesianer gehen davon aus, daß bei sehr niedrigem Zinssatz alle Wirtschaftssubjekte ein Ansteigen des Zinssatzes erwarten, so daß infolge der damit verbundenen Kursverluste die Gesamtrendite einer Wertpapierhaltung negativ ist. Aus diesem Grund wird kein Wirtschaftssubjekt bereit sein, zusätzlich Wertpapiere zu kaufen, d. h. die Nachfrage nach Spekulationskasse ist bei diesem niedrigen Zinssatz unendlich elastisch (Liquiditätsfalle).

Im Falle der Investitionsfalle gilt $i = 0$, im Falle der Liquiditätsfalle $h = -\infty$. In beiden Fällen reduziert sich Gleichung (5) auf:

$$(12)\quad dY = \frac{1}{1-c}(-cdT + dG).$$

Gleichung (12) zeigt, daß die Geldpolitik in den dargestellten Fällen keinen Einfluß auf die Höhe des Volkseinkommens hat, während die Fiskalpolitik ihre größte Wirksamkeit entfaltet.

Der Transmissionsmechanismus der Geldpolitik ist wie folgt: Eine Erhöhung der Geldmenge führt zu niedrigeren Zinsen, wodurch die Investitionsnachfrage ansteigt, was via Multiplikator ein höheres Volkseinkommen zur Folge hat. Dieser Transmissionsmechanismus wird bei Auftreten einer Investitions- oder Liquiditätsfalle unterbrochen; die Investitionsfalle verhindert einen Anstieg der Investitionsnachfrage bei sinkenden Zinsen, die Liquiditätsfalle verhindert eine Zinssenkung bei erhöhter Geldmenge.

Die gleichen Ursachen, die dazu führen, daß die Geldpolitik unwirksam ist, bewirken, daß die Fiskalpolitik höchst wirksam ist, da sie ein crowding-out verhindern. Crowding-out besagt, daß aufgrund höherer Zinsen infolge fiskalpolitischer Maßnahmen die private Investitionstätigkeit teilweise zurückgedrängt wird. Bei zinsunelastischer Investitionsnachfrage reagiert nun die Investitionsnachfrage nicht auf einen derartigen Zinsanstieg; bei völlig zinselastischer Geldnachfrage kommt es erst gar nicht zu einem Zinsanstieg.

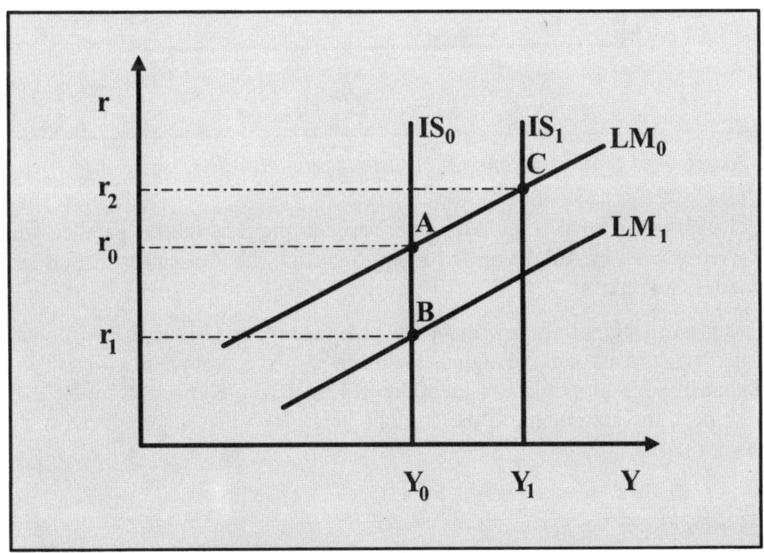

Abbildung II.9: Die Investitionsfalle

Graphisch äußert sich die Investitionsfalle darin, daß die IS-Kurve senkrecht verläuft, wie in Abbildung II.9 dargestellt ist; die Ausgangssituation sei Punkt A.

Infolge einer Geldmengenerhöhung verschiebt sich die LM-Kurve nach rechts (LM_0 nach LM_1). Hierdurch sinkt der Zinssatz von r_0 auf r_1; dies hat jedoch keine positiven Auswirkungen auf die Investitionsnachfrage, so daß das Einkommen Y_0 erhalten bleibt (Punkt B). Fiskalpolitische Maßnahmen verschieben die IS-Kurve von IS_0 nach IS_1. Dies hat zur Folge, daß der Zinssatz ansteigt, was jedoch keine negativen Rückwirkungen auf die Investitionsnachfrage hat, so daß sich das Einkommen auf Y_1 erhöht (Punkt C).

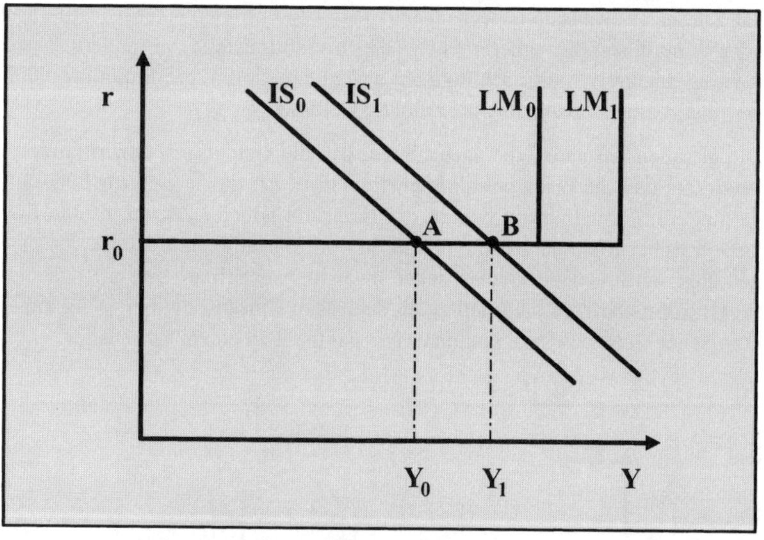

Abbildung II.10: Die Liquiditätsfalle

Bei Auftreten einer Liquiditätsfalle verläuft die LM-Kurve parallel zur Y-Achse, was in Abbildung II.10 dargestellt ist; die Ausgangssituation sei wiederum Punkt A.

Expansive Geldpolitik verschiebt die LM-Kurve von LM_0 nach LM_1, ohne daß der Zinssatz sinkt. Folglich bleibt das Volkseinkommen Y_0 erhalten. Expansive Fiskalpolitik verschiebt die IS-Kurve von IS_0 nach IS_1, ohne daß sich der Zinssatz erhöht. In diesem Fall steigt das Volkseinkommen auf Y_1 (Punkt B).

Monetaristen

Nach neoklassischer Vorstellung ist die Geldnachfrage zinsunabhängig. Dies bedeutet, daß bspw. mit steigendem Zinssatz keine Spekulationskasse in

Transaktionskasse überführt wird. Damit kann mit der vorhandenen Geldmenge auch nur ein ganz bestimmtes Einkommen finanziert werden.

Bei zinsunelastischer Geldnachfrage gilt $h = 0$. Damit folgt aus Gleichung (5) unmittelbar, daß Fiskalpolitik keinen Einfluß auf die Höhe des Volkseinkommens hat (der Multiplikator nimmt den Wert Null an). Zur Bestimmung der Wirksamkeit der Geldpolitik (der Ausdruck dM/h geht gegen unendlich) wird Gleichung (5) (für $dG = dT = 0$) wie folgt umgeformt:

$$(13)\quad dY = \frac{i/h}{1-c+\frac{ik}{h}}dM$$

$$(14)\quad dY = \frac{1}{\frac{h(1-c)}{i}+k}dM.$$

Für $h = 0$ ergibt sich:

$$(15)\quad dY = vdM; \quad v = 1/k.$$

Die Geldpolitik ist in diesem Fall also höchst wirksam. Die Geldmengenerhöhung steht hier ausschließlich für Transaktionszwecke zur Verfügung, so daß die Erhöhung des Volkseinkommens gleich dem Produkt aus zusätzlicher Geldmenge (dM) und Umlaufsgeschwindigkeit (v) ist.

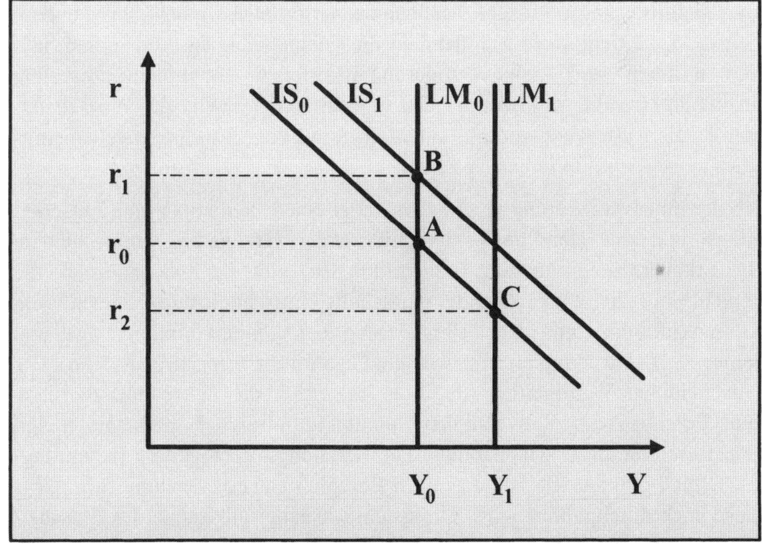

Abbildung II.11: Zinsunelastische Geldnachfrage

Zinsunelastische Geldnachfrage bedeutet graphisch, daß die LM-Kurve senkrecht verläuft, wie in Abbildung II.11 veranschaulicht ist; die Ausgangssituation sei Punkt A.

Eine Erhöhung der Staatsnachfrage verschiebt die IS-Kurve nach rechts (von IS_0 nach IS_1). Hierdurch wird eine so starke Zinssteigerung ausgelöst (von r_0 auf r_1), daß die private Investitionsnachfrage im Umfang der Staatsausgabenerhöhung zurückgedrängt wird (vollständiges crowding-out); die Güternachfrage bleibt also insgesamt unverändert. Eine Geldmengenerhöhung hingegen (Rechtsverschiebung der LM-Kurve von LM_0 nach LM_1) führt über sinkende Zinsen (r_0 nach r_2) zu einem Anstieg der Güternachfrage von Y_0 auf Y_1 (Punkt C).

Zusammenfassend läßt sich festhalten, daß nach Meinung der Fiskalisten die Fiskalpolitik, nach Meinung der Monetaristen die Geldpolitik aufgrund obiger Überlegungen die wirksamste Maßnahme darstellt. Die Fiskalisten fordern deshalb den fallweisen Einsatz der Fiskalpolitik (diskretionäre Fiskalpolitik) zur Beseitigung von Arbeitslosigkeit. Die Monetaristen lehnen hingegen jede Art von diskretionärer Beschäftigungspolitik ab, da die praktische Umsetzung der theoretisch konzipierten Stabilisierungspolitik auf erhebliche Probleme stößt.

So stehen dem Erfolg einer diskretionären Geldpolitik insbesondere verschiedene Zeitverzögerungen (time lags) entgegen. Aufgrund dieser Zeitverzögerungen besteht die Gefahr, daß diskretionäre Geldpolitik zum falschen Zeitpunkt wirksam wird.

Die gesamte Zeitspanne zwischen dem Zeitpunkt, zu dem eine Fehlentwicklung stabilisierungspolitische Maßnahmen erforderlich macht, bis zu dem Zeitpunkt, zu dem diese Maßnahmen die Fehlentwicklung korrigieren, läßt sich in Innen- und Außenverzögerung unterteilen. Die Innenverzögerung (inside lag) beruht vor allem auf den Eigenarten der Träger der Wirtschaftspolitik, die Außenverzögerung (outside lag) auf dem Wirkungsmechanismus eines marktwirtschaftlichen Systems.

Bei der Innenverzögerung lassen sich weiter eine Erkenntnis-, eine Entscheidungs- und eine Handlungs- (Durchführungs-)Verzögerung unterscheiden. Die Erkenntnis-Verzögerung (recognition lag) gibt die Zeitspanne an, die vergeht, bis die entsprechende wirtschaftspolitische Instanz anhand von Konjunkturindikatoren eine Veränderung der konjunkturellen Lage und damit die Notwendigkeit für wirtschaftspolitische Eingriffe erkennt. Die Entscheidungs-Verzögerung (decision lag) erfaßt die Zeitspanne zwischen dem Erkennen der Notwendigkeit konjunkturpolitischer Maßnahmen und dem Beschluß dieser Maßnahmen. Die Handlungs-Verzögerung (action lag) schließlich gibt an, wie lange es nach Beschluß einer Maßnahme dauert, bis diese auch durchgeführt wird. Offensichtlich hängt die Länge der Entscheidungs- und auch der Handlungs-Verzögerung von der Art des wirtschaftspolitischen Akteurs ab. Während die beiden letzten lags bei der Bundesbank relativ kurz sind, können sie beim Staat aufgrund des Instanzenwegs oder der Einflußnahme von Interessengruppen recht lang sein.

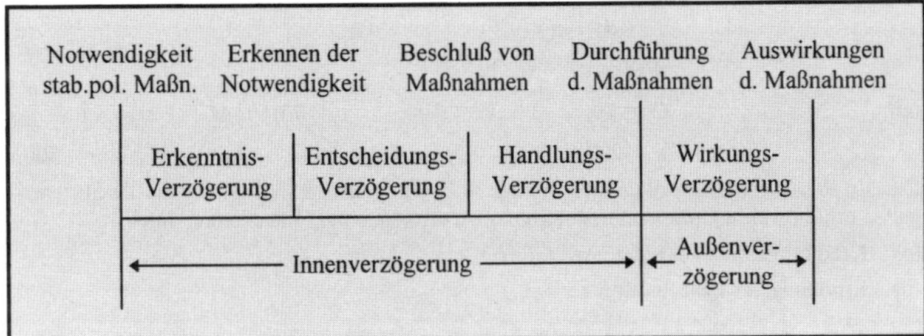

Übersicht II.9: Zeitverzögerungen

Mit Außen- oder Wirkungs-Verzögerung wird die Zeitspanne zwischen der Durchführung stabilisierungspolitischer Maßnahmen und ihren Auswirkungen auf die angestrebten Ziele erfaßt. Diese Verzögerung hängt von den getroffenen Maßnahmen ab. Bei indirekten Maßnahmen, wie bspw. der Geldpolitik, dauert es relativ lange, bis die privaten Wirtschaftssubjekte hierauf mit entsprechenden Nachfrageänderungen reagieren. Hingegen ist diese Zeitspanne bei direkten Maßnahmen, wie bspw. einer Änderung der staatlichen Nachfrage, relativ kurz.

Während also die Fiskalisten der Meinung sind, daß die Fiskalpolitik, trotz dieser Zeitverzögerung wirksam eingesetzt werden kann,[1] lehnen die Monetaristen angesichts der Länge und Variabilität der Zeitverzögerungen eine diskretionäre Geldpolitik ab. Eine derartige diskretionäre Geldpolitik ist nach ihrer Meinung nicht nur nicht in der Lage, die Überwindung von Fehlentwicklungen zu beschleunigen, sondern stellt vielmehr eine zusätzliche Störung des wirtschaftlichen Systems dar. Aus diesem Grund schlagen sie eine Verstetigung der Geldpolitik als sichere Planungsgrundlage für den privaten Sektor der Wirtschaft vor.

Aufgaben

II.18 Gegeben sei ein Gleichgewicht bei Unterbeschäftigung; das Preisniveau sei konstant ($P = 1$). Zur Erhöhung der Beschäftigung senke der Staat den Steuersatz einer proportionalen Einkommensteuer ($T = tY$). Untersuchen Sie algebraisch die Auswirkungen auf die Höhe des Volkseinkommens. Interpretieren Sie das Ergebnis.

II.19 Ausgangspunkt sei ein Gleichgewicht bei Unterbeschäftigung; es gelte $P, r = \text{const.}$ Nun erhöhe der Staat seine Ausgaben; zum Budgetausgleich erhöhe er die Pauschalsteuer.

---

[1] Die Fiskalisten versuchen, die verschiedenen lags abzukürzen. So ermächtigt bspw. das sog. Stabilitätsgesetz den Staat zu bestimmten konjunkturpolitischen Maßnahmen, wodurch die Entscheidungs-Verzögerung beeinflußt wird.

Stellen Sie Ausgangs- und Endgleichgewicht sowie den Anpassungsprozeß graphisch dar (45°-Diagramm). Wie groß ist der expansive Effekt auf das Volkseinkommen?

II.20 Es gelte:

$$(1) \quad Y = \overline{C} + c(Y - T) + \overline{I} + ir + G$$

$$(2) \quad M/P = kY + \overline{l} + hr$$

mit: $\overline{C} = 70, \quad T = G = 100, \quad \overline{I} = 75, \quad M = 700, \quad P = 1,$

$\overline{l} = 200, \quad c = 0{,}7, \quad i = -100, \quad k = 1, \quad h = -500.$

Das Vollbeschäftigungseinkommen betrage 600. Um welchen Betrag müssen die Staatsausgaben erhöht werden, um Vollbeschäftigung zu erreichen bei Finanzierung durch

(a) Kreditaufnahme am Kreditmarkt,

(b) Erhöhung der Pauschalsteuer.

II.21 Gegeben sei ein Unterbeschäftigungsgleichgewicht; Zinssatz und Preisniveau seien konstant. Untersuchen Sie graphisch die Auswirkungen auf die Höhe des Volkseinkommens, wenn der Staat in der Periode $t = 1$ seine Ausgaben um dG erhöht, während er ab $t = 2$ wieder die ursprüngliche Ausgabenhöhe realisiert. Gehen Sie davon aus, daß die Haushalte ihre Konsumnachfrage nach dem erwarteten Einkommen richten; es gelten statische Einkommenserwartungen. Halten Sie ein derartiges Konjunkturprogramm für sinnvoll?

II.22 Untersuchen Sie die Wirksamkeit expansiver Fiskalpolitik, wenn

(a) die IS-Kurve und

(b) die LM-Kurve

völlig zinsunabhängig verlaufen.

II.23 Es gelte:

$$(1) \quad Y = C(Y - tY) + I(r) + G_0$$

$$(2) \quad M/P_0 = l(Y,r); \quad P_0 = \text{const.} \neq 1.$$

Zur Erreichung der Vollbeschäftigung müßte das Einkommen um den Betrag dY ansteigen. Berechnen Sie die hierzu erforderliche Erhöhung der Geldmenge. Wie groß wäre die Erhöhung der Geldmenge, wenn die LM-Kurve senkrecht verläuft?

II.24 Im Rahmen expansiver Fiskalpolitik erhöhe der Staat seine Ausgaben; das Preisniveau sei konstant ($P = 1$). Die Finanzierung der zusätzlichen Ausgaben erfolge durch Kreditaufnahme bei der Zentralbank. Untersuchen Sie algebraisch, welchen Einfluß diese Politik auf die Höhe des Zinssatzes hat.

II.25 Zeigen Sie graphisch, daß die LM-Kurve bei vollkommen zinselastischer (zinsunelastischer) Geldnachfrage in einem Y/r-Diagramm waagerecht (senkrecht) verläuft.

II.26 Untersuchen Sie mit Hilfe eines Y/r-Diagramms die Wirksamkeit expansiver Geldpolitik zur Beseitigung von Unterbeschäftigung. Unterscheiden Sie die Vorstellungen der Fiskalisten und der Monetaristen.

II.27 Gegeben sei ein Unterbeschäftigungsgleichgewicht (IS/LM-Schema). Der Staat erhöhe nun seine Ausgagen; das entstehende Budgetdefizit gleiche er durch Kreditaufnahme am Kreditmarkt aus. Untersuchen Sie, inwieweit hierdurch expansive Effekte ausgelöst werden, wenn die Haushalte bei ihrer Konsumplanung von einem durchschnittlichen Einkommen über mehrere Perioden ausgehen und mit einer späteren Steuererhöhung rechnen.

II.28 Die Neoklassiker werden als Monetaristen bezeichnet, da sie diskretionäre Geldpolitik zur Beseitigung von Unterbeschäftigung fordern. Nehmen Sie hierzu Stellung.

III. Kapitel

Preisniveaustabilität

Gegenstand dieses Kapitels ist das Inflationsproblem. Das Lernziel besteht darin, einerseits einen Überblick über die Ursachen einer Inflation zu gewinnen und andererseits unter Verwendung dieser theoretischen Zusammenhänge Maßnahmen einer Anti-Inflationspolitik abzuleiten. Hierbei wird wieder auf das in Kapitel I entwickelte Makro-Modell zurückgegriffen, das wiederum entsprechend der speziellen Fragestellung modifiziert werden muß.

1. Vorbemerkungen

Preisniveaustabilität bedeutet Konstanz des Preisniveaus (P), d. h. Abwesenheit von Inflation. Unter Beachtung, daß der Reziprokwert des Preisniveaus (1/P) die Kaufkraft des Geldes angibt (die Gütermenge, die pro Geldeinheit gekauft werden kann), läßt sich Preisniveaustabilität auch als Konstanz der Kaufkraft des Geldes definieren.

Unter Inflation hingegen wird ein anhaltender Anstieg des Preisniveaus bzw. ein anhaltender Rückgang der Kaufkraft des Geldes verstanden. Als Inflationsmaß dient die jährliche Inflationsrate, nämlich die Änderungsrate des Preisniveaus, wobei das Preisniveau – in einer Mehr-Güter-Wirtschaft – durch einen Preisindex erfaßt wird.

Ein Preisindex gibt die relative Preishöhe in einer Berichtsperiode (Periode „t") gegenüber einer Basisperiode (Periode „0") an.[1] Diese relative Preishöhe wird mit Hilfe der Umsätze (Preise p mal Menge x aller Güter) in den beiden Perioden ermittelt, wobei in beiden Perioden die gleichen Mengen herangezogen werden. Gehen die Mengen des Basisjahres in die Berechnung ein, so ergibt sich der Preisindex von Laspeyres P^L ($i = 1 \ldots n$, Anzahl der erfaßten Güter):

$$(1) \qquad P_t^L = \frac{\sum_i p_i^t x_i^0}{\sum_i p_i^0 x_i^0}.$$

Der Preisindex von Laspeyres gibt also an, wie sich die Kosten des Warenkorbes der Basisperiode in der Berichtsperiode gegenüber der Basisperiode geändert haben.

Werden die Mengen der Berichtsperiode herangezogen, so folgt der Preisindex von Paasche P^P:

$$(2) \qquad P_t^P = \frac{\sum_i p_i^t x_i^t}{\sum_i p_i^0 x_i^t}.$$

---

[1] Anderson, O., Indexzahlen, Handwörterbuch der Wirtschaftswissenschaft, 4. Bd., Stuttgart u. a. 1978, S. 98 ff; Haslinger, F., Volkswirtschaftliche Gesamtrechnung, 6. Aufl., München/Wien 1992, S. 155 ff.

Der Preisindex von Paasche zeigt an, um wieviel sich die Kosten des Warenkorbes der Berichtsperiode in der Berichtsperiode gegenüber der Basisperiode geändert haben.[1]

Die jährliche Inflationsrate in Prozent ($\hat{P}$) entspricht der relativen Veränderung des Preisindex in der Periode t gegenüber der Vorperiode t – 1; für den Laspeyres-Preisindex ergibt sich:

$$(3) \quad \hat{P}_t^L = \frac{P_t^L - P_{t-1}^L}{P_{t-1}^L} \cdot 100.^2$$

Aus einer nach Gleichung (2) aufgestellten Preisindexreihe nach Paasche läßt sich hingegen die jährliche Inflationsrate aufgrund der jährlichen Neugewichtung nicht durch direkten Vergleich zweier aufeinander folgender Perioden berechnen.[3] Hierzu ist vielmehr eine Umbasierung erforderlich: Der Wert von P_{t-1}^P ist für die Mengen x_t neu zu berechnen; damit ergibt sich für den umbasierten Paasche-Preisindex $\widetilde{P}_{t-1}^P$:

$$(4) \quad \widetilde{P}_{t-1}^P = \frac{\sum p_i^t x_i^t}{\sum p_i^{t-1} x_i^t}.$$

Die jährliche Inflationsrate ($\hat{P}_t^P$) läßt sich dann unter Verwendung von $\widetilde{P}_{t-1}^P$ nach Gleichung (3) berechnen, wobei zu beachten ist, daß die Periode $t-1$ durch die Neugewichtung jeweils zur Basisperiode wird ($\widetilde{P}_{t-1}^P = 100$).

---

[1] Die beiden Preisindizes unterscheiden sich also darin, wie Substitutionsvorgänge bei relativen Preisänderungen erfaßt werden. Beim Laspeyres-Preisindex bleibt die teilweise Substitution relativ verteuerter Güter unberücksichtigt, was sich in einem hohen Ausgabenniveau der Berichtsperiode niederschlägt. Der Paasche-Preisindex übernimmt die erhöhten Mengen relativ verbilligter Güter auch für die Basisperiode, was zu einem hohen Ausgabenniveau der Basisperiode führt.

[2] Es gilt:

$$P_t^L = \sum p_i^t x_i^0 / \sum p_i^0 x_i^0$$

$$P_{t-1}^L = \sum p_i^{t-1} x_i^0 / \sum p_i^0 x_i^0.$$

Damit folgt für die Inflationsrate nach Gleichung (3):

$$\hat{P}_t^L = \left(\frac{\sum p_i^t x_i^0}{\sum p_i^{t-1} x_i^0} - 1 \right) 100.$$

Diese Inflationsrate erfaßt, da die Mengen konstant bleiben, ausschließlich die Preisentwicklung.

[3] Eine derart berechnete Inflationsrate würde Preis- und Mengenänderungen beinhalten.

2. Ursachen und Verlauf eines Inflationsprozesses

Die Inflationstheorie versucht, eine Antwort auf die Frage zu geben, warum in einer Marktwirtschaft Inflation entsteht. Nachfolgend wird zwischen traditioneller und neuer Inflationstheorie unterschieden.

Die traditionelle Inflationstheorie knüpft an das in Kapitel I entwickelte Makro-Modell an: Während eine deflatorische Lücke Ursache für Arbeitslosigkeit ist, führt eine inflatorische Lücke zu Preissteigerungen. Dieser Ansatz, der von den Keynesianern entwickelt wurde, in dessen Rahmen sich aber auch grundlegende neoklassische Vorstellungen darstellen lassen, eignet sich somit besonders gut als Einstieg in das Inflationsproblem. Auf dieser Basis wird dann anschließend die neue Inflationstheorie vorgestellt. Diese Theorie geht insbesondere auf die Neoklassiker zurück, sie ist jedoch ebenfalls recht allgemein, so daß sie auch moderne keynesianische Vorstellungen wiedergibt.[1]

2.1 Traditionelle Inflationstheorie

Nach dem in Kapitel I dargestellten Makro-Modell läßt sich die Preisentwicklung mit Hilfe der gesamtwirtschaftlichen Güternachfrage und des gesamtwirtschaftlichen Güterangebots bestimmen: Übersteigt die Güternach-

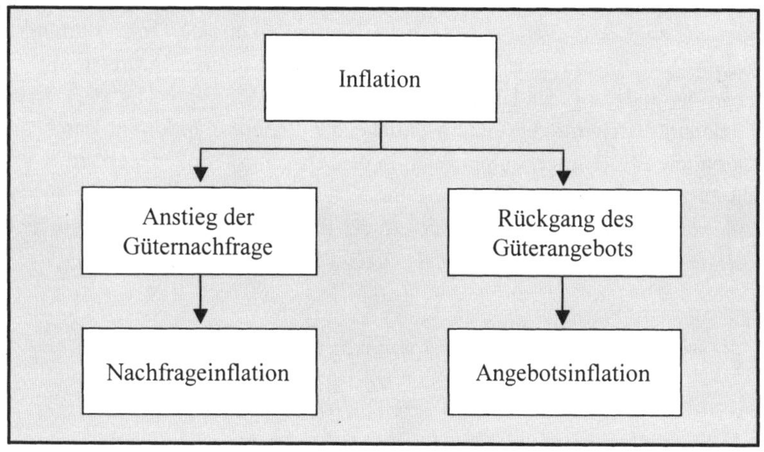

Übersicht III.1: Inflationsursachen

---

1 Cassel, D., Inflation, in: Vahlens Kompendium der Wirtschaftstheorie und Wirtschaftspolitik, Bd. 1, 6. Aufl., München 1995, S. 265 ff, hier S. 276 ff; Claassen, E.-M., Grundlagen der makroökonomischen Theorie, München 1980, S. 305.

frage das Güterangebot bei einem bestimmten Preisniveau, d. h. existiert eine sog. inflatorische Lücke, so kommt es zu Preissteigerungen.

Ausgehend von einem Gleichgewicht bei Vollbeschäftigung entsteht eine inflatorische Lücke entweder durch einen Anstieg der Güternachfrage oder durch einen Rückgang des Güterangebots. Im ersten Fall liegt eine Nachfrageinflation, im zweiten Fall eine Angebotsinflation vor.

Das Modell einer inflationären Wirtschaft umfaßt somit je eine Gleichung für das gesamtwirtschaftliche Güterangebot sowie für die gesamtwirtschaftliche Güternachfrage. Das Güterangebot wird durch eine Lucas-Angebotsfunktion erfaßt, die Güternachfrage ergibt sich durch Zusammenfassung der IS- und der LM-Kurve.[1] Werden weiterhin statische Preiserwartungen unterstellt, so läßt sich schreiben:

$$(1) \quad Y_t^a = Y_0 + \alpha(P_t - P_t^e) + \delta_t^a$$

$$(2) \quad Y_t^n = \tilde{Y} + \beta M_t/P_t + \delta_t^n$$

$$(3) \quad P_t^e = P_{t-1}$$

Übersicht III.2: Modell einer inflatorischen Wirtschaft I

Das Güterangebot der Periode t entspricht nach Gleichung (1) dem langfristigen Angebot (Y_0), wenn einerseits die Haushalte korrekte Preiserwartungen haben ($P^e = P$) und andererseits keine exogenen Einflüsse auftreten, die zu einer Veränderung der langfristigen Produktionshöhe führen ($\delta_t^a = 0$). Nach Gleichung (2) wird die Güternachfrage der Periode t bestimmt durch die autonomen Nachfragekomponenten in der Ausgangsperiode 0 (erfaßt in $\tilde{Y}$), durch die reale Geldmenge der Periode t sowie durch eine Änderung der autonomen Nachfragekomponenten in der Periode t gegenüber der Periode 0 (erfaßt durch δ_t^n).[2] Im Ausgangsgleichgewicht gilt $\delta^n = \delta^a = 0$.

---

[1] Werden lineare Verhaltensfunktionen unterstellt, so lautet die Gleichung der IS-Kurve:

$$Y = \overline{C} + c(Y - T) + \overline{I} + ir + G$$

und die der LM-Kurve:

$$M/P = kY + \overline{I} + hr.$$

Diese beiden Gleichungen liefern:

$$Y = \tilde{Y} + \beta M/P$$

mit:

$$\beta_1 = 1/(1 - c + ik/h)$$

$$\beta = \beta_1 i/h$$

$$\tilde{Y} = \beta_1(\overline{C} - cT + \overline{I} + G - i\,\overline{I}/h).$$

[2] Ändert sich bspw. die Staatsnachfrage $dG = G_t - G_0$, so gilt $\delta_t^n = \beta_1 dG$.

2.1.1 Nachfrageinflation[1]

Während sich die Vorstellungen sowohl der Keynesianer als auch der Neoklassiker bezüglich des Modells einer inflationären Wirtschaft durch die obigen Gleichungen erfassen lassen, unterscheiden sich diese beiden Richtungen doch erheblich in ihrer Einschätzung, wodurch eine Nachfrageinflation ausgelöst wird.

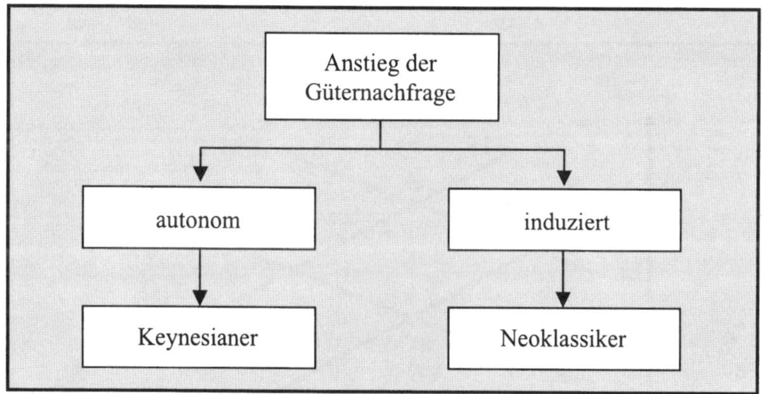

Übersicht III.3: Nachfrageimpulse

Nach keynesianischer Vorstellung wird ein Inflationsprozeß insbesondere durch eine Erhöhung einer autonomen Nachfragekomponente ($\delta^n > 0$) ausgelöst; nach neoklassischer Vorstellung durch eine Erhöhung der Geldmenge, die eine höhere Investitionsnachfrage induziert.

Nachfolgend wird zunächst ein Preisniveauanstieg untersucht, der durch einen (dauerhaften) positiven Nachfrageimpuls ausgelöst wird. In diesem Fall bleibt das Preisniveau im neuen Gleichgewicht auf höherem Niveau konstant (einmaliger Preisniveauanstieg). Erst daran anschließend folgt die Darstellung des eigentlichen Inflationsprozesses. In diesem Fall führen immer wieder neue positive Nachfrageimpulse zu einer fortlaufenden Erhöhung des gleichgewichtigen Preisniveaus (fortlaufender Preisniveauanstieg).

(a) Einmaliger Preisniveauanstieg

In diesem Zusammenhang konzentrieren sich die Ausführungen zunächst auf das neue, langfristige Gleichgewicht (Existenz). Die Analyse des Anpassungspfades zum neuen Gleichgewicht erfolgt anschließend (Stabilität).

---

[1] Claassen E.-M., Grundlagen der makroökonomischen Theorie, a. a. O., S. 271 ff; Pohl, R., Theorie der Inflation, München 1981, S. 84 ff; Ströbele, W., Inflation, 4. Aufl., München/Wien 1995, S. 44 ff.

Gleichgewichtslösung[1]

Der Fall einer **autonomen Nachfrageerhöhung** ist in Abbildung III.1 dargestellt. Das Ausgangsgleichgewicht wird durch Punkt A angezeigt. Eine autonome Nachfrageerhöhung bewirkt eine Rechtsverschiebung der IS-Kurve von IS_0 nach IS_1; bei konstantem Preisniveau (P_0^*) erhöht sich die Güternachfrage unter Beachtung des Multiplikatorprozesses auf $\overline{Y}$. In Teil b der

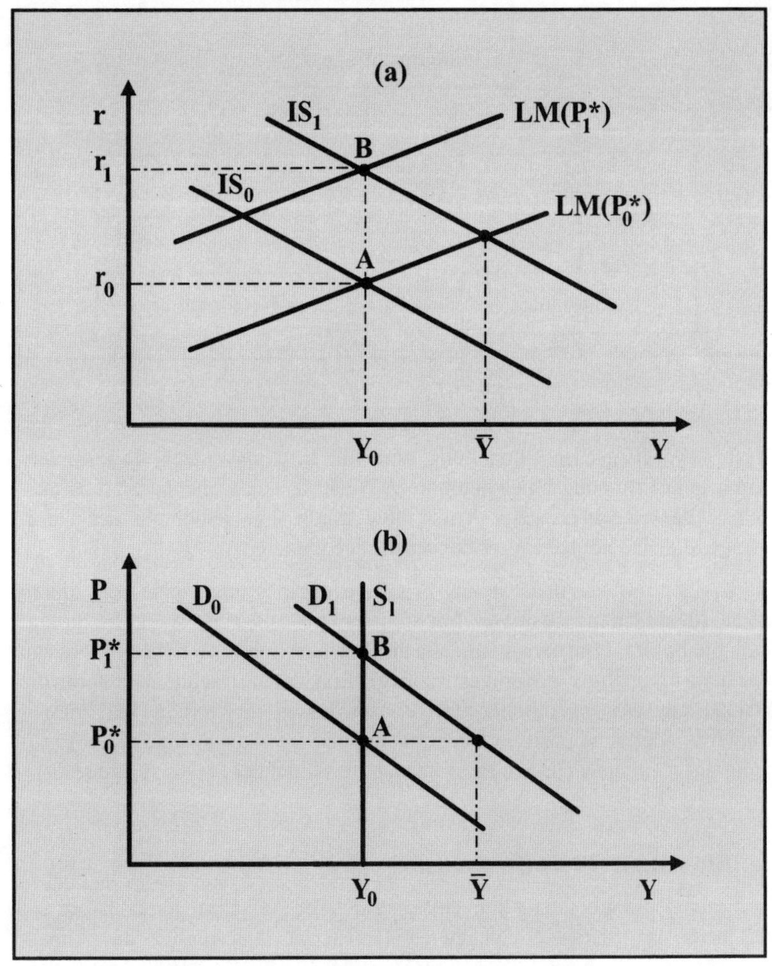

Abbildung III.1: Autonome Nachfrageerhöhung

[1] Pohl, R., Theorie der Inflation, München 1981, S. 84 ff; Ströbele, W., Inflation, 4. Aufl., München/Wien 1995, S. 45 f.

Abbildung III.1 verschiebt sich die D-Kurve von D_0 nach D_1; bei dem Preisniveau P_0^* entsteht somit eine inflatorische Lücke ($\overline{Y} - Y_0$), die zu Preissteigerungen führt.

Das neue, langfristige Gleichgewicht ist erreicht, wenn die Haushalte korrekte Preiserwartungen haben. In diesem Fall stellt sich nach Gleichung (1) – bei $\delta_t^a = 0$ – das Volkseinkommen Y_0 ein. Graphisch wird das neue Gleichgewicht durch den Schnittpunkt zwischen der D_1-Kurve und der S_l-Kurve angezeigt (Punkt B in Abbildung III.1, Teil b).

Langfristig wird die inflatorische Lücke durch einen Rückgang der Güternachfrage auf ihr Ausgangsniveau geschlossen:[1] Der Preisniveauanstieg auf P_1^* verringert die reale Geldmenge, was Zinssteigerungen und einen Rückgang der privaten Investitionsnachfrage zur Folge hat. Graphisch kommt dies in einer Verlagerung der LM-Kurve nach links zum Ausdruck ($LM(P_0^*)$ nach $LM(P_1^*)$); das neue Gleichgewicht entspricht dem Schnittpunkt zwischen der IS_1- und der $LM(P_1^*)$-Kurve; der Zinssatz steigt auf r_1 (Punkt B in Abbildung III.1, Teil a).

Abbildung III.2 gibt den Fall einer **induzierten Nachfrageerhöhung** wieder. Das Ausgangsgleichgewicht wird durch Punkt A angezeigt. Nun werde die Geldmenge erhöht, hierdurch verschiebt sich die LM-Kurve von $LM(M_0/P_0^*)$ nach $LM(M_1/P_0^*)$. Infolge der höheren Geldmenge sinkt der Zinssatz, wodurch eine höhere Investitionsnachfrage induziert wird. Bei konstantem Preisniveau (P_0^*) steigt die Güternachfrage unter Beachtung der multiplikativen Wirkungen auf $\overline{Y}$.[2] In Teil b der Abbildung III.2 verlagert sich die D-Kurve von D_0 nach D_1; bei P_0^* entsteht somit wieder eine inflatorische Lücke ($\overline{Y} - Y_0$), die zu Preissteigerungen führt.

Im neuen, langfristigen Gleichgewicht gelten wieder korrekte Preiserwartungen. In Abbildung III.2, Teil b entspricht das langfristige Gleichgewicht dem Schnittpunkt B zwischen der neuen D-Kurve (D_1) und der langfristigen Angebotskurve (S_l); das Preisniveau steigt auf P_1^* an. Infolge dieser Preissteigerung sinkt die reale Geldmenge auf ihr Ausgangsniveau (die LM-Kurve in Teil a verlagert sich nach $LM(M_1/P_1^*)$), wodurch Zinssteigerungen auf das Ausgangsniveau ausgelöst werden. Hierdurch geht die zinsinduzierte Investitionsnachfrage wieder auf ihren ursprünglichen Wert zurück (Punkt B). Wiederum wird die inflatorische Lücke ausschließlich durch einen Rückgang der Güternachfrage geschlossen.

---

[1] Bei korrekten Preiserwartungen treten keine Beschäftigungseffekte auf.

[2] Zur Vereinfachung der Darstellung sei $\overline{Y}$ in den Abbildungen III.1 – III.3 größengleich.

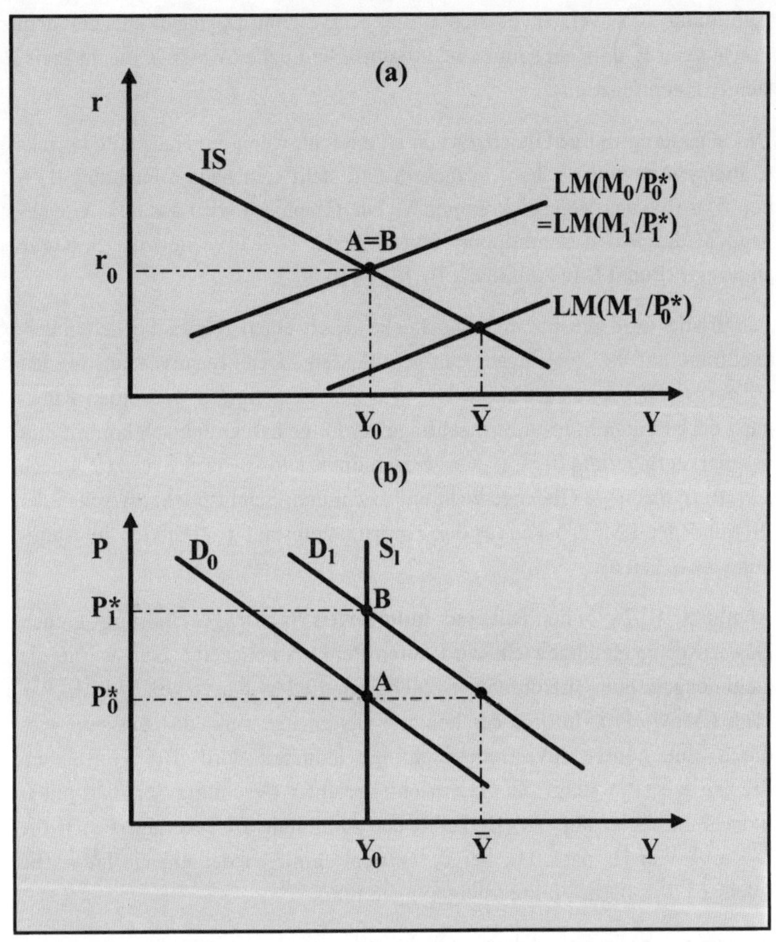

Abbildung III.2: Induzierte Nachfrageerhöhung

Anpassungspfad

Korrekte Erwartungen stellen sich erst längerfristig ein. Es bleibt also noch zu untersuchen, wie die Wirtschaft kürzerfristig, d. h. bei gegebenen und somit u. U. falschen Preiserwartungen, auf einen (autonomen oder induzierten) Nachfrageschock reagiert.

Die Erhöhung der gesamtwirtschaftlichen Güternachfrage führt in Abbildung III.3 a zu einer Rechtsverschiebung der D-Kurve von D_0 nach D_1. Bei unverändertem Preisniveau P_0^* entsteht eine inflatorische Lücke in Höhe von $\overline{Y} - Y_0$.

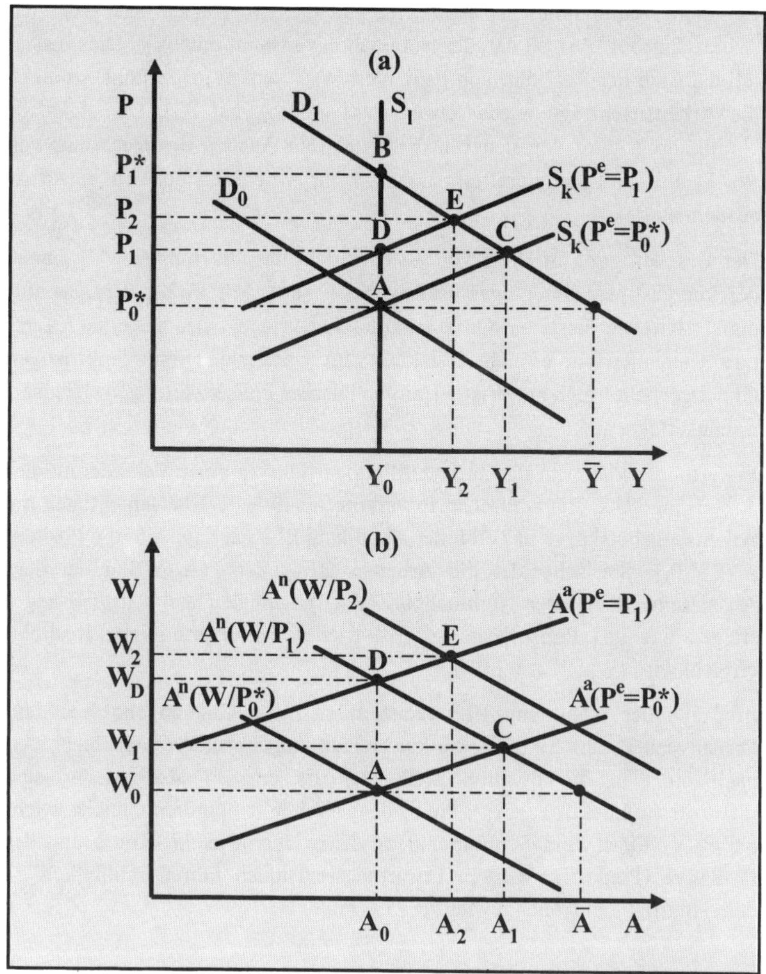

Abbildung III.3: Anpassungsprozeß nach einer Nachfragestörung

Infolge der inflatorischen Lücke steigt das Preisniveau an (auf P_1), wodurch einerseits die Güternachfrage sinkt (von $\overline{Y}$ auf Y_1) und andererseits das Güterangebot ansteigt (von Y_0 auf Y_1).

Der Anstieg des Güterangebots ist wie folgt zu erklären: Die Unternehmer erkennen, daß der Reallohn bei höherem Preisniveau und gegebenem Nominallohn sinkt. Sie erhöhen somit ihre Arbeitsnachfrage, d. h. die Arbeitsnachfragekurve verschiebt sich nach rechts (nach $A^n(W/P_1)$). Da die Haushalte annahmegemäß den Preisniveauanstieg noch nicht erkennen (statische Preiserwartungen), bleibt die Arbeitsangebotskurve unverändert.

Bei dem Nominallohn W_0 übersteigt nun die Arbeitsnachfrage $(\overline{A})$ [1] das Arbeitsangebot (A_0), so daß der Nominallohn ansteigt (auf W_1). Dies bedeutet, daß sich der Reallohn von dem Wert W_0/P_1 auf W_1/P_1 erhöht, wodurch die Arbeitsnachfrage wieder etwas sinkt (von $\overline{A}$ auf A_1). Der steigende Nominallohn wird von den Haushalten als ein Anstieg des Reallohns von W_0/P_0^* auf W_1/P_0^* interpretiert, so daß sie ihr Arbeitsangebot von A_0 auf A_1 ausdehnen.

Der Beschäftigung in Höhe von A_1 entspricht das Güterangebot Y_1 gemäß der kurzfristigen Güterangebotskurve $S_k(P^e = P_0^*)$. Mit P_1/Y_1, dem Schnittpunkt zwischen dieser S_k-Kurve und der D_1-Kurve, ist also das erste temporäre Gleichgewicht erreicht (Punkt C). Im Unterschied zum langfristigen Gleichgewicht treten kurzfristig (infolge falscher Preiserwartungen) Beschäftigungseffekte auf.

Erwartungsrevision in der nächsten Periode führt zu einer Veränderung des Arbeitsangebots. Bei statischen Erwartungen $(P_t^e = P_{t-1})$ verschiebt sich die Arbeitsangebotskurve in Teil b der Abbildung III.3 nach links in die Position $A^a(P^e = P_1)$. Sie schneidet die Arbeitsnachfragekurve $A^n(W/P_1)$ bei dem Abszissenwert A_0; der Nominallohn (W_D) ist in gleichem Ausmaß angestiegen wie das Preisniveau, so daß wieder der ursprüngliche Reallohn erreicht wird $(W_0/P_0^* = W_D/P_1)$.

In Teil a der Abbildung III.3 reduziert sich das Güterangebot bei dem Preisniveau P_1 auf Y_0, d. h. die kurzfristige Angebotskurve verschiebt sich nach oben in die Position $S_k(P^e = P_1)$. Es entsteht also wieder eine inflatorische Lücke $(Y_1 - Y_0)$, die zu dem zweiten temporären Gleichgewicht bei P_2/Y_2 führt, dem Schnittpunkt zwischen der neuen S_k-Kurve und der D_1-Kurve (Punkt E). Weitere Erwartungsrevisionen führen schließlich zu dem langfristigen Gleichgewicht P_1^*/Y_0 (Punkt B).

(b) Fortlaufender Preisniveauanstieg

Infolge eines autonomen oder eines induzierten positiven Nachfrageimpulses steigt das Preisniveau schließlich auf ein höheres Niveau und bleibt auf diesem Niveau konstant. Damit liegt aber noch kein Inflationsprozeß vor. Dieser erfordert, daß in der Situation P_1^*/Y_0 der vorangehenden Abbildungen, die in Abbildung III.4 wiederholt ist (Punkt B), ein neuer Inflationsimpuls auftritt.

Dieser Inflationsimpuls könnte in einer erneuten autonomen Nachfragesteigerung bestehen. Durch eine laufende Erhöhung bspw. der exogenen Nachfragekomponenten läßt sich jedoch kein Inflationsprozeß begründen: Mit

---

1 $\overline{A}$ und $\overline{Y}$ sind unabhängig voneinander.

dem Preisniveauanstieg sind die gesamtwirtschaftlichen Umsätze angestiegen ($P_1^* Y_0 > P_0^* Y_0$). Zur Bewältigung dieser Umsätze ist eine größere (nominelle) Transaktionskasse erforderlich. Die erforderliche Erhöhung der Transaktionskasse kam im Fall einer autonomen Nachfragesteigerung durch eine Umschichtung der Geldmenge infolge steigender Zinsen zustande. Eine derartige Umschichtung von Spekulations- in Transaktionskasse endet jedoch, wenn die gesamte Geldmenge bereits als Transaktionskasse gehalten wird.[1] In diesem Fall führt eine Erhöhung der autonomen Nachfrage zu einem derartigen Zinsanstieg, daß die zinsinduzierte Investitionsnachfrage im gleichen Umfang zurückgeht, so daß insgesamt keine Nachfragesteigerung eintritt.

Ein andauernder Inflationsprozeß erfordert also früher oder später, daß die Geldmenge immer wieder erhöht wird. Diese Erhöhung der Geldmenge folgt nach Meinung der Keynesianer passiv der gestiegenen Güternachfrage; nach Meinung der Neoklassiker löst sie aktiv die Steigerung der Güternachfrage erst aus.

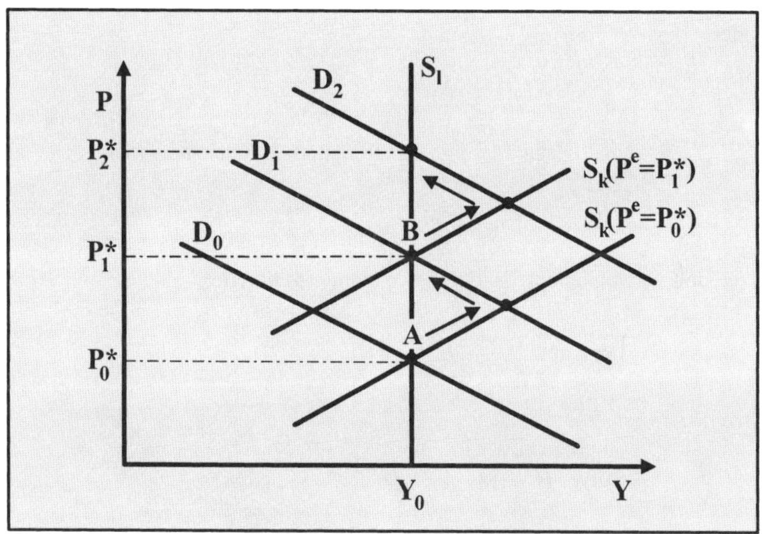

Abbildung III.4: Preis-Lohn-Spirale

Es wird deshalb angenommen, daß in der Situation P_1^* / Y_0 (Punkt B in Abbildung III.4) die Geldmenge ansteigt. Infolge der Geldmengenerhöhung sinkt der Zinssatz (in Abbildung III.1 unter r_1, in Abbildung III.2 unter r_0),

[1] Von einer Erhöhung der Umlaufsgeschwindigkeit der Geldmenge wird abgesehen.

wodurch eine Investitionssteigerung induziert wird, die wiederum eine inflatorische Lücke zur Folge hat (Verschiebung der D_1-Kurve nach D_2 in Abbildung III.4). Aufgrund der erneuten inflatorischen Lücke steigt das (gleichgewichtige) Preisniveau nun weiter an. Erneute Geldmengenerhöhungen führen dann schließlich zu einem fortlaufenden Anstieg des Preisniveaus. Da dieser Prozeß durch eine Nachfragesteigerung ausgelöst wird, die zu Preissteigerungen führt, die Lohnerhöhungen nach sich ziehen, wird dieser Inflationsprozeß als Preis-Lohn-Spirale bezeichnet.

Die Bedeutung der Geldmenge für den Inflationsprozeß läßt sich anhand der Gleichungen (1) und (2) noch weiter verdeutlichen. Im Inflationsgleichgewicht gilt $Y^a = Y_0$. Weiterhin ist auch der Zinssatz konstant, so daß ein bestimmter Teil der Geldmenge als Transaktionskasse dient. Wird zur Vereinfachung angenommen, daß die gesamte Geldmenge als Transaktionskasse nachgefragt wird, so gilt statt Gleichung (2) nun $Y^n = vM/P$.[1] Unter Beachtung von $Y^n = Y^a$ folgt:

$$(4) \quad Y_0 = v\frac{M}{P}$$

oder:

$$(5) \quad PY_0 = vM.$$ [2]

Mit $Y_0, v = \text{const.}$ lautet das totale Differential der Gleichung (5):

$$(6) \quad dPY_0 = vdM.$$

Division von Gleichung (6) durch Gleichung (5) liefert:

$$(7) \quad \frac{dPY_0}{PY_0} = \frac{vdM}{vM}$$

bzw.:

$$(8) \quad \hat{P} = \hat{M}$$

mit: $\hat{P} = dP/P; \quad \hat{M} = dM/M.$

Gleichung (8) besagt, daß die Inflationsrate ($\hat{P}$) im Gleichgewicht durch die Wachstumsrate der Geldmenge ($\hat{M}$) bestimmt wird.

---

1 In Fußnote 1 auf Seite 106 gilt in diesem Fall $h = 0$ und damit $\beta = 1/k = v$.

2 Gleichung (5) entspricht der klassischen Quantitätstheorie.

2.1.2 Angebotsinflation[1]

Die Ursachen für eine Angebotsinflation sind nach Meinung der Keynesianer vor allem in einer Erhöhung einer der Preiskomponenten aufgrund von Marktmacht zu suchen, wobei die Lohnkosten im Mittelpunkt stehen. Die Neoklassiker betonen hingegen, daß eine Verschlechterung der Produktionsverhältnisse (negativer Angebotsschock) einen Inflationsprozeß auslösen kann.

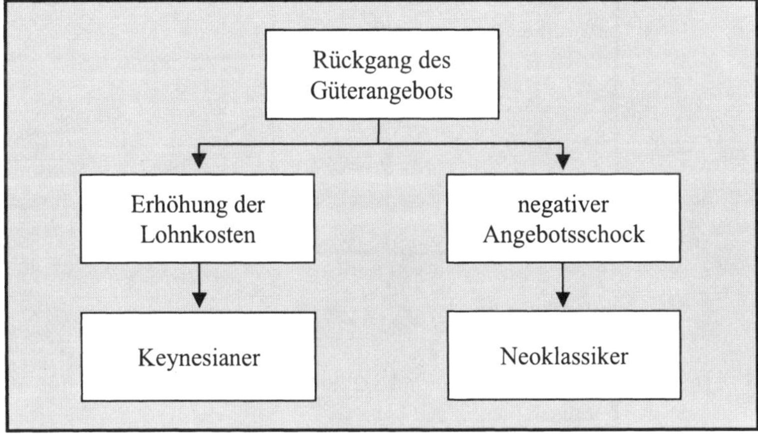

Übersicht III.4: Angebotsimpulse

Wiederum wird nachfolgend zunächst ein einmaliger Preisniveauanstieg, ausgelöst durch einen derartigen Angebotsimpuls ($\delta_t^a < 0$, Gleichung (1)), dargestellt, daran anschließend die eigentliche Angebotsinflation.

(a) Einmaliger Preisniveauanstieg

Gleichgewichtslösung

Es wird zunächst der Fall **höherer Lohnkosten** betrachtet. Die Ausgangssituation sei Punkt A in Abbildung III.5. Es wird nun angenommen, daß die Gewerkschaften das Ziel verfolgen, die Reallöhne zu erhöhen. Zu diesem Zweck fordern sie bei jedem Arbeitseinsatz einen höheren Nominallohn,

---

[1] Issing, O., Einführung in die Geldtheorie, 10. Aufl., München 1995, S. 194 ff; Pohl, R., Theorie der Inflation, a. a. O., S. 87 ff; Dornbusch, R. und St. Fischer, Makroökonomie, a. a. O., S. 278 ff.

d. h. die Arbeitsangebotskurve verschiebt sich nach oben von $A_0^a(P^e = P_0^*)$ nach $A_1^a(P^e = P_0^*)$.[1]

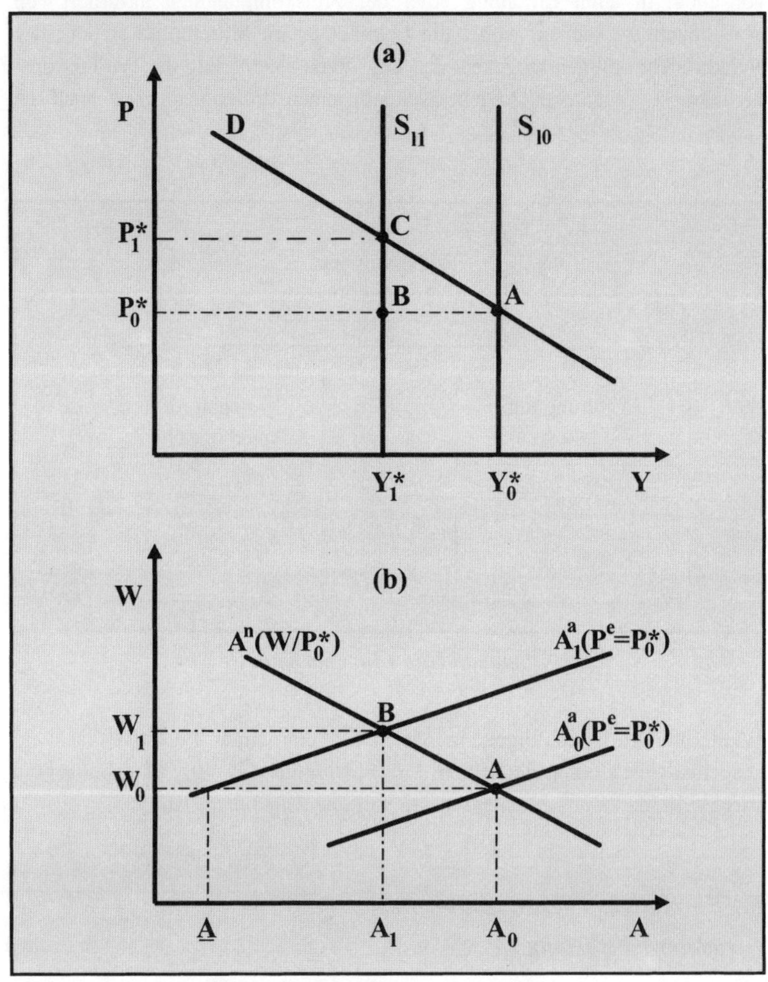

Abbildung III.5: Lohnerhöhungen

Aufgrund des reduzierten Arbeitsangebots stellt sich ein neues Vollbeschäftigungsgleichgewicht bei höherem Nominallohn (W_1) und geringerer Beschäftigung (A_1) ein (Punkt B). Die geringere Beschäftigung führt zu einem

---

1 Zur Vereinfachung wird der Unvollkommenheit des Arbeitsmarktes durch die Annahme Rechnung getragen, daß die Gewerkschaften das Arbeitsangebot steuern können i. d. S., daß sie die Lage der Angebotskurve festlegen.

niedrigeren Güterangebot (Y_1^*), d. h. die langfristige Güterangebotskurve verschiebt sich nach links (von S_{l_0} nach S_{l_1}).

Infolge des gesunkenen Güterangebots und noch unveränderter Güternachfrage entsteht nun bei P_0^* eine inflatorische Lücke ($Y_0 - Y_1^*$), die längerfristig durch einen Preisanstieg auf P_1^* (Punkt C) geschlossen wird.[1,2]

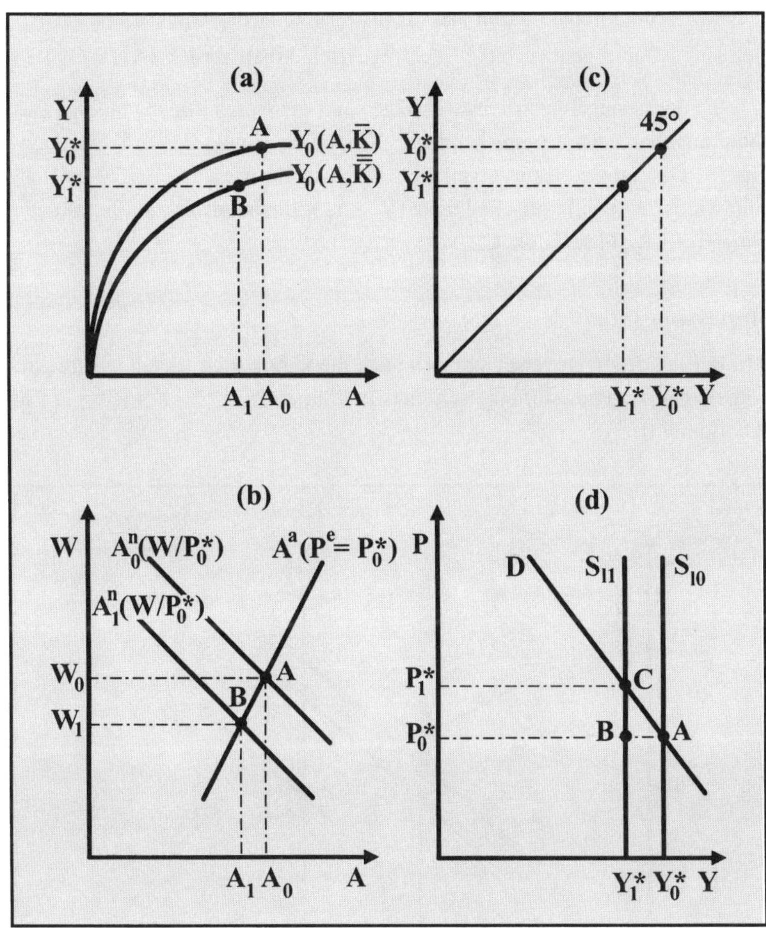

Abbildung III.6: Negativer Angebotsschock

---

1 Die entsprechenden Verschiebungen der A^a- und A^n-Kurve sind nicht dargestellt.

2 Während eine Nachfrageinflation langfristig lediglich zu steigenden Preisen führt, geht bei einer Angebotsinflation die Beschäftigung zurück. Rückläufige Beschäftigung bei steigenden Preisen wird als Stagflation bezeichnet.

Ein **negativer Angebotsschock** (bspw. Krieg, Erdbeben, Rohstoffpreiserhöhung) führt zu einer Verschlechterung der Produktionsbedingungen. In Abbildung III.6 wird das Ausgangsgleichgewicht durch Punkt A angezeigt. Diese Ausgangssituation werde nun durch einen negativen Angebotsschock in Form eines Erdbebens, das einen Teil des volkswirtschaftlichen Kapitalstocks vernichtet ($\overline{\overline{K}} < \overline{K}$), gestört. Dies drückt sich in einem flacheren Verlauf der Produktionsfunktion aus ($Y_0(A, \overline{\overline{K}})$), d. h. der Grenzertrag der Arbeit sinkt. Damit geht auch die Nachfrage nach Arbeit zurück ($A_1^n(W/P_0^*)$).

Infolge der geringeren Arbeitsnachfrage sinkt die Beschäftigung auf A_1. Das Güterangebot geht entsprechend auf Y_1^* zurück (Punkt B), d. h. die langfristige Güterangebotskurve verlagert sich von S_{l0} nach S_{l1}. Bei P_0^* entsteht nun wieder eine inflatorische Lücke ($Y_0^* - Y_1^*$), die langfristig zu Preissteigerungen auf P_1^* führt (Punkt C).[1]

Anpassungspfad

Mit der langfristigen verschiebt sich auch die kurzfristige Angebotskurve infolge einer Angebotsstörung nach links (von $S_{k0}(P^e = P_0^*)$ nach $S_{k1}(P^e = P_0^*)$ in Abbildung III.7).

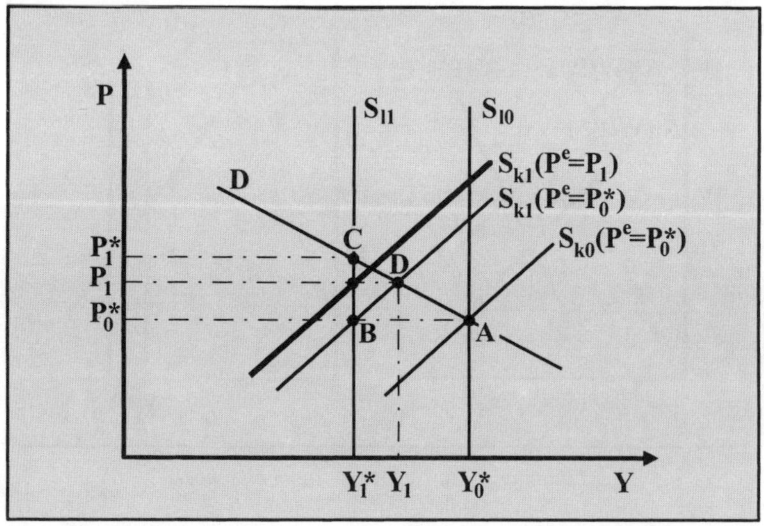

Abbildung III.7: Anpassungsprozeß nach einer Angebotsstörung

[1] Auf dem Arbeitsmarkt sind die entsprechenden Kurven $A_1^n(W/P_1^*)$ und $A^a(P^e = P_1^*)$ nicht eingezeichnet.

Infolge der inflatorischen Lücke ($Y_0^* - Y_1^*$) steigt das Preisniveau kurzfristig auf P_1. Im ersten temporären Gleichgewicht D wird die inflatorische Lücke durch einen Rückgang der Güternachfrage von Y_0 auf Y_1 und eine Ausdehnung des Güterangebots von Y_1^* auf Y_1 geschlossen.

Erwartungsrevisionen führen (bei statischen Preiserwartungen) in der nächsten Periode zu einer Verschiebung der kurzfristigen Angebotskurve von $S_{k1}(P^e = P_0^*$ nach $S_{k1}(P^e = P_1)$. Das zweite temporäre Gleichgewicht ist dann im Schnittpunkt dieser Kurve mit der D-Kurve erreicht. Nach weiteren Erwartungskorrekturen wird dann schließlich das langfristige Gleichgewicht (Punkt C) erreicht.

(b) Fortlaufender Preisniveauanstieg

Wiederum bleibt noch ein andauernder Anstieg des Preisniveaus darzustellen. Hierzu wird Abbildung III.8 herangezogen, die zunächst mit den Punkten A und C die voranstehenden Ergebnisse wiederholt.

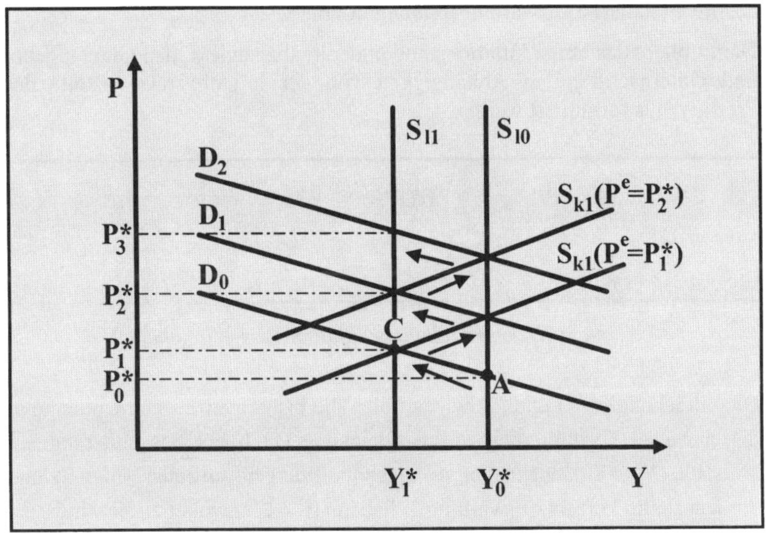

Abbildung III.8: Lohn-Preis-Spirale

Ein weiterer Preisanstieg setzt in der Situation Y_1^* / P_1^* (Punkt C) eine erneute inflatorische Lücke voraus. Angesichts des Beschäftigungsrückgangs sind jedoch kaum weitere Lohnerhöhungen seitens der Gewerkschaften zu erwarten; auch neue negative Angebotsschocks sind sehr unwahrscheinlich. Ein Andauern der Inflation kann jedoch durch den Staat bewirkt werden, der versucht, die Beschäftigung unter Zugrundelegung der kurzfristigen Angebotsreaktion $S_{k1}(P^e = P_1^*)$ bei A_0 zu stabilisieren. Hierzu ist es erforderlich, daß die D_0-Kurve – letztlich mittels Erhöhung der Geldmenge – nach D_1 verschoben wird, so daß sich wieder die Produktion Y_0^* ergibt.

Der Beschäftigungsgewinn geht jedoch wieder verloren, sobald die Haushalte ihre Erwartungen korrigieren; es stellt sich schließlich die Situation $P_2^* Y_1^*$ ein. Weitere Geldmengenerhöhungen sowie stets erneut falsche Preiserwartungen führen dann zu dem in Abbildung III.8 angedeuteten Inflationsprozeß. Wird dieser Prozeß durch Lohnerhöhungen ausgelöst, die zu Preiserhöhungen führen, dann wird dieser Inflationsprozeß als Lohn-Preis-Spirale bezeichnet.

2.2 Neue Inflationstheorie[1]

Nach der älteren Inflationstheorie bilden die Haushalte Erwartungen bezüglich des Preisniveaus. Die neue Inflationstheorie geht hingegen von der realistischeren Annahme aus, daß die Haushalte in einem Inflationsprozeß Erwartungen bezüglich der Inflationsrate bilden. Gleichzeitig stellt sie die adaptive (statische) Erwartungsbildung in Frage.

Damit bleibt das obige Inflationsmodell derart abzuändern, daß Güterangebot und Güternachfrage in Abhängigkeit von der Inflationsrate anstelle des Preisniveaus formuliert werden:

$$(1) \quad Y_t^a = Y_0 + \alpha(\hat{P}_t - \hat{P}_t^e) + \delta_t^a$$

$$(2) \quad Y_t^n = Y_{t-1}^n + \beta(\hat{M}_t - \hat{P}_t) + \delta_t^n$$

Übersicht III.5: Modell einer inflationären Wirtschaft II

Die Gleichungen (1) und (2) wiederholen die bisherigen Zusammenhänge in dieser neuen Formulierung: Nach Gleichung (1) bleibt das Güterangebot konstant ($Y^a = Y_0$), wenn keine Angebotsstörungen auftreten ($\delta_t^a = 0$) und die Haushalte korrekte Erwartungen haben ($\hat{P}_t = \hat{P}_t^e$), wobei zu beachten ist, daß die Haushalte nun Erwartungen bezüglich der Inflationsrate bilden. Nach Gleichung (2) bleibt die Güternachfrage konstant ($Y_t^n = Y_{t-1}^n$), wenn sowohl die reale Geldmenge als auch die autonomen Nachfragekomponenten unverändert bleiben. Die reale Geldmenge bleibt konstant, wenn die Wachstumsrate der Geldmenge und die Inflationsrate übereinstimmen ($\hat{M} = \hat{P}$). Der

[1] Cassel, D., Inflation, a. a. O., S. 280 ff; Claassen, E.-M., Grundlagen der makroökonomischen Theorie, a. a. O., S. 305 ff; Heubes, J., Grundlagen der modernen Makroökonomie, a. a. O., S. 336 ff.

Term δ_t^n erfaßt die Auswirkungen einer Änderung der exogenen Nachfragekomponenten in der Periode t gegenüber der Vorperiode auf die gesamtwirtschaftliche Güternachfrage.[1] Konstanz der autonomen Nachfragekomponenten erfordert also $\delta_t^n = 0$.

2.2.1 Inflationsgleichgewicht

Das Ausgangsgleichgewicht ($\delta_t^a = \delta_t^n = 0$) ist in Abbildung III.9 für $\hat{M}_0 = 0$ dargestellt. Das (langfristige) Gleichgewicht impliziert korrekte Inflationserwartungen ($\hat{P}_t^e = \hat{P}_t$). Damit hat das Güterangebot gemäß Gleichung (1) den Wert Y_0; es gilt die langfristige (senkrechte) Angebotskurve S_l.

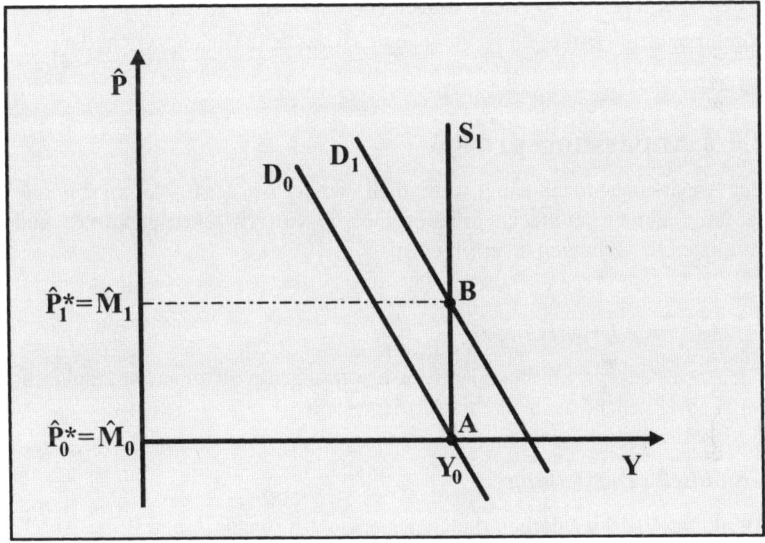

Abbildung III.9: Gleichgewichtslösung

Im Gleichgewicht gilt weiter $Y_t^n = Y_{t-1}^n$ sowie bei Markträumung $Y_t^n = Y_t^a = Y_0$. Nach Gleichung (2) ergibt sich dann im Ausgangsgleichgewicht eine Inflationsrate von Null ($\hat{M}_0 = \hat{P}_0^*$); die Nachfragekurve schneidet somit die Abszisse bei Y_0. Wie aus Gleichung (2) weiter ersichtlich ist, beträgt die Steigung der Nachfragekurve $-1/\beta$.[2] Damit läßt sich die

---

1 Das Niveau der autonomen Nachfragekomponenten ist bereits in Y_{t-1}^n erfaßt.

2 Umstellung von Gleichung (2) liefert ($\delta_t^n = 0$):

$$\hat{P}_t = \frac{1}{\beta}(Y_{t-1}^n + \beta\hat{M}_t) - \frac{1}{\beta}Y_t^n .$$

Güternachfrage mittels der in Abbildung III.9 eingezeichneten Kurve D_0 darstellen.

Wie dargestellt wurde, entspricht die gleichgewichtige Inflationsrate der Wachstumsrate der Geldmenge – gleichgültig, wodurch der Inflationsprozeß ausgelöst wird. Nachfolgend wird deshalb nur der Fall betrachtet, daß das Ausgangsgleichgewicht durch eine positive Wachstumsrate der Geldmenge ($\hat{M}_1 > 0$) gestört wird ($\delta_t^a = \delta_t^n = 0$). Da diese Störung keinerlei Auswirkungen auf das langfristige Güterangebot hat, bleibt die S_l-Kurve unverändert. Die D-Kurve hingegen verändert ihre Lage: Soll die Güternachfrage Y_0 erhalten bleiben, so muß nach Gleichung (2) die Inflationsrate auf $\hat{P}_1^* = \hat{M}_1$ ansteigen (reale Geldmenge bleibt konstant). Damit ist $Y_0/\hat{P}_1^*$ ein Punkt der neuen D-Kurve; die D-Kurve verschiebt sich also nach oben und verläuft durch Punkt B.[1] Dieser Punkt stellt zugleich das neue Gleichgewicht dar.

2.2.2 Anpassungsprozeß

Der Anpassungsprozeß hängt wesentlich von der Art der Erwartungsbildung ab. Im Rahmen der neuen Inflationstheorie wird zwischen adaptiven und rationalen Erwartungen unterschieden.

(a) Adaptive Erwartungen

Der Anpassungsprozeß bei adaptiven Erwartungen wird zunächst graphisch, daran anschließend auch algebraisch dargestellt.

Graphische Darstellung

Abbildung III.10 wiederholt die Gleichgewichtslösungen A und B der Abbildung III.9. Diese Darstellung wird zunächst um die kurzfristige Angebotssituation ergänzt. Wie Gleichung (1) entnommen werden kann, weicht das Angebot von Y_0 ab, wenn die Haushalte falsche Inflationserwartungen haben. Gehen die Haushalte in der Ausgangssituation A davon aus, daß weiterhin Preisniveaustabilität gilt, so ergibt sich die kurzfristige Angebotskurve $S_k(\hat{P}^e = 0)$.

Mit $\hat{M}_1 > 0$ bei $\hat{P}_0^* = 0$ steigen die reale Geldmenge (mit der Rate $\hat{M}_1$) und damit auch die Güternachfrage (um $\beta\hat{M}_1$ von Y_0 auf $\overline{Y}$) an. Somit entsteht bei $\hat{P}_0^* = 0$ eine inflatorische Lücke ($\overline{Y} - Y_0$). Diese führt zu einem Anstieg der Inflationsrate, kurzfristig jedoch nur auf $\hat{P}_1$. Hierdurch sinkt einerseits die

---

[1] Der Abszissenabschnitt erhöht sich von Y_0 auf $Y_0 + \beta\hat{M}_1$.

Güternachfrage (von $\overline{Y}$ auf Y_1), während andererseits aufgrund der falschen Inflationserwartungen das Güterangebot ansteigt (von Y_0 auf Y_1). Damit ist in Punkt C ein erstes kurzfristiges (temporäres) Gleichgewicht erreicht.

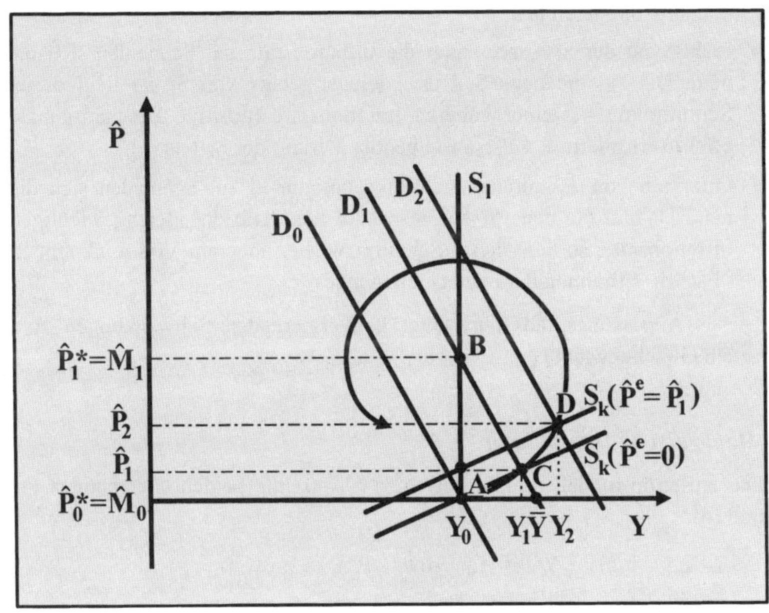

Abbildung III.10: Anpassungsprozeß

Bei statischen Erwartungen (als einfachster Form adaptiver Erwartungen) passen die Haushalte in der nächsten Periode ihre Inflationserwartungen an die geltende Inflationsrate $\hat{P}_1$ an, d. h. die kurzfristige Angebotskurve verschiebt sich nach $S_K(\hat{P}^e = \hat{P}_1)$.

Es bleibt nun zusätzlich eine weitere Verschiebung der D-Kurve zu beachten.[1] Soll Y_1 erhalten bleiben, so muß die Inflationsrate auf $\hat{P}_1^*$ ansteigen. Die D_2-Kurve verläuft also durch den Punkt $Y_1 / \hat{P}_1^*$. Damit entsteht bei $\hat{P}_1$ wieder eine inflatorische Lücke,[2] die einen weiteren Anstieg der Inflationsrate (auf

---

[1] Im Rahmen der Preis-Lohn- und der Lohn-Preis-Spirale kommt es ebenfalls zu Verschiebungen der D-Kurve. In diesem Zusammenhang wurde jedoch angenommen, daß die Geldmenge erst dann erneut erhöht wird, wenn die reale Geldmenge soweit gesunken ist, daß die Güternachfrage Y_0 beträgt. Aufgrund dieser Annahme kommt es ausschließlich zu Rechtsverschiebungen der D-Kurve.

[2] Das Güterangebot ist auf Y_0 zurückgegangen, die Güternachfrage auf $Y_1 + \beta(\hat{M}_1 - \hat{P}_1)$ angestiegen.

$\hat{P}_2$) und des Volkseinkommens (auf Y_2) bewirkt; das zweite temporäre Gleichgewicht entspricht also Punkt D.

Werden weitere temporäre Gleichgewichte bestimmt und diese miteinander verbunden, so ergibt sich der eingezeichnete Anpassungspfad, der sich wie folgt charakterisieren läßt:

- rechts von der S_l-Kurve steigt die Inflationsrate an: Schneiden sich die neue D- und die neue S_k-Kurve wieder rechts von S_l, so liegt dieser Schnittpunkt bei einer höheren Inflationsrate (positive Beschäftigungseffekte erfordern $\hat{P} > \hat{P}^e$; ansteigender Verlauf der S_k-Kurve).
- unterhalb von $\hat{P}_1^*$ nimmt das Volkseinkommen zu: Schneiden sich die neue D- und die neue S_k-Kurve wieder unterhalb der gleichgewichtigen Inflationsrate, so liegt dieser Schnittpunkt bei höherem Volkseinkommen ($\hat{P} < \hat{M}$; Erhöhung der realen Geldmenge).

Dieser Anpassungspfad führt unter konvergierenden Schwankungen zum neuen Gleichgewicht B.

Algebraische Darstellung

Das Inflationsmodell umfaßt bei $\delta_t^a = \delta_t^n = 0$ die beiden Gleichungen (3) und (4):

$$(3) \quad Y_t^a = Y_0 + \alpha(\hat{P}_t - \hat{P}_t^e)$$

$$(4) \quad Y_t^n = Y_{t-1}^n + \beta(\hat{M}_t - \hat{P}_t).$$

Die Geldpolitik wird erfaßt durch:

$$(5) \quad \hat{M}_t = \begin{cases} \hat{M}_0 = 0 & \text{für} \quad t \leq 0 \\ \hat{M}_1 = \text{const.} > 0 & \text{für} \quad t > 0. \end{cases}$$

Bei Markträumung ($Y^a = Y^n = Y$) lassen sich Y_t^n in Gleichung (4) durch Y_t^a in Gleichung (3) sowie Y_{t-1}^n durch Y_{t-1}^a ersetzen. Unter Beachtung adaptiver Erwartungen ($\hat{P}_t^e - \hat{P}_{t-1}$) folgt:

$$(6) \quad Y_0 + \alpha(\hat{P}_t - \hat{P}_{t-1}) = Y_0 + \alpha(\hat{P}_{t-1} - \hat{P}_{t-2}) + \beta(\hat{M}_t - \hat{P}_t).$$

Hieraus ergibt sich für $t > 0$ folgende Differentialgleichung 2. Ordnung in $\hat{P}$:

$$(7) \quad \hat{P}_t - \frac{2\alpha}{\alpha+\beta}\hat{P}_{t-1} + \frac{\alpha}{\alpha+\beta}\hat{P}_{t-2} = \frac{\beta}{\alpha+\beta}\hat{M}_1.$$

Die allgemeine Lösung dieser Gleichung lautet:[1]

$$(8)\quad \hat{P}_t = \hat{P}^* + \Psi_1\lambda_1^t + \Psi_2\lambda_2^t$$

mit:

$$(9)\quad \hat{P}^* = \hat{M}_1$$

$$(10)\quad \lambda_{1,2} = \frac{\alpha \pm \sqrt{-\alpha\beta}}{\alpha+\beta}$$

$$\Psi_1, \Psi_2 = \text{Konstante.}$$

Die zeitliche Entwicklung des Volkseinkommens ergibt sich, indem Gleichung (8) für $\hat{P}_t$ sowie um eine Periode zeitverzögert für $\hat{P}_{t-1}$ in Gleichung (3) eingesetzt wird:

$$(11)\quad Y_t = Y_0 + \alpha[\Psi_1\lambda_1^{t-1}(\lambda_1 - 1) + \Psi_2\lambda_2^{t-1}(\lambda_2 - 1)].$$

Da der Radikand in Gleichung (10) negativ ist, verlaufen die Zeitpfade von $\hat{P}$ und Y unter Schwankungen. Mit einem Realteil der Wurzeln $[\alpha/(\alpha+\beta)]$ kleiner als eins konvergieren diese Schwankungen zum Gleichgewicht, wie in Abbildung III.10 dargestellt ist.

(b) Rationale Erwartungen

Rationale Erwartungen bedeuten, daß die Wirtschaftssubjekte bei ihrer Erwartungsbildung alle verfügbaren Informationen verwenden. Diese Informationen umfassen neben den Vergangenheitswerten der einzelnen Größen auch die („richtige") ökonomische Theorie; außerdem die exogenen Größen sowie die Stochastik von Zufallsvariablen. Der Prognosewert einer Variablen ist dann gleich der mathematischen Erwartung dieser Größe aufgrund der Informationen zu Beginn der Prognoseperiode (E_t). Bezüglich der erwarteten Inflationsrate ergibt sich:

$$(12)\quad \hat{P}^e = E_t(\hat{P}_t).$$

Rationale Erwartungen führen zu korrekten Prognosen, wenn die verfügbare Information vollständig ist. Dies ist dann der Fall, wenn keine Störgrößen auftreten (deterministisches Modell), und die exogenen Größen, insbesondere die wirtschaftspolitischen Maßnahmen, bekannt sind. Rationale Erwartungen entsprechen dann der vollkommenen Voraussicht. Treten hingegen Stör-

---

[1] Rauch, B., Mathematische Lösungsmethoden, in: Heubes, J., Grundlagen der modernen Makroökonomie, a. a. O., S. 718 ff.

größen auf (stochastisches Modell), oder werden die wirtschaftspolitischen Maßnahmen nicht vorab bekannt gegeben, so treten auch bei rationalen Erwartungen Erwartungsirrtümer auf, diese sind jedoch, anders als bei adaptiver (statischer) Erwartungsbildung, nicht systematischer Art.

Inwieweit die Inflationserwartungen der Haushalte bei rationaler Erwartungsbildung korrekt sind, hängt also im vorliegenden deterministischen Modell davon ab, ob der Staat die Geldpolitik (Erhöhung der Wachstumsrate der Geldmenge von Null auf $\hat{M}_1 = \text{const} > 0$) ankündigt oder nicht. Es gelte das Ausgangsgleichgewicht A in Abbildung III.11.

Wird die **Geldpolitik angekündigt**, so erkennen die Haushalte, daß bei Preisniveaukonstanz die reale Geldmenge und damit die Güternachfrage ansteigen (D_0 nach D_1). Unter Berücksichtigung, daß das Güterangebot bei Vollbeschäftigung auf Y_0 begrenzt ist, sehen sie weiter, daß die Inflationsrate auf $\hat{P}_1^* = \hat{M}_1$ ansteigen wird, um so die Güternachfrage auf Y_0 zu reduzieren. Sie werden daher entsprechend hohe Nominallohnsteigerungen fordern, so daß der Reallohn und damit die Beschäftigung konstant bleiben. Die Erhöhung der Wachstumsrate der Geldmenge hat in diesem Fall also keinerlei Beschäftigungseffekte; es wird vielmehr in der gleichen Periode, in der die Störung auftritt, das langfristige Gleichgewicht B realisiert.

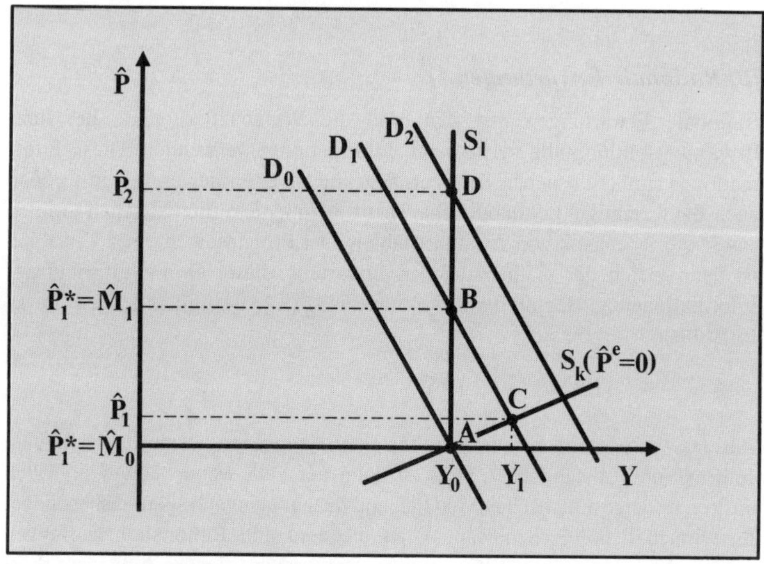

Abbildung III.11: Geldpolitik bei rationalen Erwartungen

Wird hingegen die **Geldpolitik nicht angekündigt**, so erwarten die Haushalte aufgrund der bisherigen Situation auch für die nächste Periode Preisniveaustabilität. In diesem Fall ergibt sich das gleiche erste temporäre Gleichgewicht wie bei statischen Erwartungen (Punkt C).

Es wird nun angenommen, daß die Haushalte am Ende dieser ersten Periode die Erhöhung der Wachstumsrate der Geldmenge erkennen. Sie wissen, daß das Güterangebot (bei korrekten Erwartungen) auf Y_0 fixiert ist. Damit muß auch die Güternachfrage (bei Markträumung) diesem Wert entsprechen. Die Güternachfrage Y_1 bliebe erhalten, wenn die Inflationsrate auf $\hat{M}_1$ ansteigen würde ($\hat{P}_1^*$ und Y_1 sind ein Punkt der D_2-Kurve). Da $Y_1 > Y_0$ gilt, muß die Inflationsrate entlang der D_2-Kurve auf $\hat{P}_2$ ($> \hat{M}_1$) ansteigen (overshooting), so daß über eine Verringerung der realen Geldmenge die Güternachfrage auf Y_0 zurückgeht. Da die Haushalte dies erkennen, stellen sie entsprechend hohe Lohnforderungen, so daß sich in der zweiten Periode Punkt D einstellt.[1]

In der dritten Periode sehen die Haushalte, daß die Nachfrage Y_0 bei $\hat{P}_1^* = \hat{M}_1$ erhalten bleibt; d. h., daß sich die D_2-Kurve nach D_1 zurück verlagert. Wiederum stellen sie sich hierauf mit ihren Lohnforderungen ein, so daß ab der dritten Periode das langfristige Gleichgewicht B realisiert wird.

Aufgaben

III.1 Gegeben sei eine Preisindexreihe nach Laspeyres und nach Paasche. Überprüfen Sie, inwieweit sich die jährliche Inflationsrate jeweils als relative Veränderung des Preisindex in der Periode t gegenüber der Vorperiode t – 1 berechnen läßt.

III.2 Betrachtet wird eine Wirtschaft, in der zwei Güter produziert werden. Nachfolgende Tabelle gibt die Produktionsmengen (x) sowie die entsprechenden Preise (p) für drei Jahre an:

Jahr \ Güter	x_1	p_1	x_2	p_2
1	100	1	50	1
2	200	2	50	1
3	300	3	50	1

Berechnen Sie die Preissteigerung gegenüber der Basisperiode sowie die jährliche Inflationsrate mit Hilfe der Preisindizes von Laspeyres und Paasche. Wie groß ist die prozentuale Abweichung bei den jährlichen Inflationsraten, wenn beim Paasche-Preisindex auf die Umbasierung verzichtet wird?

[1] Höhere Beschäftigung in der ersten Periode impliziert, daß der Reallohn sinkt. Geht die Beschäftigung in der zweiten Periode auf ihren ursprünglichen Wert (A_0) zurück, so muß der Reallohn ebenfalls wieder seine ursprüngliche Höhe erreichen. Damit steigen die Nominallöhne in der zweiten Periode stärker an als die Preise. Aufgrund der nun korrekten Inflationserwartungen entfallen Beschäftigungs- oder Angebotseffekte.

III.3 Gegeben sind die Umsätze eines Jahres t (U_t):

$$(1) \quad U_t = \sum_i p_i^t x_i^t .$$

Dividieren Sie diese Umsätze durch einen Preisindex nach Laspeyres. Interpretieren Sie das Ergebnis.

III.4 Gegeben sei ein Vollbeschäftigungsgleichgewicht. Nun erhöhe sich die gesamtwirtschaftliche Güternachfrage. Stellen Sie graphisch das erste temporäre Gleichgewicht mit Hilfe des Güter- und Arbeitsmarktes dar. Tragen Sie auf der Ordinate des Arbeitsmarkt-Diagramms den Reallohn ab. Welche Auswirkungen hat eine Erwartungsrevision auf dem Arbeitsmarkt?

III.5 Es gelte folgendes Inflationsmodell:

$$(1) \quad Y_t^n = v\frac{M_t}{P_t}$$

$$(2) \quad Y_t^a = Y_0\left(\frac{P_t}{P_t^e}\right)^{\alpha}, \qquad \alpha > 0$$

$$(3) \quad P_t^e = P_{t-1}.$$

Ein Gleichgewicht bei Preisniveaustabilität werde durch eine Erhöhung der Geldmenge gestört. Berechnen Sie die Zeitpfade für Preisniveau und Volkseinkommen. (Wählen Sie eine logarithmische Schreibweise!)

III.6 Überprüfen Sie anhand des IS/LM-Schemas, inwieweit sich durch wiederholte Erhöhung der autonomen Güternachfrage die gesamtwirtschaftliche Güternachfrage steigern läßt.

III.7 Gegeben sei ein Vollbeschäftigungsgleichgewicht. Leiten Sie graphisch die Auswirkungen höherer Reallohnvorstellungen der Gewerkschaften auf die Höhe des Preisniveaus ab. Gehen Sie hierbei davon aus, daß sich die Gewerkschaftsmacht in einem nach unten starren Nominallohn äußert.

III.8 Es gelte folgendes Inflationsmodell:

$$(1) \quad Y_t^n = v\frac{M_0}{P_t}$$

$$(2) \quad Y_t^a = Y_0\left(\frac{P_t}{P_t^e}\right)^{\alpha} \Delta_t^a, \qquad \alpha > 0$$

$$(3) \quad P_t^e = P_{t-1}.$$

Ein Gleichgewicht bei Preisniveaustabilität werde durch einen negativen Angebotsschock gestört ($\Delta_t^a = 1$ für $t \leq 0$; $\Delta_t^a < 1$ für $t > 0$). Berechnen Sie die Zeitpfade für Preisniveau und Volkseinkommen. (Wählen Sie eine logarithmische Schreibweise.)

III.9 Ergänzen Sie die Lohn-Preis-Spirale (Y/P-Diagramm) um den Arbeitsmarkt (A/W-Diagramm). Gehen Sie davon aus, daß die Verringerung des Güterangebots auf höhere Lohnforderungen zurückgeht.

III.10 Ergänzen Sie die Lohn-Preis-Spirale (Y/P-Diagramm) um das IS/LM-System (Y/r-Diagramm). Gehen Sie davon aus, daß der Staat Geldpolitik betreibt, um die ursprüngliche Beschäftigung wieder zu erreichen.

III.11 In einer inflationären Wirtschaft ist zwischen nominellem Zinssatz (r) und realem Zinssatz (ρ) zu unterscheiden. Nach dem sog. Fisher-Theorem gilt hierbei der Zusammenhang $\rho = r - \hat{P}^e$.

Gegeben sei ein Vollbeschäftigungsgleichgewicht bei Preisniveaukonstanz. Nun werde die Wachstumsrate der Geldmenge auf $\hat{M} > 0$ angehoben. Stellen Sie das Ausgangs- und das Endgleichgewicht mittels des IS/LM-Schemas in einem Y/r-Diagramm dar. (Beachten Sie hierbei, welcher Zinssatz als Determinante der Investitionsnachfrage einerseits und der Geldnachfrage andererseits erscheint.)

III.12 Gegeben sei ein Gleichgewicht bei Preisniveaustabilität. Dieses Gleichgewicht werde durch

(a) eine Staatsausgabenerhöhung und

(b) einen negativen Angebotsschock

gestört. Stellen Sie die Ausgangssituation sowie das neue Gleichgewicht in einem $Y/\hat{P}$-Diagramm dar.

III.13 Gegeben sei das Inflationsmodell:

$$(1) \quad Y_t^a = Y_0 + \alpha(\hat{P}_t - \hat{P}_{t-1}) + \delta_t^a$$

$$(2) \quad Y_t^n = Y_{t-1} + \beta(\hat{M}_t - \hat{P}_t) + \delta_t^n .$$

In der Ausgangssituation herrsche Preisniveaustabilität. Dieses Gleichgewicht werden in $t = 1$ durch erhöhte Lohnforderungen ($\delta_t^a = \delta^a$ für $t > 0$) sowie durch eine Erhöhung der Wachstumsrate der Geldmenge von Null auf $\hat{M}_1 > 0$ gestört. Berechnen Sie die zeitliche Entwicklung der Inflationsrate und des realen Volkseinkommens.

III.14 Gegeben sei ein Vollbeschäftigungsgleichgewicht bei Preisniveaukonstanz. Nun erhöhe der Staat seine Güternachfrage. Bestimmen Sie graphisch in einem $Y/\hat{P}$-Diagramm das neue Gleichgewicht sowie den Anpassungsprozeß bei statischen Erwartungen.

III.15 Gegeben sei ein Vollbeschäftigungsgleichgewicht bei Preisniveaukonstanz. In dieser Situation trete ein Erdbeben auf. Bestimmen Sie graphisch das neue Gleichgewicht sowie den Anpassungspfad bei statischen Erwartungen.

III.16 Ausgangspunkt sei ein Gleichgewicht bei Preisniveaustabilität. Dieses Gleichgewicht werde durch einen negativen Angebotsschock gestört. Zum Ausgleich des daraus folgenden Produktionsrückgangs erhöhe der Staat die Wachstumsrate der Geldmenge. Bestimmen Sie graphisch das neue Gleichgewicht sowie den Anpassungsprozeß.

III.17 Ausgangspunkt sei ein Vollbeschäftigungsgleichgewicht bei Preisniveaukonstanz. Dieses Gleichgewicht werde durch einen negativen Angebotsschock gestört. Nach vollständiger Anpassung bei statischen Inflationserwartungen geht die Güterproduktion von Y_0 auf Y_1 zurück. Überprüfen Sie graphisch, inwieweit es dem Staat gelingt, durch Geldpolitik die Produktion immer wieder auf Y_0 anzuheben.

III.18 Gegeben sei das Inflationsmodell:

$$(1) \quad Y_t^a = Y_0 + \alpha(\hat{P}_t - E(\hat{P}_t))$$

$$(2) \quad Y_t^n = Y_{t-1}^n + \beta(\hat{M} - \hat{P}_t) .$$

In der Ausgangssituation herrsche Preisniveaustabilität. Dieses Gleichgewicht werde in $t = 1$ durch eine Erhöhung der Wachstumsrate der Geldmenge von Null auf $\hat{M} > 0$ gestört. Berechnen Sie die Höhe der Inflationsrate und des realen Volkseinkommens für die Perioden 1 – 3, wenn die geldpolitische Maßnahme nicht angekündigt, jedoch am Ende der ersten Periode von den Haushalten erkannt wird.

III.19 Im Ausgangsgleichgewicht gelte $\hat{M} > 0$. Dieses Gleichgewicht werde nun durch eine Erhöhung der Staatsnachfrage gestört. Welche kurz- und langfristigen Auswirkungen auf Inflationsrate und (reales) Volkseinkommen haben diese Störungen, wenn die Haushalte ihre Inflationserwartungen rational bilden, die Störungen jedoch erst am Ende der ersten Periode erkennen?

III.20 Im Ausgangsgleichgewicht gelte $\hat{M} > 0$. Dieses Gleichgewicht werde nun durch einen negativen Angebotsschock gestört. Welche kurz- und langfristigen Auswirkungen auf Inflationsrate und (reales) Volkseinkommen haben diese Störungen, wenn die Haushalte ihre Inflationserwartungen rational bilden, die Störungen jedoch erst am Ende der ersten Periode erkennen?

3. Inflationswirkungen und Anti-Inflationspolitik

In diesem Abschnitt werden zunächst die Auswirkungen eines Inflationsprozesses dargestellt, daran anschließend die Möglichkeiten und Grenzen einer Inflationsbekämpfung.

3.1 Inflationswirkungen[1]

Die vorangehende Analyse hat gezeigt, daß ein marktwirtschaftliches System nicht stets zu Preisniveaustabilität führt. Da Preisniveaustabilität ein Ziel der Wirtschaftspolitik ist, muß der Staat im Falle der Verletzung dieses Ziels geeignete Maßnahmen zur Inflationsbekämpfung ergreifen. Bevor derartige Maßnahmen diskutiert werden, sollen zunächst die Auswirkungen eines Inflationsprozesses aufgezeigt werden. Erst negative Inflationswirkungen rechtfertigen das Ziel der Preisniveaustabilität und somit Maßnahmen einer Anti-Inflationspolitik.

Im Mittelpunkt der Diskussion über die Auswirkungen eines Inflationsprozesses stehen traditionellerweise die Beschäftigungs- und die Umverteilungswirkungen. Bezüglich dieser Wirkungen läßt sich generell sagen, daß sie immer dann im Rahmen eines Inflationsprozesses auftreten, wenn die Wirtschaftssubjekte entweder falsche Inflationserwartungen haben oder nicht die Macht besitzen, korrekte Inflationserwartungen in entsprechendes ökonomisches Verhalten umzusetzen (sog. nicht voll antizipierte Inflation).

3.1.1 Beschäftigungswirkungen

Die Beschäftigungswirkungen eines Inflationsprozesses wurden vorangehend mit Hilfe der kurz- und langfristigen S-Kurve bereits dargestellt. Hier wird dieser Zusammenhang noch einmal in etwas anderer Darstellung wiederholt, nämlich mit Hilfe der sog. Phillips-Kurve, die im Rahmen der Wirtschaftspolitik große Bedeutung erlangt hat.

Quadrant a der Abbildung III.12 wiederholt die vorangehenden Ergebnisse: Alternativen Werten der Inflationsrate entsprechen kurzfristig (bei falschen Inflationserwartungen) unterschiedliche Werte des Güterangebots, während sich längerfristig (bei korrekten Inflationserwartungen) stets Y_0 einstellt.

Die Phillips-Kurve gibt einen Zusammenhang zwischen Inflationsrate und Arbeitslosenquote (u) an. Zur Ableitung der Phillips-Kurve aus diesem

---

1 Cassel, D., Inflation, a. a. O., S. 311 ff; Pohl, R., Theorie der Inflation, a. a. O., S. 134 ff; Ströbele, W., Inflation, a. a. O., S. 7 ff.

Angebotsverhalten bleiben somit die unterschiedlichen Y-Werte in die entsprechenden u-Werte zu transformieren.

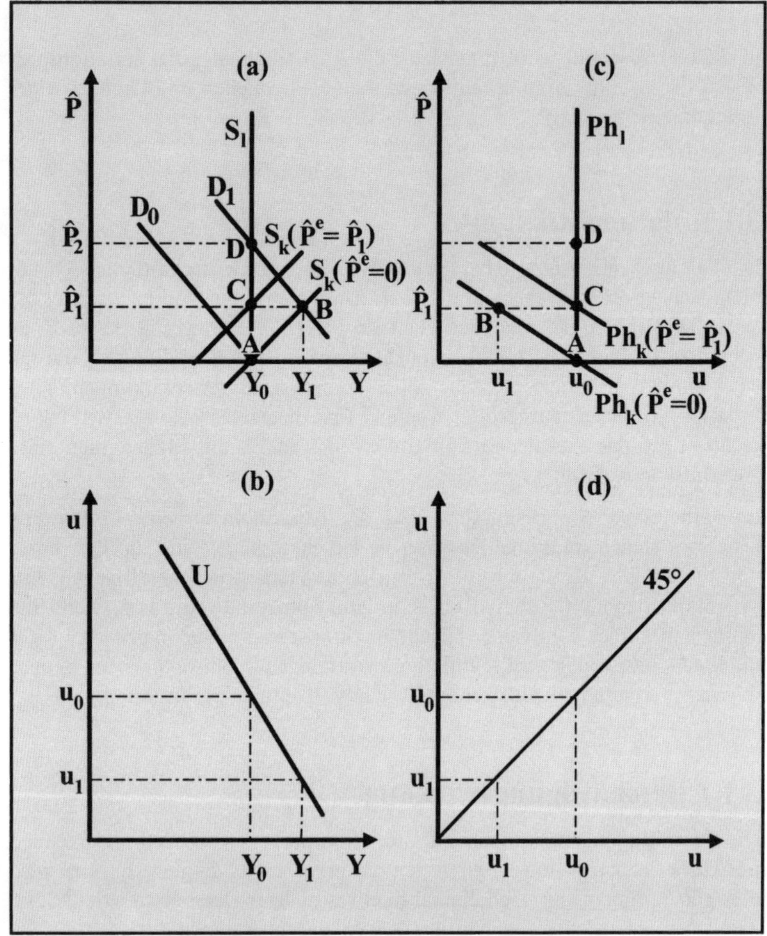

Abbildung III.12: Die Phillips-Kurve

Die Umformung der Produktionshöhe in die entsprechende Arbeitslosenquote erfolgt mit Hilfe des sog. Okun´schen Gesetzes. Nach diesem Gesetz besteht ein fester Zusammenhang zwischen Güterproduktion und Arbeitslosenquote: Je höher die Güterproduktion (und damit die Beschäftigung), um so niedriger ist die Arbeitslosenquote. Dieser Zusammenhang wird durch die Gerade U in Teil b ausgedrückt.

Mit Hilfe der Geraden U lassen sich nun die Y-Werte (bspw. Y_0 und Y_1) in die entsprechenden u-Werte (u_0 und u_1) umformen. Diese u-Werte werden nun mit Hilfe des 45°-Diagramms in Teil c übertragen. Wird weiterhin die entsprechende Inflationsrate berücksichtigt, so ergeben sich die gesuchten Phillips-Kurven: Es existiert offensichtlich eine Schar von kurzfristigen Phillips-Kurven (Ph_k), die der Schar kurzfristiger Angebotskurven entspricht,[1] sowie eine langfristige Phillips-Kurve (Ph_l), die entsprechend der langfristigen Angebotskurve bei korrekten Inflationserwartungen realisiert wird.[2]

Es bleiben nun noch die Beschäftigungswirkungen der Inflation mit Hilfe der Phillips-Kurve darzustellen. Das Ausgangsgleichgewicht entspreche Punkt A in Abbildung III.12 mit $\hat{P}^e = 0$. Werden die Haushalte nun durch eine positive Inflationsrate $\hat{P}_1$ aufgrund expansiver Geldpolitik (die Wachstumsrate der Geldmenge steigt von Null auf einen positiven konstanten Wert, D_0 nach D_1) überrascht, so sinkt die Arbeitslosenquote entsprechend der kurzfristigen Phillips-Kurve $Ph_k(\hat{P}^e = 0)$ auf u_1 (Punkt B). Mit Erwartungsrevision verschiebt sich die kurzfristige Phillips-Kurve nach $Ph_k(\hat{P}^e = \hat{P}_1)$, wodurch der Beschäftigungsgewinn wieder verlorengeht (Punkt C), was auch längerfristig (bei korrekten Inflationserwartungen) gilt (Punkt D).

Analog zur Produktionshöhe gilt also auch für die Arbeitslosenquote: Eine Verringerung der Arbeitslosenquote ($u < u_0$) tritt nur so lange ein, wie die Wirtschaftssubjekte falsche Inflationserwartungen haben. Bei korrekten Inflationserwartungen hingegen ist die Arbeitslosenquote unabhängig von der Inflationsrate.[3]

---

1 Lageparameter der kurzfristigen Phillips-Kurve sind wiederum die Inflationserwartungen.

2 Die Phillips-Kurve läßt sich wie folgt algebraisch ableiten. Aus der Lucas-Angebotsfunktion:

$$Y_t = Y_0 + \alpha(\hat{P}_t - \hat{P}_t^e)$$

sowie dem Okun'schen Gesetz:

$$u_0 - u_t = \beta(Y_t - Y_0)$$

folgt nach Umformung die Phillips-Kurve:

$$\hat{P}_t = \gamma(u_0 - u_t) + \hat{P}_t^e; \quad \gamma = 1/\alpha\beta.$$

3 Gilt $u < u_0$, so unterschätzen die Haushalte die Inflation. Erwartungsrevision führt dann zu einem weiteren Anstieg der Inflation. Ist hingegen die gleichgewichtige Arbeitslosenquote u_0 realisiert, so bleibt die Inflationsrate konstant; u_0 wird deshalb auch als inflationsstabile Arbeitslosenquote oder als NAIRU (**n**on-**a**ccelerating **i**nflation **r**ate of **u**nemployment) bezeichnet. Nach neoklassischer Vorstellung handelt es sich bei u_0 um die sog. natürliche Arbeitslosenquote, die friktionelle und strukturelle Arbeitslosigkeit umfaßt, sie wird (in Abwesenheit von Angebotsstörungen und Strukturpolitik) als konstant angenommen. Nach keynesianischer Vorstellung ist die Arbeitslosenquote vor allem Ausdruck eines Verteilungskampfes. Bei u_0 sind die Verteilungsansprüche bei konstanter Inflationsrate im Gleichgewicht; Konstanz von u_0 wird nicht unterstellt, vielmehr ist es durchaus möglich, daß die inflationsstabile Arbeitslosenquote mit steigender Inflationsrate sinkt (fallende langfristige Phillips-Kurve). Flaschel, P. und G. Groh, Keynesianische Makroökonomik, Berlin u. a. 1996, S. 278 ff; Franz, W., Arbeitsmarktökonomik, 3. Aufl., Berlin u. a. 1996, S. 363 ff; Spahn, H.-P., Makroökonomie, a. a. O., S. 173 ff.

3.1.2 Umverteilungswirkungen

Unter den eingangs genannten Voraussetzungen kann ein Inflationsprozeß weiterhin die Einkommens- und Vermögensverteilung beeinflussen sowie zu einer Umverteilung zwischen privatem und öffentlichem Sektor führen.

Einkommensumverteilung

Bei den Einkommensumverteilungswirkungen der Inflation stehen üblicherweise zwei Probleme im Vordergrund, nämlich die Fragen, inwieweit eine Inflation zu einer Umverteilung zu Lasten der Lohnbezieher einerseits (die sog. Lohn-lag-Hypothese) bzw. zu Lasten der Rentner andererseits führt (die sog. Renten-lag-Hypothese).

Bei der **Lohn-lag-Hypothese** handelt es sich um das Problem, inwieweit ein Inflationsprozeß die funktionelle Einkommensverteilung, nämlich die Verteilung des Volkseinkommens auf Löhne und Gewinne, beeinflußt. Als Maß der funktionellen Einkommensverteilung wird üblicherweise die Lohn- bzw. Gewinnquote herangezogen. Die Lohnquote (α) ist definiert als das Verhältnis von Lohneinkommen (WA) zum nominellen Volkseinkommen (PY):

$$(1) \quad \alpha_t = \frac{W_t A_t}{P_t Y_t}.$$

Eine Veränderung der Lohnquote infolge eines Lohn-lags ist dann möglich, wenn sich die Löhne mit einer Zeitverzögerung an die gestiegenen Preise anpassen. Wird zur Vereinfachung von konstanter Produktion ($\hat{Y} = 0$) und Beschäftigung ($\hat{A} = 0$) ausgegangen, so ergibt sich für die Veränderung der Lohnquote:

$$(2) \quad \hat{\alpha}_t = \hat{W}_t - \hat{P}_t.$$

Passen sich die Löhne in vollem Umfang an die erwartete Preissteigerung an, so gilt:

$$(3) \quad \hat{W}_t = \hat{P}_t^e.$$

Bei statischen Erwartungen $\hat{P}_t^e = \hat{P}_{t-1}$ folgt dann:

$$(4) \quad \hat{\alpha}_t = \hat{P}_{t-1} - \hat{P}_t.$$

Die Veränderung der Lohnquote ist hier also auf falsche Erwartungen zurückzuführen. Beschleunigt sich der Inflationsprozeß, so sinkt die Lohnquote; verringert sich das Inflationstempo, so steigt sie an. Im Inflationsgleichgewicht schließlich bleibt die Lohnquote konstant. Eine dauerhafte Verschlechterung der Situation der Lohnbezieher kann hierauf jedoch kaum begründet werden.

Die **Renten-lag-Hypothese** behauptet, daß die Rentenempfänger Inflationsverlierer sind. Die Renten (oder allgemeiner: die Transferzahlungen) sind das Ergebnis einer politischen Entscheidung. Sie werden in bestimmter Höhe nominell festgesetzt. Bei nomineller Fixierung sinkt jedoch die Kaufkraft der Renten im Inflationsprozeß.

Dieser Kaufkraftverlust läßt sich vermeiden, wenn die Renten an die allgemeine Preisentwicklung angepaßt werden (Dynamisierung der Renten). Ein Verfahren besteht darin, daß die Veränderung der Renten an die Entwicklung der Löhne gekoppelt wird. Sind die Lohnbezieher längerfristig keine Inflationsverlierer, so gilt dies dann auch für die Bezieher dynamischer Renten.

Vermögensumverteilung

Im Vordergrund der Vermögensumverteilungseffekte einer Inflation steht die Gläubiger-Schuldner- oder Zins-lag-Hypothese. Nach dieser Hypothese führt ein Inflationsprozeß zu einer Begünstigung der Schuldner und zu einer Benachteiligung der Gläubiger, da Zinszahlungen sowie die Rückzahlung einer Geldschuld in Geldeinheiten erfolgen, deren Realwert gesunken ist (entwertetes Geld).

Die Vermeidung von Vermögensumverteilungseffekten erfordert, daß der Realwert eines Kredits (K) zuzüglich der Zinszahlungen im Inflationsprozeß unverändert bleibt. Bei Preisniveaukonstanz beträgt der Realwert dieses Kredits inklusive Zinszahlungen nach Ablauf einer Periode $K(1 + \rho)/P_0$, wobei ρ den Realzins angibt. Steigt das Preisniveau hingegen auf $P_0(1 + \hat{P})$ an, so ist der Nominalzins r so festzusetzen, daß gilt:

$$(5) \quad \frac{K(1+\rho)}{P_0} = \frac{K(1+r)}{P_0(1+\hat{P})}.$$

Hieraus folgt:

$$(6) \quad r = \rho + \hat{P} + \rho\hat{P}.$$

Zur Aufrechterhaltung des Realwertes des Kreditbetrages K muß der Nominalzins (r) den Realzins (ρ) um die Inflationsrate ($\hat{P}$) übersteigen. Zur Aufrechterhaltung auch des Realwertes der Zinszahlung ist ein weiterer Anstieg des Nominalzinses um das Produkt aus Realzins und Inflationsrate ($\rho\hat{P}$) erforderlich.[1]

[1] Da der Term ρP relativ klein ist, wird der Realzins üblicherweise durch $\rho = r - \hat{P}$ angenähert.

Infolge von Erwartungsirrtümern, zeitlichen Verzögerungen, unvollständiger Anpassung sowie Berücksichtigung nur der Neuverschuldung lassen sich jedoch inflationsbedingte Vermögenseffekte nicht völlig ausschließen. Insbesondere die Besitzer von Geld sowie von Sparguthaben (geringe Verzinsung) sind als Inflationsverlierer anzusehen. Daß dies vor allem die Besitzer nur kleiner Vermögen (und Einkommen) sind, begründet die besondere soziale Problematik dieser Umverteilungseffekte.

Umverteilung zwischen privatem und öffentlichem Sektor

Bezüglich der Umverteilungswirkungen eines Inflationsprozesses zwischen privatem und öffentlichem Sektor sollen noch kurz zwei Fälle erwähnt werden, nämlich zum einen die Auswirkungen einer progressiven Einkommensteuer und zum anderen ein sog. Inflationssteuergewinn des Staates. Eine umfassende Beantwortung der Frage, inwieweit der Staat Inflationsgewinner oder -verlierer ist, erfordert eine Analyse aller Einnahmen und Ausgaben sowie der Vermögenssituation des Staates, worauf hier jedoch verzichtet wird.

Eine **progressive Einkommensteuer** liegt dann vor, wenn der durchschnittliche Steuersatz mit steigendem Einkommen ansteigt. Ein einfaches Beispiel einer (indirekt) progressiven Einkommensteuer (T) ist:

$$(7) \quad T = t(PY - F),$$

wobei t den marginalen Steuersatz und F einen konstanten Grundfreibetrag darstellen. Hieraus folgt für den durchschnittlichen Steuersatz ($\tau = T/PY$):

$$(8) \quad \tau = t(1 - F/PY).$$

Wie aus Gleichung (8) ersichtlich ist, steigt der durchschnittliche Steuersatz mit steigendem Nominaleinkommen (PY) an. Dieser Anstieg beruht hier auf der Konstanz des nominellen Grundfreibetrages.

Mit dem Anstieg der durchschnittlichen Steuerbelastung soll eine gewisse Steuergerechtigkeit im Sinne des Leistungsfähigkeitsprinzips erreicht werden. Offensichtlich wird die Leistungsfähigkeit eines Steuerzahlers durch sein Realeinkommen (Y) angezeigt. Insoweit ist der Anstieg des durchschnittlichen Steuersatzes mit steigendem Realeinkommen Ausdruck des politischen Willens einer Gesellschaft. Bei steigendem Preisniveau hingegen kommt es zu einer zufälligen Steuererhöhung, die politisch nicht beabsichtigt ist (sog. kalte Progression).

Der **Inflationssteuergewinn** des Staates resultiert daraus, daß der private Sektor seine nominelle Kassenhaltung bei Inflation ausdehnt. Wie im I. Kapitel dargestellt wurde, hält der private Sektor bei gegebenem Volkseinkommen und Zinssatz eine bestimmte reale Kasse. Im Gleichgewicht auf dem Geldmarkt gilt also:

$$(9) \quad M = Pl(Y,r).$$

Eine Erhöhung der Geldmenge führt (bei Vollbeschäftigung) zu Inflation. Damit steigt auch die nominelle Geldnachfrage an. Im Gleichgewicht gilt:

$$(10) \quad dM = dPl.$$

Division durch P liefert:

$$(11) \quad dM/P = \hat{P}l, \qquad \hat{P} = dP/P.$$

Infolge der Inflation erhöht der private Sektor seine nominelle Geldnachfrage im Umfang von $\hat{P}l$, um so die reale Kasse konstant zu halten, d. h. er schränkt seine Güternachfrage entsprechend ein. Der Staat als Geldemittent (bzw. als Begünstigter des Zentralbankgewinns) ist somit in der Lage, zusätzlich Güter im Umfang dM/P zu erwerben.[1]

Wie bei einer Steuer werden also die Ansprüche des privaten Sektors an das Sozialprodukt zugunsten des Staates zurückgedrängt. Die Inflation wirkt also wie eine Steuer: Steuerbasis ist die reale Geldhaltung (l), Steuersatz ist die Inflationsrate ($\hat{P}$); der reale Steuerbetrag beläuft sich auf $\hat{P}l$.[2,3]

Zusammenfassend läßt sich somit festhalten, daß ein Inflationsprozeß einerseits keine positiven Beschäftigungseffekte hat, andererseits jedoch zu unerwünschten Umverteilungseffekten führt. Damit erscheint es durchaus sinnvoll, Maßnahmen zur Inflationsbekämpfung zu ergreifen.

3.2. Anti-Inflationspolitik[4]

Anti-Inflationspolitik ist auf eine Senkung der Inflationsrate gerichtet (sog. Disinflation). Wie die vorangehende Inflationstheorie zeigt, ist hierzu eine Verringerung der Wachstumsrate der Geldmenge erforderlich. Je nach der

---

1 Zur Vereinfachung wird angenommen, daß der Erhöhung der Geldmenge eine gleich große Erhöhung der Geldbasis zugrunde liegt, d. h., daß der Geldschöpfungsmultiplikator eins beträgt.

2 Im Inflationsprozeß steigt der Zinssatz an, so daß die reale Geldnachfrage sinkt.

3 Der Ausdruck dM/P gibt den sog. Geldschöpfungsgewinn des Staates (Seigniorage) wieder. Erweiterung dieses Ausdrucks liefert $(dM/P) \cdot (M/M) = (dM/M) \cdot (M/P)$. Gilt $dM/M = dP/P$, so folgt $\hat{P} \cdot (M/P) = \hat{P}l$, der Inflationssteuergewinn. Unter der Annahme $\hat{M} = \hat{P}$ stimmen also Geldschöpfungsgewinn und Inflationssteuergewinn überein.

4 Borchert, M., Geld und Kredit, 4. Aufl., München/Wien 1997, S. 181 ff; Heubes, J., Grundlagen der modernen Makroökonomie, a. a. O., S. 382 ff; Ströbele, W., Inflation, a. a. O., S. 175 ff.

Erwartungsbildung kann dies mit negativen Beschäftigungseffekten verbunden sein (3.2.1 und 3.2.2). Je nach der staatlichen Zielsetzung sind einer derartigen Politik Grenzen gesetzt (3.2.3).

3.2.1 Preisniveaustabilität bei Vollbeschäftigung

Ausgangspunkt sei ein Inflationsgleichgewicht mit $\hat{P}_0 = \hat{M} > 0$ (Punkt A in Abbildung III.13). Ziel der Wirtschaftspolitik sei es, die Inflationsrate auf Null zu senken (Punkt B). Dies erfordert eine Reduzierung der Wachstumsrate der Geldmenge auf Null. In Abbildung III.13 kommt dies in einer Linksverschiebung der D-Kurve von D_0 nach D_1 zum Ausdruck.[1]

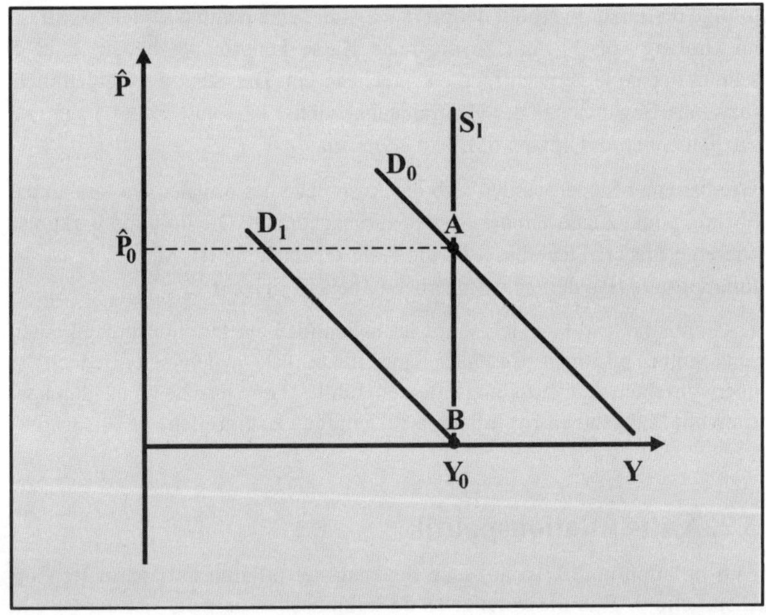

Abbildung III.13: Disinflation

Bilden die Haushalte ihre Inflationserwartungen rational, so erkennen sie bei (sinnvollerweise) angekündigter Geldpolitik, daß in diesem Fall ein neues Gleichgewicht bei Y_0 und Preisniveaustabilität erreicht ist. Sie werden somit ihre Lohnforderungen entsprechend einschränken, so daß unmittelbar Punkt B realisiert wird.

---

[1] Y_0 bleibt bei $\hat{P} = \hat{M} = 0$ erhalten. Allgemein gilt, daß der Abszissenabschnitt der neuen D-Kurve bei $\hat{M} = 0$ gleich dem Einkommen der Vorperiode ist.

3.2.2 Preisniveaustabilität versus Vollbeschäftigung

Bei statischen Inflationserwartungen und kontraktiver Geldpolitik treten hingegen während des Anpassungsprozesses negative Beschäftigungseffekte auf.[1] Dieser Zielkonflikt zwischen Preisniveaustabilität und Vollbeschäftigung läßt sich durch Optimierung der Geldpolitik oder durch Lohnindexierung entschärfen.

(a) Anpassungsprozeß

Abbildung III.14 wiederholt die Gleichgewichtssituationen A und B der Abbildung III.13. Die Verringerung der Wachstumsrate der Geldmenge auf Null führt bei $\hat{P}_0$ zu einer deflatorischen Lücke,[2] wodurch die Inflationsrate sinkt. Dies hat zur Folge, daß einerseits die Güternachfrage etwas ansteigt, während andererseits das Güterangebot entlang der kurzfristigen Angebotskurve $S_k(\hat{P}^e - \hat{P}_0)$ zurückgeht. Damit wird ein erstes kurzfristiges Gleichgewicht in Punkt C erreicht.

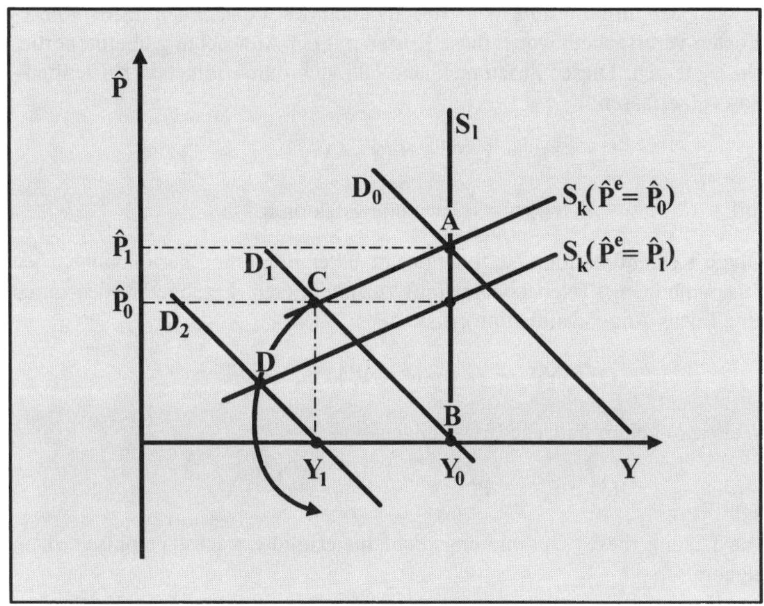

Abbildung III.14: Beschäftigungseffekte kontraktiver Geldpolitik

---

1 Die Bildung rationaler Erwartungen erfordert u. U. hohe Informationskosten, so daß sich unter ökonomischem Aspekt oftmals eine adaptive Erwartungsbildung anbietet.

2 Das Güterangebot beträgt Y_0, die Güternachfrage $Y_0 - \beta\hat{P}_0$.

Erwartungsrevision in der nächsten Periode verschiebt die kurzfristige Angebotskurve nach unten, bei statischen Erwartungen in die Lage $S_K(\hat{P}^e - \hat{P}_1)$. Die Güternachfrage Y_1 bleibt bei $\hat{P} = \hat{M} = 0$ erhalten, d. h. der Abszissenabschnitt der neuen D-Kurve (D_2) beträgt Y_1. Mit Punkt D wird dann ein zweites temporäres Gleichgewicht realisiert. Die Verbindungslinie dieser beiden sowie weiterer temporärer Gleichgewichte ergibt den eingezeichneten Anpassungspfad. Dieser führt unter konjunkturellen Schwankungen zum langfristigen Gleichgewicht B, wobei während konjunkturellen Baisse-Phasen Arbeitslosigkeit auftritt.

(b) Optimale Anti-Inflationspolitik

Eine Möglichkeit, den dargestellten Zielkonflikt zu entschärfen, besteht darin, beide Ziele bei der Geldpolitik gleichzeitig zu berücksichtigen. Dies kann dadurch geschehen, daß die sozialen Kosten beider Zielverletzungen erfaßt und diese Gesamtkosten minimiert werden.

Bezüglich der sozialen Kosten wird angenommen, daß Abweichungen sowohl der Inflationsrate von Null als auch des Volkseinkommens von Y_0 Kosten verursachen, wobei diese Kosten mit der Abweichung überproportional ansteigen. Dieser Zusammenhang läßt sich durch folgende Kostenfunktion (Θ) erfassen:

$$(1) \quad \Theta_t = \alpha_1 \hat{P}_t^2 + \alpha_2 (Y_0 - Y_t)^2$$

mit: α_1, α_2 = Gewichtungsfaktoren.

Obige Kostenfunktion (Zielfunktion) ist unter Beachtung der ökonomischen Zusammenhänge (Nebenbedingung) zu minimieren. Letztere werden durch eine Lucas-Angebotsfunktion erfaßt:

$$(2) \quad Y_t = Y_0 + \alpha(\hat{P}_t - \hat{P}_t^e).$$

Weiterhin gelten statische Erwartungen:

$$(3) \quad \hat{P}_t^e = \hat{P}_{t-1}.$$

Die Lösung dieses Optimierungsproblems erfolgt zunächst graphisch, dann algebraisch.

Abbildung III.15 dient der **graphischen** Ableitung des Kosten minimierenden Anpassungspfades. Die Kostenfunktion (1) läßt sich mit Hilfe von Isokostenkurven darstellen, die bei $\alpha_1 = \alpha_2$ Kreise um Punkt B darstellen. Im Zielpunkt B sind die sozialen Kosten gleich Null; die eingezeichneten Kreise repräsentieren somit mit ihrer Entfernung von Punkt B zunehmende Kosten. Die Nebenbedingung (2) wird durch die langfristige und die kurzfristigen Angebotskurven wiedergegeben.

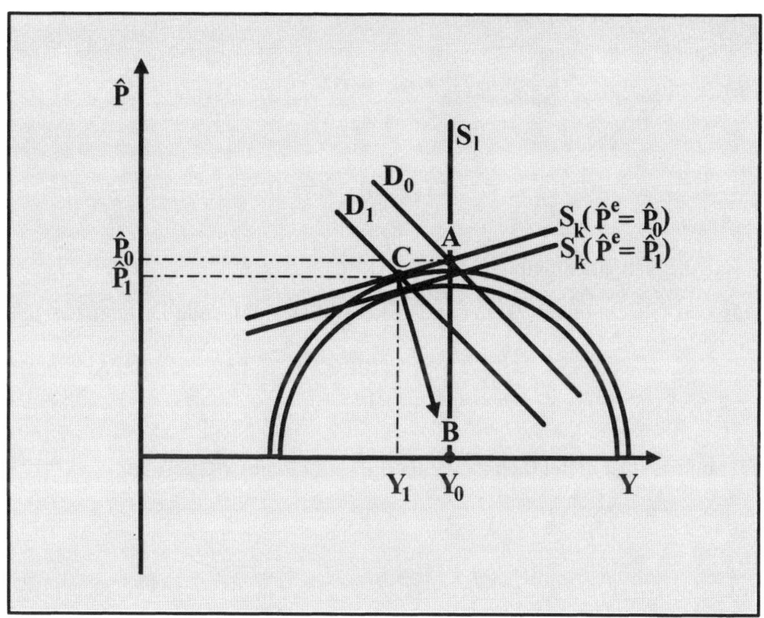

Abbildung III.15: Optimale Geldpolitik

Ausgangspunkt ist A. Die optimale Anti-Inflationspolitik besteht nun darin, bei jeweils gegebener kurzfristiger Angebotskurve eine möglichst niedrige Isokostenkurve zu erreichen. Bei $\hat{P}^e = \hat{P}_0$ ist somit die Wachstumsrate der Geldmenge so zu verringern, daß die D_1-Kurve durch den Berührpunkt C verläuft. Nach Erwartungskorrektur ist erneut mittels weiterer Reduzierung der Wachstumsrate der Geldmenge der jeweilige Berührpunkt mit einer Isokostenkurve zu realisieren. Insgesamt ergibt sich der eingezeichnete Anpassungspfad.[1] Wie ein Vergleich mit dem vorangehenden Fall zeigt, erfolgt die Anpassung an das neue Gleichgewicht im vorliegenden Beispiel langsamer (die D_1-Kurve verläuft hier weiter rechts).

Die **algebraische** Lösung des obigen Optimierungsproblems erfolgt mittels eines Lagrange-Ansatzes (L). Für $\alpha_1 = \alpha_2 = 1$ ergibt sich:

$$(4) \quad L \;=\; \hat{P}_t^2 + (Y_0 - Y_t)^2 + \lambda(Y_t - Y_0 - \alpha(\hat{P}_t - \hat{P}_t^e))\,.$$

---

[1] Gleichung (1) erfaßt die Kosten einer einzelnen Periode t. Da die verschiedenen Perioden über $\hat{P}_t^e = \hat{P}_{t-1}$ miteinander verknüpft sind, besteht auch eine Abhängigkeit zwischen den Periodenkosten. Gleichung (1) ist dann korrekt, wenn die Kosten späterer Perioden aufgrund hoher Gegenwartspräferenz unberücksichtigt bleiben, was hier unterstellt wird.

Die notwendigen Bedingungen für ein Kostenminimum lauten:

$$(5)\quad \begin{aligned} \frac{\partial L}{\partial \hat{P}_t} &= 2\hat{P}_t - \alpha\lambda = 0 \\ \frac{\partial L}{\partial Y_t} &= -2(Y_0 - Y_t) + \lambda = 0 \end{aligned}$$

sowie die Nebenbedingung (2).

Aus den Gleichungen (2), (3) und (5) ergibt sich folgende Differenzengleichung in $\hat{P}$:

$$(6)\quad \hat{P}_t - \frac{\alpha^2}{1+\alpha^2}\hat{P}_{t-1} = 0.$$

Wie unmittelbar ersichtlich ist, lautet die Lösung dieser Gleichung:

$$(7)\quad \hat{P}_t = \lambda^t \hat{P}_0$$

mit: $\lambda = \alpha^2/(1 + \alpha^2)$.

Die Gleichungen (2) und (7) liefern:

$$(8)\quad Y_t = Y_0 + \alpha\hat{P}_0\lambda^{t-1}(\lambda - 1).$$

Da $\lambda < 1$ gilt, ergibt sich als optimale Anti-Inflationspolitik wieder, die Inflationsrate und das Volkseinkommen monoton ihren Gleichgewichtswerten anzunähern. Hierbei liegt die Inflationsrate während des Anpassungsprozesses über ihrem Gleichgewichtswert, das Volkseinkommen unter seinem Gleichgewichtswert.

(c) Lohnindexierung

Eine weitere Möglichkeit, den Konflikt zwischen den beiden Zielen Preisniveaustabilität und Vollbeschäftigung zu lösen, besteht darin, neben der kontraktiven Geldpolitik ein weiteres unabhängiges Mittel einzusetzen (sog. Tinbergen-Regel). Als ein derartiges zusätzliches Mittel schlagen vor allem die Neoklassiker eine Lohnindexierung vor.

Abbildung III.16 wiederholt in Teil a die Abbildung III.13; Teil b ergänzt diese Darstellung um den Arbeitsmarkt. Hierbei wird angenommen, daß die Tarifparteien einen markträumenden Reallohn vereinbaren, d. h. sie legen – bei konstanter Arbeitsproduktivität – in Erwartung einer bestimmten Inflationsrate ($\hat{P}_t^e$) die entsprechende Wachstumsrate der Nominallöhne fest. Weiter wird vereinbart, daß im Fall einer Abweichung der tatsächlichen von der erwarteten Inflationsrate auch die tatsächliche ($\hat{W}_t$) und die vereinbarte ($\hat{W}_0$) Wachstumsrate der Nominallöhne entsprechend differieren:

$$(1) \quad \hat{W}_t = \hat{W}_0 + (\hat{P}_t - \hat{P}_t^e).$$

so daß der markträumende Reallohn erhalten bleibt.[1]

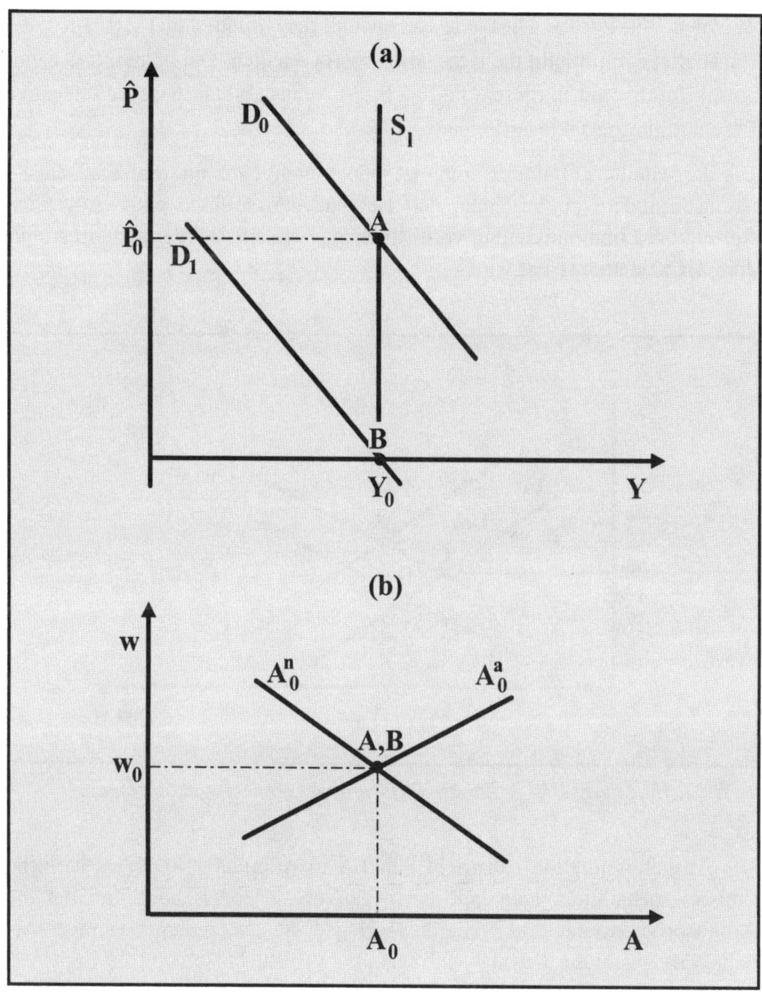

Abbildung III.16: Disinflation bei Lohnindexierung

[1] In diesem einfachen Beispiel gilt $\hat{W}_t = \hat{P}_t$.

Die Ausgangssituation entspricht Punkt A in Abbildung III.16. Infolge kontraktiver Geldpolitik ($\hat{M} = 0$) verlagert sich die D-Kurve von D_0 nach D_1. Das neue Gleichgewicht ist bei Y_0 und $\hat{P} = 0$ erreicht. Aufgrund der Preisniveaustabilität bleiben (bei $\hat{M} = 0$) die reale Geldmenge und die Güternachfrage (Y_0) konstant. Gleichzeitig bleibt auch das Güterangebot unverändert Y_0: Da die Wachstumsrate der Nominallöhne aufgrund der (vollen) Lohnindexierung mit $\hat{P} = 0$ auf Null sinkt ($\hat{W}_t = 0$), gilt weiterhin der Reallohn w_0 ($\hat{w} = \hat{W} - \hat{P} = 0$). Dies wissen sowohl die Unternehmer als auch die Haushalte; damit bleibt die Beschäftigung A_0 erhalten. Die kontraktive Geldpolitik führt somit in diesem Fall zu Preisniveaustabilität, ohne daß negative Beschäftigungseffekte auftreten.

Die dargestellte Lohnindexierung ist jedoch nicht ganz unproblematisch. So ist insbesondere zu beachten, daß Beschäftigungseffekte einer Angebotsstörung bei Lohnindexierung vorübergehend verstärkt werden, wie in Abbildung III.17 demonstriert wird.

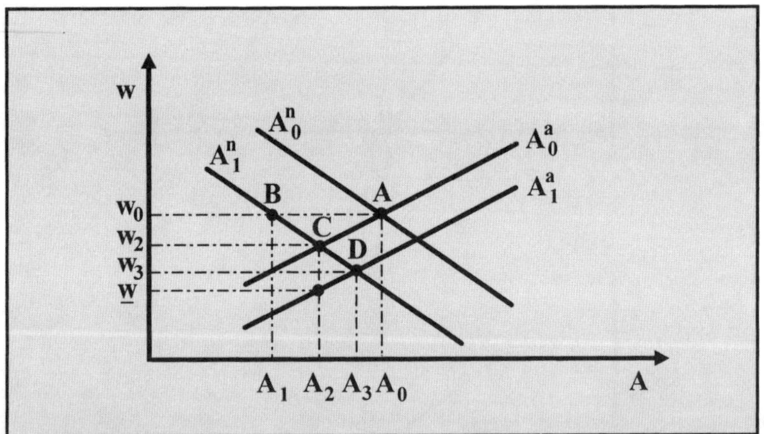

Abbildung III.17: Lohnindexierung bei einer Angebotsstörung

Die Ausgangssituation entspricht Punkt A in Abbildung III.17; es herrsche Preisniveaustabilität. Nun trete ein negativer Angebotsschock auf, der die Arbeitsproduktivität senkt. Hierdurch fragen die Unternehmer weniger Arbeitskräfte nach; die Arbeitsnachfragekurve verschiebt sich von A_0^n nach A_1^n.

Bei konstantem Preisniveau und Lohnindexierung bleiben der vereinbarte Nominallohn und damit auch der Reallohn w_0 unverändert; die Beschäftigung sinkt auf A_1 (Punkt B). Mit dem Rückgang der Beschäftigung verringert sich auch das Güterangebot, d. h. auf dem Gütermarkt entsteht eine inflatorische Lücke, die zu Preissteigerungen führt. Bei Lohnindexierung werden hierdurch Nominallohnerhöhungen induziert, so daß der Reallohn w_0 und die Beschäftigung A_1 erhalten bleiben.

Ohne Lohnindexierung kommt es infolge des Rückgangs der Arbeitsnachfrage zu einer Nominallohnsenkung, wodurch bei konstantem Preisniveau auch der Reallohn zurückgeht, bis in Punkt C ein Gleichgewicht auf dem Arbeitsmarkt erreicht ist. Mit niedrigerer Beschäftigung (A_2) verringert sich wieder das Güterangebot, so daß die Preise ansteigen. Bei dem in Punkt C geltenden Nominallohn sinkt folglich der Reallohn (auf $\underline{w}$). Da die Haushalte dies nicht sofort bemerken, bleibt ihr Arbeitsangebot unverändert, d. h. die Arbeitsangebotskurve verschiebt sich durch den Punkt $\underline{w}/A_2$. Mit niedrigerem Reallohn steigt andererseits die Arbeitsnachfrage (entlang A_1^n) an. Der Nachfrageüberschuß auf dem Arbeitsmarkt führt zu einer Erhöhung des Nominal- und damit auch des Reallohnsatzes, bis in Punkt D ein temporäres Gleichgewicht (auf Güter- und Arbeitsmarkt) erreicht ist.[1]

Es zeigt sich also, daß der Beschäftigungseinbruch bei Lohnindexierung ausgeprägter ist. Dieser Effekt verschwindet jedoch mit neuen Lohnverhandlungen einerseits und Erwartungsrevision andererseits, die zu Punkt C führen.

3.2.3 Zeitinkonsistenz der Geldpolitik

Vorangehend wurde davon ausgegangen, daß die Geldpolitik auf eine Reduzierung der Inflationsrate bei möglichst geringer konjunktureller Arbeitslosigkeit gerichtet ist. Hier wird nun angenommen, daß die Geldpolitik auch zur Beeinflussung friktioneller und struktureller Arbeitslosigkeit herangezogen wird, d. h., daß ein Produktionsziel $\overline{Y} > Y_0$ angestrebt wird.

Optimaler Geldpolitik liegt dann die folgende Kostenfunktion zugrunde:

$$(1) \quad \Theta_t = \alpha_1 \hat{P}_t^2 + \alpha_2 (\overline{Y} - Y_t)^2.$$

Als Nebenbedingung gelte wieder eine Lucas-Angebotsfunktion:

$$(2) \quad Y_t = Y_0 + \alpha(\hat{P}_t - \hat{P}_t^e);$$

es gelten rationale Erwartungen:

$$(3) \quad \hat{P}_t^e = E_t(\hat{P}_t).$$

Mit $\alpha_1 = \alpha_2$ läßt sich die Kostenfunktion nun durch Kreise um den Punkt $Y = \overline{Y}$ und $\hat{P} = 0$ in Abbildung III.18 darstellen. Die Lucas-Angebotsfunktion wird wieder durch die langfristige sowie die kurzfristigen Angebotskurven wiedergegeben.

---

[1] Von weiteren Anpassungsschritten wird zur Vereinfachung abgesehen.

Ausgangspunkt sei A. Die Zentralbank kündige nun an, daß sie die Wachstumsrate der Geldmenge auf Null senkt (D_1). Bei rationalen Erwartungen erkennen die Wirtschaftssubjekte, daß dann ein neues Gleichgewicht in Punkt B erreicht würde. Stellen sie sich hierauf ein, so gilt $\hat{P}^e = 0$.

In dieser Situation wäre die Zentralbank jedoch versucht, die Wirtschaftssubjekte durch eine positive Wachstumsrate der Geldmenge zu überraschen, um so in Punkt C eine niedrigere Isokostenkurve zu erreichen (sog. Zeitinkonsistenz der Geldpolitik). Da die Wirtschaftssubjekte dies bei rationalen Erwartungen voraussehen, schenken sie der angekündigten Geldpolitik keinen Glauben.

Statt dessen bestimmen sie die Inflationsrate, bei der durch Überraschungseffekte keine Kostensenkungen mehr möglich sind. Dies ist die Inflationsrate, bei der die entsprechende kurzfristige Angebotskurve im Schnittpunkt mit der S_l-Kurve eine Isokostenkurve berührt (Punkt D). Der Zentralbank bleibt in diesem Fall keine andere Wahl, als durch entsprechende Geldpolitik die Inflationsrate $\hat{P}_1$ zu finanzieren. Würde sie an der angekündigten Geldpolitik ($\hat{M} = 0$) festhalten, so würden in Punkt E noch höhere soziale Kosten entstehen.[1]

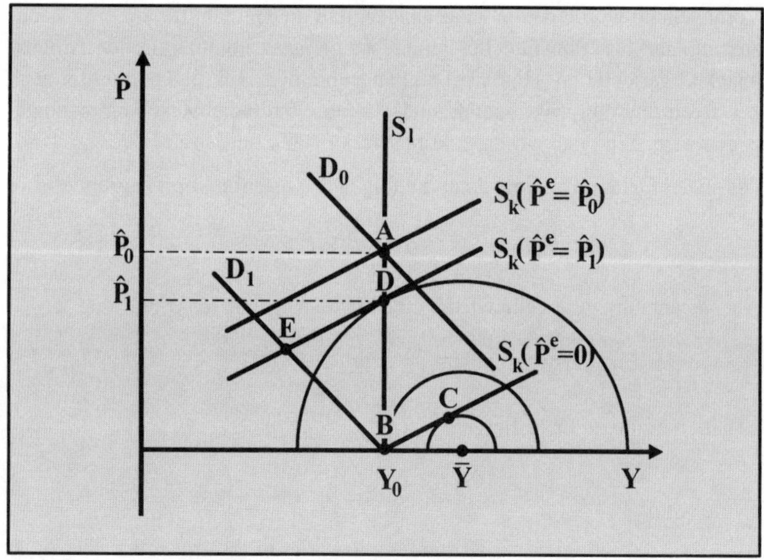

Abbildung III.18: Zeitinkonsistenz

[1] Dies gibt auch eine Antwort auf die Frage, warum die Zentralbank, die der Preisniveaustabilität verpflichtet ist, überhaupt $\hat{M} > 0$ zuläßt.

Die langfristig günstigste Kostensituation B könnte realisiert werden, wenn der Ankündigung der Zentralbank vertraut würde. Dies wäre entweder dann der Fall, wenn die Zentralbank durch Vorschriften (Regelbindung) zu einer bestimmten Geldpolitik verpflichtet wäre. Oder aber, wenn die Zentralbank die langfristigen Kosten ihrer Politik berücksichtigt und eine entsprechende Reputation hat, so daß der private Sektor damit rechnet, daß sie auf kurzfristige Kostensenkungen verzichtet.

Aufgaben

III.21 Gegeben sei ein Vollbeschäftigungsgleichgewicht (Y_0 bzw. u_0) bei Preisniveaukonstanz. Der Staat versuche nun, durch eine Erhöhung der Wachstumsrate der Geldmenge ($\hat{M} > 0$) die Arbeitslosenquote unter u_0 zu senken. Stellen Sie mit Hilfe sowohl des $Y/\hat{P}$-Diagramms als auch der Phillips-Kurve Ausgangs- und Endgleichgewicht sowie den Anpassungspfad graphisch dar. Unterstellen Sie hierbei statische Erwartungen. Was ändert sich, wenn die Haushalte rationale Erwartungen haben?

III.22 Überprüfen Sie mit Hilfe des $Y/\hat{P}$-Diagramms, inwieweit sich durch eine Verringerung der Staatsausgaben eine positive Inflationsrate kurz- und langfristig senken läßt. Ergänzen Sie diese Abbildung um das IS/LM-Schema. Welche Auswirkungen ergeben sich auf den nominellen und realen Zinssatz?

III.23 Gegeben sei ein Ausgangsgleichgewicht mit $\hat{P}_0 > 0$. Zur Inflationsbekämpfung senke der Staat die Einkommensteuer. Hierdurch erhöhe sich die Motivation der Arbeiter und damit ihr Grenzertrag (positiver Angebotsschock). Da die Haushalte mit einer späteren Steuererhöhung rechnen, bleibe die Konsumnachfrage von der Steuersenkung unbeeinflußt. Untersuchen Sie mit Hilfe eines $Y/\hat{P}$-Diagramms, inwieweit es dem Staat gelingt, die Inflationsrate zu senken.

III.24 Gegeben sei das Inflationsmodell:

$$(1) \quad Y_t^a = Y_0 + \alpha(\hat{P}_t - \hat{P}_{t-1})$$

$$(2) \quad Y_t^n = Y_{t-1} + \beta(\hat{M}_t - \hat{P}_t).$$

Im Ausgangsgleichgewicht gelte $\hat{M} = \text{const.} > 0$. In der Periode 1 verringere der Staat die Wachstumsrate der Geldmenge auf Null. Berechnen Sie die zeitliche Entwicklung der Inflationsrate und des realen Volkseinkommens.

III.25 Übertragen Sie die in Abbildung III.14 dargestellte Disinflationspolitik in ein Phillips-Kurven-Diagramm. Welches Ergebnis stellt sich ein, wenn der Staat die Verringerung der Wachstumsrate der Geldmenge ankündigt, und die Wirtschaftssubjekte rationale Erwartungen haben?

III.26 Der Staat verfolge die Ziele Preisniveaustabilität ($\hat{P} = 0$) sowie Vollbeschäftigung ($u = u_0$). Im Ausgangsgleichgewicht gelte $\hat{P} > 0$ sowie $u = u_0$. Stellen Sie die optimale Anti-Inflationspolitik unter Verwendung der Phillips-Kurve als Nebenbedingung graphisch dar; es gelten statische Inflationserwartungen.

III.27 Der Staat verfolge die Ziele Preisniveaustabilität ($\hat{P} = 0$) sowie Vollbeschäftigung ($u = u_0$). Im Ausgangsgleichgewicht gelte $\hat{P} > 0$ sowie $u = u_0$. Berechnen Sie die optimale Anti-Inflationspolitik bei statischen Inflationserwartungen.

III.28 Gegeben sei ein Vollbeschäftigungsgleichgewicht bei Preisniveaustabilität. Diese Situation werde durch einen negativen Angebotsschock gestört. Untersuchen Sie, inwieweit langfristig negative Beschäftigungseffekte infolge von Lohnindexierung auftreten.

III.29 Der Staat verfolge die Ziele Preisniveaustabilität ($\hat{P} = 0$) und (absolute) Vollbeschäftigung ($u = 0$). Im Ausgangsgleichgewicht gelte $\hat{P} > 0$ sowie $u = u_0$. Stellen Sie die optimale Anti-Inflationspolitik unter Verwendung der Phillips-Kurve bei rationalen Inflationserwartungen graphisch dar. Berechnen Sie auch die gleichgewichtige Inflationsrate.

III.30 Gegeben sei ein Vollbeschäftigungsgleichgewicht ($Y = Y_0$) mit relativ hoher Inflationsrate. Stellen Sie die optimale Anti-Inflationspolitik unter Verwendung einer Lucas-Angebotsfunktion graphisch dar. Gehen Sie hierbei davon aus, daß der Staat die Periodenkosten seiner Politik minimieren will, und er das Ziel $\overline{Y} > Y_0$ anstrebt. Die Haushalte haben statische Inflationserwartungen.

IV. Kapitel

Außenwirtschaftliches Gleichgewicht

In diesem Kapitel wird die Betrachtung auf eine offene Volkswirtschaft ausgedehnt, d. h. es werden auch die ökonomischen Beziehungen zum Ausland berücksichtigt. Lernziel dieses Kapitels ist es, einen Überblick über die makroökonomischen Wirkungen des internationalen Handels und Kapitalverkehrs zu gewinnen. Der Betrachtung liegt wieder das in Kapitel I vorgestellte Makro-Modell zugrunde, das nun noch um die ökonomischen Aktivitäten zwischen In- und Ausland zu ergänzen ist.

1. Vorbemerkungen[1]

In diesem Kapitel werden nun noch ökonomische Beziehungen zum Ausland berücksichtigt. Der Übergang von der bisher geschlossenen zu einer nun offenen Volkswirtschaft erfordert, daß das in Kapitel I dargestellte Makro-Modell um den Auslandssektor sowie um den Devisenmarkt erweitert wird.

Mit der Berücksichtigung des Devisenmarktes wird ein weiterer Preis in das Modell eingeführt, der sog. Wechselkurs. Damit ökonomische Beziehungen zwischen verschiedenen Ländern mit unterschiedlicher nationaler Währung entstehen können, müssen diese Währungen ineinander umrechenbar sein. Diese Umrechnung geschieht mit Hilfe des Wechselkurses. Dieser Wechselkurs kann in Preis- oder in Mengennotierung angegeben werden.

Der Wechselkurs in Preisnotierung e gibt den Preis einer ausländischen Währungseinheit an, bspw.:

$$(1) \quad e = \frac{x€}{\$}.$$

Der Wechselkurs in Mengennotierung f ist der Reziprokwert der Preisnotierung:

$$(2) \quad f = \frac{y\$}{€} = \frac{1}{e}$$

und damit gleich der Preisnotierung der inländischen Währungseinheit im Ausland. Neben dem obigen nominellen Wechselkurs wird weiter ein realer Wechselkurs unterschieden. Dieser ist definiert als:

$$(3) \quad \theta = e\frac{P_a}{P},$$

d. h. er ist gleich dem nominellen Wechselkurs, der mit dem Preisverhältnis zwischen Ausland und Inland gewichtet wird, wobei P_a das Preisniveau im Ausland und P das Preisniveau im Inland (bzw. den Preis des jeweiligen Einheitsgutes) darstellen. Der reale Wechselkurs gibt die Höhe des ausländischen Preisniveaus (in inländischer Währung) im Verhältnis zum inländischen Preisniveau und damit die Wettbewerbsfähigkeit des Inlandes auf dem

---

[1] Größl-Gschwendtner, J., Zahlungs- und Wechselkurstheorie, München/Wien 1991, S. 1 ff; Heubes, J., Grundlagen der modernen Makroökonomie, a. a. O., S. 415 ff; Willms, M., Internationale Währungspolitik, 2. Aufl., München 1995, S. 3 ff.

Weltmarkt an: Je höher der reale Wechselkurs, um so größer ist die internationale Wettbewerbsfähigkeit des Inlandes.[1]

Im Hinblick auf die Preisbildung auf dem Devisenmarkt lassen sich verschiedene Möglichkeiten, sog. Wechselkurssysteme oder -regime, unterscheiden, die in Übersicht IV.1 zusammengestellt sind.

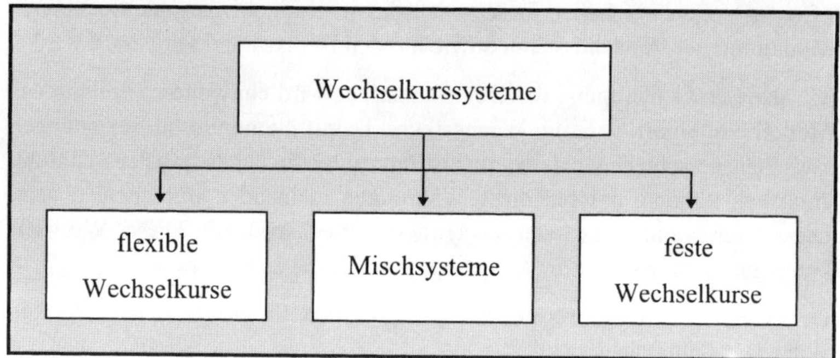

Übersicht IV.1: Wechselkursregime

Bei freien oder flexiblen Wechselkursen bildet sich der Wechselkurs durch Angebot und Nachfrage auf dem Devisenmarkt – grundsätzlich ohne Intervention der Währungsbehörde (Zentralbank).[2] Bei festen Wechselkursen wird der Wechselkurs entweder aufgrund internationaler Vereinbarungen oder aufgrund einseitiger Festlegung fixiert. Hierbei kann der Wechselkurs sowohl an eine einzelne Währung (Leitwährung) als auch an einen Währungskorb (bspw. ECU) gebunden sein. Mischsysteme umfassen mehrere Möglichkeiten, in denen Elemente freier und fester Wechselkurse miteinander verbunden werden.[3]

---

[1] Die sog. terms of trade τ (reales Austauschverhältnis) sind gleich dem Quotienten aus den Exportgüterpreisen und den Importgüterpreisen. Im vorliegenden Fall (keine nichthandelbaren Güter) entsprechen sie dem Reziprokwert des realen Wechselkurses:

$$\tau = \frac{P}{eP_a}.$$

Während der reale Wechselkurs auch angibt, wie viele Einheiten Exportgut pro Einheit Importgut am Weltmarkt hingegeben werden müssen, zeigen die terms of trade, wie viele Einheiten Importgüter pro Einheit Exportgut am Weltmarkt erworben werden können.

[2] Devisen sind i. d. R. Sichtguthaben bei ausländischen Banken. Banknoten und Münzen in ausländischer Währung werden als Sorten bezeichnet; sie dienen der Abwicklung des täglichen Geschäftsverkehrs der Banken.

[3] Bandbreitenfixierung, Stufenflexibilität, gleitende Paritäten.

2. Binnen- und außenwirtschaftliches Gleichgewicht[1]

In einer offenen Volkswirtschaft ist neben dem binnenwirtschaftlichen Gleichgewicht noch ein außenwirtschaftliches Gleichgewicht zu unterscheiden. Die makroökonomischen Wirkungen des internationalen Handels und Kapitalverkehrs erfordern, daß zur Aufrechterhaltung des binnenwirtschaftlichen Gleichgewichts zugleich auch ein außenwirtschaftliches Gleichgewicht erreicht sein muß.

In diesem Abschnitt geht es nun um die Frage nach diesem simultanen binnen- und außenwirtschaftlichen Gleichgewicht. Hierzu wird zunächst ein Modell einer offenen Volkswirtschaft entwickelt, daran anschließend wird die Gleichgewichtslösung abgeleitet.

2.1 Modell einer offenen Volkswirtschaft

Ausgangspunkt sind die zweite und dritte Version des in Kapitel I dargestellten makroökonomischen Modells einer geschlossenen Volkswirtschaft. Dieses Modell ist nun um die Auswirkungen des Güter- und Kapitalverkehrs mit dem Ausland auf die verschiedenen Märkte zu ergänzen und darüber hinaus um den Devisenmarkt zu erweitern. Hierbei wird die Betrachtung auf ein sog. kleines Land beschränkt, das dem Rest der Welt (Ausland) gegenübersteht. In diesem Fall hat die wirtschaftliche Situation des Inlandes keinen Einfluß auf die des Auslandes, so daß die ökonomischen Größen des Auslandes Daten für das Inland darstellen.[2]

Zur Vereinfachung wird angenommen, daß sich durch die Einbeziehung des Auslandes auf dem Arbeitsmarkt keine Veränderungen ergeben.[3] Bezüglich des Geldmarktes wird davon ausgegangen, daß ausschließlich Inländer das inländische Geld nachfragen. Das Geldangebot basiert auf der Zentralbankgeldmenge. Die Zentralbankgeldmenge entsteht durch Kreditgewährung an das Inland sowie nun auch noch an das Ausland. Die Kreditgewährung an

---

1 Borchert, M., Außenwirtschaftslehre, 4. Aufl., Wiesbaden 1992, S. 192 ff; Heubes, J., Grundlagen der modernen Makroökonomie, a. a. O., S. 435 ff; Jarchow, H.-J. und P. Rühmann, Moderne Außenwirtschaft, I. Monetäre Außenwirtschaftstheorie, 4. Aufl., Göttingen/Zürich 1994, S. 130 ff.

2 Es handelt sich hier um das Standardmodell der monetären Außenwirtschaftstheorie, nämlich ein Mundell-Fleming-Modell. Dies ist ein um Außenbeziehungen erweitertes keynesianisches Modell einer geschlossenen Volkswirtschaft.

3 Das Arbeitsangebot richtet sich nach dem Reallohn. Da die Haushalte ihr Einkommen in einer offenen Volkswirtschaft teilweise für Importe verwenden, wäre der korrekte Deflator des Nominallohns ein Preisindex, der das in- und ausländische Preisniveau berücksichtigt.

das Ausland (Netto-Auslandsforderungen) ist gleich dem Devisenbestand (Währungsreserven) der Zentralbank.[1]

Unter diesen vereinfachenden Annahmen bleibt nun noch die Angebots- und Nachfragesituation auf dem Güter- und auf dem Devisenmarkt näher zu betrachten.

2.1.1 Der Gütermarkt

Die Produktionsmöglichkeiten des betrachteten Landes mögen durch die Öffnung der Volkswirtschaft nicht beeinflußt werden.[2] Bei unveränderter Situation auf dem Arbeitsmarkt bleibt dann auch das Güterangebot unverändert. Zur Vereinfachung wird angenommen, daß das Güterangebot kurzfristig völlig elastisch ist ($P = \text{const.}$, 2. Version des Makromodells), während es längerfristig völlig unelastisch ist ($Y = Y_0$, 3. Version des Makromodells).

Die Güternachfrage in einer offenen Volkswirtschaft setzt sich aus der Nachfrage der Inländer und der Nachfrage der Ausländer (Exporte) zusammen. Die Güternachfrage der Inländer richtet sich zum Teil auf inländische Güter, zum Teil aber auch auf ausländische Güter (Importe).

Es wird angenommen, daß im In- und im Ausland je ein Gut produziert wird, wobei diese beiden Güter unvollkommene Substitute sind.[3] Weiter wird davon ausgegangen, daß die mengenmäßigen Exporte (X) mit zunehmender internationaler Wettbewerbsfähigkeit des Inlandes ($\theta = eP_a/P$) sowie mit steigendem ausländischen Einkommen (Y_a) ansteigen:

$$(1) \quad X = X(\theta, Y_a); \qquad \partial X/\partial \theta > 0, \qquad \partial X/\partial Y_a > 0.$$

Umgekehrt gehen die mengenmäßigen Importe (J) mit zunehmender Wettbewerbsfähigkeit zurück, steigen jedoch mit dem inländischen Einkommen an:

$$(2) \quad J = J(\theta, Y); \qquad \partial J/\partial \theta < 0, \qquad \partial J/\partial Y > 0.$$

Bei der Frage nach dem Einfluß des Güterverkehrs mit dem Ausland auf die binnenwirtschaftliche Güternachfrage geht es darum, wieviel Güter aufgrund der Exporte mehr und aufgrund der Importe weniger nachgefragt werden. Da X die Exporte in Einheiten des inländischen Gutes ausgedrückt sind, steigt die heimische Güternachfrage um diese Menge an. Da J die Importe in Einheiten des ausländischen Gutes angibt, ist diese Größe noch in Einheiten

---

[1] Bei völlig freien Wechselkursen verfügt die Zentralbank über keinerlei Währungsreserven.

[2] Es wird von importierten Vorleistungen abgesehen.

[3] Bei vollkommenen Substituten gilt die sog. Kaufkraftparitätentheorie, d. h. es gilt weltweit ein einheitlicher Preis für diese Güter (in gleicher Währung); bei unvollkommenen Substituten hingegen können die Preise in In- und Ausland differieren.

des inländischen Gutes umzurechnen. Dies geschieht mit Hilfe des realen Wechselkurses θ.[1]

Die Güternachfrage in einer offenen Volkswirtschaft ist somit:

$$(3) \quad Y = C(Y) + I(r) + G + X(\theta, Y_a) - \theta J(\theta, Y)$$

bzw.:

$$(4) \quad Y = HA(\underset{+}{Y}, \underset{-}{r}, \underset{+}{G}) + AB^r(\underset{-}{\theta}, Y, \underset{+}{Y_a})$$

mit:

$$HA = C(Y) + I(r) + G \qquad \text{(heimische Absorption)}$$

$$AB^r = X(\theta, Y_a) - \theta J(\theta, Y) \qquad \text{(realer Außenbeitrag).}$$

In Gleichung (4) ist der Einfluß von θ auf Y noch unbestimmt: Nach Gleichung (3) steigt X mit zunehmendem θ an, während J zurückgeht. Über die Veränderung von θJ ist jedoch keine Aussage möglich. Es wird nun die Annahme gemacht, daß die Importe preiselastisch sind. In diesem Fall überwiegt die Veränderung von J, d. h. bei einem Anstieg von θ geht der Ausdruck θJ zurück, so daß $\partial AB^r/\partial\theta > 0$ gilt.

Gleichung (4) läßt sich in einem Y/r-Diagramm wieder mit Hilfe einer IS-Kurve darstellen. Diese Kurve hat wiederum einen fallenden Verlauf. Ihre Steigung ist jetzt jedoch betragsmäßig größer als in einer geschlossenen Volkswirtschaft: Sinkt der Zinssatz, so steigen die Investitionen sowie die Konsumnachfrage (Multiplikatorprozeß) an. Da ein Teil der zusätzlichen Güternachfrage ins Ausland abfließt, ist die Nachfragesteigerung im Inland nun geringer als in einer geschlossenen Volkswirtschaft.[2]

Die Lage der IS-Kurve ist wie in einer geschlossenen Volkswirtschaft u. a. von der Höhe der Staatsausgaben abhängig; höhere Staatsausgaben verschieben die IS-Kurve nach rechts. In einer offenen Volkswirtschaft sind nun weiterhin P, eP_a sowie Y_a als Lageparameter zu beachten. Unter der obigen Elastizitäts-Annahme besteht ein negativer (positiver) Zusammenhang zwischen P (eP_a) und der Güternachfrage, d. h. eine Verringerung von P (Erhöhung von eP_a) verschiebt die IS-Kurve nach rechts. Ein positiver Zusammenhang besteht auch zwischen Y_a und der Güternachfrage.

2.1.2 Devisenmarkt und Zahlungsbilanz

Auf dem **Devisenmarkt** stehen sich Devisenangebot und Devisennachfrage gegenüber. Wird angenommen, daß die ausländische Währung ($) als Zah-

---

[1] $\theta J = eP_aJ/P$. Der Ausdruck eP_aJ gibt die Ausgaben für Importe in inländischer Währung an. Werden diese Ausgaben durch P dividiert, so ergibt sich die Menge des inländischen Gutes, die aufgrund dieser Importe nicht nachgefragt wird.

[2] Wie üblich, wird von einer Zinsabhängigkeit des realen Außenbeitrags (infolge I(r)) abgesehen.

lungsmittel bei internationalen Transaktionen dient (internationales Zahlungsmittel), so ist das Devisenangebot gleich

- den Erlösen aus den inländischen Güterexporten (Exporteure erhalten am Weltmarkt \$, benötigen im Inland aber €),[1]
- zuzüglich dem Kapitalimport (Kapitalanleger verkaufen ausländische Wertpapiere; auch sie tauschen die erhaltenen \$ in € um).[2]

Entsprechend ist die Devisennachfrage gleich

- den Ausgaben für inländische Güterimporte (Importeure benötigen \$, um am Weltmarkt Käufe tätigen zu können),[3]
- zuzüglich dem Kapitalexport (Kapitalanleger kaufen ausländische Wertpapiere; auch sie benötigen \$).

Es wird angenommen, daß die inländischen Güter zum \$-Preis P/e am Weltmarkt angeboten werden, die ausländischen Güter zum \$-Preis P_a. Damit beträgt das \$-Angebot auf dem Devisenmarkt aufgrund der Güterexporte $PX(\theta,Y_a)/e$; die \$-Nachfrage aufgrund der Güterimporte entsprechend $P_aJ(\theta,Y)$.

Die Differenz zwischen Exporterlösen und Ausgaben für Importe in €, der sog. nominelle Außenbeitrag (AB^n), ist dann:

$$(5) \quad AB^n = PX(\theta,Y_a) - eP_aJ(\theta,Y) = AB^n(\underset{+}{\theta}, \underset{-}{Y}, \underset{+}{Y_a}).^4$$

Es bleiben noch Devisenangebot und Devisennachfrage aufgrund des internationalen Kapitalverkehrs zu bestimmen. Bei dem internationalen Kapitalverkehr handle es sich um Vermögensanlagen (Portfolio-Investitionen).[5] Inwieweit das Vermögen der inländischen Anleger im Inland oder im Ausland angelegt wird, hängt von den geltenden Zinssätzen im In- und Ausland ab (r bzw. r_a):[6] Bei entsprechender Zinsdifferenz zugunsten des Inlandes verkaufen die Inländer das ausländische Wertpapier (Kapitalimport); im umgekehrten Fall kaufen Inländer ausländische Wertpapiere (Kapitalexport). Für die Differenz zwischen Kapitalimport und Kapitalexport f (Nettokapitalimport) läßt sich somit schreiben:

$$(6) \quad f = f(r - r_a), \qquad f' > 0.$$

---

1 Dient der € als internationales Zahlungsmittel, so bieten die ausländischen Importeure \$ an und fragen € nach.

2 Das inländische Wertpapier wird nur von Inländern nachgefragt.

3 Bei € als internationalem Zahlungsmittel bieten die ausländischen Exporteure € an und fragen \$ nach.

4 Es wird eine sog. Normalreaktion des nominellen Außenbeitrags unterstellt: $\partial AB^n/\partial\theta > 0$, was bei einer Änderung von P preiselastische Exporte erfordert.

5 Zinszahlungen, die auf der Leistungsbilanz (s. u.) verbucht werden, bleiben unberücksichtigt.

6 Außerdem von der erwarteten Wechselkursänderung, wovon hier jedoch abgesehen wird. Da nachfolgend vorwiegend Gleichgewichtssituationen betrachtet werden, ist diese Einschränkung ohne große Bedeutung.

Zur Vereinfachung wird angenommen, daß f den realen Nettokapitalimport darstellt.[1] Der nominelle Nettokapitalimport in € ist dann Pf.

Das Ausmaß der internationalen Kapitalbewegungen, die internationale Kapitalmobilität, hängt – in Abwesenheit von Kapitalverkehrskontrollen u. ä. – von den Substitutionsbeziehungen zwischen den in- und ausländischen Wertpapieren ab. Sind diese Wertpapiere vollkommene Substitute, so finden so lange internationale Kapitalbewegungen statt, bis die Zinssätze im In- und Ausland übereinstimmen (vollständige Kapitalmobilität),[2] wobei sich der Zinssatz eines kleinen Landes an den Zinssatz auf dem Weltmarkt anpaßt. Sind diese Wertpapiere hingegen unvollkommene Substitute, so ist eine gewisse Zinsdifferenz zwischen In- und Ausland erforderlich, um internationale Kapitalbewegungen zu induzieren (unvollständige Kapitalmobilität).[3]

Ein Gleichgewicht auf dem Devisenmarkt (außenwirtschaftliches Gleichgewicht) ist dann erreicht, wenn Devisenangebot und Devisennachfrage bei dem geltenden (unveränderten) Wechselkurs übereinstimmen, bzw. wenn die Differenz zwischen Devisenangebot und Devisennachfrage gleich Null ist. Im Gleichgewicht gilt somit (in €):

$$(7) \quad PX(\theta,Y_a) - eP_aJ(\theta,Y) + Pf(r - r_a) = 0$$

bzw.:

$$(8) \quad AB^r(\theta,Y,Y_a) + f(r - r_a) = 0;$$

der geltende Wechselkurs wird dann als gleichgewichtiger Wechselkurs bezeichnet.[4]

Die genannten ökonomischen Transaktionen, die während eines Jahres zwischen In- und Ausland stattfinden, werden auf der sog. **Zahlungsbilanz** erfaßt. Diese Erfassung geschieht in der Form, daß gleichartige Transaktionen zusammengefaßt und auf Teilbilanzen der Zahlungsbilanz ausgewiesen werden: Der Güterverkehr wird auf der Leistungsbilanz, der Kapitalverkehr auf der Kapitalverkehrsbilanz verbucht.

---

1 Bezeichnet $f(r - r_a)$ den nominellen Nettokapitalimport, so ändert sich mit P die Lage der ZG-Kurve in nachfolgender Abbildung IV.1, selbst wenn der reale Wechselkurs konstant bleibt.

2 In diesem Fall gilt die sog. Zinsparität.

3 Bei unvollkommenen Substituten ist das Risiko des einen Wertpapiers größer als das des anderen. Risikoaverse Anleger verlangen dann zum Ausgleich bei dem risikoreicheren Wertpapier eine höhere Verzinsung.

4 Bei flexiblen Wechselkursen ändert sich der Wechselkurs, bis Devisenangebot und Devisennachfrage übereinstimmen. Kommt es zu einer derartigen Wechselkursänderung, so lag in der Ausgangsposition kein Devisenmarktgleichgewicht vor.

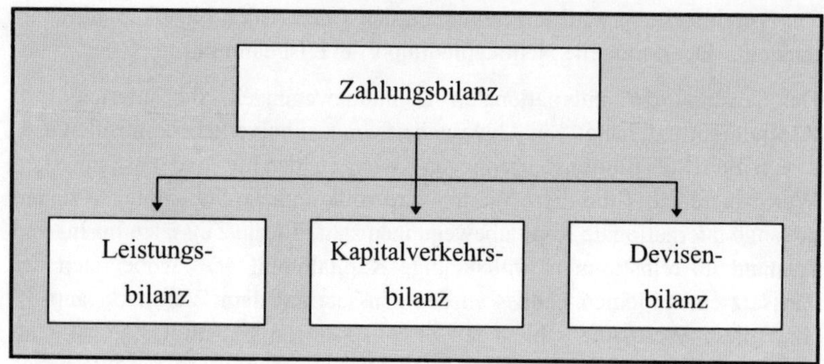

Übersicht IV.2: Vereinfachte Gliederung der Zahlungsbilanz

Neben diesen beiden Teilbilanzen wird nachfolgend noch eine dritte Teilbilanz unterschieden, die sog. Devisenbilanz. Die Devisenbilanz erfaßt die Zu- oder Abnahme des Devisenbestandes der Zentralbank.

Der nominelle Außenbeitrag $PX - eP_aJ$ in Gleichung (7) ist gleich dem Saldo der Leistungsbilanz; der nominelle Nettokapitalimport Pf ist gleich dem Saldo der Kapitalverkehrsbilanz. Ein außenwirtschaftliches Gleichgewicht ist also dann erreicht, wenn sich bei dem geltenden Wechselkurs die Salden der Leistungs- und Kapitalverkehrsbilanz ausgleichen (Zahlungsbilanzgleichgewicht).[1]

Da jeder Buchung auf der Zahlungsbilanz eine Gegenbuchung gegenübersteht,[2] ist die Zahlungsbilanz insgesamt immer ausgeglichen. Sind darüber hinaus die Leistungs- und Kapitalverkehrsbilanz zusammen ausgeglichen, so gilt dies auch für die Devisenbilanz. Ein Zahlungsbilanzgleichgewicht ist also dann erreicht, wenn bei dem geltenden Wechselkurs die Devisenbilanz ausgeglichen ist.

Weichen Devisenangebot und Devisennachfrage bei dem geltenden Wechselkurs voneinander ab, so besteht ein Zahlungsbilanzungleichgewicht. Übersteigt das Devisenangebot die Devisennachfrage, so liegt ein Zahlungsbilanzüberschuß vor; ist die Devisennachfrage größer als das Devisenangebot, so existiert ein Zahlungsbilanzdefizit.

Gleichung (8) wird in Abbildung IV.1 durch die ZG-Kurve wiedergegeben. Die ZG-Kurve gibt also alle Y/r-Kombinationen an, für die ein Zahlungsbilanzgleichgewicht vorliegt. Zur Bestimmung der Steigung der ZG-Kurve wird von einer Y/r-Kombination ausgegangen, bei der ein Zahlungsbilanzgleichgewicht realisiert ist. Bei einer Erhöhung des Einkommens entsteht

---

1 Gilt $PX - eP_aJ > 0$ (Leistungsbilanzüberschuß), so muß $Pf < 0$ sein (Kapitalverkehrsbilanzdefizit, Nettokapitalexport).

2 Einem \$-Angebot aus Exporten (in € umgerechnet) steht eine \$-Nachfrage entweder für Importe oder für Kapitalexport oder die Nachfrage der Währungsbehörde gegenüber.

dann über erhöhte Importausgaben ein Zahlungsbilanzdefizit. Zum Ausgleich der Zahlungsbilanz ist jetzt ein verstärkter Netto-Kapitalimport erforderlich, der durch einen höheren Zinssatz induziert wird. Die ZG-Kurve verläuft somit ansteigend.

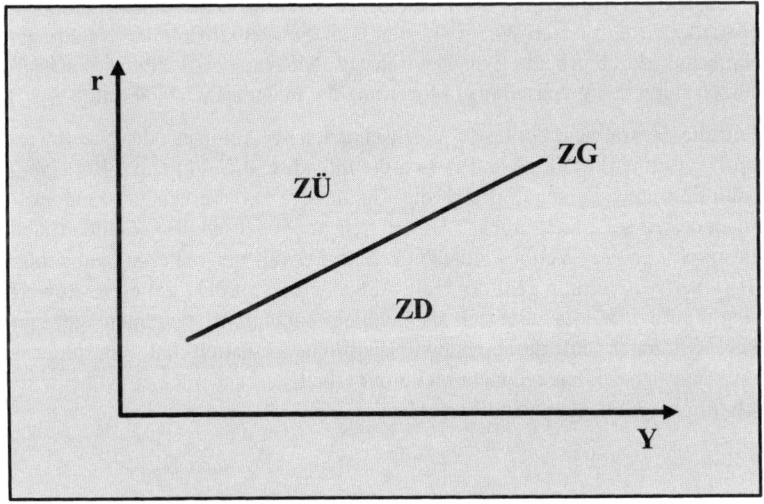

Abbildung IV.1: Zahlungsbilanzsituationen

Das Ausmaß der Steigung hängt von dem erforderlichen Zinsanstieg zur Induzierung des benötigten Netto-Kapitalimports ab. Je größer die Kapitalmobilität, um so geringer ist der erforderliche Zinsanstieg, d. h. um so flacher verläuft die ZG-Kurve.[1] Bei vollständiger Kapitalmobilität verläuft sie waagerecht; findet kein internationaler Kapitalverkehr statt, so verläuft die ZG-Kurve senkrecht.

Bleibt der Zinsanstieg hinter dem das erforderlichen Ausmaß zum Ausgleich der Zahlungsbilanz zurück, so entsteht ein Zahlungsbilanzdefizit und umgekehrt. Damit liegt oberhalb der ZG-Kurve ein Zahlungsbilanzüberschuß (ZÜ) vor, unterhalb dieser Kurve ein Zahlungsbilanzdefizit (ZD).

Die ZG-Kurve wurde für gegebene Werte von P, eP_a, Y_a und r_a abgeleitet; diese Größen sind Lageparameter. Eine Verringerung von P oder r_a bzw. eine Erhöhung von eP_a oder Y_a bewirken bei konstanten r und Y einen Zahlungsbilanzüberschuß; in diesem Fall kann die Zahlungsbilanz bei konstantem Zinssatz durch ein höheres Einkommen (höhere Importe) ausgeglichen werden, d. h. die ZG-Kurve verschiebt sich nach rechts.[2]

---

1 Wird berücksichtigt, daß der reale Außenbeitrag mit einer Zinserhöhung ansteigt, so verläuft die ZG-Kurve flacher.

2 Bei vollkommener Kapitalmobilität bleibt die Lage der ZG-Kurve unverändert.

Ein Zahlungsbilanzungleichgewicht erfordert bei festen Wechselkursen ein Eingreifen der Zentralbank zur Sicherung des geltenden Wechselkurses;[1] bei flexiblen Wechselkursen ändert sich der Wechselkurs. Bei einem Zahlungsbilanzüberschuß und festen Wechselkursen muß die Zentralbank den Angebotsüberschuß vom Markt nehmen; bei flexiblen Wechselkursen sinkt der Wechselkurs (Aufwertung der inländischen Währung). Bei einem Zahlungsbilanzdefizit und festen Wechselkursen muß die Zentralbank den Nachfrageüberschuß durch Abgabe von Devisen ausgleichen; bei flexiblen Wechselkursen steigt der Wechselkurs (Abwertung der inländischen Währung).

Tritt die Zentralbank bei festen Wechselkursen als Anbieter oder Nachfrager am Devisenmarkt auf, so ändert sich die inländische Geldmenge: Bei einem Zahlungsbilanzüberschuß steigt die Geldmenge an, bei einem Zahlungsbilanzdefizit geht sie zurück.[2] Ändert sich der Wechselkurs, so ändert sich die internationale Wettbewerbsfähigkeit und damit der reale Außenbeitrag: Bei einer Aufwertung geht der reale Außenbeitrag zurück, bei einer Abwertung nimmt er zu. Es zeigt sich also, daß ein Zahlungsbilanzungleichgewicht Rückwirkungen auf die binnenwirtschaftliche Situation hat; ein binnenwirtschaftliches Gleichgewicht bleibt nur erhalten, wenn auch ein außenwirtschaftliches Gleichgewicht erreicht ist.

2.2 Die Gleichgewichtslösung

Es bleiben noch Existenz und Stabilität eines Gleichgewichts für das skizzierte Modell einer offenen Volkswirtschaft zu untersuchen. Hierbei ist zu beachten, daß diese Lösung ein binnenwirtschaftliches und zugleich auch ein außenwirtschaftliches Gleichgewicht beinhaltet.

2.2.1 Existenz eines simultanen binnen- und außenwirtschaftlichen Gleichgewichts

Die Gleichgewichtsfassung des hier verwandten Modells einer offenen Volkswirtschaft ist in Übersicht IV.3 noch einmal zusammengefaßt (ausländisches Volkseinkommen sowie ausländischer Zinssatz werden nicht explizit erfaßt).[3]

---

[1] Die Devisenreserven der Zentralbank ändern sich dann um (in €):

$$dR = P(AB^r + f).$$

[2] Bei einem Zahlungsbilanzüberschuß kauft die Zentralbank die überschüssigen Devisen gegen Hingabe der inländischen Währung an; bei einem Zahlungsbilanzdefizit verkauft sie Devisen und erhält inländische Währung.

[3] Die Geldnachfrage sei unabhängig vom ausländischen Zinssatz. Bei einem Geldschöpfungsmultiplikator von eins gilt für das Geldangebot: $M = KR + R$ mit KR = heimische Kredite.

$$
\begin{aligned}
&(1) \quad Y = HA(\underset{+}{Y}, \underset{-}{r}, \underset{+}{G}) + AB^r(\underset{+}{eP_a / P}, \underset{-}{Y}) \\
&(2) \quad M/P = l(Y,r) \\
&(3) \quad AB^r(eP_a/P,Y) + f(r) = 0 \\
&(4a) \quad P = \text{const.} \qquad \text{(kurzfristig)} \\
&(4b) \quad Y = Y_0 \qquad \text{(langfristig)}
\end{aligned}
$$

Übersicht IV.3: Modell einer offenen Volkswirtschaft

Die langfristige Gleichgewichtslösung wird in Abbildung IV.2 graphisch dargestellt. Die (langfristige) binnenwirtschaftliche Situation wird durch die Lage des Schnittpunktes zwischen der IS- und der LM-Kurve zur Angebotskurve festgelegt. Ein binnenwirtschaftliches Vollbeschäftigungsgleichgewicht erfordert, daß dieser Schnittpunkt auf der Angebotskurve liegt. Die langfristige Angebotskurve (S) verläuft hierbei im Y/r-Diagramm senkrecht, da das Güterangebot unabhängig vom Zinssatz ist. Die außenwirtschaftliche Situation wird durch die Lage des Schnittpunktes zwischen der IS- und LM-Kurve zur ZG-Kurve festgelegt. Ein außenwirtschaftliches Gleichgewicht erfordert, daß dieser Schnittpunkt auf der ZG-Kurve liegt. Ein simultanes binnen- und außenwirtschaftliches Gleichgewicht ist also dann erreicht,

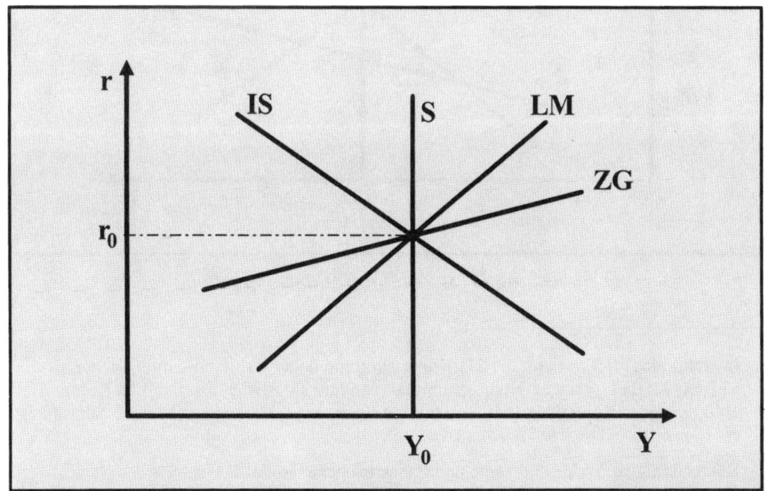

Abbildung IV.2: Binnen- und außenwirtschaftliches Gleichgewicht

wenn sich alle diese Kurven in einem Punkt schneiden, wie in Abbildung IV.2 dargestellt ist.[1]

Die Gleichgewichtslösung der Abbildung IV.2 gilt sowohl für feste als auch für flexible Wechselkurse. Sie ist erreicht, wenn die endogenen Größen die entsprechenden Gleichgewichtswerte erreicht haben. Als endogene Größen existieren wie in einer geschlossenen Volkswirtschaft u. a. r und P sowie jetzt zusätzlich M (über R) bei festen Wechselkursen bzw. e bei flexiblen Wechselkursen. Die exogenen Größen sind u. a. Y_0, G, P_a, r_a, Y_a sowie e bei festen bzw. M bei flexiblen Wechselkursen.[2]

2.2.2 Stabilität eines simultanen binnen- und außenwirtschaftlichen Gleichgewichts

Es bleibt die Stabilität des gesamtwirtschaftlichen Gleichgewichts zu untersuchen, d. h. es ist zu prüfen, inwieweit die Marktkräfte aus einer Ungleichgewichtssituation heraus zum Gleichgewicht hinführen. Als Ausgangspunkt dieser Betrachtung wird ein binnenwirtschaftliches Vollbeschäftigungsgleichgewicht bei einem Zahlungsbilanzüberschuß gewählt.[3]

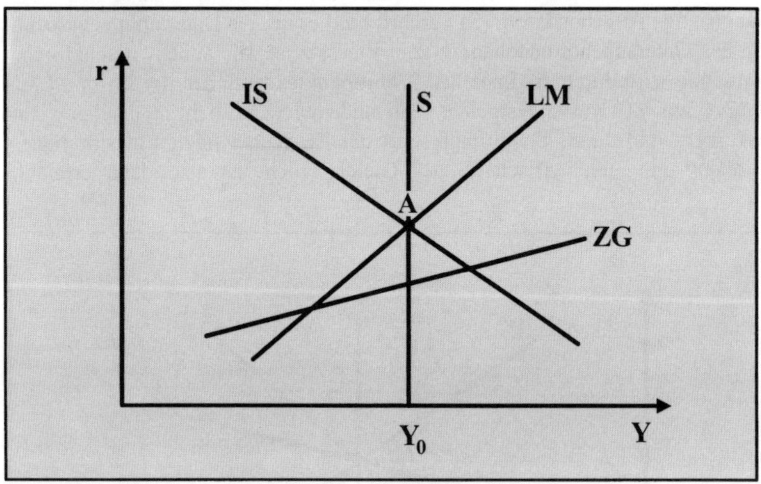

Abbildung IV.3: Zahlungsbilanzüberschuß

---

[1] In Abbildung IV.2 verläuft die ZG-Kurve aufgrund hoher Kapitalmobilität flacher als die LM-Kurve; bei geringer Kapitalmobilität verläuft sie steiler als die LM-Kurve. Bei vollkommener Kapitalmobilität verläuft sie waagerecht; Gleichung (3) wird dann durch $r = r_a$ ersetzt.

[2] Kürzerfristig ist Y eine endogene und P eine exogene Größe.

[3] Dieser Ausgangspunkt ermöglicht es, zunächst die neu auftretenden Kräfte, die zu einem Zahlungsbilanzausgleich führen, darzustellen.

Die Ausgangssituation ist in Abbildung IV.3 veranschaulicht (Punkt A). Da der Schnittpunkt zwischen der IS- und der LM-Kurve auf der S-Kurve liegt, herrscht Vollbeschäftigung. Da der Schnittpunkt zwischen der IS- und der LM-Kurve oberhalb der ZG-Kurve liegt, ist der Zinssatz bei dem Einkommen Y_0 zu hoch zum Ausgleich der Zahlungsbilanz; es liegt ein Zahlungsbilanzüberschuß vor.

Die Reaktionen auf diese Ungleichgewichtssituation hängen wesentlich vom Wechselkurssystem ab; die Anpassungsprozesse werden deshalb nachfolgend für feste und flexible Wechselkurse getrennt untersucht.

Feste Wechselkurse

Bei einem Zahlungsbilanzüberschuß (Punkt A in Abbildung IV.4) und festen Wechselkursen ist die Zentralbank verpflichtet, das überschüssige Devisenangebot aufzukaufen. Dies erfolgt durch Hingabe von Zentralbankgeld, wodurch die inländische Geldmenge ansteigt.[1]

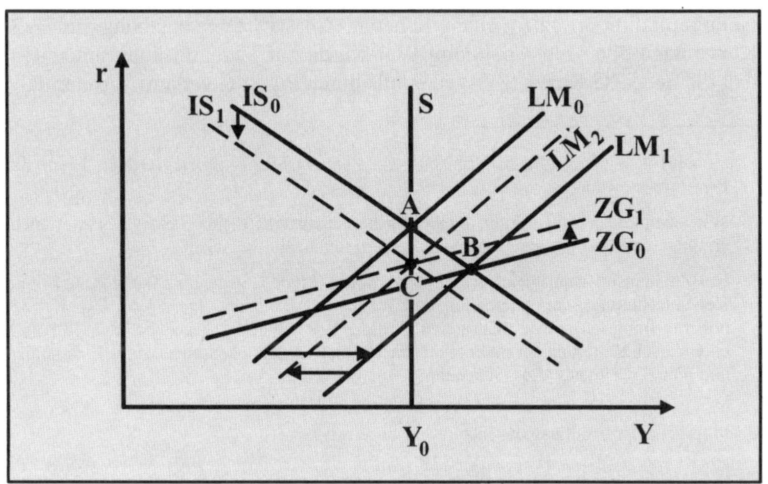

Abbildung IV.4: Geldmengen-Preis-Mechanismus

Der Anstieg der inländischen Geldmenge hält so lange an, bis ein Zahlungsbilanzgleichgewicht erreicht ist. D. h. die LM-Kurve verschiebt sich so weit nach rechts (LM_1), bis sie die IS_0-Kurve auf der ZG_0-Kurve schneidet (Punkt B).[2] Da der Zahlungsbilanzausgleich hier über eine Veränderung der inländischen Geldmenge erfolgt, wird er als Geldmengenmechanismus

[1] Es wird angenommen, daß die Zentralbank keine Neutralisierungspolitik betreibt, d. h. die Erhöhung der Devisenreserven nicht durch eine Verringerung der heimischen Kreditkomponente kompensiert.

[2] Der Zahlungsbilanzausgleich erfolgt kürzerfristig über niedrigere Zinsen (geringerer Nettokapitalimport) und höheres Einkommen (höhere Ausgaben für Importe).

bezeichnet. Aufgrund der Annahme, daß kurzfristig $P = const.$ gilt, ist in Punkt B zugleich auch ein neues kurzfristiges binnenwirtschaftliches Gleichgewicht erreicht.[1,2]

Längerfristig gilt $Y = Y_0$. Da Punkt B rechts von der S-Kurve liegt, existiert unter längerfristigem Aspekt Überbeschäftigung bzw. eine inflatorische Lücke, die zu Preissteigerungen führt. Diese Preissteigerungen bewirken zum einen eine Verringerung der realen Geldmenge (Linksverschiebung der LM-Kurve) und zum anderen über eine Verschlechterung der internationalen Wettbewerbsfähigkeit (reale Aufwertung) und damit über einen Rückgang des realen Außenbeitrags eine Verringerung der inländischen Güternachfrage (Linksverschiebung der IS-Kurve). Die Preissteigerungen halten so lange an, bis sich die IS- und die LM-Kurve auf der S-Kurve schneiden (IS_1, LM_2). Dieser Preismechanismus führt also zu einem binnenwirtschaftlichen Gleichgewicht (Punkt C).

Infolge der Verringerung des realen Außenbeitrags herrscht nun auf der ZG_0-Kurve ein Zahlungsbilanzdefizit. Die Aufrechterhaltung eines Zahlungsbilanzgleichgewichts erfordert dann bei jedem Einkommen einen höheren Nettokapitalimport, also einen höheren Zinssatz (Verschiebung der ZG-Kurve nach oben). In Abbildung IV.4 wurde zur Vereinfachung unterstellt, daß die neue ZG-Kurve (ZG_1) ebenfalls durch Punkt C verläuft.[3] Andernfalls

---

[1] Es wird also unterstellt, daß zunächst ein Zahlungsbilanzausgleich erfolgt, bevor das Preisniveau ansteigt.

[2] Wie oben bereits angedeutet, bleibt das binnenwirtschaftliche Gleichgewicht A nicht erhalten, da in der Ausgangslage kein Zahlungsbilanzgleichgewicht vorliegt.

[3] Der Zahlungsbilanzausgleich erfolgt längerfristig (Punkt C gegenüber Punkt A) über eine Verschlechterung der internationalen Wettbewerbsfähigkeit (geringere Exporte bei höheren Importen) sowie niedrigeren Zinssatz bzw. (Punkt C gegenüber Punkt B) über eine Verschlechterung der internationalen Wettbewerbsfähigkeit, niedrigeres Einkommen und höheren Zinssatz. Aus Gleichung:

$$(1) \qquad Y = HA(Y,r) + AB^r(eP_a/P,Y)$$

folgt bei einer Erhöhung des inländischen Preisniveaus:

$$(2) \qquad dY = cdY + jdY + vdP; \quad c = \partial HA/\partial Y, \quad j = \partial AB^r/\partial Y, \quad v = \partial AB^r/\partial P$$

bzw.:

$$(3) \qquad dY = \frac{1}{1-c-j} vdP.$$

Aus Gleichung:

$$(4) \qquad AB^r(eP_a/P,Y) + f(r - r_a) = 0$$

ergibt sich in diesem Fall:

$$(5) \qquad jdY + vdP = 0$$

bzw.:

$$(6) \qquad dY = -\frac{1}{j} vdP.$$

Gleichung (3) gibt die Verschiebung der IS-Kurve, Gleichung (6) die der ZG-Kurve an. Unter Beachtung von $j,v < 0$ verschieben sich beide Kurven bei $dP > 0$ nach links. Weiter gilt: $1/(1-c-j) < -1/j$, d. h. die ZG-Kurve verschiebt sich weiter als die IS-Kurve nach links, so daß $r_C > r_B$ folgt.

kommt es zu einem erneuten Zahlungsbilanzungleichgewicht, was weitere Geldmengenänderungen zur Folge hat. Insgesamt führt hier der skizzierte Geldmengen-Preis-Mechanismus aus einer Ungleichgewichtssituation zu einem simultanen binnen- und außenwirtschaftlichen Gleichgewicht (das Gleichgewicht ist stabil).

Flexible Wechselkurse

In der Ausgangssituation (Punkt A in Abbildung IV.5) eines binnenwirtschaftlichen Gleichgewichts bei einem Zahlungsbilanzüberschuß kommt es bei flexiblen Wechselkursen zu einer Aufwertung der inländischen Währung, bis die Zahlungsbilanz ausgeglichen ist.

Infolge der Aufwertung sinkt die internationale Wettbewerbsfähigkeit. Hierdurch sinkt der reale Außenbeitrag, d. h. die IS- und die ZG-Kurve verlagern sich nach links (IS_1 bzw. ZG_1), bis sie sich auf der unveränderten LM-Kurve schneiden (Punkt B).[1] Da der Zahlungsbilanzausgleich auf eine Anpassung des Wechselkurses zurückzuführen ist, wird er als Wechselkursmechanismus bezeichnet. Aufgrund der Annahme P = const. stellt Punkt B auch ein neues kurzfristiges binnenwirtschaftliches Gleichgewicht dar.

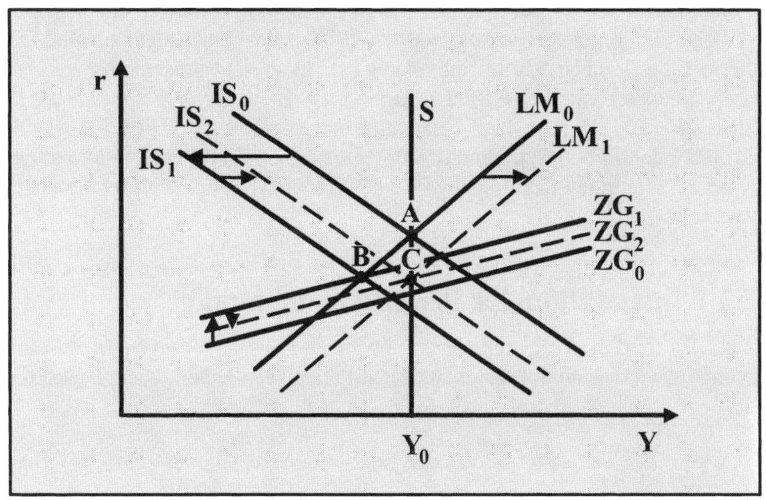

Abbildung IV.5: Wechselkurs-Preis-Mechanismus

Längerfristig gilt $Y = Y_0$. Da Punkt B links von der S-Kurve liegt, existiert unter längerfristigem Aspekt eine deflatorische Lücke, die zu Preissenkungen

[1] Der Zahlungsbilanzausgleich erfolgt kürzerfristig über niedrigere Zinsen (geringerer Nettokapitalimport) und gesunkene Wettbewerbsfähigkeit (höhere Importausgaben bei niedrigeren Exporterlösen) trotz niedrigeren Einkommens (niedrigere Importausgaben).

führt. Diese Preissenkungen bewirken eine Zunahme sowohl der realen Geldmenge (LM_0 nach LM_1) als auch infolge verbesserter Wettbewerbsfähigkeit (reale Abwertung) des realen Außenbeitrags und damit der Güternachfrage (IS_1 nach IS_2). Diese Preissenkungen dauern an, bis sich die IS- und die LM-Kurve auf der S-Kurve schneiden (Punkt C). Der Preismechanismus führt also wieder zu einem binnenwirtschaftlichen Gleichgewicht.[1]

Infolge der Erhöhung des realen Außenbeitrags herrscht nun auf der ZG_1-Kurve ein Zahlungsbilanzüberschuß. Damit ist ein niedrigerer Nettokapitalimport, ein niedrigerer Zinssatz, zum Ausgleich der Zahlungsbilanz erforderlich (Rechtsverschiebung der ZG-Kurve). In Abbildung IV.5 wurde zur Vereinfachung unterstellt, daß die neue ZG-Kurve (ZG_2) ebenfalls durch Punkt C verläuft.[2] Anderenfalls kommt es zu weiteren Wechselkursanpassungen, die wiederum Preisänderungen auslösen. Insgesamt führt der skizzierte Wechselkurs-Preis-Mechanismus zu einem simultanen binnen- und außenwirtschaftlichen Gleichgewicht.

2.3 Internationale Inflations- und Konjunkturübertragung[3]

Vorangehend wurde gezeigt, daß der internationale Handels- und Kapitalverkehr (bei gegebenen ökonomischen Größen des Auslandes) Einfluß auf die Gleichgewichtssituation im Inland hat. In diesem Abschnitt wird nun noch untersucht, inwieweit der internationale Handels- und Kapitalverkehr Störungen aus dem Ausland (geänderte ökonomische Größen im Ausland) auf das Inland überträgt. Hierzu werden die beiden Fälle betrachtet, daß im Ausland zum einen das Preisniveau und zum anderen das Volkseinkommen ansteigen.

2.3.1 Internationaler Preiszusammenhang

Zunächst wird die Frage untersucht, inwieweit Preissteigerungen im Ausland auch Auswirkungen auf das inländische Preisniveau haben. Hierzu wird die

---

1 Wieder wird unterstellt, daß zunächst ein Zahlungsbilanzausgleich erfolgt, bevor das Preisniveau sinkt.

2 Der Verbesserung der Zahlungsbilanzsituation aufgrund der Verringerung des inländischen Preisniveaus steht eine Verschlechterung aufgrund höheren Einkommens und niedrigerer Zinsen gegenüber. Beim Übergang von Punkt B nach Punkt C gleichen sich diese Effekte annahmegemäß gerade aus, so daß das Zahlungsbilanzgleichgewicht erhalten bleibt. Der Zahlungsbilanzausgleich gegenüber der Ausgangslage (Punkt A nach C) erfolgt über eine Verschlechterung der internationalen Wettbewerbsfähigkeit (IS_2 verläuft links von IS_0) sowie über niedrigere Zinsen.

3 Dieckheuer, G., Internationale Wirtschaftsbeziehungen, a. a. O., S. 234 ff; Heubes, J., Grundlagen der modernen Makroökonomie, a. a. O., S. 466 ff; Rose, K. und K. Sauernheimer, Theorie der Außenwirtschaft, 11. Aufl., München 1992, S. 267 ff.

längerfristige Version des Modells einer offenen Volkswirtschaft herangezogen. Ausgangspunkt ist ein binnenwirtschaftliches Vollbeschäftigungsgleichgewicht bei ausgeglichener Zahlungsbilanz (die konstanten Größen Y und G werden nicht explizit als Determinanten aufgeführt):

$$(1)\quad Y_0 = HA(r) + AB^r(eP_a/P)$$

$$(2)\quad M = Pl(r)$$

$$(3)\quad AB^r(eP_a/P) + f(r) = 0$$

Übersicht IV.4: Längerfristige Version des Modells einer offenen Volkswirtschaft

Die Auswirkungen einer ausländischen Preiserhöhung auf das inländische Preisniveau lassen sich mit Hilfe des totalen Differentials der Gleichungen (1) – (3) berechnen. Unter Beachtung von $dY_0 = 0$ ergibt sich:

$$(4)\quad 0 = idr + wde + v_a dP_a + vdP$$

$$(5)\quad dM = dPl + Phdr$$

$$(6)\quad wde + v_a dP_a + vdP + f'dr = 0;$$

mit:

$$i = \partial HA/\partial r < 0; \qquad w = \partial AB^r/\partial e > 0$$

$$v_a = \partial AB^r/\partial P_a > 0; \qquad v = \partial AB^r/\partial P < 0$$

$$h = \partial l/\partial r < 0; \qquad f' = \partial f/\partial r < 0.$$

Die Analyse erfolgt wieder getrennt für feste und für flexible Wechselkurse.

Feste Wechselkurse

Bei festen Wechselkursen gilt $de = 0$. Damit läßt sich das Gleichungssystem (4) – (6) vereinfachen; in Matrixschreibweise gilt:

$$(7)\quad \begin{bmatrix} i & v & 0 \\ Ph & l & -1 \\ f' & v & 0 \end{bmatrix} \begin{bmatrix} dr \\ dP \\ dM \end{bmatrix} = \begin{bmatrix} -v_a dP_a \\ 0 \\ -v_a dP_a \end{bmatrix}.$$

Mittels der Cramer-Regel ergibt sich:[1,2]

$$(8)\quad dP/P = dP_a/P_a,$$

d. h. das inländische Preisniveau steigt prozentual in gleichem Maße an wie das ausländische Preisniveau.

Dieses Ergebnis wird in Abbildung IV.6 veranschaulicht. Das Ausgangsgleichgewicht (Punkt A) werde durch eine Preiserhöhung im Ausland gestört. Hierdurch verbessert sich die Wettbewerbsfähigkeit des Inlandes auf dem Weltmarkt, so daß (unter den obigen Elastizitätsannahmen) der reale Außenbeitrag ansteigt. Graphisch äußert sich dies darin, daß sich die IS- und die ZG-Kurve nach rechts verlagern (IS_1, ZG_1). Es entsteht die Situation B, nämlich Überbeschäftigung bei einem Zahlungsbilanzüberschuß.[3] Der einsetzende Geldmengenmechanismus verschiebt die LM-Kurve nach LM_1, so daß in Punkt C bei höherem Einkommen und niedrigerem Zinssatz ein kurzfristiges Gleichgewicht (P = const.) erreicht wird.

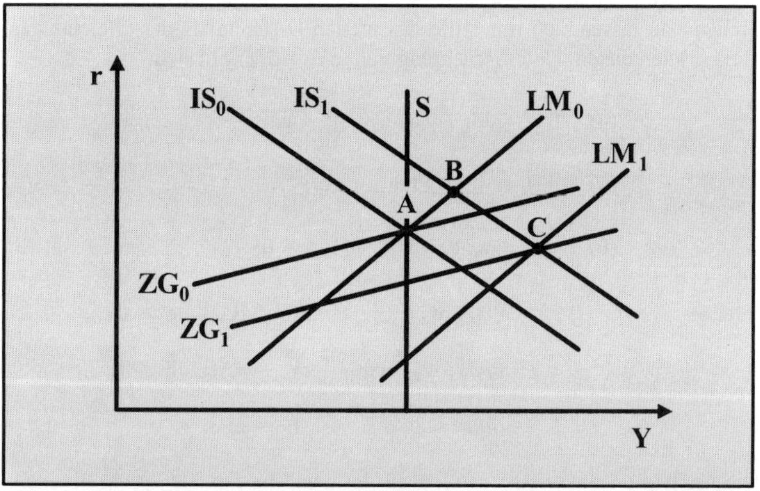

Abbildung IV.6: Inflationsimpuls bei festen Wechselkursen

---

1 Es ist zu beachten, daß gilt:

$$v_a = \frac{\partial AB^r}{\partial P_a} = \frac{\partial AB^r}{\partial \theta}\frac{\partial \theta}{\partial P_a} = \frac{\partial AB^r}{\partial \theta}\frac{e}{P}; \qquad \theta = eP_a/P$$

$$v = \frac{\partial AB^r}{\partial P} = \frac{\partial AB^r}{\partial \theta}\frac{\partial \theta}{\partial P} = \frac{\partial AB^r}{\partial \theta}\left(-\frac{eP_a}{P^2}\right).$$

2 Rauch, B., Mathematische Lösungsmethoden, a. a. O., S. 730 ff.

3 Da sich die ZG-Kurve weiter als die IS-Kurve nach rechts verschiebt, gilt dies unabhängig von der Kapitalmobilität.

Längerfristig kommt es aufgrund der Überbeschäftigung (inflatorische Lücke) zu Preissteigerungen im Inland (importierte Inflation). Diese Preissteigerungen halten so lange an, bis die inflatorische Lücke durch einen Rückgang der Güternachfrage abgebaut ist. Dies ist dann der Fall, wenn der Wettbewerbsvorteil des Inlandes aufgrund der ausländischen Preissteigerung durch eine prozentual gleich große Preissteigerung im Inland ausgeglichen wird. Hierdurch verlagern sich IS- und ZG-Kurve zurück in ihre Ausgangsposition; infolge der Preissteigerungen – ergänzt durch den Geldmengenmechanismus – verschiebt sich auch die LM-Kurve in ihre Ausgangslage.[1,2]

Flexible Wechselkurse

Bei flexiblen Wechselkursen gilt $dM = 0$. Damit folgt für das Gleichungssystem (4) – (6) in Matrix-Form:

$$(9) \quad \begin{bmatrix} i & v & w \\ Ph & 1 & 0 \\ f' & v & w \end{bmatrix} \begin{bmatrix} dr \\ dP \\ de \end{bmatrix} = \begin{bmatrix} -v_a dP_a \\ 0 \\ -v_a dP_a \end{bmatrix}.$$

Die Cramer-Regel liefert nun:[3]

$$(10) \quad dP/P = 0$$

$$(11) \quad de/e = -dP_a/P_a.$$

Nach Gleichung (10) bleibt das inländische Preisniveau von der ausländischen Preissteigerung unberührt; nach Gleichung (11) kommt es zu einer Aufwertung der inländischen Währung in prozentual gleichem Ausmaß, in dem das ausländische Preisniveau ansteigt.

Zur Erläuterung dieses Ergebnisses wird Abbildung IV.7 herangezogen. Wiederum wird das Ausgangsgleichgewicht (Punkt A) durch eine Preiserhöhung im Ausland gestört. Wie bei festen Wechselkursen verlagern sich

---

1 Es gilt $dM/M = dP/P$, d. h. die inländische (nominelle) Geldmenge steigt mit der Rate der Preissteigerung an.

2 Läge der neue Gleichgewichtspunkt oberhalb von A, so wäre die Preissteigerung im Inland geringer als im Ausland; die Leistungsbilanzsituation wäre günstiger als in der Ausgangslage. Gleiches gilt bei höherem Zinssatz für die Kapitalverkehrsbilanz. Damit würde in diesem Punkt jedoch ein Zahlungsbilanzüberschuß bestehen. Entsprechende Überlegungen gelten für einen Punkt unterhalb von A.

3 Es bleibt zu beachten:

$$w = \frac{\partial AB^r}{\partial e} = \frac{\partial AB^r}{\partial \theta}\frac{\partial \theta}{\partial e} = \frac{\partial AB^r}{\partial \theta}\frac{P_a}{P}.$$

hierdurch die IS- und die ZG-Kurve nach rechts. In Punkt B herrscht wieder ein Zahlungsbilanzüberschuß.

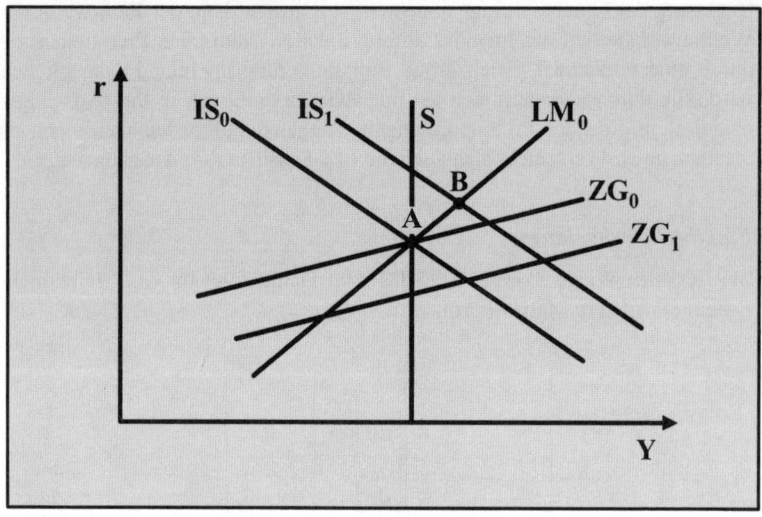

Abbildung IV.7: Inflationsimpuls bei flexiblen Wechselkursen

Dieser Zahlungsbilanzüberschuß hat bei flexiblen Wechselkursen eine Aufwertung der inländischen Währung zur Folge. Diese Aufwertung ist so stark, daß der inländische Wettbewerbsvorteil aufgrund des Anstiegs des ausländischen Preisniveaus ausgeglichen wird. Der Wechselkurs sinkt also prozentual gleich stark wie das ausländische Preisniveau ansteigt. Hierdurch verlagern sich die IS- und die ZG-Kurve wieder zurück in ihre Ausgangsposition. Damit kommt es im Inland nicht zu einem Preisanstieg.

2.3.2 Internationaler Konjunkturzusammenhang

Abschließend wird nun noch angenommen, daß sich im Ausland die konjunkturelle Situation verbessert, so daß das reale Volkseinkommen ansteigt. Die Auswirkungen auf das inländische Volkseinkommen lassen sich mit Hilfe der kurzfristigen Version des Modells einer offenen Volkswirtschaft bestimmen.[1] Hierbei ist das ausländische Einkommen als Determinante des realen Außenbeitrags zu berücksichtigen. Wird das konstante Preisniveau gleich eins gesetzt, so gilt:

---

[1] Während die Frage nach dem internationalen Preiszusammenhang im Hinblick auf die Gefahr einer importierten Inflation diskutiert wird, geht es hier um das Problem, inwieweit eine inländische Rezession durch einen Konjunkturaufschwung im Ausland überwunden wird (Lokomotiv-Funktion des Auslandes). Damit ist im ersten Fall die Annahme $Y = Y_0$, im zweiten Fall die Annahme $P = P_0$ adäquat.

(1) $Y = HA(Y,r) + AB^r(e,Y,Y_a)$

(2) $M = l(Y,r)$

(3) $AB^r(e,Y,Y_a) + f(r) = 0.$

Die gesuchten Auswirkungen lassen sich mit Hilfe des totalen Differentials der Gleichungen (1) – (3) ermitteln:

(4) $dY = cdY + idr + wde + jdY + j_a dY_a$

(5) $dM = kdY + hdr$

(6) $wde + jdY + j_a dY_a + f'dr = 0$

mit: $c = \partial HA/\partial Y > 0$; $j = \partial AB^r/\partial Y < 0$

$j_a = \partial AB^r/\partial Y_a > 0$ $k = \partial l/\partial Y > 0.$

Diese Auswirkungen hängen wieder vom Wechselkurssystem ab.

Feste Wechselkurse

Bei festen Wechselkursen (de = 0) lassen sich die Gleichungen (4) – (6) zu folgender Matrix zusammenfassen:

$$(7) \quad \begin{bmatrix} c+j-1 & i & 0 \\ k & h & -1 \\ j & f' & 0 \end{bmatrix} \begin{bmatrix} dY \\ dr \\ dM \end{bmatrix} = \begin{bmatrix} -j_a dY_a \\ 0 \\ -j_a dY_a \end{bmatrix}.$$

Die Cramer-Regel liefert nun:

(8) $dY/dY_a > 0.$

Nach Gleichung (8) besteht bei festen Wechselkursen ein positiver Konjunkturzusammenhang zwischen Ausland und Inland.

Dieses Ergebnis wird wieder anhand der Abbildung IV.6 erläutert. Die Ausgangssituation entspricht Punkt A.[1] Aufgrund der Erhöhung des ausländischen Volkseinkommens steigen die inländischen Exporte, so daß sich der reale Außenbeitrag erhöht. Die IS- und die ZG-Kurve verschieben sich also

[1] Die S-Kurve verläuft nun rechts von Punkt A.

nach rechts. Die binnenwirtschaftliche Situation B beinhaltet einen Zahlungsbilanzüberschuß. Der einsetzende Geldmengenmechanismus verschiebt die LM-Kurve von LM_0 nach LM_1, bis in Punkt C ein (kurzfristiges) binnen- und außenwirtschaftliches Gleichgewicht erreicht ist.

Flexible Wechselkurse

Bei flexiblen Wechselkursen (dM = 0) liefern die Gleichungen (4) – (6) folgende Matrix-Gleichung:

$$(9)\quad \begin{bmatrix} c+j-1 & i & w \\ k & h & 0 \\ j & f' & w \end{bmatrix} \begin{bmatrix} dY \\ dr \\ de \end{bmatrix} = \begin{bmatrix} -j_a dY_a \\ 0 \\ -j_a dY_a \end{bmatrix}.$$

Nach der Cramer-Regel ergibt sich:

$$(10)\quad dY = 0$$

$$(11)\quad de/dY_a < 0.$$

Wie Gleichung (10) zeigt, besteht bei flexiblen Wechselkursen kein internationaler Konjunkturzusammenhang. Die ausländische Störung wird nach Gleichung (11) durch eine Wechselkursänderung aufgefangen.

Dieses Ergebnis läßt sich wieder anhand der Abbildung IV.7 veranschaulichen. Die Ausgangssituation entspricht Punkt A.[1] Infolge des Anstiegs des ausländischen Einkommens stellt sich auch bei flexiblen Wechselkursen zunächst wiederum die Situation B ein. Der Zahlungsbilanzüberschuß hat nun bei flexiblen Wechselkursen eine Aufwertung der inländischen Währung zur Folge. Die Aufwertung hält so lange an, bis der durch das höhere ausländische Einkommen gestiegene reale Außenbeitrag aufgrund der durch die Aufwertung bedingten Verteuerung wieder auf sein ursprüngliches Niveau zurückgeht. Die IS- und die ZG-Kurve verlagern sich somit wieder in ihre Ausgangsposition.

Zusammenfassend läßt sich also festhalten, daß bei festen Wechselkursen sowohl monetäre als auch reale Störungen aus dem Ausland Nachfrageeffekte in dem betrachteten kleinen Land (Inland) auslösen. Welche Auswirkungen dies im Inland hat, hängt von der Ausgangssituation ab.[2] Flexible Wechselkurse hingegen verhindern sowohl bei monetären als auch bei realen

---

[1] Wiederum verläuft die S-Kurve jetzt rechts von Punkt A

[2] Herrscht im Inland Unterbeschäftigung, so würde ein Preisanstieg im Ausland bei festen Wechselkursen die inländische Konjunkturlage verbessern. Herrscht im Inland Vollbeschäftigung, so würde ein Anstieg des ausländischen Einkommens zu Preissteigerungen im Inland führen.

Störungen Nachfrageeffekte und schirmen so das Inland vor Einflüssen aus dem Ausland ab.[1]

Aufgaben

IV.1 An der Frankfurter Börse gelten folgende Wechselkurse:

$$e_1 = 0{,}85\ €/\$$$

$$e_2 = 1{,}36\ €/£;$$

an der New Yorker Börse gilt:

$$e_3 = 1{,}80\ \$/£.$$

Welche Transaktionen (sog. Kursarbitrage) werden hierdurch ausgelöst? Ist die dargestellte Situation von Dauer?

IV.2 Das Devisenangebot ($\$^a$) sei eine zunehmende, die Devisennachfrage ($\$^n$) eine abnehmende Funktion des Wechselkurses (e). In der Ausgangssituation herrsche Gleichgewicht auf dem Devisenmarkt. Nun erhöhe sich das Devisenangebot. Stellen Sie die Situation graphisch dar. Welche Auswirkungen hat dies bei festen und bei flexiblen Wechselkursen?

IV.3 Welche Auswirkungen auf Steigung und Lage der IS- und der LM-Kurve hat die Erweiterung des Grundmodells auf eine offene Volkswirtschaft? Wovon hängen die Steigung und die Lage der ZG-Kurve ab?

IV.4 Eine Normalreaktion der Leistungsbilanz ($\partial AB^n/\partial e > 0$) ist bei preiselastischer Importnachfrage gegeben. Ist diese Bedingung notwendig? (Es gelte $P = P_a = 1$.)

IV.5 Stellen Sie das binnen- und außenwirtschaftliche Gleichgewicht in einem Y/r-Diagramm dar, wenn

(a) kein internationaler Kapitalverkehr stattfindet und

(b) vollkommene Kapitalmobilität existiert.

Wie verschieben sich die beiden Kurven, wenn der Zinssatz oder das Einkommen im Ausland ansteigen?

IV.6 Es werden zwei Länder betrachtet; Geld- und Güterangebot seien vollkommen elastisch; der Wechselkurs sei konstant. In diesem Fall wird das Volkseinkommen durch die Güternachfrage bestimmt; es gelte:

$$(1) \quad Y = A + cY + X - jY \qquad \text{(Inland)}$$

$$(2) \quad Y_a = A_a + c_a + Y_a + X_a - j_aY_a \qquad \text{(Ausland),}$$

wobei A, A_a autonome Nachfragegrößen erfassen.

---

[1] Erhöht sich das ausländische Preisniveau oder Einkommen, so wird unmittelbar der internationale Handel betroffen, was Auswirkungen auch auf den internationalen Kapitalverkehr hat. Durch die Wechselkursanpassung werden der Einfluß der ausländischen Störung auf den internationalen Handel kompensiert und damit zugleich auch die Auswirkungen auf den internationalen Kapitalverkehr beseitigt.

Tritt im Ausland eine Zinserhöhung auf, so wird zunächst der internationale Kapitalverkehr betroffen. Die durch das sich ergebende Zahlungsbilanzdefizit ausgelöste Wechselkursanpassung (Abwertung) wirkt einerseits der Störung auf den Kapitalverkehr entgegen, beeinflußt andererseits jedoch den internationalen Handel (Rechtsverschiebung der IS-Kurve), so daß im Inland eine inflatorische Lücke entsteht.

Gleiches gilt, wenn sich außer Preisniveau oder Einkommen auch der Zinssatz im Ausland erhöht. In diesem Fall wird der Zahlungsbilanzüberschuß im Vergleich zu den obigen Fällen (wenigstens) abgemildert, so daß das Preisniveau im Inland sowohl bei festen Wechselkursen (in geringerem Maße) als auch bei flexiblen Wechselkursen ansteigt.

Bestimmen Sie graphisch und algebraisch die Werte von Y und Y_a, für die simultan in beiden Ländern ein Gleichgewicht erreicht ist.

IV.7 Ausgangspunkt sei ein binnenwirtschaftliches Vollbeschäftigungsgleichgewicht bei einem Zahlungsbilanzdefizit; die internationale Kapitalmobilität sei gering. Stellen Sie den Geldmengen-Preis-Mechanismus für diesen Fall dar (Y/r-Diagramm). Wie ändert sich das Ergebnis bei hoher Kapitalmobilität?

IV.8 Gegeben sei ein Vollbeschäftigungsgleichgewicht bei einem Zahlungsbilanzüberschuß. Stellen Sie den Geldmengen-Preis-Mechanismus in einem Y/r-Diagramm dar, wenn

(a) vollkommene Kapitalmobilität existiert und

(b) kein internationaler Kapitalverkehr stattfindet.

IV.9 Ausgangspunkt sei ein binnenwirtschaftliches Vollbeschäftigungsgleichgewicht bei einem Zahlungsbilanzdefizit; die internationale Kapitalmobilität sei gering. Stellen Sie den Wechselkurs-Preis-Mechanismus für diesen Fall dar (Y/r-Diagramm). Wie ändert sich das Ergebnis bei hoher Kapitalmobilität?

IV.10 Gegeben sei ein binnenwirtschaftliches Vollbeschäftigungsgleichgewicht bei einem Zahlungsbilanzüberschuß. Stellen Sie den Wechselkurs-Preis-Mechanismus dar (Y/r-Diagramm), wenn

(a) vollkommene Kapitalmobilität existiert und

(b) kein internationaler Kapitalverkehr stattfindet.

IV.11 Gegeben sei ein Vollbeschäftigungsgleichgewicht bei ausgeglichener Zahlungsbilanz. Nun steige im Ausland das Preisniveau an. Untersuchen Sie graphisch, welche Auswirkungen sich bei festen Wechselkursen auf das inländische Preisniveau ergeben (vollkommene Kapitalmobilität).

IV.12 Gegeben sei ein Vollbeschäftigungsgleichgewicht bei ausgeglichener Zahlungsbilanz. Nun steige im Ausland der Zinssatz an. Untersuchen Sie graphisch, welche Auswirkungen sich bei festen Wechselkursen auf das Inland ergeben (vollkommene Kapitalmobilität).

IV.13 Gegeben sei ein Vollbeschäftigungsgleichgewicht bei ausgeglichener Zahlungsbilanz. Nun steigen im Ausland das Preisniveau und der Zinssatz an. Untersuchen Sie graphisch, welche Auswirkungen sich bei festen Wechselkursen auf das inländische Preisniveau ergeben (vollkommene Kapitalmobilität).

IV.14 Gegeben sei ein Vollbeschäftigungsgleichgewicht bei ausgeglichener Zahlungsbilanz. Nun steigen im Ausland das Preisniveau und der Zinssatz an. Untersuchen Sie graphisch, welche Auswirkungen sich bei flexiblen Wechselkursen auf das inländische Preisniveau ergeben (vollkommene Kapitalmobilität).

IV.15 In der Ausgangssituation sei das längerfristige Gleichgewicht realisiert. Im Ausland steigen nun Preisniveau und Zinssatz an. Berechnen Sie die sich längerfristig ergebende inländische Preisänderung bei festen und bei flexiblen Wechselkursen.

IV.16 Im Inland herrsche Unterbeschäftigung bei ausgeglichener Zahlungsbilanz. Untersuchen Sie, welche Auswirkungen ein Anstieg des ausländischen Volkseinkommens und des Zinssatzes bei flexiblen Wechselkursen und vollkommener Kapitalmobilität auf die wirtschaftliche Lage des Inlandes hat.

IV.17 Im Inland herrsche Vollbeschäftigung bei ausgeglichener Zahlungsbilanz. Untersuchen Sie, welche Auswirkungen ein Anstieg des ausländischen Volkseinkommens bei festen Wechselkursen auf die wirtschaftliche Lage des Inlandes hat.

3. Stabilisierungspolitik in einer offenen Volkswirtschaft[1]

Wie vorangehend gezeigt wurde, treten in einer offenen Volkswirtschaft verstärkt Stabilitätsprobleme auf. Damit ist der Staat wiederum gefordert, durch geeignete Maßnahmen die von ihm angestrebte wirtschaftliche Situation zu realisieren. Als Beispiel für eine Stabilisierungspolitik in einer offenen Volkswirtschaft wird nachfolgend der Fall der Unterbeschäftigung bei ausgeglichener Zahlungsbilanz herangezogen. Die Ausführungen beschränken sich zur Vereinfachung auf die kurzfristige Version eines Modells einer offenen Volkswirtschaft. Wird das konstante Preisniveau gleich eins gesetzt, so läßt sich das der Beschäftigungspolitik zugrunde liegende (Gleichgewichts-)Modell wie folgt formulieren:[2]

$$(1) \quad Y = HA(Y,r,G) + AB^r(e,Y)$$

$$(2) \quad KR + R = l(Y,r)$$

$$(3) \quad AB^r(e,Y) + f(r) = 0$$

Übersicht IV.5: Kürzerfristige Version des Modells einer offenen Volkswirtschaft

Als beschäftigungspolitische Maßnahmen stehen dem Staat wie in einer geschlossenen Volkswirtschaft Geld- und Fiskalpolitik zur Verfügung. In einer offenen Volkswirtschaft kann er darüber hinaus bei festen Wechselkursen auch noch Wechselkurspolitik (= Änderung des Wechselkurses) betreiben.

Die Veränderung der endogenen Größen bei einer (kleinen) Veränderung der exogenen Größen ergibt sich aus dem totalen Differential der Gleichungen (1) – (3):

$$(4) \quad dY = cdY + idr + dG + wde + jdY$$

$$(5) \quad dKR + dR = kdY + hdr$$

$$(6) \quad wde + jdY + f'dr = 0$$

---

[1] Dieckheuer, G., Internationale Wirtschaftsbeziehungen, 3. Aufl., München/Wien 1995, S. 169 ff; Heubes, J., Grundlagen der modernen Makroökonomie, a. a. O., S. 491 ff; Jarchow, H.-J., und P. Rühmann, Monetäre Außenwirtschaft, Bd. I, a. a. O., S. 156 ff.

[2] Zur Erfassung geldpolitischer Maßnahmen, nämlich eine Veränderung der heimischen Kredite KR, ist die Geldmenge in ihre beiden Komponenten aufgespalten (Geldschöpfungsmultiplikator = 1).

mit: $c = \partial HA/\partial Y > 0$; $i = \partial HA/\partial r < 0$; $w = \partial AB^r/\partial e > 0$; $j = \partial AB^r/\partial Y < 0$;

$k = \partial l/\partial Y > 0$; $h = \partial l/\partial r < 0$; $f' = \partial f/\partial r > 0$; $\partial HA/\partial G = 1$.

Nachfolgend wird zunächst davon ausgegangen, daß der Staat Beschäftigungspolitik unter Beachtung der beschäftigungspolitischen Effekte des Geldmengen- bzw. des Wechselkursmechanismus betreibt.

3.1 Beschäftigungspolitik

Da die Wirkungsweise beschäftigungspolitischer Maßnahmen sowie diese Maßnahmen selbst teilweise vom Wechselkurssystem abhängen, wird wiederum zwischen festen und flexiblen Wechselkursen unterschieden.

3.1.1 Feste Wechselkurse

Wie bereits erwähnt wurde, stehen dem Staat bei festen Wechselkursen die Geld- und Fiskalpolitik sowie zusätzlich noch die Wechselkurspolitik zur Verfügung. Die Auswirkungen derartiger Maßnahmen (dKR, dG, de) auf die endogenen Größen lassen sich mit Hilfe der Gleichungen (4) – (6) bestimmen, die in Matrixform zusammengefaßt werden:

$$(7) \quad \begin{bmatrix} c+j-1 & i & 0 \\ k & h & -1 \\ j & f' & 0 \end{bmatrix} \begin{bmatrix} dY \\ dr \\ dR \end{bmatrix} = \begin{bmatrix} -dG - wde \\ dKR \\ -wde \end{bmatrix}.$$

Die Veränderungen der endogenen Größen (dY, dr, dR) lassen sich nun aus Gleichung (7) z. B. mit Hilfe der Cramer-Regel berechnen. Die nachfolgenden Ausführungen beschränken sich auf die Berechnung von dY sowie auf eine graphische Veranschaulichung.

Geldpolitik

Für eine expansive Geldpolitik ($dKR > 0$, $dG = de = 0$) ergibt sich aus Gleichung (7):

$$(8) \quad dY = 0,$$

d. h. Geldpolitik (eines kleinen Landes) ist in einer offenen Volkswirtschaft wirkungslos. Zur Erläuterung dieses Ergebnisses wird Abbildung IV.8 herangezogen. Die Ausgangssituation ist durch Punkt A gekennzeichnet.

Unter Beachtung, daß Vollbeschäftigung im Schnittpunkt zwischen der IS- und der LM-Kurve auf der S-Kurve erreicht ist, möge die Geldpolitik die

LM-Kurve nach LM_1 verschieben; es stellt sich dann Punkt B ein,[1] nämlich Vollbeschäftigung bei einem Zahlungsbilanzdefizit. Das höhere Einkommen führt zu einem Leistungsbilanzdefizit; der niedrigere Zinssatz zu einem Kapitalverkehrsbilanzdefizit (beide Teilbilanzen seien in der Ausgangssituation ausgeglichen). Damit muß die Zentralbank am Devisenmarkt als zusätzlicher Anbieter von Devisen auftreten. Diese Devisen verkauft sie gegen inländische Währung, wodurch die Geldmenge sinkt.[2] Graphisch drückt sich dies in einer Linksverschiebung der LM-Kurve aus. Offensichtlich endet dieser Prozeß, wenn wieder ein Zahlungsbilanzgleichgewicht erreicht ist, d. h. in der Ausgangssituation.

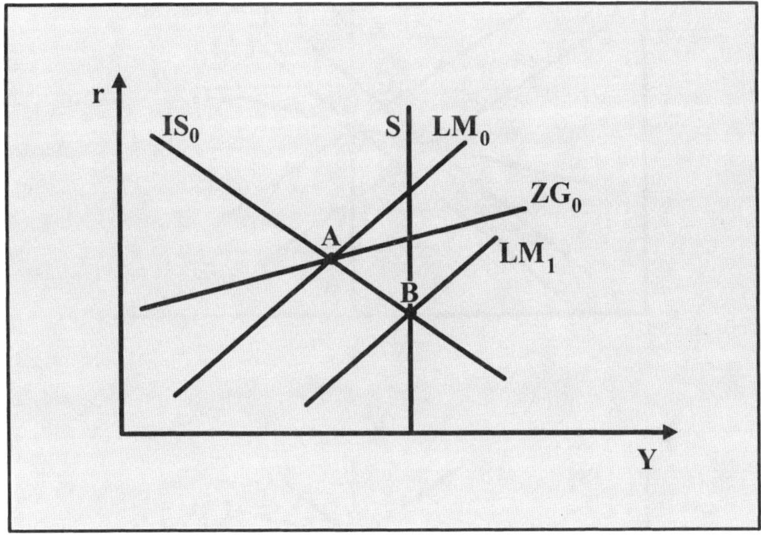

Abbildung IV.8: Expansive Geldpolitik bei festen Wechselkursen

Damit läßt sich festhalten, daß der Geldmengenmechanismus die Primärwirkung der Geldpolitik wieder aufhebt. Die Wirkungsweise der Geldpolitik in einer offenen Volkswirtschaft ist also völlig verschieden von der in einer geschlossenen Volkswirtschaft.

---

1 Diese Wirkung entspricht der in einer geschlossenen Volkswirtschaft (wobei hier jedoch die geänderte Steigung der IS-Kurve zu beachten ist).

2 Die Zentralbank könnte versuchen, durch Ausdehnung der heimischen Kreditkomponente die Geldmenge auf höherem Niveau konstant zu halten (sog. Neutralisierungspolitik). Hiervon wird jedoch abgesehen.

Fiskalpolitik

Expansive Fiskalpolitik in Form einer Erhöhung der Staatsnachfrage ($dG > 0$, $dKR = de = 0$) führt nach Gleichung (7) zu:

$$(9) \quad dY = \frac{1}{1-c-j+\frac{ij}{f'}} dG > 0.$$

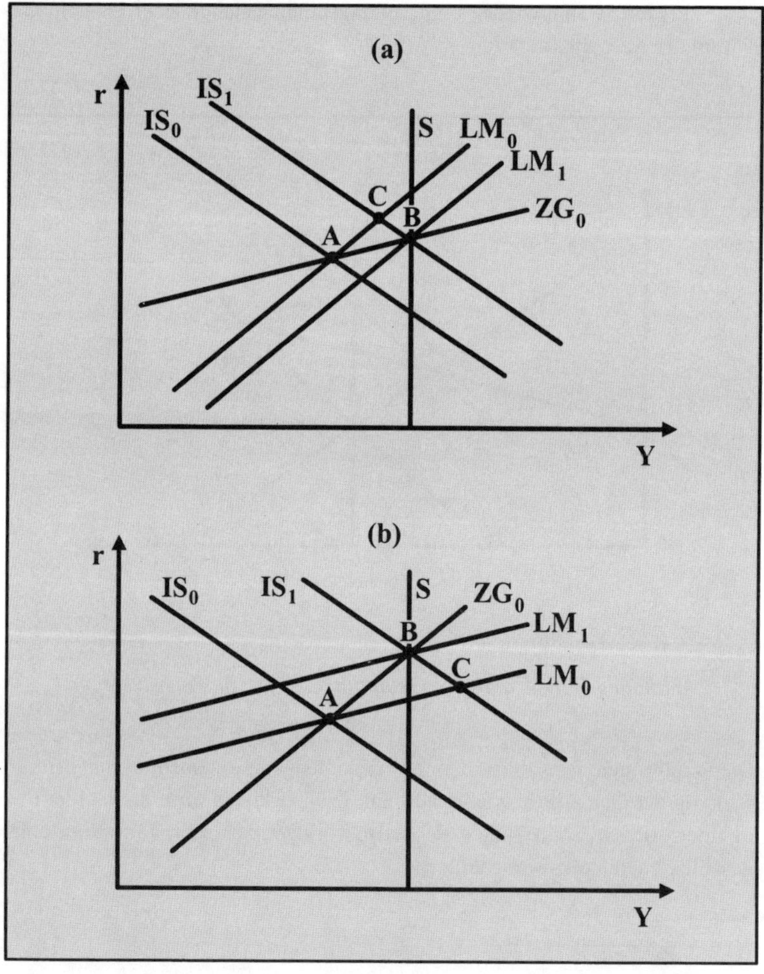

Abbildung IV.9: Expansive Fiskalpolitik bei festen Wechselkursen

Im Gegensatz zur Geldpolitik ist Fiskalpolitik in einer offenen Volkswirtschaft wirksam, d. h. zur Bekämpfung der Arbeitslosigkeit geeignet. Die

Wirkungsweise der Fiskalpolitik wird anhand der Abbildung IV.9 dargestellt, wobei in Teil a eine hohe Kapitalmobilität und in Teil b eine niedrige Kapitalmobilität unterstellt wird. Die Ausgangssituation entspricht Punkt A.

Da die ZG-Kurve bei fiskalpolitischen Maßnahmen unverändert bleibt, wird die anzustrebende Vollbeschäftigungssituation durch den Schnittpunkt der ZG-Kurve mit der S-Kurve angegeben (Punkt B). Infolge der Erhöhung der Staatsnachfrage muß also die IS-Kurve so weit verschoben werden, daß sie ebenfalls durch Punkt B verläuft. Es stellt sich dann zunächst die Situation C ein: Bei hoher Kapitalmobilität (f' ist groß) herrscht weiterhin Unterbeschäftigung bei einem Zahlungsbilanzüberschuß; bei niedriger Kapitalmobilität Überbeschäftigung bei einem Zahlungsbilanzdefizit.[1,2]

Der Geldmengenmechanismus führt nun im ersten Fall zu einer Erhöhung, im zweiten Fall zu einer Verringerung der inländischen Geldmenge, bis ein Zahlungsbilanzgleichgewicht erreicht ist. In Abbildung IV.9 verschiebt sich also die LM-Kurve, bis sie ebenfalls durch Punkt B verläuft.

Zusammenfassend zeigt sich also, daß der Geldmengenmechanismus die Wirkung der Fiskalpolitik in einer offenen Volkswirtschaft bei hoher Kapitalmobilität verstärkt, bei niedriger Kapitalmobilität hingegen abschwächt.[3]

Wechselkurspolitik

Als weitere beschäftigungspolitische Maßnahme bietet sich an, die Güternachfrage durch eine Abwertung der inländischen Währung zu erhöhen ($de > 0$, $dG = dKR = 0$). Die Auswirkungen auf das Volkseinkommen ergeben sich wieder aus Gleichung (7):

$$(10)\quad dY = \frac{(1 - i/f')w}{1 - c - j + \frac{ij}{f'}}\, de > 0.$$

Wie Gleichung (10) zeigt, läßt sich auch mittels Wechselkurspolitik die Beschäftigung beeinflussen.[4] Zur graphischen Veranschaulichung dieses Ergebnisses wird Abbildung IV.10 herangezogen; die Ausgangssituation entspricht wieder Punkt A.

---

1 Die Fiskalpolitik löst zwei gegenläufige Wirkungen auf die Zahlungsbilanz aus: Die Einkommenserhöhung verschlechtert, die Zinserhöhung verbessert die Zahlungsbilanzsituation. Bei hoher Kapitalmobilität überwiegt der erste Effekt, so daß aus einem Zahlungsbilanzgleichgewicht ein Überschuß entsteht und umgekehrt.

2 Hier wie auch in den nachfolgenden Fällen wird davon ausgegangen, daß zunächst die wirtschaftspolitische Maßnahme ihre volle Wirkung entfaltet, bevor Geldmengen- bzw. Wechselkursreaktionen erfolgen.

3 Bei senkrechter ZG-Kurve (kein internationaler Kapitalverkehr) ist die Fiskalpolitik wirkungslos.

4 Da das Inland seine Beschäftigung teils auf Kosten des Auslandes erhöht, wird diese Politik als "beggar-my-neighbour-policy" bezeichnet.

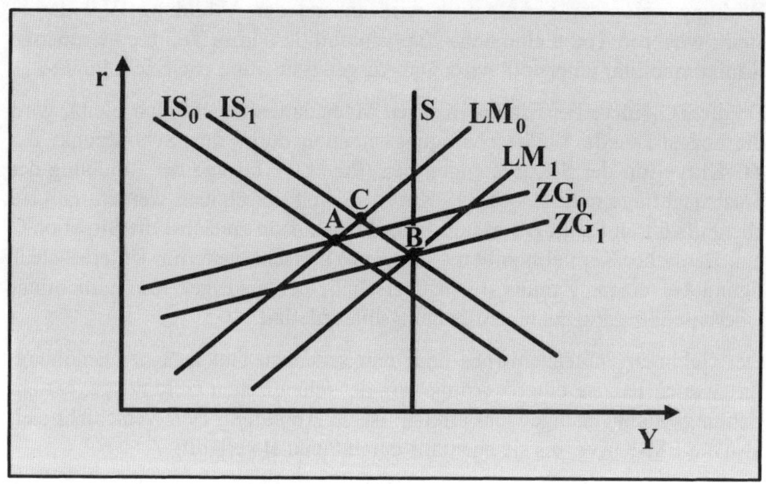

Abbildung IV.10: Abwertung, Normalreaktion

Zur Erreichung der Vollbeschäftigung ist die inländische Währung so weit abzuwerten, bis sich IS- und ZG-Kurve auf der S-Kurve schneiden (Punkt B). Damit wird zunächst Punkt C erreicht, nämlich Unterbeschäftigung bei einem Zahlungsbilanzüberschuß.[1] Infolge des Zahlungsbilanzüberschusses erhöht sich die inländische Geldmenge (LM_0-Kurve nach LM_1), was weitere positive Beschäftigungseffekte auslöst. Der Geldmengenmechanismus unterstützt also den Primäreffekt einer Abwertung.

Vorangehend wurde davon ausgegangen, daß sich IS- und ZG-Kurve infolge der Abwertung nach rechts verschieben. Dies erfordert, daß der reale Außenbeitrag zunimmt ($\partial AB^r/\partial e > 0$), was durch die Annahme preiselastischer Ex- und Importe sichergestellt wurde. Diese Annahme ist jedoch kürzerfristig bspw. aufgrund bestehender Verträge oder der Zeitdauer von Substitutionsprozessen äußerst fraglich. Wird kürzerfristig von konstanten Ex- und Importen ausgegangen, so sinken realer – und nomineller – Außenbeitrag aufgrund einer Abwertung, da die Importe in inländischen Gütereinheiten gemessen (θJ) ansteigen – die Ausgaben für Importe (eP_aJ) zunehmen; die Leistungsbilanz reagiert anomal.

---

1 Es gilt:

$$Y = HA(Y,r) + AB^r(eP_a/P,Y) \quad \text{(IS-Kurve)}$$

$$AB^r(eP_a/P,Y) + f(r - r_a) = 0 \quad \text{(ZG-Kurve).}$$

Hieraus folgt:

$$dY = \frac{1}{1-c-j}\,wde \quad \text{(Verschiebung der IS-Kurve)}$$

$$dY = \frac{1}{j}\,wde \quad \text{(Verschiebung der ZG-Kurve).}$$

Da sich die ZG-Kurve bei einer Erhöhung von e weiter nach rechts verschiebt als die IS-Kurve, entsteht unabhängig von der Höhe der Kapitalmobilität stets ein Zahlungsbilanzüberschuß.

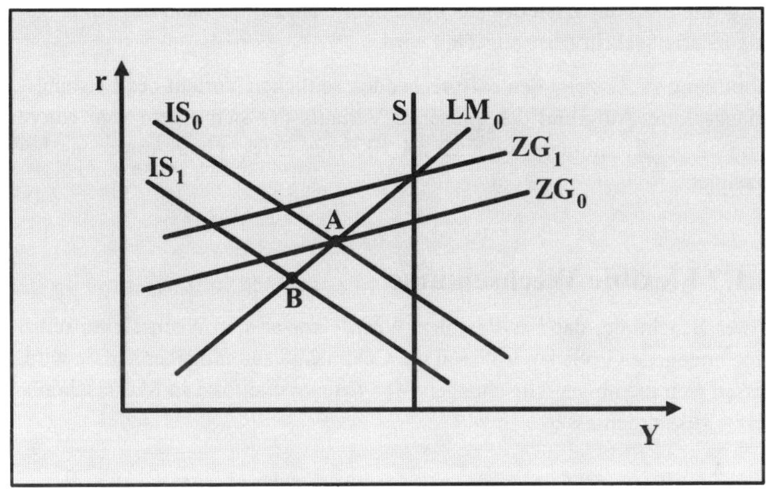

Abbildung IV.11: Abwertung, anomale Reaktion der Leistungsbilanz

In diesem Fall verschieben sich IS- und ZG-Kurve nach links, wie in Abbildung IV.11 dargestellt ist. Damit tritt die Situation B ein, d. h. eine Verschlechterung der Beschäftigungs- und der Zahlungsbilanzsituation. Zur Beseitigung des Zahlungsbilanzdefizits werden häufig weitere Abwertungen vorgenommen, wodurch sich die Zahlungsbilanzsituation jedoch noch weiter verschlechtert (sog. Teufelskreis, circulus vitiosus). Erst im Laufe der Zeit

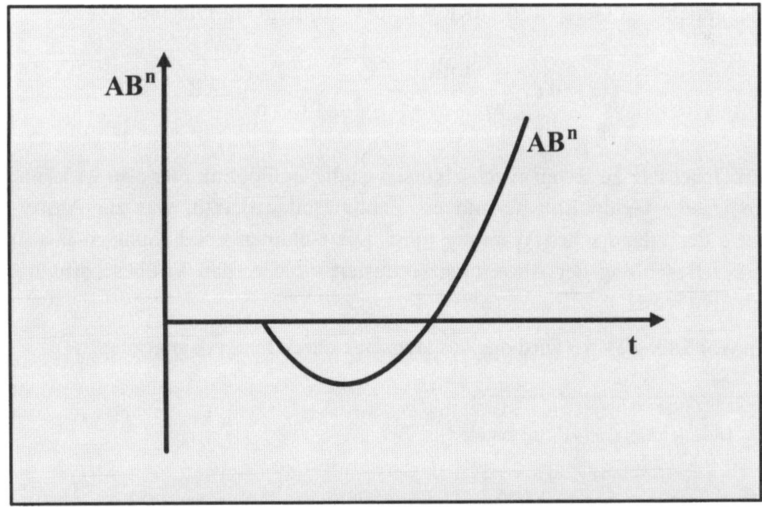

Abbildung IV.12: J-Kurven-Effekt einer Abwertung

steigt die Preiselastizität der Ex- und Importe an, so daß dann das Zahlungsbilanzdefizit schrittweise abgebaut wird.

Abbildung IV.12 zeigt den entsprechenden zeitlichen Verlauf des Leistungsbilanzsaldos. Aufgrund des typischen Verlaufs der sich ergebenden Kurve wird obiger Zusammenhang auch als J-Kurven-Effekt einer Abwertung bezeichnet.

3.1.2 Flexible Wechselkurse

Unter Beachtung, daß bei flexiblen Wechselkursen der Wechselkurs selbst eine endogene Größe ist, während die Geldmenge zur exogenen Größe wird, lassen sich die obigen Gleichungen (4) – (6) nun wie folgt in Matrixschreibweise zusammenfassen:[1]

$$(11) \quad \begin{bmatrix} c+j-1 & i & w \\ k & h & 0 \\ j & f' & w \end{bmatrix} \begin{bmatrix} dY \\ dr \\ de \end{bmatrix} = \begin{bmatrix} -dG \\ dKR \\ 0 \end{bmatrix}.$$

Die beschäftigungspolitischen Alternativen reduzieren sich bei flexiblen Wechselkursen auf Geld- und Fiskalpolitik.

Geldpolitik

Bei expansiver Geldpolitik ($dKR > 0,\ dG = 0$) folgt aus Gleichung (11):

$$(12) \quad dY = \frac{1}{(1-c)+(i-f')k/h}\,\frac{i-f'}{h}\,dKR > 0.$$

Im Gegensatz zu festen Wechselkursen ist die Geldpolitik hier also wirksam: Expansive Geldpolitik bewirkt ein Zahlungsbilanzdefizit, was zur Abwertung der inländischen Währung führt. Die Geldmengenerhöhung muß also unter Beachtung der Abwertung so dosiert werden, daß Vollbeschäftigung erreicht wird.

In Abbildung IV.13 wird die Ausgangslage durch Punkt A angezeigt.

---

[1] Die Gleichungen (4) – (6) lauten:

$$(4) \quad dY = cdY + idr + dG + wde + jdY$$

$$(5) \quad dKR + dR = kdY + hdr$$

$$(6) \quad wde + jdY + f'dr = 0$$

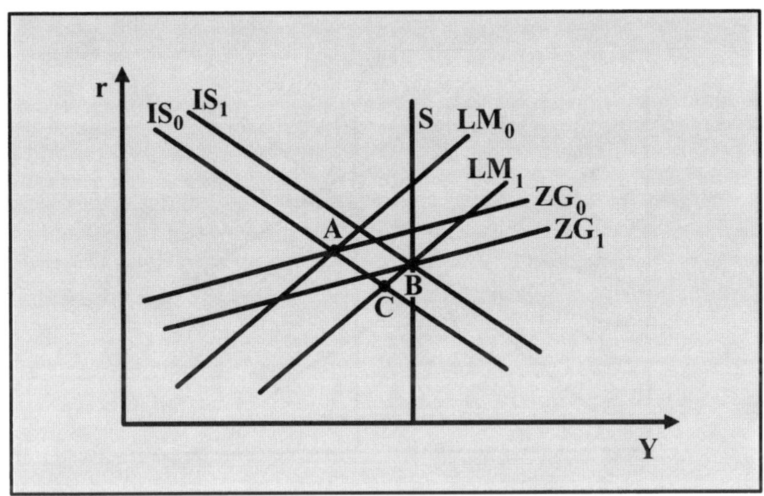

Abbildung IV.13: Expansive Geldpolitik bei flexiblen Wechselkursen

Die expansive Geldpolitik führt zu einer Verschiebung der LM-Kurve nach LM_1. Es stellt sich dann zunächst die Situation C ein, nämlich weiterhin Unterbeschäftigung bei einem Zahlungsbilanzdefizit. Die folgende Abwertung verschiebt dann die IS-Kurve nach IS_1. Bei richtiger Dosierung der Geldpolitik schneiden sich alle Kurven im Vollbeschäftigungspunkt B. Der Wechselkursmechanismus bewirkt also eine weitere Einkommenserhöhung und unterstützt somit den Primäreffekt der Geldpolitik.

Fiskalpolitik

Bei expansiver Fiskalpolitik ($dG > 0,\quad dKR = 0$) ergibt sich aus Gleichung (11):

$$(13)\quad dY = \frac{1}{(1-c)+(i-f')k/h}dG > 0.$$

Abbildung IV.14 dient der Erläuterung dieses Ergebnisses, wobei in Teil a eine hohe und in Teil b eine niedrige Kapitalmobilität unterstellt ist. Die Ausgangssituation wird durch Punkt A angegeben.

Da die Geldmenge bei flexiblen Wechselkursen unverändert bleibt, liegt mit dem Schnittpunkt zwischen der LM_0-Kurve und der S-Kurve das anzustrebende Vollbeschäftigungsgleichgewicht fest (Punkt B). Bei der Realisierung dieses Gleichgewichts ist nun zu beachten, daß infolge der Fiskalpolitik ein Zahlungsbilanzungleichgewicht entsteht, wodurch sich der Wechselkurs ändert, was wieder Rückwirkungen auf die IS- und die ZG-Kurve hat.

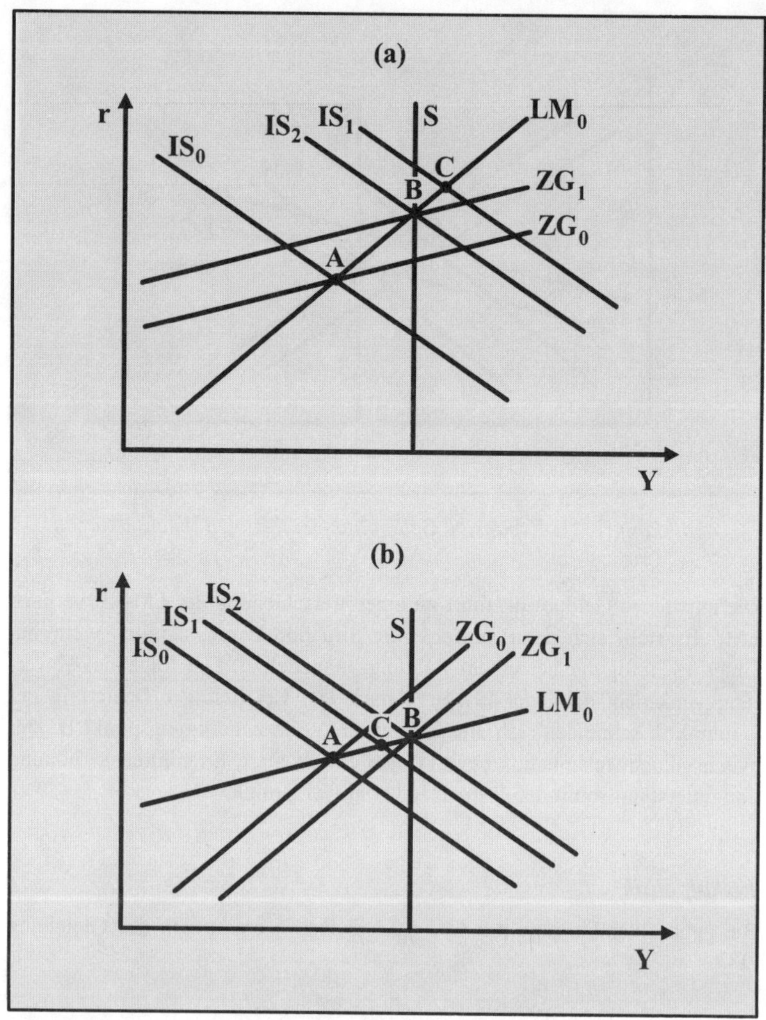

Abbildung IV.14: Expansive Fiskalpolitik bei flexiblen Wechselkursen

In Teil a entsteht bei einer Staatsausgabenerhöhung (IS-Kurve nach rechts) ein Zahlungsbilanzüberschuß, was eine Aufwertung zur Folge hat. Hierdurch verlagern sich IS- und ZG-Kurve wieder nach links. Die Staatsausgabenerhöhung muß also so dimensioniert sein, daß sich zunächst eine Überbeschäftigungssituation einstellt (IS_1, Punkt C). Bei niedrigerem Wechselkurs stellt sich dann mit IS_2 und ZG_1 das Vollbeschäftigungsgleichgewicht B ein.

In Teil b führt eine Erhöhung der Staatsausgaben zu einem Zahlungsbilanzdefizit mit anschließender Abwertung der inländischen Währung. Da eine

Abwertung positive Nachfrageeffekte auslöst, ist hier die Staatsausgabenerhöhung so zu wählen, daß zunächst weiterhin Unterbeschäftigung bestehen bleibt (IS_1, Punkt C). Bei höherem Wechselkurs ergibt sich dann mit IS_2 und ZG_1 das Vollbeschäftigungsgleichgewicht B.

Zusammenfassend läßt sich also festhalten, daß der Wechselkursmechanismus die Wirkung der Fiskalpolitik gegenüber einer geschlossenen Volkswirtschaft bei hoher Kapitalmobilität abschwächt und bei niedriger Kapitalmobilität verstärkt.[1]

3.2 Beschäftigungs- und Zahlungsbilanzpolitik

Wie die vorangehenden Ausführungen zeigen, treten bei ausschließlicher Beschäftigungspolitik weiterhin kurzfristige Ungleichgewichte auf. Es wird deshalb noch untersucht, wie der Staat gleichzeitig Vollbeschäftigung und ein Zahlungsbilanzgleichgewicht erreichen kann.

Da die beiden Ziele in dem gewählten Beispiel miteinander konkurrieren, muß der Staat nach der Tinbergen-Regel zwei Instrumente einsetzen. Der Staat steht also zunächst vor der Frage nach den geeigneten Mittel-Kombinationen (policy mix).

3.2.1 Mittel-Kombinationen

Unabhängig vom Wechselkurssystem bietet sich als erste Mittel-Kombination die Geld- und Fiskalpolitik an. Die Ausgangslage entspricht Punkt A in Abbildung IV.15.[2]

Bei Geld- und Fiskalpolitik bleibt die ZG-Kurve unverändert; Vollbeschäftigung bei ausgeglichener Zahlungsbilanz ist somit im Schnittpunkt zwischen der ZG_0- und der S-Kurve erreicht (Punkt B). Dieser Punkt läßt sich realisieren bei

- hoher Kapitalmobilität (Teil a) durch expansive Fiskalpolitik und expansive Geldpolitik;
- niedriger Kapitalmobilität (Teil b) durch expansive Fiskalpolitik und kontraktive Geldpolitik.

---

[1] Bei waagerechter ZG-Kurve (vollkommene Kapitalmobiliät) ist die Fiskalpolitik wirkungslos.

[2] Es ist zu beachten, daß die durch eine isolierte Fiskalpolitik ausgelöste Veränderung der Geldmenge nun durch aktive Geldpolitik herbeigeführt werden muß.

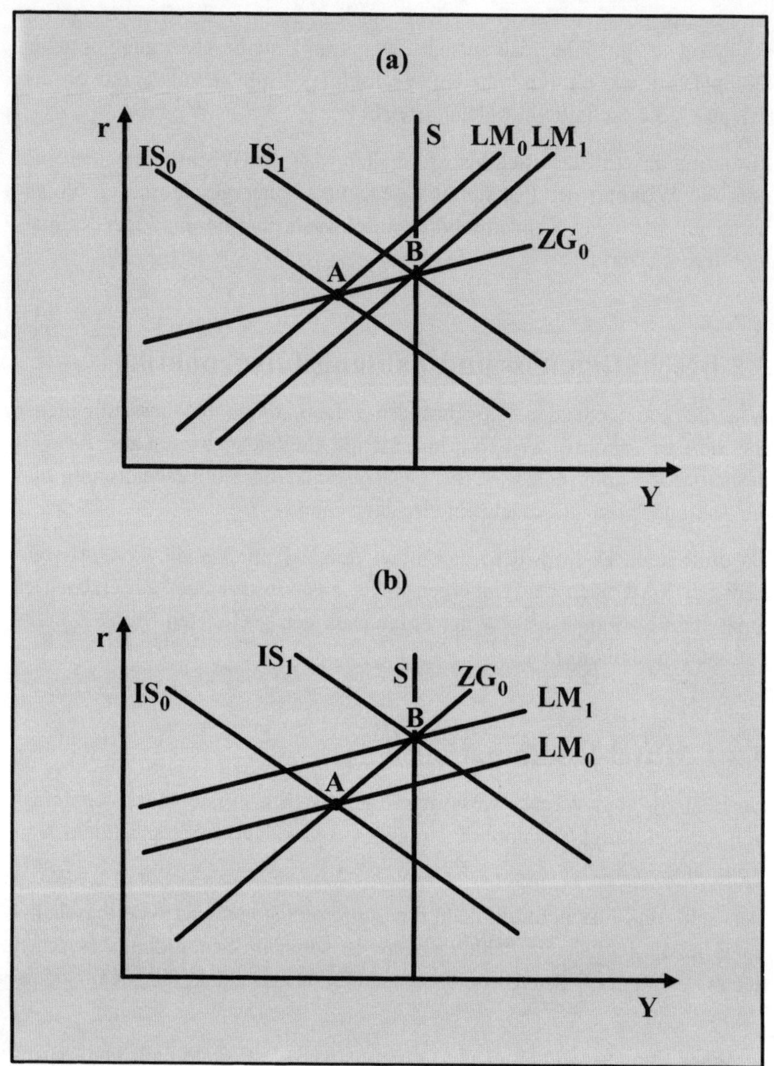

Abbildung IV.15: Geld- und Fiskalpolitik

Bei festen Wechselkursen besteht eine weitere Möglichkeit, die angestrebten Ziele zu verwirklichen, in einer Kombination aus Geld- und Wechselkurspolitik. Die Ausgangssituation wird durch Punkt A in Abbildung IV.16 angezeigt.

Unabhängig von der Kapitalmobilität ist die inländische Währung so lange abzuwerten, bis sich die IS- und die ZG-Kurve auf der S-Kurve schneiden

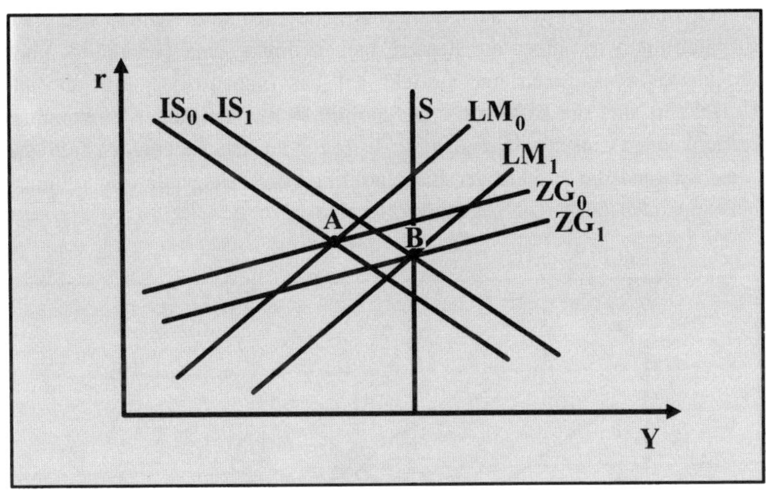

Abbildung IV.16: Geld- und Wechselkurspolitik

(Punkt B). Durch expansive Geldpolitik ist sicherzustellen, daß auch die LM-Kurve durch diesen Punkt verläuft.[1,2]

3.2.2 Das Zuordnungsproblem

Vorangehend wurde unterstellt, daß nur ein Entscheidungsträger bei vollkommener Information den Mitteleinsatz festlegt. Werden diese Annahmen aufgegeben, so stellt sich die Frage, welches Instrument im Hinblick auf das Ziel einzusetzen ist, das sog. Zuordnungs-Problem (assignment problem). Dieses Problem wird nachfolgend am Beispiel der Geld- und Fiskalpolitik bei hoher Kapitalmobilität diskutiert.

Nach dem sog. Mundell'schen Prinzip ist ein Instrument im Hinblick auf das Ziel einzusetzen, auf das es den größten Einfluß hat. Eine derartige Zuordnung ist erforderlich, da im umgekehrten Fall möglicherweise ein binnen- und außenwirtschaftliches Gleichgewicht nicht erreicht wird. Die traditionelle Zuordnung ist die, daß die Fiskalpolitik auf das binnenwirtschaftliche,

---

1 Die Geldpolitik ist so einzusetzen, daß sie die mit einer isolierten Wechselkursänderung verbundene Geldmengenänderung bewirkt. Alternativ: Die Wechselkurspolitik ist so zu bemessen, daß sie die sich bei flexiblen Wechselkursen und isolierter Geldpolitik ergebende Wechselkursänderung bewirkt.

2 Die letzte Möglichkeit besteht in einer Kombination aus Fiskal- und Wechselkurspolitik: Expansive Fiskalpolitik ist bei hoher Kapitalmobilität durch eine Aufwertung, bei niedriger Kapitalmobilität durch eine Abwertung zu ergänzen.

die Geldpolitik auf das außenwirtschaftliche Ziel ausgerichtet wird: Die Fiskalpolitik wirkt über die Staatsausgaben direkt, eine Geldpolitik über induzierte Investitionen nur indirekt auf das binnenwirtschaftliche Ziel. Umgekehrt sind die Effekte der Geldpolitik (bspw. steigendes Einkommen bei sinkenden Zinsen) gleichgerichtet in bezug auf das außenwirtschaftliche Ziel, während die Effekte der Fiskalpolitik (bspw. steigendes Einkommen bei steigenden Zinsen) entgegengerichtet sind.

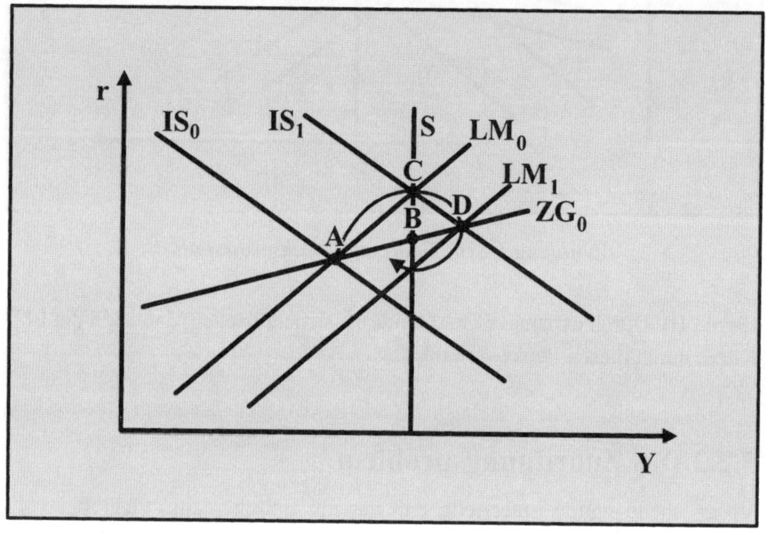

Abbildung IV.17: Stabilisierende Zuordnung

In Abbildung IV.17 ist zunächst die Ausgangssituation wiederholt (Punkt A). Das angestrebte gesamtwirtschaftliche Gleichgewicht ist in Punkt B erreicht, dem Schnittpunkt zwischen der unveränderten ZG- und der S-Kurve.

Nun existieren mit Staat und Zentralbank zwei Entscheidungsträger, die sich nach obiger Regel richten: Zunächst betreibt der Staat expansive Fiskalpolitik zur Realisierung der Vollbeschäftigung (IS_0 nach IS_1, Punkt C). Dann erhöht die Zentralbank die Geldmenge zum Ausgleich der Zahlungsbilanz (LM_0 nach LM_1, Punkt D). Wie in Abbildung IV.17 angezeigt, führt diese Zuordnung in mehreren Schritten schließlich zum Gleichgewichtspunkt B.

In Abbildung IV.18 ist die Zuordnung geändert. Zunächst realisiert die Zentralbank durch expansive Geldpolitik Vollbeschäftigung (LM_0 nach LM_1, Punkt C). Daran anschließend betreibt der Staat expansive Fiskalpolitik zur Wiederherstellung des außenwirtschaftlichen Gleichgewichts (IS_0 nach IS_1, Punkt D).

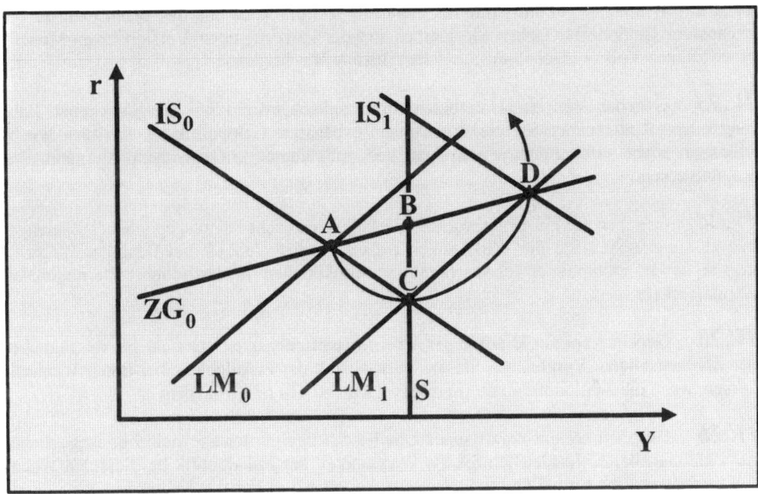

Abbildung IV.18: Destabilisierende Zuordnung

Aus dieser Abfolge wird bereits deutlich, daß diese Zuordnung destabilisierend wirkt, d. h. die Wirtschaft entfernt sich immer weiter von dem Gleichgewichtspunkt B.

Aufgaben

IV.18 Ausgangspunkt sei Unterbeschäftigung bei ausgeglichener Zahlungsbilanz. Untersuchen Sie die Wirksamkeit expansiver Fiskalpolitik bei festen Wechselkursen sowie

(a) vollkommen unelastischem Kapitalverkehr und

(b) vollkommen elastischem Kapitalverkehr.

IV.19 Berechnen Sie mit Hilfe der Cramer-Regel die Änderung des Zinssatzes bei einer Erhöhung der Staatsausgaben. Gehen Sie hierbei von der kürzerfristigen Version eines Modells einer offenen Volkswirtschaft aus; es gelten feste Wechselkurse.

IV.20 Gegeben sei ein Unterbeschäftigungsgleichgewicht bei ausgeglichener Zahlungsbilanz. Der Staat betreibe nun expansive Fiskalpolitik.

(a) Untersuchen Sie die Wirksamkeit der Fiskalpolitik bei festen Wechselkursen und relativ hoher Kapitalmobilität.

(b) Stellen Sie die Ausgangssituation sowie die Auswirkungen der Fiskalpolitik vor und nach Berücksichtigung des Geldmengenmechanismus mit Hilfe der Devisenangebots- und der Devisennachfragekurve dar. Zeichnen Sie hierzu Devisenangebot und -nachfrage in Abhängigkeit vom Wechselkurs (das Devisenangebot (die Devisennachfrage) nehme mit steigendem Wechselkurs zu (ab)).

IV.21 In der Ausgangssituation herrsche Überbeschäftigung bei ausgeglichener Zahlungsbilanz. Die Kapitalmobilität sei niedrig. Untersuchen Sie, inwieweit sich die Überbeschäftigung durch Wechselkurspolitik abbauen läßt. Wie ändert sich das Ergebnis bei hoher Kapitalmobilität?

IV.22 Berechnen Sie mit Hilfe der Cramer-Regel die Änderung des Wechselkurses bei expansiver Geldpolitik. Gehen Sie hierbei von der kürzerfristigen Version eines Modells einer offenen Volkswirtschaft aus; es gelten flexible Wechselkurse.

IV.23 Gegeben sei ein Unterbeschäftigungsgleichgewicht bei ausgeglichener Zahlungsbilanz. Untersuchen Sie die Wirksamkeit expansiver Geldpolitik bei flexiblen Wechselkursen sowie vollkommen elastischem und vollkommen unelastischem internationalen Kapitalverkehr.

IV.24 Gegeben sei ein Unterbeschäftigungsgleichgewicht bei ausgeglichener Zahlungsbilanz. Untersuchen Sie die Wirksamkeit expansiver Fiskalpolitik bei flexiblen Wechselkursen sowie vollkommen elastischem und vollkommen unelastischem internationalen Kapitalverkehr.

IV.25 Gegeben sei ein kurzfristiges Überbeschäftigungsgleichgewicht bei ausgeglichener Zahlungsbilanz. Vergleichen Sie die Wirksamkeit der Fiskalpolitik bei festen Wechselkursen, wenn die Kapitalmobilität (a) relativ hoch und (b) relativ niedrig ist.

IV.26 Gegeben sei ein kurzfristiges Überbeschäftigungsgleichgewicht bei ausgeglichener Zahlungsbilanz. Vergleichen Sie die Wirksamkeit der Fiskalpolitik bei flexiblen Wechselkursen, wenn die Kapitalmobilität (a) relativ hoch und (b) relativ niedrig ist.

IV.27 Es bestehe ein Unterbeschäftigungsgleichgewicht bei ausgeglichener Zahlungsbilanz. Vergleichen Sie die Wirksamkeit von Geld- und Fiskalpolitik bei flexiblen Wechselkursen und relativ geringer Kapitalmobilität. Wie ändern sich die Ergebnisse, wenn hohe Kapitalmobilität unterstellt wird?

IV.28 Ausgangspunkt sei ein binnenwirtschaftliches Vollbeschäftigungsgleichgewicht bei einem Zahlungsbilanzdefizit. Untersuchen Sie, mit welchen Mitteln der Staat Vollbeschäftigung bei einem Zahlungsbilanzgleichgewicht herstellen kann.

IV.29 In der Ausgangssituation herrsche Unterbeschäftigung bei ausgeglichener Zahlungsbilanz. Untersuchen Sie, in welcher Form der Staat Fiskal- und Wechselkurspolitik betreiben muß, um gleichzeitig Vollbeschäftigung und ein außenwirtschaftliches Gleichgewicht zu realisieren. Unterscheiden Sie die Fälle hoher und niedriger Kapitalmobilität.

IV.30 In der Ausgangssituation herrsche Unterbeschäftigung bei ausgeglichener Zahlungsbilanz; die Kapitalmobilität sei hoch, die IS-Kurve verlaufe deutlich flacher als die LM-Kurve. Es wird nun angenommen, daß der Staat Fiskalpolitik und die Zentralbank Geldpolitik betreibe. Der Einsatz dieser Maßnahmen erfolge nacheinander: Zunächst wird eine Maßnahme zur Realisierung des Vollbeschäftigungsziels ergriffen, dann die andere Maßnahme zur Realisierung des außenwirtschaftlichen Gleichgewichts. In welcher Reihenfolge sind Geld- und Fiskalpolitik einzusetzen, damit das gesamtwirtschaftliche Gleichgewicht erreicht wird? Interpretieren Sie das Ergebnis.

IV.31 In der Ausgangssituation herrsche Unterbeschäftigung bei ausgeglichener Zahlungsbilanz; die Kapitalmobilität sei gering, die IS-Kurve verlaufe deutlich flacher als die LM-Kurve. Es wird nun angenommen, daß der Staat Fiskalpolitik und die Zentralbank Geldpolitik betreibe. Der Einsatz dieser Maßnahmen erfolge nacheinander: Zunächst wird eine Maßnahme zur Realisierung des Vollbeschäftigungsziels ergriffen, dann die andere Maßnahme zur Realisierung des außenwirtschaftlichen Gleichgewichts. In welcher Reihenfolge sind Geld- und Fiskalpolitik einzusetzen, damit das gesamtwirtschaftliche Gleichgewicht erreicht wird? Interpretieren Sie das Ergebnis.

V. Kapitel

Stetiges Wirtschaftswachstum

Der in den vorangehenden Kapiteln vernachlässigte Aspekt der langfristigen Wirtschaftsentwicklung ist Gegenstand dieses Kapitels. Hierzu wird auf das in Kapitel I dargestellte Makro-Modell zurückgegriffen, d. h. es wird wieder eine geschlossene Volkswirtschaft betrachtet. Dieses Modell ist jedoch noch entsprechend der neuen Fragestellung zu modifizieren. Das Lernziel dieses Kapitels besteht darin, Möglichkeiten und Grenzen des Wirtschaftswachstums kennenzulernen.

1. Vorbemerkungen

Ausgangspunkt für die nachfolgende Analyse des Wirtschaftswachstums ist das in Kapitel I dargestellte umfassende Makro-Modell. Dieses Modell bleibt jedoch noch entsprechend der neuen Fragestellung zu modifizieren.

In dem erwähnten Makro-Modell wird davon ausgegangen, daß die Bevölkerung konstant ist. Je nach der Höhe des Reallohns ist ein kleinerer oder größerer Prozentsatz der Bevölkerung bereit zu arbeiten (Arbeitsangebot). Im Rahmen der Wachstumstheorie wird nun angenommen, daß die Bevölkerung wächst, und daß das Arbeitsangebot stets einen bestimmten Prozentsatz der Bevölkerung beträgt (konstante Beschäftigungsquote).

In dem bisherigen Makro-Modell wurden die Investitionen als Teil der Güternachfrage erfaßt (Nachfrage- oder Einkommenseffekt der Investitionen). Vernachlässigt wurde der Aspekt, daß Nettoinvestitionen den Kapitalstock erhöhen (Kapazitätseffekt der Investitionen). Dieses Vorgehen läßt sich mit dem Hinweis auf die kurzfristige Betrachtungsweise rechtfertigen. Im Rahmen der längerfristig ausgerichteten Wachstumstheorie ist diese Vereinfachung jedoch unzulässig, d. h. nachfolgend ist auch der Kapazitätseffekt der Investitionen zu berücksichtigen.

Mit wachsendem Arbeitsangebot und zunehmendem Kapitalstock erhöht sich das Güterangebot bei Vollbeschäftigung (die S_l-Kurve verschiebt sich nach rechts[1]). Wie in dem kurzfristigen Gesamtmodell des I. Kapitels wird auch im Rahmen der Wachstumstheorie angenommen, daß flexible Löhne und Preise dafür sorgen, daß dieses Vollbeschäftigungsangebot stets ausgelastet wird. Hierbei wird weiter davon ausgegangen, daß die Geldpolitik darauf gerichtet ist, daß sich immer wieder das ursprüngliche Preisniveau einstellt (die D-Kurve verschiebt sich nach rechts, wobei der Schnittpunkt mit der S_l-Kurve bei P_0 erhalten bleibt[2]).[3]

Unter der Vollbeschäftigungsannahme wird das längerfristige Wirtschaftswachstum von der Entwicklung der Produktionsmöglichkeiten bestimmt. Die (neoklassische) Wachstumstheorie konzentriert sich folglich auf diesen Aspekt; sie untersucht die Möglichkeiten und Grenzen des Wachstums des Güterangebots.

---

[1] Mit steigendem Kapitalstock steigt der Grenzertrag der Arbeit, so daß auch die Arbeitsnachfrage zunimmt.

[2] Infolge expansiver Geldpolitik verschiebt sich die LM-Kurve nach rechts. Aufgrund zunehmenden Arbeitseinsatzes steigt der Grenzertrag des Kapitals, so daß mehr investiert wird; die IS-Kurve verschiebt sich ebenfalls nach rechts.

[3] Weitere Modifikationen des Grundmodells finden sich im Verlauf dieses Kapitels.

Wirtschaftswachstum bedeutet also eine Erhöhung der Güterproduktion, des realen Volkseinkommens.[1] Als Maß des Wirtschaftswachstums dient die Wachstumsrate des realen Volkseinkommens (Y). Da Y als Funktion der Zeit aufgefaßt werden kann, läßt sich schreiben:

$$(1) \quad \hat{Y} = \dot{Y}/Y$$

mit $\dot{Y} = dY/dt$, der Änderung von Y in der Zeit.[2,3]

Wirtschaftliches Wachstum liegt vor bei $\hat{Y} > 0$. Mit höherer Güterversorgung wird eine Verbesserung der Güterversorgung pro Kopf assoziiert. Soll dieser Aspekt berücksichtigt werden, so ist die Wachstumsrate des Volkseinkommens pro Kopf heranzuziehen. Wird die Bevölkerung näherungsweise durch die Beschäftigung erfaßt, so beträgt das Volkseinkommen pro Kopf $y = Y/A$. Mit:

$$(2) \quad \hat{y} = 0$$

bleibt die Güterversorgung pro Kopf im Wachstumsprozeß unverändert, Güterproduktion und Bevölkerung wachsen mit der gleichen Rate ($\hat{Y} = \hat{A}$, sog. extensives Wachstum). Bei:

$$(3) \quad \hat{y} > 0$$

hingegen steigt die Güterversorgung pro Kopf im Wachstumsprozeß an, die Güterproduktion wächst schneller als die Bevölkerung ($\hat{Y} > \hat{A}$, sog. intensives Wachstum).

---

[1] Von diesem quantitativen Wirtschaftswachstum ist ein qualitatives Wachstum zu unterscheiden. Majer, H., Wirtschaftswachstum, München/Wien 1993, S. 91 ff.

[2] Die Wachstumsrate $\hat{Y}$ gilt zu einem bestimmten Zeitpunkt: $\hat{Y}(t) = \dot{Y}(t)/Y(t)$. Zur Vereinfachung der Schreibweise wird die Zeitangabe unterdrückt.

[3] In der Wachstumstheorie ist die stetige Zeitbetrachtung üblich. Bei diskreter Zeitbetrachtung gilt: $\hat{Y}_t = (Y_t - Y_{t-1})/Y_{t-1}$.

2. Grundmodell: Exogenes Wirtschaftswachstum

Die Frage nach den Möglichkeiten des Wirtschaftswachstums ist eine Frage nach Existenz und Stabilität eines stetigen oder gleichgewichtigen Wachstumspfades. Ein gleichgewichtiger Wachstumspfad ist dann erreicht, wenn das reale Volkseinkommen mit konstanter Rate wächst. Exogenes Wirtschaftswachstum liegt vor, wenn diese gleichgewichtige Wachstumsrate letztlich exogen vorgegeben ist. In Abschnitt 2.1 werden zunächst die Möglichkeiten des Wirtschaftswachstums in Abwesenheit von technischem Fortschritt untersucht; in Abschnitt 2.2 wird dann auch technischer Fortschritt zugelassen.

2.1 Wirtschaftswachstum ohne technischen Fortschritt

In diesem Abschnitt werden die Grundlagen der neoklassischen Wachstumstheorie dargestellt. Hierbei wird zunächst von einer exogen vorgegebenen Sparquote ausgegangen; daran anschließend wird die Sparquote endogenisiert. Zur Vereinfachung wird unverändertes technisches Wissen unterstellt.

2.1.1 Exogene Sparquote[1,2]

Nach der Darstellung des grundlegenden Modells einer wachsenden Wirtschaft folgt eine Untersuchung der Existenz und der Stabilität eines gleichgewichtigen Wachstumspfades.

(a) Modell einer wachsenden Wirtschaft

Wie bereits erwähnt wurde, konzentriert sich die Wachstumstheorie auf die Frage nach den Möglichkeiten des Wachstums des Güterangebots. Hierzu wird auf eine gesamtwirtschaftliche Produktionsfunktion zurückgegriffen:

$$(1) \quad Y = Y(A,K).$$

Verändern sich nun Arbeits- und Kapitaleinsatz in der Zeit, so verändert sich auch das Güterangebot (reales Volkseinkommen):

---

1 Branson, W. H., Makroökonomie, a. a. O., S. 565 ff; Heubes, J., Grundlagen der modernen Makroökonomie, a. a. O., S. 588 ff; Maußner, A. und R. Klump, Wachstumstheorie, Berlin u. a. 1996, S. 35 ff.

2 Es handelt sich hier um das sog. Solow-Modell (R. M. Solow, 1956).

$$(2)\quad \dot{Y} = \frac{\partial Y}{\partial A}\dot{A} + \frac{\partial Y}{\partial K}\dot{K}$$

mit: $\dot{A} = dA/dt, \qquad \dot{K} = dK/dt.$

Division durch Y und Erweiterung des ersten Terms auf der rechten Seite von Gleichung (2) mit A/A sowie des zweiten Terms mit K/K liefert:

$$(3)\quad \hat{Y} = \alpha\hat{A} + \beta\hat{K}$$

mit: $\hat{A} = \dot{A}/A, \qquad \hat{K} = \dot{K}/K$

$$\alpha = \frac{\partial Y}{\partial A}\frac{A}{Y}, \qquad \beta = \frac{\partial Y}{\partial K}\frac{K}{Y}.$$

Gleichung (3) ist die Grundgleichung der (neoklassischen) Wachstumstheorie. Sie besagt, daß die Wachstumsrate des Volkseinkommens gleich ist der Summe der gewichteten Wachstumsraten der Produktionsfaktoren. Als Gewichte dienen die partiellen Produktionselastizitäten (α der Arbeit, β des Kapitals).[1]

Es bleiben zunächst noch $\hat{A}$ und $\hat{K}$ in Gleichung (3) zu bestimmen. In der Wachstumstheorie wird üblicherweise angenommen, daß die Bevölkerung und damit – bei konstanter Beschäftigungsquote – auch das Arbeitsangebot mit konstanter, exogen vorgegebener Rate wachsen. Diese Arbeit wird am Arbeitsmarkt preisunelastisch angeboten; der Reallohn stellt sich so ein, daß dieses Arbeitsangebot auch nachgefragt wird. Damit wächst die Beschäftigung ebenfalls mit dieser exogenen Rate n:

$$(4)\quad \hat{A} = n.$$

Die Veränderung des Kapitalstocks ist gleich den Nettoinvestitionen:

$$(5)\quad \dot{K} = I.$$

Diese Nettoinvestitionen entsprechen im Vollbeschäftigungsgleichgewicht den Ersparnissen:[2] Die Ersparnisse werden auf dem Kreditmarkt als Kredite zinsunelastisch angeboten; der Zinssatz stellt sich dann so ein, daß diese

---

1 Die partielle Produktionselastizität eines Produktionsfaktors gibt angenähert wieder, um wieviel Prozent das Volkseinkommen ansteigt, wenn der Einsatz des betrachteten Produktionsfaktors um ein Prozent erhöht wird und der andere Produktionsfaktor konstant bleibt.

2 Von Abschreibungen wird abgesehen.

Kredite auch für Investitionszwecke nachgefragt werden. Wird von der Sparfunktion $S = sY$ ausgegangen, so läßt sich für Gleichung (5) schreiben:

$$(6) \quad \dot{K} = sY.$$

Division durch K liefert:

$$(7) \quad \hat{K} = s\frac{Y}{K}.$$

Schließlich wird noch die übliche Annahme getroffen, daß die Produktionsfunktion linear-homogen ist.[1] In diesem Fall gilt:

$$(8) \quad \beta = 1 - \alpha.$$

Werden nun die Gleichungen (4), (7) und (8) in Gleichung (3) eingesetzt, so ergibt sich:

$$(9) \quad \hat{Y} = \alpha n + (1 - \alpha)s\frac{Y}{K}.$$

Gleichung (9) zeigt die Determinanten des Wirtschaftswachstums auf, nämlich das Wachstum des Faktors Arbeit sowie die Kapitalakkumulation, die von der Ersparnisbildung bestimmt wird.

(b) Existenz und Stabilität eines gleichgewichtigen Wachstumspfades

Nach der Untersuchung der Existenz eines gleichgewichtigen Wachstumspfades folgt anschließend eine Stabilitätsbetrachtung.

Existenz eines gleichgewichtigen Wachstumspfades

Ein gleichgewichtiger Wachstumspfad (steady state) liegt vor, wenn die Wachstumsrate des Volkseinkommens konstant ist. Auf diesem gleichgewichtigen Wachstumspfad müssen dann nach Gleichung (3) die Wachstumsraten von Arbeit und Kapital konstant sein.[2] Die Wachstumsrate der Arbeit ist annahmegemäß konstant; die Wachstumsrate des Kapitals ist bei konstanter Sparquote dann konstant, wenn sie gleich der Wachstumsrate des

---

[1] Linearhomogenität besagt, daß die Produktion um den gleichen Prozentsatz ansteigt, um den beide Faktoren vermehrt eingesetzt werden. Der Homogenitätsgrad ist gleich der totalen Produktionselastizität; letztere gleich der Summe der partiellen Produktionselastizitäten. Bei Linearhomogenität gilt also $\alpha + \beta = 1$.

[2] Wenn von dem Zufallsergebnis abgesehen wird, daß durch gegenläufige Entwicklungen der verschiedenen Größen der rechten Seite von Gleichung (3) die Wachstumsrate des Einkommens konstant bleibt.

Outputs ist.[1] Wird somit $\hat{K} = sY/K$ in Gleichung (9) durch $\hat{Y}$ ersetzt, so folgt nach Umformung:

$$(10) \quad \hat{Y} = (\hat{K} =)\ n,$$

d. h. die gleichgewichtige Wachstumsrate ist gleich der exogen vorgegebenen Wachstumsrate der Arbeit.

Es bleibt noch zu prüfen, inwieweit ein Wachstumspfad mit der Eigenschaft (10) existiert. Hierzu ist es zweckmäßig, auf eine Größe abzustellen, die im Gleichgewicht konstant bleibt. Eine derartige Größe ist bspw. die Kapitalintensität der Arbeit (K/A).

Auf dem gleichgewichtigen Wachstumspfad wachsen nach Gleichung (10) Arbeit und Kapital mit der gleichen Rate. Die Wachstumsrate der Arbeit beträgt n, die des Kapitals ist (Gleichung (7)):

$$(11) \quad \hat{K} = \frac{sY(A,K)}{K},$$

wobei das Volkseinkommen gemäß Gleichung (1) durch die Produktionsfunktion ersetzt wurde. Bei linear-homogener Produktionsfunktion läßt sich schreiben:

$$(12) \quad Y(A,K) = AY(1,K/A) = Af(v); \qquad v = K/A.$$

Die Gleichungen (11) und (12) liefern für $\hat{K}$:

$$(13) \quad \hat{K} = \frac{sf(v)}{v}.$$

Im Gleichgewicht gilt somit:

$$(14) \quad \frac{sf(v)}{v} = n$$

bzw.:

$$(15) \quad sf(v) = nv.$$

In Gleichung (15) stellt der Ausdruck sf(v) (= sY(A,K)/A) die Investitionen pro Kopf (i = I/A) in Abhängigkeit von v dar. Der Term nv gibt die Investitionen pro Kopf an, die erforderlich sind, um die zusätzlichen Arbeitskräfte

---

[1] Es gilt $\hat{K} = sY/K$. Für die Veränderungsrate der Wachstumsrate des Kapital ($\hat{\hat{K}}$) folgt: $\hat{\hat{K}} = \hat{Y} - \hat{K}$. $\hat{\hat{K}} = 0$ erfordert $\hat{K} = \hat{Y}$. (Die Rechenregel lautet: Logarithmierung von $x = y/z$ liefert $\ln x = \ln y - \ln z$. Differentiation nach der Zeit ergibt: $\dot{x}/x = \dot{y}/y - \dot{z}/z$ bzw. $\hat{x} = \hat{y} - \hat{z}$.)

mit der bisherigen Kapitalintensität auszustatten.[1] Die Existenz eines gleichgewichtigen Wachstumspfades erfordert also ein v, so daß diese beiden Größen übereinstimmen.

Die erforderlichen Investitionen pro Kopf steigen bei gegebenem n proportional mit v an. Die Entwicklung der tatsächlichen Investitionstätigkeit pro Kopf in Abhängigkeit von v hängt von den Eigenschaften der Produktivitätsfunktion f(v) ab. Linearhomogenität genügt nicht, um Gleichung (15) sicherzustellen.[2] Es wird deshalb angenommen, daß die Funktion f(v) einen ertragsgesetzlichen Verlauf bei partieller Faktorvariation aufweist:

$$(16)\quad f' > 0; \qquad f'' < 0$$

und die Inada-Bedingungen erfüllt:

$$(17)\quad f(0) = 0$$

$$(18)\quad f'(0) = \infty$$

$$(19)\quad f'(\infty) = 0.$$

Nach Gleichung (12) gilt $Y = Af(v)$ bzw. $Y/A = y = f(v)$, wobei y die (durchschnittliche) Arbeitsproduktivität angibt. Die Gleichungen (16) und (17) besagen somit, daß die Arbeitsproduktivität mit zunehmender Kapitalintensivierung der Arbeit mit abnehmender Rate monoton ansteigt.[3] Hierbei ist der Anstieg (die Steigung der Funktion f) nach Gleichung (18) zunächst ($v \rightarrow 0$) unendlich groß und geht dann nach Gleichung (19) mit zunehmendem v ($v \rightarrow \infty$) gegen Null. Diese Eigenschaften stellen sicher, daß ein bestimmtes v existiert, so daß Gleichung (15) erfüllt ist (Existenz eines eindeutigen gleichgewichtigen Wachstumspfades).

---

[1] Wachsen die Arbeitskräfte mit der Rate n, so muß auch der Kapitalstock mit dieser Rate wachsen, um die erreichte Kapitalintensität aufrechtzuerhalten:

$$\hat{K}^e = n; \qquad \hat{K}^e = \text{erforderliche Wachstumsrate des Kapitals.}$$

Multiplikation mit der erreichten Kapitalintensität v liefert:

$$v\hat{K}^e = nv$$

bzw.:

$$\frac{K}{A}\frac{\dot{K}^e}{K} = \frac{I^e}{A} = nv; \qquad I^e = \text{erforderliche Investitionen.}$$

[2] Linearhomogenität der Funktion Y(A,K) impliziert auch Linearhomogenität der Funktion f(v).

[3] Es gilt: $Y(A,K) = Af(v)$

sowie: $\partial Y/\partial K = df/dv.$

Die Gleichungen (16) und (17) implizieren also den üblichen ertragsgesetzlichen Verlauf der Produktionsfunktion Y(A,K).

Die Existenzbetrachtung ist in Abbildung V.1 graphisch veranschaulicht. Aufgrund der getroffenen Annahmen haben die verschiedenen Kurven den eingezeichneten Verlauf.

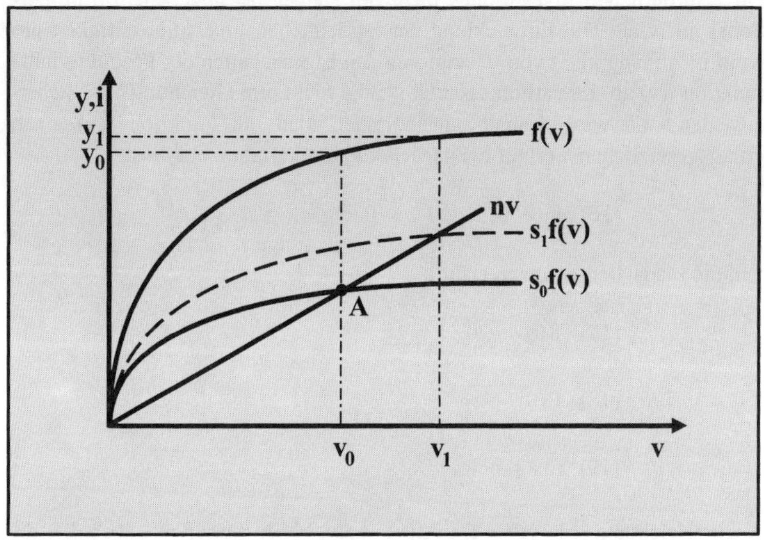

Abbildung V.1: Existenz eines Wachstumsgleichgewichts

Gilt die Sparquote s_0, so wird die gleichgewichtige Kapitalintensität der Arbeit (v_0) durch den Schnittpunkt der beiden Kurven $s_0f(v)$ und nv (Punkt A) bestimmt.

Es wird nun angenommen, daß zum Zeitpunkt $t = 0$ die Kapitalintensität v_0 und damit die Arbeitsproduktivität y_0 realisiert sind; die Beschäftigung sei A_0. Die Höhe des Volkseinkommens beträgt dann $Y_0 = y_0A_0$. Auf dem Gleichgewichtspfad wächst das Volkseinkommen mit der Rate n; für ein $t \geq 0$ ergibt sich somit:[1]

$$(20) \quad Y_t^0 = Y_0e^{nt}.$$

In logarithmischer Schreibweise folgt:

$$(21) \quad \ln Y_t^0 = \ln Y_0 + nt.$$

Gleichung (21) ist in Abbildung V.2 dargestellt. Die eingezeichnete Gerade gibt den gleichgewichtigen Wachstumspfad wieder; ihre Steigung entspricht der gleichgewichtigen Wachstumsrate (n).

---

[1] Im Gleichgewicht bleibt y_0 konstant ($\hat{y} = Y - A = 0$). Damit gilt $Y_t = y_0A_t$; mit $A_t = A_0e^{nt}$ folgt Gleichung (20).

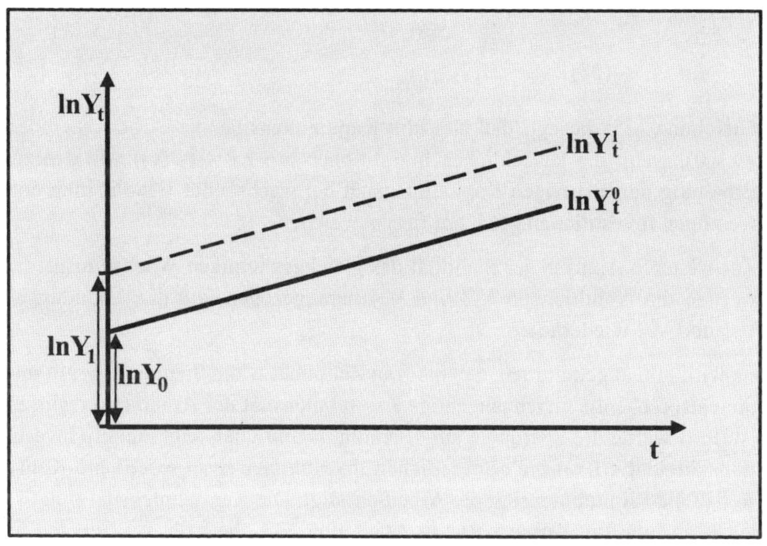

Abbildung V.2: Gleichgewichtiger Wachstumspfad

Gilt eine höhere Sparquote (s_1), so ergeben sich, wie Abbildung V.1 entnommen werden kann, auch höhere Gleichgewichtswerte der Kapitalintensität der Arbeit (v_1) sowie der Arbeitsproduktivität (y_1). Sind diese Werte zum Zeitpunkt $t = 0$ realisiert, so folgt ebenfalls ein höherer Wert für das Volkseinkommen (Y_1), das wiederum mit der Rate n wächst. Der gleichgewichtige Wachstumspfad ($\ln Y_t^1$) verläuft in Abbildung V.2 oberhalb desjenigen bei niedrigerer Sparquote. Die Höhe der Sparquote hat hier also Einfluß auf das Niveau des Wachstumsprozesses, nicht jedoch auf die gleichgewichtige Wachstumsrate.

Stabilität des gleichgewichtigen Wachstumspfades

Zur Stabilitätsbetrachtung wird ebenfalls die Kapitalintensität der Arbeit herangezogen:

$$(22)\quad v = K/A.$$

In Wachstumsraten gilt:

$$(23)\quad \hat{v} = \hat{K} - \hat{A}.$$

Unter Beachtung der Gleichungen (4) und (13) für $\hat{A}$ bzw. $\hat{K}$ ergibt sich:

$$(24)\quad \hat{v} = \frac{sf(v)}{v} - n$$

bzw. mit $\hat{v} = \dot{v}/v$:

$$(25) \quad \dot{v} = sf(v) - nv.$$

Gleichung (25) besagt, daß sich die Kapitalintensität der Arbeit verändert ($\dot{v} \neq 0$), wenn die tatsächlichen Investitionen pro Kopf (sf(v)) von den zur Erhaltung der bisherigen Kapitalintensität bei wachsender Bevölkerung notwendigen Investitionen pro Kopf (nv) abweichen.

Zur weiteren Analyse der Stabilität des gleichgewichtigen Wachstumspfades werden die Abbildungen V.3 und V.4 herangezogen, die die Abbildungen V.1 und V.2 wiederholen.

Es wird nun angenommen, daß bis zum Zeitpunkt t_1 die Sparquote s_0 gilt und die entsprechende gleichgewichtige Kapitalintensität der Arbeit (v_0) realisiert ist. In t_1 werde die Sparquote auf s_1 erhöht. Damit übersteigt nun die Investitionstätigkeit $s_1 f(v_0)$ die erforderlichen Investitionen nv_0 (jeweils pro Kopf), so daß die Kapitalintensität der Arbeit ansteigt. Die Kapitalintensität steigt so lange an, wie die Kurve $s_1 f(v)$ in Abbildung V.3 oberhalb der Geraden nv verläuft, d. h. bis bei v_1 die s_1 zugehörige gleichgewichtige Kapitalintensität erreicht ist. Entsprechende Überlegungen gelten, wenn die Kapitalintensität der Arbeit in der Ausgangssituation größer ist als ihr Gleichgewichtswert; das Gleichgewicht bei v_1 ist also stabil.

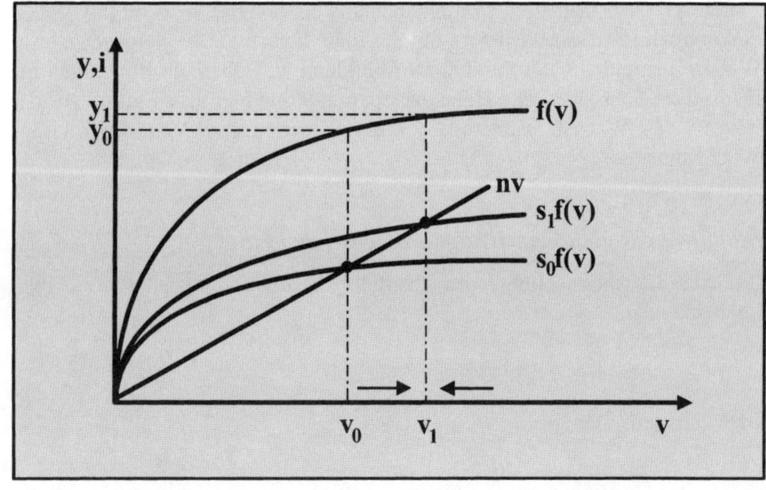

Abbildung V.3: Stabilität des Wachstumsgleichgewichts

Der s_1 zugehörige gleichgewichtige Wachstumspfad ist die Gerade $\ln Y_t^1$ in Abbildung V.4. Bis zum Zeitpunkt t_1 hat sich das Einkommen entsprechend der Geraden $\ln Y_t^0$ entwickelt; das Einkommen $Y_{t_1}^0$ liegt also unter seinem neuen Gleichgewichtswert $Y_{t_1}^1$. Gleichzeitig übersteigt die Wachstumsrate des Kapitals ($\hat{K} = sf(v_0)/v_0$) die der Arbeit (n).[1] Damit ist auch die Wachstumsrate des Volkseinkommens ($\hat{Y} = \alpha n + (1-\alpha)\hat{K}$) größer als die der Arbeit, die die gleichgewichtige Wachstumsrate festlegt (Steigung der Geraden $\ln Y_t^0$ und $\ln Y_t^1$).

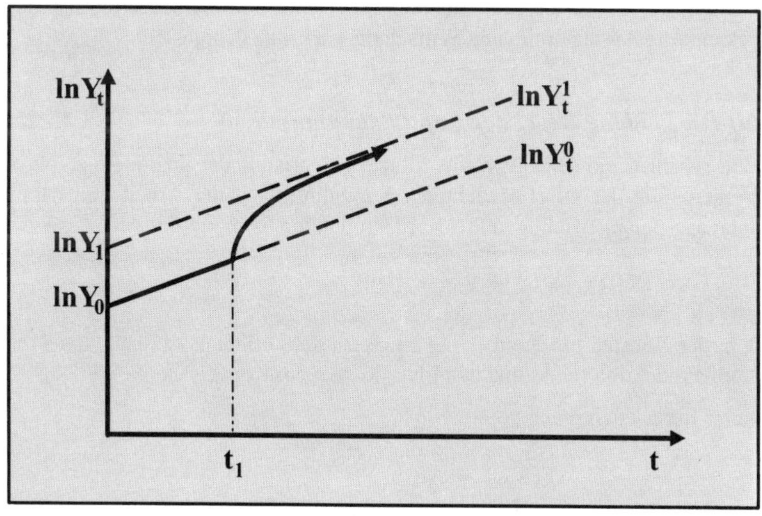

Abbildung V.4: Änderung der Sparquote

Mit der Annäherung der Kapitalintensität der Arbeit an ihren Gleichgewichtswert $(v_1)^2$ steigen einerseits auch die Arbeitsproduktivität ($y_1 = Y_1/A_0 = Y_t^1/A_t$) sowie das Einkommen ($Y_t^1 = y_1 A_t = y_1 A_0 e^{nt}$) auf ihre Gleichgewichtswerte an. Mit zunehmendem v sinkt andererseits die Wachstumsrate des Kapitals[3] wie auch des Einkommens auf die gleichgewichtige Wachstumsrate. Das Einkommen nähert sich somit dem Gleichgewichtspfad $\ln Y_t^1$, wie durch den Pfeil in Abbildung V.4 angezeigt wird. Es zeigt sich also, daß im vorliegenden Fall die Wachstumsrate des Volkseinkommens während der (unendlich langen) Übergangszeit größer ist als die gleichge-

---

[1] Aus $s_1 f(v_0) > nv_0$ folgt $s_1 f(v_0)/v_0 > n$.

[2] Die gleichgewichtige Kapitalintensität wird in $t = \infty$ erreicht.

[3] Es gilt $\hat{K} = sf(v)/v$. Mit steigendem v steigt f(v) nur unterproportional an; damit sinkt der Wert des Quotienten.

wichtige Wachstumsrate,[1] was auf die erhöhte Kapitalakkumulation infolge höherer Sparquote zurückzuführen ist.

2.1.2 Endogene Sparquote[2]

Die Endogenisierung der Sparquote folgt aus einer Optimierung des Wachstumsprozesses. Die goldene Regel der Kapitalakkumulation dient hier der Einführung in diesen Problemkreis; mit dem Ramsey-Modell wird der bekannteste Ansatz optimalen Wirtschaftswachstums vorgestellt.

(a) Die goldene Regel der Kapitalakkumulation

Wie vorangehend gezeigt wurde, führt eine Variation der Sparquote zu einer Veränderung der gleichgewichtigen Kapitalintensität der Arbeit und damit auch der gleichgewichtigen Pro-Kopf-Produktion. Nun gilt:

$$(1) \quad C/A = Y/A - I/A,$$

d. h. der Konsum pro Kopf (C/A) ist gleich der Differenz zwischen der Pro-Kopf-Produktion (Y/A) und den Investitionen pro Kopf (I/A).

Unter Berücksichtigung von:

$$(2) \quad Y(A,K) = Af(v)$$

$$(3) \quad I = sY$$

läßt sich schreiben:

$$(4) \quad C/A = f(v) - sf(v).$$

Gleichung (4) zeigt, daß mit s auch der Pro-Kopf-Konsum variiert.

Wie eingangs erwähnt wurde, dient Wirtschaftswachstum der Verbesserung der Güterversorgung pro Kopf, letztlich der Konsumgüterversorgung pro Kopf. Es stellt sich somit die Frage, auf welchem Gleichgewichtspfad, d. h. bei welcher Sparquote, der Pro-Kopf-Konsum maximiert wird.

---

[1] Gilt in t_1 ein $v_0 > v_1$, so ist auch $Y^0_{t_1} > Y^1_{t_1}$. Während der Anpassungszeit nähert sich das Einkommen dann mit sinkender Wachstumsrate von oben dem Gleichgewichtspfad $\ln Y^1_t$.

[2] Barro, R. J. und X. Sala-i-Martin, Wirtschaftswachstum, München/Wien 1998, S. 68 ff; Heubes, J., Grundlagen der modernen Makroökonomie, a. a. O., S. 594 ff; Maußner, A. und R. Klump, Wachstumstheorie, a. a. O., S. 115 ff.

Unter Berücksichtigung der Gleichgewichtsbedingung $\dot{v} = 0$ oder:

$$(5) \quad sf(v) = nv$$

läßt sich Gleichung (4) schreiben:

$$(6) \quad c = f(v) - nv; \qquad c = C/A.$$

Die notwendige Bedingung für ein Maximum des Konsums pro Kopf lautet (die hinreichende Bedingung $f''(v) < 0$ ist erfüllt):

$$(7) \quad dc/dv = f'(v) - n = 0$$

oder:

$$(8) \quad f'(v) = n.$$

Unter Beachtung von $Y(A,K) = Af(v)$ und somit $\partial Y/\partial K = df/dv$ $(= f'(v))$ besagt Gleichung (8), daß der Pro-Kopf-Konsum auf dem gleichgewichtigen Wachstumspfad ein Maximum erreicht, bei dem der Grenzertrag des Kapitals gleich der Wachstumsrate der Bevölkerung ist. Werden in Gleichung (8) f' durch $\partial Y/\partial K$ und n durch $\hat{K}$ ersetzt, so ergibt sich:

$$(9) \quad \frac{\partial Y}{\partial K} = \hat{K},$$

d. h. auf dem optimalen Wachstumspfad ist der Grenzertrag des Kapitals (= Zinssatz nach der Grenzproduktivitätstheorie der Verteilung) gleich der Wachstumsrate des Kapitals (= gleichgewichtige Wachstumsrate). Multiplikation beider Seiten von Gleichung (9) mit K/Y liefert:

$$(10) \quad \frac{\partial Y}{\partial K}\frac{K}{Y} = \frac{\dot{K}}{K}\frac{K}{Y} = \frac{I}{Y} = s.$$

Nach Gleichung (10) ist der gesuchte Wachstumspfad dadurch ausgezeichnet, daß die partielle Produktionselastizität des Kapitals, die nach der Grenzproduktivitätstheorie der Verteilung gleich der Kapitaleinkommensquote ist, mit der Sparquote übereinstimmt. Diese Bedingung wird nach E. Phelps (1961) als „Goldene Regel der Kapitalakkumulation“ bezeichnet.

Zur graphischen Bestimmung der gesuchten Sparquote wird Abbildung V.5 herangezogen. Nach Gleichung (6) ist der Konsum pro Kopf c auf einem Gleichgewichtspfad gleich dem Abstand zwischen der Produktion pro Kopf (f(v)) und der jeweiligen Investitionstätigkeit pro Kopf nv (= sf(v)).

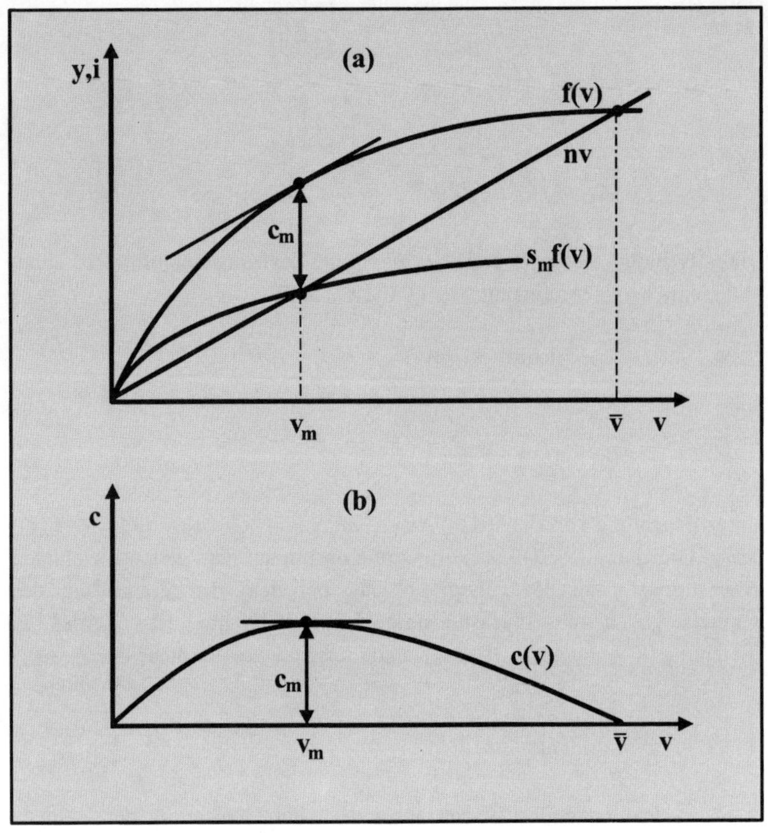

Abbildung V.5: Konsum pro Kopf

Diese Abstände sind in Teil b wiederholt und ergeben die Kurve c(v). Das Maximum dieser Kurve liefert die gesuchte Kapitalintensität der Arbeit (v_m). Nun ist die Sparquote so zu wählen, daß die Kurve sf(v) die Gerade nv bei v_m schneidet.[1]

---

[1] Wird der Staat berücksichtigt, der Steuern erhebt ($\tau = \tau Y$) und hierfür Güter vom privaten Sektor erwirbt (G), die er teilweise investiert (κG), so gilt für die öffentlichen Investitionen $\dot{K}_ö = \kappa G$. Sparen die Haushalte einen konstanten Betrag (s) ihres verfügbaren Einkommens ($(1-\tau)Y$), so folgt für die privaten Investitionen $\dot{K}_p = s(1-\tau)Y$. Für die gesamte Investitionstätigkeit ergibt sich, wenn privates und öffentliches Kapital perfekte Substitute sind, $\dot{K} = [s(1-\tau) + \kappa\tau]Y$. Damit läßt sich für die Veränderung der Kapitalintensität der Arbeit schreiben $\hat{v} = \hat{K} - \hat{A} = [s(1-\tau) + \kappa\tau]Y/K$ bzw. $\dot{v} = [s(1-\tau) + \kappa\tau]f(v) - nv$. Der Staat könnte in diesem Fall also versuchen, die optimale Sparquote durch die Wahl des Steuersatzes und seiner Investitionsquote zu realisieren.

Es bleibt die Frage, welche Folgerungen aus diesem Ergebnis für die Optimierung des Wachstumsprozesses gezogen werden können. Ist die Sparquote größer, als es v_m entspricht, so kann der gegenwärtige und zukünftige Konsum pro Kopf durch eine Senkung der Sparquote erhöht werden. Ist die Sparquote niedriger, als es v_m entspricht, so kann der zukünftige Konsum nur auf Kosten des gegenwärtigen Konsums gesteigert werden. In diesem Fall ist eine Bewertung unterschiedlicher Konsumpfade mit Hilfe einer Präferenzordnung erforderlich. Die Sparquote folgt dann als Reflex aus der Auswahl eines bestimmten Konsumpfades.

(b) Das Ramsey-Modell

Nachfolgend wird unterstellt, daß die Bewertung unterschiedlicher Konsumpfade durch eine allwissende, zentrale Planungsbehörde mittels einer sozialen Wohlfahrtsfunktion (W) erfolgt.[1] Die soziale Wohlfahrt sei gleich der Summe der gesellschaftlichen Nutzen der einzelnen Perioden der Planungsperiode (utilitaristische Wohlfahrtsfunktion). Der gesellschaftliche Nutzen (U) der einzelnen Perioden werde durch den Pro-Kopf-Konsum ($U = U(c)$) bestimmt. Wird eine logarithmische Nutzenfunktion $U = \ln c$ unterstellt, so gilt bei unendlichem Planungshorizont und stetiger Zeitbetrachtung:

$$(11) \quad W = \int_0^\infty e^{-\vartheta t} \ln c_t dt.$$

In Gleichung (11) wird der Nutzen späterer Perioden analog zur individuellen Gegenwartspräferenz noch abdiskontiert (ϑ = Zeitpräferenzrate).

Diese Zielfunktion ist unter Beachtung der Akkumulationsmöglichkeiten (Nebenbedingung) zu maximieren. Diese Akkumulationsmöglichkeiten entsprechen Gleichung (25) des vorangehenden Abschnitts ($\dot{v} = sf(v) - nv$), wobei jetzt jedoch die Sparquote nicht vorgegeben wird; die Ersparnisbildung folgt vielmehr als Differenz zwischen Produktion und Konsum ($f(v) - c$):

$$(12) \quad \dot{v} = f(v) - c - nv.$$

---

[1] Der optimale Konsumpfad stellt sich unter bestimmten Bedingungen auch aufgrund individuellen Optimierungsverhaltens ein (unendlicher Planungshorizont, vollständige Konkurrenz, vollkommene Voraussicht, Übereinstimmung von individueller und sozialer Zeitpräferenzrate). Siehe hierzu bspw. Arnold, L., Wachstumstheorie, München 1997, S. 55 ff.

Mit den Gleichungen (11) und (12) liegt ein Problem der dynamischen Optimierung vor. Die Lösung erfolgt mit Hilfe einer sog. Hamilton-Funktion (H):[1,2]

$$(13)\quad H = e^{-\vartheta t} \ln c + \mu[f(v) - c - nv].$$

Die notwendigen Bedingungen für einen optimalen Konsumpfad sind:

$$(14)\quad \frac{\partial H}{\partial c} = e^{-\vartheta t}\frac{1}{c} - \mu_t = 0$$

$$(15)\quad \frac{\partial H}{\partial v} = \mu[f'(v) - n] = -\dot{\mu}$$

sowie die Nebenbedingung (12).

Die Gleichungen (14) und (15) liefern die sog. (Keynes-) Ramsey-Regel:[3,4]

$$(16)\quad \frac{\dot{c}}{c} = f'(v) - n - \vartheta.$$

---

1 Rauch, B., Mathematische Lösungsmethoden, a. a. O., S. 727 ff.

2 Auf eine Zeitindizierung der Variablen wird zur Vereinfachung der Schreibweise verzichtet.

3 Nach Gleichung (14) ist:

$$\mu = e^{-\vartheta t}/c.$$

Differentiation nach der Zeit ergibt:

$$\dot{\mu} = -\vartheta e^{-\vartheta t}/c - e^{-\vartheta t}\dot{c}/c^2.$$

Werden diese beiden Gleichungen in Gleichung (15) eingesetzt, so folgt Gleichung (16).

4 Bei diskreter Zeitbetrachtung und konstanter Bevölkerung lautet das Optimierungsproblem:

$$(11')\quad W = \sum_{t=0}^{\infty} \ln c_t (1+\vartheta)^{-t}$$

$$(12')\quad v_t - v_{t-1} = f(v) - c.$$

In diesem Fall lautet die Ramsey-Regel:

$$(16')\quad \frac{c_t}{c_{t-1}} = \frac{1+f'(v)}{1+\vartheta}$$

bzw.:

$$(16'')\quad \frac{1}{c_{t-1}} = \frac{1+f'(v)}{c_t(1+\vartheta)}.$$

Diese Bedingung läßt sich leichter interpretieren als Gleichung (16): Wird der Konsum der Periode $t-1$ um eine Einheit verringert, die investiert wird, so sinkt die Wohlfahrt um $1/c_{t-1}$. In der Periode t erhöht sich dann c. p. die für Konsumzwecke zur Verfügung stehende Gütermenge pro Kopf um eine Einheit (die in $t = 1$ weniger investiert werden muß, keine Abschreibungen) sowie um den Grenzertrag des Kapitals f'(v). Der Nutzengewinn in t ist dann gleich dem Produkt aus dieser Menge (1 + f') und dem Grenznutzen des Konsums $1/c_t$. Zur Bestimmung des Wohlfahrtsgewinns ist dieser Wert noch abzudiskontieren. Ist der Grenzertrag des Kapitals größer als die Zeitpräferenzrate ($f' > \vartheta$), so ist der Pro-Kopf-Konsum zu erhöhen und umgekehrt (siehe Gleichung (16')).

Mit den Gleichungen (12) und (16) liegt ein Differentialgleichungssystem vor, dessen Lösung die gesuchte zeitliche Entwicklung von c und, da diese von v abhängt, auch von v beschreibt. Diese Lösung ist in Abbildung V.6 mit Hilfe eines Phasendiagramms dargestellt.

Abbildung V.6 wiederholt zunächst mit $\dot{v} = 0$ $(= f(v) - c - nv)$ die Kurve c(v) aus Abbildung V.5 b. Ist c größer, als es dieser Kurve entspricht, so verringert sich die Kapitalintensität der Arbeit ($\dot{v} < 0$); im umgekehrten Fall erhöht sich die Kapitalintensität ($\dot{v} > 0$). Die Veränderungen der Kapitalintensität werden durch die dicken Pfeile in Teil a der Abbildung V.6 angezeigt. Abbildung V.6 enthält weiterhin die Kurve $\dot{c} = 0$. Nach Gleichung (16) erfordert $\dot{c} = 0$ einen ganz bestimmten Wert der Kapitalintensität der Arbeit (v^*). Die Bedingung $\dot{c} = 0$ ist also auf einer Parallelen zur c-Achse im Abstand v^* erfüllt. Ist $v > v^*$, so gilt $f'(v) < f'(v^*)$; damit ist nach Gleichung (16) der Konsum zu reduzieren. Bei $v < v^*$ hingegen ist

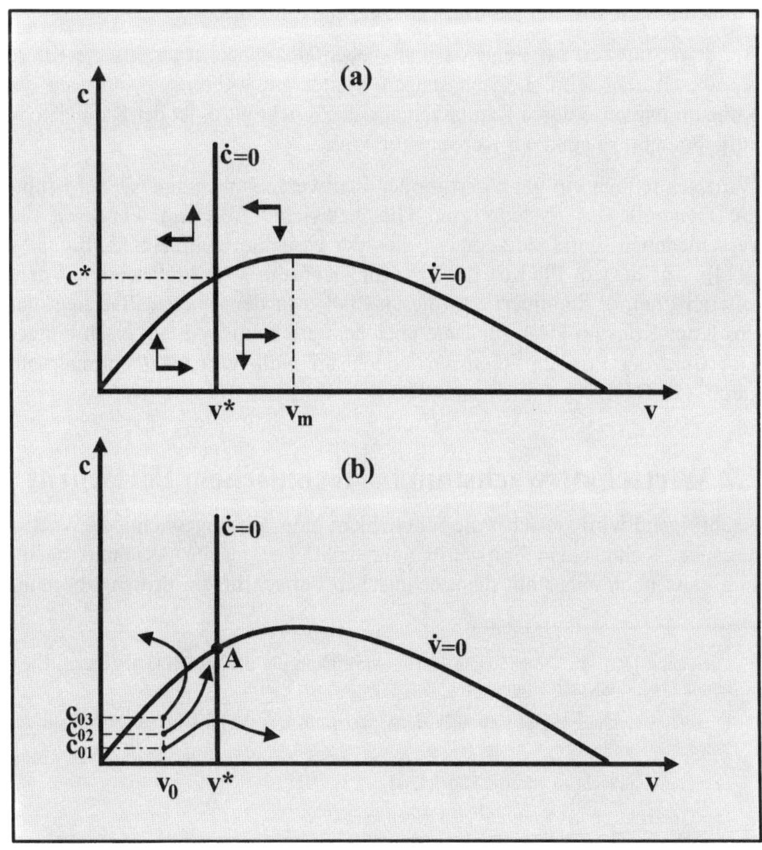

Abbildung V.6: Ramsey-Pfad

$f'(v) > f'(v^*)$; der Konsum ist zu erhöhen. Die Veränderungen des Konsums werden in Teil a der Abbildung V.6 durch die dünnen Pfeile angezeigt.

Der optimale Konsum pro Kopf sowie die zugehörige Kapitalintensität der Arbeit erreichen ihre Gleichgewichtswerte ($\dot{c} = \dot{v} = 0$) im Schnittpunkt dieser beiden Kurven (Punkt A). Gilt $\vartheta = 0$, so entspricht die Lösung derjenigen nach der „Goldenen Regel" ($v^* = v_m$); für $\vartheta > 0$ hingegen ist $v^* < v_m$: Infolge der Mindereinschätzung zukünftigen Konsums ist es nicht optimal, durch Verringerung des gegenwärtigen Konsums den Maximalwert für die Zukunft anzustreben.

Aus der Vergangenheit ist die Kapitalintensität der Arbeit vorgegeben; es gelte $v_0 < v^*$. Durch die Wahl von c_0 bleibt nun der optimale Konsumpfad zu bestimmen. In Abbildung V.6 b sind drei Pfade eingezeichnet, die sich durch die ausgewählten Werte für c_0 unterscheiden, die aber alle drei die Gleichungen (12) und (16) erfüllen. Wird c_{01} gewählt, so entwickeln sich c und v gemäß dem unteren Pfad. Dieser steigt zunächst an, bis v^* erreicht ist. Danach nimmt v weiter zu, während c gegen Null sinkt.[1]

Bei dem Startwert c_{03} steigen c und v ebenfalls zunächst an, bis die Kurve $\dot{v} = 0$ erreicht wird. Danach steigt c weiter an, während v sinkt, da der Konsum teilweise durch Kapitalverzehr ermöglicht wird. Ist der Kapitalstock aufgebraucht, so sinkt der Konsum auf Null.[2]

Wird schließlich ein ganz bestimmter Startwert, hier c_{02}, gewählt, so führt die Dynamik des Systems zum Gleichgewicht.[3] Wie ein Vergleich der verschiedenen Zeitpfade zeigt, ist dies der gesuchte Optimalpfad (Ramsey-Pfad): Auf diesem Pfad ist der Pro-Kopf-Konsum stets größer als auf dem unteren Pfad; er dominiert also diesen Pfad. Auf dem oberen Pfad liegt der Pro-Kopf-Konsum zwar zunächst über dem auf Ramsey-Pfad. Nach einiger Zeit sinkt der Pro-Kopf-Konsum jedoch auf Null, was nicht optimal sein kann.[4]

2.2 Wirtschaftswachstum bei technischem Fortschritt[5]

Nachfolgend wird zunächst die Möglichkeit eines gleichgewichtigen Wachstums bei technischem Fortschritt untersucht. Der zweite Abschnitt befaßt sich dann noch näher mit dem technischen Fortschritt. Im dritten Abschnitt

---

[1] Gleichung (12), die Veränderung von v, wird durch die dicken Pfeile angezeigt; Gleichung (16), die Veränderung von c, durch die dünnen Pfeile.

[2] Diese Entwicklung ergibt sich auch dann, wenn ein c_0 gewählt wird, das oberhalb der Kurve $\dot{v} = 0$ liegt.

[3] Das Gleichgewicht ist ein sog. Sattelpunkt.

[4] Der Grenznutzen des Konsums geht gegen unendlich.

[5] Heubes, J., Grundlagen der modernen Makroökonomie, a. a. O., S. 610 ff; Neumann, M., Theoretische Volkswirtschaftslehre III, 2. Aufl., München 1994, S. 29 ff; Walter, H., Technischer Fortschritt, in: HdWW, Bd. 7, Stuttgart u. a. 1977, S. 569 ff.

schließlich werden die abgeleiteten Ergebnisse auf ihre Verträglichkeit mit den empirischen Daten überprüft.

2.2.1 Existenz und Stabilität eines gleichgewichtigen Wachstumspfades

Technischer Fortschritt kann sowohl in neuen (Konsum-) Gütern (Güterinnovation) als auch in neuen Produktionsverfahren (Verfahrensinnovation) zum Ausdruck kommen. Den nachfolgenden Ausführungen liegen Verfahrensinnovationen zugrunde. Dieser Verfahrensfortschritt äußert sich darin, daß

- entweder bei gleichem Faktoreinsatz eine größere Produktionsmenge
- oder die gleiche Produktionsmenge mit geringerem Faktoreinsatz

erstellt werden kann.

Der technische Fortschritt wirkt also so, als ob die Produktionsfaktoren vermehrt worden wären. Dies läßt sich formal wie folgt darstellen:

$$(1) \quad \begin{aligned} A_t^* &= a_t A_t \\ K_t^* &= b_t K_t, \end{aligned}$$

wobei a_t bzw. b_t die Quasivermehrung der physischen Inputmengen A bzw. K infolge des technischen Fortschritts erfaßt (sog. Vervielfachungskonzept, factor augmenting); A^* bzw. K^* stellen dann die Arbeit bzw. das Kapital in Effizienzeinheiten dar.

Ausgangspunkt zur Bestimmung des gleichgewichtigen Wachstumspfades ist wieder eine gesamtwirtschaftliche, linear-homogene Produktionsfunktion. Als Produktionsfaktoren werden jetzt Arbeit und Kapital in Effizienzeinheiten berücksichtigt:

$$(2) \quad Y_t = Y(A_t^*, K_t^*).$$

Für die Wachstumsrate des Outputs ergibt sich aus Gleichung (2):

$$(3) \quad \hat{Y} = \alpha \hat{A}^* + (1-\alpha)\hat{K}^*$$

mit: $$\alpha = \frac{\partial Y}{\partial A^*}\frac{A^*}{Y}; \qquad (1-\alpha) = \frac{\partial Y}{\partial K^*}\frac{K^*}{Y}.$$

Es wird angenommen, daß der technische Fortschritt die Effizienz der Produktionsfaktoren Arbeit und Kapital mit exogen vorgegebener und konstanter Rate erhöht.[1] Damit gilt:

---

[1] Es handelt sich um sog. ungebundenen (disembodied) technischen Fortschritt, der nicht an die Durchführung von Investitionen gebunden ist.

$$\text{(4)} \quad \begin{aligned} a_t &= a_0 e^{\hat{a}t} \\ b_t &= b_0 e^{\hat{b}t}. \end{aligned}$$

Unter Beachtung der Gleichungen (1) und (4) läßt sich Gleichung (3) wie folgt formulieren:[1]

$$\text{(5)} \quad \hat{Y} = \alpha(\hat{a} + \hat{A}) + (1 - \alpha)(\hat{b} + \hat{K}).$$

Die Wachstumsrate der Arbeit ist weiterhin exogen vorgegeben und konstant; gleiches gilt für die Sparquote. Gleichgewichtiges Wachstum ($\hat{Y}$ = const.) erfordert, daß auch die Wachstumsrate des (physischen) Kapitals konstant bleibt; bei konstanter Sparquote ist sie im Gleichgewicht gleich der Wachstumsrate des Outputs. Damit läßt sich Gleichung (5) umformen zu:

$$\text{(6)} \quad \hat{Y} = \hat{a} + \frac{1-\alpha}{\alpha}\hat{b} + n.$$

Gleichgewichtiges Wachstum bei technischem Fortschritt und linear-homogener Produktionsfunktion erfordert also weiter, daß der Teil der Wachstumsrate des Outputs, der auf den technischen Fortschritt zurückzuführen ist, ebenfalls konstant ist:

$$\text{(7)} \quad \hat{a} + \frac{1-\alpha}{\alpha}\hat{b} = \text{const.}$$

Gleichung (7) ist erfüllt bei:

- $\hat{b} = 0$ oder
- $\frac{1-\alpha}{\alpha} = \text{const.}$

Gleichgewichtiges Wachstum ist also zum einen möglich, wenn der technische Fortschritt ausschließlich arbeitsvermehrend ist ($\hat{b} = 0$). Die gleichgewichtige Wachstumsrate ist dann gleich der Summe der Wachstumsraten der Arbeit und des arbeitsvermehrenden technischen Fortschritts:

$$\text{(8)} \quad \hat{Y} = \hat{a} + n.$$

---

[1] Für A_t^* gilt (analog für K_t^*):

$$A_t^* = a_0 e^{\hat{a}t} A_0 e^{\hat{A}t} = a_0 A_0 e^{(\hat{a}+\hat{A})t}.$$

Logarithmierung und Ableitung nach der Zeit liefert:

$$\ln A_t^* = \ln a_0 A_0 + (\hat{a} + \hat{A})t$$

$$\dot{A}_t^* / A_t^* = \hat{A}^* = \hat{a} + \hat{A}.$$

Gleichgewichtiges Wachstum ist zum anderen möglich, wenn die partiellen Produktionselastizitäten konstant sind ($(1-\alpha)/\alpha = \text{const.}$). Letzteres ist bei einer Cobb-Douglas-Produktionsfunktion gegeben. Da bei einer Cobb-Douglas-Produktionsfunktion jeder technische Fortschritt arbeitsvermehrend ist,[1] läßt sich generell festhalten, daß gleichgewichtiges Wachstum – im vorliegenden Modell – ausschließlich arbeitsvermehrenden technischen Fortschritt erfordert.

Zur Untersuchung der Existenz und Stabilität eines derartigen Wachstumspfades wird wieder auf die Kapitalintensität der Arbeit zurückgegriffen. Hierbei ist die Arbeit jedoch in Effizienzeinheiten zu messen:

$$(9)\quad v^* = K/A^*.$$

In Wachstumsraten gilt:

$$(10)\quad \hat{v}^* = \hat{K} - \hat{A}^*.$$

Die Wachstumsrate des Kapitals ist:

$$(11)\quad \hat{K} = \frac{sY(A^*,K)}{K} = \frac{sA^*f(v^*)}{K} = \frac{sf(v^*)}{v^*}.$$

Damit folgt:

$$(12)\quad \hat{v}^* = \frac{sf(v^*)}{v^*} - (\hat{a} + n).$$

Gleichung (12) ist für $\hat{v}$ und v aus Abschnitt 2.1.1 bekannt. Die weitere Stabilitätsbetrachtung verläuft somit völlig analog zu diesem Abschnitt. Das dort abgeleitete Ergebnis läßt sich somit auch auf den vorliegenden Abschnitt übertragen: Existenz und Stabilität eines gleichgewichtigen Wachstumspfades bei technischem Fortschritt sind bei Erfüllung der Inada-Bedingungen gesichert.

2.2.2 Art des technischen Fortschritts

Nach einer kurzen weitergehenden Klassifizierung des technischen Fortschritts wird untersucht, inwieweit sich ausschließlich arbeitsvermehrender technischer Fortschritt einstellt.

---

[1] Die Produktionsfunktion:

$$Y_t = (e^{\hat{x}t}A_t)^{\alpha}(e^{\hat{y}t}K_t)^{1-\alpha}$$

läßt sich umformen:

$$Y_t = (e^{\hat{a}t}A_t)^{\alpha}K_t^{1-\alpha}$$

mit: $\hat{a} = \hat{x} + (1-\alpha)\hat{y}/\alpha,$

was Gleichung (7) entspricht.

(a) Klassifikation nach Harrod

Abbildung V.7 gibt die Produktivitätsfunktion $y = f(v)$ wieder. Das Ausgangsgleichgewicht wird durch Punkt A angezeigt: Die Kapitalintensität der Arbeit ist v_0; der Grenzertrag des Kapitals, der nach der Grenzproduktivitätstheorie der Verteilung gleich dem Zinssatz ist, beträgt r_0; der Kapitalkoeffizient ($K/Y = v/y$) ist k_0.

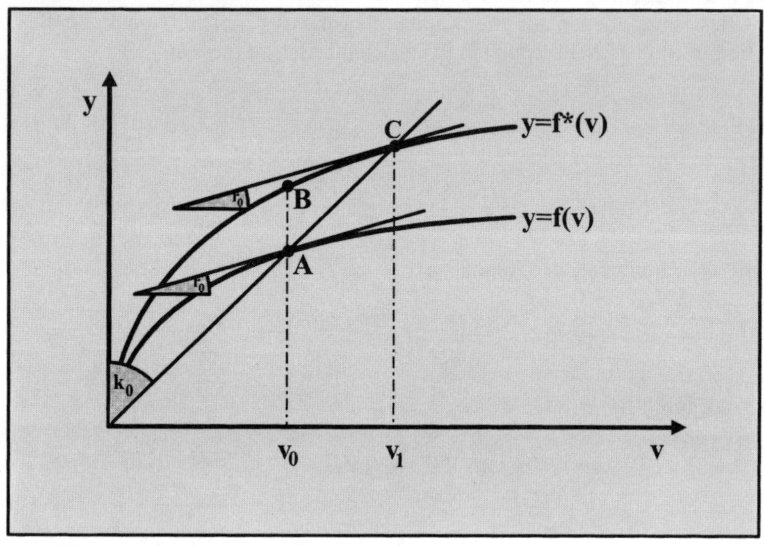

Abbildung V.7: Harrod-neutraler technischer Fortschritt

Der technische Fortschritt erhöht nun die Produktivität des physischen Kapitals. Dies kann in der Form geschehen, daß der technische Fortschritt arbeitsvermehrend ist. Infolge des nun erhöhten Arbeitseinsatzes (in Effizienzeinheiten) verschiebt sich die Produktivitätsfunktion nach $y = f^*(v)$; $v = K/A$. Hierdurch sinkt der Kapitalkoeffizient, während der Grenzertrag des Kapitals ansteigt (Punkt B). Infolge der höheren Produktivität kommt es zu verstärkter Kapitalakkumulation ($sf^*(v_0) > nv_0$), so daß die Kapitalintensität der physischen Arbeit ansteigt, bis in Punkt C ein neues Gleichgewicht erreicht ist. In Punkt C steigt (sinkt) der Kapitalkoeffizient (Grenzertrag des Kapitals, Zinssatz) wieder auf seinen ursprünglichen Wert.[1]

---

[1] Im Gleichgewicht bleibt $v^* = K/aA$ konstant. Daraus folgt zum einen, daß sich $v = K/A$ erhöht, und zum anderen, daß K und aA in prozentual gleichem Maße ansteigen, was dann – bei linear-homogener Produktionsfunktion – auch für Y gilt. Damit erreicht der Kapitalkoeffizient $k = K/Y$ wieder seinen ursprünglichen Wert. Für den Grenzertrag des Kapitals gilt $\partial Y/\partial K = f'(v^*)$; er erreicht im neuen Gleichgewicht ebenfalls wieder seinen ursprünglichen Wert.

Die Produktivität des physischen Kapitals kann sich auch dadurch erhöhen, daß der technische Fortschritt kapitalvermehrend ist.[1] Auch in diesem Fall verschiebt sich die Produktivitätsfunktion nach $f^*(v)$; der Kapitalkoeffizient sinkt, der Grenzertrag des Kapitals steigt an. Gilt eine Cobb-Douglas-Produktionsfunktion, so führt die Kapitalakkumulation wieder zu einem Anstieg des Kapitalkoeffizienten auf seinen Ausgangswert, wobei der Grenzertrag des Kapitals (Zinssatz) auf seinen ursprünglichen Wert zurückgeht.[2]

In beiden Fällen bleiben mit konstantem Zinssatz und Kapitalkoeffizienten auch die Zins- oder Profitquote (rK/Y) bzw. die Einkommensverteilung unverändert. Dieser technische Fortschritt wird nach R. F. Harrod (1942) als Harrod-neutral bezeichnet. Da sich bei einer Cobb-Douglas-Produktionsfunktion auch kapitalvermehrender technischer Fortschritt als arbeitsvermehrend darstellen läßt, gilt allgemein, daß arbeitsvermehrender technischer Fortschritt Harrod-neutral ist.[3]

Ist die Produktionsfunktion nicht vom Cobb-Douglas-Typ, so handelt es sich bei kapitalvermehrendem technischen Fortschritt um nicht-neutralen Fortschritt im Sinne von Harrod. Auch in diesem Fall kommt es von Punkt B aus zur verstärkten Kapitalakkumulation, die den Kapitalkoeffizienten ansteigen und den Grenzertrag des Kapitals sinken läßt. Sind Arbeit und Kapital gute Substitute, so sinkt der Grenzertrag nur relativ langsam mit höherem Kapitalkoeffizienten.[4] In diesem Fall steigt die Profitquote an, was als arbeitssparender technischer Fortschritt im Sinne von Harrod bezeichnet wird.[5] Sind

---

1 Grundsätzlich gilt $\hat{b} > 0$ bei $\hat{a} \geq 0$; zur Vereinfachung wird hier von $\hat{a} = 0$ ausgegangen.

2 Die Cobb-Douglas-Produktionsfunktion mit kapitalvermehrendem technischen Fortschritt lautet:

$$Y = A^{\alpha}(e^{\hat{b}t}K)^{1-\alpha}.$$

Umformung liefert:

$$Y = \left(e^{\frac{1-\alpha}{\alpha}\hat{b}t}A\right)^{\alpha} K^{1-\alpha};$$

damit liegt wieder arbeitsvermehrender Fortschritt vor.

3 Dies gilt, solange nur Arbeit als exogener (knapper) Produktionsfaktor berücksichtigt wird.

4 Ein Maß für die Substitutionsmöglichkeiten zwischen Arbeit und Kapital ist die sog. Substitutionselastizität (σ). Im vorliegenden Fall gilt $\sigma > 1$; im vorangehenden Fall der Cobb-Douglas-Produktionsfunktion ist $\sigma = 1$.

5 Gilt eine linear-homogene CES-Produktionsfunktion ("Constant Elasticity of Substitution") mit kapitalvermehrendem technischen Fortschritt:

$$Y = [\delta(bK)^{(\sigma-1)/\sigma} + (1-\delta)A^{(\sigma-1)/\sigma}]^{\sigma/(1-\sigma)}; \quad 0 < \delta < 1, \quad b > 0,$$

so ergibt sich für die Profitquote (partielle Produktionselastizität des Kapitals):

$$\frac{\partial Y}{\partial K}\frac{K}{Y} = \delta\left(\frac{Y}{bK}\right)^{1-\sigma/\sigma}.$$

Bei $\sigma > 1$ folgt:

$$\frac{\partial Y}{\partial K}\frac{K}{Y} = \delta\left(\frac{bK}{Y}\right)^{\sigma-1/\sigma}.$$

umgekehrt Arbeit und Kapital schlechte Substitute,[1] so sinkt der Grenzertrag des Kapitals relativ schnell mit höherem Kapitalkoeffizienten, wodurch die Profitquote zurückgeht. In diesem Fall wird der technische Fortschritt als kapitalsparend im Sinne von Harrod bezeichnet.

(b) Klassifikation nach Hicks

Auch J. R. Hicks (1932) bezeichnet den technischen Fortschritt als neutral, der die Einkommensverteilung nicht verändert. Während Harrod bei seiner Klassifizierung von konstantem Kapitalkoeffizienten ausgeht, legt Hicks seinen Überlegungen eine konstante Kapitalintensität der Arbeit zugrunde.

In Abbildung V.8 gibt Punkt A die Ausgangsposition an. Es gilt die Kapitalintensität v_0, das Volkseinkommen beträgt Y_0. Bei Gültigkeit der Grenzproduktivitätstheorie der Verteilung entspricht die Steigung der Tangenten an die Isoquante in Punkt A dem Lohn-/Zinssatz-Verhältnis.

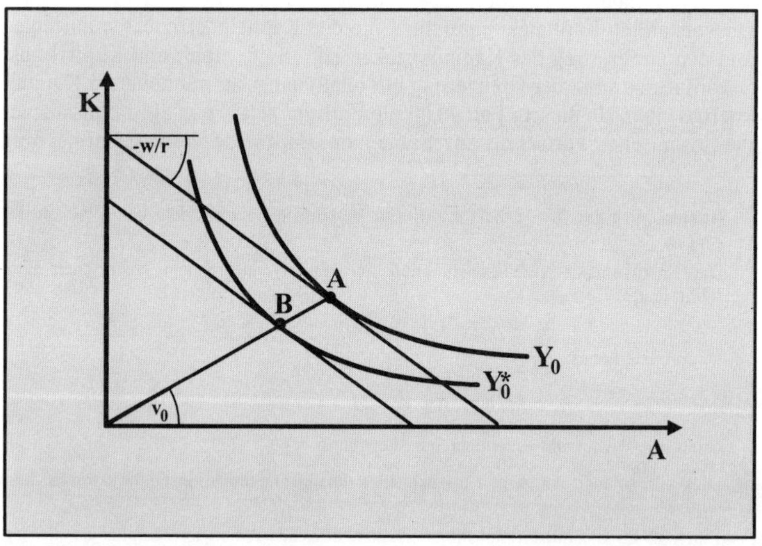

Abbildung V.8: Hicks-neutraler technischer Fortschritt

Der technische Fortschritt führt nun zu einer Verschiebung der Isoquanten nach innen (nach Y_0^*). Die Einkommensverteilung bleibt bei Aufrechterhaltung der Kapitalintensität v_0 dann unverändert, wenn das Lohn-Zins-Verhältnis gleich bleibt, d. h., wenn in Punkt B wiederum die gleiche Steigung gilt wie in Punkt A. Die Isoquante muß sich somit gleichmäßig nach innen

---

[1] In diesem Fall gilt $\sigma < 1$.

verschieben. Dies erfordert, daß beide Produktionsfaktoren in gleichem Maße quasivermehrt werden ($\hat{a} = \hat{b} = \lambda$).[1]

Das gleiche Ergebnis folgt, wenn zwar beide Faktoren in unterschiedlichem Maße quasivermehrt werden, jedoch eine Cobb-Douglas-Produktionsfunktion gilt.[2]

Nicht neutraler Fortschritt i. S. von Hicks liegt vor, wenn sich die Steigung der Isoquante in Punkt B geändert hat. Ist die Steigung betragsmäßig angestiegen ($|w/r|$), so verändert sich die Einkommensverteilung zugunsten des Faktors Arbeit; der technische Fortschritt ist kapitalsparend nach Hicks. Im umgekehrten Fall liegt arbeitssparender Fortschritt nach Hicks vor.

Kapitalsparender technischer Fortschritt i. S. von Hicks ergibt sich dann, wenn entweder bei niedriger Substitutionselastizität ($\sigma < 1$) der Faktor Kapital stärker quasivermehrt wird als der Faktor Arbeit ($\hat{b} > \hat{a}$). Oder, wenn bei hoher Substitutionselastizität ($\sigma > 1$) der Faktor Arbeit stärker quasivermehrt wird als der Faktor Kapital ($\hat{a} > \hat{b}$). Arbeitssparender technischer Fortschritt ergibt sich analog bei $\sigma < 1$ und $\hat{a} > \hat{b}$ sowie $\sigma > 1$ und $\hat{b} > \hat{a}$.

(c) Fortschrittsgrenze

Die Annahme, daß der technische Fortschritt die Effizienz der Produktionsfaktoren Arbeit und Kapital mit exogen vorgegebener und konstanter Rate steigert, wird nun zugunsten der Annahme aufgegeben, daß die Wachstumsrate des technischen Fortschritts insgesamt (π) exogen und konstant ist. Innerhalb dieser Fortschrittsgrenze kann jedoch die Kombination aus arbeitsvermehrendem ($\hat{a}$) und kapitalvermehrendem ($\hat{b}$) Fortschritt frei gewählt werden:

$$(13) \quad \pi = \hat{a} + \hat{b}.$$

Wird realistischerweise von $\sigma < 1$ ausgegangen, d. h., daß keine Cobb-Douglas-Produktionsfunktion gilt, so erfordert ein gleichgewichtiges Wachs-

---

[1] Bei linear-homogener Produktionsfunktion gilt:

$$Y_1 = Y_1(\lambda A, \lambda K) = \lambda Y_0(A,K)$$

und somit:
$$w = \frac{\partial Y_1}{\partial A} = \lambda \frac{\partial Y_0}{\partial A}; \qquad r = \frac{\partial Y_1}{\partial K} = \lambda \frac{\partial Y_0}{\partial K}.$$

[2] Bei einer Cobb-Douglas-Produktionsfunktion:

$$Y = (e^{\hat{a}t}A)^{\alpha}(e^{\hat{b}t}K)^{1-\alpha}$$

läßt sich der technische Fortschritt faktoriell abspalten:

$$Y = e^{[\hat{a}\alpha + \hat{b}(1-\alpha)]t} A^{\alpha} K^{1-\alpha}.$$

tum ausschließlich arbeitsvermehrenden technischen Fortschritt ($\hat{b} = 0$). Es stellt sich somit die Frage, inwieweit Kräfte auftreten, die dafür sorgen, daß der technische Fortschritt ausschließlich arbeitsvermehrend ist.

Wie im Zusammenhang mit Abbildung V.7 gezeigt wurde, verändert sich unter Beachtung des Akkumulationsprozesses (v steigt an) die Einkommensverteilung, wenn der technische Fortschritt nicht Harrod-neutral ist. Wird realistischerweise $\sigma < 1$ angenommen, so sinkt bei $\hat{b} > 0$ die Zins- oder Profitquote. Wird weiter angenommen, daß die Profitquote überwiegend den Unternehmerhaushalten zufließt, so werden die Unternehmer durch deren Rückgang veranlaßt, kapitalvermehrenden durch arbeitsvermehrenden Fortschritt zu ersetzen, bis schließlich $\hat{b} = 0$ erreicht ist.

2.2.3 Gleichgewichtiges Wachstum und stilisierte Fakten

Es bleibt die Frage, inwieweit die vorliegende Wachstumstheorie in der Lage ist, einige typische Phänomene (sog. stilisierte Fakten) zu erklären, die im Wachstumsprozeß zu beobachten sind.

Typische Phänomene sind bspw. der langfristige Anstieg sowohl der Kapitalintensität der Arbeit als auch der Arbeitsproduktivität. Für die Kapitalintensität der Arbeit in physischen Einheiten gilt:

$$(14) \quad v = K/A.$$

In Wachstumsraten ergibt sich:

$$(15) \quad \hat{v} = \hat{K} - \hat{A}$$

bzw., unter Berücksichtigung von $\hat{K} = \hat{Y}$:

$$(16) \quad \hat{v} = \hat{a} + n - n = \hat{a}.$$

Der Anstieg der Kapitalintensität der Arbeit ist somit auf den arbeitsvermehrenden technischen Fortschritt zurückzuführen.

Die Produktivität der Arbeit in physischen Einheiten ist:

$$(17) \quad y = Y/A.$$

In Wachstumsraten gilt:

$$(18) \quad \hat{y} = \hat{Y} - \hat{A}$$

bzw.:

$$(19) \quad \hat{y} = \hat{a} + n - n = \hat{a}.$$

Auch die Erhöhung der Arbeitsproduktivität (intensives Wachstum) ergibt sich aufgrund des arbeitsvermehrenden technischen Fortschritts.

Ein weiteres typisches Phänomen einer wachsenden Wirtschaft ist der Anstieg des Reallohns, während der Zinssatz konstant bleibt. Bei der unterstellten Gültigkeit der Grenzproduktivitätstheorie der Verteilung ist der Reallohn (Realzins) gleich dem Grenzertrag der Arbeit (des Kapitals). Aus der linear-homogenen Produktionsfunktion:

$$(20) \quad Y = Y(aA,K) = aAf(K/aA)$$

folgt für den Grenzertrag der Arbeit bzw. für den Reallohnsatz (w):[1]

$$(21) \quad \frac{\partial Y}{\partial A} = w = a\left(f - f'\frac{K}{aA}\right).$$

Da der Ausdruck K/aA auf dem Gleichgewichtspfad konstant bleibt, gilt dies auch für f und f'. Damit ergibt sich für die Wachstumsrate des Reallohns:

$$(22) \quad \hat{w} = \hat{a}\,.$$

Die Erhöhung des Reallohns ist ebenfalls auf den arbeitsvermehrenden technischen Fortschritt zurückzuführen.

Der Grenzertrag des Kapitals und damit der (reale) Zinssatz (r)[2] ergeben sich wieder durch partielle Differentiation von Gleichung (20):

$$(23) \quad \frac{\partial Y}{\partial K} = r = f' = \text{const.}$$

Da Kapital und Arbeit in Effizienzeinheiten mit der gleichen Rate wachsen, . bleibt bei einer linear-homogenen Produktionsfunktion der Grenzertrag des Kapitals konstant.

Lohn- und Zinssatz sind in Abbildung V.9 graphisch veranschaulicht. Diese Abbildung wiederholt die Produktivitätsfunktion f(v). Das Ausgangsgleichgewicht wird durch Punkt A angezeigt.

Der Zinssatz im Ausgangsgleichgewicht ist gleich der Steigung der eingezeichneten Tangente an f(v) in Punkt A:

$$(24) \quad r = \frac{0Q}{0R} = \frac{QS}{SA}\,.$$

---

1 $\frac{\partial Y}{\partial A} = af + aAf'\left(\frac{-aK}{(aA)^2}\right) = a(f - f'K/aA).$

2 Bei konstantem Preisniveau stimmen nomineller und realer Zinssatz überein.

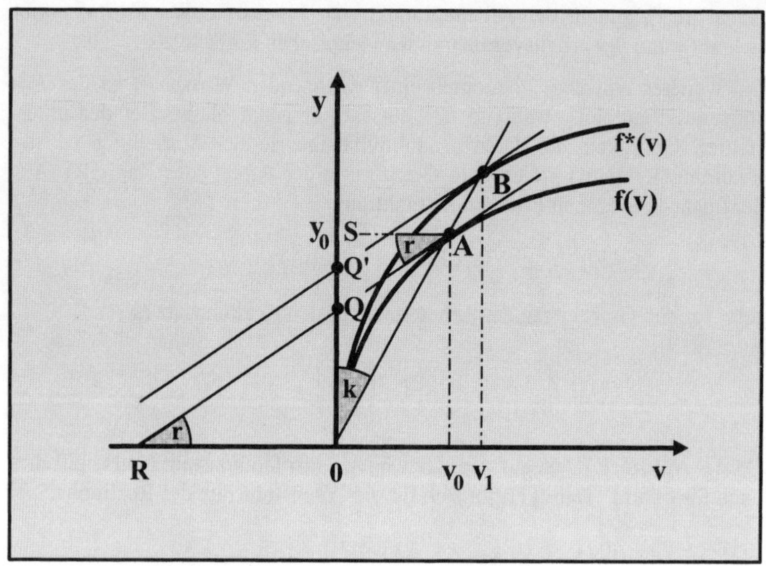

Abbildung V.9: Faktorpreise

Unter Beachtung von $SA = v_0$ ergibt sich:

(25) $rv_0 = QS.$

Ohne technischen Fortschritt folgt aus Gleichung (21):

(26) $w = f - f'v_0.$

Mit $f = y_0 = 0S$ sowie $f' = r$ läßt sich schreiben:

(27) $w = 0S - QS,$

d. h. der Reallohn entspricht dem Ordinatenabschnitt 0Q. Damit folgt aus Gleichung (24) unmittelbar, daß die Strecke 0R das Faktorpreisverhältnis w/r angibt.

Arbeitsvermehrender technischer Fortschritt verschiebt die Produktivitätsfunktion nach $f^*(v)$. Die hierdurch ausgelöste Kapitalakkumulation bewirkt, daß der Kapitalkoeffizient und auch der Grenzertrag des Kapitals (Zinssatz) konstant bleiben (Punkt B). Die entsprechende Tangente schneidet nun die Ordinate bei B'; der Lohnsatz 0Q' ist offensichtlich angestiegen.

Aufgaben

V.1 Es gelte eine Cobb-Douglas-Produktionsfunktion $Y = A^{\alpha}K^{\beta}$. Bestimmen Sie die partiellen Produktionselastizitäten von Arbeit und Kapital. Wie groß ist die totale Produktionselastizität?

V.2 Bestimmen Sie graphisch die gleichgewichtige Kapitalintensität der Arbeit, wenn die Sparquoten s_1 und s_2 mit $s_1 < s_2$ vorgegeben sind.

V.3 Bestimmen Sie graphisch die gleichgewichtige Kapitalintensität der Arbeit, wenn Abschreibungen δK berücksichtigt werden. Wie ändert sich diese gegenüber dem Fall $\delta = 0$?

V.4 Untersuchen Sie graphisch die Stabilität des Wachstumsgleichgewichts mit Hilfe der Wachstumsrate der Arbeit und des Kapitals. Verwenden Sie hierzu ein Koordinatensystem, bei dem auf der Abszisse v und auf der Ordinate $\hat{A}$ und $\hat{K}$ abgetragen werden.

V.5 Untersuchen Sie graphisch die Stabilität des Wachstumsgleichgewichts mit Hilfe der Veränderung der Kapitalintensität der Arbeit ($\dot{v}$). Verwenden Sie hierzu ein Koordinatensystem, bei dem auf der Abszisse v und auf der Ordinate $\dot{v}$ abgetragen wird.

V.6 Untersuchen Sie graphisch Existenz und Stabilität eines Wachstumsgleichgewichts, wenn eine klassische Produktionsfunktion zugrunde gelegt wird (S-förmiger Verlauf bei partieller Faktorvariation).

V.7 Die betrachtete Wirtschaft befinde sich auf einem gleichgewichtigen Wachstumspfad. Nun werde die Sparquote gesenkt. Stellen Sie den neuen gleichgewichtigen Wachstumspfad sowie die Anpassung an diesen Pfad graphisch dar.

V.8 Leiten Sie die „Goldene Regel der Kapitalakkumulation“ algebraisch und graphisch ab, wenn Abschreibungen δK berücksichtigt werden.

V.9 Gegeben sei ein $v_0 > v^*$. Stellen Sie graphisch in einem c/v-Diagramm verschiedene Anpassungspfade für c und v dar, die die Gleichungen:

$$\dot{v} = f(v) - c - nv$$

$$\hat{c} = f'(v) - n - \vartheta$$

erfüllen. Welcher ist der Ramsey-Pfad?

V.10 Leiten Sie die Ramsey-Regel ab, wenn Abschreibungen δK berücksichtigt werden. Welche Auswirkungen ergeben sich für die Gleichgewichtswerte von c und v?

V.11 Das Ziel eines repräsentativen Haushaltes sei, den Nutzen aus dem Konsum in den beiden Perioden 0 und 1 unter Beachtung einer gewissen Gegenwartsvorliebe zu maximieren. Hierbei hat er zu berücksichtigen, daß die gesamten Konsumausgaben das in den beiden Perioden insgesamt erzielte Einkommen nicht überschreiten. Als Einkommen fließt dem Haushalt je Periode ein festes Lohneinkommen zu. Sind die Konsumausgaben in der Periode 0 kleiner als sein Lohneinkommen, so kann er diese Ersparnisse zum Zinssatz r am Kapitalmarkt anlegen; übersteigen die Konsumausgaben der Periode 0 das Lohneinkommen, so muß er zum gleichen Zinssatz einen Kredit aufnehmen, den er zuzüglich Zinsen in Periode 1 zurückzuzahlen hat. Bestimmen Sie algebraisch den optimalen Konsumplan. Vergleichen Sie dieses Ergebnis mit der Ramsey-Regel für diskrete Zeit. (Verwenden Sie eine logarithmische Nutzenfunktion; beachten Sie, daß der Zinssatz im Gleichgewicht auf dem Kapitalmarkt gleich dem Grenzertrag des Kapitals ist.)

V.12 Leiten sie die gleichgewichtige Wachstumsrate bei faktorvermehrendem technischen Fortschritt ab, wenn eine nicht linear-homogene Cobb-Douglas-Produktionsfunktion gilt.

V.13 Die betrachtete Wirtschaft befinde sich auf dem gleichgewichtigen Wachstumspfad. Die gleichgewichtige Wachstumsrate betrage 3%; die Wachstumsrate der Arbeit sei 1,5%. Es gelte die Grenzproduktivitätstheorie der Verteilung; die Lohnquote sei 0,6. Der technische Fortschritt sei ausschließlich arbeitsvermehrend. Berechnen Sie seinen Beitrag zur gleichgewichtigen Wachstumsrate. Wie groß ist die Rate des technischen Fortschritts?

V.14 Lösen Sie die Aufgabe V.4, wenn arbeitsvermehrender technischer Fortschritt auftritt.

V.15 Stellen Sie Hicks-neutralen technischen Fortschritt mit Hilfe der Produktivitätsfunktion graphisch dar.

V.16 Stellen Sie Harrod- und Hicks-neutralen technischen Fortschritt im gleichen Diagramm mit Hilfe der Produktivitätsfunktion dar. Wann liegt ein solcher Fall vor?

V.17 Stellen Sie Harrod-neutralen und Hicks-kapitalsparenden technischen Fortschritt im gleichen Diagramm mit Hilfe der Produktivitätsfunktion dar. Wann liegt ein solcher Fall vor?

3. Erweiterungen des Grundmodells

In diesem Abschnitt werden zwei Fragen diskutiert, nämlich zum einen, inwieweit sich die gleichgewichtige Wachstumsrate endogenisieren läßt, und zum anderen, welche Grenzen für wirtschaftliches Wachstum existieren.

3.1 Endogenes Wirtschaftswachstum[1]

Bei den voranstehenden Ansätzen zur Erklärung des Wirtschaftswachstums ist die gleichgewichtige Wachstumsrate exogen vorgegeben; nur das Niveau des Wachstumspfades ist endogen und damit durch wirtschaftspolitische Maßnahmen zu beeinflussen. In diesem Abschnitt geht es nun um die Frage, inwieweit sich auch die gleichgewichtige Wachstumsrate endogenisieren läßt. Mit dieser Frage befaßt sich schwerpunktmäßig die sog. „Neue Wachstumstheorie“. Sie beantwortet diese Frage überwiegend durch endogenen technischen Fortschritt. Nachfolgend werden vier bekannte Ansätze der „Neuen Wachstumstheorie“ vorgestellt.

3.1.1 Externe Effekte

In einem ersten Ansatz wird die Endogenität der gleichgewichtigen Wachstumsrate mit der Existenz von externen Effekten (Spillovern) begründet.

Das AK-Modell

Es wird ein Unternehmen i betrachtet. Dieses Unternehmen produziert den Output Y_i unter Einsatz der beiden Produktionsfaktoren Arbeit (A_i) und Kapital (K_i); es gelte eine linear-homogene Cobb-Douglas-Produktionsfunktion:

$$(1) \quad Y_i = \pi(aA_i)^{\alpha} K_i^{1-\alpha},$$

wobei π die (für alle Unternehmen gleiche) totale Faktorproduktivität und a die Effizienz der physischen Arbeit angibt. Die Effizienz der Arbeit (bzw. deren Veränderung und damit der technische Fortschritt) ist jetzt jedoch nicht exogen vorgegeben, vielmehr wird angenommen, daß sie von der gesamtwirtschaftlichen Kapitalintensität der Arbeit abhängt. Dies wird mit dem Auftreten positiver externer Effekte (spill-over-Effekte) begründet: Mit zunehmendem Kapitaleinsatz steigt aufgrund von Lerneffekten das Wissen

---

[1] Arnold, L., Wachstumstheorie, a. a. O., S. 119 ff; Barro, R. J. und X. Sala-i-Martin, Wirtschaftswachstum, a. a. O., S. 163 ff; Maußner, A. und R. Klump, Wachstumstheorie, a. a. O., S. 233 ff.

der Arbeiter (learning by doing, K. J. Arrow, 1962). Dieses Wissen steht als öffentliches Gut allen Unternehmen zur Verfügung. Als Indikator für das somit für alle Unternehmen gleiche Effizienzniveau der Arbeit kann die gesamtwirtschaftliche Kapitalintensität (v = K/A) herangezogen werden:

$$(2) \quad a = v.$$

Die Gleichungen (1) und (2) liefern nach Division durch A_i:

$$(3) \quad \frac{Y_i}{A_i} = \pi v^{\alpha} \left(\frac{K_i}{A_i} \right)^{1-\alpha}.$$

Jedes Unternehmen maximiert seinen Gewinn durch Wahl des Arbeits- und Kapitaleinsatzes, wobei es die Faktorpreise und auch die Effizienz der Arbeit als gegeben ansieht. Da für alle Unternehmen die gleichen Faktorpreise gelten, wählen sie alle die gleiche Kapitalintensität der Arbeit, die somit die gesamtwirtschaftliche Kapitalintensität angibt. Damit ist auch der Output pro Kopf in allen Unternehmen sowie auf gesamtwirtschaftlicher Ebene gleich. Unter Berücksichtigung von $(K_i/A_i =)\ v_i = v$ sowie $(Y_i/A_i =)\ y_i = y$ läßt sich dann schreiben:

$$(4) \quad y = \pi v.$$

Gleichung (4) wird als AK-Modell bezeichnet, wobei A (hier: π) einen Proportionalitätsfaktor und K (hier: v) den akkumulierbaren Kapitalstock darstellt. Dieses Modell ist dadurch gekennzeichnet, daß die auf Unternehmensebene auftretenden abnehmenden Grenzerträge des Kapitals durch die externen Effekte gerade kompensiert werden, so daß gesamtwirtschaftlich der Grenzertrag des Kapitals konstant bleibt ($dy/dv = \pi$).

Aus Gleichung (4) folgt unmittelbar:

$$(5) \quad \hat{y} = \hat{v}$$

bzw.:

$$(6) \quad \hat{Y} = \hat{K}.$$

Bei hier zunächst unterstellter konstanter Sparquote gilt weiter:

$$(7) \quad \dot{K} = sY.$$

Damit ist die Wachstumsrate des Kapitalstocks:

$$(8) \quad \hat{K}\ (= \dot{K}/K) = sY/K = sy/v = s\pi.$$

Wird angenommen, daß $s\pi > n$ gilt, so ermöglichen die externen Effekte ein intensives Wachstum. Die gleichgewichtige Wachstumsrate ist hierbei von der Sparquote abhängig.

Optimale Kapitalakkumulation

Wie die vorangehenden Ausführungen zeigen, besteht ein trade-off zwischen höherem Konsum in der Gegenwart und höherem Konsum in der Zukunft: Wird in der Ausgangsperiode eine niedrigere Sparquote gewählt, so übersteigt der Konsum zunächst den bei hoher Sparquote. Da die Wachstumsrate des Konsums bei hoher Sparquote größer ist, überholt der Konsum in diesem Fall jedoch nach einer gewissen Zeit den bei niedrigerer Sparquote. Dieses trade-off-Problem läßt sich mit Hilfe intertemporaler Nutzenmaximierung lösen. Hierzu wird wieder auf die zentrale Planungsbehörde zurückgegriffen, die die folgende soziale Wohlfahrtsfunktion maximieren will:

$$(9) \quad W = \int_0^\infty e^{-\vartheta t} \ln c_t \, dt.$$

Als Nebenbedingung hat die Planungsbehörde die Möglichkeiten der Kapitalakkumulation zu beachten:

$$(10) \quad \dot{v} = \pi v - c - nv.$$

Die Gleichungen (9) und (10) führen zu folgender Hamilton-Funktion (H):

$$(11) \quad H = e^{-\vartheta t} \ln c + \mu(\pi v - c - nv).$$

Die notwendigen Bedingungen für einen optimalen Konsumpfad sind:

$$(12) \quad \frac{\partial H}{\partial c} = e^{-\vartheta t}\frac{1}{c} - \mu = 0$$

$$(13) \quad \frac{\partial H}{\partial v} = \mu(\pi - n) \quad = -\dot{\mu}$$

sowie die Nebenbedingung (10).

Die Gleichungen (12) und (13) liefern die Ramsey-Regel:[1]

$$(14) \quad \dot{c}/c = \pi - n - \vartheta.$$

---

[1] Aus Gleichung (12) folgt

$$\mu = e^{-\vartheta t}/c.$$

Differentiation nach der Zeit ergibt:

$$\dot{\mu} = -\vartheta e^{-\vartheta t}/c - e^{-\vartheta t}\,\dot{c}/c^2.$$

Werden die Ausdrücke für μ und $\dot{\mu}$ in Gleichung (13) eingesetzt, so resultiert Gleichung (14).

Nach Gleichung (14) erfordern die notwendigen Bedingungen für ein Nutzenmaximum, daß der Konsum pro Kopf mit der konstanten Rate $(\pi - n - \vartheta)$ wächst,[1] wobei $(\pi - n - \vartheta) > 0$ unterstellt wird.

Die Bestimmung des optimalen Konsumpfades erfolgt graphisch anhand der Abbildung V.10. Diese Abbildung gibt mit der Geraden $\dot{v} = 0$ (bzw. $c = (\pi - n)v$) die Akkumulationsmöglichkeiten wieder. Ist c größer, als es dieser Geraden entspricht, so gilt $\dot{v} < 0$, d. h. die Kapitalintensität der Arbeit sinkt; bei kleinerem c folgt entsprechend $\dot{v} > 0$. Die Veränderung der Kapitalintensität wird durch die dicken Pfeile angezeigt. Abbildung V.10 enthält darüber hinaus noch die Ramsey-Regel, nämlich von jedem Ausgangspunkt eine Erhöhung des Konsums pro Kopf, was durch die dünne Pfeile angedeutet wird.

Bei gegebenem v_0 ist nun c_0 so zu wählen, daß der optimale Konsumpfad erreicht wird. Bei dem relativ hohen Startwert c_{03} schneidet der zugehörige Konsumpfad die Gerade $\dot{v} = 0$. Ab diesem Punkt ist der Konsum weiter zu erhöhen, was letztlich nur durch Kapitalverzehr ermöglicht wird. Ist der Kapitalstock schließlich aufgebraucht $(v = 0)$, so sinken Produktion und Konsum ebenfalls auf Null. Da die Menschheit ab diesem Zeitpunkt verhungern würde, kann dieser Konsumpfad nicht optimal sein.[2]

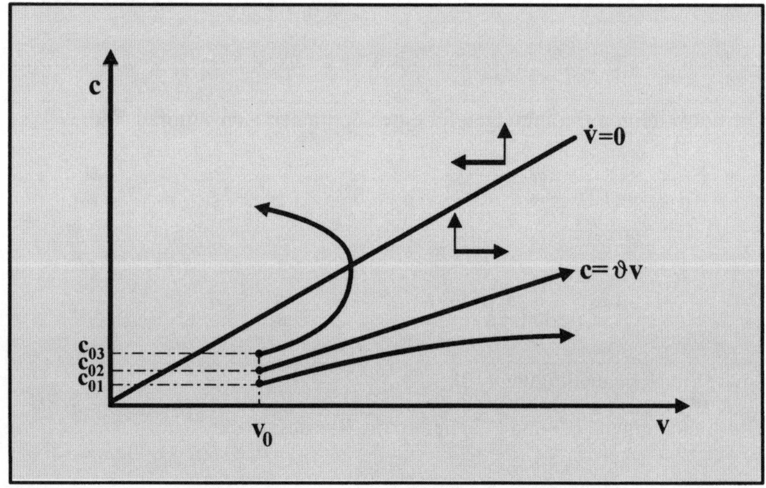

Abbildung V.10: Optimaler Konsumpfad

---

1 Aufgrund der Nichtbeachtung der externen Effekte führt eine dezentrale Optimierung zu einer geringeren Wachstumsrate. Die obige Pareto-optimale Wachstumsrate kann in diesem Fall durch Subventionierung des Kapitaleinsatzes erreicht werden, wobei zur Finanzierung der Subventionen eine Kopf-Steuer bei den Haushalten erhoben werden müßte.

2 Der Grenznutzen des Konsums wird unendlich groß.

Es bleibt die Frage, bei welchem c_{03} der Konsumpfad oberhalb der Geraden $\dot{v} = 0$ verläuft. Abgesehen von dem trivialen Fall, daß ein Startwert bereits oberhalb der Geraden $\dot{v} = 0$ gewählt wird, trifft dies dann zu, wenn $\hat{c} > \hat{v}$ ist. Bei $\hat{c} > \hat{v}$ steigt das c/v-Verhältnis an, so daß es schließlich den Wert $(\pi - n)$ erreicht und überschreitet.[1] Der maximale Wert von c_0, der einen auf Dauer positiven Konsum sicherstellt, wird also durch die Bedingung $\hat{c} = \hat{v}$ bzw.:

$$(15) \quad \frac{\dot{c} / c}{\dot{v} / v} = \frac{\pi - n - \vartheta}{\pi - n - c_0 / v_0} = 1$$

festgelegt. Aus Gleichung (15) folgt nun für den maximalen Startwert c_0:

$$(16) \quad c_0 = \vartheta v_0 \ (= c_{02}).$$

Darüber hinaus ergibt sich aus Gleichung (15), daß auch der zukünftige maximale Konsum die Gleichung:

$$(17) \quad c_t = \vartheta v_t$$

erfüllen muß. Da die Gleichungen (16) und (17) den maximalen Konsum angeben, ist dieser Konsumpfad der gesuchte Optimalpfad.[2,3] Dies ist noch einmal in Abbildung V.10 veranschaulicht: Wird ein $c_{01} < c_{02}$ gewählt, so liegt nicht nur der Wert des Konsums in der Startphase, sondern für alle Zukunft unter dem des Optimalpfades.[4]

Auf dem Optimalpfad gilt $c_t = \vartheta v_t$. Unter Beachtung der Produktivitätsfunktion $y_t = \pi v_t$ zeigt sich, daß auf dem Optimalpfad eine konstante Konsumquote (konstante Sparquote) realisiert wird. Der Optimalpfad stellt also zugleich den Gleichgewichtspfad dar; dieser Gleichgewichtspfad wird somit bereits in der Startphase realisiert.

3.1.2 Humankapital

Die gleichgewichtige Wachstumsrate läßt sich nach diesem zweiten Ansatz über die Bildung von Humankapital beeinflussen.

---

1 Auf der $\dot{v} = 0$-Geraden gilt $c = (\pi - n)v$ bzw. $c/v = \pi - n$.

2 Der Optimalpfad verläuft unterhalb der $\dot{v} = 0$-Geraden: Die Steigung der $\dot{v} = 0$-Geraden beträgt $\pi - n$, die des Optimalpfades ϑ. Laut Annahme gilt $\pi - n - \vartheta > 0$ und somit $\pi - n > \vartheta$.

3 Die Annahme $\pi - n - \vartheta > 0$ entspricht der Annahme $s\pi - n > 0$.

4 Da in diesem Fall ein zu niedriger Startwert gewählt wird, gilt $\hat{c} < \hat{v}$, d. h. der untere Pfad entfernt sich immer weiter vom Optimalpfad.

Ein Zwei-Sektoren-Modell

Das betrachtete Modell umfaßt zwei Sektoren, den Gütersektor und den Bildungssektor. Die Produktion im *Gütersektor* lasse sich wieder durch eine linear-homogene Cobb-Douglas-Produktionsfunktion erfassen:

$$(1) \quad Y = (\delta a A)^{\alpha} K^{1-\alpha}.$$

In Gleichung (1) gibt der Term a die Effizienz der physischen Arbeit an, die durch das Ausbildungsniveau, das Humankapital pro Kopf (Θ/A), gegeben wird ($a = \Theta/A$). Die Größe δ stellt den Anteil der Arbeitskräfte dar, der im Gütersektor eingesetzt wird.[1]

Das Humankapital wird im *Bildungssektor* durch Einsatz von Arbeit (in Effizienzeinheiten) bei ebenfalls konstanten Skalenerträgen gebildet:

$$(2) \quad \dot{\Theta} = \beta(1-\delta)aA,$$

wobei β (> 0) die Effizienz des Bildungswesens anzeigt.

Für die Wachstumsrate des Outputs ergibt sich bei konstanter Aufteilung der Arbeit auf die beiden Sektoren:

$$(3) \quad \hat{Y} = \alpha(\hat{a} + \hat{A}) + (1-\alpha)\hat{K}.$$

Im Gleichgewicht wachsen Y und K mit der gleichen Rate:

$$(4) \quad \hat{Y} = \hat{K} = \hat{a} + \hat{A}.$$

Unter Beachtung von $\Theta = aA$ folgt aus Gleichung (2):

$$(5) \quad \hat{a} + \hat{A} = \beta(1-\delta).$$

Die Gleichungen (4) und (5) liefern schließlich:

$$(6) \quad \hat{Y} = \beta(1-\delta).$$

Wie Gleichung (6) zeigt, ist die gleichgewichtige Wachstumsrate im vorliegenden Modell abhängig von dem Anteil der Arbeitskräfte, die im Bildungssektor eingesetzt werden. Damit technischer Fortschritt vorliegt, muß $a = \Theta/A$ ansteigen, d. h. es muß gelten $\beta(1-\delta) > n$. In diesem Fall liegt zugleich intensives Wachstum vor.[2]

---

[1] δ (und auch s) ist zunächst vorgegeben.

[2] Nach Gleichung (1) liegen abnehmende Grenzerträge des Kapitals vor. Gemäß Gleichung (2) steigt der Grenzertrag des Kapitals infolge von Humankapitalbildung immer wieder an. Im Gleichgewicht gleichen sich beide Effekte gerade an, so daß der Grenzertrag des Kapitals trotz Erhöhung der Kapitalintensität der (physischen) Arbeit konstant bleibt.

Optimale Kapitalakkumulation

Es wird wieder davon ausgegangen, daß eine zentrale Planungsbehörde die soziale Wohlfahrt maximieren will.[1] Hierzu muß sie über die Wahl der Ersparnisbildung das optimale Niveau des Wachstumspfades und über die Aufteilung der Arbeit auf die beiden Sektoren die optimale Wachstumsrate bestimmen. Die soziale Wohlfahrtsfunktion sei wieder:

$$(7) \quad W = \int_0^\infty e^{-\vartheta t} \ln c_t \, dt; \qquad c = C/A.$$

Als Nebenbedingungen sind in diesem Fall die Akkumulationsmöglichkeiten bzgl. des Realkapitals:

$$(8) \quad \dot{v} = (\delta a)^\alpha v^{1-\alpha} - c - nv; \qquad v = K/A$$

sowie bzgl. des Humankapitals (aus Gleichung (5)):

$$(9) \quad \dot{a} = [\beta(1-\delta) - n]a; \qquad a = \Theta/A$$

zu beachten.

Die Lösung dieses Optimierungsproblems läßt sich wieder mit Hilfe einer Hamilton-Funktion bestimmen:

$$(10) \quad H = e^{-\vartheta t} \ln c + \mu_1[(\delta a)^\alpha v^{1-\alpha} - c - nv] + \mu_2[\beta(1-\delta) - n]a.$$

Die notwendigen Bedingungen für ein Wohlfahrtsmaximum sind:

$$(11) \quad \frac{\partial H}{\partial c} = e^{-\vartheta t}/c - \mu_1 = 0$$

$$(12) \quad \frac{\partial H}{\partial \delta} = \alpha\mu_1\delta^{\alpha-1}a^\alpha v^{1-\alpha} - \beta\mu_2 a = 0$$

$$(13) \quad \frac{\partial H}{\partial v} = \mu_1[(1-\alpha)(\delta a)^\alpha v^{-\alpha} - n] = -\dot{\mu}_1$$

$$(14) \quad \frac{\partial H}{\partial a} = \alpha\mu_1\delta^\alpha a^{\alpha-1}v^{1-\alpha} + \mu_2[\beta(1-\delta) - n] = -\dot{\mu}_2$$

sowie die Nebenbedingungen (8) und (9).

---

[1] Treten, wie im vorliegenden Beispiel, keine externen Effekte auf, so führt der Marktmechanismus zu dem gleichen Ergebnis, das sich aus diesem Ansatz ergibt.

Die Gleichungen (11) – (14) liefern die Ramsey-Regel:[1]

$$(15)\quad \dot{c}/c = f'(v) - n - \vartheta$$

sowie für die Aufteilung der Arbeit:[2]

$$(16)\quad \dot{\delta}/\delta = \frac{\beta - n - \vartheta - \hat{c}}{1-\alpha}.$$

Da die allgemeine Lösung des Gleichungssystems (8), (9), (15) und (16) recht schwierig ist, beschränken sich die nachfolgenden Ausführungen auf den optimalen Gleichgewichtspfad. Die Gleichgewichtsbedingungen lauten $\hat{v}, \hat{a}, \hat{c} = \text{const.}$ und $\hat{\delta} = 0$ bzw. (noch einmal im Zusammenhang):

$$(17)\quad \hat{v} = \frac{y}{v} - \frac{c}{v} - n$$

$$(18)\quad \hat{a} = \beta(1-\delta) - n$$

$$(19)\quad \hat{c} = f'(v) - n - \vartheta$$

$$(20)\quad \hat{\delta} = 0 = \beta - f'(v).$$

Bedingung (19) stellt wieder die Ramsey-Regel dar. Unter Beachtung der Bedingung (20), die die effiziente Aufteilung der Investitionen in Sach- und Humankapital wiedergibt ($f' = \beta$),[3,4] wächst der Konsum pro Kopf im Gleichgewicht mit der Rate $\beta - n - \vartheta$. Mit $\hat{c} = \hat{a}$ ergibt sich weiter:[5]

---

1 Gleichung (11) ist nach μ_1 freizustellen; diese Gleichung ist dann nach der Zeit zu differenzieren. Die Werte für μ_1 und $\dot{\mu}_1$ sind anschließend in Gleichung (13) einzusetzen. Unter Beachtung von $f'(v) = \partial Y/\partial K = (1-\alpha)(\delta a)^{\alpha} v^{-\alpha}$ ergibt sich Gleichung (15).

2 Aus den Gleichungen (11) und (12) ist μ_2 zu bestimmen. Diese Gleichung ist dann nach der Zeit zu differenzieren. Die Werte für μ_1, μ_2 sowie $\dot{\mu}_2$ sind anschließend in Gleichung (14) einzusetzen.

3 Wird der Konsum zu einem bestimmten Zeitpunkt bei gegebenem Output um eine Einheit eingeschränkt, die in Sachkapital investiert wird, so steigt der Output um den Grenzertrag des Kapitals (f'). Wird der Konsum zu einem bestimmten Zeitpunkt dadurch um eine Einheit eingeschränkt, daß der Output um eine Einheit reduziert wird, so werden im Produktionssektor Arbeitskräfte im Umfang $1/\rho$ (ρ = Arbeitsproduktivität) freigesetzt. Diese Arbeitskräfte können im Bildungssektor eingesetzt werden und erhöhen das Bildungsniveau um β/ρ. Infolge des erhöhten Humankapitals steigt der Output um $\rho\beta/\rho = \beta$. Bei effizienter Aufteilung ist somit der Ertrag einer in Sachkapital investierten Gütereinheit (f') gleich dem Ertrag einer in Humankapital investierten Gütereinheit (β).

4 Auf dem optimalen Gleichgewichtspfad ist f' in den Gleichungen (8) und (9) durch β zu ersetzen.

5 Im Gleichgewicht gilt $\hat{c} = \hat{y} = \hat{Y} - \hat{A}$ sowie $\hat{a} = \hat{\Theta} - \hat{A}$ und $\hat{Y} = \hat{\Theta}$.

$$(21)\quad \beta - n - \vartheta = \beta(1-\delta) - n \; (> 0)$$

bzw.:

$$(22)\quad \delta = \vartheta/\beta$$

oder:

$$(23)\quad \hat{Y} = \beta(1-\delta) = \beta - \vartheta.$$

Die optimale, gleichgewichtige Wachstumsrate ist somit um so größer, je größer die Effizienz des Bildungssektors und je kleiner die Zeitpräferenzrate ist.

3.1.3 Arbeitsteilung

In diesem Abschnitt wird der Tatsache Rechnung getragen, daß sich technischer Fortschritt in Produktinnovationen niederschlägt.

Ein Drei-Sektoren-Modell

Um Produktinnovationen adäquat zu erfassen, wird ein Drei-Sektoren-Modell gebildet. Im *Endproduktsektor* wird das Endprodukt unter Einsatz von Arbeit und verschiedenen Zwischenprodukten (K_i) erstellt. Zur Vereinfachung wird von konstanter Bevölkerung ausgegangen ($A = 1$); weiterhin existiere ein Kontinuum [0,m] an Zwischenprodukten. Damit lautet die Produktionsfunktion:

$$(1)\quad Y = \int_0^m K_i^{1-\alpha}\, di.$$

Im *Zwischenproduktsektor* wird das Zwischenprodukt unter Einsatz von δ_1 Einheiten des Endprodukts erstellt. Da die Zwischenprodukte somit einerseits symmetrisch in die Produktionsfunktion eingehen und andererseits bei ihrer Herstellung die gleichen Kosten anfallen, werden sie alle in gleicher Menge eingesetzt:

$$(2)\quad K_1 = K_2 = \ldots = K.$$

Damit vereinfacht sich die Produktionsfunktion:

$$(3)\quad Y = mK^{1-\alpha}.$$

Eine Erhöhung des Einkommens kann nun darauf zurückzuführen sein, daß Anzahl (m) und/oder Umfang (K) der Zwischenprodukte ansteigen. Wird von konstantem K ausgegangen, so ergibt sich:

$$(4)\quad \hat{Y} = \hat{m}.$$

Wirtschaftswachstum basiert dann also darauf, daß die Anzahl der Zwischenprodukte ansteigt, worin sich eine zunehmende Arbeitsteilung ausdrückt.

Designs für neue Zwischenprodukte werden im *Forschungssektor* entworfen. Die Entwicklungskosten für ein neues Design betragen δ_2 Einheiten des Endprodukts.

Die nicht für Konsumzwecke verwendeten Güter ($smK^{1-\alpha}$, wobei zunächst auch s vorgegeben ist) stehen sowohl zur Produktion der Zwischenprodukte ($\delta_1 mK$) als auch zum Entwurf neuer Designs ($\delta_2 \dot{m}$) zur Verfügung:

$$(5) \quad smK^{1-\alpha} = \delta_1 mK + \delta_2 \dot{m}.$$

Umstellung liefert:

$$(6) \quad \dot{m} = \frac{1}{\delta_2}(smK^{1-\alpha} - \delta_1 mK).$$

Für $\hat{m}$ ergibt sich:

$$(7) \quad \frac{\dot{m}}{m} = \frac{1}{\delta_2}(sK^{1-\alpha} - \delta_1 K).$$

Wie Gleichung (7) zeigt, hängt die gleichgewichtige Wachstumsrate (positiv) von s und (negativ) von K ab. Bei $n = 0$ sowie $sK^{1-\alpha} > \delta_1 K$ kommt es zu intensivem Wirtschaftswachstum.

Optimaler Wachstumspfad

Es bleiben nun noch die Größen s und K so zu bestimmen, daß wieder ein Wohlfahrtsmaximum erreicht wird. Als soziale Wohlfahrtsfunktion gelte wiederum:[1]

$$(8) \quad W = \int_0^\infty e^{-\vartheta t} \ln C_t \, dt.$$

Als Nebenbedingung ist zu beachten:

$$(9) \quad \dot{m}_t = \frac{1}{\delta_2}(m_t K_t^{1-\alpha} - \delta_1 m_t K_t - C_t).$$

---

[1] Der Marktmechanismus führt im vorliegenden Fall von sich aus nicht zu einer Pareto-optimalen Lösung: Jedes Zwischenprodukt wird von einem Monopolisten produziert, der als einziger die entsprechende Lizenz besitzt. Dennoch sind diese Monopole notwendige Voraussetzung für das Wirtschaftswachstum, da sich die Kosten für den Erwerb neuer Designs nur über Monopolgewinne decken lassen. Eine Pareto-optimale Allokation erfordert, daß der Einsatz der Zwischenprodukte subventioniert wird.

Die Hamilton-Funktion lautet in diesem Fall:

$$(10)\quad H = e^{-\vartheta t}\ln C + \mu\frac{1}{\delta_2}(mK^{1-\alpha} - \delta_1 mK - C).$$

Die notwendigen Bedingungen für ein Wohlfahrtsmaximum sind:

$$(11)\quad \frac{\partial H}{\partial K} = \mu/\delta_2[(1-\alpha)mK^{-\alpha} - \delta_1 m] = 0$$

$$(12)\quad \frac{\partial H}{\partial C} = e^{-\vartheta t}/C - \frac{\mu}{\delta_2} = 0$$

$$(13)\quad \frac{\partial H}{\partial m} = \mu/\delta_2(K^{1-\alpha} - \delta_1 K) = -\dot{\mu}$$

sowie die Nebenbedingung (9).

Aus Gleichung (11) ergibt sich:

$$(14)\quad K_t = \left(\frac{1-\alpha}{\delta_1}\right)^{1/\alpha} = \overline{K}.$$

Die Gleichungen (12) bis (14) liefern die Ramsey-Regel:

$$(15)\quad \frac{\dot{C}}{C} = \frac{1}{\delta_2}(\overline{K}^{1-\alpha} - \delta_1\overline{K}) - \vartheta.$$

Das gleichgewichtige K kann unmittelbar nach Gleichung (14) gewählt werden;[1] aus Gleichung (15) folgt dann die gleichgewichtige Wachstumsrate des Konsums, die zugleich auch die gleichgewichtige Wachstumsrate des Volkseinkommens und der Designs ist.[2]

3.1.4 Staatliche Vorleistungen

Hier wird das bisherige Wachstumsmodell um den Staatssektor erweitert, der dem privaten Produktionssektor Vorleistungen zur Verfügung stellt.

---

1 $\dot{C}/C > 0$ erfordert $\left(\frac{1-\alpha}{\delta_1}\right)^{\frac{1-\alpha}{\alpha}} > \alpha\delta_2\vartheta$.

2 Der Gleichgewichtspfad wird also ohne Verzögerung erreicht.

Staat und Wirtschaftswachstum

Der Staat stelle dem privaten Sektor Vorleistungen zur Verfügung, die die Produktivität von Arbeit und Kapital erhöhen. Diese Vorleistungen (Q) lassen sich somit als eigenständiger Produktionsfaktor erfassen:

$$(1) \quad Y = Y(A,K,Q).$$

In Pro-Kopf-Größen gilt:[1]

$$(2) \quad y = f(v,q); \qquad q = Q/A.$$

Wird eine in v und q linear-homogene Cobb-Douglas-Produktionsfunktion unterstellt, so läßt sich schreiben:[2]

$$(3) \quad y = v^{\alpha} q^{1-\alpha}.$$

Das staatliche Budget sei ausgeglichen. Die Ausgaben (real) umfassen ausschließlich die Vorleistungen; die Einnahmen (real) ergeben sich aus einer proportionalen Einkommensteuer. Bei dem vorgegebenen Steuersatz τ gilt:

$$(4) \quad q = \tau v^{\alpha} q^{1-\alpha}.$$

Aus Gleichung (4) läßt sich q freistellen:

$$(5) \quad q = \tau^{1/\alpha} v.$$

Die Gleichungen (3) und (5) liefern:

$$(6) \quad y = \tau^{\frac{1-\alpha}{\alpha}} v.$$

Die Arbeitsproduktivität ist nach Gleichung (6) also wieder proportional zur Kapitalintensität der Arbeit, d. h. der Grenzertrag des Kapitals ist konstant.

Aus Gleichung (6) folgt:

$$(7) \quad \hat{Y} = \hat{K}.$$

Die Investitionen seien ein konstanter Teil (s) des verfügbaren Einkommens. Für die Wachstumsrate des Kapitalstocks ergibt sich dann:

$$(8) \quad \frac{\dot{K}/A}{K/A} = s(1-\tau)\,\tau^{\frac{1-\alpha}{\alpha}}.$$

---

[1] Die Schreibweise Q/A impliziert, daß die staatlichen Vorleistungen private Güter darstellen.

[2] Der Produktivitätsfunktion (3) liegt die Produktionsfunktion

$$Y = K^{\alpha} Q^{1-\alpha}$$

zugrunde.

Gilt $s(1-\tau)\tau^{\frac{1-\alpha}{\alpha}} > n$, so ist aufgrund der staatlichen Aktivität wiederum ein intensives Wachstum möglich. Die gleichgewichtige Wachstumsrate hängt jetzt sowohl von der Sparquote als auch von dem Steuersatz ab. Das endogene Wachstum beruht hier darauf, daß laufend höhere Steuereinnahmen in einer wachsenden Wirtschaft eine stetige Steigerung der staatlichen Vorleistungen ermöglichen.

Optimales Wachstum

Eine zentrale Planungsbehörde hat nun die Möglichkeit, über die Wahl von c und q den Wachstumsprozeß zu optimieren.[1] Es gelte wieder die soziale Wohlfahrtsfunktion:

$$(9) \quad W = \int_0^\infty e^{-\vartheta t} \ln c_t \, dt.$$

Die Akkumulationsmöglichkeiten werden erfaßt durch:

$$(10) \quad \dot{v} = v^\alpha q^{1-\alpha} - q - c - nv.$$

Die Hamilton-Funktion lautet dann:

$$(11) \quad H = e^{-\vartheta t} \ln c + \mu(v^\alpha q^{1-\alpha} - q - c - nv).$$

Die notwendigen Bedingungen für ein Wohlfahrtsmaximum sind:

$$(12) \quad \frac{\partial H}{\partial c} = e^{-\vartheta t}/c - \mu = 0$$

$$(13) \quad \frac{\partial H}{\partial q} = \mu[(1-\alpha)v^\alpha q^{-\alpha} - 1] = 0$$

$$(14) \quad \frac{\partial H}{\partial v} = \mu(\alpha v^{\alpha-1} q^{1-\alpha} - n) = -\dot{\mu}$$

sowie die Nebenbedingung (10).

Die Gleichung (13) liefert:

$$(15) \quad q = (1-\alpha)^{1/\alpha} v;$$

die Gleichungen (12) und (14):

$$(16) \quad \dot{c}/c = \alpha(q/v)^{1-\alpha} - n - \vartheta.$$

---

[1] Bei dezentraler Lösung wird nicht beachtet, daß erhöhte private Tätigkeit über höhere Steuern mehr staatliche Vorleistungen ermöglichen.

Aus den Gleichungen (15) und (16) folgt dann die Ramsey-Regel:

$$(17)\quad \dot{c}/c = \alpha(1-\alpha)^{\frac{1-\alpha}{\alpha}} - n - \vartheta.$$

Der optimale und zugleich gleichgewichtige Umfang der staatlichen Vorleistungen ergibt sich aus Gleichung (15).[1] In Verbindung mit Gleichung (16) folgt dann die gleichgewichtige Wachstumsrate des Konsums, die wiederum zugleich auch die gleichgewichtige Wachstumsrate des Volkseinkommens ist.[2]

3.2 Nachhaltiges Wirtschaftswachstum[3]

In diesem Abschnitt geht es um die Frage, ob die natürlichen Ressourcen das Wirtschaftswachstum begrenzen, oder ob trotz knapper Ressourcen ein sog. nachhaltiges Wachstum möglich ist. Unter nachhaltigem Wirtschaftswachstum wird hier ein Wachstumspfad mit konstanter Wachstumsrate oder, falls dies nicht möglich ist, ein konstantes Einkommen verstanden. Die natürlichen Ressourcen umfassen den Boden sowie erneuerbare und erschöpfbare Ressourcen.

3.2.1 Boden und Wirtschaftswachstum

Nachfolgend wird zunächst die Möglichkeit eines nachhaltigen Wirtschaftswachstums i. S. einer konstanten Wachstumsrate untersucht; daran anschließend wird kurz auf einige Eigenschaften dieses Wachstumspfades eingegangen.

(a) Gleichgewichtiges Wirtschaftswachstum

Boden (B) ist ein Produktionsfaktor, der sich von Arbeit und Kapital dahingehend unterscheidet, daß er in fest vorgegebener Menge vorhanden ist. Damit stellt sich die Frage, welche Konsequenzen sich für den Wachstumsprozeß aus der Existenz eines fixen Produktionsfaktors ergeben.

Werden die Produktionsfaktoren in Effizienzeinheiten ausgedrückt, so lautet die Produktionsfunktion jetzt:

$$(1)\quad Y_t = Y(A_t^*, K_t^*, B_t^*)$$

mit: $A_t^* = a_t A_t, \quad K_t^* = b_t K_t, \quad B_t^* = c_t B_t,$

---

[1] Aus den Gleichungen (5) und (15) folgt für den optimalen Steuersatz: $\tau = 1 - \alpha$.

[2] Der Gleichgewichtspfad wird wieder ohne Verzögerungen erreicht.

[3] Bretschger, L., Wachstumstheorie, 2. Aufl., München/Wien 1998, S. 178 ff; Heubes, J., Konjunktur und Wachstum, München 1991, S. 219 ff; Maußner, A. und R. Klump, Wachstumstheorie, a. a. O., S. 89 ff und S. 207 ff; Neumann, M., Theoretische Volkswirtschaftslehre III, a. a. O., S. 77 ff.

wobei a, b oder c das Effizienzniveau des jeweiligen Produktionsfaktors anzeigt.

Zur Beantwortung der Frage nach der Existenz eines gleichgewichtigen Wachstumspfades wird Gleichung (1) in Wachstumsraten transformiert:

$$(2) \quad \hat{Y} = \alpha\hat{A}^* + \beta\hat{K}^* + \gamma\hat{B}$$

mit: $\alpha + \beta + \gamma = 1$ (linear-homogene Produktionsfunktion)

$$\alpha = \frac{\partial Y}{\partial A^*}\frac{A^*}{Y} \text{ usw.} \quad \text{(partielle Produktionselastizität).}$$

Wird wieder exogener technischer Fortschritt unterstellt, der die Produktionsfaktoren mit der konstanten Rate $\hat{a}$, $\hat{b}$ oder $\hat{c}$ quasivermehrt, so folgt ($\hat{A} = n$, $\hat{B} = 0$):

$$(3) \quad \hat{Y} = \alpha(\hat{a} + n) + \beta(\hat{b} + \hat{K}) + \gamma\hat{c}.$$

Bei konstanter Sparquote wachsen Produkt und Kapitalstock im Gleichgewicht mit der gleichen Rate ($\hat{Y} = \hat{K}$). Damit läßt sich schreiben:

$$(4) \quad \hat{Y} = \frac{\alpha(\hat{a} + n) + \beta\hat{b} + \gamma\hat{c}}{1 - \beta}.$$

Konstanz von $\hat{Y}$ erfordert:[1]

- $\hat{b} = 0$ und $\hat{c} = \hat{a} + n$ oder
- $\alpha, \beta, \gamma = \text{const.}$

Gleichgewichtiges Wachstum ist zum einen dann möglich, wenn der technische Fortschritt arbeits- und bodenvermehrend ist und dafür sorgt, daß diese beiden originären Produktionsfaktoren mit der gleichen Rate wachsen.[2] Unter Beachtung von $\alpha + \gamma = 1 - \beta$ folgt in diesem Fall aus Gleichung (4):

$$(5) \quad \hat{Y} = (\hat{K} =)\ \hat{a} + n,$$

---

[1] Bei $\hat{a} = \hat{b} = \hat{c} = 0$ (kein technischer Fortschritt) ergibt sich:

$$\hat{Y} = \frac{\alpha}{1 - \beta} n < n > 0.$$

Zur Aufrechterhaltung einer gegebenen Pro-Kopf-Produktion ist hier also ein gewisser technischer Fortschritt erforderlich.

[2] Es ist auch $\hat{a} = 0$ bei $\hat{c} = n$ zulässig, d. h. der technische Fortschritt ist ausschließlich bodenvermehrend.

d. h. die gleichgewichtige Wachstumsrate ist gleich der Summe der Wachstumsraten der Arbeit und des arbeitsvermehrenden technischen Fortschritts. Da somit Produktionsfaktoren und Output im Gleichgewicht mit der gleichen Rate wachsen, bleibt mit dem Kapitalkoeffizienten und dem Zinssatz auch die Einkommensverteilung konstant; es handelt sich also um Harrod-neutralen technischen Fortschritt.

Gleichgewichtiges Wachstum ist zum anderen dann möglich, wenn die partiellen Produktionselastizitäten konstant bleiben. Dies erfordert, daß die Substitutionselastizität (σ) gleich eins ist,[1] d. h., daß eine Cobb-Douglas-Produktionsfunktion zugrunde liegt. Da bei einer Cobb-Douglas-Produktionsfunktion jeder technische Fortschritt Harrod-neutral ist,[2] gilt allgemein, daß nachhaltiges, gleichgewichtiges Wachstum dann möglich ist, wenn der technische Fortschritt Harrod-neutral ist.[3]

(b) Die Faktorpreise

Abschließend soll noch überprüft werden, wie sich die Faktorpreise auf dem Gleichgewichtspfad entwickeln. Unter Beachtung der Linearhomogenität läßt sich Gleichung (1) schreiben ($b = 1$):

$$(6) \quad Y = aAf(v,z)$$

mit: $$v = K/aA; \qquad z = cB/aA.$$

---

[1] Jeweils zwischen zwei Produktionsfaktoren.

[2] Die Produktionsfunktion

$$Y_t = (e^{\hat{x}t}A_t)^{\alpha}(e^{\hat{y}t}K_t)^{\beta}(e^{\hat{z}t}B_0)^{\gamma}$$

läßt sich umformulieren:

$$Y_t = (e^{\hat{a}t}A_t)^{\alpha}K_t^{\beta}(e^{\hat{c}t}B_0)^{\gamma}$$

mit: $$\hat{a} = (\alpha\hat{x} + \beta\hat{y} + \gamma\hat{z} - \gamma n)/(1 - \beta)$$

$$\hat{c} = (\alpha\hat{x} + \beta\hat{y} + \gamma\hat{z} + \alpha n)/(1 - \beta).$$

[3] Wiederum erfordern Existenz und Stabilität dieses gleichgewichtigen Wachstumspfades bestimmte Produktionsbedingungen (Inada-Bedingungen). Weiterhin wird hier gleichgewichtiges Wachstum dadurch ermöglicht, daß der technische Fortschritt laufend der Verknappung des Bodens entgegenwirkt, was impliziert, daß der technische Fortschritt in der erforderlichen Aufteilung auftritt. Dies ist bei $\sigma = 1$ gegeben; bei $\sigma < 1$ bewirken dies die Marktkräfte (s. Abschnitt „Fortschrittsgrenze"); bei $\sigma > 1$ ist der Boden nicht notwendig zur Produktion, folglich kann er auch die Produktion nicht begrenzen.

Aus Gleichung (6) ergibt sich für den realen Lohnsatz $w = \partial Y/\partial A$:[1]

$$(7) \quad w = a(f - vf_v - zf_z)$$

mit: $f_v = \partial f/\partial v; \quad f_z = \partial f/\partial z.$

Da im Gleichgewicht v und z konstant sind (damit auch f, f_v und f_z), gilt:

$$(8) \quad \hat{w} = \hat{a};$$

der Reallohn steigt mit der Rate des arbeitsvermehrenden technischen Fortschritts an.

Für den Zinssatz $r = \partial Y/\partial K$ folgt aus Gleichung (6):

$$(9) \quad r = f_v = \text{const.},$$

der Zinssatz bleibt also auf dem Gleichgewichtspfad konstant.

Die Bodenpacht $p_B = \partial Y/\partial B$ ist:

$$(10) \quad p_B = cf_z.$$

Hieraus folgt:

$$(11) \quad \hat{p}_B = \hat{c} = \hat{Y}.$$

Nach Gleichung (11) nimmt die Bodenpacht aufgrund der Verknappung des Bodens mit der gleichgewichtigen Wachstumsrate zu.

Der Bodenpreis P_B ist der Ertragswert des Bodens:

$$(12) \quad P_B = cf_z/r,$$

wobei zur Abzinsung zukünftiger Erträge der Grenzertrag des Kapitals als Anlagealternative herangezogen wird. Aus Gleichung (12) ergibt sich:

$$(13) \quad \hat{P}_B = \hat{c} = \hat{Y},$$

d. h. auch der Bodenpreis steigt aufgrund der Verknappung des Bodens mit der gleichgewichtigen Wachstumsrate an.

1

$$\frac{\partial Y}{\partial A} = af + aA\left[\frac{\partial f}{\partial v}\frac{\partial v}{\partial A} + \frac{\partial f}{\partial z}\frac{\partial z}{\partial A}\right]$$

$$\frac{\partial Y}{\partial A} = af + aA\left[f_v\left(\frac{-aK}{(aA)^2}\right) + f_z\left(\frac{-acB}{(aA)^2}\right)\right]$$

$$\frac{\partial Y}{\partial A} = af - af_v\frac{K}{aA} - af_z\frac{cB}{aA} = a(f - f_v v - f_z z).$$

3.2.2 Wirtschaftswachstum bei erneuerbaren Ressourcen

Erneuerbare (regenerierbare) Ressourcen umfassen neben Tier- und Pflanzenbeständen vor allem auch die Umwelt als Auffangbecken für Abfallstoffe. Nachfolgend wird deshalb die Frage nach den Möglichkeiten eines nachhaltigen Wirtschaftswachstums bei Beachtung der Umweltbelastung diskutiert.

(a) Ökonomisches und ökologisches Gleichgewicht

Die Umwelt weist eine gewisse Regenerationsfähigkeit auf, d. h. sie ist in der Lage, eingeleitete Schadstoffe bis zu einer bestimmten Grenze abzubauen. Übersteigen jedoch die eingeleiteten Schadstoffe diese Regenerationsfähigkeit, so kommt es zu einer Verschlechterung der Umweltqualität. Da eine Verschlechterung der Umweltqualität die Lebensqualität schmälert, ist ein solcher Zustand nicht mit nachhaltigem Wachstum vereinbar.

Übersteigen die eingeleiteten Schadstoffe die Regenerationsfähigkeit der Umwelt, so läßt sich die Umweltqualität durch Umweltschutzmaßnahmen verbessern. Damit bleiben die Möglichkeiten nachhaltigen Wirtschaftswachstums unter Berücksichtigung von Umweltschutzmaßnahmen darzustellen. Hierzu wird folgendes Modell betrachtet: Die Produktionsmöglichkeiten lassen sich wieder durch eine substitutionale Produktionsfunktion, die die Inada-Bedingungen erfüllt, darstellen:

$$(1) \quad Y = Y(A,K_p).$$

In Gleichung (1) stellt K_p das Produktivkapital dar, d. h. den Teil des gesamten Kapitals, der in der Produktion eingesetzt wird. Von technischem Fortschritt wird abgesehen.[1]

Die Umweltverschmutzung steigt mit der Güterproduktion an; sie sei proportional (κ) zum Produktivkapital. Weiterhin mögen die Selbstreinigungskräfte der Natur proportional (μ) zur akkumulierten Schadstoffmenge (Z) sein. Schließlich bleibt noch zu berücksichtigen, daß die Umweltverschmutzung durch Einsatz des Umweltkapitalstocks (K_u) verringert wird. Bei konstantem Reinigungskoeffizienten (λ) ergibt sich somit für die Veränderung der Umweltqualität:

$$(2) \quad \dot{Z} = \kappa K_p - \lambda K_u - \mu Z; \qquad \kappa, \lambda, \mu > 0.$$

Es wird nun angenommen, daß mittels Umweltschutzmaßnahmen die gegenwärtige Umweltqualität erhalten bleiben soll, d. h. es muß $Z = \text{const.}$ bzw. $\dot{Z} = 0$ gelten (ökologisches Gleichgewicht). Für diesen Fall folgt aus Gleichung (2):

$$(3) \quad \kappa K_p = \lambda K_u + \mu Z.$$

[1] Technischer Fortschritt in Form umweltfreundlicher Technologien kann das Umweltproblem entschärfen.

Zur Aufrechterhaltung des ökologischen Gleichgewichts (Z = const. bzw. $\dot{Z} = 0$) muß nach Gleichung (3) bei einer Erhöhung des Produktivkapitals zugleich auch der Umweltkapitalstock vergrößert werden:

$$(4) \quad \dot{K}_u = \frac{\kappa}{\lambda}\dot{K}_p .$$

Bei Beachtung von:

$$(5) \quad \dot{K} = \dot{K}_p + \dot{K}_u ,$$

folgt, daß die Investitionen in den Umweltkapitalstock einen bestimmten Teil der gesamten Investitionen betragen:

$$(6) \quad \dot{K}_u = \frac{\kappa}{\kappa+\lambda}\dot{K}.$$

Der übrige Teil der Investitionen erhöht das Produktivkapital:

$$(7) \quad \dot{K}_p = \frac{\lambda}{\kappa+\lambda}\dot{K}.$$

Neben dem ökologischen bleibt nun noch das ökonomische Gleichgewicht zu bestimmen. Die gleichgewichtige Wachstumsrate beträgt wieder:[1]

$$(8) \quad \hat{Y} \; (= \hat{K} = \hat{K}_p = \hat{K}_u) = n.$$

Damit zeigt sich, daß auch unter Berücksichtigung der Umweltqualität ein nachhaltiges Wachstum i. S. eines gleichgewichtigen Wirtschaftswachstums möglich ist. Die gleichgewichtige Wachstumsrate ist wiederum gleich der exogenen Wachstumsrate der Arbeit.

Das Niveau des Wachstumspfades läßt sich mit Hilfe der Akkumulationsgleichung bestimmen; unter Beachtung von Gleichung (7) gilt:[2]

$$(9) \quad \dot{v}_p = \frac{\lambda}{\kappa+\lambda} sf(v_p) - nv_p = 0; \qquad v_p = K_p/A.$$

Die gleichgewichtige Kapitalintensität ist in Abbildung V.11 dargestellt (v_{p0}).

---

[1] Bei konstanter Aufteilung der Investitionen (Gleichung (4)) gilt im Gleichgewicht auch $K_u = (\kappa/\lambda)K_p$ bzw. $K = K_p + K_u = [(\kappa+\lambda)/\lambda]K_p$ und damit $\hat{K} = \hat{K}_p = \hat{K}_u$.

[2] Statt Gleichung (9) läßt sich schreiben:

$$\dot{v} = sf(v_p) - nv$$

mit: $$\dot{v} = \frac{\kappa+\lambda}{\lambda}\dot{v}_p, \qquad nv = \frac{\kappa+\lambda}{\lambda}nv_p.$$

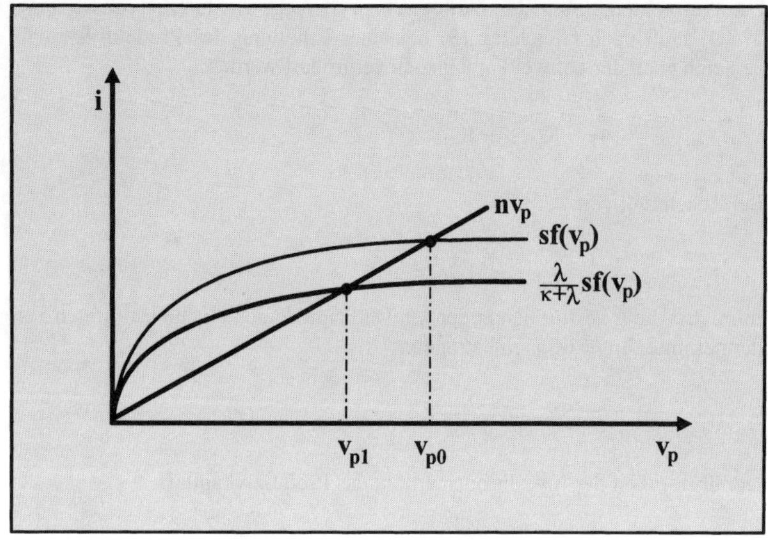

Abbildung V.11: Ökonomisches und ökologisches Gleichgewicht

In dieser Abbildung gibt v_{p0} das ökonomische Gleichgewicht an, das bis zum gegenwärtigen Zeitpunkt gilt: Der Umweltkapitalstock ist noch gleich Null, der gesamte Kapitalstock wird in der Produktion eingesetzt. Da im gegenwärtigen Zeitpunkt ein Umweltkapitalstock aufgebaut wird, um den gegebenen Umweltzustand zu erhalten, gehen die Investitionen ins Produktivkapital auf $[\lambda/(\kappa+\lambda)]sf(v_p)$ zurück. Das neue ökonomische Gleichgewicht ist dann bei v_{p1} erreicht: Mit niedrigerer Kapitalintensität der Arbeit geht auch die Produktion pro Kopf zurück, der Wachstumspfad verläuft schließlich auf niedrigerem Niveau.

(b) Optimale Umweltqualität

Vorangehend wurde die Grenze der Umweltverschmutzung exogen vorgegeben. In diesem Abschnitt wird diese Grenze – neben der Sparquote – endogen bestimmt. Hierzu wird wieder eine zentrale Planungsbehörde betrachtet, die die gesamtwirtschaftliche Wohlfahrt maximiert.[1] Die gesamtwirtschaftliche Wohlfahrt basiert auf dem Periodennutzen. Dieser wird wie bisher von dem Pro-Kopf-Konsum bestimmt; darüber hinaus jetzt jedoch auch von der Umweltverschmutzung pro Kopf.[2] Bei gleicher Gewichtung der beiden Determinanten sowie unter Beachtung, daß eine Erhöhung der

---

[1] Die marktwirtschaftliche Lösung ist nur dann Pareto-optimal, wenn die Produktion mit einer Pigou-Steuer belegt wird.

[2] Diese Annahme, die nicht problemadäquat ist, dient der Vereinfachung.

Umweltverschmutzung den Nutzen überproportional verringert, läßt sich die Wohlfahrtsfunktion jetzt wie folgt formulieren:[1]

$$(10)\quad W = \int_0^\infty e^{-\vartheta t}\left(\ln c_t - z_t^2\right)dt; \qquad z = Z/A.$$

Diese Zielfunktion ist unter Berücksichtigung der Kapital- und Schadstoffakkumulation zu maximieren.

Die Kapitalakkumulation wird erfaßt durch:

$$(11)\quad \dot{v} = f(v_p) - c - nv; \qquad v = K/A;$$

für die Schadstoffakkumulation $(\dot{Z/A})$ läßt sich nach Gleichung (2) schreiben:

$$(12)\quad \dot{z} = (\kappa + \lambda)v_p - \lambda v - (\mu + n)z.$$

Die Gleichungen (10) – (12) führen zu folgender Hamilton-Funktion:

$$(13)\quad H = e^{-\vartheta t}(\ln c - z^2)dt + \eta_1[f(v_p) - c - nv] + \\ + \eta_2[(\kappa + \lambda)v_p - \lambda v - (\mu + n)z].$$

Die notwendigen Bedingungen für ein Wohlfahrtsmaximum sind:

$$(14)\quad \frac{\partial H}{\partial c} = e^{-\vartheta t}/c - \eta_1 = 0$$

$$(15)\quad \frac{\partial H}{\partial v_p} = \eta_1 f' + \eta_2(\kappa + \lambda) = 0$$

$$(16)\quad \frac{\partial H}{\partial v} = -\eta_1 n - \eta_2 \lambda = -\dot{\eta}_1$$

$$(17)\quad \frac{\partial H}{\partial z} = -2e^{-\vartheta t}z - \eta_2(\mu + n) = -\dot{\eta}_2$$

und die Nebenbedingungen (11) und (12).

Die Gleichungen (14) – (17) liefern die Ramsey-Regel:[2]

$$(18)\quad \dot{c}/c = \frac{\lambda}{\kappa + \lambda} f' - n - \vartheta$$

---

[1] Zunehmender Grenzschaden der Umweltbelastung.

[2] In Gleichung (14) ist η_1 freizustellen; diese Gleichung ist dann nach der Zeit zu differenzieren. Weiterhin ist in Gleichung (15) η_2 freizustellen. Die Werte für η_1, $\dot{\eta}_1$ sowie η_2 sind anschließend in Gleichung (16) einzusetzen.

sowie für die zeitliche Veränderung des Produktivkapitals pro Kopf:[1]

$$(19) \quad \dot{v}_p = \frac{1}{f''}[f'(\mu + n + \vartheta + \hat{c}) - 2cz(\kappa + \lambda)].$$

Da die allgemeine Lösung des Gleichungssystems (11), (12), (18) und (19) recht schwierig ist, beschränken sich die nachfolgenden Ausführungen wieder auf den optimalen Gleichgewichtspfad. Im Gleichgewicht gilt $\dot{v} = \dot{z} = \dot{c} = \dot{v}_p = 0$; damit lauten die Gleichgewichtsbedingungen:

$$(20) \quad f(v_p) = c + nv$$

$$(21) \quad (\kappa + \lambda)v_p = \lambda v + (\mu + n)z$$

$$(22) \quad f'(v_p) = \frac{\kappa + \lambda}{\lambda}(n + \vartheta)$$

$$(23) \quad cz = (n + \vartheta)(\mu + n + \vartheta)/2\lambda.$$

Dieses Gleichungssystem hat eine eindeutige Lösung.[2]

Wie ein Vergleich von Gleichung (22) mit der Gleichgewichtslösung im Ramsey-Modell zeigt (Abschnitt 2.1.2 (6): $f' = n + \vartheta$), ist f' nun größer als im Ramsey-Modell. Damit sind der Einsatz von Produktivkapital und die Produktion (jeweils pro Kopf) hier kleiner als im Ramsey-Modell; gleiches gilt nach Gleichung (20) auch für den Konsum pro Kopf.

Gleichung (23) ist zu entnehmen, daß eine gewisse Umweltverschmutzung ($z > 0$) optimal ist. Wie das totale Differential der Gleichgewichtsbedingungen (20) – (23) zeigt, steigt die optimale Umweltverschmutzung mit der Zeitpräferenzrate (ϑ) an: Wird die Umweltverschmutzung durch Aufbau eines Umweltkapitalstocks verringert, so entsteht einerseits ein Wohlfahrtsverlust aufgrund geringeren gegenwärtigen Konsums, dem andererseits ein dauerhafter Wohlfahrtsgewinn infolge geringerer Umweltbelastung gegenübersteht. Je größer ϑ ist, um so geringer wird der zukünftige Wohlfahrtsgewinn gewichtet mit der Folge, daß eine höhere Umweltbelastung akzeptiert wird.

Die Gleichgewichtswerte für c und z sind in Abbildung V.12 dargestellt (c^*, z^*). Es läßt sich zeigen, daß das Gleichgewicht ein Sattelpunkt ist.[3] Dies

---

[1] Die Gleichung für η_2 ist nach der Zeit zu differenzieren. Die Werte für η_2 und $\dot{\eta}_2$ sind dann in Gleichung (17) einzusetzen.

[2] Gleichung (22) liefert v_p. Wird v aus Gleichung (20) in Gleichung (21) eingesetzt, so ergibt sich ein bestimmter Wert für die gewichtete Summe von c und z. Nach Gleichung (23) nimmt auch das Produkt aus c und z einen bestimmten Wert an. Damit lassen sich c und z bestimmen. Wird dann c in Gleichung (20) eingesetzt, folgt v.

[3] Feichtinger, G. und R. F. Hartl, Optimale Kontrolle ökonomischer Prozesse, Berlin 1986, S. 134 f.

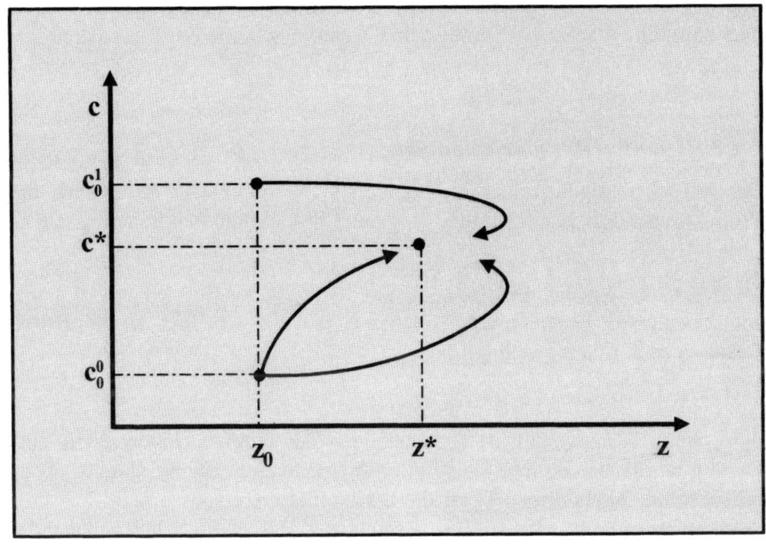

Abbildung V.12:Optimalpfade

bedeutet, es gibt bei gegebenen Anfangswerten der Zustandsvariablen (v_0, z_0) genau einen Wert der Kontrollvariablen (c_0^0 bzw. c_0^1 und v_{p0}), so daß der durch das Differentialgleichungssystem (11), (12), (18) und (19) bestimmte Pfad zum Gleichgewicht hinführt. Dieser Pfad ist zugleich auch der Optimalpfad.[1] Dabei kann bei einzelnen Variablen (anders als im obigen Ramsey-Modell) eine Trendumkehr auftreten.[2] In Abbildung V.12 sind drei mögliche Optimalpfade für c und z dargestellt, die sich bei unterschiedlichen Parameterkonstellationen ergeben können.

3.2.3 Wirtschaftswachstum bei erschöpfbaren Ressourcen

Im Gegensatz zu erneuerbaren Ressourcen sind erschöpfbare Ressourcen in einer bestimmten, nicht regenerierbaren Menge vorhanden (bspw. Erze, fossile Brennstoffe). Erschöpfbare Ressourcen sind vorwiegend Produktions-

---

[1] Jeder Pfad, der zum Sattelpunkt führt, erfüllt die sog. Transversalitätsbedingungen. Sind die Transversalitätsbedingungen erfüllt, so ist der entsprechende Pfad ein Optimalpfad, Feichtinger, G. und R. F. Hartl, Optimale Kontrolle ökonomischer Prozesse, a. a. O., S. 42.

[2] Bei in der Anfangsphase geringem Produktivkapital ist auch der Konsum niedrig, nach Gleichung (18) ist er zu erhöhen; das gleichgewichtige z sei realisiert. Bei niedrigem c ist der Grenznutzen des Konsums relativ hoch. Dann kann es optimal sein, den Konsum auf Kosten des Umweltkapitalstocks zu erhöhen, so daß z zunächst ansteigt. Wenn c seinen Gleichgewichtswert erreicht, muß z jedoch wieder auf den Gleichgewichtswert zurückgehen.

faktoren. Es werden deshalb nachfolgend noch die Möglichkeiten eines nachhaltigen Wachstums untersucht, wenn erschöpfbare Ressourcen als Produktionsfaktoren berücksichtigt werden.

(a) Effizienter Ressourceneinsatz

Bei Berücksichtigung einer erschöpfbaren Ressource (R) lassen sich die Produktionsmöglichkeiten mittels folgender Produktionsfunktion erfassen:

$$(1) \quad Y = Y(A,K,R).$$

Ein besonderes Problem ergibt sich aus der Existenz der erschöpfbaren Ressourcen nur dann, wenn gilt:

$$(2) \quad Y(A,K,0) = 0,$$

d. h., wenn R notwendig ist zur Erstellung des Outputs. Inwieweit R notwendig ist, hängt von den Substitutionsmöglichkeiten ab. Bei guten Substitutionsmöglichkeiten ($\sigma > 1$) ist die erschöpfbare Ressource nicht zur Produktion notwendig. Mit der Erschöpfung der Ressource gelten wieder die obigen Ausführungen, in denen lediglich Arbeit und Kapital als Produktionsfaktoren berücksichtigt wurden. Bei $\sigma < 1$ hingegen ist die erschöpfbare Ressource zur Produktion notwendig. Mit der Erschöpfung der Ressource sinkt die Produktion auf Null. Einen Grenzfall zwischen den Fällen guter und schlechter Substitutionsmöglichkeiten stellt die Cobb-Douglas-Produktionsfunktion ($\sigma = 1$) dar. Wird zur Vereinfachung der produktionsmäßig günstige Fall angenommen, daß diese Funktion linear homogen in K und R ist, so gilt bei $A = 1$:

$$(3) \quad Y = K^{\beta}R^{1-\beta}.$$

Der Ressourceneinsatz erfolge effizient. Hierunter wird verstanden, daß

- die Ressource nicht verschwendet wird und
- der Konsum in keiner Periode gesteigert werden kann, ohne daß der Konsum in einer anderen Periode eingeschränkt werden muß.

Die erste Bedingung verlangt einerseits eine effiziente Produktion, was in dem Konzept der Produktionsfunktion impliziert ist (maximale Produktion bei gegebenem Faktoreinsatz), und andererseits, daß der Bestand der Ressource völlig verbraucht wird.

Die zweite Bedingung (intertemporale Effizienzbedingung) verlangt, daß durch eine Verlagerung des Abbaus der Ressource (bei diskreter Zeitbetrachtung) von einer Periode in eine andere keine Konsumsteigerung i. o. S. mehr möglich ist. Wird der Abbau einer Einheit der Ressource von $t+1$ in die Periode t vorgezogen, so steigt die Produktion in t um $Y_{R,t}$. Diese zusätzliche Produktion werde investiert; dadurch steigt die Produktion in der Periode $t+1$ um den Betrag $Y_{R,t}Y_{K,t+1}$ an. Dieser Betrag steht in der Periode $t+1$ für Konsumzwecke zur Verfügung. Zusätzlich können die Investitionen der

Periode $t+1$ um $Y_{R,t}$ kleiner ausfallen (da der Kapitalstock bereits in t um diesen Wert angestiegen ist), so daß sich der Konsum in $t+1$ weiterhin noch um diesen Betrag erhöht.

Andererseits verringert sich der Konsum der Periode $t+1$ um den Betrag $Y_{R,t+1}$, da eine Einheit der Ressource bereits in der Periode t zusätzlich abgebaut wurde. Intertemporale Effizienz ist offensichtlich dann gegeben, wenn Konsumsteigerung und Konsumeinschränkung in der Periode $t+1$ größengleich sind, d. h., wenn gilt:

$$(4) \quad Y_{R,t}[1 + Y_{K,t+1}] = Y_{R,t+1}$$

bzw.:

$$(5) \quad \hat{Y}_R = Y_K.$$

Gleichung (5) wird als Hotelling-Regel bezeichnet. Nach dieser Regel verlangt intertemporale Effizienz, daß die Veränderungsrate des Grenzertrages der Ressource gleich dem Grenzertrag des Kapitals sein muß. Da $Y_K > 0$ ist, muß das Grenzprodukt der Ressource und damit das Verhältnis von Kapital zur Ressource laufend ansteigen. Die erschöpfbare Ressource ist folglich laufend durch Kapital zu substituieren.

Realistischerweise wird von einer endlichen Lebensdauer des Kapitalstocks ausgegangen. In diesem Fall ist der Kapitalverschleiß durch Ersatzinvestitionen (Ire) auszugleichen, um den Kapitalstock zu erhalten. Der Kapitalverschleiß sei proportional zum Kapitalstock; damit ergibt sich für die Ersatzinvestitionen:

$$(6) \quad I^{re} = \delta K; \qquad \delta = \text{Abschreibungsrate.}$$

Bei Kapitalverschleiß steht nun der Betrag $Y_{R,t}\ Y_{K,t+1}$ in der Periode $t+1$ nicht nur für Konsumzwecke zur Verfügung, vielmehr ist hieraus auch die Kapitalabnutzung zu ersetzen. Da die Erhöhung des Kapitalstocks $Y_{R,t}$ beträgt, sind zusätzliche Ersatzinvestitionen in Höhe von $\delta Y_{R,t}$ zu tätigen. Damit ist Gleichung (4) noch wie folgt zu modifizieren:

$$(7) \quad Y_{R,t}[1 + Y_{K,t+1} - \delta] = Y_{R,t+1}.$$

Die Hotelling-Regel lautet dann:[1]

$$(8) \quad \hat{Y}_R = Y_K - \delta.$$

---

[1] In Gleichung (8) stellt $Y_K - \delta$ die Nettoverzinsung des Kapitals dar. Im Marktgleichgewicht ist diese gleich der Rendite der Ressourcenbesitzer in Form steigender Preise für die abnehmende Bestände.

Es bleibt nun noch zu prüfen, inwieweit unter diesen Bedingungen ein nachhaltiges Wachstum möglich ist. Aus Gleichung (3) folgt ($x = K/R$):

$$(9) \quad Y_K = \beta x^{\beta-1}$$

$$(10) \quad Y_R = (1-\beta)x^{\beta}.$$

Wird Gleichung (10) nach der Zeit differenziert, so ergibt sich:

$$(11) \quad \dot{Y}_R = \beta(1-\beta)x^{\beta-1}\dot{x}.$$

Die Gleichungen (10) und (11) liefern:

$$(12) \quad \hat{Y}_R = \beta\hat{x}.$$

Mit Hilfe der Gleichungen (9) und (12) läßt sich nun für die Hotelling-Regel (Gleichung (8)) schreiben:

$$(13) \quad \dot{x}/x = x^{\beta-1} - \delta/\beta.$$

Integration liefert:

$$(14) \quad x_t = [Qe^{-\delta(1-\beta)t/\beta} + \beta/\delta]^{1/(1-\beta)}; \quad Q = \text{Integrationskonstante.}$$

Mit zunchmender Zeit nähert sich das K/R-Verhältnis dem Wert:

$$(15) \quad \lim_{t\to\infty} x_t = \left(\frac{\beta}{\delta}\right)^{1/(1-\beta)}.$$

Ein allwissender Planer bzw. die Unternehmer in einer Marktwirtschaft erhöhen den Kapitalstock nur so lange, bis der Grenzertrag des Kapitals gleich der Abschreibungsrate ist. Sobald dieser Kapitalstock erreicht ist, bleiben der Grenzertrag der Ressource und damit das K/R-Verhältnis konstant.

Gleichung (3) läßt sich wie folgt schreiben:

$$(16) \quad Y = x^{\beta}R.$$

Infolge begrenzten Ressourcenbestandes muß R – und bei $x = \text{const.}$ auch K – laufend reduziert werden und sinkt schließlich auf Null. Damit gilt:

$$(17) \quad \lim_{\substack{t\to\infty \\ R\to 0}} Y = 0.$$

Gleichung (17) zeigt, daß bei Berücksichtigung von Kapitalverschleiß selbst in dem günstigsten Fall einer in K und R linear-homogenen Cobb-Douglas-Produktionsfunktion und bei effizienter Nutzung der Ressource nachhaltiges Wachstum i. S. eines zeitlich unbegrenzt positiven Einkommens ausgeschlossen ist.

(b) Technischer Fortschritt

Wie die vorangehenden Ausführungen gezeigt haben, erfordert gleichgewichtiges Wirtschaftswachstum, daß der technische Fortschritt Verknappungen der Produktionsfaktoren ausgleicht (Harrod-neutraler technischer Fortschritt).[1] Zur Vereinfachung wird wieder eine Cobb-Douglas-Produktionsfunktion mit $A = 1$ herangezogen:

$$(1) \quad Y_t = e^{\tau t} K_t^{\beta} R_t^{\gamma}.$$

Wird der technische Fortschritt als ressourcenvermehrend geschrieben, so gilt:

$$(2) \quad Y_t = K_t^{\beta}(e^{\hat{c}t} R_t)^{\gamma}; \qquad \hat{c} = \tau/\gamma.$$

Es wird angenommen, daß der Ressourceneinsatz in Effizienzeinheiten konstant bleibt:

$$(3) \quad R_t e^{\hat{c}t} = R_0.$$

Bei konstantem Kapitalstock ergibt sich dann:

$$(4) \quad Y_t = Y_0 = K_0^{\beta} R_0^{\gamma}.$$

R_0 bleibt nun so zu bestimmen, daß der Ressourcenbestand ausgeschöpft wird:

$$(5) \quad \int_0^{\infty} R_t dt = S_0.$$

Unter Beachtung von Gleichung (3) folgt:

$$(6) \quad \int_0^{\infty} R_t dt = R_0 \int_0^{\infty} e^{-\hat{c}t} dt = R_0/\hat{c} = S_0.$$

---

[1] Der technische Fortschritt muß allgemein sicherstellen, daß die Arbeit und die Ressource jeweils in Effizienzeinheiten mit der gleichen Rate wachsen. Aus der Produktionsfunktion mit technischem Fortschritt:

$$Y = Y(aA, bK, cR); \qquad a,b,c \geq 1$$

folgt:

$$\hat{Y} = \alpha(\hat{a} + \hat{A}) + \beta(\hat{b} + \hat{K}) + \gamma(\hat{c} + \hat{R}); \qquad \alpha + \beta + \gamma = 1.$$

Im Gleichgewicht ($\hat{Y} = \hat{K}$) gilt:

$$\hat{Y} = \frac{\alpha}{1-\beta}(\hat{a} + \hat{A}) + \frac{\beta}{1-\beta}\hat{b} + \frac{\gamma}{1-\beta}(\hat{c} + \hat{R}) = \text{const.}$$

Diese Gleichung ist bei $\hat{R} = \text{const.} < 0$ erfüllt für:

$$\hat{b} = 0 \quad \text{und} \quad \hat{a} + \hat{A} = \hat{c} + \hat{R}$$

oder bei Gültigkeit einer Cobb-Douglas-Produktionsfunktion.

Damit ergibt sich für R_0:

$$(7) \quad R_0 = \hat{c}\, S_0.$$

Die Produktionsmöglichkeiten bei konstantem Ressourceneinsatz (und konstanter Arbeit) sind in Abbildung V.13 mit Hilfe der Ertragsfunktion des Kapitals dargestellt. Diese Abbildung enthält zusätzlich die Ersatzinvestitionen (δK).

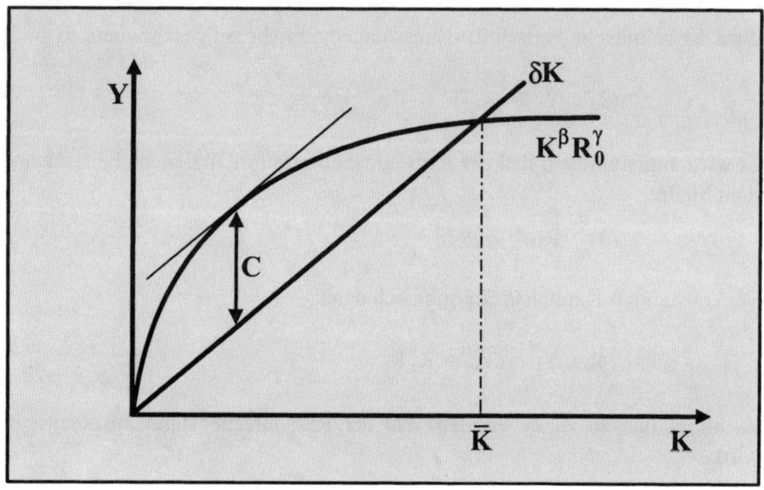

Abbildung V.13: Nachhaltiges Wachstum

Wie Abbildung V.13 entnommen werden kann, existiert für jedes K mit $0 < K < \bar{K}$ ein positives Einkommen und ein positiver Konsum. Der Konsum erreicht offenbar sein Maximum, wenn der Kapitalstock so gewählt wird, daß der Grenzertrag des Kapitals gleich der Abschreibungsrate ist. Nachhaltiges Wachstum wird im vorliegenden Fall also durch den technischen Fortschritt ermöglicht.[1]

Nachhaltiges Wachstum bei erschöpfbaren Ressourcen setzt also voraus, daß exogener technischer Fortschritt mit konstanter Rate auftritt, der Harrod-neutral ist. Des weiteren bleibt zu beachten, daß das Wachstumsniveau u. U. aufgrund eines geringeren Ressourcenbestandes so niedrig ist, daß das Existenzminimum der lebenden Bevölkerung nicht gewährleistet ist. Versiegt der technische Fortschritt, so ist mit endlichem Ressourcenbestand auch nur eine endliche Produktion möglich. Endliche Produktion schließt aber nachhaltiges Wachstum aus.

---

[1] Zu effizienten Konsumpfaden siehe bspw. Heubes, J., Grundlagen der modernen Makroökonomie, a. a. O., S. 653 ff.

Eine Lösung dieses Problems bietet dann eine sog. Backstop-Technologie, nämlich eine Produktionsalternative, mit deren Hilfe ein vollkommenes Substitut für die erschöpfbare Ressource in für menschliche Verhältnisse unbegrenzter Menge hergestellt werden kann (bspw. Solarenergie als Substitut für fossile Brennstoffe). Die Problematik der Backstop-Technologie liegt darin, daß sie entweder zum gegenwärtigen Zeitpunkt noch nicht bekannt ist, oder daß die Produktion des Substituts mit sehr hohem Kapitaleinsatz verbunden ist.

Aufgaben

V.18 Ersetzen Sie im AK-Modell die Gleichung $a = v$ durch $a = v^{\gamma}$, $\gamma > 1$. Bestimmen sie die Wachstumsrate des Kapitalstocks. Beurteilen Sie das Ergebnis.

V.19 Leiten Sie die Bedingung intensiven Wachstums im Rahmen des AK-Modells ab, wenn Abschreibungen δK berücksichtigt werden.

V.20 Leiten Sie den Ramsey-Pfad im Rahmen des AK-Modells ab. Gehen Sie hierbei von einem repräsentativen Wirtschaftsobjekt aus, das als Glied einer Dynastie die Nutzenfunktion:

$$W = \int_0^{\infty} e^{-\vartheta t} \ln c_t \, dt$$

maximiert. Dieses Wirtschaftssubjekt beachte das Wachstum der Familie mit der Rate n sowie als Eigenproduzent auch die Akkumulationsmöglichkeiten. Interpretieren Sie das Ergebnis.

V.21 Leiten Sie die Ramsey-Regel im Rahmen des Zwei-Sektor-Modells ab, wenn δ vorgegeben ist.

V.22 Der Staat stelle dem privaten Sektor bei ausgeglichenem Budget Vorleistungen zur Verfügung. Ein repräsentatives Wirtschaftssubjekt maximiere als Glied einer Dynastie die Wohlfahrt aller Generationen. Es beachte hierbei das Wachstum der Familie mit der Rate n sowie als Eigenproduzent auch die Akkumulationsmöglichkeiten. Bestimmen Sie die Ramsey-Regel. Verwenden Sie die Produktionsfunktion $y = v^{\alpha} q^{1-\alpha}$.

V.23 Untersuchen Sie die Wachstumsmöglichkeiten einer Volkswirtschaft, wenn der Staat bei ausgeglichenem Budget Vorleistungen für den privaten Produktionssektor bereitstellt. Die Produktionsfunktion sei eine in A, K und Q linear-homogene Cobb-Douglas-Funktion; die Sparquote und der Steuersatz einer proportionalen Einkommensteuer sind vorgegeben.

V.24 Die Wachstumsrate des technischen Fortschritts (π) sei exogen und konstant. Innerhalb dieser Fortschrittsgrenze kann die Kombination arbeitsvermehrender ($\hat{a}$) und bodenvermehrender ($\hat{c}$) Fortschritt frei gewählt werden ($\pi = \hat{a} + \hat{c}$); von kapitalvermehrendem Fortschritt wird abgesehen. Die Arbeit wachse mit konstanter, exogen vorgegebener Rate (n); die Substitutionsmöglichkeiten zwischen den Produktionsfaktoren seien gering ($\sigma < 1$). Untersuchen Sie, inwieweit Kräfte auftreten, die zu Harrod-neutralem technischen Fortschritt führen.

V.25 Die Umweltverschmutzung sei proportional zum Kapitalstock (κK), die Selbstreinigungskraft der Natur proportional zur akkumulierten Schadstoffmenge (μZ); es werde kein Umweltkapital gebildet. Stellen sie das momentane (d. h. bei gegebener Bevölkerung) ökonomische und ökologische Gleichgewicht in einem K/Z-Diagramm dar. Wie ändert sich die Umweltverschmutzung auf dem gleichgewichtigen Wachstumspfad (d. h. bei wachsender Bevölkerung)? Wie wirkt sich technischer Fortschritt aus, der zu einer Verringerung von κ führt?

V.26 Leiten Sie den Ramsey-Pfad unter Beachtung der Umweltbelastung ab. Gehen sie hierbei von einem repräsentativen Wirtschaftssubjekt aus, das als Glied einer Dynastie die Nutzenfunktion:

$$W = \int_0^\infty e^{\vartheta t} (\ln c_t - \ln z_t) dt$$

maximiert. Dieses Wirtschaftssubjekt beachte das Wachstum der Familie mit der Rate n sowie als Eigenproduzent die Kapitalakkumulationsmöglichkeiten. Interpretieren Sie das Ergebnis.

V.27 Gegeben sei eine Cobb-Douglas-Produktionsfunktion. Bevölkerung und technisches Niveau seien konstant; von Abschreibungen wird abgesehen. Wie müssen die (konstanten) Investitionen gewählt werden, so daß der (konstante) Konsum ein Maximum erreicht?

Anhang: Musterlösungen

1. Musterlösungen zu Kapitel I

I.1 Die vorgegebene Konsumfunktion lautet:

$$(1) \quad C = \overline{C} + cY^v,$$

sie wird durch die Gerade $C(Y^v)$ in den Abbildungen A.I.1 und A.I.2 wiedergegeben. Unter Beachtung von $Y^v = Y - T$ läßt sich im Fall (a) schreiben:

$$(2) \quad C = \overline{C} + c(Y - T_0) = \overline{C} - cT_0 + cY;$$

die Gleichung (2) entspricht der Geraden C(Y) in Abbildung A.I.1

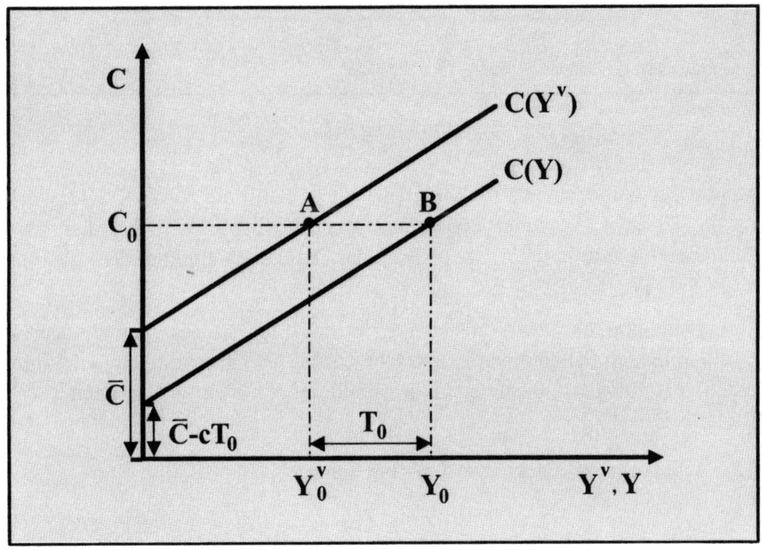

Abbildung A.I.1

Die Kurve C(Y) verläuft um die Strecke T_0 rechts von der Kurve $C(Y^v)$: Die Konsumnachfrage C_0 bspw. ergibt sich bei einem verfügbaren Einkommen in Höhe von Y_0^v (Punkt A); das entsprechende Volkseinkommen (Punkt B) ist um T_0 größer als dieses verfügbare Einkommen ($Y_0 = Y_0^v + T_0$).

Im Fall (b) gilt:

$$(3)\quad C = \overline{C} + c(Y - tY) = \overline{C} + c(1 - t)Y;$$

diese Gleichung entspricht der Geraden C(Y) in Abbildung A.I.2.

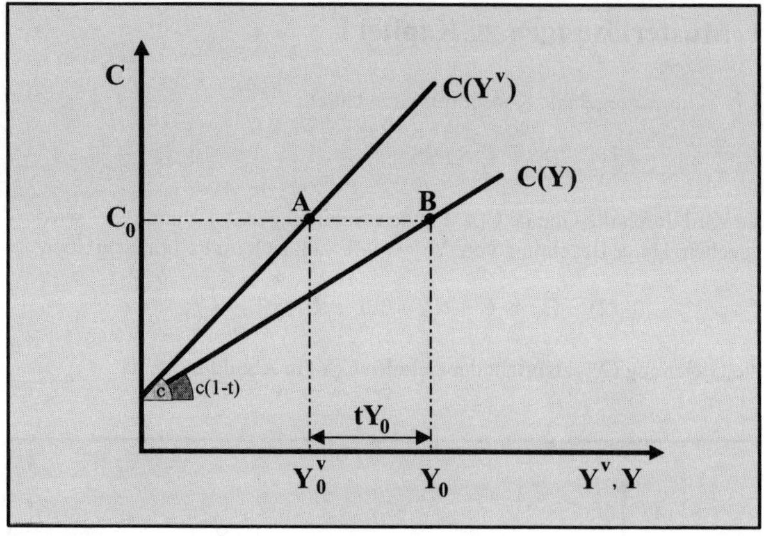

Abbildung A.I.2

Im Fall der vorgegebenen Einkommensteuer verläuft die Kurve C(Y) flacher als die Kurve $C(Y^v)$: Die Konsumnachfrage C_0 bspw. wird bei dem verfügbaren Einkommen Y_0^v realisiert, das aus dem Einkommen Y_0 mit $Y_0^v = Y_0 - tY_0$ folgt.

Eine Erhöhung der Pauschalsteuer bzw. des Steuersatzes läßt die Kurve $C(Y^v)$ in beiden Fällen unverändert. Die Kurve C(Y) in Abbildung A.I.1 hingegen verschiebt sich nach rechts; in Abbildung A.I.2 verläuft sie flacher.

I.2 Die vorgegebene Konsumfunktion lautet:

$$(1)\quad C = \overline{C} + cY^v = \overline{C} + c(Y - tY) = \overline{C} + c(1 - t)Y.$$

Die marginale Konsumneigung ist definiert als dC/dY^v, sie ist also gleich c.

Aus:

$$(2)\quad Y^v = C + S$$

folgt für die Sparfunktion:

$$(3)\quad S = Y^v - \overline{C} - cY^v = -\overline{C} + sY^v; \qquad s = 1 - c.$$

Die Sparfunktion (3) ist also eine Gerade mit dem Ordinatenabschnitt $-C$ und der Steigung s. In Abbildung A.I.3 läßt sie sich mit Hilfe einer 45°-Geraden ableiten: Der Abstand zwischen der Konsumkurve und dieser Geraden stellt die Ersparnisbildung dar.

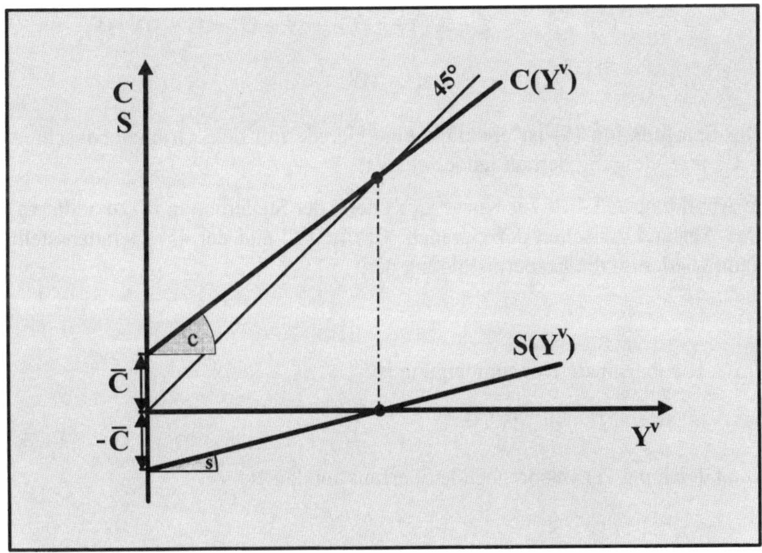

Abbildung A.I.3

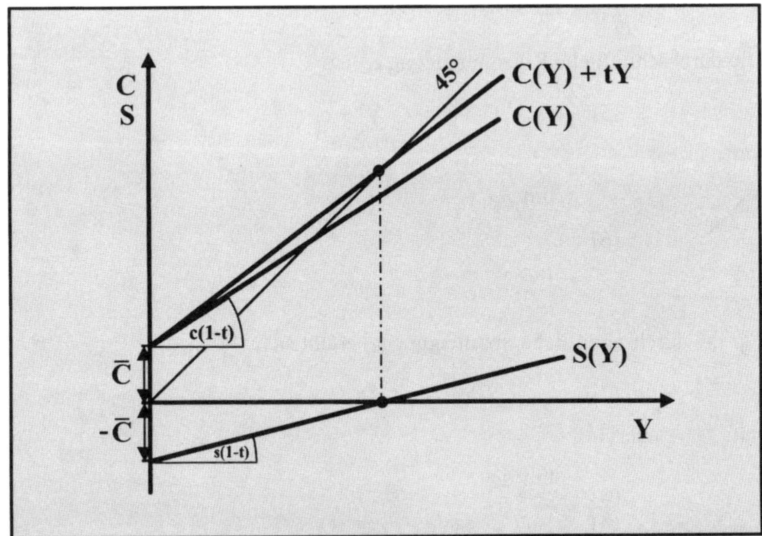

Abbildung A.I.4

Im Hinblick auf das Volkseinkommen gilt:

$$(4) \quad Y = T + C + S.$$

Hieraus ergibt sich für die Sparfunktion:

$$(5) \quad S = Y - (C(Y) + tY) = Y - \overline{C} - c(1-t)Y - tY =$$

$$= -\overline{C} + s(1-t)Y.$$

Die Sparfunktion (5) ist ebenfalls eine Gerade mit dem Ordinatenabschnitt $-\overline{C}$; ihre Steigung beträgt jedoch $s(1-t)$.

In Abbildung A.I.4 ist zur Kurve $C(Y)$ noch der Steuerbetrag tY zu addieren. Der Abstand zwischen der Geraden $C(Y) + tY$ und der 45°-Geraden stellt dann wiederum die Ersparnisbildung dar.

I.3 Die marginale Konsumneigung ist:

$$(2) \quad dC/dY^v = c.$$

Die Gleichung (1) entsprechende Sparfunktion lautet:

$$(3) \quad S = -\overline{C} + sY^v.$$

Für die marginale Sparneigung folgt:

$$(4) \quad dS/dY^v = s.$$

Die durchschnittliche Konsumneigung $c_{\varnothing}$ ist:

$$(5) \quad c_{\varnothing} = C/Y^v = \overline{C}/Y^v + c$$

mit:

$$(6) \quad \lim_{Y^v \to 0} c_{\varnothing} = \infty, \qquad \lim_{Y^v \to \infty} c_{\varnothing} = c.$$

Für die durchschnittliche Sparneigung $s_{\varnothing}$ ergibt sich:

$$(7) \quad s_{\varnothing} = S/Y^v = -\overline{C}/Y^v + s$$

mit:

$$(8) \quad \lim_{Y^v \to 0} s_{\varnothing} = -\infty, \qquad \lim_{Y^v \to \infty} s_{\varnothing} = s.$$

Die marginale Konsum- bzw. Sparneigung entspricht der Steigung der Konsum- bzw. Spargeraden in Abbildung A.I.5 a.

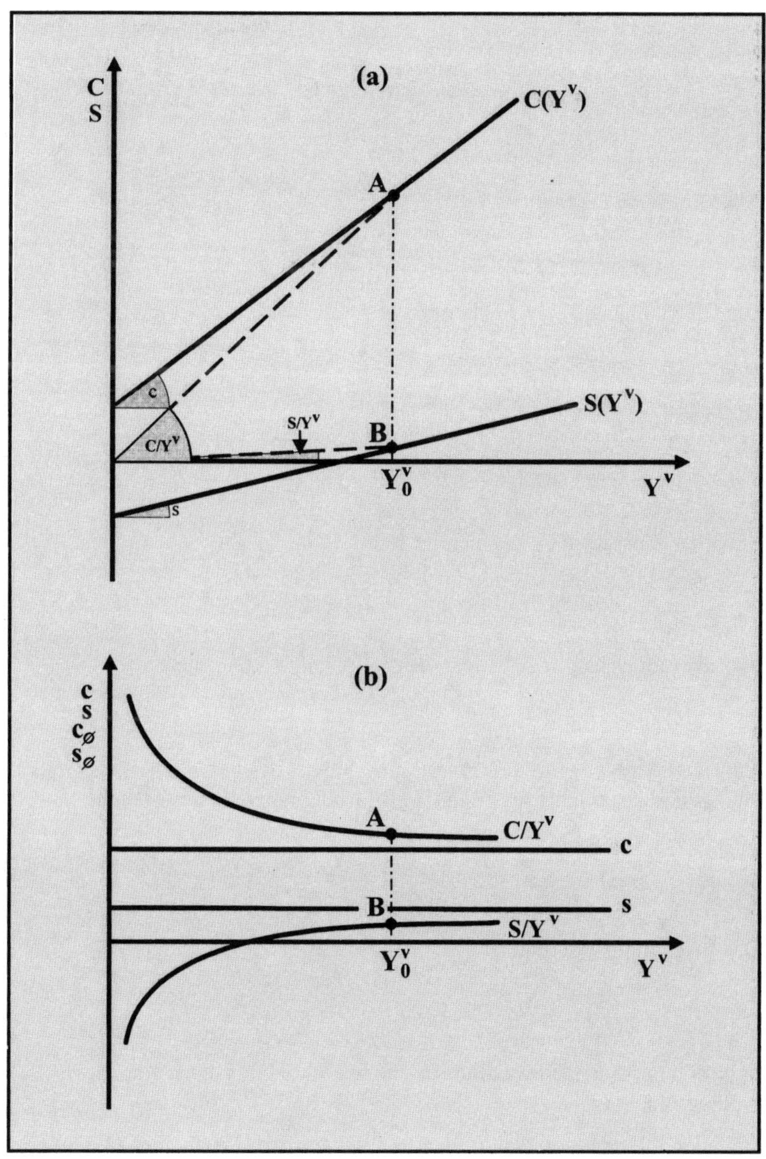

Abbildung A.I.5

Die durchschnittliche Konsum- (Spar-)neigung wird durch den Winkel einer Ursprungsgeraden an die Konsum- (Spar-)funktion angegeben (gestrichelte

Gerade). Wie ersichtlich, wird dieser Winkel mit zunehmendem Y^v immer kleiner (größer) und nähert sich dem Wert der marginalen Konsumneigung c (Sparneigung s).

I.4 Der optimale Kapitalstock ist erreicht bei:

$$(2)\quad \partial Y/\partial K = r.$$

Aus Gleichung (1) folgt:

$$(3)\quad \partial Y/\partial K = 0{,}2A^{0,8}K^{-0,8}.$$

Die Gleichungen (2) und (3) liefern:

$$(4)\quad K = A/(5r)^{1,25}.$$

Für $A = 1$ und $r = 0{,}05$ folgt:

$$(5)\quad K_0^* = 1/0{,}25^{1,25} \approx 5{,}66.$$

Sinkt der Zinssatz auf 4%, so ergibt sich:

$$(6)\quad K_1^* = 1/0{,}2^{1,25} \approx 7{,}48;$$

die Investitionsnachfrage beträgt dann: $I = 7{,}48 - 5{,}66 = 1{,}82$.

I.5 Der Kapitalwert eines Investitionsobjekts, dessen Anschaffungspreis P beträgt und das n Jahre im Produktionsprozeß eingesetzt wird, lautet:

$$(1)\quad KW = -P + \sum_{i=0}^{n} \frac{P(\partial Y/\partial K)_i}{(1+r)^i} + \frac{\tilde{I}}{(1+r)^n}.$$

Das Investitionskriterium ist:

$$(2)\quad KW = 0,$$

d. h. es sind so lange Investitionen durchzuführen, bis deren Kapitalwert auf Null gesunken ist.

Bei unendlicher Einsatzdauer $(\tilde{I} = 0)$ folgt aus den Gleichungen (1) und (2):

$$(3)\quad -P + \sum_{i=0}^{\infty} \frac{P(\partial Y/\partial K)_i}{(1+r)^i} = 0.$$

Die Summe einer unendlichen geometrischen Reihe läßt sich schreiben:

$$(4) \quad \sum_{i=0}^{\infty} \frac{P(\partial Y / \partial K)_i}{(1+r)^i} = \frac{P \cdot \partial Y / \partial K}{r}.$$

Damit ergibt sich:

$$(5) \quad \partial Y / \partial K = r.$$

Die Kapitalwertmethode entspricht also der hier vorgestellten Investitionstheorie, wenn das Investitionsobjekt unendlich lange im Produktionsprozeß eingesetzt wird.

I.6 Im Falle der Gleichgewichtsbedingung $Y = C + I + G$ gilt bei einer proportionalen Einkommensteuer:

$$(1) \quad Y^* = \overline{C} + c(Y^* - tY^*) + I_0 + G_0$$

$$(2) \quad Y^* = \overline{C} + c(1-t)Y^* + I_0 + G_0.$$

Damit folgt:

$$(3) \quad Y^* = \frac{1}{1-c(1-t)}(\overline{C} + I_0 + G_0).$$

Graphisch ergibt sich wieder Abbildung I.5, wobei der Ordinatenabschnitt der Konsumfunktion nun $\overline{C}$ (statt $\overline{C} - cT_0$) beträgt, ihre Steigung ist $c(1-t)$ (statt c).

Im Falle der Gleichgewichtsbedingung $I + G = S + T$ sowie bei proportionaler Einkommensteuer gilt:

$$(4) \quad I_0 + G_0 = tY^* + S(Y^*).$$

Bei linearer Konsumfunktion ergibt sich für die Ersparnisbildung:

$$(5) \quad S = -\overline{C} + s(1-t)Y^*.$$

Aus den Gleichungen (1) und (2) folgt wiederum Gleichung (3).

Graphisch ergibt sich wieder Abbildung I.6, wobei der Ordinatenabschnitt der Sparfunktion nun $-\overline{C}$ (statt $-\overline{C} - sT_0$) beträgt, ihre Steigung ist $s(1-t)$ (statt s). Weiterhin gilt $T = tY$ (statt $T = T_0$), d. h. die Gerade $S + T$ ist nicht mehr parallel zu S, vielmehr nimmt der Abstand zwischen diesen Geraden mit steigendem Y zu.

I.7 Für das gleichgewichtige Volkseinkommen gilt im Fall einer Pauschalsteuer:

$$(1) \quad Y^* = \frac{1}{1-c}(\overline{C} - cT_0 + I_0 + G_0)$$

sowie bei einer proportionalen Einkommensteuer:

$$(2) \quad Y^* = \frac{1}{1-c(1-t)}(\overline{C} + I_0 + G_0).$$

Die Änderung des gleichgewichtigen Volkseinkommens bei einer Änderung der Staatsnachfrage läßt sich mit Hilfe des totalen Differentials der Gleichungen (1) bzw. (2) bestimmen. Unter Beachtung von $d\overline{C} = dI_0 = dT_0 = 0$ gilt:

$$(3) \quad dY^* = \frac{1}{1-c}dG = 500$$

$$(4) \quad dY^* = \frac{1}{1-c(1-t)}dG \approx 357.$$

Die Einkommensänderung ist also im Fall einer proportionalen Einkommensteuer geringer als bei einer Pauschalsteuer. Dies liegt daran, daß bei einer proportionalen Einkommensteuer ein Teil des zusätzlichen Einkommens an den Staat fließt und somit den Haushalten nicht für Konsumzwecke zur Verfügung steht.

I.8 Die vorgegebene Konsumfunktion hat einen konkaven Verlauf, so daß auch die gesamte Güternachfrage Y^n diesen Verlauf aufweist, wie in Abbildung A.I.6 dargestellt ist. Das Ausgangsgleichgewicht ist Y_0^*.

Die Erhöhung der Staatsnachfrage verschiebt die Güternachfrage um dG nach Y_1^n; das neue Gleichgewicht ist bei Y_1^* erreicht (Punkt B).

Bei totaler Differentiation wird unterstellt, daß die Steigung der Y_1^n-Kurve konstant und gleich der Steigung in Punkt A ist, wie durch die eingezeichnete Tangente angedeutet wird. Das so bestimmte Gleichgewichtseinkommen beträgt Y_2^* (Punkt C). Der entstehende Fehler ist um so größer, je größer die Änderung der Staatsausgaben ist.

I.9 Im Ausgangsgleichgewicht gilt:

$$(1) \quad I_0 + G_0 = -\overline{C} + s(Y^* - T_0) + T_0$$

$$(2) \quad Y^* = \frac{1}{1-c}(\overline{C} - cT_0 + I_0 + G_0); \qquad c = 1 - s.$$

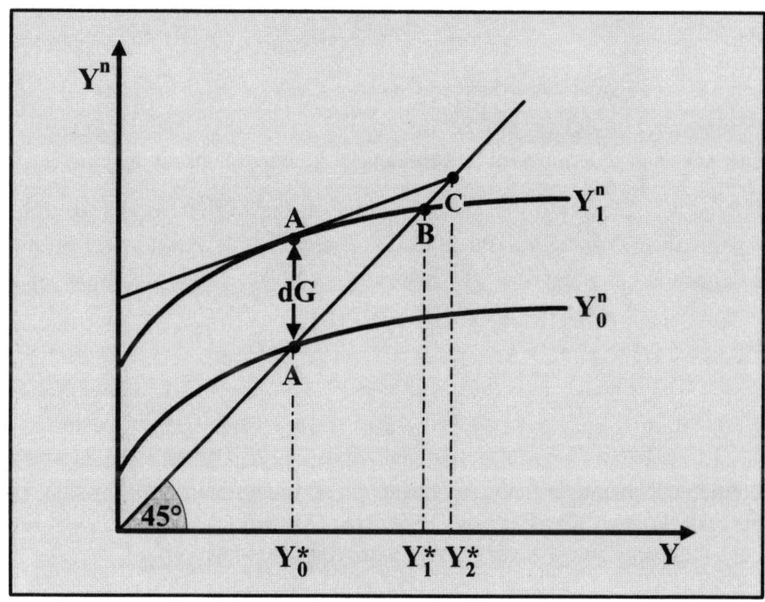

Abbildung A.I.6

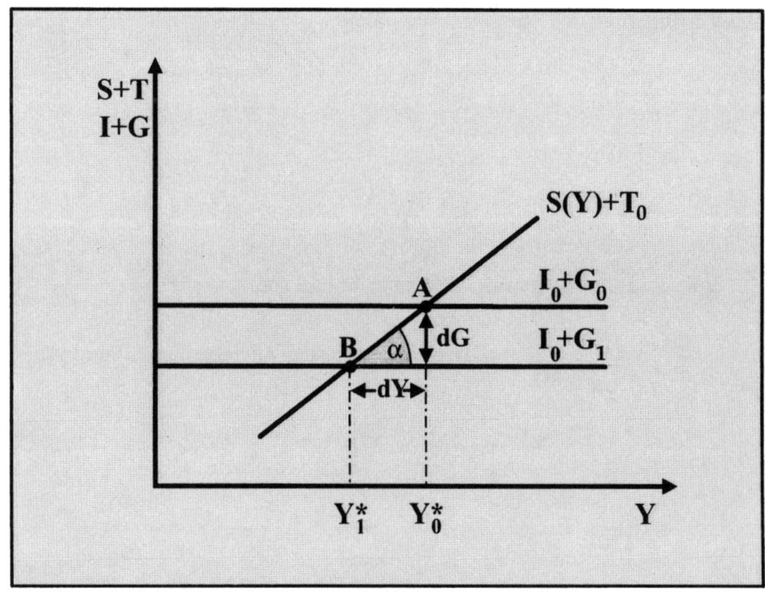

Abbildung A.I.7

Die Verringerung der Staatsausgaben führt zu:

$$(3) \quad dY^* = \frac{1}{1-c} dG.$$

Die Ausgangssituation wird in Abbildung A.I.7 durch Punkt A angezeigt.

Infolge des Rückgangs der Staatsnachfrage sinkt das gleichgewichtige Einkommen von Y_0^* auf Y_1^* (Punkt B). Die multiplikative Wirkung der Staatsausgabensenkung auf das gleichgewichtige Volkseinkommen ergibt sich unmittelbar aus: $\tan \alpha = s = dG/dY$ bzw.: $dY = dG/s$.

I.10 Bei konstanter Pauschalsteuer wurde vereinfacht geschrieben: $C = C(Y)$ bzw.: $S = S(Y)$. Bei einer Änderung der Pauschalsteuer ist die Steuer jedoch explizit als Argument der Konsum- und Sparfunktion zu berücksichtigen: $C = C(Y - T)$ bzw.: $S = S(Y - T)$. Folglich lauten die beiden Gleichgewichtsbedingungen in der Ausgangssituation:

$$(1) \quad Y^* = C(Y^* - T_0) + I_0 + G_0$$

$$(2) \quad I_0 + G_0 = S(Y^* - T_0) + T_0.$$

Die Verringerung der Pauschalsteuer liefert:

$$(3) \quad dY^* = \frac{dC}{dY^v} \frac{dY^v}{dY} (dY^* - dT)$$

$$(4) \quad 0 = \frac{dS}{dY^v} \frac{dY^v}{dY} (dY^* - dT) + dT; \qquad Y^v = Y - T.$$

Bei einer Pauschalsteuer gilt $dY^v/dY = 1$ und somit $\frac{dC}{dY^v} \frac{dY^v}{dY} = \frac{dC}{dY} = c$ sowie $\frac{dS}{dY^v} \frac{dY^v}{dY} = \frac{dS}{dY} = s$. Damit folgt aus den Gleichungen (3) und (4):

$$(5) \quad dY^* = -\frac{1}{1-c} cdT$$

$$(6) \quad dY^* = -\frac{1}{s} (1 - s)dT.$$

Unter Beachtung von $s = 1 - c$ stimmen die Gleichungen (5) und (6) überein.

I.11 Die Ausgangssituation entspricht Y_0^* in Abbildung A.I.8 (Punkt A). Bei geringerer Staatsnachfrage beträgt das gleichgewichtige Einkommen Y_1^* (Punkt B); Y_0^* ist nun eine Ungleichgewichtssituation.

Die Verringerung der Staatsnachfrage erfolge in der Periode eins. In dieser Periode erwarten die Haushalte weiterhin das Einkommen Y_0^*. Aufgrund des Rückgangs der Staatsnachfrage sinkt die Nachfrage insgesamt um $dG = G_0 - G_1$ auf $Y_1^n = C(Y_0^*) + I_0 + G_1$ und damit das Volkseinkommen auf $Y_1 = Y_1^n$.

Für die zweite Periode erwarten die Haushalte nun das Einkommen Y_1. Die Güternachfrage beträgt also $Y_2^n = C(Y_1) + I_0 + G_1$; sie ist um $c(Y_0^* - Y_1) = cdG$ kleiner als in der Vorperiode. Entsprechend fällt das Einkommen auf Y_2.

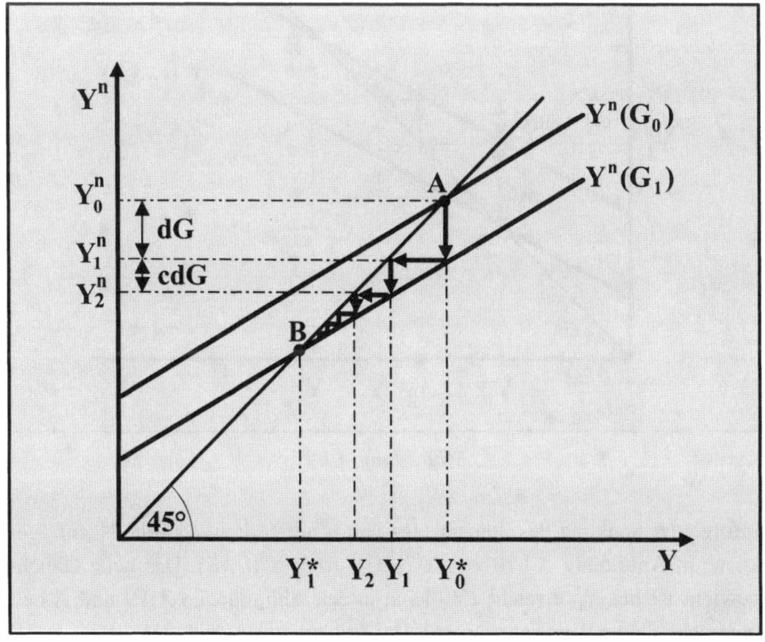

Abbildung A.I.8

Die Nachfragerückgänge werden von Periode zu Periode kleiner, d. h. das Einkommen nähert sich dem Wert Y_1^*; das Gleichgewicht ist also stabil.

I.12 Die Ausgangssituation wird durch Y_0^* in den Abbildungen A.I.9 und A.I.10 dargestellt (Punkt A)

Die Erhöhung der Staatsausgaben von G_0 auf G_1 verschiebt die Nachfragekurve in Abbildung A.I.9 um dG nach oben zu $Y^n(t_0,G_1)$. Das neue Gleichgewicht ist bei Y_1^* erreicht (Punkt B). Der Anpassungsprozeß verläuft wie folgt: Die Staatsausgabenerhöhung führt bei noch unveränderten Einkommenserwartungen der Haushalte ($Y^e = Y_0^*$) zu einem Anstieg der Güternachfrage bzw. des Volkseinkommens um dG auf Y_1^n bzw. Y_1. Erkennen die Haushalte die Einkommenssteigerung in der nächsten Periode, so passen sie ihre Konsumnachfrage hieran an, d. h. die Konsumnachfrage und damit die gesamte Güternachfrage sowie das Volkseinkommen erhöhen sich um $c(1-t_0)dG$ auf Y_2^n bzw. Y_2 usw., bis schließlich Y_1^* erreicht ist.

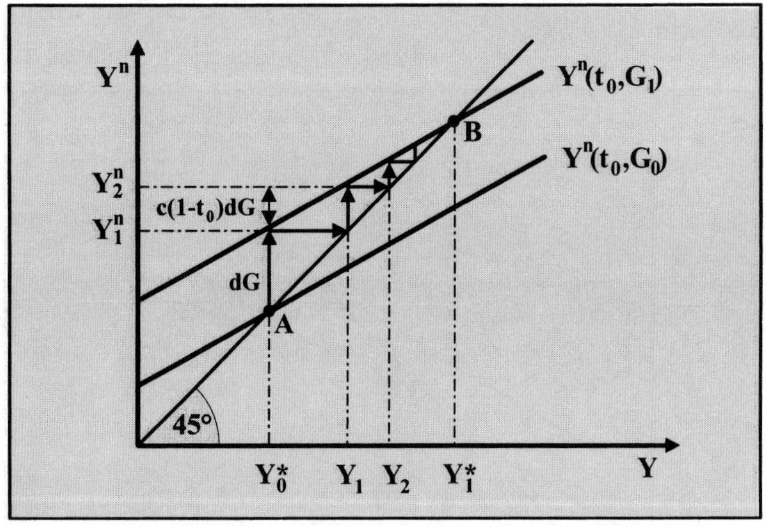

Abbildung A.I.9

Infolge der Senkung des Steuersatzes von t_0 auf t_1 dreht sich die Nachfragekurve in Abbildung A.I.10 von $Y^n(t_0,G_0)$ nach $Y^n(t_1,G_0)$. Das neue Gleichgewicht ist bei Y_1^* erreicht (Y_1^* kann in den Abbildungen A.I.9 und A.I.10 unterschiedliche Werte annehmen). Der Anpassungsprozeß verläuft wie folgt:

Infolge der Senkung des Steuersatzes um dt steigt das verfügbare Einkommen der Haushalte um dtY_0^*, so daß sich die Konsumnachfrage um $cdtY_0^*$ erhöht. Bei noch unveränderten Einkommenserwartungen steigen somit Güternachfrage und Volkseinkommen um diesen Betrag auf Y_1^n bzw. Y_1. Sobald die Haushalte die Einkommenssteigerung erkennen, erhöhen sie ihre Konsumnachfrage weiter um $c(1-t_1)cdtY_0^*$ usw., bis wiederum das neue Gleichgewicht Y_1^* erreicht ist.

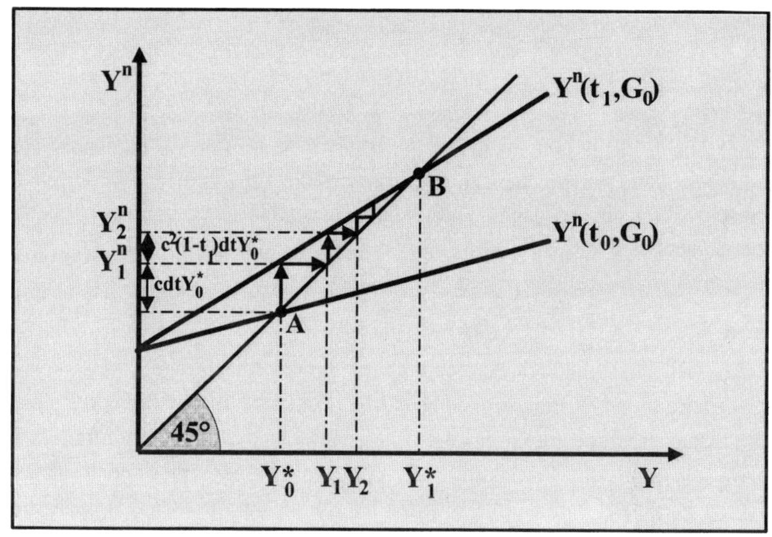

Abbildung A.I.10

I.13

Periode	Y_t	$Y_t - Y_{t-1}$
0	500	
1	600	100
2	680	80
3	744	64
⋮	⋮	⋮
∞	1000	.

Im Gleichgewicht gilt $Y_t = Y_{t-1} = Y^*$. Aus Gleichung (1) folgt somit:

$$(3) \quad Y^* = \frac{1}{1-0{,}8} G_t$$

$$(4) \quad Y^* = \begin{cases} 500 & (G = 100) \\ 1000 & (G = 200). \end{cases}$$

Die Höhe des Einkommens in den Perioden 1 – 3 läßt sich aus Gleichung (1) berechnen; die entsprechenden Werte sowie die Einkommensdifferenzen – einschließlich des Ausgangs- und Endgleichgewichts – sind in obiger Tabelle zusammengestellt.

I.14 Bis einschließlich Periode 0 gelten die Güternachfrage $Y^n(G_0)$ sowie das Einkommen Y_0^* in Abbildung A.I.11 (Punkt A). In der Periode 1 sinkt die Staatsnachfrage auf G_1. Da die Unternehmer weiterhin die Nachfrage Y_0^n erwarten, sind die Produktion und damit das Einkommen noch gleich Y_0^* (= Y_0^n). Bei somit unveränderter Konsumnachfrage ($C(Y_0^*)$) geht die Güternachfrage insgesamt um dG auf Y_1^n zurück. Der Produktionsüberschuß $Y_0^* - Y_1^n$ wird auf Lager genommen (ungeplante Lagerinvestitionen).

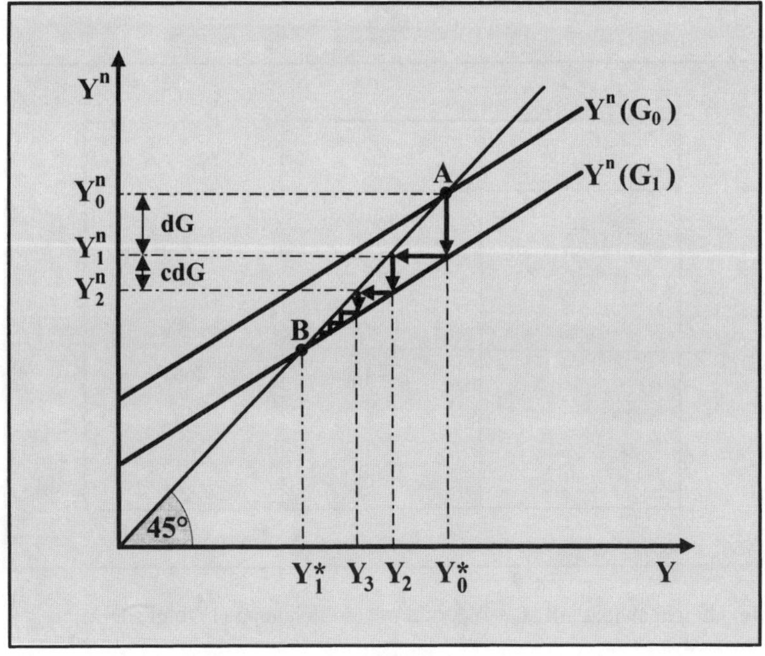

Abbildung A.I.11

In der Periode 2 korrigieren die Unternehmer ihre Nachfrageerwartungen auf Y_1^n, damit sinkt das Einkommen auf Y_2 (= Y_1^n). Infolge der Anpassung der Konsumnachfrage $C(Y_1^n)$ sinkt die gesamte Güternachfrage um cdG auf Y_2^n. Weitere Erwartungsrevisionen führen schließlich zum neuen Gleichgewicht bei Y_1^* (Punkt B).

I.15

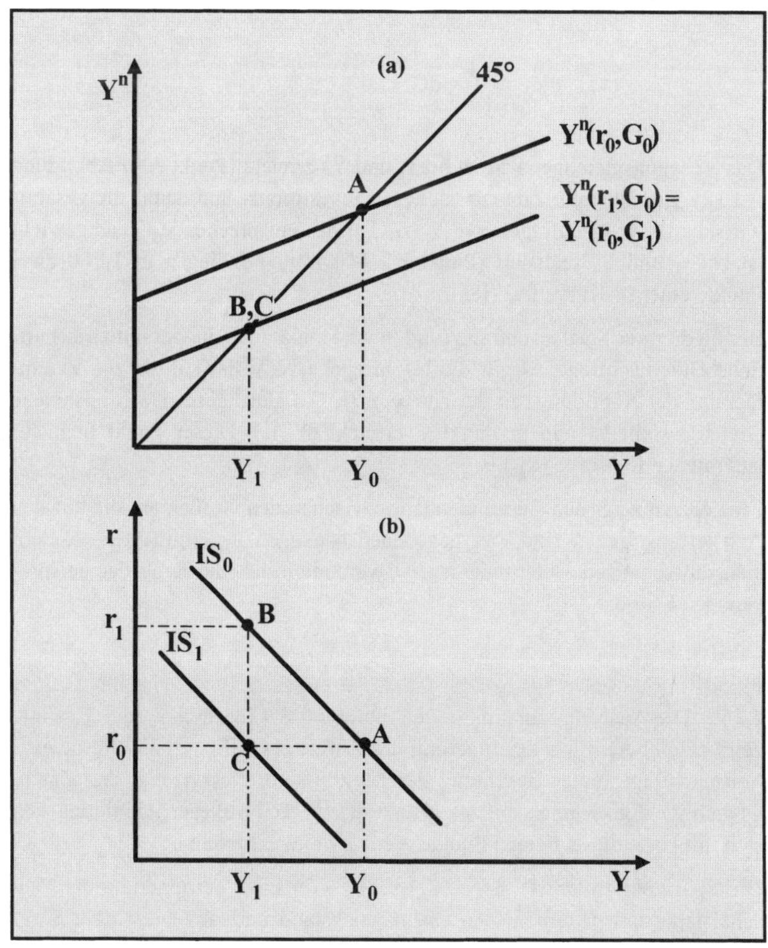

Abbildung A.I.12

Die Änderung des gleichgewichtigen Einkommens ergibt sich mit Hilfe des totalen Differentials der Gleichgewichtsbedingung:

$$(1)\quad Y = C(Y) + I(r) + G_0$$

$$(2)\quad dY = cdY + idr + dG; \quad c = dC/dY, \quad i = dI/dr.$$

Für $dG = 0$ gilt bei $dr > 0$ $(i < 0)$:

$$(3)\quad dY = \frac{1}{1-c}\, idr < 0;$$

für $dr = 0$ folgt bei $dG < 0$:

$$(4)\quad dY = \frac{1}{1-c}\, dG < 0.$$

Das Ausgangsgleichgewicht ist bei r_0 und Y_0 erreicht (Punkt A in Abbildung A.I.12). Bei höherem Zinssatz sinkt die Investitions- und damit die gesamtwirtschaftliche Nachfragekurve $Y^n(r_1,G_0)$; das entsprechende Gleichgewicht ist bei r_1 und Y_1 realisiert (Punkt B). Mit A und B liegen in Teil b zwei Punkte einer IS-Kurve fest (IS_0).

Bei niedrigerer Staatsnachfrage (und $r = r_0$) sinkt auch die gesamtwirtschaftliche Güternachfrage, es gilt die Nachfragekurve $Y^n(r_0,G_1)$, die zur Vereinfachung der Abbildung mit der Kurve $Y^n(r_1,G_0)$ gleichgesetzt wird; das neue Gleichgewicht ist nun in Punkt C erreicht (Y_1/r_0). Dieser Punkt liegt auf einer neuen IS-Kurve (IS_1).

Eine Kurve zeigt den Zusammenhang zwischen den Größen an, die auf den Achsen abgetragen sind, bei gegebenen sonstigen Determinanten. Ändern sich die sonstigen Determinanten, so verändert sich die Lage der entsprechenden Kurve.

I.16 Die Ausgangssituation ist in Abbildung A.I.13 durch r_0 und Y_0 angezeigt (Punkt A). Eine Verringerung des Zinssatzes auf r_1 erhöht die Investitionsnachfrage; unter Beachtung des Multiplikatoreffekts steigt das gleichgewichtige Einkommen auf Y_1 (Punkt B). In Teil b dieser Abbildung läßt sich mit Hilfe dieser beiden Punkte die Kurve IS_0 einzeichnen.

Die Sparfunktion lautet: $S = -(\overline{C} + sT_0) + sY$. Eine Verringerung der Pauschalsteuer um dT erhöht den Ordinatenabstand um sdT. Die Kurve $S + T$ verschiebt sich also zum einen um sdT nach oben und zum anderen um dT nach unten; insgesamt also um cdT nach unten. Bei r_0 (r_1) ergibt sich somit in Punkt C (D) ein höheres Gleichgewichtseinkommen (zur Vereinfachung der Abbildung liege C senkrecht über B), d. h. die IS-Kurve verschiebt sich nach außen (IS_1).

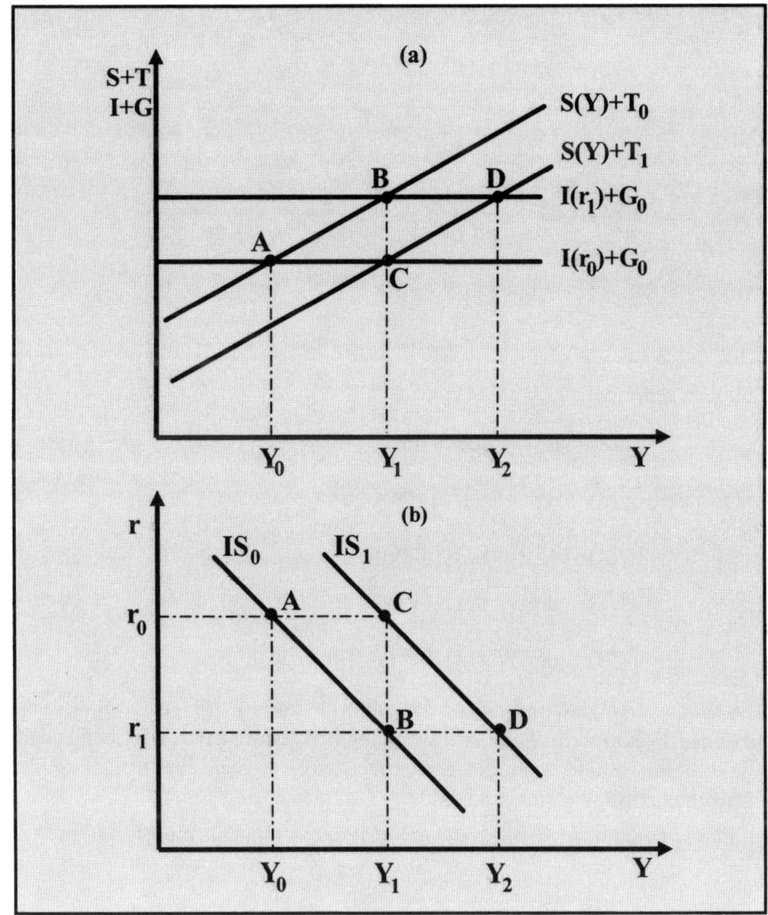

Abbildung A.I.13

I.17 Die Steigung der IS-Kurve ergibt sich aus dem totalen Differential der Gleichgewichtsbedingung für den Gütermarkt. Da sich mit dem Einkommen im Falle der Einkommensteuer auch der Steuerbetrag ändert, ist – wenigstens in diesem Fall – das verfügbare Einkommen als Determinante der Konsumnachfrage zu berücksichtigen. Damit gilt:

$$(1) \quad Y = C(Y^v) + I(r_0) + G_0.$$

Unter Beachtung von – zunächst – $dG = 0$ folgt hieraus:

$$(2) \quad dY = \frac{dC}{dY^v}\frac{dY^v}{dY}dY + \frac{dI}{dr}dr.$$

Bei einer Pauschalsteuer ergibt sich:

$$(3) \quad dY = \frac{dC}{d(Y-T)} \frac{d(Y-T)}{dY} dY + \frac{dI}{dr} dr;$$

bei einer proportionalen Einkommensteuer gilt:

$$(4) \quad dY = \frac{dC}{d(Y-tY)} \frac{d(Y-tY)}{dY} dY + \frac{dI}{dr} dr.$$

Mit: $d(Y-T)/dY = 1, \quad d(Y-tY)/dY = 1-t$

sowie: $dC/dY^v = c, \quad dI/dr = i \; (< 0)$

läßt sich schreiben:

$$(5) \quad dY = cdY + idr$$

$$(6) \quad dY = c(1-t)dY + idr.$$

Für die Steigung der IS-Kurve folgt somit:

$$(7) \quad dr/dY = (1-c)/i < 0$$

$$(8) \quad dr/dY = [1-c(1-t)]/i < 0.$$

Die IS-Kurve verläuft also fallend. Da gilt $|(1-c)/i| < |[1-c(1-t)]/i|$, verläuft die IS-Kurve im Falle einer Einkommensteuer steiler: Mit steigendem Einkommen erhöht sich die Steuerbelastung, so daß die Erhöhung der Konsumnachfrage geringer ausfällt.

Bei einer Erhöhung der Staatsausgaben (dG > 0) folgt aus Gleichung (1):

$$(9) \quad dY = \frac{1}{1-c} dG > 0$$

$$(10) \quad dY = \frac{1}{1-c(1-t)} dG > 0.$$

Die IS-Kurve verschiebt sich in beiden Fällen nach rechts; diese Verschiebung ist im Falle der Pauschalsteuer aus den erwähnten Gründen ausgeprägter.

I.18 Die Ausgangssituation wird in Abbildung A.I.14 durch Punkt A angezeigt. Infolge der Erhöhung der Staatsnachfrage steigt das gleichgewichtige Volkseinkommen auf Y_∞; die IS-Kurve verschiebt sich nach IS_1. Während des Anpassungsprozesses werden die Einkommen Y_1, Y_2 usw. realisiert, wie durch die eingezeichneten Pfeile angedeutet wird.

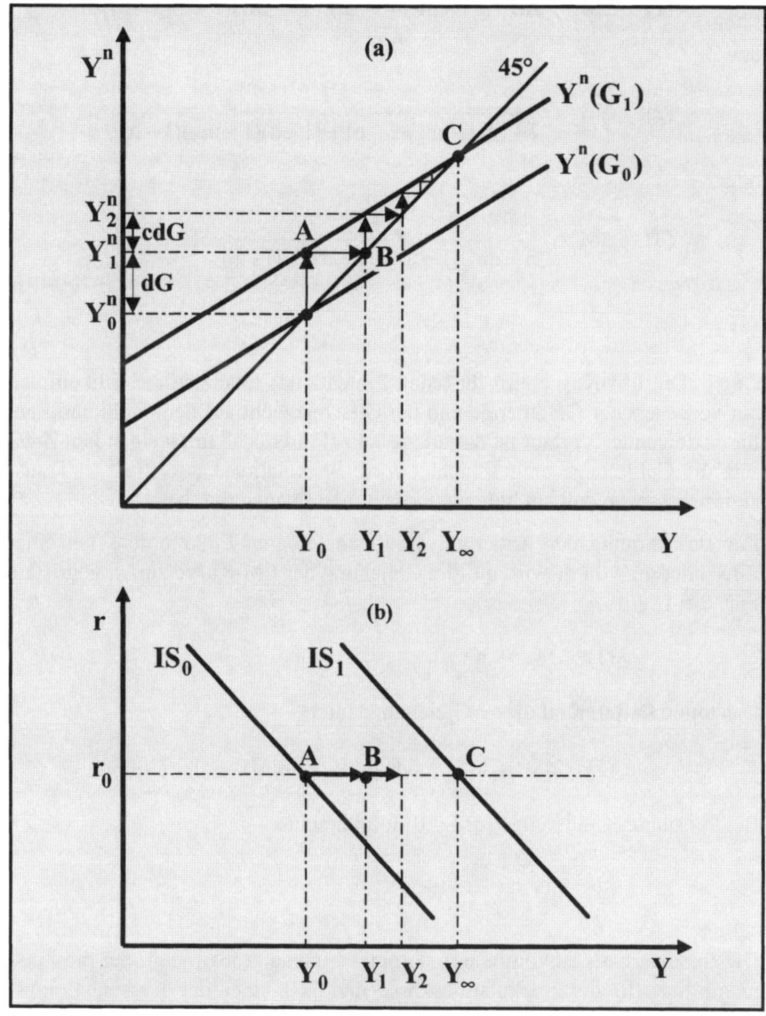

Abbildung A.I.14

I.19 Die Geschäftsbank 1 schöpft Giralgeld in Höhe ihrer Überschußreserve ΔB. Der Betrag $(1-n)\Delta B$ fließt Geschäftsbank 2 zu, und zwar in Höhe von $d(1-n)\Delta B$ als Sichteinlage und in Höhe von $(1-d)(1-n)\Delta B$ als Termineinlage.

Unter Beachtung der entsprechenden Mindestreserven kann die zweite Geschäftsbank Giralgeld schöpfen in Höhe von $(1-m_S)d(1-n)\Delta B +$ $+ (1-m_T)(1-d)(1-n)\Delta B$. Hieraus läßt sich bereits die Änderung der Geldmenge bestimmen:

$$(1)\quad \Delta M = \Delta B + [(1-m_S)d(1-n) + (1-m_T)(1-d)(1-n)]\Delta B + ...$$

bzw.:

$$(2)\quad \Delta M = \frac{1}{1-[d(1-m_S)(1-n)+(1-d)(1-m_T)(1-n)]}\Delta B$$

oder:

$$(3)\quad \Delta M = \frac{1}{n + dm_S(1-n) + (1-d)m_T(1-n)}\Delta B.$$

I.20 Die LM-Kurve gibt für jeden Zinssatz das finanzierbare Einkommen bei vorgegebener Geldmenge und bei Gleichgewicht auf dem Geldmarkt an. Ihr ansteigender Verlauf ist darauf zurückzuführen, daß mit steigendem Zinssatz die Geldmenge umgeschichtet wird: Spekulationskasse fließt in Transaktionskasse, so daß ein höheres Einkommen finanzierbar ist.

Zur Bestimmung der Änderung des finanzierbaren Einkommens bei einer Zinsänderung von dr wird auf die Gleichung der LM-Kurve zurückgegriffen. Für $P = 1$ gilt:

$$(1)\quad M = l(Y,r).$$

Das totale Differential dieser Gleichung lautet:

$$(2)\quad dM = kdY + hdr; \qquad k = \partial l/\partial Y, \quad h = \partial l/\partial r.$$

Bei konstanter Geldmenge (dM = 0) folgt hieraus:

$$(3)\quad dY = -\frac{h}{k}\,dr.$$

Die finanzierbare Einkommensänderung ist um so größer, je größer die Zinsreagibilität (h) der Spekulationskasse und je kleiner der Kassenhaltungskoeffizient (k) ist.

I.21 Die Ausgangssituation wird durch Punkt A in Abbildung A.I.15 angezeigt.

Infolge der Einkommenserhöhung steigt die Nachfrage nach Transaktionskasse an; damit übersteigt bei noch konstantem Zinssatz die Geldnachfrage das Geldangebot (Punkt B). Unter den üblichen Annahmen erhöht sich der Zinssatz aufgrund dieses Nachfrageüberschusses, bis in Punkt C bei höherem Zinssatz ein neues Gleichgewicht erreicht ist (Umschichtung der Geldmenge von Spekulationskasse in Transaktionskasse).

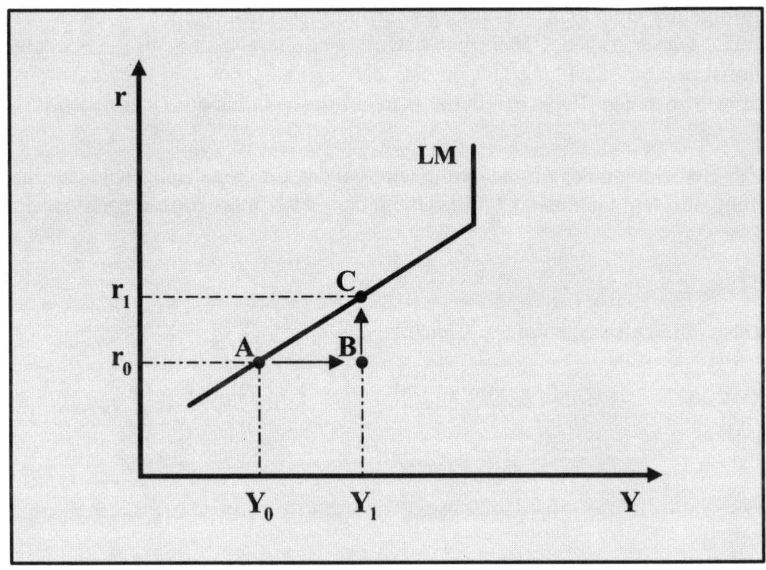

Abbildung A.I.15

I.22 Die Ausgangssituation wird durch Punkt A in Abbildung A.I.16 angegeben.

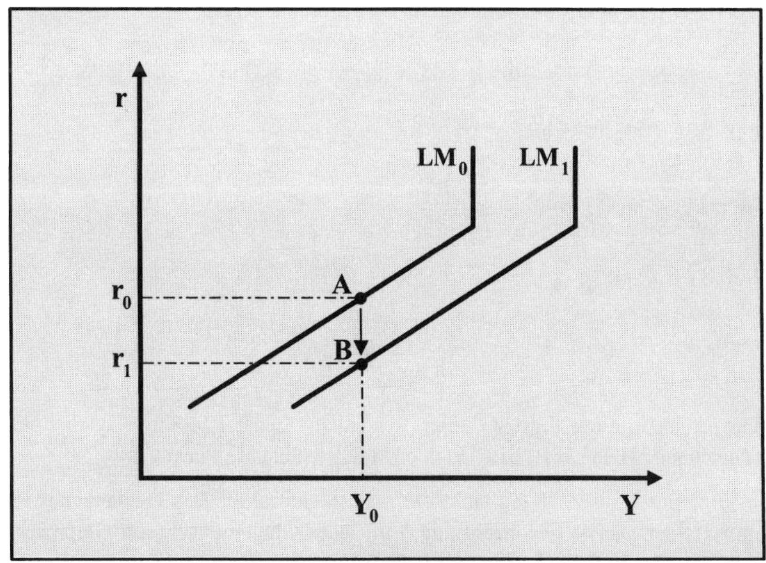

Abbildung A.I.16

Infolge der Geldmengenerhöhung übersteigt das Geldangebot die Geldnachfrage. Dieser Angebotsüberschuß bewirkt eine Zinssenkung, bis die Spekulationskasse so weit angestiegen ist, daß Geldangebot und Geldnachfrage übereinstimmen (Punkt B). Punkt B liegt offensichtlich auf einer neuen LM-Kurve.

Zur Berechnung der Zinsänderung wird wieder auf die Gleichgewichtsbedingung auf dem Geldmarkt (= Gleichung der LM-Kurve) zurückgegriffen. Bei $P = 1$ gilt:

$$(1) \quad M = l(Y,r).$$

Das totale Differential dieser Gleichung lautet:

$$(2) \quad dM = kdY + hdr; \qquad k = \partial l/\partial Y, \quad h = \partial l/\partial r.$$

Für $dY = 0$ ergibt sich:

$$(3) \quad dr = \frac{1}{h}dM < 0.$$

I.23 Ausgangspunkt ist ein Gleichgewicht auf dem Geldmarkt (Punkt A in Abbildung A.I.17); es gilt:

$$(1) \quad M/P_0 = l(Y,r).$$

Totale Differentiation liefert (bei $dM = 0$ und $P_0 = 1$):

$$(2) \quad -MdP = kdY + hdr; \qquad k = \partial l/\partial Y, \quad h = \partial l/\partial r.$$

Für $dr = 0$ ergibt sich:

$$(3) \quad dY = -\frac{MdP}{k} < 0.$$

Bei $dY = 0$ gilt:

$$(4) \quad dr = -\frac{MdP}{h} > 0.$$

Die Preiserhöhung führt zu einer Verschiebung der LM-Kurve nach links (Gleichung (3), Punkt B) bzw. nach oben (Gleichung (4), Punkt C).

Infolge der Preiserhöhung sinkt die reale Geldmenge. Das Geldangebot ist nun kleiner als die Geldnachfrage. Ein neues Gleichgewicht am Geldmarkt erfordert entweder eine niedrigere Transaktionskasse (Gleichung (3)) oder eine niedrigere Spekulationskasse (Gleichung (4)).

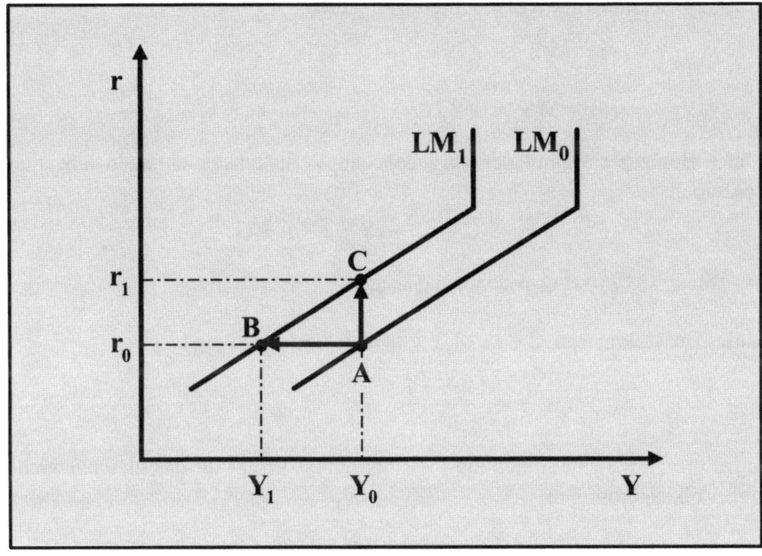

Abbildung A.I.17

I.24 Die ausführliche Version der Gleichgewichtssituation im Rahmen des IS/LM-Modells lautet:

$$(1) \quad Y = Y^a$$

$$(2) \quad Y^a = Y^n$$

$$(3) \quad Y^n = C + I + G_0$$

$$(4) \quad C = C(Y - T_0)$$

$$(5) \quad I = I(r)$$

$$(6) \quad l = l(Y,r)$$

$$(7) \quad M_0/P_0 = l(Y,r).$$

Dieses Modell enthält 7 endogene Größen (Y, Y^a, Y^n, C, I, l, r) und die exogenen Größen G_0, T_0, M_0, P_0 sowie die Parameter der drei Verhaltensgleichungen $C(Y - T_0)$, $I(r)$ und $l(Y,r)$.

Die Begriffe exogen und unabhängig sind nicht synonym: In der Konsumfunktion $C = C(Y)$ ist Y die unabhängige Größe; im Rahmen des ökonomischen Modells ist Y jedoch endogen.

I.25 Die Gleichgewichtsbedingungen lauten:

$$(4)\quad Y = C(Y) + I(r) + G$$

$$(5)\quad M/P = l(Y,r).$$

Unter Berücksichtigung der vorgegebenen Verhaltensgleichungen läßt sich schreiben:

$$(6)\quad Y = \overline{C} - cT + cY + \overline{I} + ir + G$$

$$(7)\quad M/P = kY + \overline{l} + hr.$$

Unter Beachtung von $P = k = 1$ ergibt sich aus Gleichung (7):

$$(8)\quad r = \frac{M - Y - \overline{l}}{h}.$$

Wird dieser Wert in Gleichung (6) eingesetzt, so folgt für das gleichgewichtige Volkseinkommen:

$$(9)\quad Y = \frac{\overline{C} - cT + \overline{I} + i(M - \overline{l})/h + G}{1 - c + i/h}.$$

Für die vorgegebenen Werte ergibt sich:

$$(10)\quad Y = 1200.$$

Wird dieser Wert in Gleichung (8) eingesetzt, so folgt:

$$(11)\quad r = 0{,}005.$$

Die Änderung des gleichgewichtigen Volkseinkommens bei einer Änderung der Staatsnachfrage beträgt:

$$(12)\quad dY = \frac{dG}{1 - c + i/h} = \frac{50}{0{,}6} \approx 83{,}3.$$

Die Zinsänderung ist:

$$(13)\quad dr = -\frac{dY}{h} = \frac{83{,}3}{5000} = 0{,}017.$$

I.26 Die Gleichgewichtsbedingungen lauten:

$$(1)\quad Y = C(Y) + I(r) + G_0$$

$$(2)\quad M/P = l(Y,r).$$

Das totale Differential ist (bei $P = 1$):

$$(3)\quad dY = cdY + idr; \qquad c = dC/dY, \quad i = dI/dr$$

$$(4)\quad -MdP = kdY + hdr; \qquad k = \partial l/\partial Y, \quad h = \partial l/\partial r.$$

Die Gleichungen (3) und (4) liefern:

$$(5)\quad dY = \frac{1}{1-c+i\frac{k}{h}}\left(-i\frac{MdP}{h}\right) < 0.$$

Das Ausgangsgleichgewicht wird in Abbildung A.I.18 durch Punkt A angegeben.

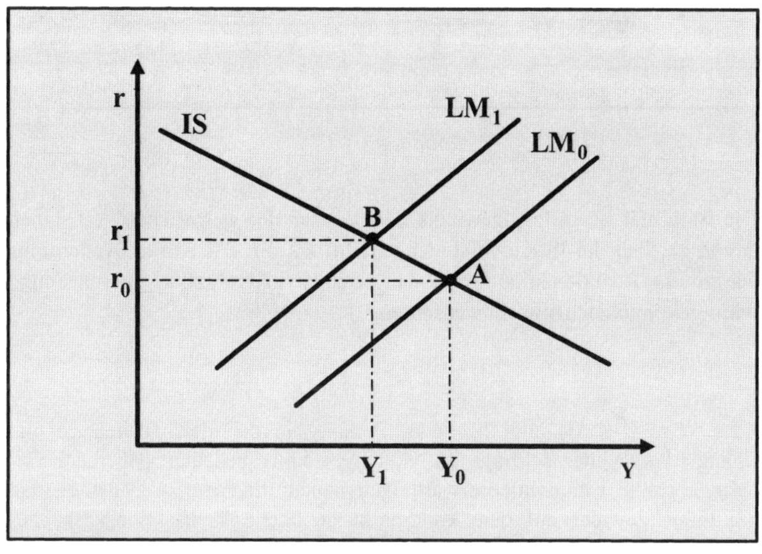

Abbildung A.I.18

Infolge der Preiserhöhung verschiebt sich die LM-Kurve von LM_0 nach LM_1. Das neue Gleichgewicht entspricht Punkt B.

I.27 Die Ausgangssituation entspricht Punkt A in Abbildung A.I.19. In Punkt A übersteigt die Geldnachfrage das Geldangebot, der Zinssatz steigt auf $\bar{r}$. Laut Annahme sinkt daraufhin das Einkommen auf $\underline{Y}$. Im nächsten Schritt fällt der Zinssatz auf $\underline{r}$, worauf das Einkommen anschließend auf $\overline{Y}$ ansteigt, usw. Wie ersichtlich, wird das neue Gleichgewicht B schrittweise erreicht, das Gleichgewicht ist stabil.

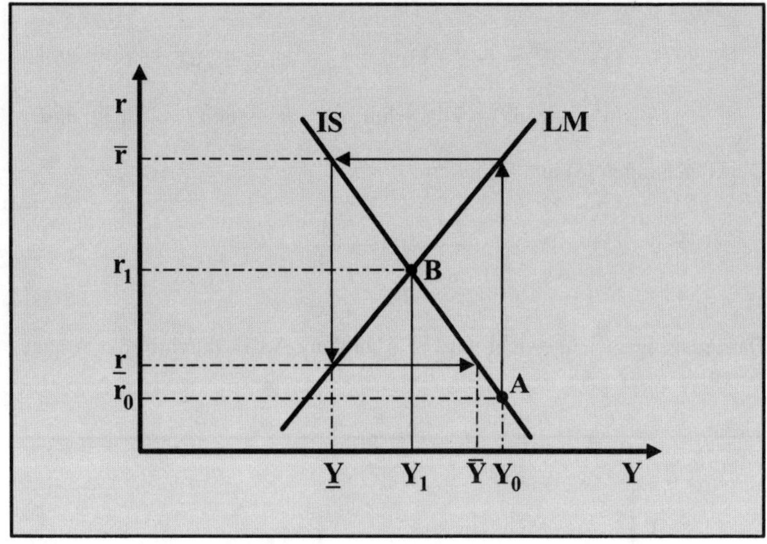

Abbildung A.I.19

Die Stabilität des Gleichgewichts hängt unter den getroffenen Annahmen davon ab, daß die IS-Kurve steiler verläuft als die LM-Kurve. Andernfalls wären die Reaktionen auf eine Ungleichgewichtssituation zu stark und würden vom Gleichgewicht wegführen.

I.28 Die D-Kurve gibt für jedes Preisniveau die gleichgewichtige und finanzierbare Güternachfrage an. Gleichgewichtig bedeutet, daß die Haushalte korrekte Einkommenserwartungen haben; finanzierbar bedeutet, daß bei Gleichgewicht auf dem Geldmarkt genügend Transaktionskasse zur Bewältigung der gesamtwirtschaftlichen Umsätze vorhanden ist.

Der fallende Verlauf der D-Kurve läßt sich wie folgt erklären: Mit sinkendem Preisniveau steigt die reale Geldmenge an. Hierdurch kommt es zu Zinssenkungen, wodurch die zinsabhängigen Investitionen zunehmen, was sich über den Multiplikatorprozeß (Erhöhung der Konsumnachfrage) auf die Höhe der Güternachfrage auswirkt.

I.29 Das Ausgangsgleichgewicht ist in Punkt A der Abbildung A.I.20 a erreicht. Bei niedrigerem Preisniveau verschiebt sich die LM-Kurve nach LM(P_1); das neue Gleichgewicht ist in Punkt B realisiert. Mit A und B liegen in Teil b zwei Punkte der D_0-Kurve fest.

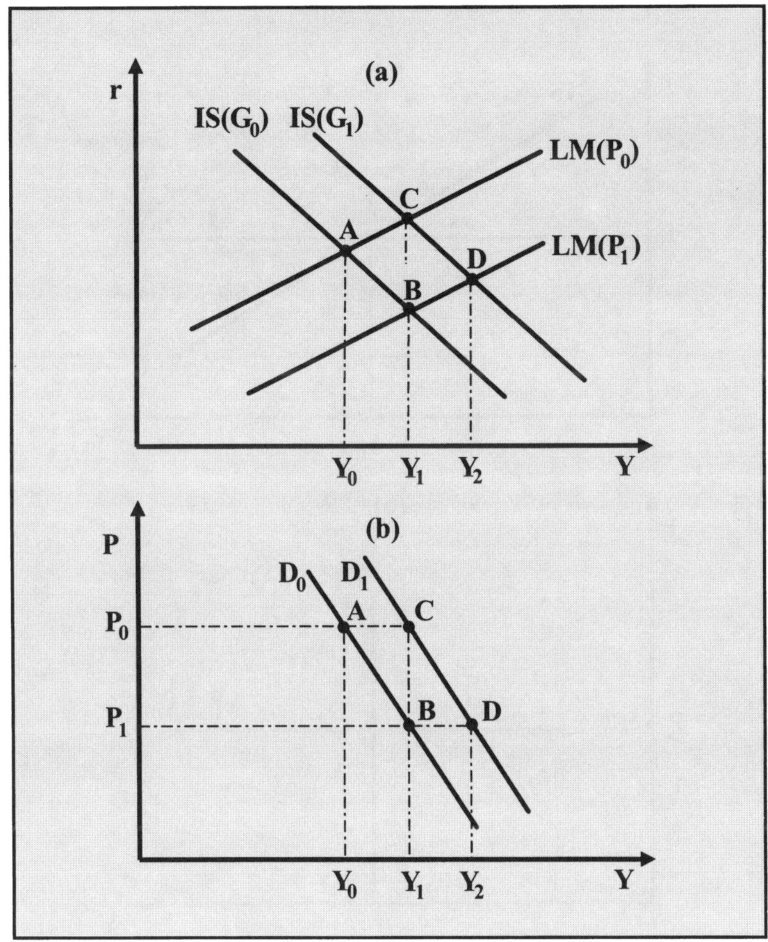

Abbildung A.I.20

Bei höherer Staatsnachfrage verschiebt sich die IS-Kurve nach IS(G_1). Bei dem Preisniveau P_0 (P_1) ist das neue Gleichgewicht in Punkt C (D) erreicht (zur Vereinfachung der Abbildung soll C senkrecht über B liegen). Diese Punkte liegen auf einer neuen D-Kurve (D_1).

I.30 Der ersten Version des Makro-Modells lagen die Annahmen $r = r_0$ und $P = P_0$ zugrunde. Die Finanzierungsmöglichkeiten werden in diesem Fall durch die Parallele zur Y-Achse im Abstand r_0 in Teil a der Abbildung A.I.21 dargestellt.

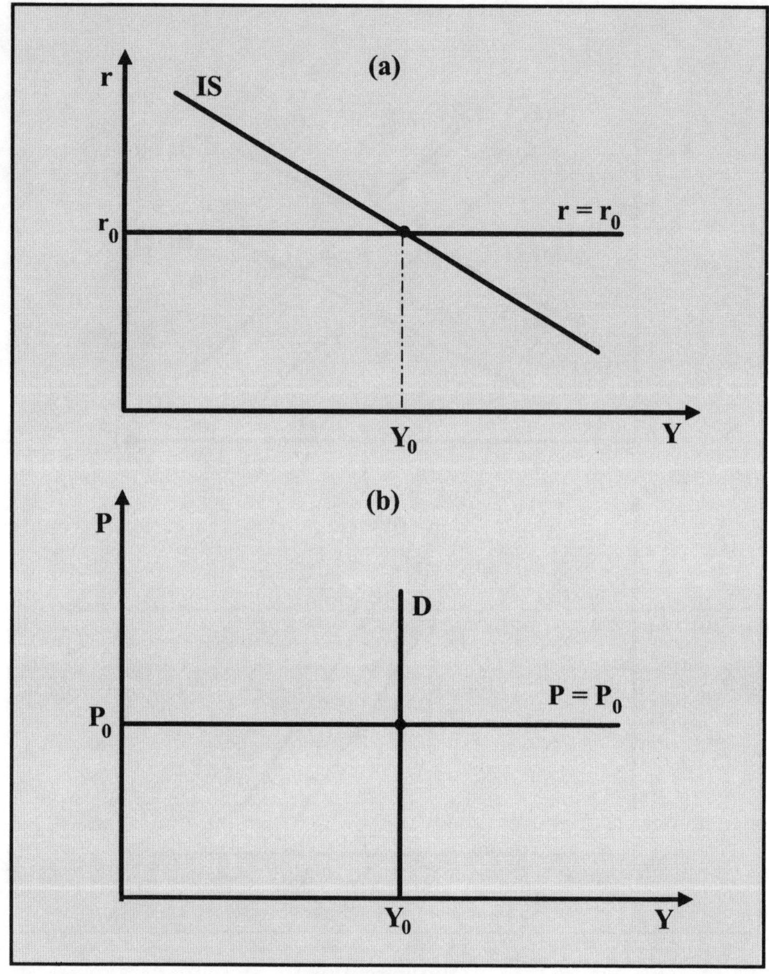

Abbildung A.I.21

Eine Veränderung des Preisniveaus hat nun keine Auswirkungen auf die Finanzierungsmöglichkeiten, d. h. die Parallele $r = r_0$ und damit das Einkommen Y_0 bleiben erhalten; die D-Kurve in Teil b dieser Abbildung verläuft senkrecht. Das Güterangebot wird wieder durch die Parallele $P = P_0$ angegeben.

I.31 Bei zinsunabhängigen Investitionen verläuft die IS-Kurve senkrecht (Abbildung A.I.22 a); Verschiebungen der LM-Kurve aufgrund von Preisänderungen haben keinen Einfluß auf die gleichgewichtige und finanzierbare Güternachfrage, die D-Kurve verläuft senkrecht (Teil b).

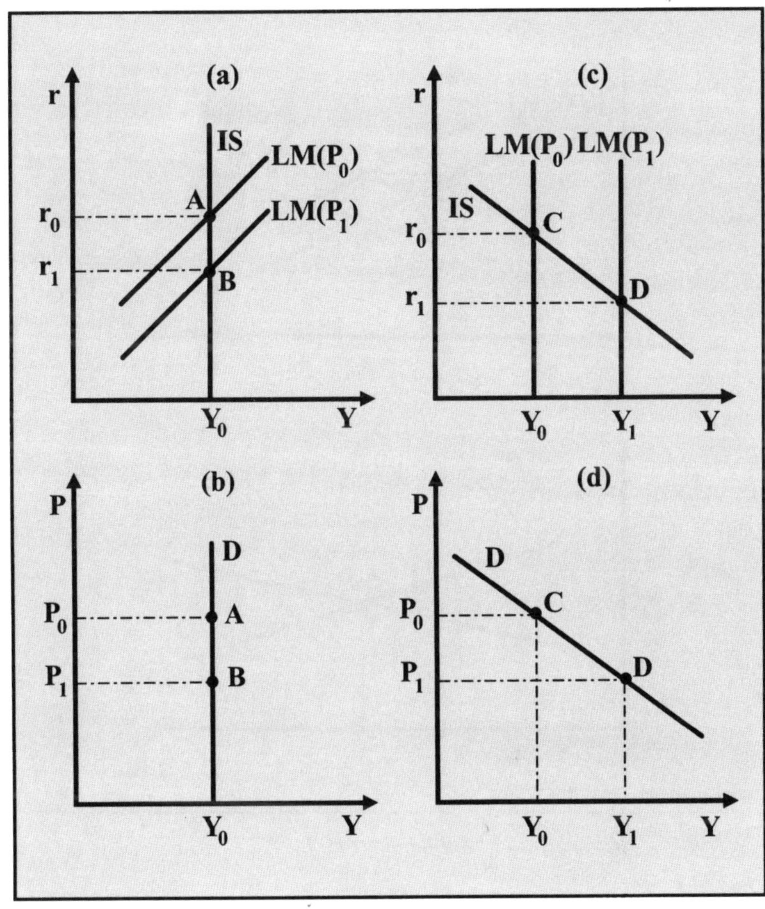

Abbildung A.I.22

Bei zinsunabhängiger Geldnachfrage verläuft die LM-Kurve senkrecht (Teil c). Verschiebungen der LM-Kurve aufgrund von Preisänderungen haben Einfluß auf die gleichgewichtige und finanzierbare Güternachfrage, die D-Kurve verläuft fallend (Teil d).

I.32 Das Ausgangsgleichgewicht auf dem Arbeitsmarkt entspricht Punkt A in Abbildung A.I.23. Im A/W-Diagramm ist P ein Lageparameter der Arbeitsangebots- und der Arbeitsnachfragekurve.

Infolge einer Preissenkung verschieben sich die Arbeitsangebots- und die Arbeitsnachfragekurve in Teil a der Abbildung A.I.23 nach unten; in Teil b steigt der Reallohn auf w_1. Es entsteht ein Angebotsüberschuß in Höhe

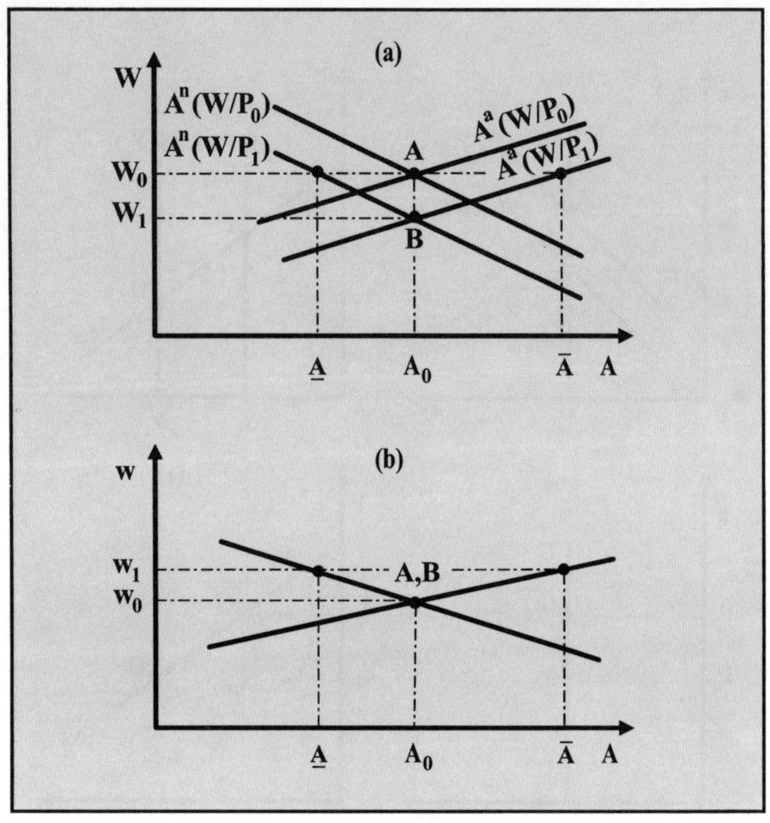

Abbildung A.I.23

$\bar{A} - \underline{A}$. Dies führt zu einer Senkung des Nominallohns auf W_1, wodurch der Reallohn wieder auf w_0 zurückgeht.

I.33 In Teil a (c) der Abbildung A.I.24 ist der Fall eines vollkommen elastischen (unelastischen) Arbeitsangebots dargestellt. Gilt das Preisniveau P_0, so ist das Gleichgewicht auf dem Arbeitsmarkt bei A_0 erreicht; dem entspricht ein Güterangebot von Y_0 (Skalierung der A-Achse beachten).

Zur Bestimmung des Verlaufs der S-Kurve ist das Preisniveau zu variieren. Variationen des Preisniveaus verschieben die A^n-Kurve. Bei vollkommen elastischem Arbeitsangebot verändert sich hierdurch die Höhe der Beschäftigung: Bei Preissteigerungen erhöht sich die Beschäftigung und umgekehrt; die S-Kurve verläuft also ansteigend. Bei vollkommen unelastischem Arbeitsangebot bleibt die Beschäftigung unverändert; die S-Kurve verläuft senkrecht.

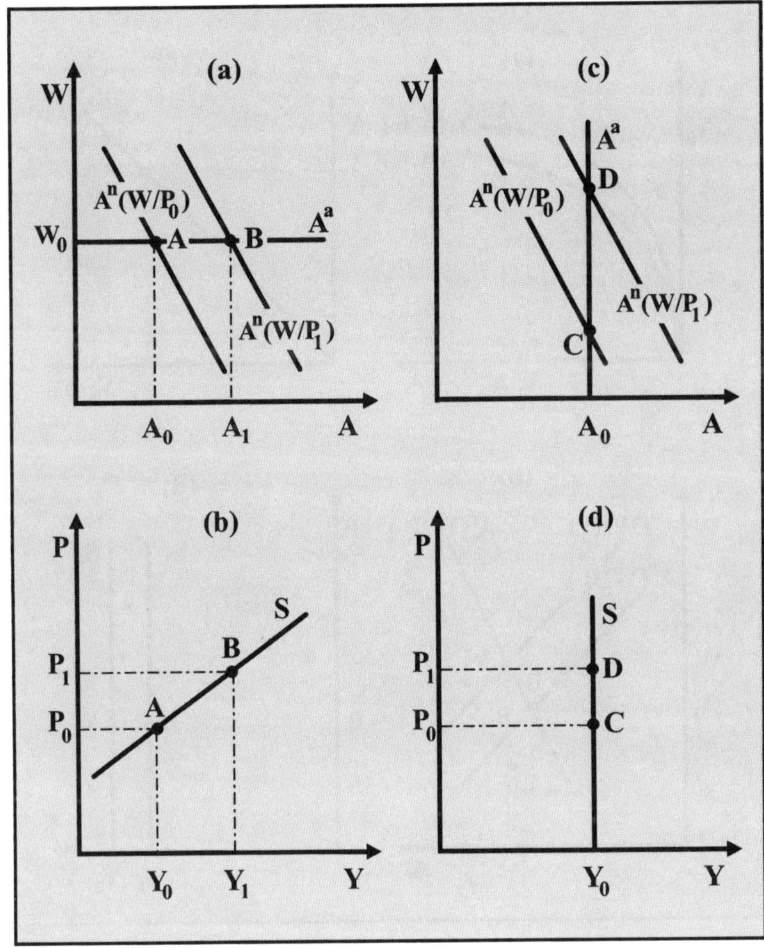

Abbildung A.I.24

I.34 Die Ausgangssituation wird in Abbildung A.I.25 durch Punkt A repräsentiert; das Güterangebot beträgt Y_0 (unabhängig von P), wie durch die Gerade S_0 angezeigt wird.

Infolge des Erdbebens wird der Kapitalstock zum Teil vernichtet ($\overline{\overline{K}} < \overline{K}$); dies führt in Teil a zu einem flacheren Verlauf der Produktionsfunktion ($Y_0(A, \overline{\overline{K}})$). Damit sinkt auch der Grenzertrag der Arbeit, so daß sich die Arbeitsnachfragekurve in Teil b nach links verschiebt ($A_1^n(W/P_0)$). Infolge der geringeren Arbeitsnachfrage sinken die Beschäftigung A_1 sowie in Teil d

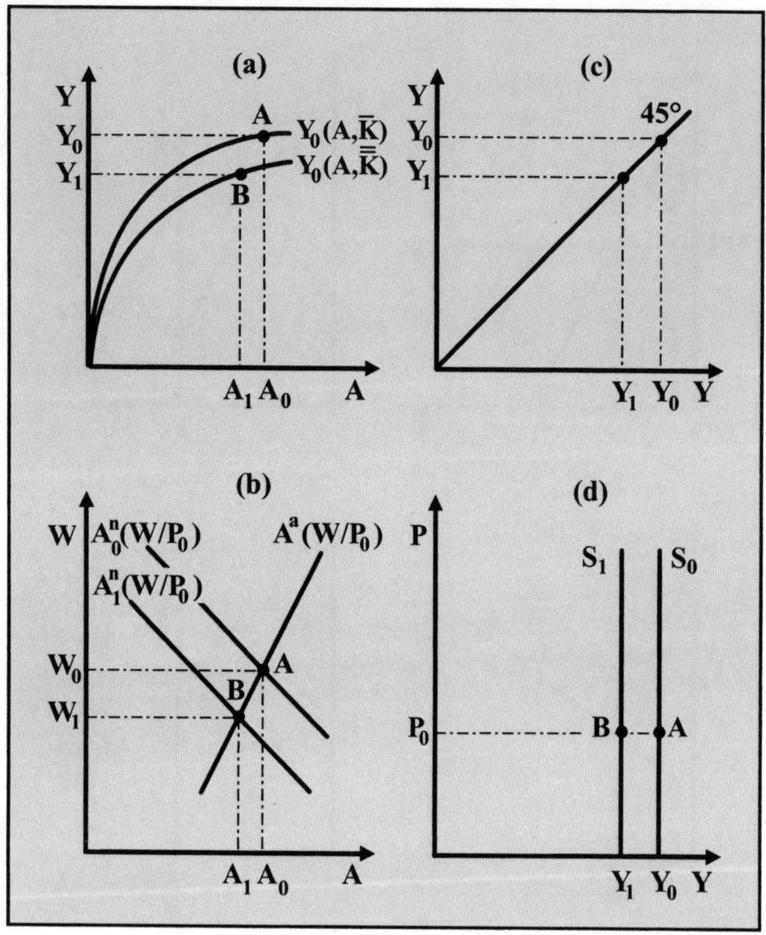

Abbildung A.I.25

das Güterangebot Y_1 (Punkt B). Dieses Güterangebot bleibt auch bei Änderungen des Preisniveaus erhalten; es ergibt sich also die neue Angebotskurve S_1.

I.35 Infolge der höheren Lohnforderungen verschiebt sich die Arbeitsangebotskurve in Abbildung A.I.26 von $A_0^a(W/P_0)$ nach $A_1^a(W/P_0)$.

Bei unveränderter Ertragsfunktion der Arbeit geht auch in diesem Fall das Güterangebot zurück.

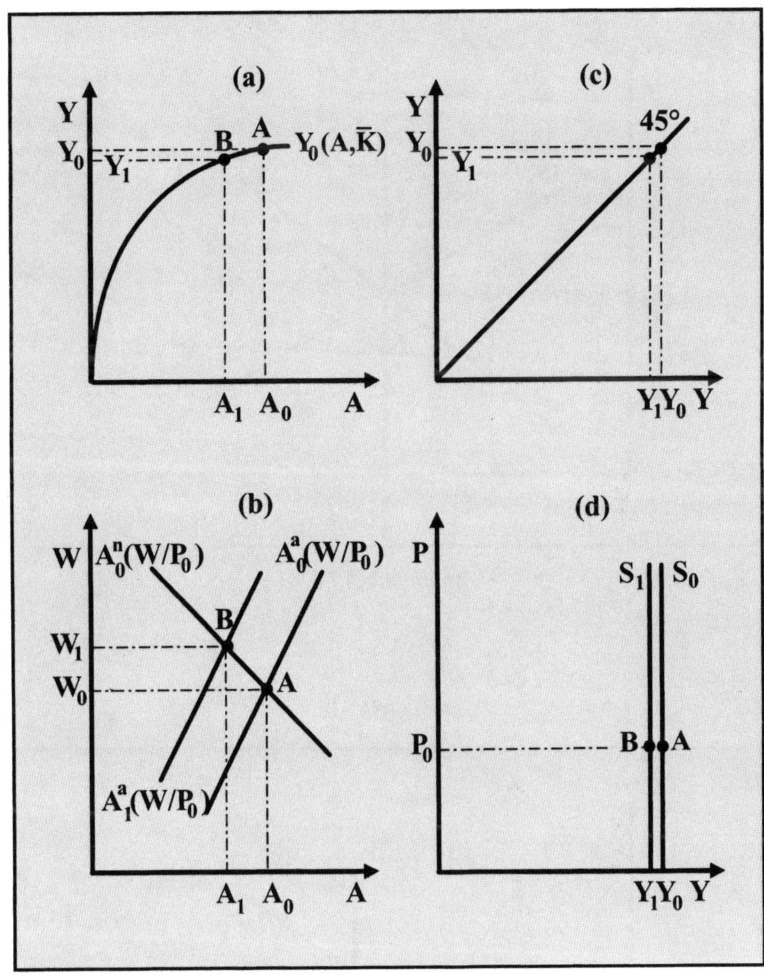

Abbildung A.I.26

I.36 Zur Darstellung des Vollbeschäftigungsgleichgewichts ist das IS/LM-Schema (Güternachfrage) um das Güterangebot zu ergänzen. Da das Güterangebot unabhängig vom Zinssatz ist, verläuft die S-Gerade senkrecht. Das gesuchte Gleichgewicht ist im Schnittpunkt aller drei Kurven erreicht (Abbildung A.I.27).

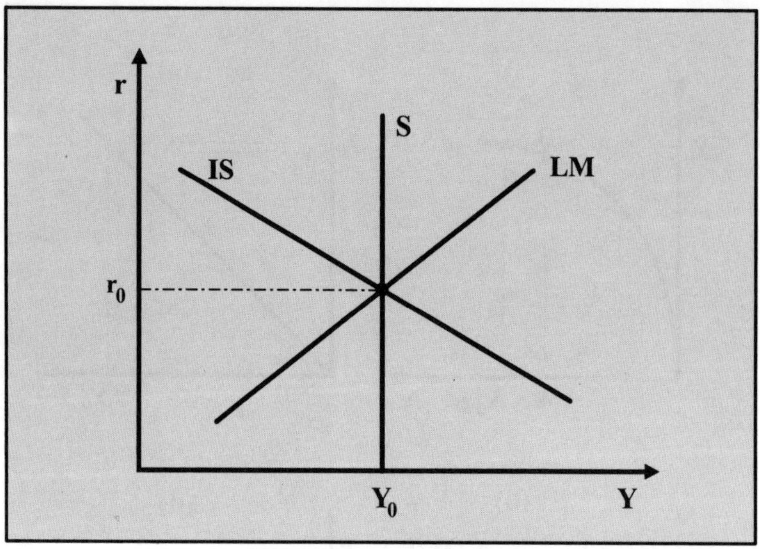

Abbildung A.I.27

I.37

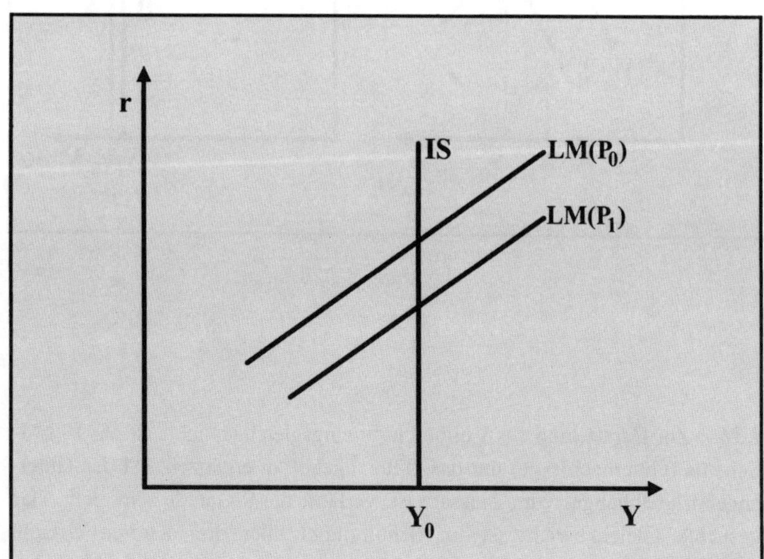

Abbildung A.I.28

Bei zinsunabhängiger Investitionsnachfrage verläuft die IS-Kurve senkrecht (Abbildung A.I.28). Preisänderungen verschieben die LM-Kurve entlang der senkrechten IS-Kurve. Hieraus folgt, daß auch die D-Kurve senkrecht verläuft.

Ein Vollbeschäftigungsgleichgewicht existiert in diesem Fall nur, wenn die D-Kurve mit der S-Kurve zusammenfällt. Allerdings sind Preisniveau, Zinssatz und Nominallohn unbestimmt.

I.38 Bei völlig zinselastischer Geldnachfrage verläuft die LM-Kurve parallel zur Y-Achse.

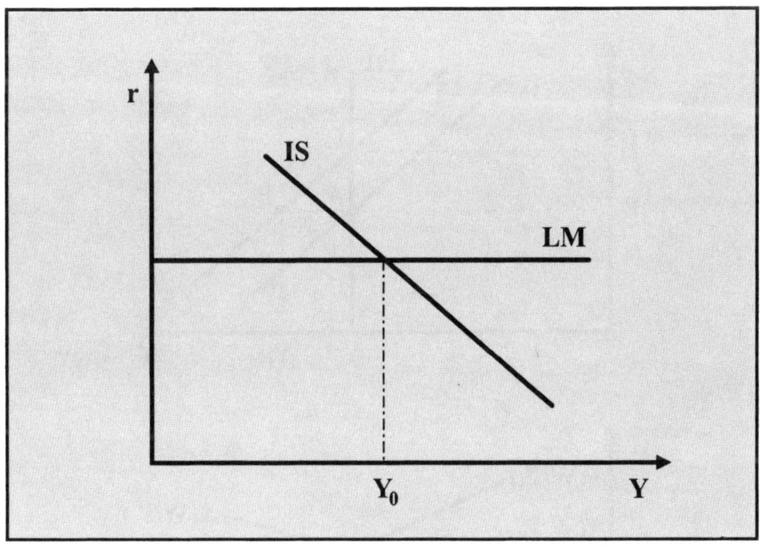

Abbildung A.I.29

Preisänderungen lassen nun die LM-Kurve unverändert; die D-Kurve verläuft wieder senkrecht. Ein Vollbeschäftigungsgleichgewicht existiert nur, wenn die D- und die S-Kurve zusammenfallen.

I.39 In Abbildung A.I.30 ist die Ausgangssituation durch Punkt A gekennzeichnet.

Bei zunächst konstantem Preisniveau (P_0) verlagern sich infolge der Nachfrageerhöhung die IS_0-Kurve nach IS_1 und die D_0-Kurve nach D_1; Güternachfrage und Volkseinkommen steigen auf Y_1 (Punkt B). Da die Unternehmer bei P_0 und W_0 jedoch nur Y_0 anbieten wollen, existiert bei P_0 eine sog. inflatorische Lücke, die zu Preissteigerungen führt (auf P_1).

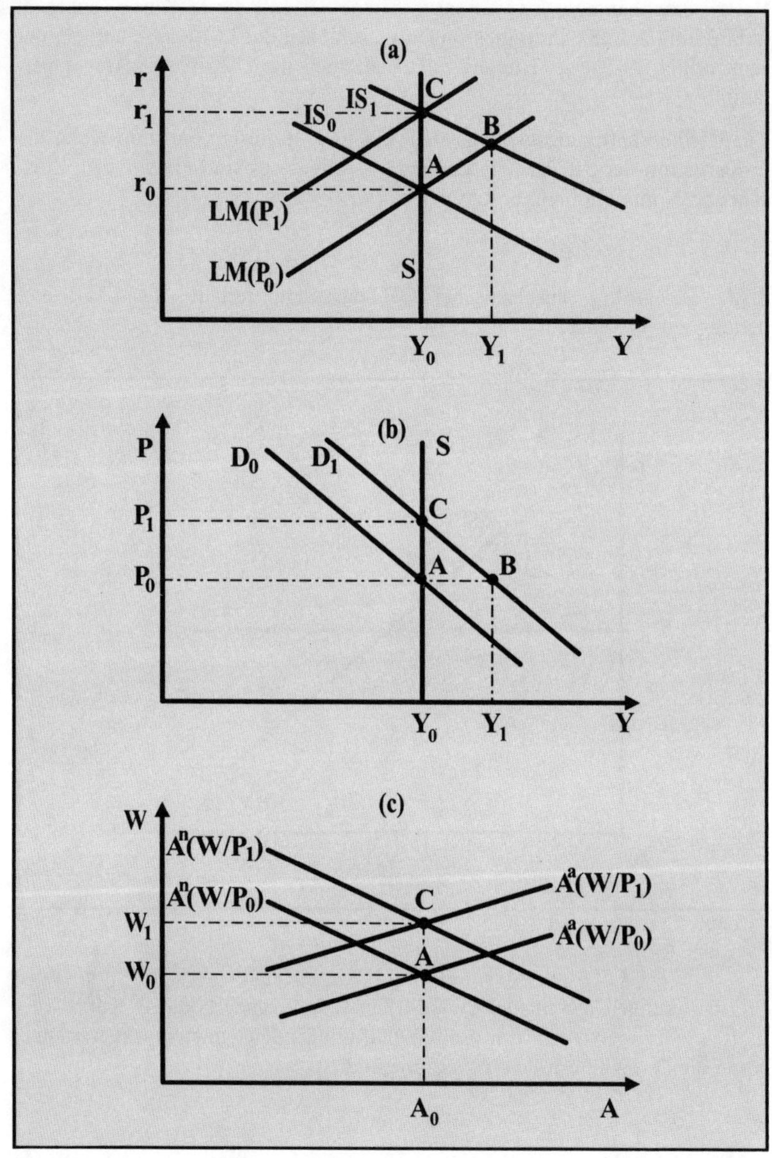

Abbildung A.I.30

Aufgrund der Preissteigerungen geht die Güternachfrage (entlang D_1) von Y_1 wieder auf Y_0 zurück: Bei höherem Preisniveau sinkt die reale Geldmenge ($LM(P_0)$ nach $LM(P_1)$); hierdurch steigt der Zinssatz (auf r_1), wodurch die Investitionsnachfrage und damit auch die gesamte Güternachfrage sinken (entlang der IS_1-Kurve).

Das Güterangebot hingegen bleibt trotz Preissteigerungen konstant (Y_0): Arbeitsangebots- und Arbeitsnachfragekurve verschieben sich nach oben (von $A^a(W/P_0)$ nach $A^a(W/P_1)$ bzw. $A^n(W/P_0)$ nach $A^n(W/P_1)$), wobei der Schnittpunkt bei A_0 erhalten bleibt.

Das neue Gleichgewicht ist in Punkt C erreicht; die inflatorische Lücke wurde durch einen Rückgang der Güternachfrage geschlossen.

I.40 Die Ausgangssituation entspricht Punkt A in Abbildung A.I.31. In der Periode $t = 1$ wird die Staatsnachfrage reduziert. Gemäß Gleichung (5) reagiert das Preisniveau noch nicht, d. h. es gilt $P_1 = P_0$, was durch die kurzfristige Angebotskurve S_{k1} angezeigt wird. Nach Gleichung (2) paßt sich die Konsumnachfrage und nach Gleichung (3) der Zinssatz unverzögert an, so daß Güternachfrage und Volkseinkommen in dieser Periode auf Y_1 sinken.

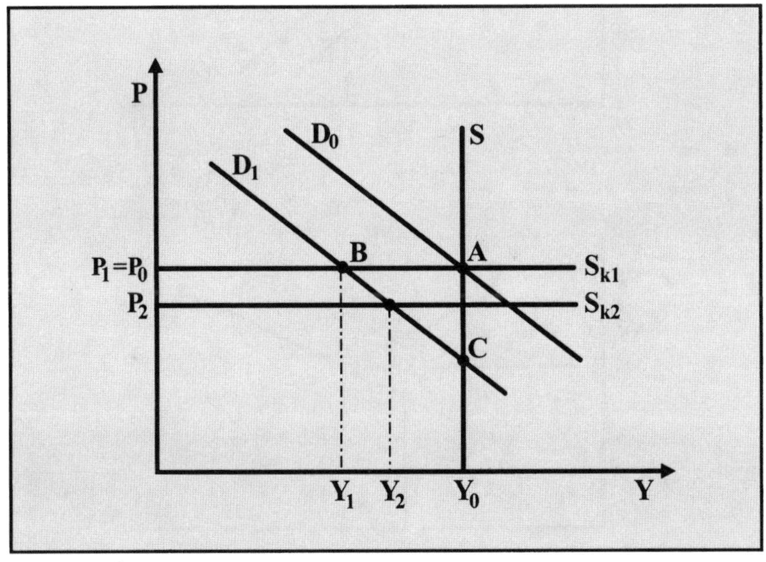

Abbildung A.I.31

In der nächsten Periode geht das Preisniveau infolge der deflatorischen Lücke auf P_2 zurück (S_{k2}), worauf der Zinssatz sinkt und die Güternachfrage entlang D_1 auf Y_2 ansteigt. Dieser Prozeß hält an, bis das neue Gleichgewicht (Punkt C) erreicht ist. (Bei größerem α kann das Preisniveau unter den neuen Gleichgewichtswert sinken, so daß das neue Gleichgewicht entweder unter Schwankungen erreicht wird oder sogar instabil wird.)

2. Musterlösungen zu Kapitel II

II.1 Die Ausgangssituation entspricht Punkt A in Abbildung A.II.1. Aufgrund des Nachfragerückgangs entsteht bei starren Löhnen und Preisen die Unterbeschäftigungssituation Y_1 bzw. A_1 (Punkt B).

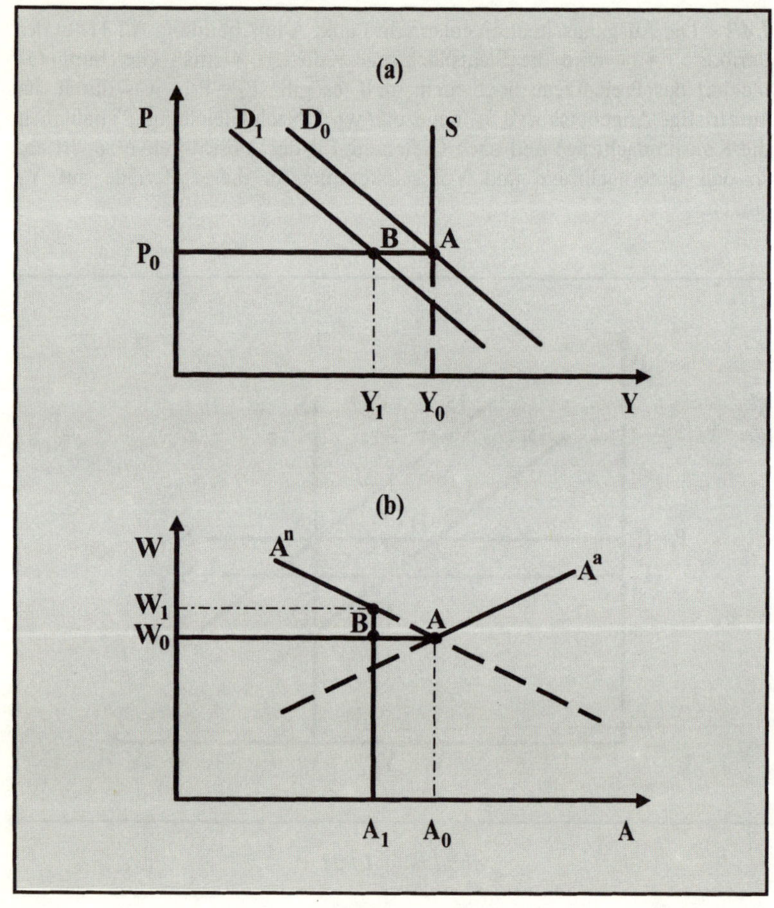

Abbildung A.II.1

Eine Erhöhung der Nominallöhne hat eine Einkommensumverteilung zugunsten der Lohnbezieher und zulasten der Gewinnbezieher zur Folge. Da hier beide Einkommensklassen die gleiche marginale Konsumneigung haben, bleibt die Konsumnachfrage von dieser Einkommensumverteilung unberührt.

Da weiterhin die Investitionsnachfrage hier unabhängig von dem Gewinneinkommen ist, wird auch die Höhe der Investitionstätigkeit nicht durch die Gewinnreduktion beeinflußt. Die Erhöhung der Nominallöhne führt im vorliegenden Modell also nicht zu einer Nachfragesteigerung.

Möglicherweise führt die Erhöhung der Nominallöhne jedoch zu einem weiteren Rückgang der Beschäftigung: Die Arbeitsnachfragekurve gibt die Beschäftigungshöhe an, bei der der Grenzertrag der Arbeit gleich dem Reallohn ist. Bei dem Reallohn W_0/P_0 ist dies bei A_0 der Fall. Geht die Beschäftigung bei unverändertem Reallohn auf A_1 zurück, so übersteigt der Grenzertrag der Arbeit den Reallohn. Nominal- und damit – bei unverändertem Preisniveau – Reallohnsteigerungen bleiben nun so lange ohne Beschäftigungseffekte, bis der Reallohn den Grenzertrag der Arbeit übersteigt. Erst wenn der Nominallohn in Abbildung A.II.1 über W_1 ansteigt, geht die Beschäftigung entlang der A^n-Kurve zurück.

Aus den gleichen Überlegungen folgt, daß eine Nominallohnsenkung keinerlei positive Beschäftigungseffekte hat.

II.2 Das Ausgangsgleichgewicht entspricht Punkt A in Abbildung A.II.2. Der Rückgang der Güternachfrage äußert sich in einer Verschiebung der D-Kurve von D_0 nach D_1. Bei P_0 entsteht nun eine deflatorische Lücke, die zu Preissenkungen führt (auf P_1).

Infolge der Preissenkungen erhöht sich der Reallohn (auf w_1). Dadurch sinkt einerseits die Arbeitsnachfrage, was im A/W-Diagramm zu einer Verschiebung der Arbeitsnachfragekurve nach $A^n(W/P_1)$ führt. Andererseits erhöht sich das Arbeitsangebot, im A/W-Diagramm ausgedrückt durch die Verlagerung der Arbeitsangebotskurve nach A_1^a. Bei w_1 entsteht somit ein Angebotsüberschuß am Arbeitsmarkt ($A_2 - A_1$), der annahmegemäß keine Auswirkungen auf den Nominallohn hat. Die Beschäftigung stellt sich somit bei A_1 ein. Dieser Beschäftigung entspricht das Güterangebot Y_1; das neue kurzfristige Gleichgewicht ist somit in Punkt B erreicht.

II.3 Der Rückgang der Staatsnachfrage verschiebt die D-Kurve in Abbildung A.II.3 nach D_1; die Arbeitsnachfrage sinkt auf A_1.

Die Arbeitslosigkeit ($A_0 - A_1$) führt nun zu Lohnsenkungen, bis schließlich bei W_1 die unfreiwillige von freiwilliger Arbeitslosigkeit abgelöst wird.

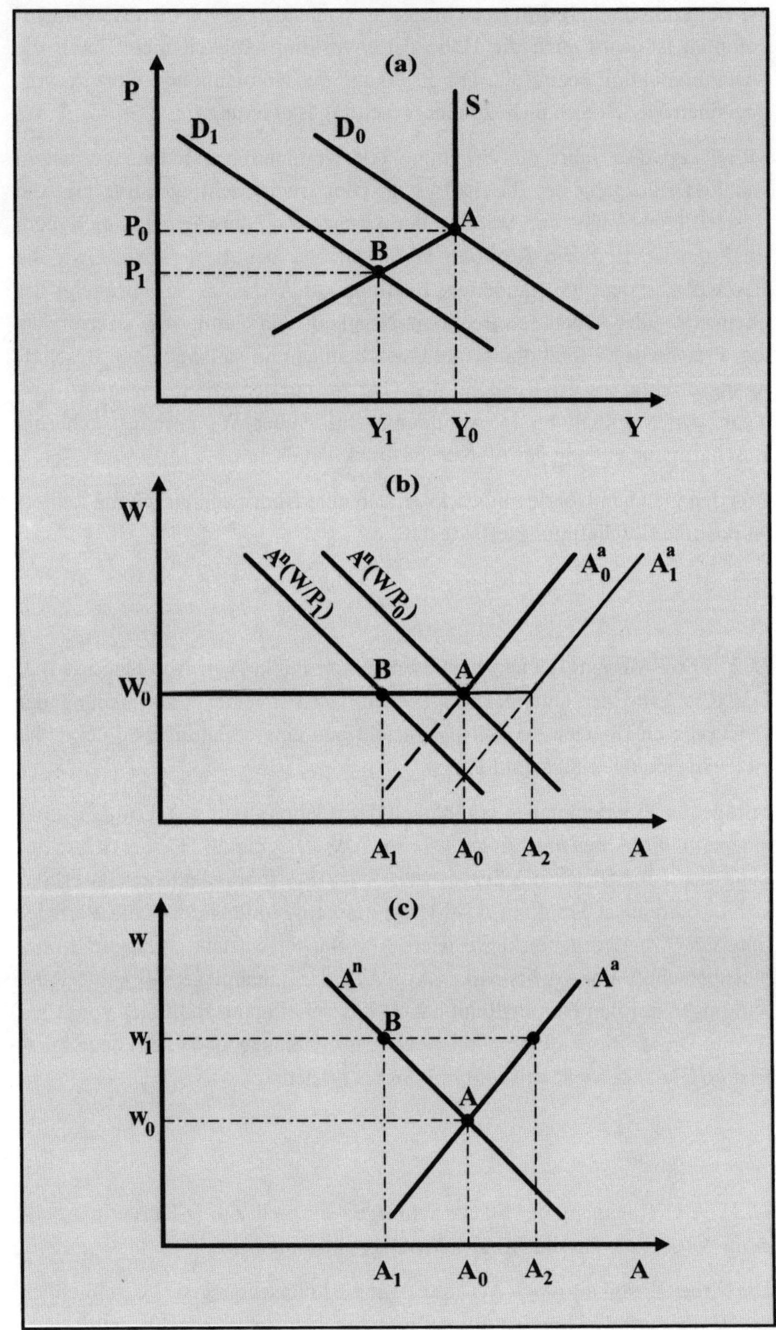

Abbildung A.II.2

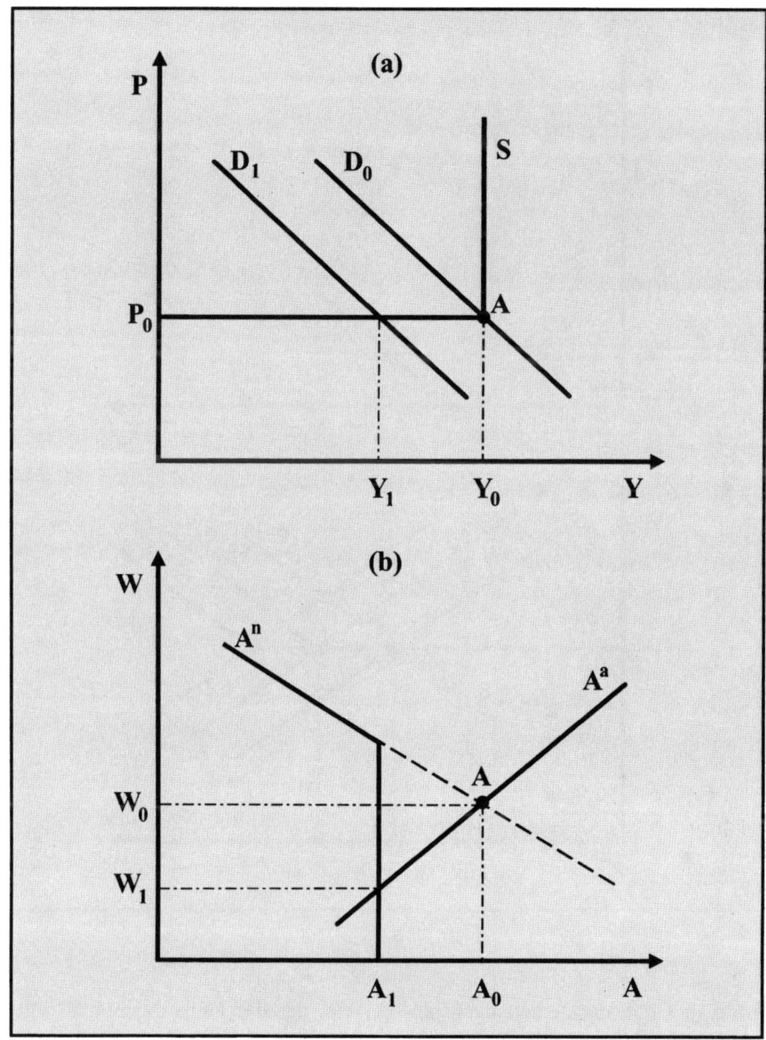

Abbildung A.II.3

II.4 Die Ausgangssituation wird durch Punkt A in Abbildung A.II.4 wiedergegeben; dem Nominallohn W_0 entspricht das Preisniveau P_0. Die Beschäftigung A_0 ergibt unter Berücksichtigung der Produktionsfunktion das Güterangebot Y_0.

Bei niedrigerem Preisniveau (P_1) verschiebt sich die Arbeitsnachfragekurve nach links, die Arbeitsangebotskurve nach rechts. Es stellt sich die Beschäfti-

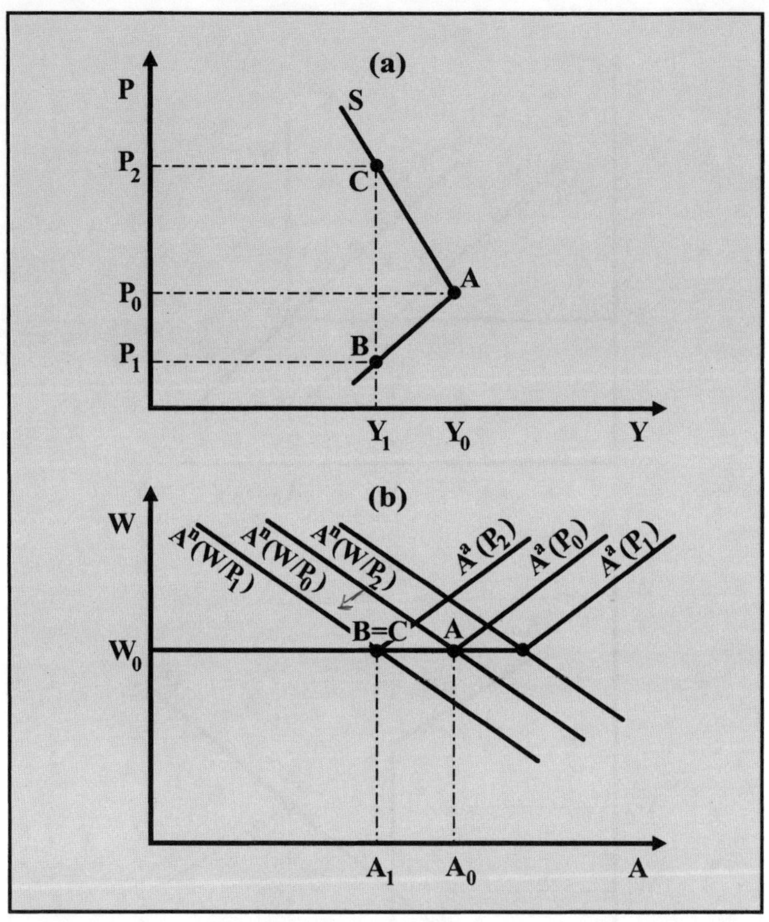

Abbildung A.II.4

gung in Höhe der Arbeitsnachfrage A_1 ein, der das Güterangebot Y_1 entspricht (Punkt B). Bei höherem Preisniveau (P_2) verschiebt sich die Arbeitsnachfragekurve nach rechts, die Arbeitsangebotskurve nach links. Die Beschäftigung richtet sich nun nach dem Arbeitsangebot, das zur Vereinfachung wiederum gleich A_1 sein soll (Punkt C). Die Güterangebotskurve verläuft somit im unteren Bereich ansteigend, im oberen Bereich fallend.

II.5 Das Ausgangsgleichgewicht entspricht Punkt A in Abbildung A.II.5. Die Erhöhung der Staatsnachfrage verschiebt die D-Kurve von D_0 nach D_1; bei P_0 entsteht eine inflatorische Lücke, die zu Preissteigerungen führt (auf P_1).

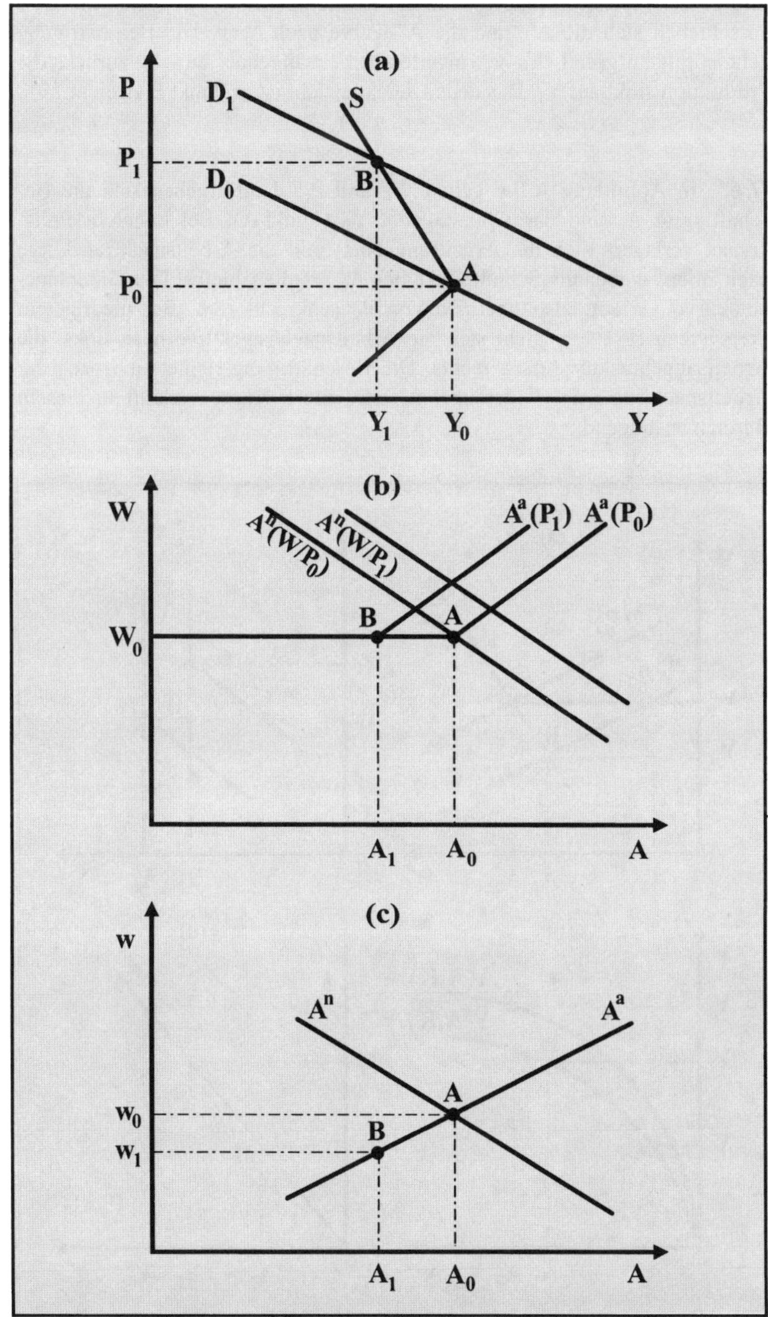

Abbildung A.II.5

Infolge der Preissteigerungen sinkt der Reallohn (auf w_1) in Teil c; in Teil b verschieben sich die A^a- und die A^n-Kurve nach oben. Die Beschäftigung geht somit aufgrund des verringerten Arbeitsangebots auf A_1 zurück, die Produktion sinkt auf Y_1. Das neue Gleichgewicht ist in Punkt B erreicht.

II.6 In Abbildung A.II.6 gelten W_0 und P_0; dann ergeben sich die Beschäftigung A_0 und das Güterangebot Y_0 (Punkt A). Bei höherem Preisniveau verlagern sich die Arbeitsangebots- und die Arbeitsnachfragekurve nach oben, wobei ihr Schnittpunkt bei A_0 erhalten bleibt. Die Güterangebotskurve verläuft also oberhalb von P_0 senkrecht (S_0). Bei niedrigerem Preisniveau (P_1) verschiebt sich die Arbeitsnachfragekurve nach links, die Arbeitsangebotskurve nach rechts. Die Beschäftigung richtet sich nach der Arbeitsnachfrage; das Güterangebot sinkt, die S-Kurve verläuft in diesem Bereich ansteigend.

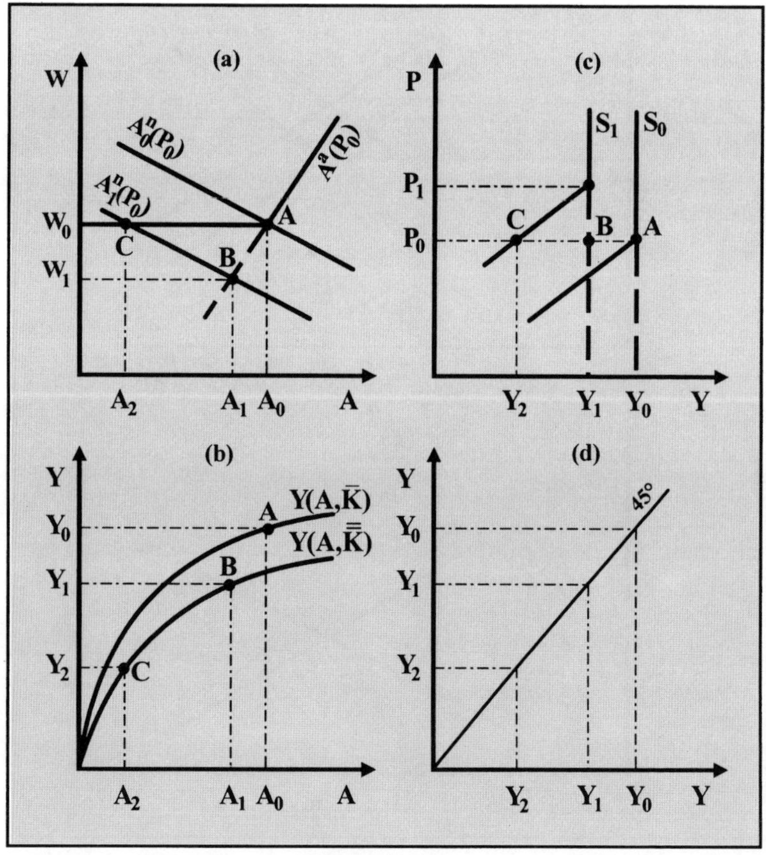

Abbildung A.II.6

Infolge des Erdbebens wird ein Teil des Kapitalstocks vernichtet ($\bar{\bar{K}} < \bar{K}$), was zu geringerer Arbeitsproduktivität führt (flacherer Verlauf der Produktionsfunktion). Da die Kurve der Grenzproduktivität oder des Grenzertrags der Arbeit die Arbeitsnachfrage wiedergibt, verschiebt sich die Arbeitsnachfrage von $A_0^n(P_0)$ nach $A_1^n(P_0)$. Bei flexiblen Löhnen ergibt sich bei A_1/W_1 ein neues Arbeitsmarktgleichgewicht; die Güterangebotskurve verlagert sich nach S_1 (Punkt B). Bei $W_0 = \text{const.}$ wird diese Produktionsmenge jedoch nur bei dem höheren Preisniveau P_1 angeboten ($W_0/P_1 = W_1/P_0$); bei P_0 hingegen sinkt das Angebot auf Y_2 (Punkt C); die Knickstelle der Angebotskurve liegt jetzt also höher.

Tritt ein positiver Angebotsschock auf, so verschiebt sich die Güterangebotskurve nach rechts; die Knickstelle liegt bei niedrigerem Preisniveau.

II.7

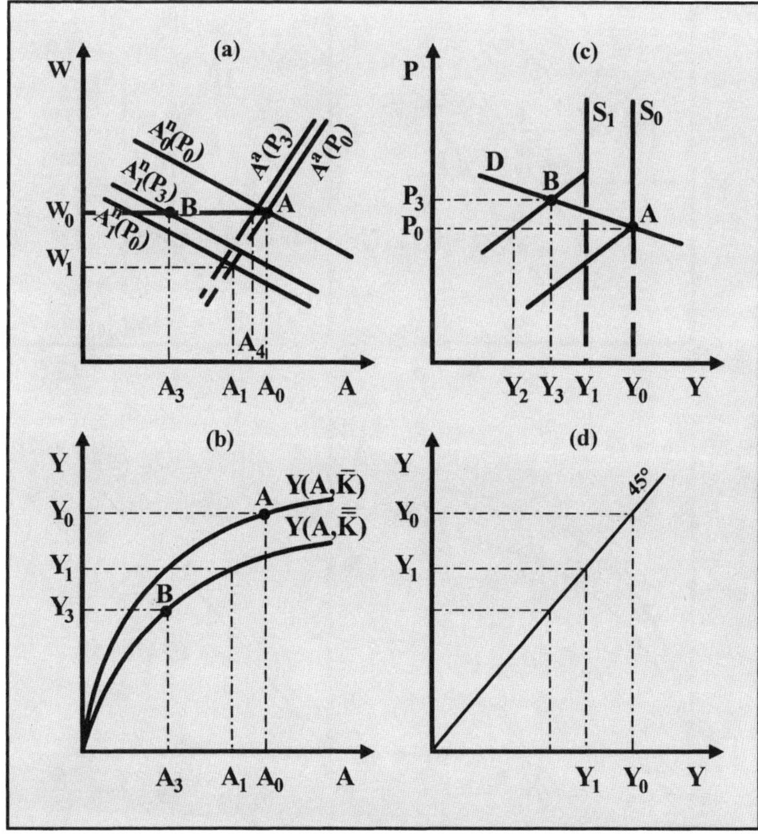

Abbildung A.II.7

Abbildung A.II.7 wiederholt die Verschiebung der Güterangebotskurve infolge eines Erdbebens. Das Ausgangsgleichgewicht entspricht Punkt A.

Da das Güterangebot bei P_0 auf Y_2 sinkt, entsteht eine inflatorische Lücke ($Y_0 - Y_2$), die zu Preissteigerungen führt; bei Y_3/P_3 (Punkt B) ist das neue, kurzfristige Gleichgewicht erreicht. Mit höherem Preisniveau steigt die Arbeitsnachfrage auf A_3, das Arbeitsangebot geht auf A_4 zurück; es entsteht unfreiwillige Arbeitslosigkeit in Höhe von $A_4 - A_3$.

Verläuft die D-Kurve so steil, daß sie die S_1-Kurve im senkrechten Teil schneidet, so geht die Beschäftigung bei Gleichgewicht auf dem Arbeitsmarkt auf A_1 zurück.

II.8

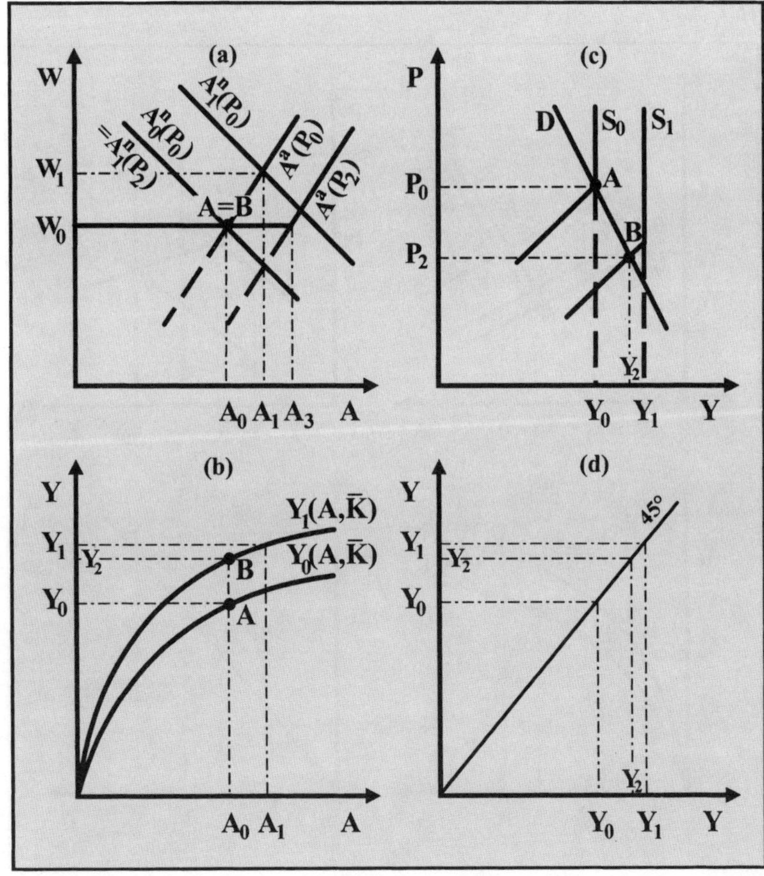

Abbildung A.II.8

Das Ausgangsgleichgewicht entspricht Punkt A in Abbildung A.II.8. Infolge der erhöhten Arbeitsproduktivität (positiver Angebotsschock) dreht sich die Produktionsfunktion nach ($Y_1(A,\overline{K})$), die Angebotskurve verschiebt sich nach S_1; die Knickstelle liegt tiefer als bei S_0.

Bei P_0 entsteht nun eine deflatorische Lücke, die zu Preissenkungen führt. Das neue kurzfristige Gleichgewicht ist bei Y_2/P_2 bzw. bei A_0/W_0 erreicht (hierbei werde zur Vereinfachung unterstellt, daß sich die A_1^n-Kurve infolge der Preissenkung in die Position A_0^n verlagert). Die Beschäftigung ist also im vorliegenden Beispiel konstant geblieben; es entsteht unfreiwillige Arbeitslosigkeit in Höhe von $A_3 - A_0$.

Bei steilerem Verlauf der D-Kurve (stärkerem Rückgang des Preisniveaus) geht die Beschäftigung bei Existenz von unfreiwilliger Arbeitslosigkeit zurück. Bei flacherem Verlauf der D-Kurve nimmt die Beschäftigung zu; schneidet sie die S_1-Kurve unterhalb (oberhalb) der Knickstelle, so besteht unfreiwillige (keine unfreiwillige) Arbeitslosigkeit.

Die Beschäftigungsänderung ist das Ergebnis zweier gegenläufiger Effekte: Infolge der Erhöhung der Arbeitsproduktivität geht die Arbeit bei gleicher Produktionshöhe zurück. Da sich aufgrund der gestiegenen Arbeitsproduktivität das Güterangebot vergrößert, kommt es zu Preissenkungen, die einen Nachfrage- und Produktionsanstieg bewirken. Nur wenn der zweite Effekt überwiegt, kommt es insgesamt zu einem Anstieg der Beschäftigung.

II.9 Es gelte zunächst das Preisniveau P_0, das von den Haushalten korrekt erwartet wird. Damit ergibt sich eine Beschäftigung von A_0 sowie ein Güterangebot in Höhe von Y_0 (Punkt A in Abbildung A.II.9).

Eine Erhöhung des Preisniveaus auf P_1 verringert bei jedem Nominallohnsatz den Reallohn. Hierdurch steigt die Arbeitsnachfrage an, d. h. die A^n-Kurve verschiebt sich nach $A^n(W/P_1)$. Da die Haushalte diese Preissteigerung kurzfristig nicht erkennen, bleibt die A^a-Kurve unverändert. Es stellen sich somit kurzfristig die Beschäftigung A_1 und das Güterangebot Y_1 ein (Punkt B). Mit A und B liegen zwei Punkte der kurzfristigen Güterangebotskurve $S_k(P^e = P_0)$ fest.

Sobald die Haushalte die Preiserhöhung und den damit verbundenen Rückgang des Reallohns erkennen, verringern sie ihr Arbeitsangebot, d. h. die A^a-Kurve verschiebt sich nach $A^a(P^e = P_1)$. Bei W_1 entsteht nun ein Nachfrageüberschuß am Arbeitsmarkt, wodurch der Nominallohn ansteigt (auf W_2). Das neue Gleichgewicht ist in Punkt C erreicht bei A_0 (da $W_2/P_1 = W_0/P_0$ gilt) bzw. bei Y_0. Mit A und C liegen zwei Punkte der langfristigen Angebotskurve $S_l(P^e = P)$ fest. Durch Punkt C verläuft dann eine neue kurzfristige Angebotskurve $S_k(P^e = P_1)$.

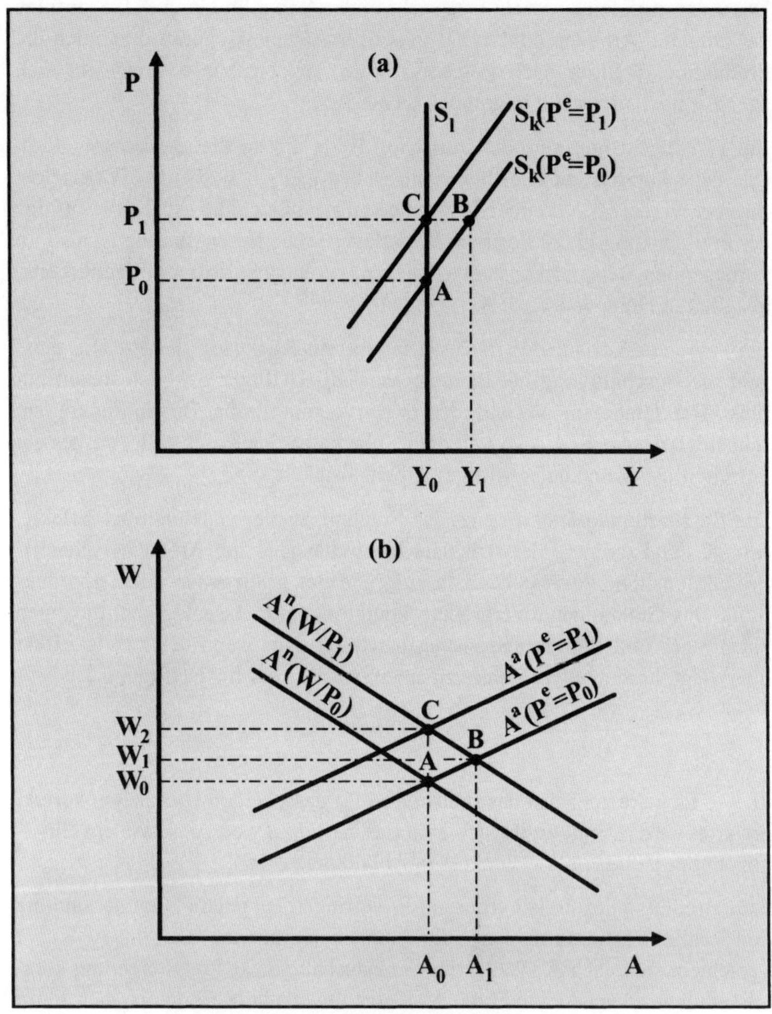

Abbildung A.II.9

II.10 Ausgangspunkt ist ein Vollbeschäftigungsgleichgewicht (Punkt A in Abbildung A.II.10). Zunächst wird ein Rückgang des Preisniveaus (von P_0 auf P_1) betrachtet. Hierdurch verschiebt sich die Arbeitsnachfrage nach $A^n(W/P_1)$.

Im Rahmen der neoklassischen Synthese (Teil b) ergibt sich die Beschäftigung A_1 und damit das Güterangebot Y_1. Mit Y_1 und P_1 liegt somit ein Punkt (B) des ansteigenden Teils der Güterangebotskurve fest (S_1). Bei unvollkommener Information (Teil c) stellt sich kurzfristig die Beschäftigung A_2 (Punkt C) ein, was zur Angebotskurve $S_k(P^e=P_0)$ führt.

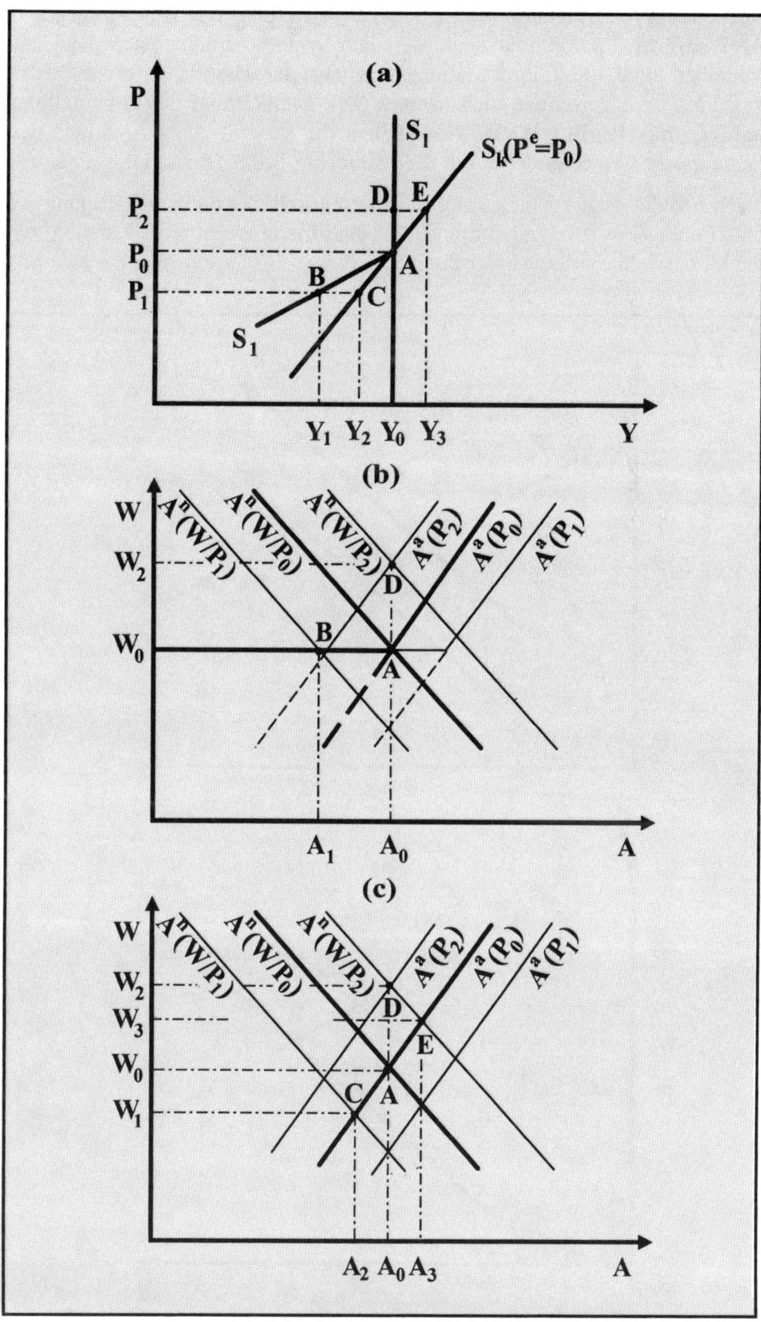

Abbildung A.II.10

Bei einer Preiserhöhung (auf P_2) ergibt sich die Arbeitsnachfragekurve $A^n(W/P_2)$. Im Rahmen der neoklassischen Synthese erhöhen sich dann unmittelbar auch die Lohnforderungen seitens der Haushalte; die Arbeitsangebotskurve verschiebt sich nach $A^a(P_2)$. Damit steigt der Nominallohn auf W_2 mit $W_2/P_2 = W_0/P_0$. Es bleiben die Beschäftigung A_0 sowie das Güterangebot Y_0 erhalten; es gilt der senkrechte Teil S_l (Punkt D).

Nach neoklassischer Vorstellung stellt sich kurzfristig die Beschäftigung A_3 ein (Punkt E in den Teilen c und a); längerfristig ergibt sich – analog zur neoklassischen Synthese – der Punkt D.

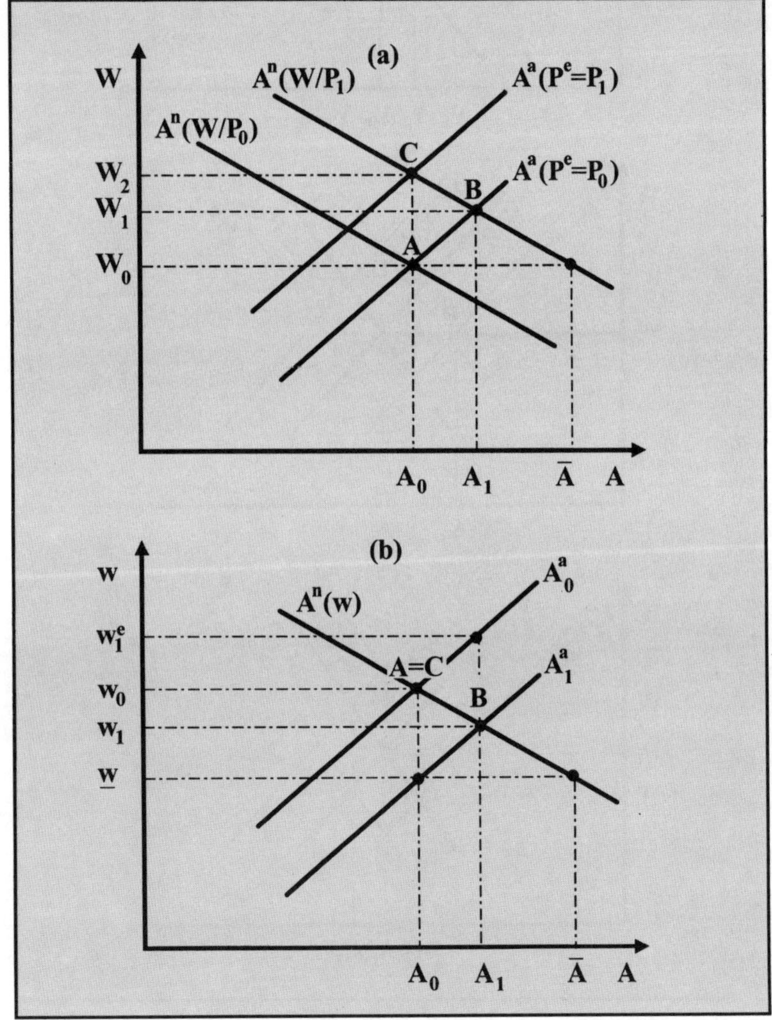

Abbildung A.II.11

II.11 In Abbildung A.II.11 ist ein Gleichgewicht bei korrekten Erwartungen als Ausgangspunkt gewählt (Punkt A). Infolge einer Preiserhöhung verschiebt sich die Arbeitsnachfragekurve in Teil a nach $A^n(W/P_1)$, in Teil b bleibt sie unverändert. Umgekehrt bleibt die A^a-Kurve kurzfristig in Teil a unverändert, während sie sich in Teil b nach unten verschiebt (von A_0^a nach A_1^a): Bei noch unverändertem Nominallohn sinkt der Reallohn auf $\underline{w}$ (= W_0/P_1); die Haushalte erwarten jedoch weiterhin w_0 (= W_0/P_0) und bieten weiterhin A_0 Arbeit an. $A_0/\underline{w}$ ist somit ein Punkt der neuen A^a-Kurve.

Bei dem Nominallohn W_0 bzw. dem Reallohn $\underline{w}$ entsteht somit ein Nachfrageüberschuß am Arbeitsmarkt ($\overline{A} - A_0$), der zu einer Erhöhung des Nominallohns führt (auf W_1). Hierdurch steigt sowohl der tatsächliche Reallohn (auf w_1) als auch der erwartete Reallohn (auf w_1^e) an. Damit geht einerseits die Arbeitsnachfrage zurück (von $\overline{A}$ auf A_1); andererseits steigt das Arbeitsangebot an (von A_0 auf A_1).

Bei korrekten Erwartungen verschiebt sich die Arbeitsangebotskurve in Teil a nach $A^a(P^e = P_1)$, in Teil b zurück in die Position A_0^a, so daß bei unverändertem Reallohn ($W_0/P_0 = W_2/P_1$) auch wieder die ursprüngliche Beschäftigung realisiert wird.

II.12 In Abbildung A.II.12 gelten ursprünglich die beiden Kurven $A^n(W/P_0)$ sowie $A^a(P^e = P_0)$.

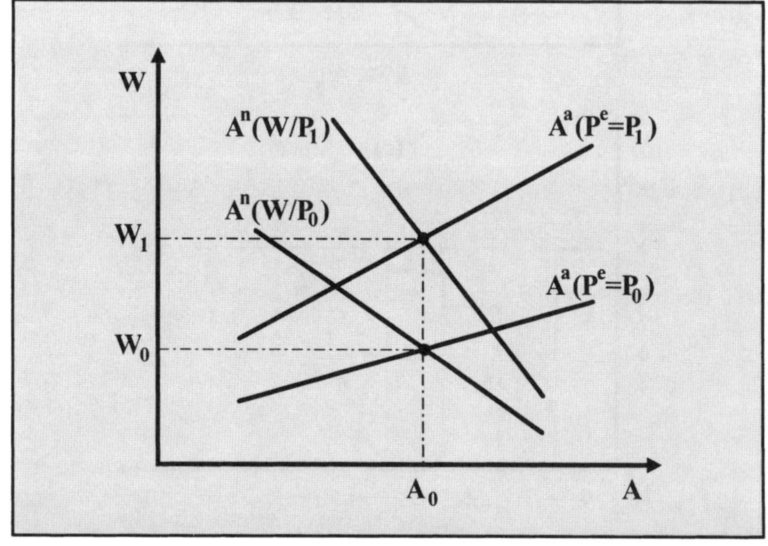

Abbildung A.II.12

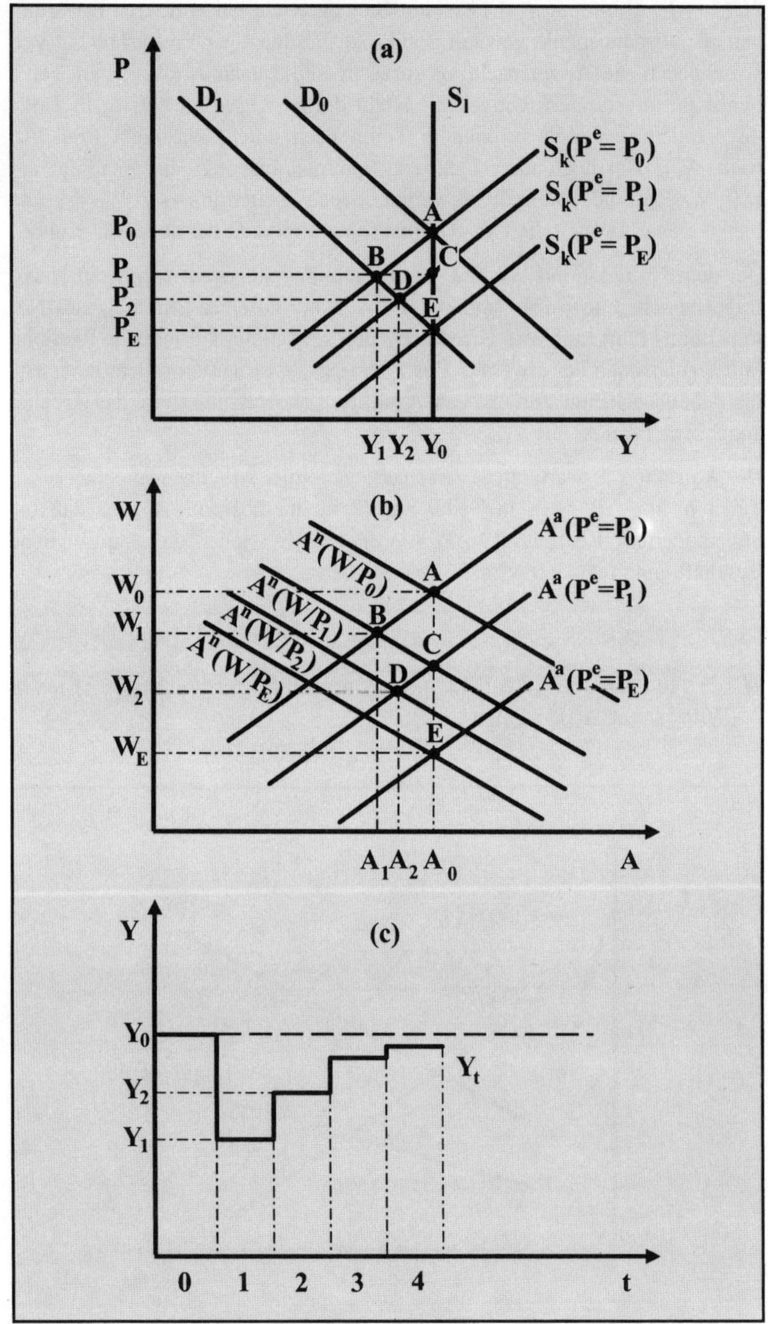

Abbildung A.II.13

Steigt das Preisniveau um 100% an, so wird die gleiche Arbeitsmenge bei einem ebenfalls um 100% höheren Nominallohn angeboten bzw. nachfragt. Dies bedeutet, daß sich die Ordinatenabschnitte der beiden Kurven jeweils verdoppeln. Die beiden Kurven verschieben und drehen sich nach oben.

II.13 Die Ausgangssituation entspricht Punkt A in Abbildung A.II.13. Infolge des negativen Nachfrageschocks stellt sich in $t = 1$ bei $P^e = P_0$ die Situation B ein.

Erwartungsrevision in der nächsten Periode ($P^e = P_1$) verschiebt die A^a-Kurve nach $A^a(P^e = P_1)$. Bei W_1 entsteht nun ein Angebotsüberschuß auf dem Arbeitsmarkt, so daß der Nominallohn sinkt, bis in Punkt C ein Gleichgewicht auf dem Arbeitsmarkt erreicht ist. In Teil a verlagert sich die S_k-Kurve nach $S_k(P^e = P_1)$. Bei P_1 existiert nun wieder eine deflatorische Lücke, die über weitere Preissenkungen zu dem zweiten temporären Gleichgewicht D führt. Weitere Anpassungsschritte führen schließlich zum neuen langfristigen Gleichgewicht E.

Teil c gibt die Entwicklung des Einkommens im Zeitablauf wieder. Infolge des Nachfrageschocks sinkt das Einkommen in $t = 1$ auf Y_1 und steigt dann sukzessive wieder auf das Ausgangsniveau Y_0 an.

II.14 Die Ausgangssituation wird durch Punkt A in Abbildung A.II.14 angezeigt. Die Verringerung der Güternachfrage verschiebt die D_0-Kurve nach D_1. Damit entsteht bei P_0 eine deflatorische Lücke, die zu Preissenkungen auf P_1 führt. Hierdurch steigt die Güternachfrage entlang D_1 wieder etwas an.

Auf dem Arbeitsmarkt steigt bei unverändertem Nominallohn W_0 der Reallohn (von $w_0 = W_0/P_0$ auf $\overline{w} = W_0/P_1$). Damit geht einerseits die Arbeitsnachfrage entlang der unveränderten Nachfragekurve auf $\underline{A}$ zurück. Andererseits bleibt das Arbeitsangebot konstant: Da die Haushalte weiterhin mit P_0 rechnen, erwarten sie weiterhin den Reallohn w_0. Damit bieten sie die Arbeitsmenge A_0 bei dem geltenden Reallohn $\overline{w}$ an, d. h. die Arbeitsangebotskurve verschiebt sich von A_0^a nach A_1^a. Infolge des Angebotsüberschusses auf dem Arbeitsmarkt sinkt der Nominallohn (auf W_1) und hierdurch auch der Reallohn auf $w_1 = W_1/P_1$. Die Beschäftigung geht also auf A_1 zurück, das Güterangebot auf Y_1 (Punkt B). Die Punkte A und B liegen auf der kurzfristigen Angebotskurve ($S_k(P^e = P_0)$).

Erkennen die Haushalte in der nächsten Periode die Preissenkung, so verlagert sich die A_1^a-Kurve wieder nach A_0^a.

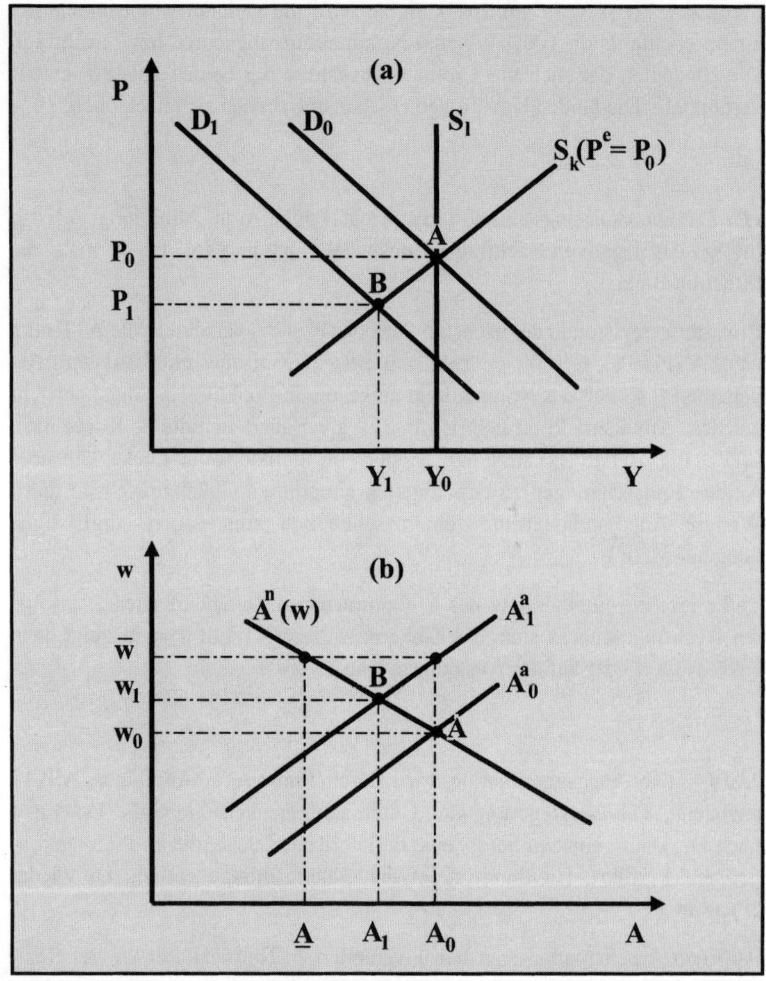

Abbildung A.II.14

II.15 Das Vollbeschäftigungsgleichgewicht A in Abbildung A.II.15 wird in der Periode eins durch einen Rückgang der Güternachfrage (D_1) gestört. Da das Preisniveau im Gleichgewicht konstant ist, damit beträgt das erwartete Preisniveau in der Periode eins ebenfalls P_0. Bei P_0 entsteht somit eine deflatorische Lücke, die zu dem kurzfristigen Gleichgewicht B führt.

Erwartungsrevision führt nun in der zweiten Periode zu $P^e = (P_0 + P_1)/2 = P_{01}$. Damit verschiebt sich die Arbeitsangebotskurve nach $A^a(P^e = P_{01})$, die durch den Punkt $A_0/[(w_0 + w_2)/2]$ verläuft, die S_k-Kurve in die Position $S_k(P^e = P_{01})$.

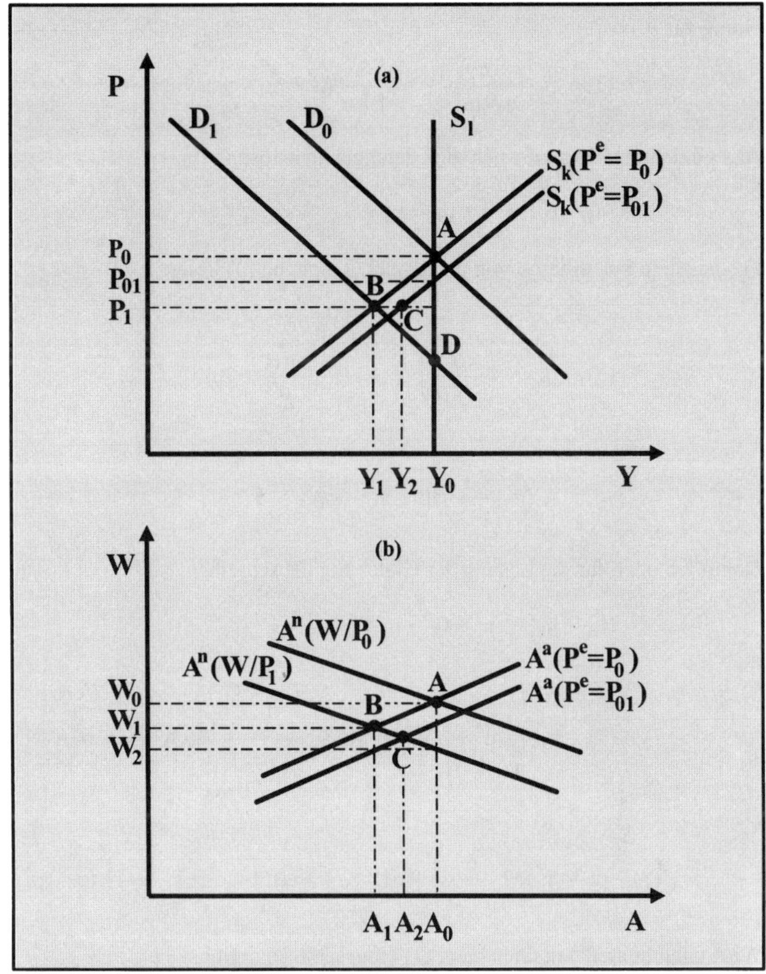

Abbildung A.II.15

Bei W_1 entsteht nun ein Angebotsüberschuß auf dem Arbeitsmarkt, so daß der Nominallohn sinkt, bis in Punkt C ein erneutes kurzfristiges Gleichgewicht auf dem Arbeitsmarkt erreicht ist. Auf dem Gütermarkt existiert (bei P_1) durch die Angebotsausweitung (Y_2) wiederum eine deflatorische Lücke, die zu einer weiteren Preissenkung führt. Das zweite kurzfristige Gleichgewicht auf Güter- und Arbeitsmarkt ist dann im Schnittpunkt zwischen der D_1-Kurve und der $S_k(P^e = P_{01})$-Kurve erreicht. Weitere Anpassungsschritte führen schließlich zum langfristigen Gleichgewicht D.

II.16 Die Gleichungen (1) und (2) führen zu folgender Differenzengleichung für P:

$$(3)\quad p_t - \frac{\alpha}{1+\alpha} p_{t-1} = \frac{1}{1+\alpha}(\beta + m_1 - y_0).$$

Aus Gleichung (3) ergibt sich die Gleichgewichtslösung ($p_t = p_{t-1}$):

$$(4)\quad p^* = \beta + m_1 - y_0.$$

Fortgesetzte Substitution von p_{t-i} gemäß Gleichung (3) liefert:

$$(5)\quad p_t = \left(\frac{\alpha}{1+\alpha}\right)^t p_0 + \frac{1-\left(\frac{\alpha}{1+\alpha}\right)^t}{1-\frac{\alpha}{1+\alpha}} A$$

mit: $$A = \frac{1}{1+\alpha}(\beta + m_1 - y_0).$$

Damit läßt sich für die Lösung der Gleichung (3) schreiben:

$$(6)\quad p_t = p^* + (p_t - p^*)$$

$$(7)\quad p_t = p^* + \left[\left(\frac{\alpha}{1+\alpha}\right)^t p_0 + \frac{1-\left(\frac{\alpha}{1+\alpha}\right)^t}{1-\frac{\alpha}{1+\alpha}} A - (1+\alpha)A\right]$$

$$(8)\quad p_t = p^* + \left(\frac{\alpha}{1+\alpha}\right)^t [(p_0 - A(1+\alpha)] = p^* + \left(\frac{\alpha}{1+\alpha}\right)^t (p_0 - p^*).$$

Wird Gleichung (8) in Gleichung (1) eingesetzt, so ergibt sich:

$$(9)\quad y_t = \beta + m_1 - p^* - \left(\frac{\alpha}{1+\alpha}\right)^t (p_0 - p^*),$$

bzw. unter Beachtung von $\beta + m_1 - p^* = y_0$:

$$(10)\quad y_t = y_0 - \left(\frac{\alpha}{1+\alpha}\right)^t (p_0 - p^*).$$

Nach den Gleichungen (8) und (10) nähern sich Preisniveau und Volkseinkommen im Laufe der Zeit ihren Gleichgewichtswerten, wobei das Preisniveau während der Anpassungsphase über, das Volkseinkommen unter seinem Gleichgewichtswert liegt.

II.17 Auf der S_k-Kurve haben die Haushalte falsche Erwartungen bezüglich ihres realen Lohneinkommens. Dies impliziert auch falsche Erwartungen bezüglich ihres komplementären Kapitaleinkommens. Hierbei kompensieren sich die Erwartungsfehler gerade, so daß die Haushalte insgesamt korrekte Erwartungen bezüglich ihres gesamten realen Einkommens haben.

II.18 Das adäquate Modell zur Beantwortung dieser Frage ist das IS/LM-Schema:

$$(1) \quad Y_0 = C(Y_0 - t_0Y_0) + I(r_0) + G_0$$

$$(2) \quad M_0 = l(Y_0, r_0).$$

Die Auswirkungen einer Senkung des Steuersatzes ($dt < 0$) auf das Volkseinkommen lassen sich mit Hilfe des totalen Differentials der Gleichungen (1) und (2) berechnen ($dG = dM = 0$):

$$(3) \quad dY = c(dY - dtY_0 - t_0dY) + idr$$

$$(4) \quad 0 = kdY + hdr$$

mit: $c = dC/d(Y - tY), \quad i = dI/dr, \quad k = \partial l/\partial Y, \quad h = \partial l/\partial r.$

Die Gleichungen (3) und (4) lassen sich zusammenfassen:

$$(5) \quad dY = -\frac{1}{1 - c(1 - t_0) + \frac{ik}{h}} cdtY_0.$$

Die Senkung des Steuersatzes führt bei noch unverändertem Volkseinkommen zu einer Erhöhung des verfügbaren Einkommens um den Betrag dtY_0. Das gestiegene verfügbare Einkommen bewirkt eine Erhöhung der Konsumnachfrage um den Betrag $cdtY_0$. Infolge der gestiegenen Konsumnachfrage erhöht sich das Volkseinkommen sowie wiederum auch das verfügbare Einkommen, d. h. es wird der übliche Multiplikatorprozeß (auf Güter- und Geldmarkt) ausgelöst.

II.19 Die Ausgangssituation wird durch Punkt A in der 45°-Darstellung A.II.16 angegeben.

Die Erhöhung der Staatsnachfrage von G_0 auf G_1 führt zu einer Verschiebung der Güternachfragekurve Y^n um dG nach $Y^n(G_1,T_0)$. Infolge der Steuererhöhung von T_0 auf T_1 sinkt das verfügbare Einkommen um dT, so daß die

Konsumnachfrage um cdT zurückgeht. Hierdurch verlagert sich die Güternachfragekurve um $cdT = cdG$ zurück nach $Y^n(G_1,T_1)$. Es verbleibt als exogene Nachfragesteigerung somit die Größe $(1-c)dG$, die gemäß dem eingezeichneten treppenstufigen Verlauf (wobei unterstellt wird, daß die Haushalte bei ihrer Konsumplanung von dem Einkommen der Vorperiode ausgehen) eine weitere Erhöhung der einkommensabhängigen Konsumnachfrage nach sich zieht, bis in Punkt B ein neues Gleichgewicht erreicht ist.

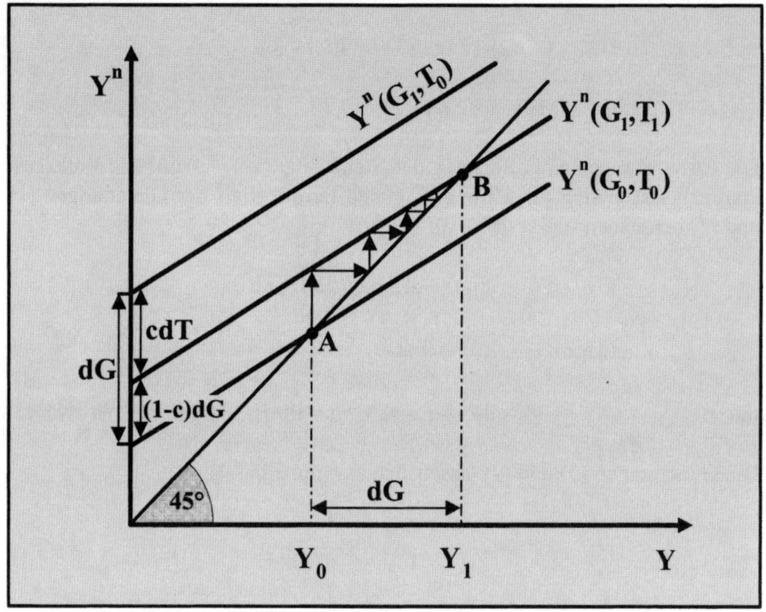

Abbildung A.II.16

Die Gleichgewichtsbedingung lautet:

$$Y = C(Y - T) + I + G.$$

Das totale Differential bei $I = \text{const.}$ ist:

$$dY = c(dY - dT) + dG; \qquad c = dC/d(Y - T).$$

Hieraus folgt bei $dT = dG$:

$$dY = dG.$$

Der Multiplikator eines ausgeglichenen Budgets ist (bei $r,P = \text{const.}$) gleich eins.

II.20 Aus den Gleichungen (1) und (2) folgt:

$$(3) \quad Y = \frac{1}{1-c+\frac{ik}{h}}\left[\overline{C} - cT + \bar{I} + \frac{i}{h}(M - \bar{l}) + G\right]$$

bzw. im Hinblick auf die fiskalpolitischen Maßnahmen:

$$(4) \quad dY = \frac{1}{1-c+\frac{ik}{h}}(-cdT + dG).$$

Der Multiplikator beträgt im vorliegenden Beispiel 2, das Einkommen vor fiskalpolitischen Maßnahmen 550. Die erforderliche Einkommenssteigerung ist also 50. Bei Finanzierung über Kreditaufnahme am Kreditmarkt folgt aus Gleichung (4):

$$(5) \quad dG = 25 \quad \text{bei} \quad dT = 0.$$

Bei Finanzierung über Steuererhöhungen ergibt sich:

$$(6) \quad dG = dT = 83{,}33.$$

II.21 Die Ausgangssituation wird in Abbildung A.II.17 durch Punkt A angezeigt.

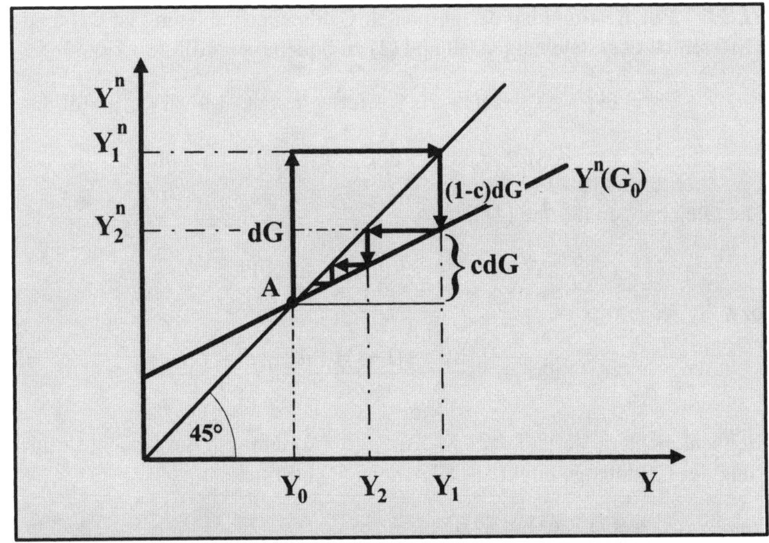

Abbildung A.II.17

Die Erhöhung der Staatsausgaben um dG führt in der Periode $t = 1$ zu einer gleich großen Erhöhung der Güternachfrage (Y_1^n) und des Volkseinkommens (Y_1). Diese Einkommenssteigerung bewirkt in $t = 2$ – bei statischen Erwartungen der Haushalte $Y_2^e = Y_1$ – eine Erhöhung der Konsumnachfrage um cdG, während gleichzeitig die Nachfrage um dG zurückgeht. Damit sinken die Güternachfrage sowie das Volkseinkommen um $(1-c)dG$ auf Y_2^n bzw. Y_2. Entsprechendes gilt in den nachfolgenden Perioden, bis schließlich wieder Y_0 erreicht ist.

Ein derartiges Konjunkturprogramm ist nur dann erfolgversprechend, wenn durch die staatliche Aktivität eine optimistischere Grundhaltung in der Volkswirtschaft erzeugt wird, die die private Güternachfrage anregt, so daß sich der Konjunkturaufschwung selbst trägt.

II.22 Die beiden vorgegebenen Kurvenverläufe sind in Abbildung A.II.18 dargestellt. Expansive Fiskalpolitik verschiebt die IS-Kurve nach rechts (IS_1).

Bei zinsunabhängiger IS-Kurve (Teil a) kommt es zu einer Erhöhung des Zinssatzes und des Einkommens. Infolge zinsunabhängiger Investitionsnachfrage tritt hierbei jedoch kein crowding-out-Effekt auf. Bei senkrechtem Verlauf der LM-Kurve (Teil b) steigt das Einkommen nicht an, da bei zinsunelastischer Geldnachfrage ein vollständiges crowding-out eintritt (die private Investitionsnachfrage wird im Umfang bspw. einer staatlichen Ausgabenerhöhung zurückgedrängt).

II.23 Zur Bestimmung der gesuchten Geldmengenerhöhung ist das totale Differential der Gleichungen (1) und (2) zu bilden (dG = 0):

$$(3) \quad dY = c(1-t)dY + idr; \quad c = dC/d(Y - tY), \quad i = dI/dr$$

$$(4) \quad dM/P = kdY + hdr; \quad k = \partial l/\partial Y, \quad h = \partial l/\partial r.$$

Die Gleichungen (3) und (4) liefern:

$$(5) \quad dY(1 - c(1-t) + ik/h) = idM/Ph$$

bzw.:

$$(6) \quad dM = \frac{P[h\{1 - c(1-t)\} + ik]}{i} dY.$$

Bei senkrechtem Verlauf der LM-Kurve (h = 0) läßt sich die gesuchte Änderung der Geldmenge direkt aus Gleichung (2) bestimmen:

$$(7) \quad dM = PkdY;$$

ein Ergebnis, das auch aus Gleichung (6) folgt.

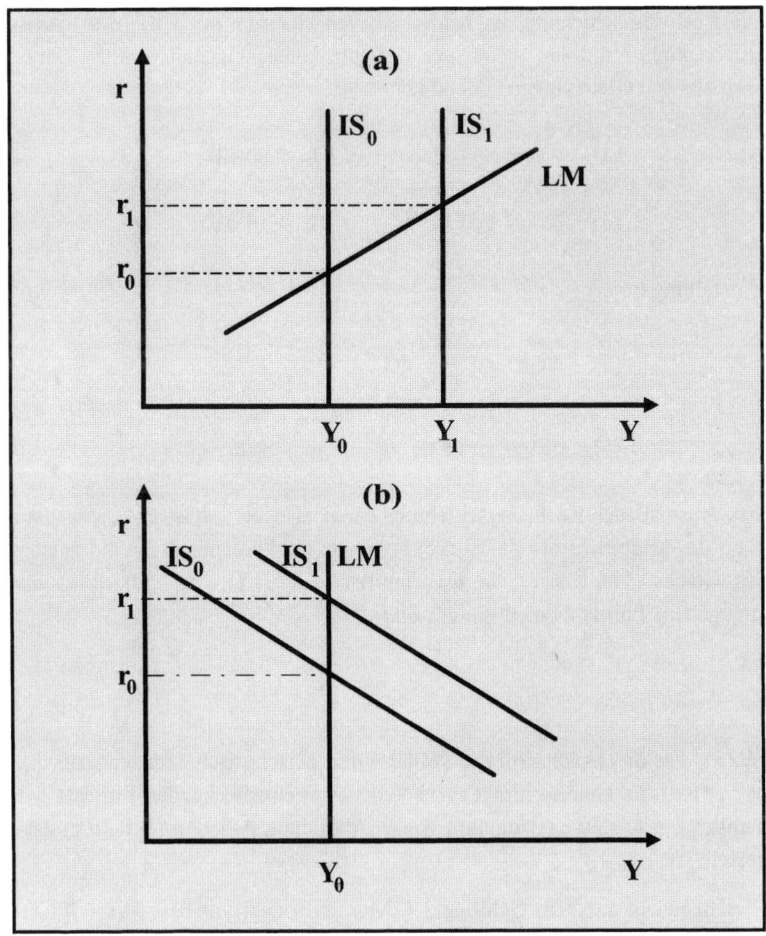

Abbildung A.II.18

II.24 Der Zinssatz bleibt konstant, wenn sich die IS- und die LM-Kurve aufgrund der dargestellten Politik gleich weit nach rechts verschieben; der Zinssatz sinkt (steigt), wenn sich die LM-Kurve weiter (weniger weit) nach rechts verschiebt als die IS-Kurve.

Die Gleichungen der beiden Kurven lauten (P = 1):

(1) $Y = C(Y) + I(r) + G$ IS-Kurve

(2) $M = l(Y,r)$ LM-Kurve.

Die Rechtsverschiebung der beiden Kurven läßt sich mit Hilfe des totalen Differentials ermitteln, wobei der Zinssatz konstant gehalten wird. Damit folgt aus den Gleichungen (1) und (2):

$$(3)\quad dY = cdY + dG; \qquad c = dC/dY$$

$$(4)\quad dM = kdY; \qquad k = \partial l/\partial Y.$$

Umstellung liefert:

$$(5)\quad dY_{|IS} = \frac{1}{1-c}dG$$

$$(6)\quad dY_{|LM} = vdM; \qquad v = 1/k.$$

Das Ausmaß der Rechtsverschiebung hängt also bei $dG = dM$ von dem Wert des Multiplikators (IS-Kurve) bzw. von der Umlaufsgeschwindigkeit v des Geldes (LM-Kurve) ab. Da empirisch $v > 1/(1-c)$ gilt, führt die angegebene Politik zu niedrigerem Zinssatz.

II.25 Ist die Geldnachfrage vollkommen zinselastisch (zinsunelastisch), so verläuft die Geldnachfragekurve – bei dem entsprechenden Zinssatz $\underline{r}$ – parallel zur Abszisse (Ordinate), wie in Abbildung A.II.19 a (A.II.19 c) dargestellt ist.

Gleichgewicht auf dem Geldmarkt (LM-Kurve) liegt vor bei $M/P = l(Y,r)$. Schneiden sich die Gerade M/P und die Kurve l(Y,r) im waagerechten Teil der l(Y,r)-Kurve, so verläuft die LM-Kurve waagerecht. Bei senkrechter l(Y)-Kurve existiert nur ein Einkommen, bei dem obige Gleichgewichtsbedingung erfüllt ist; dies ist in Abbildung A.II.19 c bei $Y = Y_1$ der Fall. Die LM-Kurve verläuft also bei diesem Einkommen senkrecht.

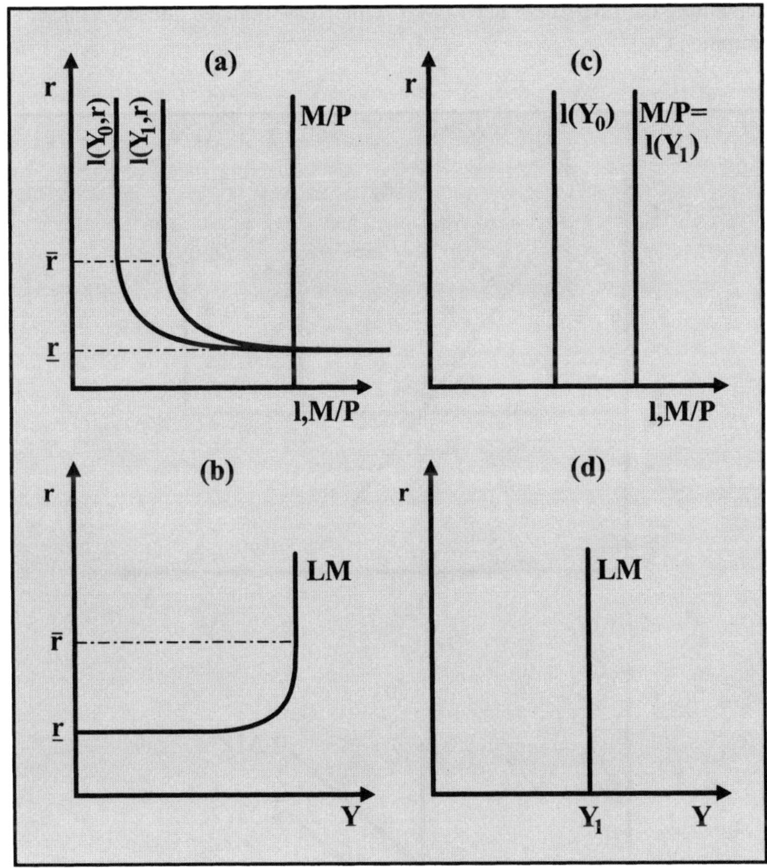

Abbildung A.II.19

II.26 Expansive Geldpolitik bedeutet eine Erhöhung der Geldmenge. Dies führt bei normaler Konjunkturlage zu einer Zinssenkung und dadurch zu erhöhter Investitionsnachfrage. Nach Meinung der Fiskalisten besteht in einer Rezession jedoch die Gefahr, daß die Wirtschaftssubjekte die erhöhte Geldmenge als Spekulationskasse halten, so daß es zu keiner Zinssenkung kommt (Liquiditätsfalle). Weiterhin ist in dieser Situation die Investitionsnachfrage zinsunabhängig, so daß selbst sinkende Zinsen nicht zu einem Anstieg der Investitionstätigkeit führen (Investitionsfalle).

Liquiditäts- und Investitionsfalle sind in Abbildung A.II.20 dargestellt. Wie unmittelbar ersichtlich ist, hat eine Erhöhung der Geldmenge (Rechtsverschiebung der LM-Kurve nach LM_1) keine Auswirkungen auf das Volkseinkommen (Y_0).

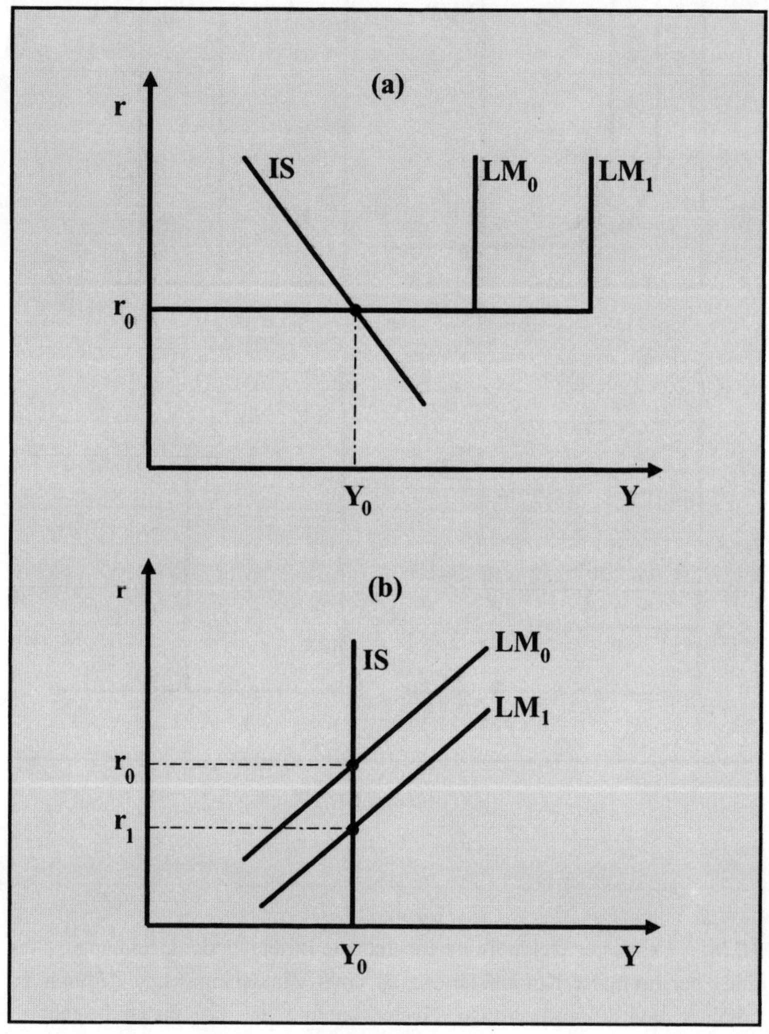

Abbildung A.II.20

Nach Meinung der Monetaristen ist die Geldnachfrage zinsunelastisch (senkrechter Verlauf der LM-Kurve in Abbildung A.II.21). Eine Erhöhung der Geldmenge löst dann den eingangs beschriebenen Prozeß aus, d. h. das Volkseinkommen steigt an (auf Y_1).

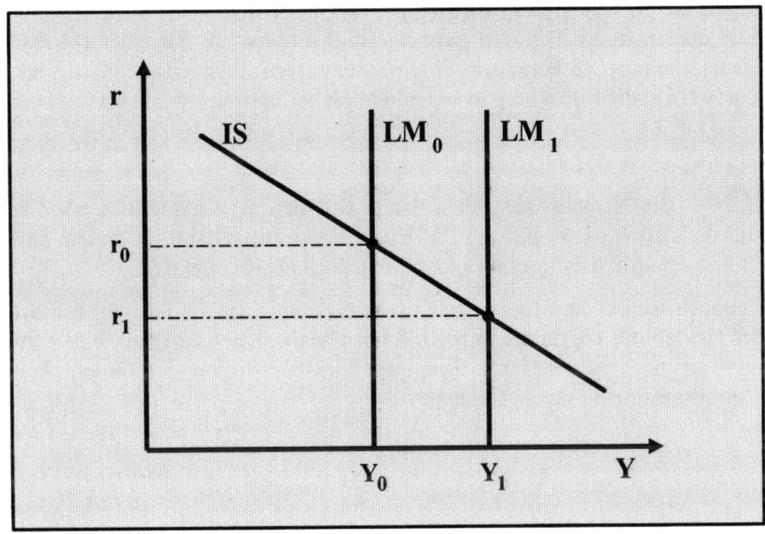

Abbildung A.II.21

II.27 Die Ausgangssituation wird durch Punkt A in Abbildung A.II.22 angezeigt. Gehen die Haushalte bei ihrer Konsumplanung vom laufenden Einkommen aus, so verschiebt sich die IS_0-Kurve nach IS_1; das neue Gleichgewicht ist in Punkt B erreicht.

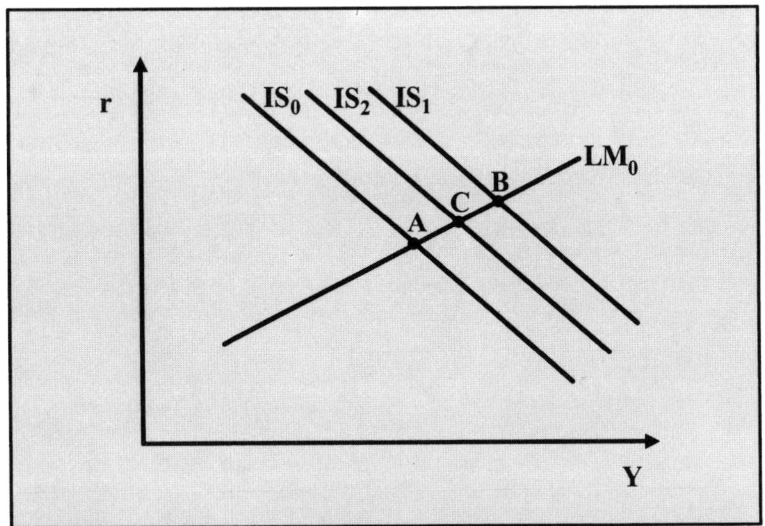

Abbildung A.II.22

Legen die Haushalte ihrer Konsumplanung ein durchschnittliches Einkommen über mehrere Perioden zugrunde und rechnen sie mit einer späteren Steuererhöhung, so kommt es zu einer teilweisen Rückverlagerung der IS-Kurve (IS_2); die Einkommenssteigerung fällt geringer aus (Punkt C).

II.28 Die Neoklassiker gehen davon aus, daß die Geldnachfrage völlig zinsunelastisch ist, so daß die LM-Kurve senkrecht verläuft. In diesem Fall ist Fiskalpolitik unwirksam, Geldpolitik jedoch höchst effektiv.

Dennoch lehnen die Monetaristen einen diskretionären (fallweisen) Einsatz der Geldpolitik ab, da die hochwirksamen Maßnahmen aufgrund von Zeitverzögerungen zum falschen Zeitpunkt wirksam werden. Sie fordern statt diskretionärer eine stetige Geldpolitik.

3. Musterlösungen zu Kapitel III

III.1 Die Inflationsrate des Jahres t gegenüber dem Vorjahr $(\hat{P}_t)$ beträgt:

$$(1) \quad \hat{P}_t = \left(\frac{\sum_i p_i^t \overline{x}_i}{\sum_i p_i^{t-1} \overline{x}_i} - 1 \right) 100,$$

wobei $\overline{x}_i$ konstante Mengen anzeigt.

Enthält die vorgegebene Zeitreihe Laspeyres-Preisindizes, so gilt:

$$(2) \quad P_t^L = \frac{\sum_i p_i^t x_i^0}{\sum_i p_i^0 x_i^0}$$

$$(3) \quad P_{t-1}^L = \frac{\sum_i p_i^{t-1} x_i^0}{\sum_i p_i^0 x_i^0}.$$

Unter Verwendung der Gleichungen (2) und (3) folgt:

$$(4) \quad \hat{P}_t^L = \left(\frac{\sum_i p_i^t x_i^0}{\sum_i p_i^{t-1} x_i^0} - 1 \right) 100,$$

was Gleichung (1) entspricht.

Besteht die vorgegebene Zeitreihe aus Paasche-Preisindizes, so gilt:

$$(5) \quad P_t^P = \frac{\sum_i p_i^t x_i^t}{\sum_i p_i^0 x_i^t}$$

$$(6) \quad P_{t-1}^P = \frac{\sum_i p_i^{t-1} x_i^{t-1}}{\sum_i p_i^0 x_i^{t-1}}.$$

Die Gleichungen (5) und (6) führen zu:

$$(7)\quad \hat{P}_t^P = \left(\frac{\sum_i p_i^t x_i^t}{\sum_i p_i^0 x_i^t} \cdot \frac{\sum_i p_i^0 x_i^{t-1}}{\sum_i p_i^{t-1} x_i^{t-1}} - 1 \right) 100.$$

Gleichung (7) entspricht nicht Gleichung (1).

III.2 Zur Berechnung der gesuchten Inflationsraten sind folgende Hilfsrechnungen erforderlich:

Jahr	$\sum p_i^t x_i^0$ (1)	$\sum p_i^0 x_i^0$ (2)	$\sum p_i^t x_i^t$ (3)	$\sum p_i^0 x_i^t$ (4)	$\sum p_i^{t-1} x_i^t$ (5)
1	150	150	150	150	
2	250	150	450	250	250
3	350	150	950	350	650

Hieraus lassen sich die Preisindizes:

Jahr	P_t^L (1)	P_t^P (2)	$\tilde{P}_t^P$ (3)
1	100,00	100,00	
2	166,67	180,00	180,00
3	233,33	271,43	146,15

sowie die Inflationsraten berechnen:

Jahr	$P_t^L - 100$ (1)	$P_t^P - 100$ (2)	$\hat{P}_t^L$ (3)	${}_v\hat{P}_t^P$ *) (4)	$\hat{P}_t^P$ (5)	$\frac{{}_v\hat{P}_t^P - \hat{P}_t^P}{\hat{P}_t^P} \cdot 100$ (6)
1						
2	66,67	80,00	66,67	80,00	80,00	0,00
3	133,33	171,43	40,00	50,79	46,15	10,05

*) vor Umbasierung

III.3 Die Umsätze der Periode t betragen:

$$(1) \quad U_t = \sum_i p_i^t x_i^t ,$$

der Laspeyres-Preisindex der Periode t lautet:

$$(2) \quad P_t^L = \frac{\sum_i p_i^t x_i^0}{\sum_i p_i^0 x_i^0} .$$

Division der Gleichung (1) durch Gleichung (2) liefert:

$$(3) \quad \frac{U_t}{P_t^L} = \sum_i p_i^t x_i^t \cdot \frac{\sum_i p_i^0 x_i^0}{\sum_i p_i^t x_i^0} = \sum_i p_i^0 x_i^0 \cdot \frac{\sum_i p_i^t x_i^t}{\sum_i p_i^t x_i^0} .$$

In Gleichung (3) stellt der Ausdruck $\sum_i p_i^0 x_i^0$ die Umsätze in der Basisperiode dar; der Quotient $\sum_i p_i^t x_i^t \Big/ \sum_i p_i^t x_i^0$ ist ein Mengenindex nach Paasche.

Die Division der Umsätze des Berichtsjahres t durch einen Laspeyres-Preisindex bedeutet also, daß die Umsätze der Basisperiode mit einem Paasche-Mengenindex fortgeschrieben werden. Hierdurch wird die Mengenentwicklung unter Eliminierung von Preisänderungen erfaßt. Diese Umrechnung wird als Preisbereinigung oder Deflationierung bezeichnet. (Entsprechendes gilt, wenn zur Preisbereinigung ein Paasche-Preisindex herangezogen wird.)

III.4 Das Ausgangsgleichgewicht wird in Abbildung A.III.1 durch Punkt A angezeigt. Die Erhöhung der Güternachfrage verschiebt die D-Kurve nach D_1. Infolge der inflatorischen Lücke steigt das Preisniveau an (auf P_2), wodurch die Güternachfrage entlang D_1 etwas zurückgeht.

Auf dem Arbeitsmarkt sinkt mit steigendem Preisniveau der Reallohn (auf $\underline{w} = W_0/P_1$). Damit steigt die Arbeitsnachfrage entlang der unveränderten A^n-Kurve an (auf $\overline{A}$). Da die Haushalte weiterhin P_0 erwarten, bleibt der erwartete Reallohn unverändert, so daß die Haushalte weiterhin A_0 Arbeit anbieten. Die Arbeitsangebotskurve verschiebt sich also von A_0^a nach A_1^a ($A_0/\underline{w}$ ist ein Punkt der neuen Angebotskurve).

Damit entsteht eine Überschußnachfrage am Arbeitsmarkt ($\overline{A} - A_0$), die zu einem Anstieg des Nominallohns führt (auf W_1). Hierdurch steigt der tatsächliche Reallohn an (auf $w_1 = W_1/P_1$). Dies führt einerseits zu einem Rückgang der Arbeitsnachfrage und andererseits zu einer Zunahme des Arbeitsangebots. Das neue Gleichgewicht auf dem Arbeitsmarkt ist also bei A_1 erreicht (Punkt B); dieser Beschäftigung entspricht das Güterangebot Y_1.

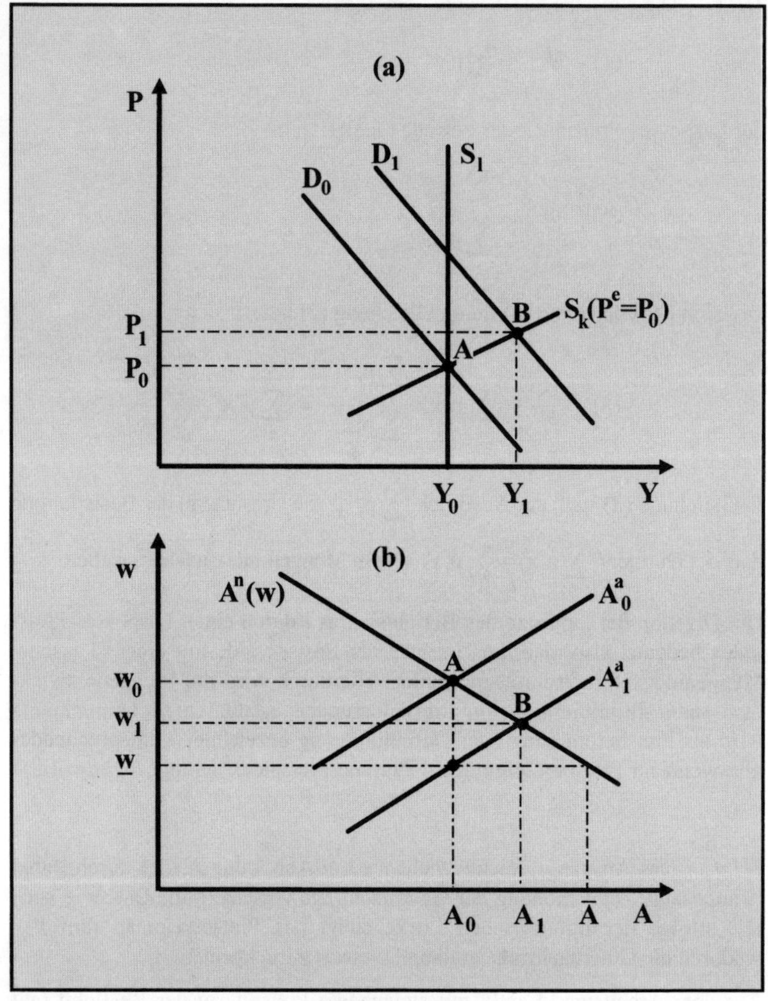

Abbildung A.III.1

Erwartungsrevision verschiebt die Arbeitsangebotskurve nach oben, bei statischen Erwartungen zurück in die Lage A_0^a.

III.5 In logarithmischer Schreibweise (entsprechende Kleinbuchstaben) ergibt sich:

$$(4) \quad y_t^n = \beta + m_t - p_t; \qquad \beta = \ln v$$

$$(5) \quad y_t^a = y_0 + \alpha(p_t - p_{t-1}).$$

Für die Geldmenge gelte:

$$(6) \quad m_t = \begin{cases} m_0 & \text{für} \quad t \leq 0 \\ m_1 > m_0 & \text{für} \quad t > 0. \end{cases}$$

Für $y_t^a = y_t^n$ folgt aus den Gleichungen (4) – (6) für $t > 0$:

$$(7) \quad p_t - \frac{\alpha}{1+\alpha} p_{t-1} = \frac{1}{1+\alpha}(\beta + m_1 - y_0).$$

Die Lösung dieser Differenzengleichung lautet (siehe Rauch, B., Mathematische Lösungsmethoden, a. a. O., S. 715 ff):

$$(8) \quad p_t = p^* + \psi\left(\frac{\alpha}{1+\alpha}\right)^t$$

mit:

$$p^* = \beta + m_1 - y_0$$

$$\psi = m_0 - m_1 < 0.$$

Wird Gleichung (8) in Gleichung (4) eingesetzt, so ergibt sich $(y_t^n = y_t)$:

$$(9) \quad y_t = y_0 - \psi\left(\frac{\alpha}{1+\alpha}\right)^t.$$

Wie die Gleichungen (8) und (9) zeigen, nähern sich das Preisniveau und das Volkseinkommen im Laufe der Zeit ihren Gleichgewichtswerten an. Hierbei startet das Preisniveau unter, das Volkseinkommen über seinem Gleichgewichtswert.

III.6 In Abbildung A.III.2 wird berücksichtigt, daß mit einer bestimmten Geldmenge (bei konstanter Umlaufsgeschwindigkeit) maximal ein bestimmtes Transaktionsvolumen (PY) bewältigt werden kann. Dieses Transaktionsvolumen sei bei P_0 und $\overline{Y}$ erreicht; die LM-Kurve verläuft hier senkrecht.

Die Ausgangssituation wird in Abbildung A.III.2 durch Punkt A angegeben. Eine autonome Nachfrageerhöhung verschiebt die IS_0-Kurve nach IS_1 sowie die D_0-Kurve nach D_1 (Punkt B). Die entstandene inflatorische Lücke $(Y_1 - Y_0)$ führt schließlich zu Preissteigerungen (auf P_1). Infolge der Preissteigerungen verschiebt sich die LM-Kurve nach links ($LM(P_1)$), wobei zur Vereinfachung der Abbildung angenommen wird, daß bei dem Preisniveau P_1 lediglich noch Y_0 finanzierbar ist ($P_1 Y_0 = P_0 \overline{Y}$). Weitere Rechtsverschiebungen der IS-Kurve aufgrund erneuter autonomer Nachfragesteigerung haben nun offensichtlich keine Erhöhung der gesamten Güternachfrage mehr zur Folge.

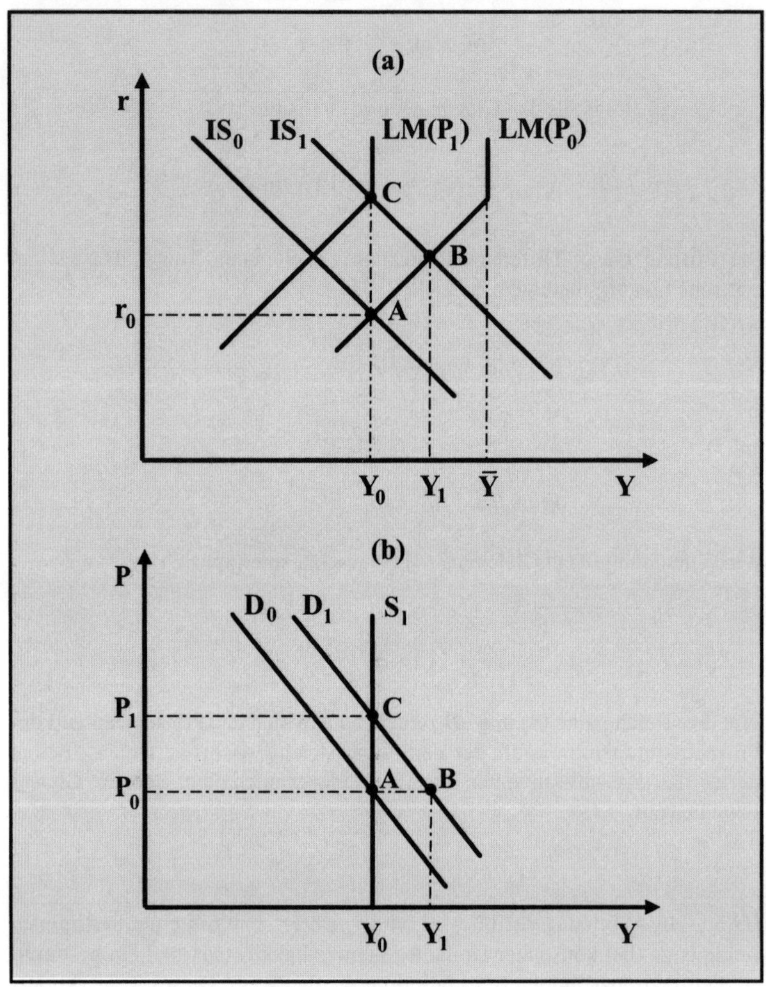

Abbildung A.III.2

III.7 Die Ausgangssituation entspricht Punkt A in Abbildung A.III.3. Es ist zu beachten, daß auch die kurzfristige Angebotskurve S_{k0} in Punkt A einen Knick aufweist: Da der Nominallohn bei Preissenkungen konstant bleibt, ist der Beschäftigungsrückgang ausgeprägter als bei Reaktionen des Nominallohns.

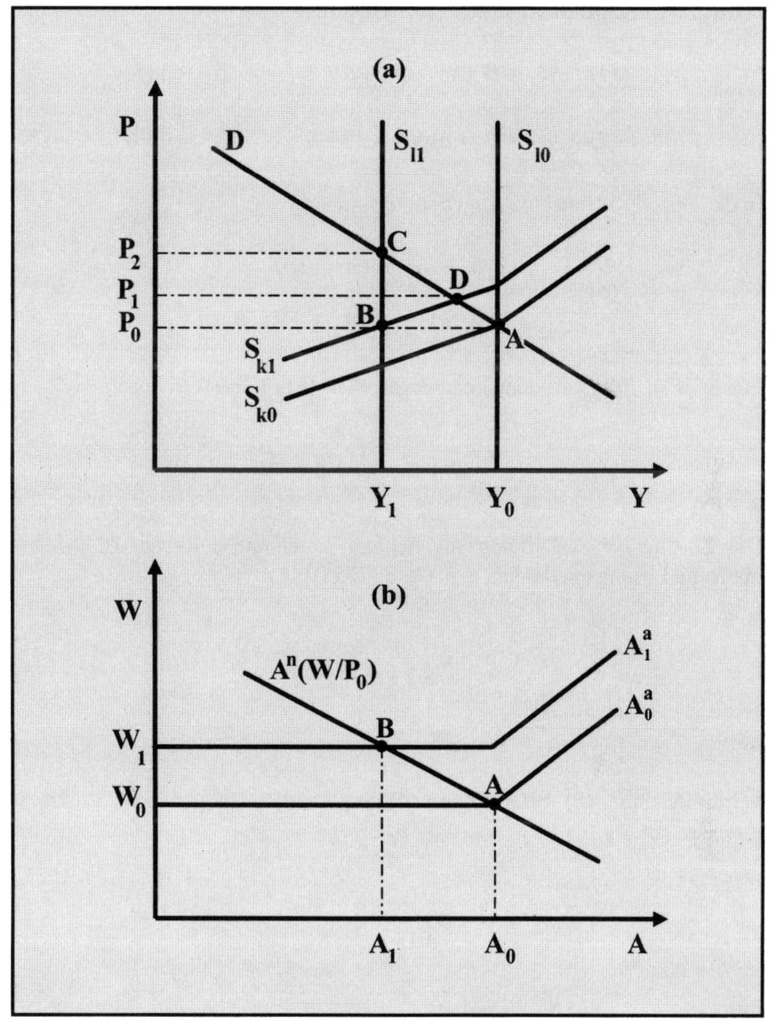

Abbildung A.III.3

Höhere Lohnforderungen (W_1) verschieben die Arbeitsangebotskurve von A_0^a nach A_1^a sowie die kurzfristige Angebotskurve von S_{k0} nach S_{k1}. Beschäftigung und Güterangebot bei korrekten Preiserwartungen gehen auf A_1 bzw. Y_1 zurück (Punkt B).

Infolge des Angebotsrückgangs entsteht bei P_0 eine inflatorische Lücke ($Y_0 - Y_1$), die zu Preissteigerungen führt, kurzfristig auf P_1 (Punkt D; die A^n-Kurve verschiebt sich entsprechend nach oben), langfristig auf P_2 (Punkt C; A^n- und A^a-Kurve verschieben sich entsprechend nach oben).

III.8 In logarithmischer Schreibweise gilt:

$$(4) \quad y_t^n = \beta + m_0 - p_t; \qquad \beta = \ln v$$

$$(5) \quad y_t^a = y_0 + \alpha(p_t - p_{t-1}) + \delta_t^a; \qquad \delta_t^a = \ln \Delta_t^a.$$

In der Periode 1 trete eine Angebotsstörung auf:

$$(6) \quad \delta_t^a = \begin{cases} 0 & \text{für} \quad t \leq 0 \\ \delta^a < 0 & \text{für} \quad t > 0. \end{cases}$$

Für $y_t^n = y_t^a$ folgt aus den Gleichungen (4) – (6) für $t > 0$:

$$(7) \quad p_t - \frac{\alpha}{1+\alpha} p_{t-1} = \frac{1}{1+\alpha}(\beta + m_0 - y_0 - \delta^a).$$

Die Lösung dieser Differenzengleichung lautet (siehe Rauch, B., Mathematische Lösungsmethoden, a. a. O., S. 715 ff):

$$(8) \quad p_t = p^* + \delta^a \left(\frac{\alpha}{1+\alpha}\right)^t$$

mit: $$p^* = p_0 - \delta^a.$$

Wird Gleichung (8) in Gleichung (4) eingesetzt, so folgt für das Volkseinkommen ($y_t^n = y_t$):

$$(9) \quad y_t = y^* - \delta^a \left(\frac{\alpha}{1+\alpha}\right)^t$$

mit: $$y^* = y_0 + \delta^a.$$

Die Gleichungen (8) und (9) zeigen, daß das Preisniveau schrittweise auf ein höheres ($\delta^a < 0$) Gleichgewichtsniveau ansteigt, während das Volkseinkommen sukzessive auf ein niedrigeres Niveau sinkt.

III.9 In Abbildung A.III.4 stellt Punkt A das Ausgangsgleichgewicht dar. Infolge höherer Lohnforderungen ergeben sich die Arbeitsangebotskurve A_1^a ($P^e = P_0$) sowie das langfristige Güterangebot Y_1; bei gegebener Güternachfrage (D_0) stellt sich das Gleichgewicht bei korrekten Preiserwartungen in Punkt C ein.

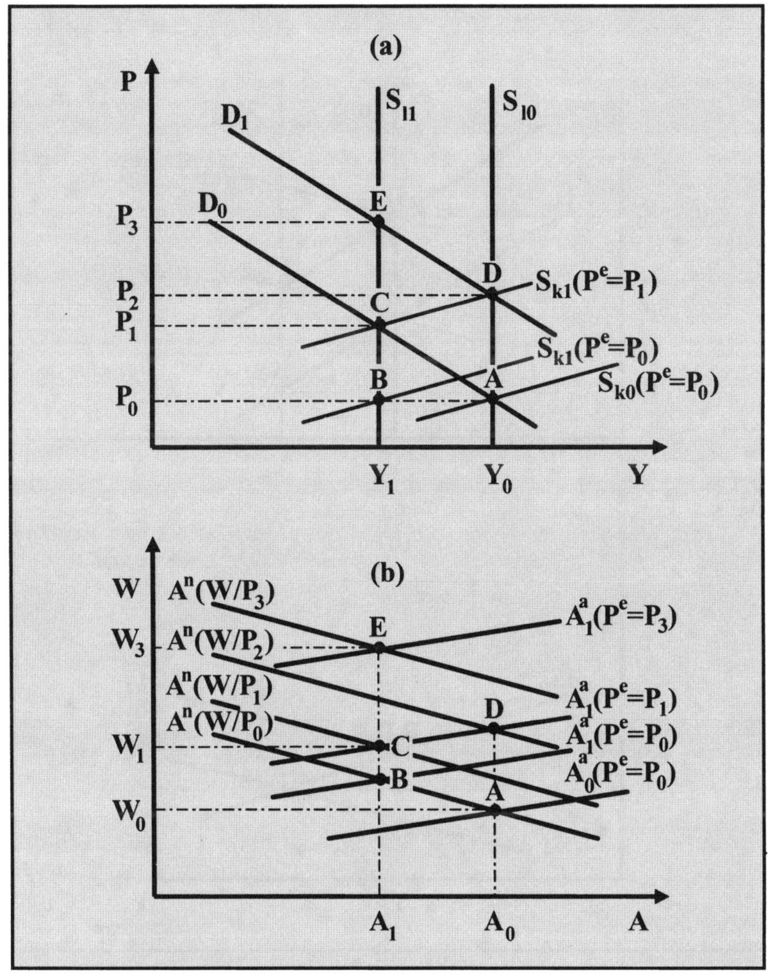

Abbildung A.III.4

Infolge einer Erhöhung der Geldmenge verlagert sich die D-Kurve nach D_1, so daß in Punkt D bei den Preisniveauerwartungen $P^e = P_1$ ein neues kurzfristiges Gleichgewicht erreicht wird. Bei korrekten Erwartungen ($P^e = P_3$) folgt das Gleichgewicht E usw.

III.10 Die Ausgangssituation entspricht Punkt A in Abbildung A.III.5. Nach einer Angebotsstörung stellt sich bei korrekten Preiserwartungen das Gleichgewicht B ein; die LM_0-Kurve verschiebt sich infolge der Preiserhöhung auf P_1 nach LM_1.

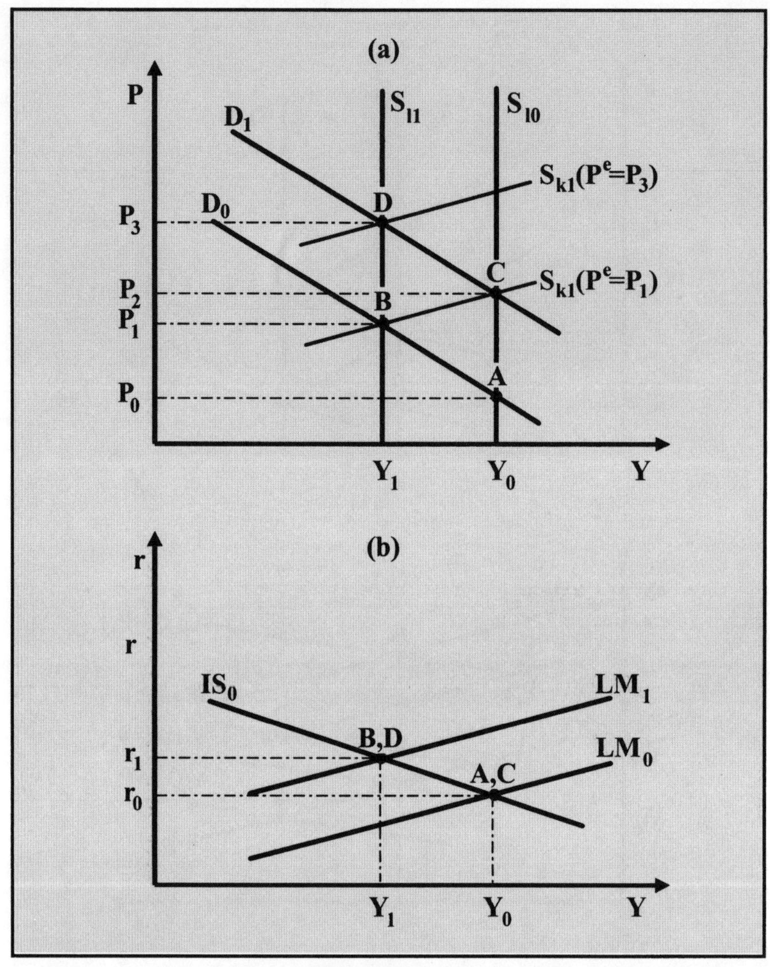

Abbildung A.III.5

Um Y_0 wieder herzustellen, muß sich die D-Kurve nach D_1 verlagern. Hierzu ist es erforderlich, daß die Geldmenge so stark erhöht wird, daß sich unter Berücksichtigung der weiteren Preissteigerung auf P_2 die LM-Kurve wieder in die Lage LM_0 verschiebt. Damit folgt bei falschen Preiserwartungen die Situation C; bei korrekten Preiserwartungen das Gleichgewicht D. Das Gleichgewicht D impliziert, daß sich die LM-Kurve infolge des Preisanstiegs auf P_3 erneut in die Lage LM_1 verschiebt, usw.

III.11 Das Ausgangsgleichgewicht entspricht Punkt A in Abbildung A.III.6; Nominalzins r_0 und Realzins ρ_0 stimmen überein. Da die durch

Investitionstätigkeit ermöglichte Produktion in einer inflationären Wirtschaft zu steigenden Preisen abgesetzt werden kann, ist die Investitionsnachfrage vom realen Zinssatz abhängig. Die Opportunitätskosten der Geldhaltung hingegen werden durch den nominellen Zinssatz erfaßt.

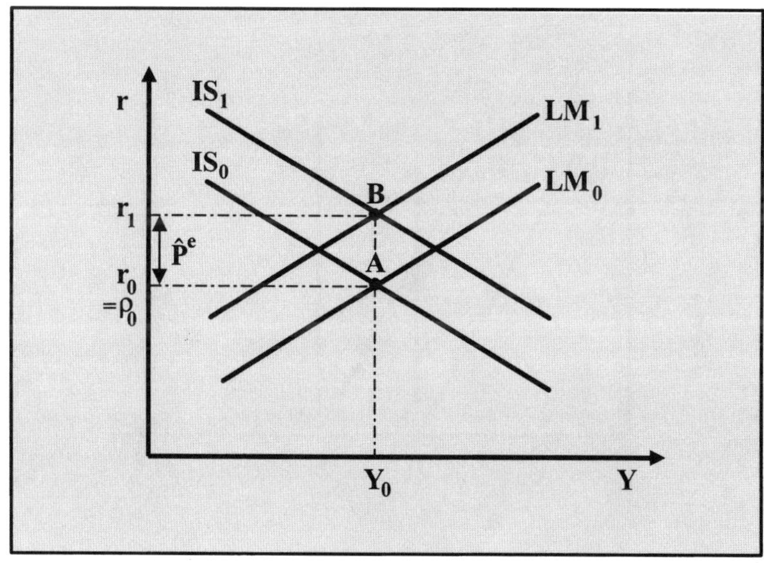

Abbildung A.III.6

Im neuen Gleichgewicht gilt $\hat{P} = \hat{P}^e = \hat{M}$; damit auch $\rho_1 = r_1 - \hat{P}$. Dies bedeutet, daß die gleiche Investitionsnachfrage nun bei r_1 getätigt wird, die IS-Kurve verschiebt sich also nach IS_1. Bei $\hat{P} = \hat{M}$ bleibt die reale Geldmenge konstant, d. h. die Lage der LM-Kurve bleibt unverändert. Im neuen Gleichgewicht muß die LM-Kurve jedoch durch Punkt B verlaufen, was eine niedrigere reale Geldmenge erfordert. In der Übergangszeit von altem zu neuem Gleichgewicht muß deshalb die reale Geldmenge sinken ($\hat{P} > \hat{M}$).

III.12 Das Ausgangsgleichgewicht wird in Abbildung A.III.7 durch Punkt A angezeigt.

Wie der Nachfragegleichung $Y_t^n = Y_{t-1}^n + \beta(\dot{M}_t - \dot{P}_t)$ entnommen werden kann, hat eine Erhöhung der Staatsausgaben keinen Einfluß auf die Gleichgewichtswerte des Volkseinkommens und der Inflationsrate; Punkt A gibt auch das neue Gleichgewicht an. Ein negativer Angebotsschock ($\delta_t^a < 0$) verschiebt nach der Angebotsgleichung $Y_t^a = Y_0 - \delta_t^a + \alpha(\dot{P}_t - \dot{P}_t^e)$ die Angebotskurve von S_{l_0} nach S_{l_1}, es gilt das neue langfristige Angebot Y_1. Damit muß auch die Güternachfrage diesen Wert annehmen. Während des Übergangsprozesses muß also die reale Geldmenge sinken, so daß sich die D-Kurve nach D_1 verlagert; Punkt B stellt in diesem Fall das neue Gleichgewicht dar.

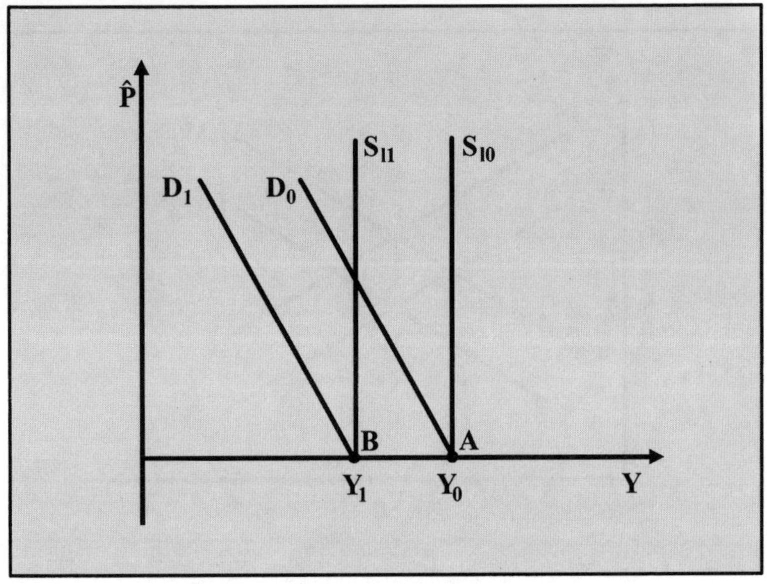

Abbildung A.III.7

III.13 Da die exogenen Nachfragekomponenten konstant sind, gilt $\delta_t^n = 0$ bei $\delta_t^a > 0$ infolge der höheren Lohnforderungen. Bei Markträumung gilt $Y^a = Y^n = Y$. Damit läßt sich Y^a aus Gleichung (1) für t sowie für $t-1$ in Gleichung (2) anstelle Y^n einsetzen:

$$(3) \quad Y_0 + \alpha(\hat{P}_t - \hat{P}_t^e) + \delta_t^a = Y_0 + \alpha(\hat{P}_{t-1} - \hat{P}_{t-1}^e) + \delta_{t-1}^a + \beta(\hat{M}_t - \hat{P}_t).$$

Umformung liefert:

$$(4) \quad \hat{P}_t = \frac{1}{\alpha+\beta}\left[\alpha\hat{P}_t^e + \alpha(\hat{P}_{t-1} - \hat{P}_{t-1}^e) + \beta\hat{M}_t + \delta_{t-1}^a - \delta_t^a\right].$$

Unter Beachtung statischer Erwartungen ergibt sich hieraus für $t > 0$ folgende Differenzengleichung 2. Ordnung in $\hat{P}$:

$$(5) \quad \hat{P}_t - \frac{2\alpha}{\alpha+\beta}\hat{P}_{t-1} + \frac{\alpha}{\alpha+\beta}\hat{P}_{t-2} = \frac{\beta}{\alpha+\beta}\hat{M}_1 - \frac{1}{\alpha+\beta}(\delta_t^a - \delta_{t-1}^a).$$

Für $t = 1$ folgt aus Gleichung (5) bei $\hat{P}_{t-1} = \hat{P}_{t-2} = 0$:

$$(6) \quad \hat{P}_t = \frac{\beta}{\alpha+\beta}\hat{M}_1 - \frac{1}{\alpha+\beta}\delta^a$$

$$(7) \quad Y_1 = Y_0 + \frac{\alpha\beta}{\alpha+\beta}\hat{M}_1 + \frac{\beta}{\alpha+\beta}\delta^a .$$

Für $t > 1$ ergibt sich unter Beachtung von $\delta_t^a - \delta_{t-1}^a = 0$:

$$(8) \quad \hat{P}_t = \hat{P}_1 + \Psi_1\lambda_1^t + \Psi_2\lambda_2^t$$

mit:

$$\hat{P}_1 = \hat{M}_1$$

$$\lambda_{1,2} = \frac{\alpha \pm \sqrt{-\alpha\beta}}{\alpha+\beta}$$

$$\Psi_1, \Psi_2 = \text{Konstante}$$

$$(9) \quad Y_t = Y^* + \alpha\left[\Psi_1\lambda_1^{t-1}(\lambda_1 - 1) + \Psi_2\lambda_2^{t-1}(\lambda_2 - 1)\right]$$

mit:

$$Y^* = Y_0 + \delta^a \qquad (\delta^a < 0).$$

Die Wirtschaft nähert sich unter Schwankungen dem Gleichgewicht $\hat{P} = \hat{M}_1$ und $Y = Y_0 + \delta^a$.

III.14 Das Ausgangsgleichgewicht wird durch $Y_0/\hat{P}_0$ in Abbildung A.III.8 wiedergegeben. Im neuen langfristigen Gleichgewicht gilt $Y_t^a = Y_t^n = Y_t = Y_{t-1} = Y_0$ sowie $\hat{P}_t = \hat{P}_t^e = \hat{P}_1$. Aus den Angebots- und Nachfragegleichungen folgen dann die Gleichgewichtswerte $Y_1 = Y_0$ und $\hat{P}_1 = \hat{P}_0 = 0$, d. h. das neue Gleichgewicht entspricht wieder der Ausgangssituation.

In der Periode, in der die Staatsausgaben erhöht werden, verschiebt sich die D-Kurve von D_0 um δ^n nach D_1. Bei den Inflationserwartungen $\hat{P}^e = 0$ ergibt sich das erste temporäre Gleichgewicht bei $Y_2/\hat{P}_2$.

Nach Erwartungsrevision $\hat{P}^e = \hat{P}_2$ verschiebt sich die S_K-Kurve nach $S_K(\hat{P}^e = \hat{P}_2)$. Die Güternachfrage Y_2 bleibt erhalten, wenn $\hat{P} = \hat{M}$ (= 0) gilt, d. h. der Abszissenabschnitt der D_2-Kurve beträgt Y_2. Das zweite temporäre Gleichgewicht ist bei $Y_3/\hat{P}_3$ erreicht.

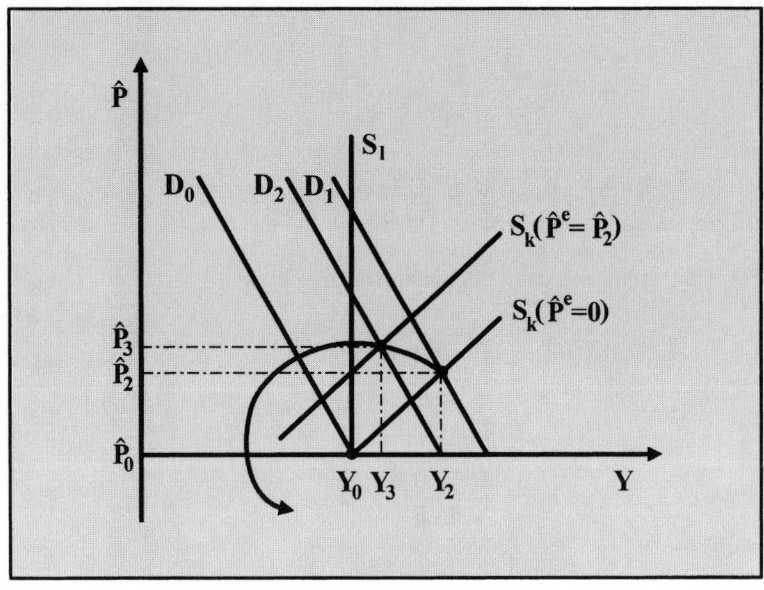

Abbildung A.III.8

Werden weitere temporäre Gleichgewichtc abgeleitct, so zcigt sich, daß das ursprüngliche Gleichgewicht unter abnehmenden Schwankungen wieder erreicht wird.

III.15 Die Ausgangssituation wird in Abbildung A.III.9 durch Punkt A angezeigt. Das Erdbeben stellt einen negativen Angebotsschock ($\delta^a < 0$) dar, so daß das langfristige Güterangebot auf $Y_1 = Y_0 + \delta^a$ zurückgeht. Damit verschieben sich die langfristige und auch die kurzfristige Angebotskurve nach S_{l_1} bzw. $S_{k_1}(\hat{P}^e = 0)$.

Im langfristigen Gleichgewicht muß somit auch die Güternachfrage auf Y_1 zurückgehen. Dies erfordert, daß während des Anpassungsprozesses die reale Geldmenge sinkt. Damit die Güternachfrage dann im neuen Gleichgewicht konstant bei Y_1 bleibt (D_∞-Kurve), muß auch die reale Geldmenge unverändert bleiben. Da $\hat{M} = 0$ gilt, wird dies bei $\hat{P} = 0$ erreicht; das neue Gleichgewicht entspricht Punkt B.

Unter Beachtung der kurzfristigen Angebotskurve $S_{k_1}(\hat{P}^e = 0)$ stellt sich das erste kurzfristige Gleichgewicht in Punkt C ein. Erwartungsrevision verschiebt dann die kurzfristige Angebotskurve nach $S_{k_1}(\hat{P}^e = \hat{P}_2)$. Die Aufrechterhaltung der Güternachfrage Y_2 erfordert, daß die reale Geldmenge konstant bleibt. Bei $\hat{M} = 0$ ist dies bei $\hat{P} = 0$ erreicht; d. h. die D_0-Kurve verlagert sich nach D_1, die die Abszisse bei Y_2 schneidet. Das zweite temporäre Gleichgewicht wird somit in Punkt D erreicht.

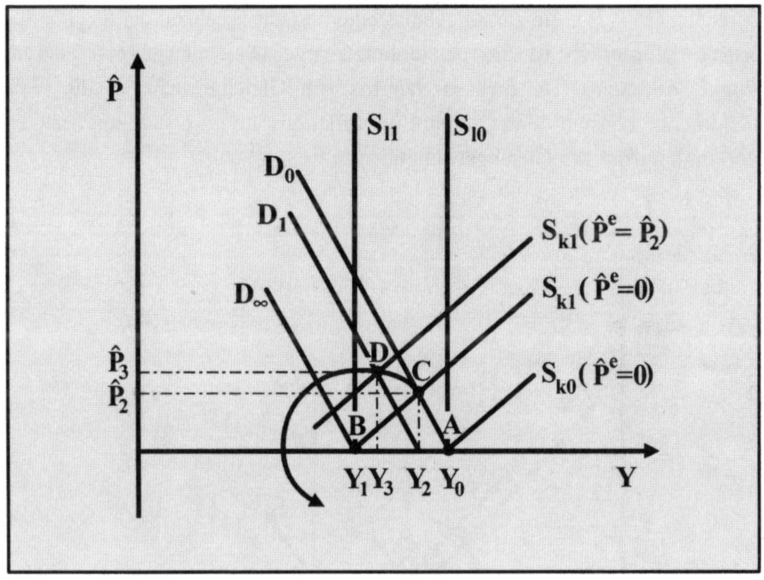

Abbildung A.III.9

Werden weitere kurzfristige Gleichgewichte abgeleitet, so zeigt sich, daß das neue Gleichgewicht unter konvergierenden Schwankungen erreicht wird, wie durch den eingezeichneten Pfeil angedeutet wird.

III.16 Die Ausgangssituation wird durch Punkt A in Abbildung A.III.10 angezeigt. Der negative Angebotsschock verschiebt die kurz- und die langfristige Angebotskurve nach S_{l_1} bzw. $S_{k_1}(\hat{P}^e = 0)$. Die Wachstumsrate der Geldmenge ($\hat{M}$) wird nun so stark erhöht, daß sich die D_1-Kurve und die $S_{k_1}(\hat{P}^e = 0)$-Kurve bei Y_0 schneiden (Punkt C).

Im neuen langfristigen Gleichgewicht sinkt das Volkseinkommen auf Y_1, die Inflationsrate steigt auf $\hat{P}_1 = \hat{M}$ an (Punkt B), den Schnittpunkt zwischen der S_{l_1}-Kurve und der endgültigen D-Kurve (D_∞).

Der Anpassungsprozeß verläuft wie folgt: Das Güterangebot verringert sich infolge des negativen Angebotsschocks auf Y_1. Bei $\hat{P} = 0$ beträgt die Güternachfrage unverändert Y_0. Die inflatorische Lücke $(Y_0 - Y_1)$ führt zu Preissteigerungen und damit zu einem Rückgang der Güternachfrage. Diesen Nachfragerückgang verhindert der Staat durch expansive Geldpolitik. Um die Nachfrage bei Y_0 zu stabilisieren, muß die reale Geldmenge konstant bleiben, d. h. die Wachstumsrate der Geldmenge muß der Inflationsrate entsprechen ($\hat{M} = \hat{P}_1$), die zur Angebotssteigerung entsprechend der $S_{k1}(\hat{P}^e = 0)$-Kurve erforderlich ist. Das erste kurzfristige Gleichgewicht ist also in Punkt C erreicht. (Da auch im langfristigen Gleichgewicht Y_1 die reale Geldmenge konstant bleibt, stimmt die Inflationsrate im ersten kurzfristigen und im langfristigen Gleichgewicht überein.)

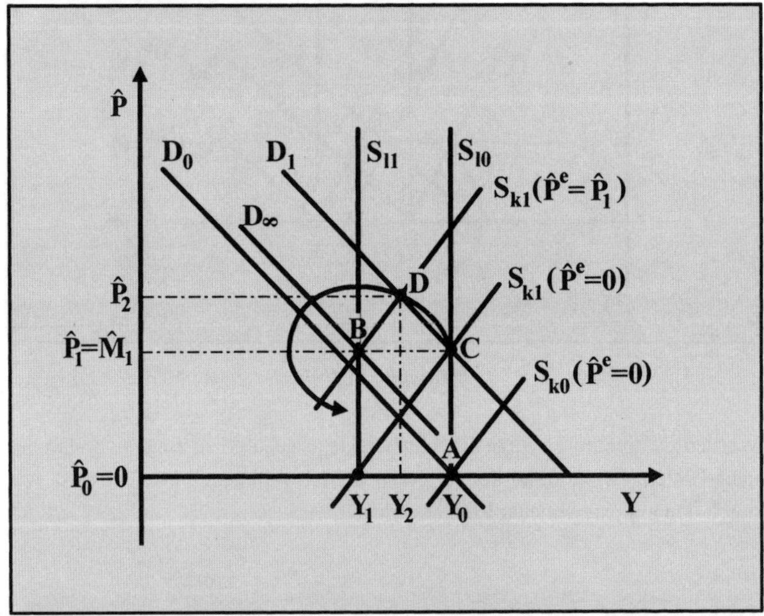

Abbildung A.III.10

Erwartungsrevision verschiebt die kurzfristige Angebotskurve nach $S_{k1}(\hat{P}^e = \hat{P}_1)$. Die Nachfrage Y_0 bleibt erhalten, wenn die reale Geldmenge konstant bleibt. Dies ist in Punkt C gegeben, d. h. die D_1-Kurve ändert ihre Lage nicht. Das zweite kurzfristige Gleichgewicht entspricht Punkt D.

Die Verbindungslinie aller temporären Gleichgewichte (ab der nächsten Periode verändert auch die D-Kurve ihre Lage) führt zu dem angedeuteten Zeitpfad, d. h. das neue Gleichgewicht wird unter konvergierenden Schwankungen erreicht.

III.17 In Abbildung A.III.11 entspricht Punkt A dem Ausgangsgleichgewicht, Punkt B dem neuen Gleichgewicht.

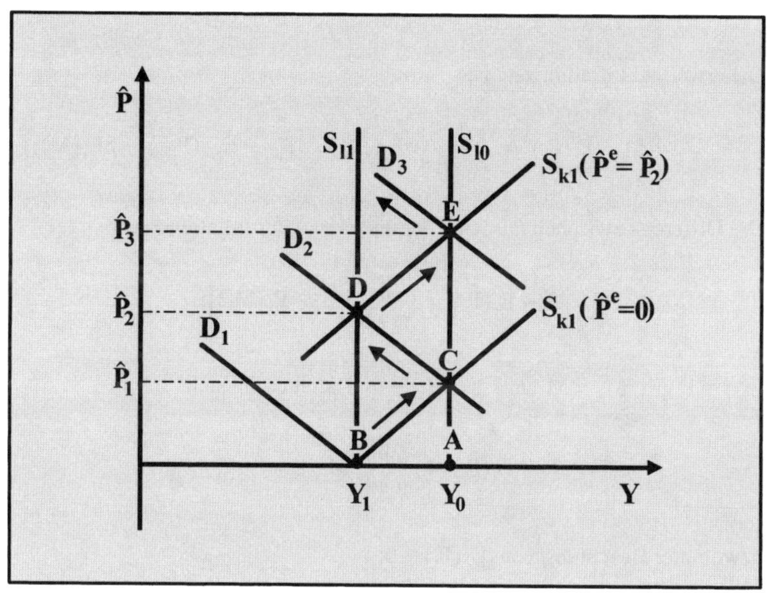

Abbildung A.III.11

Der Staat könnte nun unter Ausnutzung der Inflationserwartungen $\hat{P}^e = 0$ die Wachstumsrate der Geldmenge so stark erhöhen ($\hat{M}_1$), daß die entsprechende neue D-Kurve (D_2) die Kurve $S_{k1}(\hat{P}^e = 0)$ bei Y_0 schneidet (Punkt C). Die Inflationsrate steigt hierbei von 0 auf $\hat{P}_1$. Nach vollständiger Anpassung (korrekten Inflationserwartungen) entfällt jedoch der Produktionsgewinn wieder, während die Inflationsrate auf $\hat{P}_2 = \hat{M}_1$ ansteigt (Punkt D).

In dieser Situation müßte der Staat die Wachstumsrate der Geldmenge weiter erhöhen ($\hat{M}_2$), so daß die resultierende D-Kurve (D_3) die nun geltende Kurve $S_{k1}(\hat{P}^e = \hat{P}_2)$ wieder bei Y_0 schneidet usw. (Akzelerationstheorem).

III.18 Bei Markträumung gilt $Y^a = Y^n = Y$. Damit läßt sich Gleichung (2) für t ($Y_t^a = Y_t^n = Y_t$) sowie für t−1 ($Y_{t-1}^a = Y_{t-1}^n = Y_{t-1}$) in Gleichung (1) einsetzen:

$$(3) \quad Y_0 + \alpha(\hat{P}_t - \hat{P}_t^e) = Y_0 + \alpha(\hat{P}_{t-1} - \hat{P}_{t-1}^e) + \beta(\hat{M}_t - \hat{P}_t).$$

Umformung liefert unter Berücksichtigung rationaler Erwartungen:

$$(4) \quad \hat{P}_t = \frac{1}{\alpha+\beta}\left\{\alpha E_t(\hat{P}_t) + \alpha\left[\hat{P}_{t-1} - E_{t-1}(\hat{P}_{t-1})\right] + \beta\hat{M}_t\right\}.$$

Die erwartete Inflationsrate ist:

$$(5) \quad E_t(\hat{P}_t) = \frac{1}{\alpha+\beta}\left\{\alpha E_t(\hat{P}_t) + \alpha\left[\hat{P}_{t-1} - E_{t-1}(\hat{P}_{t-1})\right] + \beta E_t(\hat{M}_t)\right\}.$$

Die Differenz zwischen tatsächlicher und erwarteter Inflationsrate beträgt:

$$(6) \quad \hat{P}_t - E_t(\hat{P}_t) = \frac{\beta}{\alpha+\beta}\left[\hat{M}_t - E_t(\hat{M}_t)\right].$$

In $\mathbf{t=1}$ gilt $\hat{M}_1 = \hat{M}$ und $E_1(\hat{M}_1) = 0$. Damit ergibt sich:

$$(7) \quad \hat{P}_1 - E_1(\hat{P}_1) = \frac{\beta}{\alpha+\beta}\hat{M}$$

bzw., unter Beachtung von $E_1(\hat{P}_1) = 0$:

$$(8) \quad \hat{P}_1 = \frac{\beta}{\alpha+\beta}\hat{M}.$$

Wird dieses Ergebnis in der Angebotsfunktion berücksichtigt, so folgt:

$$(9) \quad Y_1 = Y_0 + \frac{\alpha\beta}{\alpha+\beta}\hat{M}.$$

Gleichung (9) zeigt, daß es auch in diesem Fall aufgrund von Erwartungsirrtümern zu Beschäftigungseffekten kommt.

In $\mathbf{t=2}$ gilt $\hat{M}_2 = \hat{M}$ und $E_2(\hat{M}_2) = \hat{M}$. Damit folgt:

$$(10) \quad \hat{P}_2 - E_2(\hat{P}_2) = 0$$

sowie aus der Angebotsfunktion:

$$(11) \quad Y_2 = Y_0.$$

Die in $t=2$ geltende Inflationsrate läßt sich berechnen aus:

$$(12) \quad (Y_2^a =)\ Y_0 = Y_1 + \beta(\hat{M} - \hat{P}_2)\ (= Y_2^n).$$

Unter Beachtung des obigen Wertes für Y_1 ergibt sich:

$$(13)\quad \hat{P}_2 = \frac{2\alpha+\beta}{\alpha+\beta}\hat{M}.$$

Aufgrund der korrekten Inflationserwartungen entfallen nun Beschäftigungseffekte. Da die reale Geldmenge in $t = 1$ angestiegen ist, muß diese nun reduziert werden ($\hat{P}_2 > \hat{M}$), so daß die Nachfrage auf Y_0 zurückgeht.

In **t = 3** (sowie für $t > 3$) gilt $\hat{M}_3 = \hat{M}$ und $E_3(\hat{M}_3) = \hat{M}$; damit auch:

$$(14)\quad \hat{P}_3 - E_3(\hat{P}_3) = 0$$

$$(15)\quad Y_3 = Y_0$$

$$(16)\quad (Y_3^a =)\ Y_0 = Y_2 + \beta(\hat{M} - \hat{P}_3)\ (= Y_3^n).$$

Mit $Y_2 = Y_0$ folgt $\hat{P}_3 = \hat{M}$.

Mit der dritten Periode wird also das neue langfristige Gleichgewicht erreicht.

III.19 Die Ausgangssituation wird durch Punkt A in Abbildung A.III.12 angezeigt; die Inflationsrate entspricht der Wachstumsrate der Geldmenge ($\hat{P}_0 = \hat{M}$).

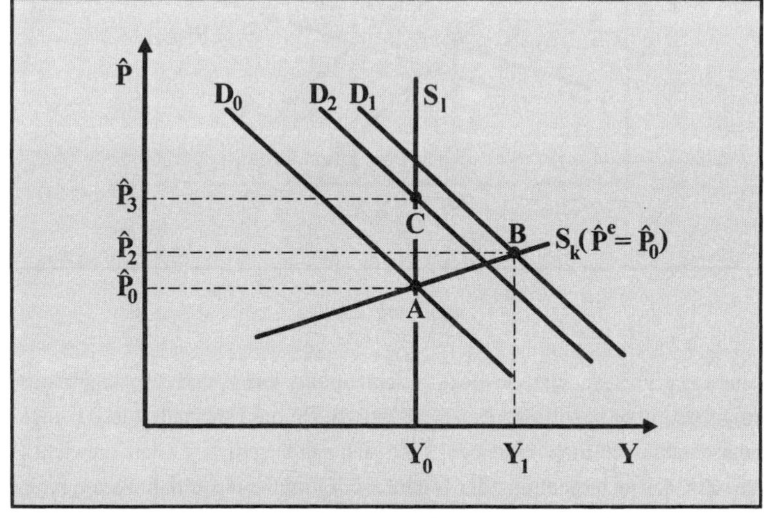

Abbildung A.III.12

Eine Erhöhung der Staatsnachfrage in der Periode t ($\delta_t^n > 0$) verschiebt die D-Kurve nach D_1. Da die Ausgabenerhöhung nicht angekündigt ist, stellt sich ein erstes kurzfristiges Gleichgewicht bei Y_1 und $\hat{P}_1$ ein (Punkt B). Die Güternachfrage Y_1 bliebe auch in der nächsten Periode erhalten, wenn die Inflationsrate gleich der Wachstumsrate der Geldmenge wäre; die D-Kurve verschiebt sich somit von D_1 nach D_2. Die Haushalte erkennen, daß zur Reduzierung der Güternachfrage auf ihren ursprünglichen Wert (Y_0) eine Inflationsrate von $\hat{P}_2$ erforderlich ist. Da sie sich mit ihren Lohnforderungen darauf einstellen, wird Punkt C erreicht. Damit Y_0 in den folgenden Perioden erhalten bleibt, muß wieder die ursprüngliche Inflationsrate gelten; ab der dritten Periode wird also wieder Punkt A realisiert.

III.20 Die Ausgangssituation entspricht wieder Punkt A in Abbildung A.III.13.

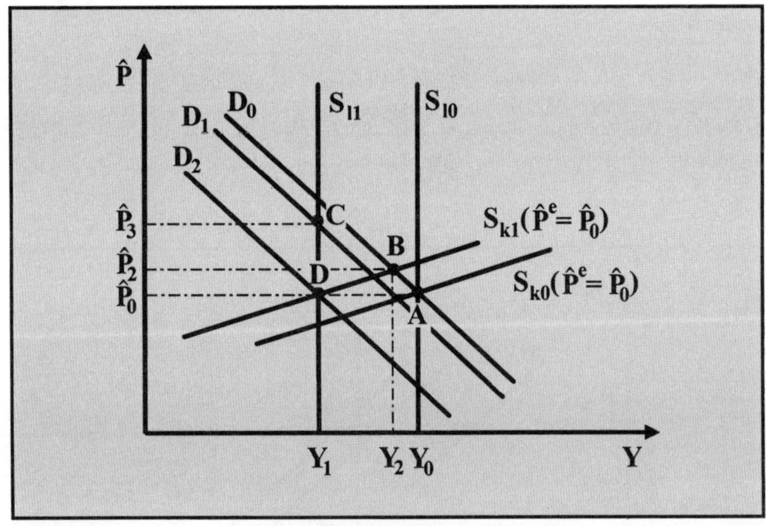

Abbildung A.III.13

Ein negativer Angebotsschock verschiebt die kurz- und die langfristige Angebotskurve nach links (S_{l1}, $S_{k1}(\hat{P}^e = \hat{P}_0)$). Da die Haushalte diesen Angebotsschock noch nicht erkennen, stellt sich das kurzfristige Gleichgewicht B ein. Zur Aufrechterhaltung der Nachfrage Y_2 müßte die Inflationsrate in der nächsten Periode auf $\hat{P}_0$ sinken, d. h. die D_0-Kurve verschiebt sich nach D_1. Da das Angebot nur noch Y_1 beträgt, muß die Nachfrage jedoch auf diesen

Wert reduziert werden. Dies erfordert eine Inflationsrate in Höhe von $\hat{P}_3$, die bei Kenntnis dieser Zusammenhänge auch realisiert wird (Punkt C). Damit Y_1 auch in den folgenden Perioden erhalten bleibt, muß wieder die ursprüngliche Inflationsrate gelten (D_1 nach D_2). Da die Haushalte auch dies erkennen und sich mit ihren Lohnforderungen darauf einstellen, wird ab der dritten Periode das neue Gleichgewicht D erreicht.

III.21 Ausgangspunkt ist A in Abbildung A.III.14. Infolge der Erhöhung der Wachstumsrate der Geldmenge verschiebt sich die D-Kurve nach D_1. Das erste temporäre Gleichgewicht ist in Punkt B, das neue langfristige Gleichgewicht in Punkt C ($\hat{P}_3 = \hat{M}$) erreicht.

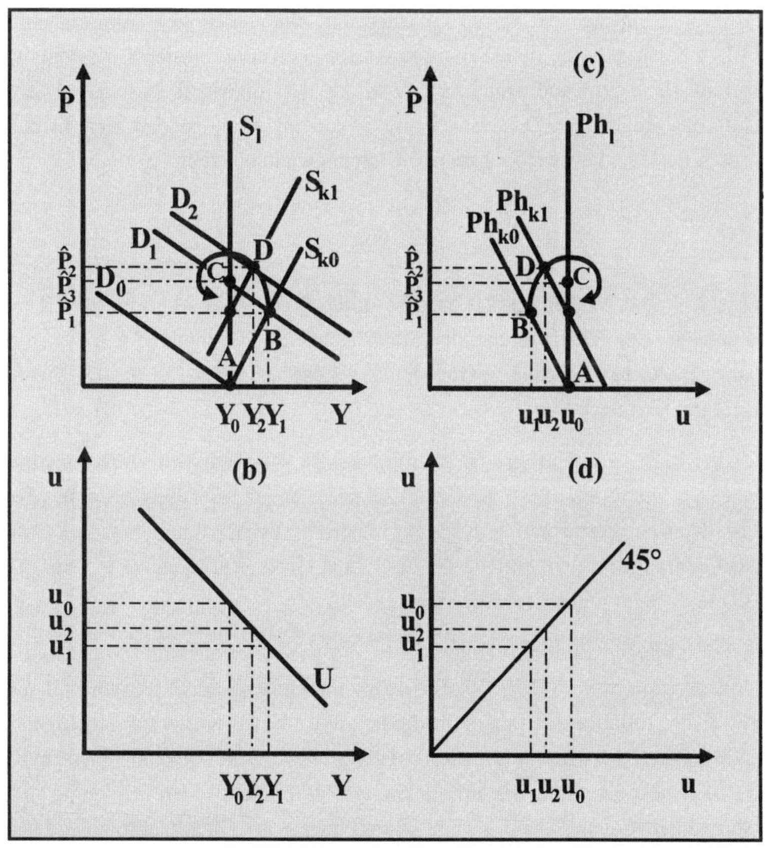

Abb. A.III.14

Von Punkt B ausgehend verschiebt sich die S_k-Kurve bei statischen Erwartungen ($\hat{P}^e = \hat{P}_1$) in der nächsten Periode von S_{k0} nach S_{k1}, die kurzfristige Phillips-Kurve von Ph_{k0} nach Ph_{k1}. Zur Aufrechterhaltung der Güternachfrage Y_1 müßte die Inflationsrate auf $\hat{P}_3$ ansteigen; die D-Kurve verlagert sich also nach D_2. Das zweite temporäre Gleichgewicht ist in Punkt D erreicht. Weitere temporäre Gleichgewichte zeigen, daß das neue Gleichgewicht $\hat{P}_3$ bei Y_0 bzw. u_0 unter konvergierenden Schwankungen erreicht wird, wie durch die Pfeile angedeutet wird (Punkt C).

Wird die geldpolitische Maßnahme angekündigt, so wird bei rationalen Erwartungen in der gleichen Periode das neue langfristige Gleichgewicht erreicht. Wird die geldpolitische Maßnahme nicht angekündigt, so wird zunächst Punkt B realisiert. Erkennen die Wirtschaftssubjekte in der nächsten Periode die Erhöhung der Wachstumsrate der Geldmenge, so wissen sie, daß die Güternachfrage der Kurve D_2 entspricht. Sie stellen sich dann auf eine Inflationsrate ein, die dem Schnittpunkt der D_2-Kurve mit der S_l-Kurve entspricht, die somit auch realisiert wird. Ab der folgenden Periode gilt die Güternachfragekurve D_1, was ebenfalls erkannt wird, so daß sich in der dritten Periode das neue langfristige Gleichgewicht einstellt.

III.22 Die Ausgangssituation wird durch Punkt A in Abbildung A.III.15 angezeigt. Die Verringerung der Staatsnachfrage verschiebt die IS_0-Kurve nach IS_1. Ceteris paribus ergibt sich die Güternachfrage $\underline{Y}$, die D_0-Kurve verlagert sich nach D_1.

Da bei $\hat{P}_0$ das Angebot größer als die Nachfrage ist, sinkt die Inflationsrate (auf $\hat{P}_1$). Hierdurch steigt die Güternachfrage entlang der D_1-Kurve an (die LM_0-Kurve verschiebt sich aufgrund höherer realer Geldmenge nach LM_1); das Güterangebot geht entlang der $S_k(\hat{P}^e = \hat{P}_0)$ -Kurve zurück, bis in Punkt C ein erstes temporäres Gleichgewicht erreicht ist.

In der nächsten Periode verlagert sich die S_k-Kurve aufgrund von Erwartungsrevision nach $S_k(\hat{P}^e = \hat{P}_1)$. Zur Aufrechterhaltung der Güternachfrage Y_1 müßte die Inflationsrate auf $\hat{P}_0$ ansteigen, d. h. die D_1-Kurve verschiebt sich nach oben (D_2). Damit existiert bei $\hat{P}_1$ wieder ein Angebotsüberschuß, wodurch die Inflationsrate auf $\hat{P}_2$ sinkt. Dies bewirkt einen Rückgang des Güterangebots von Y_0 auf Y_2 und einen Anstieg der Güternachfrage entlang D_2 von Y_1 nach Y_2 (die LM_1-Kurve verschiebt sich nach LM_2). In Punkt D ist dann das zweite temporäre Gleichgewicht erreicht.

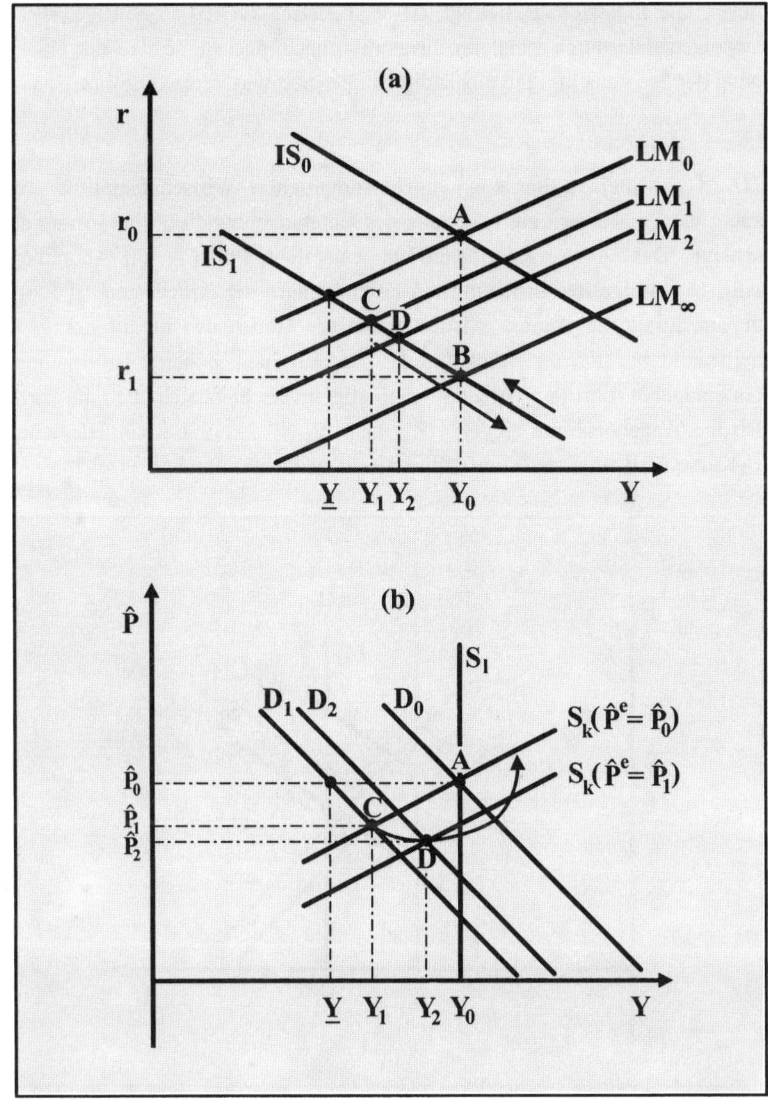

Abbildung A.III.15

Weitere temporäre Gleichgewichte führen dann zum langfristigen Gleichgewicht: In Teil b zu Punkt A; in Teil a zu Punkt B, der in konvergierenden Schwankungen entlang der IS_1-Kurve erreicht wird.

Während des Anpassungsprozesses ist die reale Geldmenge angestiegen, so daß der Nominalzinssatz auf r_1 gesunken ist. Da die Inflationsrate auch im neuen Gleichgewicht $\hat{P}_0$ beträgt, ist der Realzins auf $\rho_1 = r_1 - \hat{P}_0$ zurückgegangen. Hierdurch steigt die Investitionsnachfrage an, so daß der Rückgang der Staatsnachfrage vollständig kompensiert wird (crowding-in).

III.23 Mittels dieser sog. angebotsorientierten Wirtschaftspolitik versucht der Staat über eine Erhöhung des Güterangebots die Inflationsrate zu senken. Das Ausgangsgleichgewicht entspricht Punkt A in Abbildung A.III.16. Infolge der Erhöhung des Grenzertrages der Arbeit steigt die Arbeitsnachfrage an. Damit existiert ein neues Gleichgewicht auf dem Arbeitsmarkt bei höherer Beschäftigung, was zu einem höheren langfristigen Güterangebot führt (S_{l1}). Mit der langfristigen verschiebt sich auch die kurzfristige Angebotskurve ($S_{k0}(\hat{P}^e = \hat{P}_0)$ nach $S_{k1}(\hat{P}^e = \hat{P}_0)$). Bei unveränderter D-Kurve wird ein erstes kurzfristiges Gleichgewicht in Punkt C erreicht.

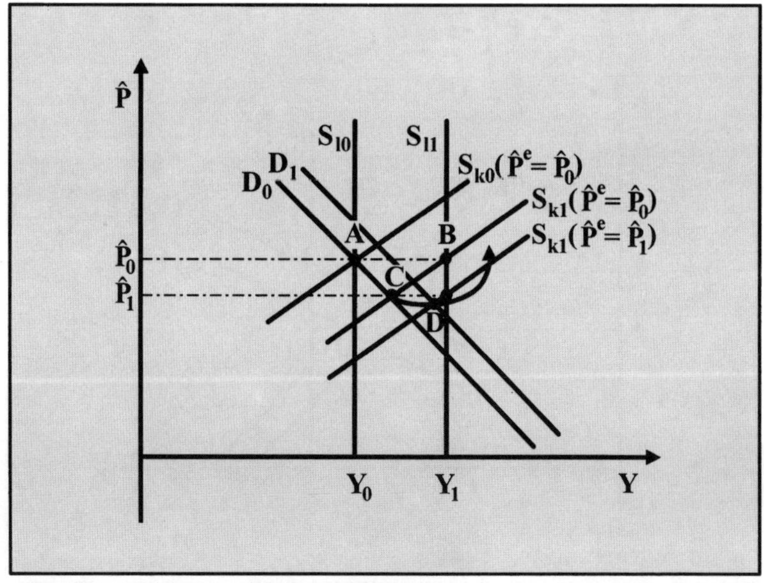

Abbildung A.III.16

Erwartungsrevision verschiebt die S_k-Kurve nach S_{k1} $(\hat{P}^e = \hat{P}_1)$. Die Aufrechterhaltung der Punkt C zugehörigen Güternachfrage erfordert eine Inflationsrate in Höhe von $\hat{P}_0$, d. h. die D_0-Kurve verlagert sich nach D_1. Ein zweites temporäres Gleichgewicht ist dann in Punkt D realisiert. Werden weitere temporäre Gleichgewichte bestimmt, so ergibt sich der durch den Pfeil angedeutete Anpassungspfad zu dem neuen langfristigen Gleichgewicht B.

Da die Wachstumsrate der Geldmenge unverändert bleibt, gelingt es dem Staat mit der angegebenen Maßnahme lediglich, die Inflationsrate temporär zu senken.

III.24 Bei stetiger Markträumung ($Y^a = Y^n = Y$) läßt sich Gleichung (1) für t und $t-1$ in Gleichung (2) einsetzen:

$$(3) \quad Y_0 + \alpha(\hat{P}_t - \hat{P}_{t-1}) = Y_0 + \alpha(\hat{P}_{t-1} - \hat{P}_{t-2}) + \beta(\hat{M}_t - \hat{P}_t).$$

Nach Umformung ergibt sich:

$$(4) \quad \hat{P}_t - \frac{2\alpha}{\alpha+\beta}\hat{P}_{t-1} + \frac{\alpha}{\alpha+\beta}\hat{P}_{t-2} = \frac{\beta}{\alpha+\beta}\hat{M}_t.$$

Für $t > 0$ gilt $\hat{M}_t = 0$. Die Lösung der Gleichung (4) ist dann:

$$(5) \quad \hat{P}_t = \Psi_1\lambda_1^t + \Psi_2\lambda_2^t$$

mit: $$\lambda_{1,2} = \frac{\alpha \pm \sqrt{-\alpha\beta}}{\alpha+\beta}$$

$$\Psi_1, \Psi_2 = \text{Konstante.}$$

Gleichung (5) für t und $t-1$ in Gleichung (1) eingesetzt liefert:

$$(6) \quad Y_t = Y_0 + \alpha[\Psi_1\lambda_1^{t-1}(\lambda_1 - 1) + \Psi_2\lambda_2^{t-1}(\lambda_2 - 1)].$$

Inflationsrate und Einkommen nähern sich unter Schwankungen dem Gleichgewichtswert $\hat{P} = 0$ und $Y = Y_0$.

III.25 Ausgangspunkt ist A in Abbildung A.III.17. Infolge der Verringerung der Wachstumsrate der Geldmenge auf Null (D_1-Kurve) wird das erste temporäre Gleichgewicht bei $Y_1/\hat{P}_1$ erreicht, was $u_1/\hat{P}_1$ im Phillips-Kurven-Diagramm entspricht (Punkt C).

Weitere temporäre Gleichgewichte führen entlang dem eingezeichneten Pfad zu dem langfristigen Gleichgewicht B. Bei rationalen Erwartungen und angekündigter Geldpolitik wird das langfristige Gleichgewicht ohne zeitliche Verzögerung realisiert.

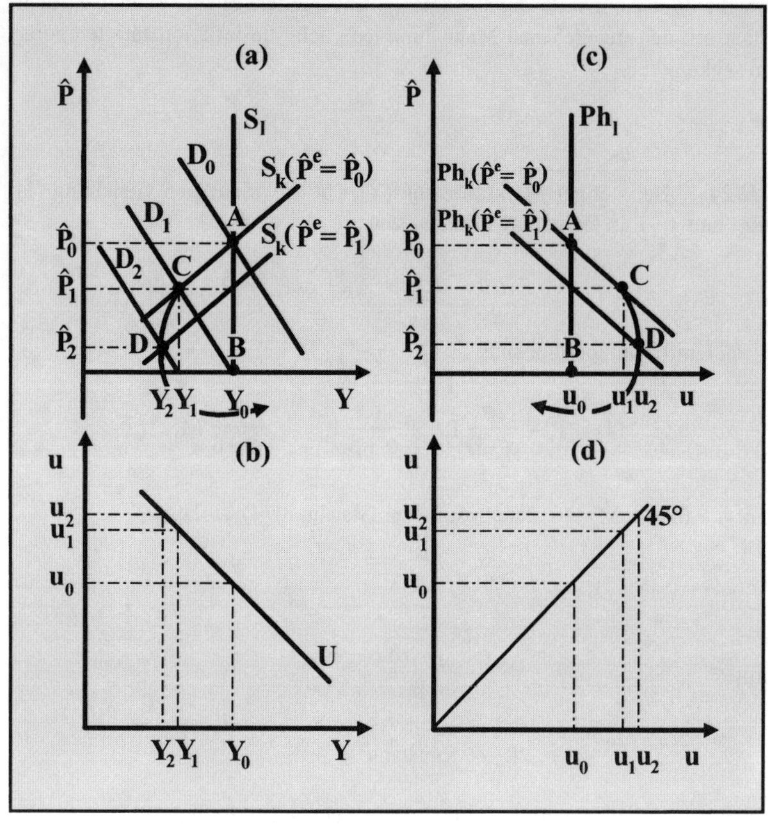

Abb. A.III.17

III.26 Die Zielfunktion lautet (bei gleicher Gewichtung der beiden Ziele):

$$(1) \quad \theta = \hat{P}_t^2 + (u_t - u_0)^2.$$

Die Phillips-Kurve bei statischen Inflationserwartungen wird gegeben durch:

$$(2) \quad u_0 - u_t = \alpha(\hat{P}_t - \hat{P}_{t-1}).$$

Die Kostenfunktion (1) läßt sich wieder mit Hilfe von Isokostenkurven in Form von Kreisen um den Zielpunkt B in Abbildung A.III.18 darstellen. Die Nebenbedingung (2) wird durch die langfristige sowie die kurzfristigen Phillips-Kurven wiedergegeben.

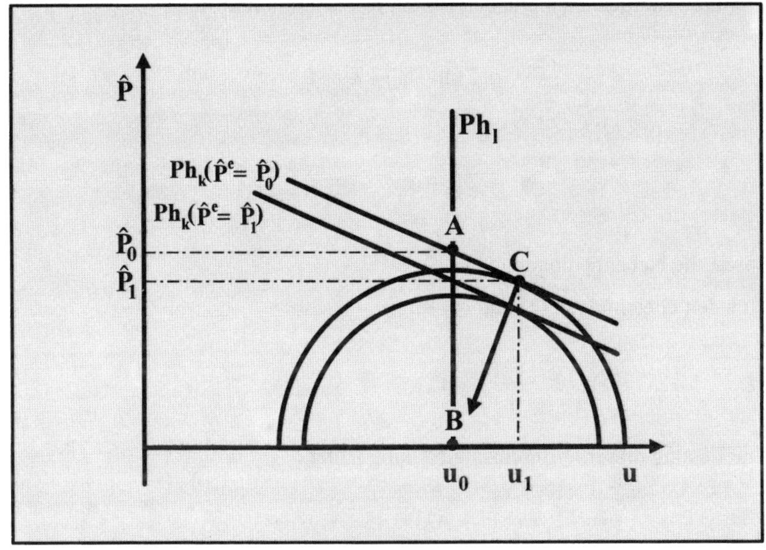

Abbildung A.III.18

Ausgangspunkt ist A. Die optimale Anti-Inflationspolitik besteht nun zunächst darin, unter Berücksichtigung der kurzfristigen Phillips-Kurve $Ph_k(\hat{P}^e = \hat{P}_0)$ eine möglichst niedrige Isokostenkurve zu erreichen, d. h. durch entsprechende kontraktive Geldpolitik Punkt C zu realisieren. Nach Erwartungskorrektur ist erneut der jeweilige Berührpunkt mit einer Isokostenkurve zu verwirklichen. Insgesamt ergibt sich der eingezeichnete Anpassungspfad, d. h. die Wachstumsrate der Geldmenge ist jeweils so zu wählen, daß sich die diesem Pfad entsprechenden Werte für $\hat{P}$ und u ergeben.

III.27 Die Kostenfunktion lautet (bei gleicher Gewichtung der beiden Ziele):

$$(1) \quad \theta = \hat{P}_t^2 + (u_t - u_0)^2,$$

die Nebenbedingung ist (unter Berücksichtigung statischer Erwartungen):

$$(2) \quad u_0 - u_t = \alpha(\hat{P}_t - \hat{P}_{t-1}).$$

Die Lösung erfolgt mittels des Lagrange-Ansatzes:

$$(3) \quad L = \hat{P}_t^2 + (u_t - u_0)^2 + \lambda(u_0 - u_t - \alpha\hat{P}_t + \alpha\hat{P}_{t-1}).$$

Die notwendigen Bedingungen für ein Kostenminimum sind:

$$(4)\quad \begin{aligned} \frac{\partial L}{\partial u_t} &= 2(u_t - u_0) - \lambda = 0 \\ \frac{\partial L}{\partial \hat{P}_t} &= 2\hat{P}_t - \alpha\lambda \qquad = 0 \end{aligned}$$

sowie die Nebenbedingung (2).

Aus den Gleichungen (2) und (4) folgt:

$$(5)\quad \hat{P}_t - \frac{\alpha^2}{1+\alpha^2}\hat{P}_{t-1} = 0.$$

Die Lösung dieser Differenzengleichung lautet:

$$(6)\quad \hat{P}_t = \hat{P}^* + A\lambda^t$$

mit: $\hat{P}^* = 0, \qquad A = \hat{P}_0, \qquad \lambda = \alpha^2/(1+\alpha^2).$

Die Gleichungen (2) und (6) liefern:

$$(7)\quad u_t = u_0 - \alpha A\lambda^{t-1}(\lambda - 1).$$

Da $\lambda < 1$, besteht die optimale Anti-Inflationspolitik darin, die Inflationsrate (Gleichung (6)) und die Arbeitslosenquote (Gleichung (7)) monoton ihren Gleichgewichtswerten ($\hat{P} = 0, \quad u = u_0$) anzunähern. Während des Anpassungsprozesses liegen die Inflationsrate und die Arbeitslosenquote über ihren Gleichgewichtswerten.

III.28 Das Ausgangsgleichgewicht wird durch Punkt A in Abbildung A.III.19 wiedergegeben. Der negative Angebotsschock führt zu verringerter Arbeitsnachfrage (A_0^n nach A_1^n). Bei Markträumung sinkt die Beschäftigung auf A_1, der Reallohn auf w_1 (Punkt B).

Bei Lohnindexierung bleibt w_0 während der Dauer des Tarifvertrages erhalten. Der folgende Tarifvertrag trägt dann jedoch dem negativen Angebotsschock Rechnung. Es wird unter Beachtung der geltenden Inflationsrate eine Wachstumsrate des Nominallohns vereinbart, so daß sich der markträumende Reallohn w_1 und die Beschäftigung A_1 einstellen. Damit entfallen die negativen Beschäftigungseffekte bei Rekontrahierung.

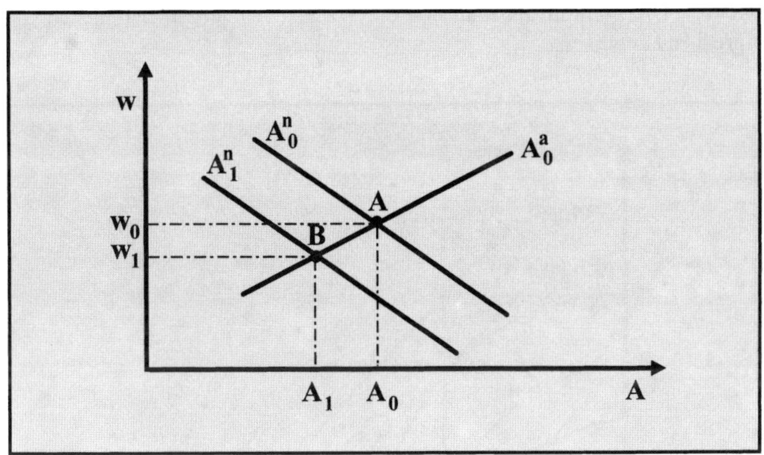

Abbildung A.III.19

III.29 Die Kostenfunktion lautet nun (bei gleicher Gewichtung der beiden Ziele):

$$(1) \quad \theta_t = \hat{P}_t^2 + u_t^2; \qquad \alpha_1 = \alpha_2 = 1.$$

Die Phillips-Kurve ist:

$$(2) \quad u_0 - u_t = \alpha(\hat{P}_t - \hat{P}_t^e).$$

Für die erwartete Inflationsrate gilt:

$$(3) \quad \hat{P}_t^e = E_t(\hat{P}_t).$$

Die Isokostenlinien stellen nun in Abbildung A.III.20 Kreise um den Ursprung des Koordinatensystems dar. Gleichung (2) läßt sich durch die langfristige sowie die kurzfristigen Phillips-Kurven veranschaulichen.

Ausgangspunkt ist wiederum A. Die unter Beachtung der Nebenbedingung Ph_l günstigste Kostensituation wird in Punkt B erreicht.

Der Ankündigung der Zentralbank, Punkt B realisieren zu wollen, wird jedoch bei rationalen Erwartungen kein Glauben geschenkt, da in dieser Situation ein Anreiz besteht, durch Überraschung Punkt C zu verwirklichen (höhere Wachstumsrate der Geldmenge als angekündigt). Deshalb stellen sich die Wirtschaftssubjekte auf eine Inflationsrate ein, bei der durch Überraschungseffekte keine Kostensenkung mehr möglich ist (Punkt D: Berührpunkt zwischen Isokosten- und kurzfristiger Phillips-Kurve liegt auf der Ph_l-

Kurve). Die Zentralbank muß nun die Wachstumsrate der Geldmenge entsprechend anpassen.

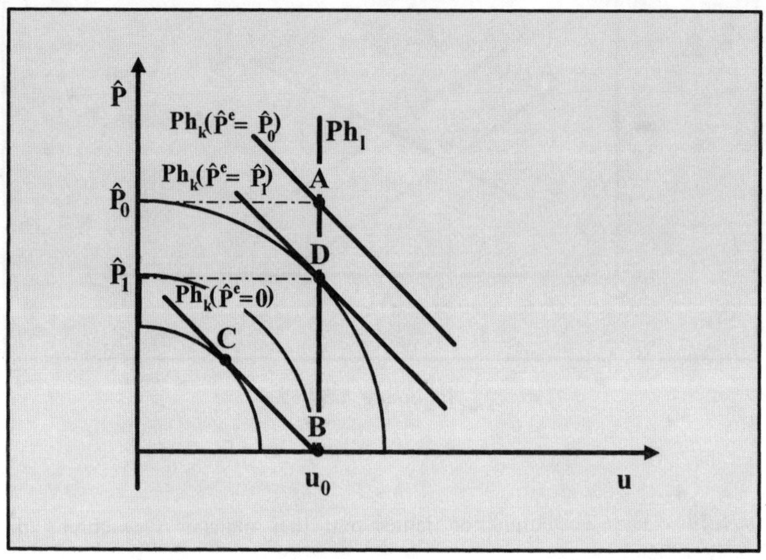

Abbildung A.III.20

Die Zentralbank kann die optimale Inflationsrate bei gegebenen Inflationserwartungen mit Hilfe einer Lagrange-Funktion L ermitteln:

$$(4) \quad L = \hat{P}_t^2 + u_t^2 + \lambda(u_0 - u_t - \alpha\hat{P}_t + \alpha\hat{P}^e).$$

Die notwendigen Bedingungen für ein Kostenminimum sind:

$$(5) \quad \begin{aligned} \frac{\partial L}{\partial \hat{P}_t} &= 2\hat{P}_t - \alpha\lambda = 0 \\ \frac{\partial L}{\partial u} &= 2u_t - \lambda = 0. \end{aligned}$$

Hieraus folgt für die Inflationsrate:

$$(6) \quad \hat{P}_t = \alpha u_t.$$

Bei rationalen Erwartungen erkennen die Haushalte dies:

$$(7) \quad E(\hat{P}_t) = \alpha u_t.$$

Aus Gleichung (2) ergibt sich dann für die Arbeitslosenquote:

$$(8) \quad u_t = u_0,$$

d. h. Überraschungseffekte entfallen.

Die Gleichungen (6) und (8) liefern schließlich:

$$(9) \quad \hat{P}_t = \hat{P}^* = \alpha u_0,$$

wobei $\hat{P}^*$ die gesuchte gleichgewichtige Inflationsrate angibt.

III.30 Die Kostenfunktion lautet in diesem Fall (bei gleicher Gewichtung der beiden Ziele):

$$(1) \quad \theta_t = \hat{P}_t^2 + (\overline{Y} - Y_t)^2;$$

als Nebenbedingung gilt unter Beachtung von $\hat{P}_t^e = \hat{P}_{t-1}$:

$$(2) \quad Y_t = Y_0 + \alpha(\hat{P}_t - \hat{P}_{t-1}).$$

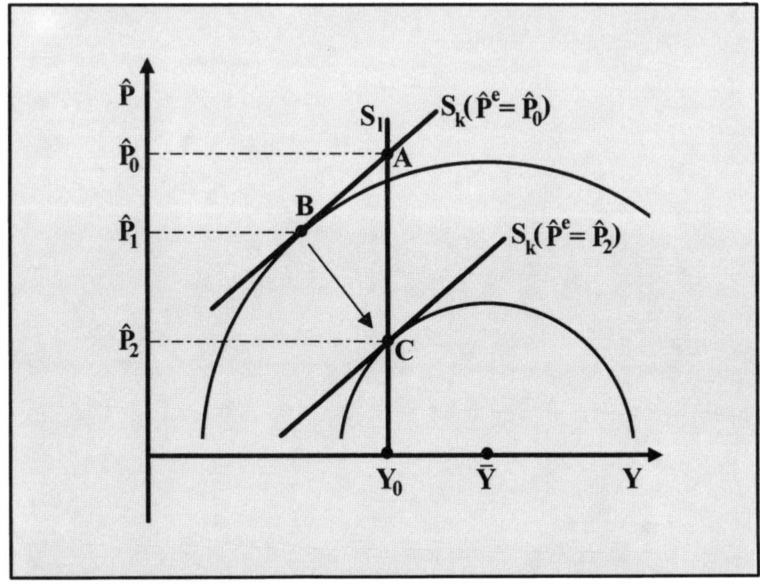

Abbildung A.III.21

Die Kostenfunktion läßt sich durch Kreise um den Punkt $\overline{Y}/0$ in Abbildung A.III.21 darstellen. Die Lucas-Angebotsfunktion wird durch die langfristige und die kurzfristigen Angebotskurven wiedergegeben. Die Ausgangssituation entspricht Punkt A.

Die optimale Anti-Inflationspolitik, besteht nun darin, durch kontraktive Geldpolitik die (nicht eingezeichnete) D-Kurve so zu verschieben, daß sukzessive die Punkte B bis C realisiert werden.

4. Musterlösungen zu Kapitel IV

IV.1 Arbitrageure erwerben in Frankfurt 1 £ für 1,36 € und erhalten in New York hierfür 1,80 $. Für 1,80 $ erlösen sie in Frankfurt 1,53 €, d. h. sie machen einen Gewinn von 0,17 € pro £.

Eine derartige Kursdifferenz würde große Arbitragegeschäfte auslösen, die ein Weiterbestehen dieser Differenz verhindern.

IV.2 Das Ausgangsgleichgewicht entspricht Punkt A in Abbildung A.IV.1.

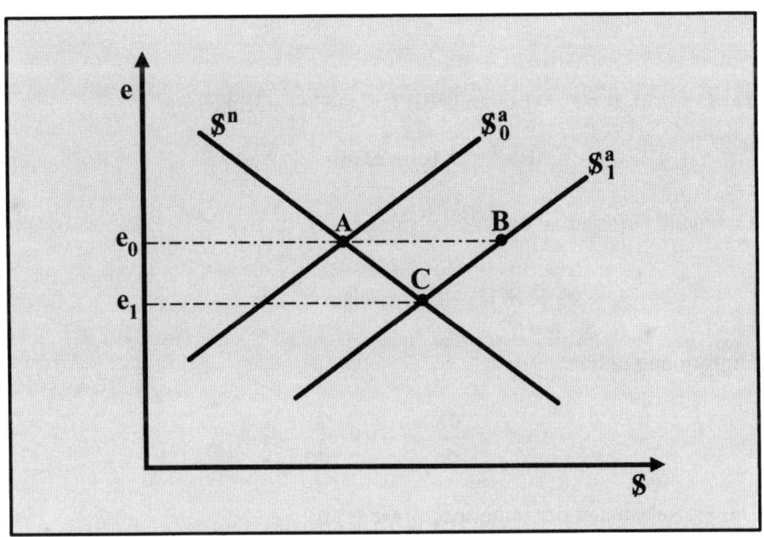

Abbildung A.IV.1

Eine Erhöhung des Devisenangebots ($\$_1^a$) hat bei festen Wechselkursen zur Folge, daß ein Zahlungsbilanzüberschuß entsteht (AB in $), der die Zentralbank zwingt, als Nachfrager am Devisenmarkt zu intervenieren. Bei flexiblen Wechselkursen sinkt der Wechselkurs (Punkt C), d. h. die inländische Währung wird aufgewertet.

IV.3 Die Steigung der IS-Kurve ist in einer offenen Volkswirtschaft betragsmäßig größer als in einer geschlossenen Volkswirtschaft: Mit sinkendem Zinssatz steigt die Güternachfrage an. Da in einer offenen Volkswirtschaft ein Teil dieser zusätzlichen Güternachfrage ins Ausland fließt, ist der im Inland anfallende Teil geringer als in einer geschlossenen Volkswirtschaft. Die Lage der IS-Kurve wird jetzt zusätzlich vom realen Außenbeitrag bestimmt, der positiv von θ und Y_a abhängt: Bei einer Erhöhung des realen Außenbeitrags verschiebt sich die IS-Kurve nach rechts.

Mit der Geldnachfrage bleibt auch die Steigung der LM-Kurve beim Übergang zur offenen Volkswirtschaft unverändert. Bei festen Wechselkursen ist das Geldangebot eine endogene Größe, d. h. bei einem Zahlungsbilanzungleichgewicht verändert sich die Lage der LM-Kurve.

Die Steigung der ZG-Kurve wird durch die internationale Kapitalmobilität bestimmt: Je größer die Kapitalmobilität, um so flacher verläuft die ZG-Kurve. Die Lage dieser Kurve hängt vom nominellen Außenbeitrag sowie vom ausländischen Zinssatz ab. Bei einer Erhöhung des nominellen Außenbeitrags (ausländischen Zinssatzes) verschiebt sich die ZG-Kurve nach rechts (links).

IV.4 Mit $P = P_a = 1$ beträgt der nominelle Außenbeitrag:

$$AB^n = \underset{+}{X(e)} - e\underset{-}{J(e)}.$$

Das totale Differential dieser Gleichung lautet:

$$dAB^n = \frac{dX}{de}de - J\,de - e\frac{dJ}{de}de.$$

Umformung liefert:

$$dAB^n = \frac{dX}{de}de - \left(1 + \frac{dJ}{de}\frac{e}{J}\right)J\,de.$$

Die Preiselastizität der Importnachfrage (ε) ist:

$$\varepsilon = \frac{dJ}{de}\frac{e}{J} < 0.$$

Preiselastische Importnachfrage bedeutet $\varepsilon < -1$; damit folgt, daß der Ausdruck $(1+\varepsilon)J$ negativ ist. Diese Annahme ist also hinreichend für $dAB^n/de > 0$, nicht jedoch notwendig, da der positive Term dX/de noch unberücksichtigt ist.

IV.5 Findet kein internationaler Kapitalverkehr statt, so muß bei einem Zahlungsbilanzgleichgewicht die Handelsbilanz ausgeglichen sein. Dies erfordert bei gegebenem realen Wechselkurs ein ganz bestimmtes Einkommen; die ZG-Kurve verläuft in diesem Fall also parallel zur r-Achse (ZG_1) und fällt im allgemeinen Gleichgewicht mit der S-Kurve zusammen (Abbildung A.IV.2).

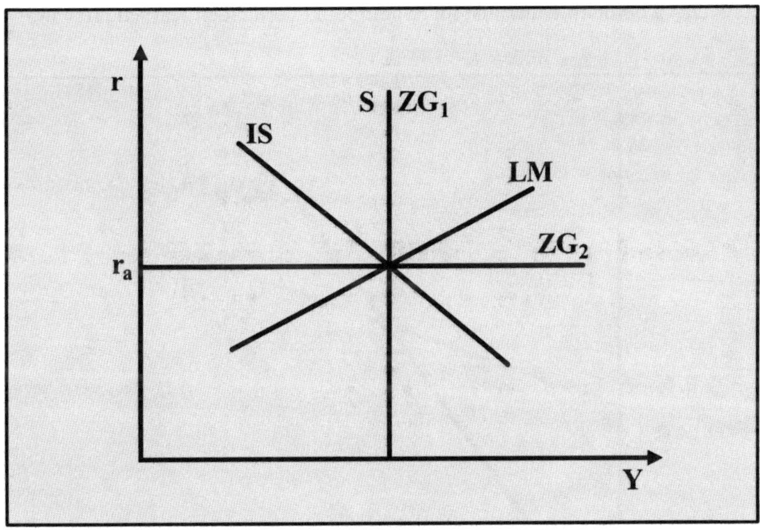

Abbildung A.IV.2

Bei vollkommener Kapitalmobilität ist der inländische Zinssatz gleich dem ausländischen. Ein Handelsbilanzdefizit aufgrund höheren Einkommens wird in diesem Fall durch einen Kapitalverkehrsbilanzüberschuß bei konstantem Zinssatz ausgeglichen. Die ZG-Kurve verläuft dann parallel zur Y-Achse (ZG_2).

Bei einer Erhöhung des ausländischen Zinssatzes verschiebt sich die ZG_2-Kurve nach oben; bei einer Erhöhung des ausländischen Einkommens die ZG_1-Kurve nach rechts.

IV.6 Unter Beachtung von $X = j_a Y_a$ und $X_a = jY$ folgt aus den Gleichungen (1) und (2):

$$(3) \quad Y = \frac{A}{1-c+j} + \frac{j_a}{1-c+j} Y_a$$

$$(4) \quad Y_a = \frac{A_a}{1-c_a+j_a} + \frac{j}{1-c_a+j_a} Y.$$

Gleichung (3) stellt in einem Y_a/Y-Diagramm eine Gerade mit dem Ordinatenabschnitt $A/(1-c+j) > 0$ und der Steigung $j_a/(1-c+j)$ dar. In dem gleichen Diagramm wird Gleichung (4) durch eine Gerade mit dem Ordinatenabschnitt $-A_a/j < 0$ und der Steigung $(1 - c_a + j_a)/j$ repräsentiert. Wie sich leicht zeigen läßt, gilt: $j_a/(1 - c + j) < (1 - c_a + j_a)/j$; damit ergibt sich die in Abbildung A.IV.3 dargestellte Situation. Ein simultanes Gleichgewicht in beiden Ländern ist im Schnittpunkt der beiden Kurven erreicht.

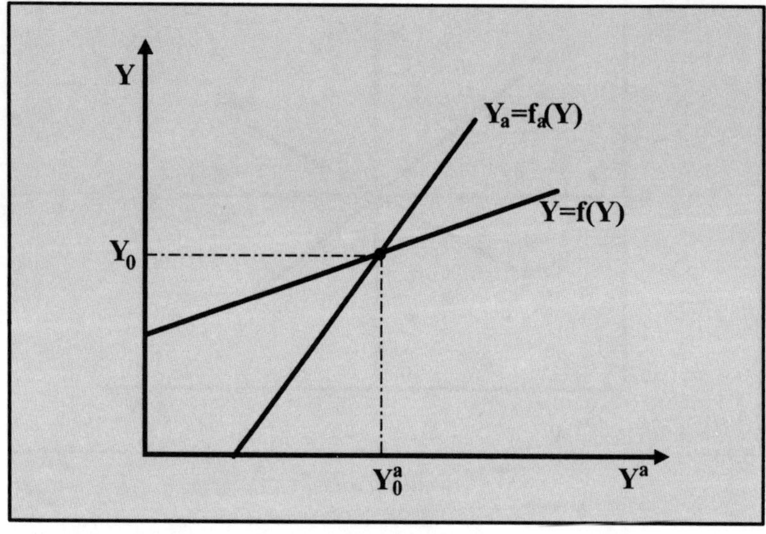

Abbildung A.IV.3

Der Gleichgewichtswert Y_0 [$Y_{a,0}$] läßt sich algebraisch bestimmen, indem Y_a [Y] aus Gleichung (4) [Gleichung (3)] in Gleichung (3) [Gleichung (4)] eingesetzt wird; es ergibt sich:

$$(5) \quad Y_0 = \frac{(1-c_a+j_a)A + j_a A_a}{(1-c+j)(1-c_a+j_a) - jj_a}$$

$$(6) \quad Y_{a,0} = \frac{(1-c+j)A_a + jA}{(1-c+j)(1-c_a+j_a) - jj_a}.$$

IV.7 Die Ausgangssituation entspricht Punkt A in Abbildung A.IV.4. Der Zinssatz ist nun zu niedrig zum Ausgleich der Zahlungsbilanz; die ZG-Kurve verläuft steiler als die LM-Kurve (diese Annahme ist unerheblich für das Ergebnis).

Der Geldmengenmechanismus führt zu Punkt B. Hier sind ein Zahlungsbilanzgleichgewicht und ein kurzfristiges binnenwirtschaftliches Gleichgewicht erreicht (P = const.).

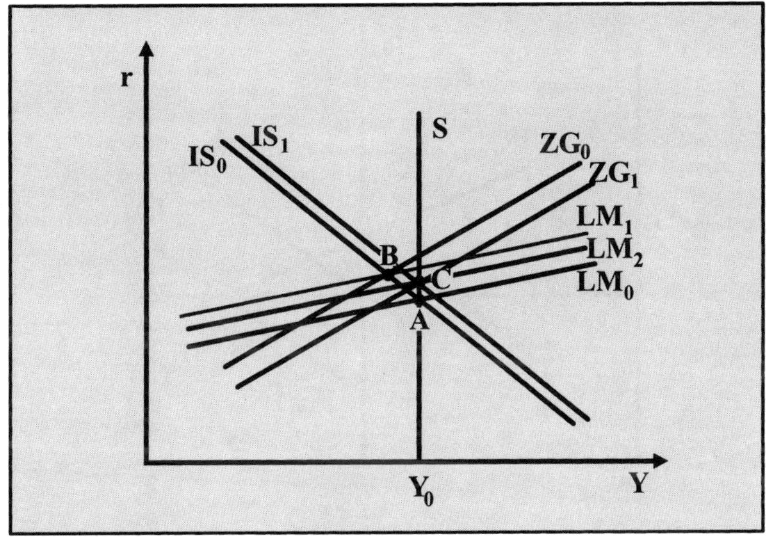

Abbildung A.IV.4

Die Unterbeschäftigungssituation führt längerfristig zu Preissenkungen. Diese Preissenkungen halten so lange an, bis sich die IS_1- und die LM_2-Kurve auf der S-Kurve schneiden (Punkt C).

Infolge der Preissenkungen verlagert sich die ZG-Kurve nach ZG_1 und verlaufe annahmegemäß ebenfalls durch Punkt C. In diesem Fall gleichen sich die positiven Effekte auf die Zahlungsbilanz (infolge der Preissenkung) und die negativen Effekte (aufgrund höheren Einkommens und niedrigerer Zinsen) gerade aus.

IV.8 Die Ausgangssituation wird durch Punkt A in Abbildung A.IV.5 angezeigt. Bei vollkommener Kapitalmobilität verläuft die ZG-Kurve waagerecht (Teil a); findet kein internationaler Kapitalverkehr statt, so verläuft sie senkrecht (Teil b).

Der Geldmengenmechanismus führt zu Punkt B. Infolge der inflatorischen Lücke steigt das inländische Preisniveau. Hierdurch verschieben sich die LM- und die IS-Kurve nach links, bis sie in Teil a durch den Schnittpunkt zwischen der S- und der ZG-Kurve verlaufen (Punkt C). In Teil b verlagert sich zusätzlich die ZG-Kurve nach links, bis sie mit der S-Kurve zusammenfällt (ZG_1). In beiden Fällen erfolgt der Übergang von Punkt A nach Punkt C durch niedrigeren inländischen Zinssatz und verringerte internationale Wettbewerbsfähigkeit.

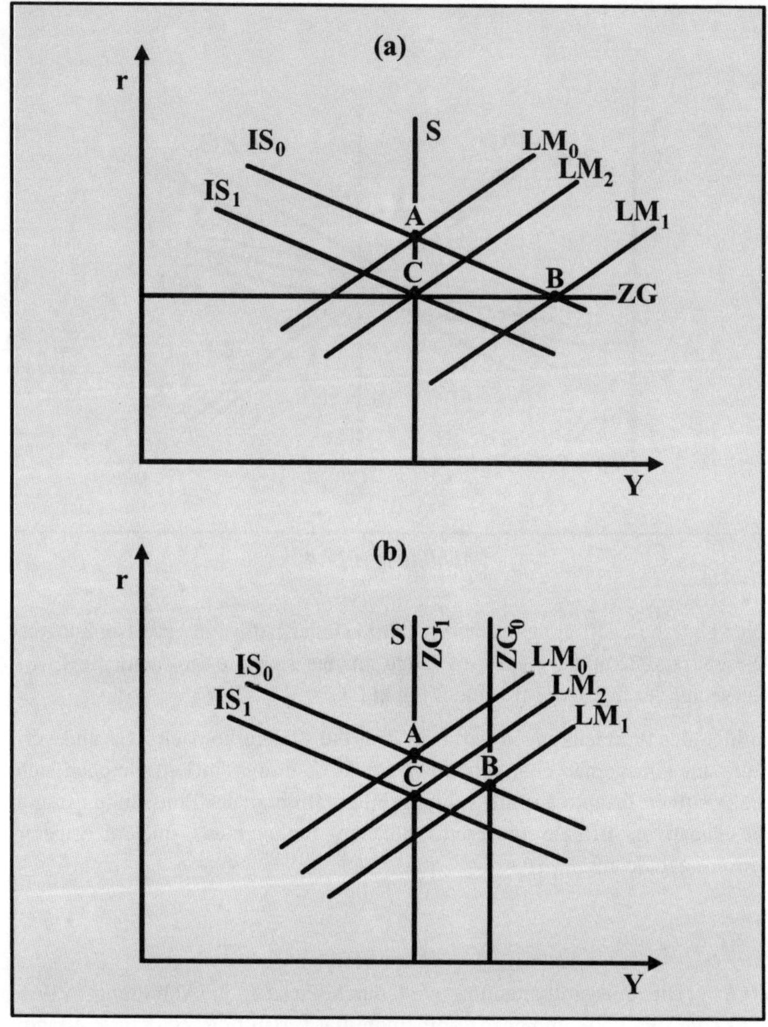

Abbildung A.IV.5

IV.9 Punkt A in Abbildung A.IV.6 gibt die Ausgangssituation wieder. Der Zinssatz ist zu niedrig zum Ausgleich der Zahlungsbilanz; die ZG-Kurve verläuft steiler als die LM-Kurve (diese Annahme ist unerheblich für das Ergebnis).

Das Zahlungsbilanzdefizit führt zu einer Abwertung der inländischen Währung (IS_0 nach IS_1; ZG_0 nach ZG_1), bis sich die IS- und die ZG-Kurve auf der LM_0-Kurve schneiden (Punkt B). In Punkt B sind ein Zahlungsbilanzgleichgewicht und ein kurzfristiges binnenwirtschaftliches Gleichgewicht erreicht (P = const.).

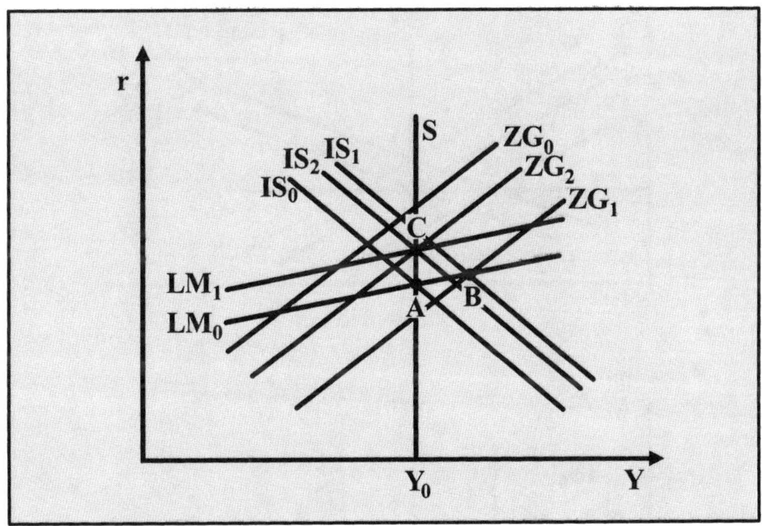

Abbildung A.IV.6

Die Überbeschäftigungssituation führt längerfristig zu Preissteigerungen, die so lange anhalten, bis sich die IS-Kurve (verschlechterte Wettbewerbsposition) und die LM-Kurve (geringere reale Geldmenge) auf der S-Kurve schneiden (Punkt C).

Infolge der Preissteigerungen verschiebt sich weiterhin die ZG-Kurve nach oben. Die neue ZG-Kurve (ZG_2) verlaufe ebenfalls durch Punkt C. Dies beinhaltet, daß sich negative Effekte auf die Zahlungsbilanz (verschlechterte Wettbewerbssituation) und positive Effekte (niedrigeres Einkommen, höhere Zinsen) gerade ausgleichen.

IV.10 Die Ausgangslage entspricht Punkt A in Abbildung A.IV.7. Bei vollkommener Kapitalmobilität verläuft die ZG-Kurve waagerecht (Teil a); findet kein internationaler Kapitalverkehr statt, verläuft sie senkrecht (Teil b).

Der Wechselkursmechanismus (Aufwertung) verschiebt in Teil a die IS-Kurve (IS_1) bis zum Schnittpunkt zwischen der LM_0- und der ZG-Kurve, in Teil b bis zum Schnittpunkt mit der ebenfalls verschobenen ZG-Kurve (ZG_1) auf der LM_0-Kurve (Punkt B).

Die entstandene deflatorische Lücke führt zu Preissenkungen. Hierdurch verlagern sich die IS_1-Kurve nach IS_2 und die LM_0-Kurve nach LM_1, so daß sie sich auf der S-Kurve schneiden (Punkt C). In Teil a bleibt die ZG-Kurve

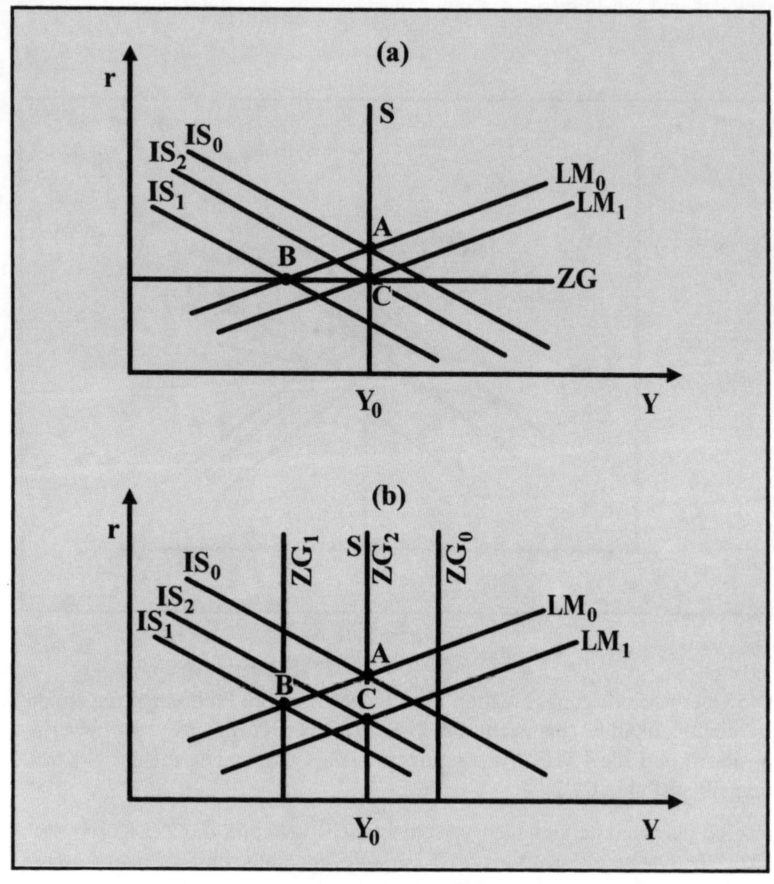

Abbildung A.IV.7

unverändert, in Teil b verlagert sie sich nach rechts (ZG_2) und fällt schließlich mit der S-Kurve zusammen. Der Übergang von Punkt A nach Punkt C erfolgt in beiden Fällen durch einen niedrigeren inländischen Zinssatz und verringerte internationale Wettbewerbsfähigkeit.

IV.11 Das Ausgangsgleichgewicht entspricht Punkt A in Abbildung A.IV.8. Die ZG-Kurve verläuft aufgrund der Annahme vollkommener Kapitalmobilität waagerecht.

Infolge der ausländischen Preiserhöhung verlagert sich die IS-Kurve nach IS_1; es entsteht die Situation B. Der Geldmengen-Mechanismus verschiebt die LM-Kurve nach LM_1, so daß sich das kurzfristige Gleichgewicht C ergibt.

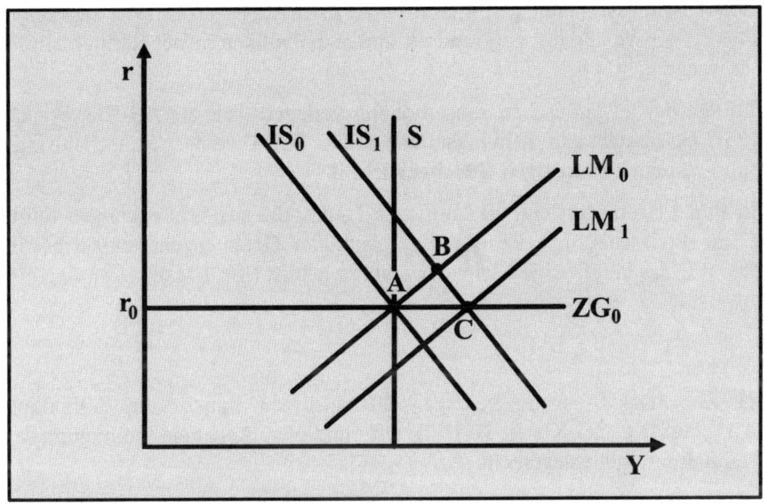

Abbildung A.IV.8

Die entstandene inflatorische Lücke führt zu Preissteigerungen, bis sich die IS- und die LM-Kurve (ergänzt um Geldmengeneffekte) in Punkt A auf der S-Kurve schneiden. Die IS-Kurve verlagert sich also wieder in ihre Ausgangslage, d. h. der Wettbewerbsvorteil aufgrund höheren ausländischen Preisniveaus wird durch einen prozentual gleich starken Preisanstieg im Inland ausgeglichen.

IV.12

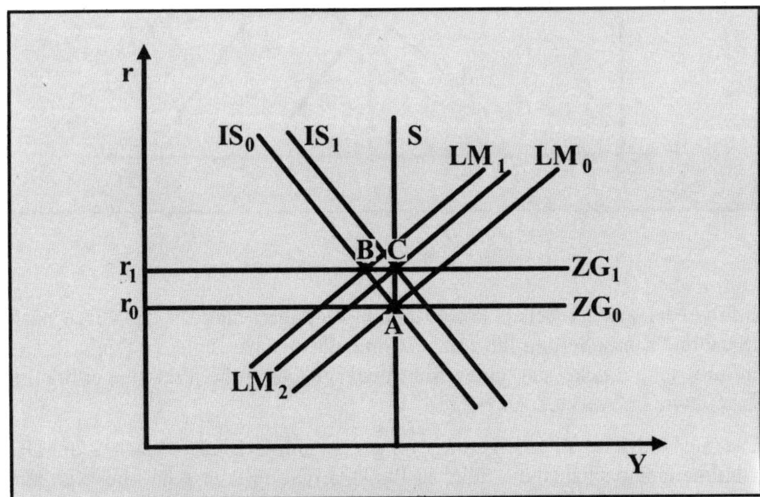

Abbildung A.IV.9

Die Ausgangssituation wird durch Punkt A in Abbildung A.IV.9 angezeigt. Die ZG-Kurve verläuft aufgrund der Annahme vollkommener Kapitalmobilität waagerecht.

Infolge der ausländischen Zinserhöhung verlagert sich die ZG-Kurve nach ZG_1; es entsteht ein Zahlungsbilanzdefizit. Der Geldmengenmechanismus führt zu dem kurzfristigen Gleichgewicht B.

In Punkt B existiert eine deflatorische Lücke, die zu Preissenkungen führt. Diese Preissenkungen halten an (ergänzt um Geldmengeneffekte), bis in Punkt C das langfristige Gleichgewicht erreicht ist (IS_1, LM_2).

IV.13 Das Ausgangsgleichgewicht entspricht Punkt A in Abbildung A.IV.10. Die ZG-Kurve verläuft aufgrund der Annahme vollkommener Kapitalmobilität waagerecht.

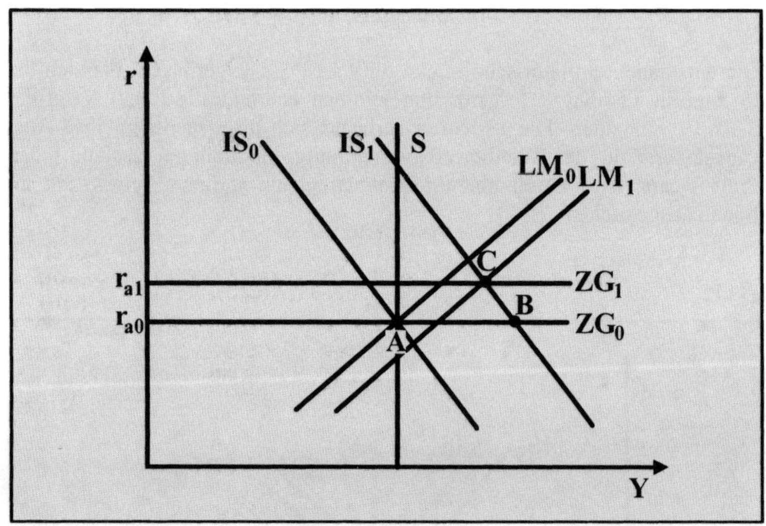

Abbildung A.IV.10

Infolge der ausländischen Preiserhöhung verlagert sich die IS-Kurve nach IS_1. Ohne Zinsänderung führt der Geldmengenmechanismus zu Punkt B. Die inflatorische Lücke hat eine prozentual gleich große Preissteigerung im Inland wie im Ausland zur Folge.

Die ausländische Zinssteigerung verschiebt die ZG-Kurve nach ZG_1. Der Geldmengenmechanismus führt zu Punkt C. Die inflatorische Lücke ist nun geringer als bei ausschließlicher Preiserhöhung im Ausland. Damit fällt auch die Preissteigerung im Inland geringer aus.

IV.14 Wird die Ausgangssituation A in Abbildung A.IV.11 durch eine Preiserhöhung im Ausland gestört, so verschiebt sich die IS-Kurve nach IS_1; es ergibt sich die Situation B. Der Wechselkurs-Mechanismus führt nun ohne ausländische Zinserhöhung zur Aufwertung der inländischen Währung und Rückverlagerung der IS-Kurve in die Ausgangslage.

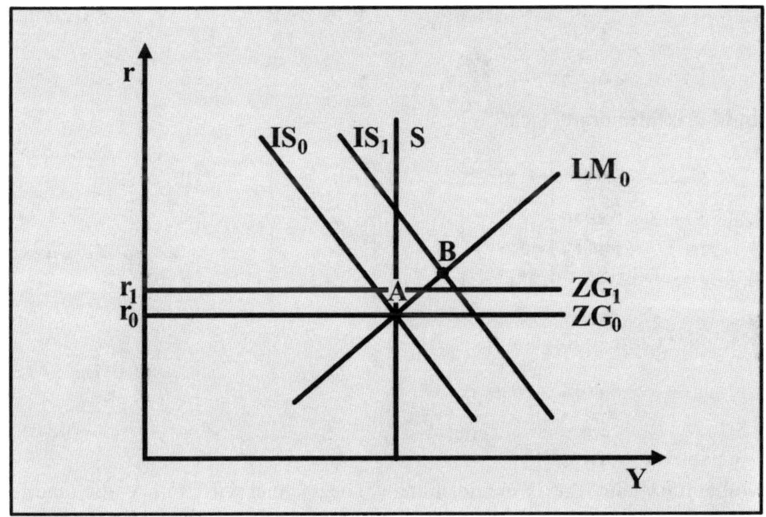

Abbildung A.IV.11

Die Zinserhöhung im Ausland verschiebt die ZG-Kurve nach ZG_1. Da nun der Zahlungsbilanzüberschuß geringer ist als bei ausschließlicher Preiserhöhung im Ausland, fällt auch die Aufwertung der inländischen Währung geringer aus. Damit verlagert sich die IS-Kurve nicht bis in ihre Ausgangslage zurück, d. h. es bleibt eine inflatorische Lücke bestehen, die auch bei flexiblen Wechselkursen zu einem Preisniveauanstieg im Inland führt.

IV.15 Im längerfristigen Gleichgewicht gilt:

$$(1) \quad Y_0 = HA(Y,r,G) + AB^r(eP_a/P,Y)$$

$$(2) \quad M = Pl(Y,r)$$

$$(3) \quad AB^r(eP_a/P,Y) + f(r - r_a) = 0.$$

Die gesuchten Änderungen der endogenen Größen ergeben sich aus dem totalen Differential der Gleichungen (1) – (3). Unter Beachtung von $dY = 0$ folgt bei festen Wechselkursen:

$$(4)\quad i\,dr + v\,dP + v_a dP_a = 0$$

$$(5)\quad Ph\,dr + l\,dP - dM = 0$$

$$(6)\quad f'\,dr + v\,dP = f'\,dr_a - v_a dP_a$$

mit: $i = \partial HA/\partial r$, $v = \partial AB^r/\partial P$, $v_a = \partial AB^r/\partial P_a$,

$h = \partial l/\partial r$, $f' = \partial f/\partial r$.

In Matrixform ergibt sich:

$$(7)\quad \begin{bmatrix} i & v & 0 \\ Ph & 1 & -1 \\ f' & v & 0 \end{bmatrix} \begin{bmatrix} dr \\ dP \\ dM \end{bmatrix} = \begin{bmatrix} -v_a dP_a \\ 0 \\ f'dr_a - v_a dP_a \end{bmatrix}.$$

Nach der Cramer-Regel gilt:

$$(8)\quad dP = \frac{\det A^P}{\det A},$$

wobei mit A die Matrix in Gleichung (7) bezeichnet wird, mit A^P die modifizierte Matrix, wobei die zweite Spalte durch den rechten Spaltenvektor ersetzt wird. Nun ist:

$$(9)\quad \det A = -v(i - f')$$

$$(10)\quad \det A^P = v(f' - i)dP_a + if'dr_a.$$

Die Gleichungen (9) und (10) liefern:

$$(11)\quad dP = \frac{-v_a dP_a(i - f') + if'dr_a}{v(i - f')} = -\frac{v_a}{v}dP_a + \frac{if'dr_a}{v(i - f')}.$$

Wird beachtet:

$$(12)\quad v_a = \frac{\partial AB^r}{\partial \theta}\frac{\partial \theta}{\partial P_a} = \frac{\partial AB^r}{\partial \theta}\cdot\frac{e}{P}$$

$$(13)\quad v = \frac{\partial AB^r}{\partial \theta}\frac{\partial \theta}{\partial P} = \frac{\partial AB^r}{\partial \theta}\cdot\left(-\frac{eP_a}{P^2}\right),$$

so ergibt sich:

$$(14)\quad \frac{dP}{P} = \frac{dP_a}{P_a} - \frac{if'dr_a}{eP_a(i - f')}; \qquad \frac{if'dr_a}{eP_a(i - f')} > 0.$$

Bei flexiblen Wechselkursen lautet das totale Differential der Gleichungen (1) – (3):

$$(15)\quad idr + vdP + wde = -v_a dP_a; \qquad w = \partial AB^r/de$$

$$(16)\quad Phdr + dPl = 0$$

$$(17)\quad f'dr + vdP + wde = f'dr_a - v_a dP_a.$$

In Matrixschreibweise gilt:

$$(18)\quad \begin{bmatrix} i & v & w \\ Ph & l & 0 \\ f' & v & w \end{bmatrix} \begin{bmatrix} dr \\ dP \\ de \end{bmatrix} = \begin{bmatrix} -v_a dP_a \\ 0 \\ f'dr_a - v_a dP_a \end{bmatrix}.$$

Unter Beachtung von:

$$(19)\quad w = \frac{\partial AB^r}{\partial e} = \frac{\partial AB^r}{\partial \theta}\frac{\partial \theta}{\partial e} = \frac{\partial AB^r}{\partial \theta}\frac{P_a}{P}$$

liefert die Cramer-Regel:

$$(20)\quad \frac{dP}{P} = \frac{whf'dr_a}{lw(i-f')} > 0.$$

IV.16

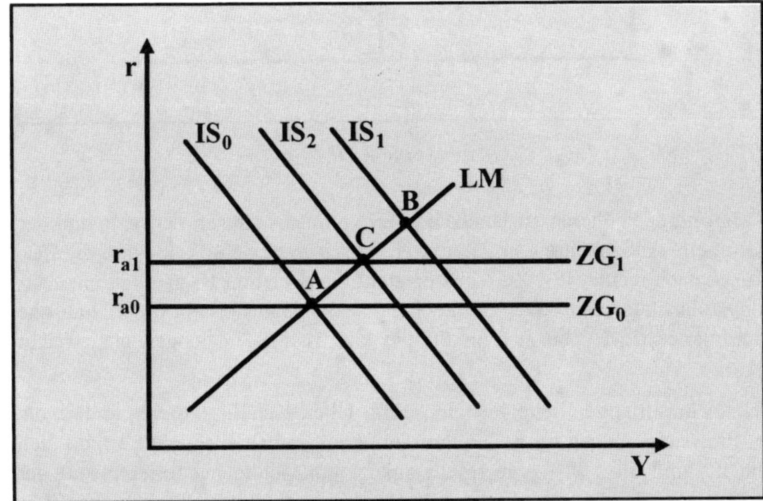

Abbildung A.IV.12

Die Ausgangssituation wird durch Punkt A in Abbildung A.IV.12 angezeigt.

Eine Erhöhung des ausländischen Einkommens führt zu einer Rechtsverschiebung der IS-Kurve nach IS_1; es stellt sich die Situation B ein. Ohne ausländische Zinsänderung kommt es zur Aufwertung, die die IS-Kurve nach IS_0 zurück verlagert.

Die Erhöhung des ausländischen Zinssatzes verschiebt die ZG-Kurve nach ZG_1. Da nun der Zahlungsbilanzüberschuß und die Aufwertung geringer sind, verlagert sich die IS-Kurve nach IS_2 (Punkt C). Damit bleibt als Ergebnis ein gewisser Nachfrageeffekt im Inland erhalten.

IV.17 Die Ausgangssituation entspricht Punkt A in Abbildung A.IV.13.

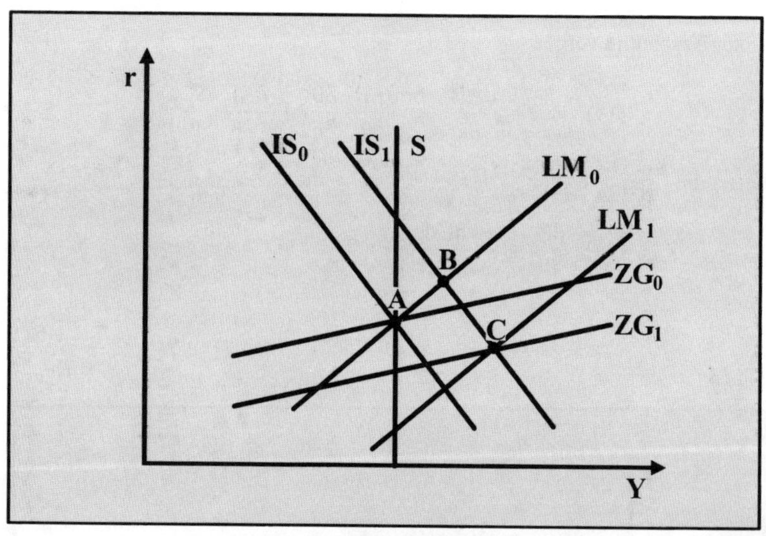

Abbildung A.IV.13

Aufgrund des höheren ausländischen Einkommens steigen der reale und der nominelle Außenbeitrag an. Hierdurch verschieben sich die IS- und die ZG-Kurve nach rechts (IS_1, ZG_1). Es entsteht die Situation B, nämlich ein Zahlungsbilanzüberschuß. Der Geldmengenmechanismus erhöht die inländische Geldmenge (LM_1), bis in Punkt C ein kurzfristiges Gleichgewicht erreicht ist.

Dieses kurzfristige Gleichgewicht ist mit Überbeschäftigung verbunden, die zu Preissteigerungen führt. Die Preissteigerungen halten so lange an, bis sich die IS- und die LM-Kurve (evtl. ergänzt um Geldmengeneffekte) auf der S-Kurve schneiden (Punkt A). Gleichzeitig verlagert sich auch die ZG_1-Kurve nach links. Hierbei wird zur Vereinfachung angenommen, daß sie ebenfalls durch diesen Schnittpunkt verläuft (es gilt wieder die ZG_0-Kurve). Der konjunkturelle Aufschwung im Ausland löst in diesem Fall längerfristig statt einer Beschäftigungserhöhung lediglich Preissteigerungen im Inland aus.

IV.18 Die Ausgangssituation wird durch Punkt A in Abbildung A.IV.14 wiedergegeben. Bei vollkommen unelastischem Kapitalverkehr verläuft die ZG-Kurve senkrecht, bei vollkommen elastischem Kapitalverkehr waagerecht.

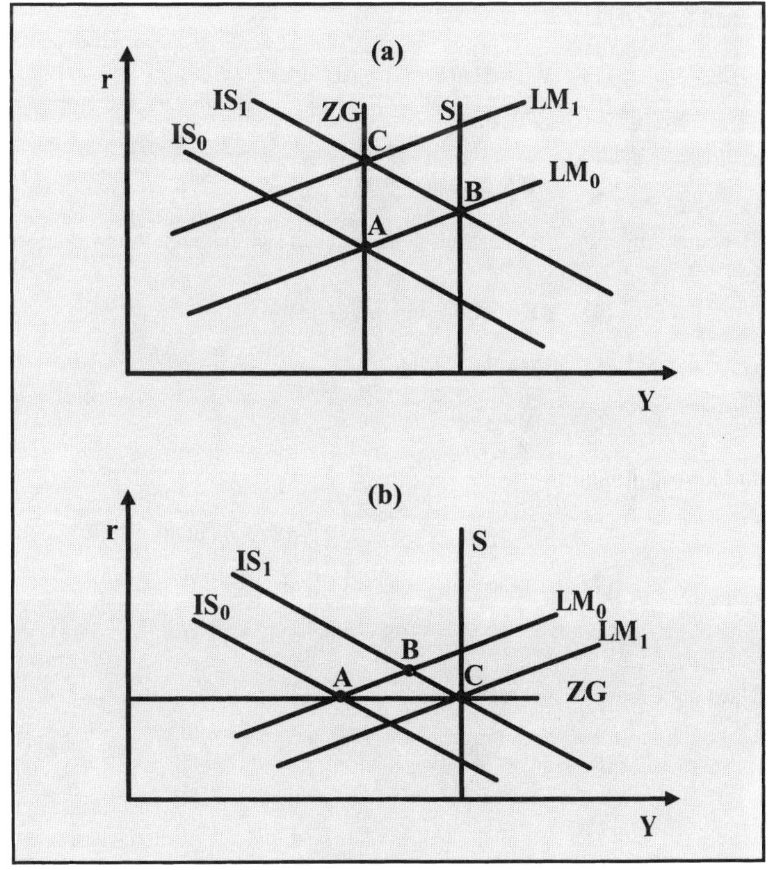

Abbildung A.IV.14

Expansive Fiskalpolitik verschiebt die IS-Kurve nach rechts (IS_1). In Teil a entsteht in Punkt B ein Zahlungsbilanzdefizit, das eine Linksverschiebung der LM-Kurve bewirkt, bis Punkt C erreicht ist. Die expansive Wirkung der

Fiskalpolitik wird hier durch die negative Wirkung des Geldmengen-Mechanismus bei fehlendem internationalen Kapitalverkehr vollständig aufgehoben.

In Teil b existiert in Punkt B ein Zahlungsbilanzüberschuß. Der Geldmengenmechanismus verschiebt die LM-Kurve nach rechts bis zu Punkt C (die Fiskalpolitik ist so einzusetzen, daß die IS_1-Kurve durch den Schnittpunkt zwischen der ZG- und der S-Kurve verläuft). Der Geldmengen-Mechanismus verstärkt in diesem Fall also die Wirkung der Fiskalpolitik.

IV.19 Die kürzerfristige Version des Modells einer offenen Volkswirtschaft lautet (bei $P = 1$):

$$(1)\quad Y = HA(Y,r,G) + AB^r(e,Y)$$

$$(2)\quad M = l(Y,r)$$

$$(3)\quad AB^r(e,Y) + f(r) = 0.$$

Bei einer Änderung der Staatsausgaben ergeben sich folgende Auswirkungen ($de = 0$):

$$(4)\quad dY = cdY + idr + dG + jdY$$

$$(5)\quad dM = kdY + hdr$$

$$(6)\quad jdY + f'dr = 0.$$

In Matrix-Form gilt:

$$(7)\quad \begin{bmatrix} 1-c-j & -i & 0 \\ -k & -h & 1 \\ j & f' & 0 \end{bmatrix} \begin{bmatrix} dY \\ dr \\ dM \end{bmatrix} = \begin{bmatrix} dG \\ 0 \\ 0 \end{bmatrix}.$$

Nach der Cramer-Regel ergibt sich:

$$(8)\quad dr = \frac{\det A^r}{\det A},$$

wobei det A die Determinante obiger Matrix ist und $\det A^r$ die Determinante der Matrix:

$$(9)\quad \begin{bmatrix} 1-c-j & dG & 0 \\ -k & 0 & 1 \\ j & 0 & 0 \end{bmatrix}$$

darstellt. Die Matrix (9) entsteht aus der Matrix (7), indem die zweite Spalte (für die zweite endogene Größe dr) durch den Spaltenvektor der exogenen Änderungen ersetzt wird.

Aus (7) folgt:

$$(10)\quad \det A = -ij - f'(1 - c - j);$$

bei Matrix (9) ergibt sich:

$$(11)\quad \det A^r = jdG.$$

Damit gilt:

$$(12)\quad dr = -\frac{j}{f'(1 - c - j) + ij} dG > 0.$$

IV.20 Die Ausgangssituation entspricht Punkt A in Abbildung A.IV.15; die ZG-Kurve verläuft flacher als die LM-Kurve. Da in der Ausgangssituation ein Zahlungsbilanzgleichgewicht herrscht (die IS- und die LM-Kurve schneiden sich auf der ZG-Kurve), stimmen auch Devisenangebot (DV_0^a) und Devisennachfrage (DV_0^n) bei dem vorgegebenen Wechselkurs $\bar{e}$ überein.

Infolge der expansiven Fiskalpolitik stellt sich Punkt B ein. In dieser Situation existiert bei dem geltenden Wechselkurs $\bar{e}$ ein Zahlungsbilanzüberschuß: Im Vergleich zu Punkt A sind nun Einkommen und Zinssatz angestiegen. Bei höherem Einkommen steigen die Ausgaben für Importe, wodurch sich die DV^n-Kurve nach rechts verlagert (DV_1^n). Bei höherem Zinssatz steigen die Netto-Kapitalimporte, so daß sich die DV^a-Kurve ebenfalls nach rechts verlagert (DV_1^a), wobei diese Verschiebung bei hoher Kapitalmobilität größer ist als die der DV^n-Kurve. Es entsteht somit ein Angebotsüberschuß auf dem Devisenmarkt in Höhe von $\overline{B} - \underline{B}$.

Der Zahlungsbilanzüberschuß führt zu einer Verschiebung der LM-Kurve nach rechts, bis sich in Punkt C ein Zahlungsbilanzgleichgewicht bei weiter gestiegenem Einkommen und wieder niedrigerem Zinssatz einstellt. Damit verlagert sich die Devisennachfragekurve nach (DV_2^n), die Devisenangebotskurve nach (DV_2^a). In Punkt C stimmen wieder Devisenangebot und Devisennachfrage bei unverändertem Wechselkurs überein.

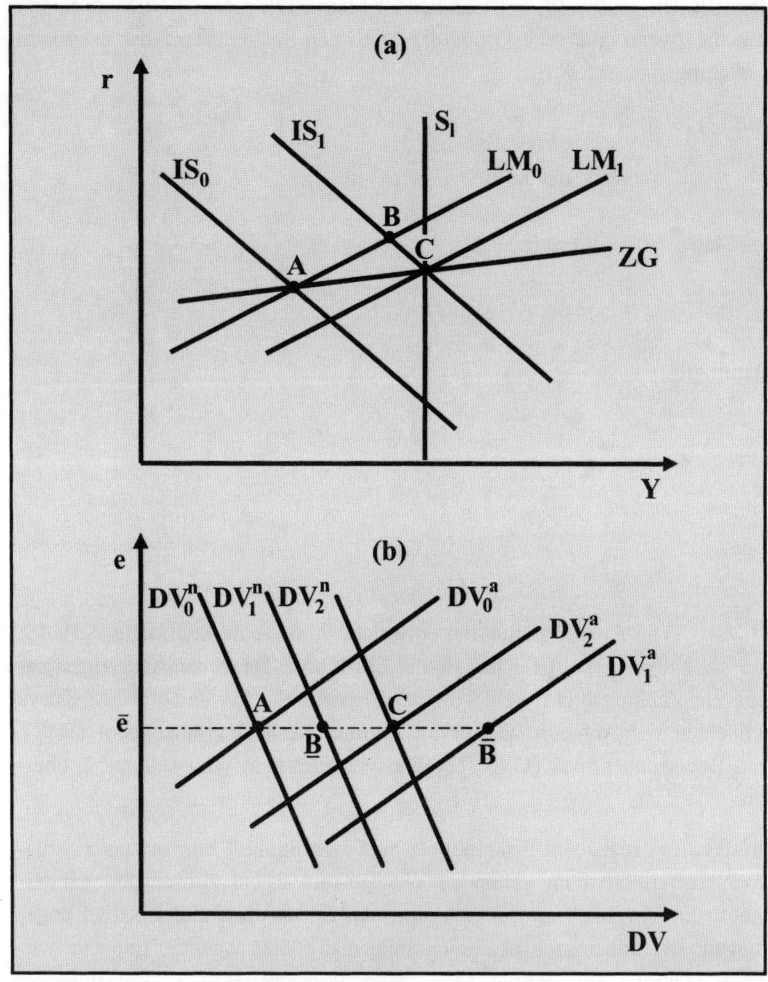

Abbildung A.IV.15

IV.21 In Abbildung A.IV.16 kennzeichnet Punkt A die Ausgangssituation, die ZG-Kurve verläuft steiler als die LM-Kurve (diese Annahme ist für das Ergebnis unerheblich).

Zum Abbau der Überbeschäftigung ist die inländische Währung soweit aufzuwerten, bis sich IS- und ZG-Kurve auf der S-Kurve schneiden (Punkt B). Bei IS_1 und LM_0 ergibt sich zunächst die Situation C, nämlich weiterhin Überbeschäftigung bei einem Zahlungsbilanzdefizit. Der Geldmengenmechanismus verschiebt nun die LM-Kurve, bis sie ebenfalls durch Punkt B verläuft.

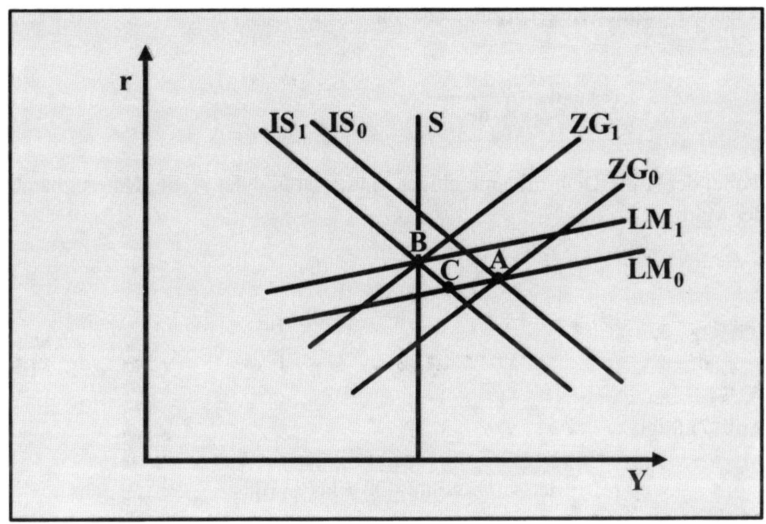

Abbildung A.IV.16

IV.22 Die kürzerfristige Version des Modells einer offenen Volkswirtschaft lautet (bei $P = 1$):

$$(1) \quad Y = HA(Y,r,G) + AB^r(e,Y)$$

$$(2) \quad M - l(Y,r)$$

$$(3) \quad AB^r(e,Y) + f(r) = 0.$$

Bei einer Änderung der Geldmenge ergeben sich folgende Auswirkungen ($dG = 0$):

$$(4) \quad dY = cdY + idr + wde + jdY$$

$$(5) \quad dM = kdY + hdr$$

$$(6) \quad wde + jdY + f'dr = 0.$$

In Matrix-Form gilt:

$$(7) \quad \begin{bmatrix} 1-c-j & -i & -w \\ -k & -h & 0 \\ j & f' & w \end{bmatrix} \begin{bmatrix} dY \\ dr \\ de \end{bmatrix} = \begin{bmatrix} 0 \\ -dM \\ 0 \end{bmatrix}.$$

Nach der Cramer-Regel ergibt sich:

$$(8) \quad de = \frac{\det A^e}{\det A},$$

wobei det A die Determinante obiger Matrix ist und det A^e die Determinante der Matrix:

$$(9) \quad \begin{bmatrix} 1-c-j & -i & 0 \\ -k & -h & -dM \\ j & f' & 0 \end{bmatrix}.$$

Aus (7) folgt:

$$(10) \quad \det A = w[h(c-1) + k(f'-i)];$$

die Matrix (9) liefert:

$$(11) \quad \det A^e = [ij + f'(1-c-j)]dM.$$

Damit gilt:

$$(12) \quad de = \frac{ij + f'(1-c-j)}{w[h(c-1) + k(f'-i)]} dM > 0.$$

IV.23 Die Ausgangssituation wird durch Punkt A in Abbildung A.IV.17 angezeigt. Bei vollkommen elastischem internationalen Kapitalverkehr verläuft die ZG-Kurve waagerecht, bei vollkommen unelastischem Kapitalverkehr senkrecht.

Da die ZG-Kurve in Teil a unverändert bleibt, wird das gesamtwirtschaftliche Gleichgewicht durch Punkt B angegeben. Die Geldpolitik muß also die LM-Kurve durch diesen Punkt verschieben. Damit stellt sich zunächst die Situation C ein. Das Zahlungsbilanzdefizit bewirkt eine Abwertung der inländischen Währung, bis die IS-Kurve ebenfalls durch Punkt B verläuft.

Auch in Teil b kommt es infolge expansiver Geldpolitik zu einer Abwertung. Aufgrund der Abwertung verschieben sich die IS- und die ZG-Kurve nach rechts. Die Geldpolitik ist also so zu dimensionieren, daß die ZG-Kurve aufgrund der Abwertung mit der S-Kurve zusammenfällt.

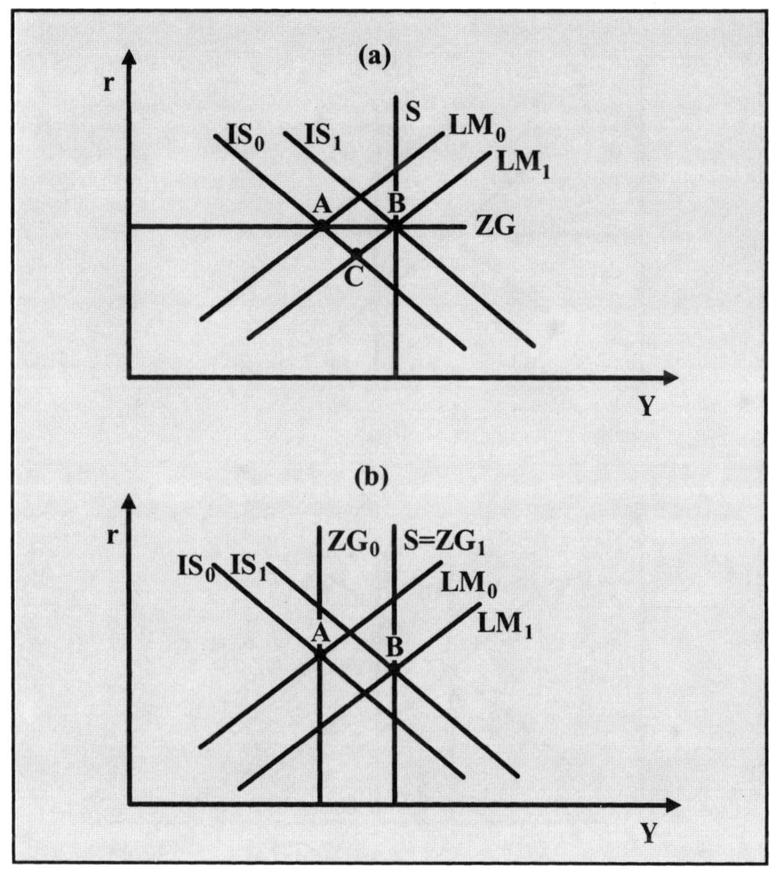

Abbildung A.IV.17

IV.24 Die Ausgangssituation entspricht wieder Punkt A in Abbildung A.IV.18. Da die LM-Kurve bei Fiskalpolitik und flexiblen Wechselkursen unverändert bleibt, wird das gesamtwirtschaftliche Gleichgewicht in Abbildung A.IV.18 durch Punkt B angegeben.

Verschiebt sich die IS-Kurve infolge expansiver Fiskalpolitik nach IS_1, so entsteht ein Zahlungsbilanzüberschuß, der eine Aufwertung der inländischen Währung zur Folge hat. Diese Aufwertung ist bei vollkommener Kapitalmobilität (Teil a) so ausgeprägt, daß sich die IS-Kurve in ihre Ausgangslage zurück verschiebt; Fiskalpolitik ist in diesem Fall also völlig unwirksam.

In Teil b ist die Stärke der Fiskalpolitik so zu wählen (IS_1), daß aufgrund der hierdurch induzierten Abwertung sowohl die IS- als auch die ZG-Kurve durch Punkt B verlaufen (IS_2, ZG_1).

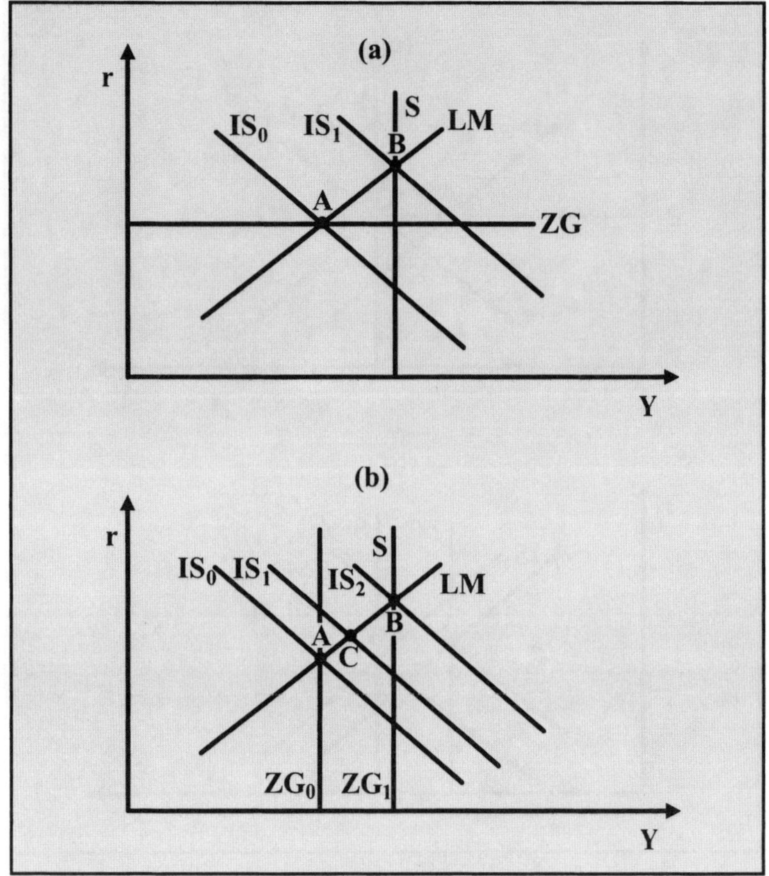

Abbildung A.IV.18

IV.25 Die Ausgangssituation entspricht Punkt A in Abbildung A.IV.19. Bei relativ hoher Kapitalmobilität verläuft die ZG-Kurve flacher als die LM-Kurve, bei relativ niedriger Kapitalmobilität hingegen steiler.

Bei festen Wechselkursen und Fiskalpolitik bleibt die ZG-Kurve unverändert; das gesamtwirtschaftliche Gleichgewicht entspricht also Punkt B. Die Fiskalpolitik muß folglich die IS-Kurve durch Punkt B verschieben; es stellt sich die Situation C ein. In Fall a entsteht nun ein Zahlungsbilanzdefizit, in Fall b ein Zahlungsbilanzüberschuß. Der Geldmengen-Mechanismus verstärkt also bei hoher Kapitalmobilität die kontraktive Fiskalpolitik; bei niedriger Kapitalmobilität hingegen schwächt er die Wirkung der Fiskalpolitik ab.

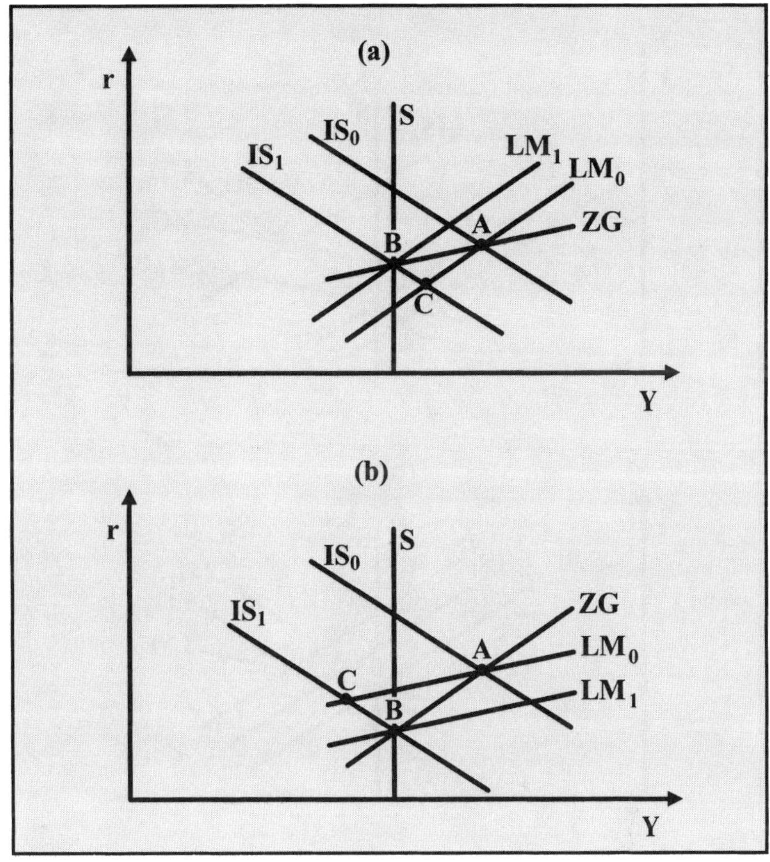

Abbildung A.IV.19

IV.26 Die Ausgangssituation wird durch Punkt A in Abbildung A.IV.20 angezeigt. Teil a gibt den Fall hoher, Teil b den Fall geringer Kapitalmobilität wieder.

Bei flexiblen Wechselkursen und Fiskalpolitik bleibt die LM-Kurve erhalten; das gesamtwirtschaftliche Gleichgewicht wird durch Punkt B angezeigt. Kontraktive Fiskalpolitik (IS_1, Punkt C) führt in Fall a zu einem Zahlungsbilanzdefizit und zur Abwertung, in Fall b zu einem Zahlungsbilanzüberschuß und zur Aufwertung. Infolge der Abwertung erhöht sich die binnenwirtschaftliche Güternachfrage (IS_2), infolge der Aufwertung verringert sie sich. Der Wechselkurs-Mechanismus schwächt also die Wirkung der Fiskalpolitik bei hoher Kapitalmobilität ab, bei geringer Kapitalmobilität verstärkt er sie.

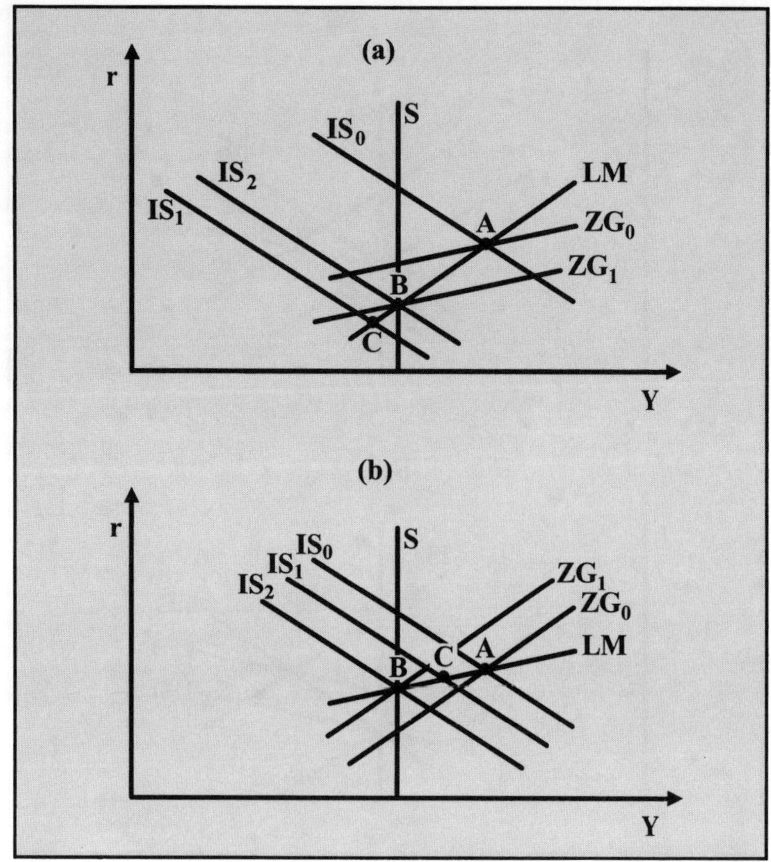

Abbildung A.IV.20

IV.27 Die Ausgangslage wird in Abbildung A.IV.21 durch Punkt A angezeigt; infolge geringer Kapitalmobilität verläuft die ZG-Kurve steiler als die LM-Kurve.

Expansive Geldpolitik (Teil a) führt zu einem Zahlungsbilanzdefizit (LM_1, Punkt C) und damit zur Abwertung der inländischen Währung. Die Geldmengenerhöhung muß also so dosiert sein, daß sich unter Berücksichtigung dieser Abwertung die LM-, IS- und ZG-Kurve auf der S-Kurve schneiden. Der Wechselkurs-Mechanismus unterstützt hier die Wirksamkeit der Geldpolitik.

Bei Fiskalpolitik und flexiblen Wechselkursen bleibt die LM-Kurve unverändert (Teil b), so daß deren Schnittpunkt mit der S-Kurve das gesuchte Gleichgewicht angibt (Punkt B). Expansive Fiskalpolitik (IS_1, Punkt C) führt bei geringer Kapitalmobilität zur Abwertung, die bei richtiger Dimensionierung die IS_1- und die ZG_0-Kurve durch Punkt B verschiebt. Der Wechselkurs-Mechanismus unterstützt in diesem Fall also auch die Fiskalpolitik.

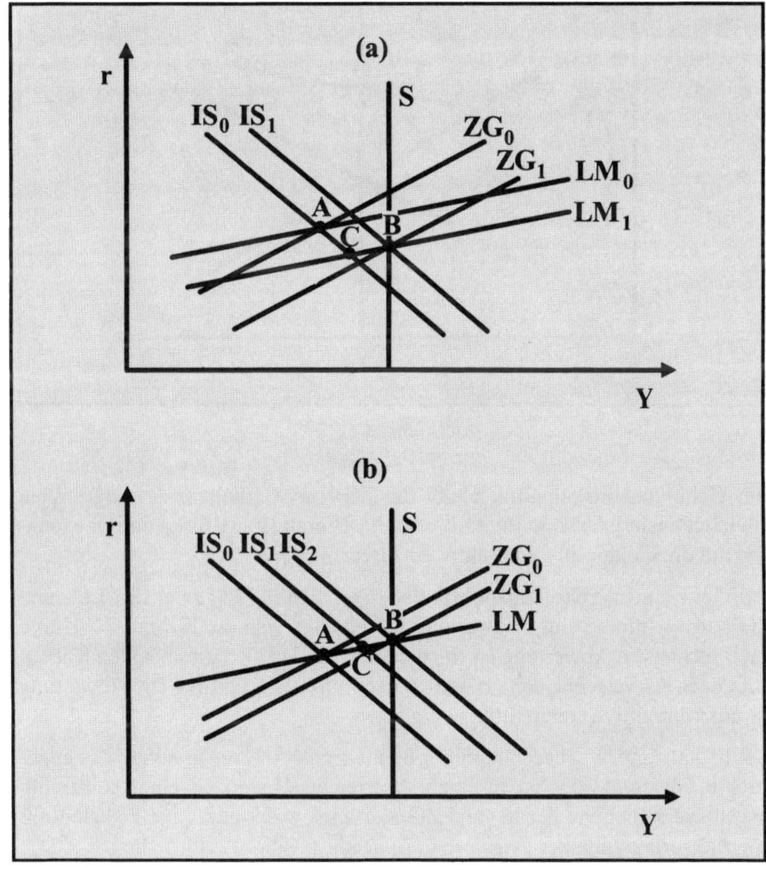

Abbildung A.IV.21

Bei hoher Kapitalmobilität unterstützt der Wechselkurs-Mechanismus wiederum die Geldpolitik, die Wirkung der Fiskalpolitik wird hingegen abgeschwächt.

IV.28 Die Ausgangslage wird durch Punkt A in Abbildung A.IV.22 angezeigt. Als Mittelkombination zur Realisierung der Ziele Vollbeschäftigung und Zahlungsbilanzgleichgewicht kann der Staat bei festen und bei flexiblen Wechselkursen die Geld- und Fiskalpolitik einsetzen. Bei festen Wechselkursen zusätzlich die Geld- und Wechselkurspolitik sowie die Fiskal- und Wechselkurspolitik.

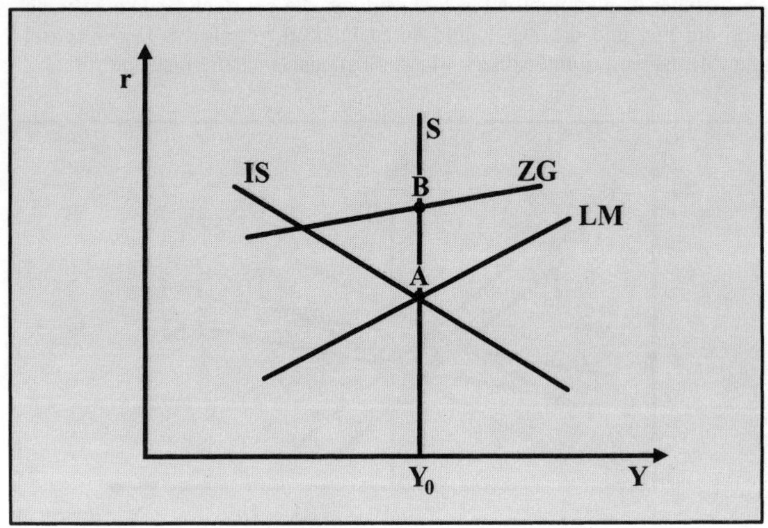

Abbildung A.IV.22

Bei Geld- und Fiskalpolitik bleibt die ZG-Kurve erhalten; das angestrebte Gleichgewicht ist also in Punkt B erreicht. Hierzu ist die Fiskalpolitik expansiv und die Geldpolitik kontraktiv einzusetzen.

Bei Geld- und Wechselkurspolitik verändert sich die Lage der IS-, LM- und ZG-Kurve. Infolge einer Abwertung verschieben sich die IS- und ZG-Kurve nach rechts; die Abwertung ist so zu bemessen, daß sich diese beiden Kurven auf der S-Kurve schneiden (zwischen den Punkten A und B). Die Abwertung ist um kontraktive Geldpolitik zu ergänzen.

Bei Fiskal- und Wechselkurspolitik bleibt die LM-Kurve erhalten; das angestrebte Gleichgewicht ist in Punkt A erreicht. Hierzu ist eine Abwertung (Rechtsverschiebung der IS- und ZG-Kurve) sowie kontraktive Fiskalpolitik (Zurückverlagerung der IS-Kurve in Ausgangsposition) erforderlich.

IV.29 Ausgangspunkt ist A in Abbildung A.IV.23; in Teil a gilt eine hohe, in Teil b eine niedrige internationale Kapitalmobilität.

Die Fiskal- und Wechselkurspolitik läßt die LM-Kurve unverändert; das anzustrebende Gleichgewicht entspricht somit Punkt B. Bei hoher Kapitalmobilität ist hierzu die inländische Währung aufzuwerten, so daß die ZG_1-Kurve durch Punkt B verläuft. Der Rückgang der Güternachfrage (IS_1) ist dann durch expansive Fiskalpolitik auszugleichen (IS_2).

Bei niedriger Kapitalmobilität ist die inländische Währung abzuwerten (ZG_1, IS_1). Das verbleibende Nachfragedefizit ist wiederum durch expansive Fiskalpolitik auszugleichen (IS_2).

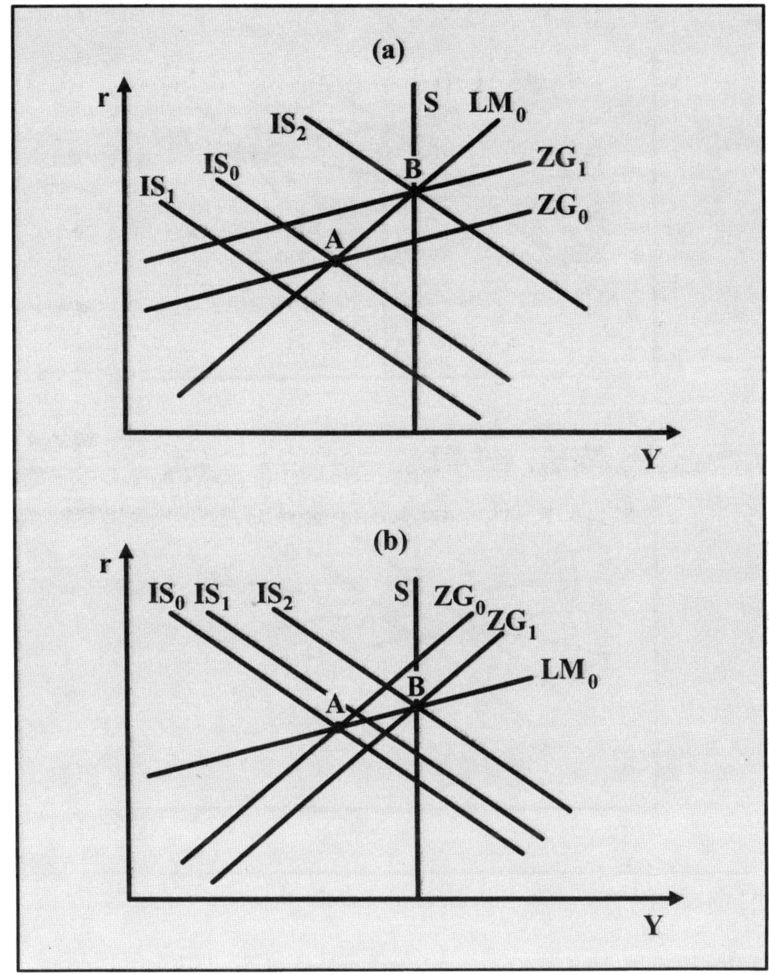

Abbildung A.IV.23

IV.30 Die Ausgangssituation wird durch Punkt A in Abbildung A.IV.24 angezeigt. Das anzustrebende Gleichgewicht entspricht dem Schnittpunkt zwischen der ZG- und der S-Kurve (Punkt B). In Teil a wird zunächst die Fiskalpolitik zur Realisierung des Vollbeschäftigungsziels (Punkt C), die Geldpolitik dann zur Realisierung des außenwirtschaftlichen Gleichgewichts (Punkt D) eingesetzt; in Teil b die Geldpolitik zur Realisierung der Vollbeschäftigung (Punkt C), die Fiskalpolitik zur Realisierung des außenwirtschaftlichen Gleichgewichts (Punkt D). Wie ersichtlich, wird nur in Teil b das gesamtwirtschaftliche Gleichgewicht schrittweise erreicht.

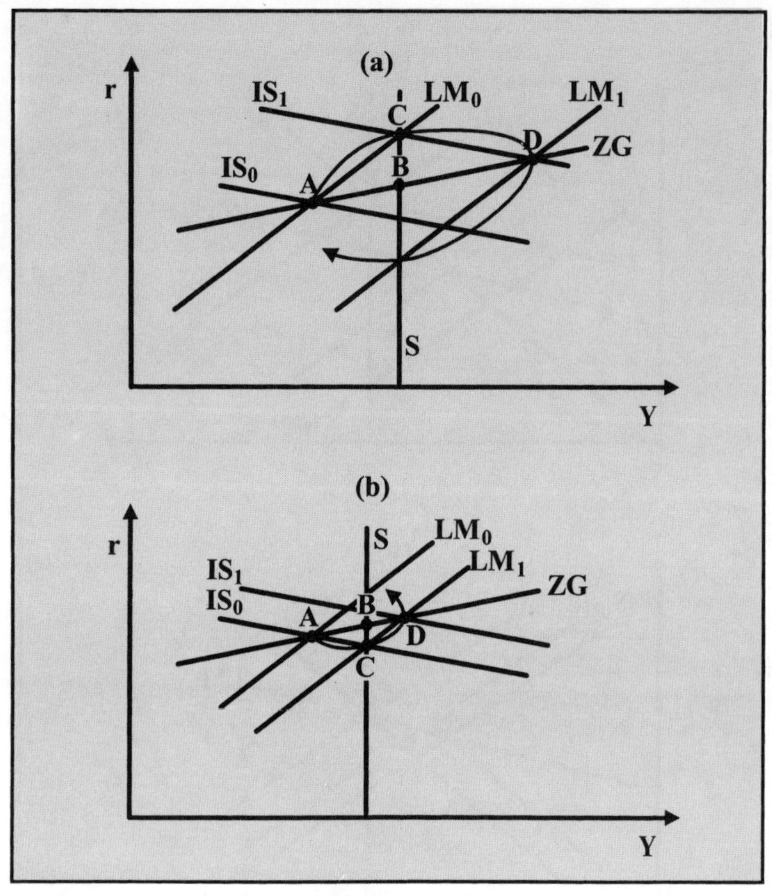

Abbildung A.IV.24

Steiler Verlauf der LM-Kurve und flacher Verlauf der IS-Kurve bedeuten, daß die Fiskalpolitik, anders als die Geldpolitik, geringe Einkommens- aber große Zinseffekte hat. Bei hoher Kapitalmobilität ist dann die Fiskalpolitik zur Realisierung des außenwirtschaftlichen Ziels einzusetzen.

IV.31 Die Ausgangssituation wird durch Punkt A in Abbildung A.IV.25 angezeigt. Das anzustrebende Gleichgewicht entspricht dem Schnittpunkt zwischen der ZG- und der S-Kurve (Punkt B). In Teil a wird zunächst die Fiskalpolitik zur Realisierung des Vollbeschäftigungsziels (Punkt C), die Geldpolitik dann zur Realisierung des außenwirtschaftlichen Gleichgewichts (Punkt D) eingesetzt; in Teil b die Geldpolitik zur Realisierung der Vollbeschäftigung (Punkt C), die Fiskalpolitik zur Realisierung des außenwirtschaftlichen Gleichgewichts (Punkt D). Wie ersichtlich, wird nur in Teil a das gesamtwirtschaftliche Gleichgewicht schrittweise erreicht.

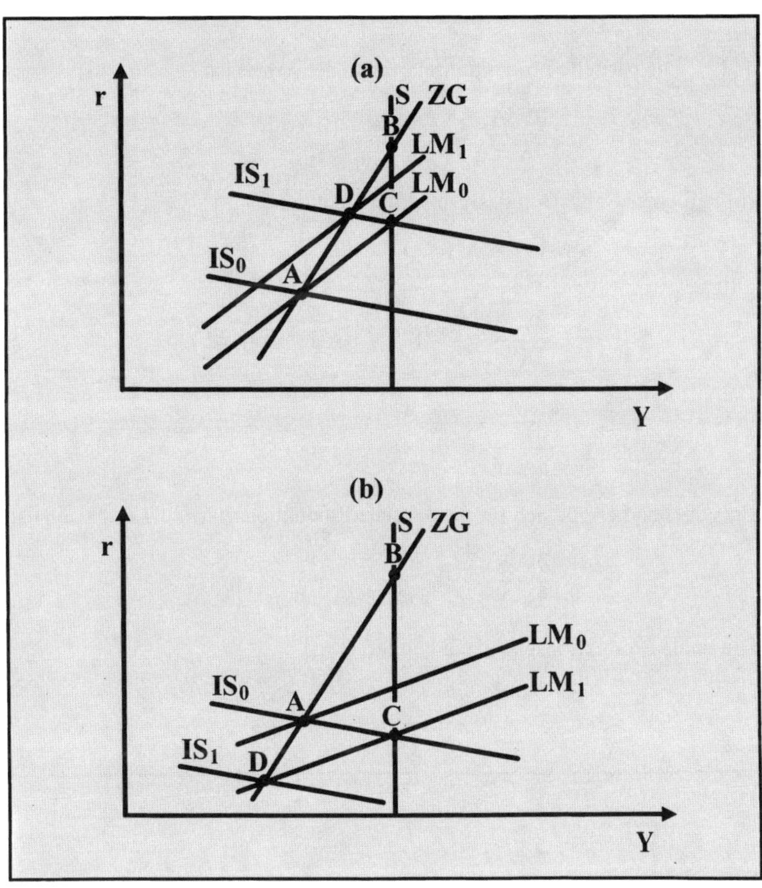

Abbildung A.IV.25

Steiler Verlauf der LM-Kurve und flacher Verlauf der IS-Kurve bedeuten, daß die Fiskalpolitik, anders als die Geldpolitik, geringe Einkommens- aber große Zinseffekte hat. Bei geringer Kapitalmobilität ist dann die Fiskalpolitik zur Realisierung des binnenwirtschaftlichen Ziels einzusetzen.

5. Musterlösungen zu Kapitel V

V.1 Die partielle Produktionselastizität der Arbeit ist:

$$\frac{\partial Y}{\partial A}\frac{A}{Y}.$$

Im Fall einer Cobb-Douglas-Produktionsfunktion:

$$Y = A^{\alpha}K^{\beta}$$

gilt:

$$\frac{\partial Y}{\partial A} = \alpha A^{\alpha-1}K^{\beta} = \alpha A^{\alpha}K^{\beta}/A = \alpha Y/A.$$

Damit folgt:

$$\frac{\partial Y}{\partial A}\frac{A}{Y} = \alpha.$$

Entsprechend ergibt sich für die partielle Produktionselastizität des Kapitals:

$$\frac{\partial Y}{\partial A}\frac{K}{Y} = \beta.$$

Die totale Produktionselastizität beträgt $\alpha + \beta$.

V.2

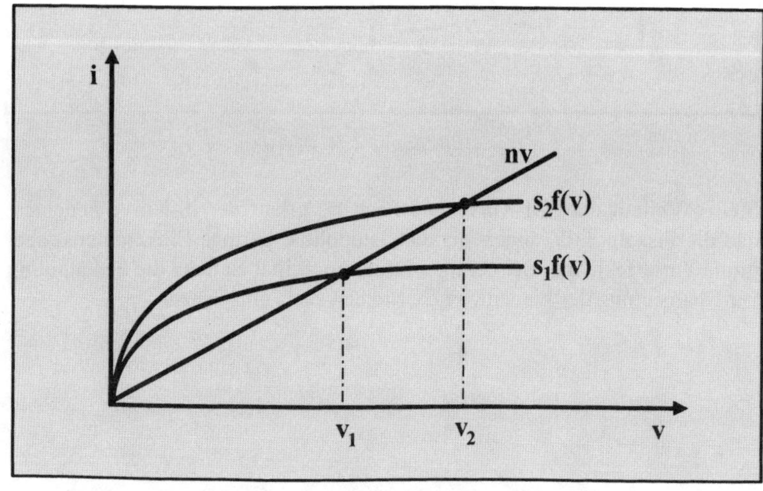

Abbildung A.V.1

Die gleichgewichtige Kapitalintensität der Arbeit (v) ergibt sich graphisch aus dem Schnittpunkt der beiden Kurven nv und sf(v).

Da $s_2 > s_1$, verläuft die Kurve $s_2f(v)$ oberhalb von $s_1f(v)$. Bei höherer Sparquote ergibt sich eine höhere Kapitalintensität der Arbeit.

V.3 Werden Abschreibungen berücksichtigt, so dient nur die die Abschreibungen übersteigende Ersparnisbildung der Veränderung des Kapitalstocks:

$$(1) \quad \dot{K} = sY - \delta K.$$

Damit ergibt sich für die Wachstumsrate des Kapitalstocks:

$$(2) \quad \frac{\dot{K}}{K} = \frac{sY - \delta K}{K} = \frac{sAf(v) - \delta K}{K} = \frac{sf(v)}{v} - \delta.$$

Die gleichgewichtige Kapitalintensität der Arbeit ergibt sich aus:

$$(3) \quad \frac{sf(v)}{v} - \delta = n$$

bzw.:

$$(4) \quad sf(v) = (n + \delta)v.$$

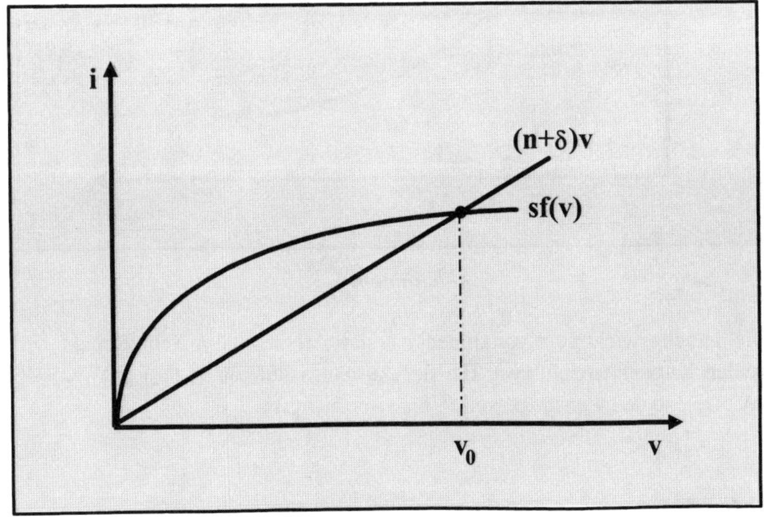

Abbildung A.V.2

In Abbildung A.V.2 sind die beiden Seiten der Gleichung (4) als die Kurve sf(v) und die Gerade $(n + \delta)v$ eingezeichnet. Die Gleichung (4) ist dann im Schnittpunkt dieser beiden Kurven erfüllt.

Im Vergleich zu dem Fall ohne Abschreibungen $(\delta = 0)$ verläuft nun die $(n+\delta)v$-Gerade steiler, die gleichgewichtige Kapitalintensität ist niedriger.

V.4 Es gilt:

$$\hat{K} = \frac{sf(v)}{v}$$

$$\hat{A} = n.$$

In Abbildung A.V.3 wird $\hat{A}$ durch eine Parallele zur Abszisse erfaßt. $\hat{K}$ wird durch eine fallende Kurve dargestellt: Bei niedrigem v sind f(v) und damit der Quotient sf(v)/v groß. Mit steigendem v steigt f(v) nur unterproportional an, so daß dieser Quotient kleiner wird.

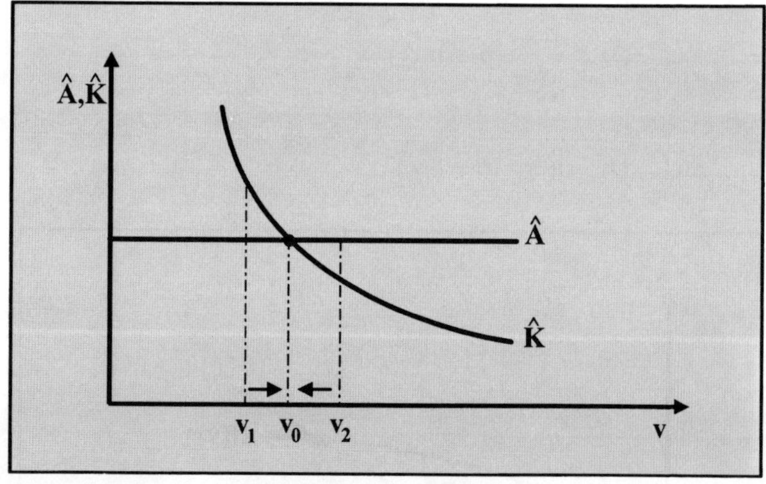

Abbildung A.V.3

Die gleichgewichtige Kapitalintensität der Arbeit ist im Schnittpunkt der beiden Kurven erreicht (v_0). Bei der Ausgangssituation v_1 (v_2) gilt $\hat{K} > \hat{A}$ ($\hat{A} > \hat{K}$), so daß v ansteigt (sinkt), bis v_0 erreicht ist.

V.5 Es gilt:

$$\dot{v} = sf(v) - nv.$$

Die Kurve $\dot{v}(v)$ ergibt sich somit als Differenz der beiden Kurven sf(v) und nv.

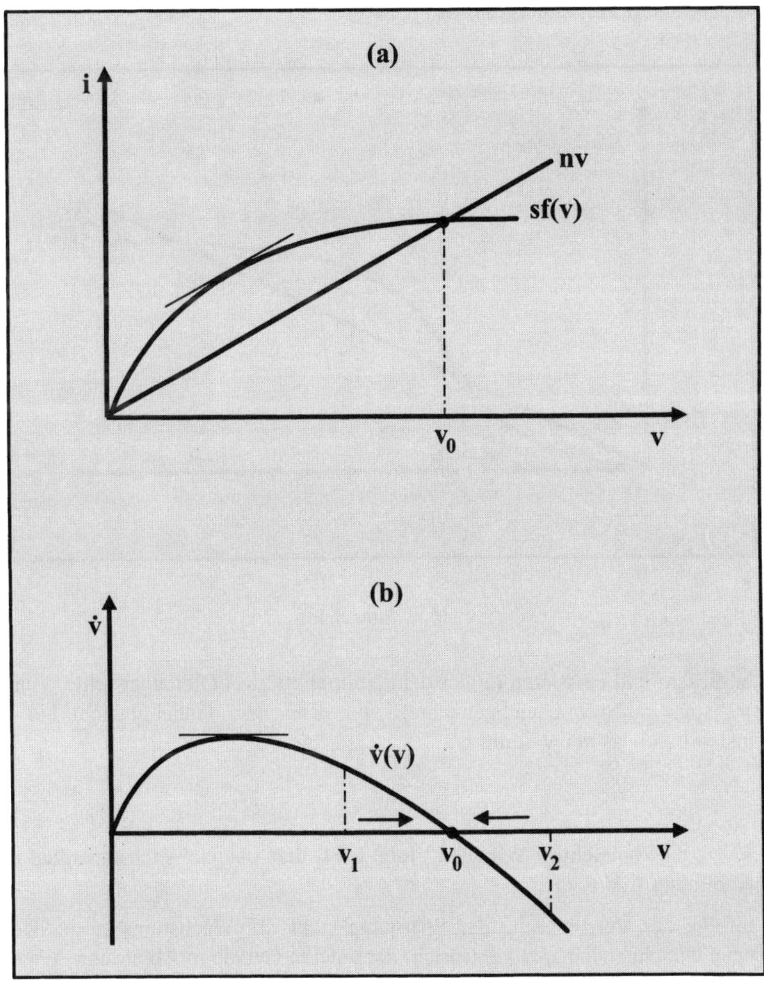

Abbildung A.V.4

Im Gleichgewicht gilt $\dot{v} = 0$, was bei v_0 erreicht ist. Bei v_1 (v_2) gilt $\dot{v} > 0$ ($\dot{v} < 0$), damit steigt (sinkt) v, bis v_0 erreicht ist.

V.6 Partielle Faktorvariation liegt (bspw.) vor, wenn bei konstantem Arbeitseinsatz der Kapitaleinsatz erhöht wird, wenn also die Kapitalintensität der Arbeit ansteigt. Bei einer klassischen Produktionsfunktion steigt dann der

Output zunächst mit zunehmender, dann mit abnehmender Rate an. Entsprechendes gilt für Y/A, wenn K/A ansteigt, auch wenn A nicht konstant ist. Die Produktionsfunktion f(v) und damit auch die Funktion sf(v) haben also den in Abbildung A.V.5 dargestellten Verlauf.

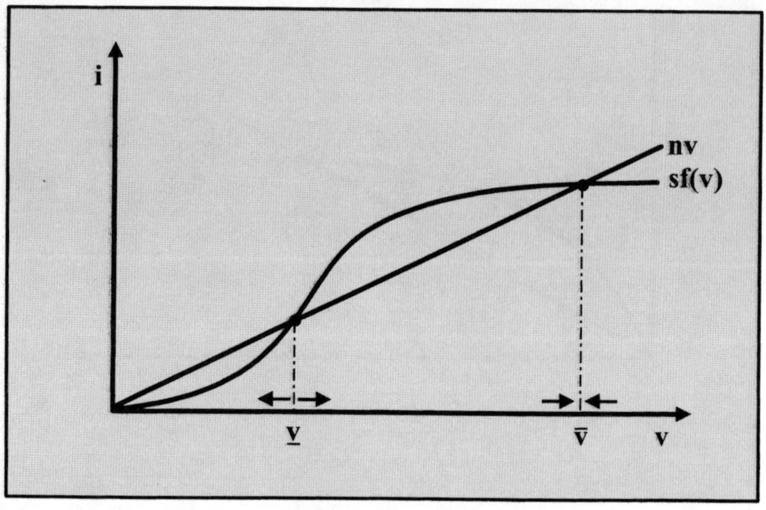

Abbildung A.V.5

In diesem Fall existieren (außer dem Nullpunkt) zwei Gleichgewichte $\underline{v}$ und $\overline{v}$ (sog. multiple Gleichgewichte), von denen das Gleichgewicht bei $\underline{v}$ instabil und das bei $\overline{v}$ stabil ist.

V.7 Die betrachtete Wirtschaft folgt bis t_1 dem oberen Wachstumspfad in Abbildung A.V.6.

Infolge der Verringerung der Sparquote sinkt das Wachstumsniveau. Der neue Gleichgewichtspfad entspricht der unteren Gerade in Abbildung A.V.6. Dieser Pfad wird im Laufe der Zeit erreicht, wie durch den Pfeil angedeutet wird.

V.8 Der Konsum pro Kopf ist:

$$(1) \quad C/A = Y/A - I/A$$

bzw.:

$$(2) \quad C/A = f(v) - sf(v).$$

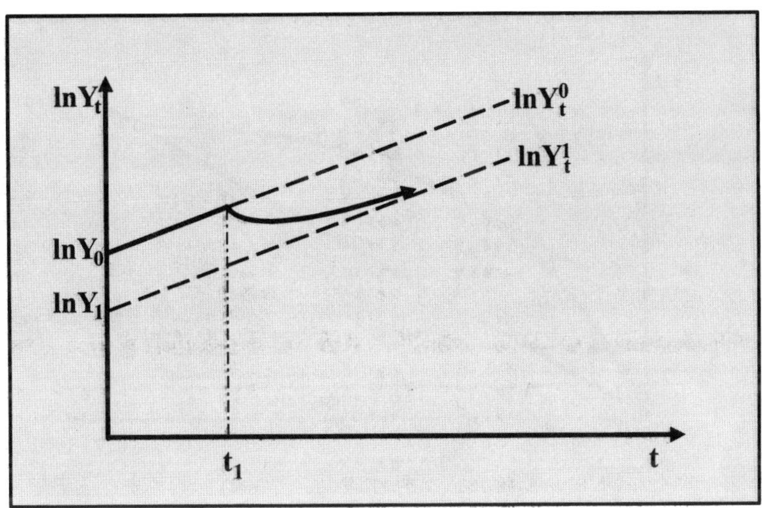

Abbildung A.V.6

Die gleichgewichtige Kapitalintensität der Arbeit ergibt sich unter Berücksichtigung von Abschreibungen aus:

$$(3) \quad sf(v) = (n + \delta)v.$$

Die Gleichungen (2) und (3) liefern:

$$(4) \quad c = f(v) - (n + \delta)v.$$

Hieraus folgt als notwendige Bedingung für ein Maximum des Pro-Kopf-Konsums:

$$(5) \quad dc/dv = f'(v) - (n + \delta) = 0$$

bzw.:

$$(6) \quad f'(v) = n + \delta.$$

Zur graphischen Ableitung des gesuchten Maximums sind in Abbildung A.V.7 die Produktivitätsfunktion f(v) sowie die erforderlichen Investitionen $(\delta + n)v$ eingezeichnet.

Der maximale Pro-Kopf-Konsum ist bei dem v erreicht, bei dem der Abstand zwischen den Kurven f(v) und $(n + \delta)v$ am größten ist, d. h. wo die Steigung der beiden Kurven größengleich ist.

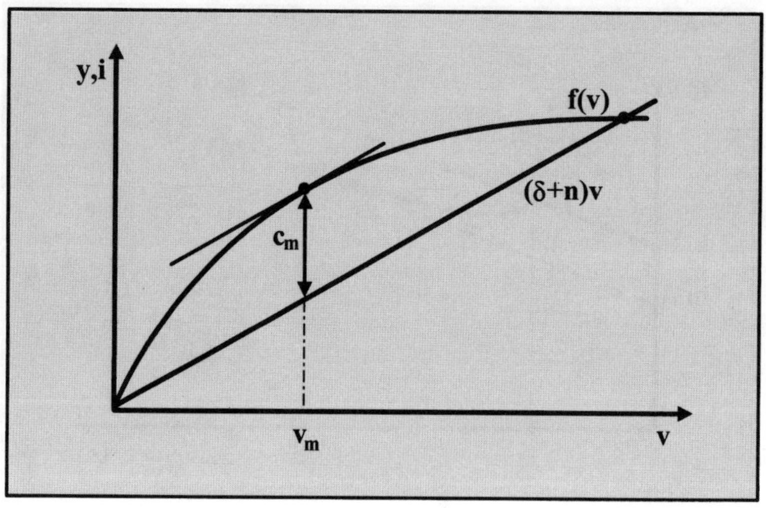

Abbildung A.V.7

V.9 Abbildung A.V.8 enthält die Kurven $\dot{v} = 0$ und $\dot{c} = 0$ sowie die Veränderungen von c und v außerhalb dieser Kurven.

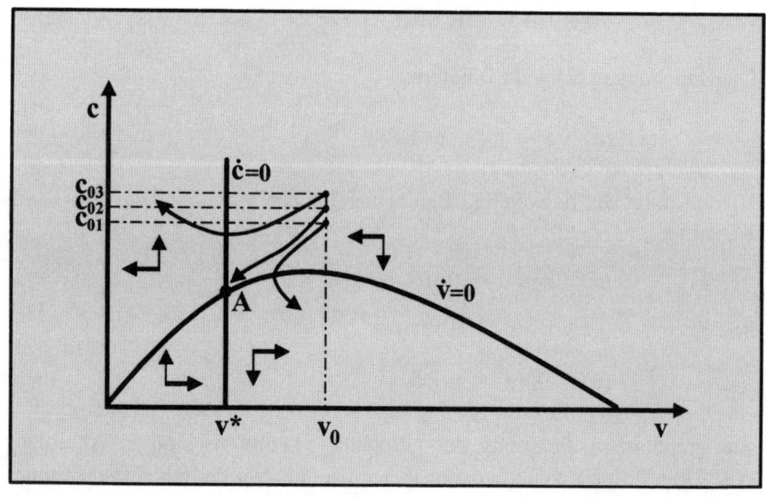

Abbildung A.V.8

Bei Wahl von $c_{01} - c_{03}$ ergeben sich unter Beachtung der eingezeichneten Kräftefelder die dargestellten Anpassungspfade (der untere Anpassungspfad folgt auch dann, wenn ein c_0 gewählt wird, das unter der Kurve $\dot{v} = 0$ liegt). Unter Beachtung, daß der obere Pfad zwangsläufig bei kleinem v gegen Null geht (Verletzung der Ramsey-Regel), wird der optimale Konsum auf dem mittleren Pfad erreicht (Ramsey-Pfad).

V.10 Die Akkumulationsgleichung lautet bei Berücksichtigung von Abschreibungen:

$$\dot{v} = f(v) - c - (\delta + n)v.$$

Unter Verwendung der Wohlfahrtsfunktion:

$$W = \int_0^{\infty} e^{-\vartheta t} \ln c_t \, dt$$

ergibt sich die Hamilton-Funktion:

$$H = e^{\vartheta t} \ln c + \mu[f(v) - c - (\delta + n)v].$$

Die notwendigen Bedingungen für ein Nutzenmaximum $\partial H/\partial c = 0$ sowie $\partial H/\partial v = \dot{\mu}$ liefern nun:

$$\dot{c}/c = f'(v) - \delta - n - \vartheta.$$

Im Gleichgewicht ($\dot{c}/c = 0$) folgt:

$$f'(v) = \delta + n + \vartheta.$$

Bei Berücksichtigung von Abschreibungen ist somit f'(v) größer und folglich v^* sowie c^* kleiner.

V.11 Das Ziel des repräsentativen Haushaltes lautet:

$$(1) \quad U = \ln C_0 + \ln C_1/(1 + \vartheta) \quad \rightarrow \text{Max.!}$$

Als Nebenbedingung hat er zu beachten, daß der Gegenwartswert der Konsumausgaben gleich dem Gegenwartswert des Lohneinkommens ist (damit sind dann auch die erwähnten Zinszahlungen erfaßt):

$$(2) \quad C_0 + C_1/(1 + r) = Y_0 + Y_1/(1 + r).$$

Die Lösung dieses Problems erfolgt mit Hilfe einer Lagrange-Funktion Λ (siehe Rauch, B., Mathematische Lösungsmethoden, a. a. O., S. 726 f):

$$(3) \quad \Lambda = \sum_{t=0}^{1} \ln C_t/(1 + \vartheta)^t + \lambda\left(\sum_{t=0}^{1} C_t/(1 + r)^t - \sum_{t=0}^{1} Y_t/(1 + r)^t\right).$$

Die notwendigen Bedingungen für ein Nutzenmaximum lauten:

$$(4)\quad \begin{aligned} \frac{\partial \Lambda}{\partial C_0} &= \frac{1}{C_0} - \lambda = 0 \\ \frac{\partial \Lambda}{\partial C_1} &= \frac{1}{(1+\vartheta)C_1} - \frac{\lambda}{1+r} = 0 \end{aligned}$$

sowie die Nebenbedingung (2).

Die Gleichungen (4) liefern:

$$(5)\quad \frac{C_1}{C_0} = \frac{1+r}{1+\vartheta}.$$

Unter Beachtung von $\partial Y/\partial K = \partial f/\partial v = r$ stimmt Gleichung (5) mit der Ramsey-Regel überein. Während Gleichung (5) aus einem individuellen Optimierungsansatz folgt, wurde die Ramsey-Regel mit Hilfe eines zentralen Planers abgeleitet. Beide Ansätze führen also zum gleichen Ergebnis.

V.12 Die Cobb-Douglas-Produktionsfunktion lautet:

$$Y_t = A^{*\alpha} K^{*\beta}$$

mit:

$$\alpha + \beta \neq 1 \quad \text{(nicht linear-homogen)}$$

$$A^*, K^* = \text{Faktoren in Effizienzeinheiten.}$$

Ableitung nach der Zeit liefert:

$$\dot{Y} = \frac{\partial Y}{\partial A^*}\dot{A}^* + \frac{\partial Y}{\partial K^*}\dot{K}^*$$

bzw.:

$$\dot{Y} = \alpha Y \frac{\dot{A}^*}{A^*} + \beta Y \frac{\dot{K}^*}{K^*}$$

oder:

$$\hat{Y} = \alpha(\hat{a} + n) + \beta(\hat{b} + \hat{K}).$$

Im Gleichgewicht gilt $\hat{Y} = \hat{K}$; damit folgt:

$$\hat{Y} = \frac{\alpha}{1-\beta}(\hat{a} + n) + \frac{\beta}{1-\beta}\hat{b}.$$

Da die partiellen Produktionselastizitäten α und β bei einer Cobb-Douglas-Produktionsfunktion konstant sind, existiert hier – bei $\hat{a}, \hat{b}, n = \text{const.}$ – ein gleichgewichtiger Wachstumspfad ($\hat{Y} = \text{const.}$).

V.13 Die Wachstumsrate des Outputs bei arbeitsvermehrendem technischen Fortschritt ist:

$$\hat{Y} = \alpha(\hat{a} + n) + \beta \hat{K}.$$

Hieraus folgt für den Beitrag des technischen Fortschritts:

$$\alpha \hat{a} = \hat{Y} - \alpha n - \beta \hat{K}.$$

Werden die vorgegebenen Werte ($\hat{Y} = \hat{K} = 0{,}03,\ n = 0{,}015,\ \alpha = 0{,}6$) eingesetzt, so ergibt sich:

$$\alpha \hat{a} = 0{,}03 - 0{,}6 \cdot 0{,}015 - 0{,}4 \cdot 0{,}03 = 0{,}009,$$

d. h. 30 % der gleichgewichtigen Wachstumsrate werden durch technischen Fortschritt verursacht. Die Rate des technischen Fortschritts beträgt 1,5 % (0,009 : 0,6).

V.14

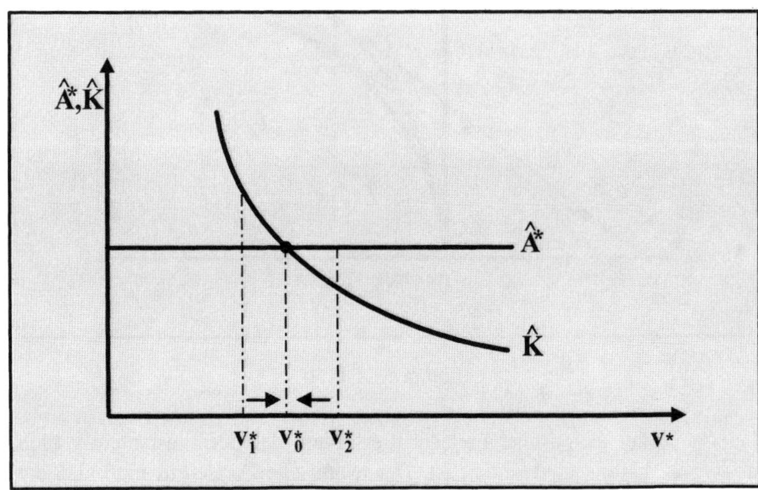

Abbildung A.V.9

Bei arbeitsvermehrendem technischen Fortschritt ist die Kapitalintensität $v^* = K/A^*$ zu bilden. Die Veränderung der Kapitalintensität ist $\hat{v}^* = \hat{K} - A^*$. Unter Berücksichtigung der konstanten Sparquote ergibt sich:

$$\hat{v}^* = \frac{sf(v^*)}{v^*} - (\hat{a} + n).$$

Analog zu Aufgabe V.4 wird $\hat{K} = sf/v^*$ in Abbildung A.V.9 durch eine fallende Kurve dargestellt; die Wachstumsrate der Arbeit in Effizienzeinheiten durch eine Parallele zur Abszisse im Abstand $(\hat{a} + n)$.

Die gleichgewichtige Kapitalintensität der Arbeit (in Effizienzeinheiten) ist im Schnittpunkt dieser beiden Kurven erreicht (v_0^*). Bei der Ausgangssituation v_1^* (v_2^*) gilt $\hat{K} > \hat{A}^*$ ($\hat{K} < \hat{A}^*$), so daß v^* ansteigt (sinkt), bis v_0^* erreicht ist.

V.15 In Abbildung A.V.10 stellt Punkt A das Ausgangsgleichgewicht dar. Bei der Kapitalintensität $v_0 = K_0/A_0$ ergibt sich das Lohn/Zins-Verhältnis w_0/r_0.

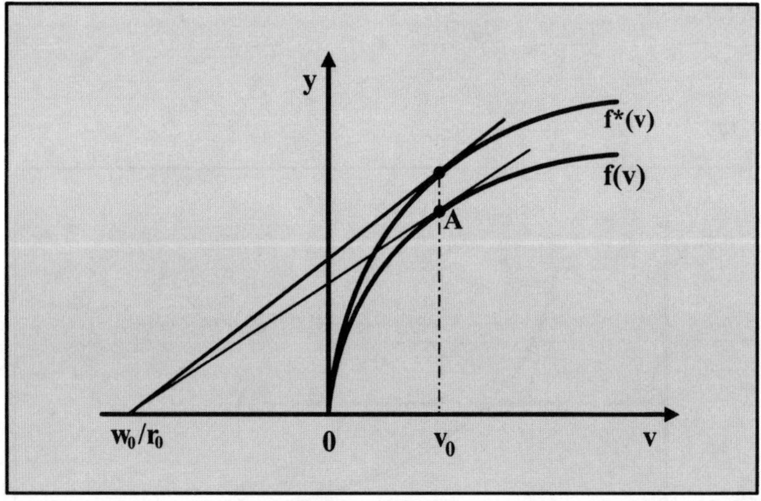

Abbildung A.V.10

Hicks-neutraler technischer Fortschritt erfordert, daß bei konstantem v auch das w/r-Verhältnis unverändert ist. Der technische Fortschritt muß also die Produktionsfunktion so nach oben verschieben, daß die Tangente an $f^*(v)$ bei v_0 wiederum den Abszissenabschnitt w_0/r_0 besitzt.

V.16 Die Ausgangssituation wird durch Punkt A in Abbildung A.V.11 angezeigt.

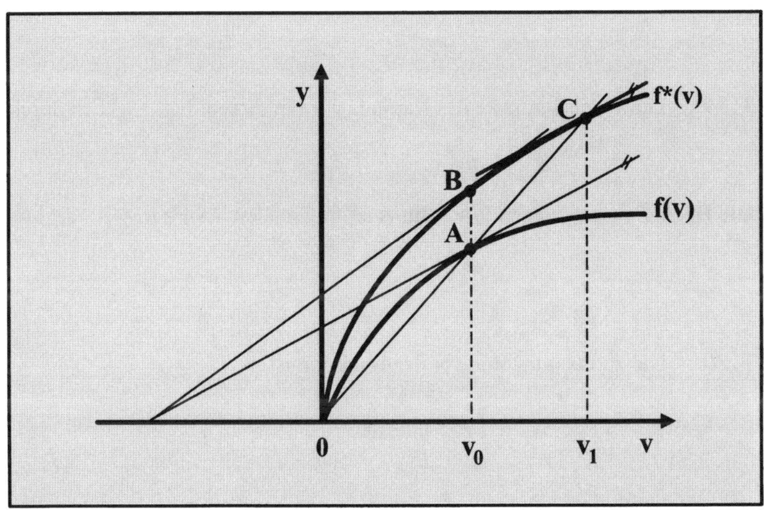

Abbildung A.V.11

Der technische Fortschritt muß nun die Funktion f(v) so zu $f^*(v)$ aufbiegen, daß zum einen die Steigungen in den Punkten A und C größengleich sind (Harrod-neutral) und zum anderen die Tangenten in den Punkten A und B den gleichen Abszissenabschnitt besitzen (Hicks-neutral). Beide Fälle treten gleichzeitig auf, wenn $\sigma = 1$ gilt.

V.17 Der technische Fortschritt muß die Funktion f(v) in Abbildung A.V.11 nun so zu $f^*(v)$ aufbiegen, daß zum einen die Steigungen in den Punkten A und C größengleich sind (Harrod-neutral) und zum anderen die Tangente in Punkt B einen betragsmäßig größeren Abszissenabschnitt aufweist (Hicks-kapitalsparend). Dieser Fall erfordert $\hat{a} > 0$, $\hat{b} = 0$ bei $\sigma > 1$.

V.18 Die Produktivitätsfunktion lautet jetzt:

$$y = \tau v^{1+\alpha(\gamma-1)}.$$

Für die Wachstumsrate des Kapitals folgt:

$$\hat{K} = sy/v = s\pi v^{\alpha(\gamma-1)}.$$

Bei $\hat{K} > \hat{A}$ steigen v und damit $\hat{K}$ an. Eine stetig zunehmende Wachstumsrate des Kapitals erscheint jedoch unrealistisch.

V.19 Die Wachstumsrate des Kapitals wird in diesem Fall gegeben durch:

$$\hat{K} = s\pi - \delta.$$

Die Bedingung intensiven Wachstums ist folglich $(s\pi - \delta) > n$.

V.20 Die zu maximierende Nutzenfunktion ist:

$$(1) \quad W = \int_0^\infty e^{-\vartheta t} \ln c_t \, dt.$$

Die Akkumulationsmöglichkeiten entsprechen der Differenz zwischen Produktion einerseits und Konsum und Kapitalausstattung der wachsenden Arbeit andererseits. Die Produktion wird in diesem Fall mittels der individuellen Produktionsfunktion erfaßt. Damit gilt:

$$(2) \quad \dot{v} = \pi a^{\alpha} v_i^{1-\alpha} - c - nv_i.$$

Die Hamilton-Funktion lautet in diesem Fall:

$$(3) \quad H = e^{-\vartheta t} \ln c + \mu(\pi a^{\alpha} v_i^{1-\alpha} - c - nv_i).$$

Die notwendigen Bedingungen für den Ramsey-Pfad sind:

$$(4) \quad \frac{\partial H}{\partial c} = e^{-\vartheta t}/c - \mu = 0$$

$$(5) \quad \frac{\partial H}{\partial v_i} = \mu(1-\alpha)\pi a^{\alpha} v_i^{-\alpha} - \mu n = -\dot{\mu}.$$

Die Gleichungen (4) und (5) liefern die Ramsey-Regel:

$$(6) \quad \frac{\dot{c}}{c} = (1-\alpha)\pi a^{\alpha} v_i^{-\alpha} - n - \vartheta.$$

Unter Beachtung von:

$$(7) \quad a = v = v_i$$

ergibt sich:

$$(8) \quad \frac{\dot{c}}{c} = (1-\alpha)\pi - n - \vartheta.$$

Wie ein Vergleich mit dem Pareto-optimalen Konsumpfad $\dot{c}/c = \pi - n - \vartheta$ zeigt, ist die Wachstumsrate nun geringer als auf dem Pareto-optimalen Pfad. Dies ist darauf zurückzuführen, daß der Einzelne die (positiven) externen Effekte unbeachtet läßt.

V.21 Die Zielfunktion lautet:

$$(1) \quad W = \int_0^\infty e^{-\vartheta t} \ln c_t \, dt.$$

Als Nebenbedingungen sind zu beachten:

$$(2) \quad \dot{v} = (\delta a)^\alpha v^{1-\alpha} - c - nv$$

$$(3) \quad \dot{a} = [\beta(1-\delta) - n]a.$$

Die Hamilton-Funktion ist:

$$(4) \quad H = e^{\vartheta t} \ln c + \mu_1[(\delta a)^\alpha v^{1-\alpha} - c - nv] + \mu_2[\beta(1-\delta) - n]a.$$

Die partiellen Ableitungen nach c und v liefern:

$$(5) \quad \frac{\partial H}{\partial c} = e^{-\vartheta t}/c - \mu_1 = 0$$

$$(6) \quad \frac{\partial H}{\partial v} = \mu_1[(1-\alpha)(da)^\alpha v^{-\alpha} - n] = -\dot{\mu}_1.$$

Gleichung (5) wird logarithmiert und nach der Zeit differenziert:

$$(7) \quad \hat{c} = -\vartheta - \hat{\mu}_1.$$

Wird $\hat{\mu}_1$ $(= \dot{\mu}_1/\mu_1)$ aus Gleichung (6) in Gleichung (7) eingesetzt, so folgt unter Beachtung von $f'(v) = \partial Y/\partial K = (1-\alpha)(\delta a)^\alpha v^{-\alpha}$ die Ramsey-Regel:

$$(8) \quad \hat{c} = f'(v) - n - \vartheta.$$

V.22 Die Zielfunktion ist:

$$(1) \quad W = \int_0^\infty e^{-\vartheta t} \ln c_t \, dt.$$

Das repräsentative Wirtschaftssubjekt geht von vorgegebenem Steuersatz aus; seine Akkumulationsmöglichkeiten betragen somit:

$$(2) \quad \dot{v} = \left[(1-\tau)\tau^{\frac{1-\alpha}{\alpha}} - n\right] v - c.$$

Die Hamilton-Funktion lautet:

$$(3) \quad H = e^{-\vartheta t} \ln c + \mu\left[\left((1-\tau)\tau^{\frac{1-\alpha}{\alpha}} - n\right) v - c\right].$$

Die notwendigen Bedingungen sind:

$$(4) \quad \frac{\partial H}{\partial c} = e^{-\vartheta t}/c - \mu = 0$$

$$(5) \quad \frac{\partial H}{\partial v} = \mu\left[(1-\tau)\tau^{\frac{1-\alpha}{\alpha}} - n\right] = -\dot{\mu}$$

sowie die Nebenbedingung (2).

Die Gleichungen (4) und (5) liefern die Ramsey-Regel:

$$(6) \quad \frac{\dot{c}}{c} = (1-\tau)\tau^{\frac{1-\alpha}{\alpha}} - n - \vartheta.$$

V.23 Die Produktionsfunktion lautet:

$$(1) \quad Y = A^{\alpha} K^{\beta} Q^{1-\alpha-\beta}.$$

In Wachstumsraten gilt:

$$(2) \quad \hat{Y} = \alpha\hat{A} + \beta\hat{K} + (1-\alpha-\beta)\hat{Q}.$$

Bei konstanter Sparquote und konstantem Steuersatz wachsen Y, K und Q im Gleichgewicht mit der gleichen Rate:

$$(3) \quad \hat{Y} = (\hat{K} = \hat{Q} =)\ \hat{A}\ (= n).$$

Die gleichgewichtige Wachstumsrate ist hier gleich der exogen vorgegebenen Wachstumsrate der Arbeit.

Das Wachstumsniveau, gemessen mit Hilfe von v und q, folgt einerseits aus der Steuergleichung:

$$(4) \quad q = \tau v^{\beta} q^{1-\alpha-\beta}$$

sowie andererseits aus dem Akkumulationsgleichgewicht ($\dot{v} = 0$):

$$(5) \quad s(1-\tau)v^{\beta}q^{1-\alpha-\beta} = nv.$$

Mit (4) und (5) liegen zwei Gleichungen zur Bestimmung der gesuchten Gleichgewichtswerte von v und q vor.

V.24 Die Fortschrittsgrenze ist in Abbildung A.V.12 dargestellt. Ausgangspunkt sei A.

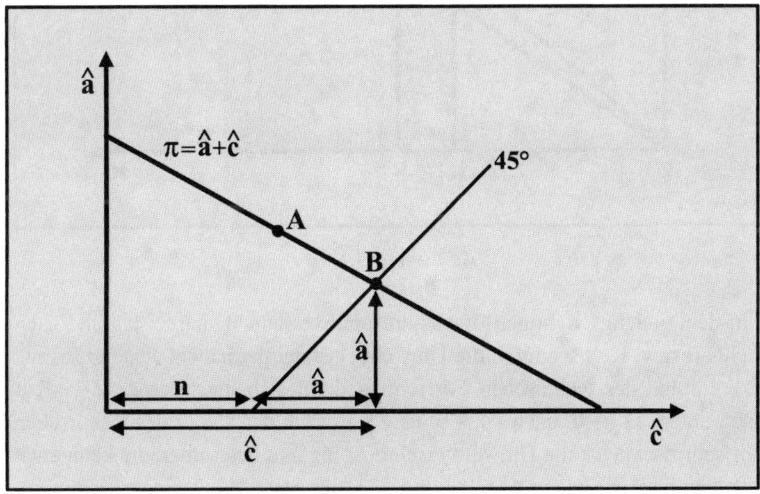

Abbildung A.V.12

In Punkt A ist die Wachstumsrate der Arbeit in Effizienzeinheiten (sowie des Kapitals) größer als die des Bodens in Effizienzeinheiten. Bei $\sigma < 1$ steigt somit der Anteil des Bodens am Volkseinkommen an. Dies veranlaßt die Unternehmer, derartigen Fortschritt durchzusetzen, daß der Boden in Effizienzeinheiten gleich schnell wächst wie die Arbeit (Punkt B), nämlich Harrod-neutralen Fortschritt.

V.25 Ökonomisches Gleichgewicht ist erreicht bei $\dot{v}$ (= K/A) = 0. Bei gegebener Bevölkerung folgt hieraus ein gleichgewichtiger Kapitalstock K^*. Im ökologischen Gleichgewicht gilt:

$$\dot{Z} = \kappa K - \mu Z = 0$$

bzw.:

$$Z = \frac{\kappa}{\mu} K.$$

Das momentane ökonomische und ökologische Gleichgewicht ist in Punkt A der Abbildung A.V.13 gegeben.

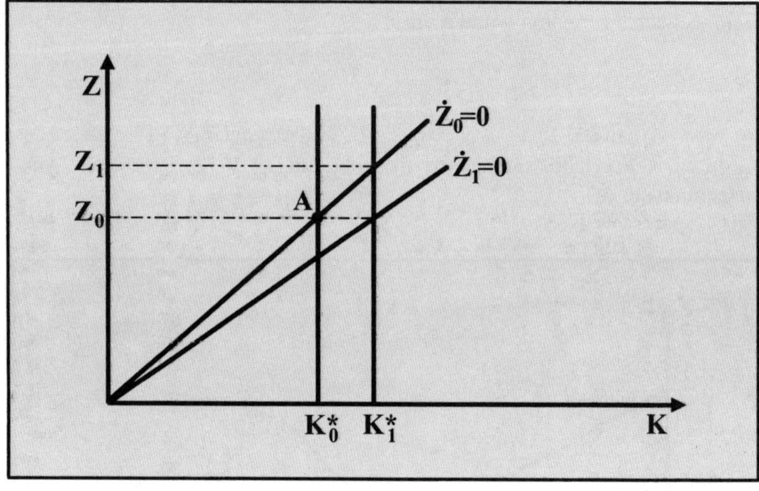

Abbildung A.V.13

Auf dem gleichgewichtigen Wachstumspfad verschiebt sich K^* laufend nach rechts (bspw. K_1^*), wodurch die Umweltbelastung permanent ansteigt (bspw. Z_1). Infolge des technischen Fortschritts dreht sich die Gerade $Z = \kappa K/\mu$ nach unten ($\dot{Z}_0 = 0$ nach $\dot{Z}_1 = 0$ usw.). Je nach der Stärke des technischen Fortschritts wächst die Umweltverschmutzung nun langsamer; sie kann auch konstant bleiben (wie in Abbildung A.V.13 dargestellt) oder sogar sinken.

V.26 Da jedes Wirtschaftssubjekt davon ausgeht, daß es die Umwelt nicht beeinflussen kann, maximiert es die Nutzenfunktion für vorgegebenes z. Weiterhin wird es keinen Umweltkapitalstock bilden; für die Kapitalakkumulation gilt somit:

$$\dot{v} = f(v) - c - nv.$$

Damit liegt wieder das Optimierungsproblem des Ramsey-Modells vor.

Nichtbeachtung der externen Effekte führt also dazu, daß die Kapitalintensität in der Produktion, die Produktion und der Konsum zu hoch sind. Die Pareto-optimale intertemporale Allokation läßt sich erreichen, wenn der Staat den Kapitaleinsatz besteuert.

V.27 Der Ressourcenbestand muß in diesem Fall den Bestand ausschöpfen. Mit $Y = \overline{C} + \overline{I} = K^{\beta}R^{\gamma}$ gilt:

$$(\overline{C} + \overline{I})^{\frac{1}{\gamma}} \int_0^{\infty} (K_0 + \overline{I} \cdot t)^{-\beta/\gamma}\, dt = S_0.$$

Integration liefert:

$$(\overline{C} + \overline{I})^{\frac{1}{\gamma}} \frac{\gamma}{\beta - \gamma} \frac{1}{\overline{I}} K_0^{-\frac{\beta-\gamma}{\gamma}} = S_0.$$

Hieraus folgt:

$$\overline{C} = \left(\frac{\beta - \gamma}{\gamma}\right)^{\gamma} \overline{I}^{\gamma} K_0^{\beta-\gamma} S_0 - \overline{I}.$$

Die Optimalitätsbedingung lautet:

$$\frac{d\overline{C}}{d\overline{I}} = \gamma \frac{\overline{Y}}{\overline{I}} - 1 = 0$$

bzw.:

$$\overline{I}/\overline{Y} = \gamma,$$

d. h. die Sparquote muß gleich der partiellen Produktionselastizität der erschöpfbaren Ressource sein.

Literaturverzeichnis

Anderson, O., Indexzahlen, in: Handwörterbuch der Wirtschaftswissenschaften, Bd. 4, Stuttgart u. a. 1978, S. 98 ff

Arnold, L., Wachstumstheorie, München 1997

Barro, R. J. und *X. Sala-i-Martin,* Wirtschaftswachstum, München/Wien 1998

Böventer, E. von und *G. Illing,* Einführung in die Makroökonomie, 8. Aufl., München/Wien 1995

Borchert, M., Außenwirtschaftslehre, 4. Aufl., Wiesbaden 1992

ders., Geld und Kredit, 4. Aufl., München/Wien 1997

Branson, W. H., Makroökonomie, 3. Aufl., München/Wien 1992

Bretschger, L., Wachstumstheorie, München/Wien 1996

Burda, M. C. und *Ch. Wyplosz,* Makroökonomik, München 1994

Cassel, D., Inflation, in: Vahlens Kompendium der Wirtschaftstheorie und Wirtschaftspolitik, Bd. 1, 6. Aufl., München 1995, S. 265 ff

Claassen, E.-M., Grundlagen der makroökonomischen Theorie, München 1980

Dieckheuer, G., Internationale Wirtschaftsbeziehungen, 3. Aufl., München/Wien 1995

ders., Makroökonomik, 2. Aufl., Berlin u. a. 1995

Dornbusch, R. und *St. Fischer,* Makroökonomik, 6. Aufl., München/Wien 1995

Feichtinger, G. und *R. F. Hartl,* Optimale Kontrolle ökonomischer Prozesse, Berlin 1986

Flaschel, P. und *G. Groh,* Keynesianische Makroökonomik, Berlin u. a. 1996

Franz, W., Arbeitsmarktökonomik, 3. Aufl., Berlin u. a. 1996

Frisch, H., Die neue Inflationstheorie, Göttingen 1980

Größl-Gschwendtner, I., Zahlungsbilanz- und Wechselkurstheorie, München/Wien 1991

Haslinger, F., Volkswirtschaftliche Gesamtrechnung, 6. Aufl., München/Wien 1992

Heubes, J., Konjunktur und Wachstum, München 1991

ders., Grundlagen der modernen Makroökonomie, München 1995

Issing, O., Einführung in die Geldtheorie, 10. Aufl., München 1995

Jarchow, H.-J., Theorie und Politik des Geldes 1, 10. Aufl., Göttingen/ Zürich 1998

ders., Theorie und Politik des Geldes, II. Geldpolitik, 7. Aufl., Göttingen/ Zürich 1995

ders. und *P. Rühmann,* Monetäre Außenwirtschaft, I. Monetäre Außenwirtschaftstheorie, 4. Aufl., Göttingen/Zürich 1994

Klatt, S., Einführung in die Makroökonomie, 3. Aufl., München/Wien 1995

Majer, H., Wirtschaftswachstum, München/Wien 1992

Mankiw, N. G., Makroökonomik, Wiesbaden 1993

Maußner, A. und *R. Klump,* Wachstumstheorie, Berlin u. a. 1996

Neumann, M., Theoretische Volkswirtschaftslehre III, 2. Aufl., München 1994

Otruba, H. u. a., Makroökonomik, 2. Aufl., Wien/New York 1996

Pohl, R., Theorie der Inflation, München 1981

Rauch, B., Mathematische Lösungsmethoden, in: *J. Heubes,* Grundlagen der modernen Makroökonomie, München 1995, S. 707 ff

Rose, K. und *K. Sauernheimer,* Theorie der Außenwirtschaft, 11. Aufl., München 1992

Sachs, J. D. und *F. Larrain B.,* Makroökonomik, München/Wien 1995

Spahn, H.-P., Makroökonomie, Berlin u. a. 1996

Steinmann, G., Inflationstheorie, Paderborn u. a. 1979

Ströbele, W., Inflation, 4. Aufl., München/Wien 1995

Wachtel, P., Makroökonomik, München/Wien 1994

Wagner, H., Stabilitätspolitik, 3. Aufl., München/Wien 1996

Walter, H., Technischer Fortschritt, in: Handwörterbuch der Wirtschaftswissenschaften, Bd. 7, Stuttgart u. a. 1977, S. 569 ff

Westphal, U., Makroökonomik, 2. Aufl., Berlin u. a. 1994

Willms, M., Internationale Währungspolitik, 2. Aufl., München 1995

Wohltmann, H.-W., Grundzüge der makroökonomischen Theorie, 2. Aufl., München/Wien 1996

Sachverzeichnis